Beschäftigtendatenschutz
Basiskommentar

D1751110

Peter Wedde

Beschäftigtendaten-schutz

Basiskommentar zu EU-DSGVO und BDSG

BUND
VERLAG

Bibliografische Information der Deutschen Nationalbibliothek
Die Deutsche Nationalbibliothek verzeichnet diese Publikation in der Deutschen Nationalbibliografie; detaillierte bibliografische Daten sind im Internet über *http://dnb.d-nb.de* abrufbar.

© Bund-Verlag GmbH, Emil-von-Behring-Straße 14, 60439 Frankfurt am Main, 2022
Umschlag: Ute Weber, Geretsried
Satz: Dörlemann Satz, Lemförde
Druck: CPI books GmbH, Birkstr. 10, 25917 Leck

ISBN 978-3-7663-6867-6

Das Werk einschließlich aller seiner Teile ist urheberrechtlich geschützt. Jede Verwertung außerhalb der engen Grenzen des Urheberrechtsgesetzes ist ohne Zustimmung des Verlages unzulässig und strafbar. Das gilt insbesondere für Vervielfältigungen, Übersetzungen, Mikroverfilmungen und die Speicherung und Verarbeitung in elektronischen Systemen.

www.bund-verlag.de

Vorwort

Wer heute als Beschäftigter am Arbeitsleben teilnimmt, der muss davon ausgehen, dass sein Verhalten und seine Leistung nicht nur von Vorgesetzten sowie von Kolleginnen und Kollegen wahrgenommen und bewertet werden, sondern auch von technischen Einrichtungen, die jede Handlung und jeden Handgriff automatisch und permanent erfassen und analysieren können. Wer auf alle diese personenbezogenen Daten zugreifen kann, für den werden Beschäftigte vollkommen transparent. So lässt sich beispielsweise im Service- oder Logistikbereich aus den Daten, die für Zwecke der Disposition und Lieferungsverfolgung anfallen oder die in den Navigationsgeräten von Fahrzeugen gespeichert werden, minutiös ableiten, wie schnell einzelne Beschäftigte etwa Aufträge erledigen, wie ihr Fahrverhalten aussieht und wie oft sie pausieren. Im Produktionsbereich lassen sich vergleichbare Informationen aus Zugangskontrollsystemen und aus den Daten der vernetzten Maschinen- und Materialsteuerung gewinnen. Im Büro- und Verwaltungsbereich bestehen umfassende Analysemöglichkeiten für alle Tätigkeiten, die am Bildschirm stattfinden. Hier lässt sich nicht nur die Bedienung einzelner Programme durch Beschäftigte auswerten, sondern auch deren Kommunikations- und Sozialverhalten. Zusammengenommen machen alle diese Daten Belegschaften nicht mehr nur gläsern, sondern im dreidimensionalen Format vollständig transparent.
Dass dies technisch möglich ist, bedeutet allerdings nicht zugleich, dass es rechtlich auch erlaubt ist. Beschäftigtendaten dürfen von Arbeit- und Auftraggebern nur dann verarbeitet werden, wenn es hierfür eindeutige und wirksame datenschutzrechtliche Grundlagen gibt. Allerdings gestaltet sich die Suche und der Umgang mit diesen Grundlagen in der arbeitsrechtlichen Praxis oft schwierig. In der DSGVO findet sich zu diesem Thema mit Art. 88 lediglich eine Vorschrift, welche die Verpflichtung zur Schaffung konkreter Regelungen auf die Mitgliedstaaten verlagert. Die Umsetzung dieser Möglichkeiten findet sich in § 26 BDSG wieder. Diese Vorschrift beschränkt sich aber auf allgemeine Festlegungen und verzichtet auf Aussagen zu wichtigen Einzelthemen. Folge dieser Regelungsknappheit ist ein hohes Maß an Unsicherheit dazu, welche Verarbeitungen von Beschäftigtendaten erlaubt bzw. welche ausdrücklich unzulässig sind.

In dieser Situation soll der Basiskommentar insbesondere Arbeitgebern und Beschäftigten bei der Beantwortung offener Fragen helfen, die es bezüglich der Zulässigkeit der Verarbeitung personenbezogener Daten gibt. Die Kommentierung stellt deshalb die Vorschriften und Themen in den Vordergrund, die in der Arbeitswelt relevant sind und ergänzt die juristischen Ausführungen immer wieder durch praktische Beispiele. Vorschriften, die für den Beschäftigtendatenschutz nicht unmittelbar relevant sind, bleiben unkommentiert (etwa die Regelungen zur Abstimmung zwischen staatlichen Aufsichtsbehörden).
Die Schwerpunktsetzung zu Themen des Beschäftigtendatenschutzes macht den Basiskommentar auch zu einem wichtigen Arbeitsmittel für mit einschlägigen Fragen befasste Juristinnen und Juristen sowie für alle anderen Personen, die mit personenbezogenen Daten von Beschäftigten umgehen müssen. Für Betriebs- und Personalräte finden sich im Text zahlreiche Hinweise dazu, auf welche Beteiligungsrechte sie zurückgreifen können, um die Rechte der Beschäftigten zu sichern und den Persönlichkeitsschutz sicherzustellen.
Diese Kommentierung berücksichtigt den Stand von Literatur und Rechtsprechung im Januar 2022. Die in den Fußnoten genannten Gerichtsentscheidungen sind über ihre Aktenzeichen im Internet zu finden, weshalb in der Regel auf die Benennung von Quellen verzichtet wird. Ich freue mich auf alle Anregungen und Hinweise der Nutzerinnen und Nutzer.
Mein besonderer Dank gilt den Mitarbeiterinnen und Mitarbeitern beim Bund-Verlag, die dieses Buchprojekt intensiv und mit viel Geduld begleitet haben.

Wiesbaden, im Februar 2022 Peter Wedde

Inhaltsverzeichnis

… betroffenen Person

Abschnitt 1
Transparenz und Modalitäten

Abschnitt 2
Informationspflicht und Recht auf Auskunft zu personenbezogenen Daten

Abschnitt 3
Berichtigung und Löschung

Abschnitt 4
Widerspruchsrecht und automatisierte Entscheidungsfindung im Einzelfall

Abschnitt 5
Beschränkungen

Kapitel IV
Verantwortliche und Auftragsverarbeiter

Abschnitt 1
Allgemeine Pflichten

Abschnitt 2
Sicherheit personenbezogener Daten

Abschnitt 3
Datenschutz-Folgenabschätzung und vorherige Konsultation

Abschnitt 4
Datenschutzbeauftragt e r

Abschnitt 5
Verhaltensregeln und Zertifizierung

Kapitel V
Übermittlungen personenbezogener Daten an Drittländer oder an internationale Organisationen

Kapitel VI
Unabhängige Aufsichtsbehörden

Abschnitt 1
Unabhängigkeit

Abschnitt 2
Zuständigkeit, Aufgaben und Befugnisse

Kapitel VII
Zusammenarbeit und Kohärenz

Abschnitt 1
Zusammenarbeit

Abschnitt 2
Kohärenz

Abschnitt 3
Europäischer Datenschutzausschuss

Kapitel VIII
Rechtsbehelfe, Haftung und Sanktionen

Kapitel IX
Vorschriften für besondere Verarbeitungssituationen

Kapitel 4
Die oder der Bundesbeauftragte für den Datenschutz und die Informationsfreiheit

Kapitel 5
Vertretung im Europäischen Datenschutzausschuss, zentrale Anlaufstelle, Zusammenarbeit der Aufsichtsbehörden des Bundes und der Länder in Angelegenheiten der Europäischen Union

Kapitel 6
Rechtsbehelfe

Teil 2
Durchführungsbestimmungen für Verarbeitungen zu Zwecken gemäß Artikel 2 der Verordnung (EU) 2016/679

Kapitel 1
Rechtsgrundlagen der Verarbeitung personenbezogener Daten

Abschnitt 1
Verarbeitung besonderer Kategorien personenbezogener Daten und Verarbeitung zu anderen Zwecken

Kapitel 5
Sanktionen

Kapitel 6
Rechtsbehelfe

Teil 3
Bestimmungen für Verarbeitungen zu Zwecken gemäß Artikel 1 Absatz 1 der Richtlinie (EU) 2016/680

Kapitel 1
Anwendungsbereich, Begriffsbestimmungen und allgemeine Grundsätze für die Verarbeitung personenbezogener Daten

Kapitel 2
Rechtsgrundlagen der Verarbeitung personenbezogener Daten

Kapitel 3
Rechte der betroffenen Person

Kapitel 6
Zusammenarbeit der Aufsichtsbehörden

Kapitel 7
Haftung und Sanktionen

Teil 4
Besondere Bestimmungen für Verarbeitungen im Rahmen von nicht in die Anwendungsbereiche der Verordnung (EU) 2016/679 und der Richtlinie (EU) 2016/680 fallenden Tätigkeiten

Abkürzungsverzeichnis

a. A.	anderer Ansicht
a. a. O.	am angegebenen Ort
ABl.	Amtsblatt
Abs.	Absatz
AEUV	Vertrag über die Arbeitsweise der Europäischen Union
a. F.	alte Fassung
AG	Amtsgericht bzw. Aktiengesellschaft (je nach Kontext)
AGB	Allgemeine Geschäftsbedingungen
AGG	Allgemeines Gleichbehandlungsgesetz
AiB	Arbeitsrecht im Betrieb (Zeitschrift)
allg.	allgemein
ArbG	Arbeitsgericht
ArbSchG	Arbeitsschutzgesetz
ArbuR	Arbeit und Recht (Zeitschrift; Abkürzung bis 2006)
ArbZG	Arbeitszeitgesetz
Art.	Artikel
Aufl.	Auflage
AuR	Arbeit und Recht (Zeitschrift)
BAG	Bundesarbeitsgericht
BB	BetriebsBerater (Zeitschrift)
BCR	Binding Corporate Rules (verbindliche interne Datenschutzvorschriften)
BDSG	Bundesdatenschutzgesetz
BEM	betriebliches Eingliederungsmanagement
BetrVG	Betriebsverfassungsgesetz
BfDI	der oder die Bundesbeauftragte für den Datenschutz und die Informationsfreiheit
BGB	Bürgerliches Gesetzbuch
BGBl.	Bundesgesetzblatt
BGH	Bundesgerichtshof
BPersVG	Bundespersonalvertretungsgesetz
BR	Bundesrat

BT	Bundestag
Buchst.	Buchstabe
BVerfG	Bundesverfassungsgericht
BVerfGE	Entscheidungssammlung des BVerfG
BZRG	Bundeszentralregistergesetz
bzgl.	bezüglich
bzw.	beziehungsweise
CD	Computer Disk
CuA	Computer und Arbeit (Zeitschrift)
DB	Der Betrieb (Zeitschrift)
DGB	Deutscher Gewerkschaftsbund
diesbzgl.	diesbezüglich
DLP	Data Loss/Leakage Prevention (Schutz vor ungewollter Datenweitergabe bzw. Datenverlusten)
Drs.	Drucksache
DSGVO	EU Datenschutz-Grundverordnung
DSRL	Europäische Datenschutzrichtlinie
DSRl-Jl	Richtlinie für den Datenschutz in den Bereichen Justiz und Polizei
DuD	Datenschutz und Datensicherheit (Zeitschrift)
ebd.	ebenda
EDV	Elektronische Datenverarbeitung
EFZG	Entgeltfortzahlungsgesetz
EG	Europäische Gemeinschaften
ErwGr	Erwägungsgrund
EU	Europäische Union
EuGH	Europäischer Gerichtshof
EUV	Vertrag über die Europäische Union
EWR	Europäischer Wirtschaftsraum
EzA-SD	Entscheidungssammlung zum Arbeitsrecht – Schnelldienst
f.	folgende (Seite)
ff.	folgende (Seiten)
FS	Festschrift
gem.	gemäß
GenDG	Gendiagnostikgesetz
GG	Grundgesetz
GmbH	Gesellschaft mit beschränkter Haftung

GoB	Grundsätze ordnungsgemäßer Buchführung
GPS	Global Positioning System (Globales Positionsbestimmungssystem)
GRCh	Europäische Grundrechtecharta
grdl.	grundlegend
GVG	Gerichtsverfassungsgesetz
HDSIG	Hessisches Datenschutz- und Informationsfreiheitsgesetz
i.E.	im Ergebnis
IP-Adresse	Internet Protokoll Adresse
i.d.S.	in diesem Sinne
i.R.v.	im Rahmen von
i. S. d.	im Sinne des/der
i. S. v.	im Sinne von
IT	Information Technology (Informationstechnik)
i. V. m.	in Verbindung mit
jurisPR-ArbR	juris PraxisReport Arbeitsrecht (Zeitschrift)
KI	Künstliche Intelligenz
KSchG	Kündigungsschutzgesetz
KWG	Kreditwesengesetz
LAG	Landesarbeitsgericht
LG	Landgericht
LuftSIG	Luftsicherheitsgesetz
Mio.	Million(en)
MuSchG	Mutterschutzgesetz
m. w. N.	mit weiteren Nachweisen
NJW	Neue Juristische Wochenschrift (Zeitschrift)
Nr.	Nummer
n. rkr.	nicht rechtskräftig
NZA	Neue Zeitschrift für Arbeitsrecht
OLG	Oberlandesgericht
OVG	Oberverwaltungsgericht
OWiG	Ordnungswidrigkeitengesetz
PersR	Der Personalrat (Zeitschrift)

PIN	Personal Identification Number (Persönliche Identifikationsnummer)
RDV	Recht der Datenverarbeitung (Zeitschrift)
rev.	revidiert
RFID	Radio Frequency Identification (Identifikation mithilfe elektromagnetischer Wellen)
Rn.	Randnummer
Rspr.	Rechtsprechung
S.	Seite
SGB	Sozialgesetzbuch
SMS	Short Messaging Service (Kurznachrichtendienst)
SaaS	Software as a Service (Software als Dienstleistung)
StPO	Strafprozessordnung
TKG	Telekommunikationsgesetz
TzBfG	Teilzeit- und Befristungsgesetz
u. a.	unter anderem
UKlaG	Unterlassungsklagengesetz
UN	United Nations (Vereinte Nationen)
USA	United States of America (Vereinigte Staaten von Amerika)
v.	vom
VG	Verwaltungsgericht
vgl.	vergleiche
WP	Die Wirtschaftsprüfung (Zeitschrift)
WTO	World Trade Organization (Welthandelsorganisation)
z. B.	zum Beispiel
ZD	Zeitschrift für Datenschutz

Literaturverzeichnis

Bergmann/Möhrle/Herb, Datenschutzrecht, Kommentar, Loseblatt, Stand Juni 2021 (zit.: BMH).

Bundesregierung, Strategie Künstliche Intelligenz der Bundesregierung, Berlin, Stand November 2019, *www.ki strategie-deutschland.de/home.html*.

Däubler, Digitalisierung und Arbeitsrecht, 7. Aufl. 2020.

Däubler, Gläserne Belegschaften, 9. Aufl. 2021.

Däubler/Klebe/Wedde (Hrsg.), BetrVG – Betriebsverfassungsgesetz, Kommentar, 18. Aufl. 2022 (zit.: DKW-Bearbeiter).

Däubler/Wedde/Weichert/Sommer, EU-DSGVO und BDSG, Kommentar, 2. Aufl. 2020 (zit.: DWWS-Bearbeiter).

Datenethikkommission (Hrsg.), Gutachten der Datenethikkommission, Berlin 2019.

Ehmann/Selmayr (Hrsg.), Datenschutz-Grundverordnung – DS-GVO, Kommentar, 2. Aufl. 2018 (zit.: Ehmann/Selmayr-Bearbeiter).

Eßer/Kramer/Lewinski (Hrsg.), Auernhammer, DSGVO/BDSG-Kommentar, 7. Aufl. 2020 (zit.: Auernhammer-Bearbeiter)

Fitting/Engels/Schmidt/Trebinger/Linsenmaier, Betriebsverfassungsgesetz – BetrVG, Kommentar, 30. Aufl. 2020 (zit.: Fitting).

Friedewald/Obersteller/Nebel/Bieker/Rost, Datenschutz-Folgenabschätzung: Ein Werkzeug für einen besseren Datenschutz. White Paper des Forums Privatheit und selbstbestimmtes Leben in der Digitalen Welt. Fraunhofer ISI, 2016, *www.forum-privatheit.de*.

Gola (Hrsg.), Datenschutz-Grundverordnung, 2. Aufl. 2018 (zit: Gola-Bearbeiter).

Gola/Heckmann (Hrsg.), Bundesdatenschutzgesetz – BDSG, Kommentar, 13. Aufl. 2019 (zit.: Gola/Heckmann-Bearbeiter).

Höller/Wedde, Die Vermessung der Belegschaft – Mining the Enterprise Social Graph, Hans Böckler Stiftung, Mitbestimmungspraxis Nr. 10, 2018.

Kühling/Buchner (Hrsg.), Datenschutz-Grundverordnung, Bundesdatenschutzgesetz – DS-GVO/BDSG, Kommentar, 3. Aufl. 2020 (zit.: Kühling/Buchner-Bearbeiter).

Müller-Glöge/Preis/Schmidt (Hrsg.), Erfurter Kommentar zum Arbeitsrecht, 21. Aufl. 2021 (zit.: ErfK-Bearbeiter).

Paal/Pauly (Hrsg.), Datenschutz-Grundverordnung, Bundesdatenschutzgesetz – DS-GVO/BDSG, Kommentar, 3. Aufl. 2021 (zit.: Paal/Pauly-Bearbeiter).

Plath (Hrsg.), DSGVO/BDSG, Kommentar, 3. Aufl. 2018 (zit.: Plath-Bearbeiter)

Schaffland/Wiltfang (Hrsg.), Datenschutz-Grundverordnung (DS-GVO)/ Bundesdatenschutzgesetz (BDSG), Kommentar, Loseblatt (zit.: Schaffland/Wiltfang-Bearbeiter).

Schwartmann/Jaspers/Thüsing/Kugelmann (Hrsg.), Datenschutz-Grundverordnung/Bundesdatenschutzgesetz, 2018 (zit.: SJTK-Bearbeiter).

Simitis/Hornung/Spiecker gen. Döhmann (Hrsg.), Datenschutzrecht – DSGVO mit BDSG, Kommentar, 2019 (zit.: SHS-Bearbeiter).

Sydow (Hrsg.), Europäische Datenschutzgrundverordnung, Kommentar, 2. Aufl. 2018 (zit.: Sydow-Bearbeiter).

Taeger/Gabel (Hrsg.), DSGVO – BDSG, Kommentar, 3. Aufl. 2019 (zit.: Taeger/Gabel-Bearbeiter).

v.d. Bussche/Voigt (Hrsg.), Konzerndatenschutz, Rechtshandbuch, 2. Aufl. 2019 (zit.: v.d. Bussche/Voigt-Bearbeiter).

Wedde, Automatisierung im Personalmanagement – Arbeitsrechtliche Aspekte und Beschäftigtendatenschutz, 2020 (zit.: Wedde Automatisierung).

Wedde (Hrsg.), Handbuch Datenschutz und Mitbestimmung, 2. Aufl. 2019 (zit.: Wedde-Bearbeiter).

A. Einleitung

Inhaltsübersicht Rn.

I. Einleitung

Im Oktober 2021 gab es nach Feststellung des Statistischen Bundesamts in Deutschland etwa 45,2 Mio. Erwerbstätige, davon ca. 33,6 Mio. in einem sozialversicherungspflichtigen Beschäftigungsverhältnis.[1] Die meisten sozialversicherungspflichtigen Tätigkeiten werden auf der Grundlage von Arbeitsverträgen durch Arbeitnehmerinnen und Arbeitnehmer sowie durch Auszubildende erbracht. Zu den sozialversicherungspflichtig Beschäftigten gehören aber auch Altersteilzeitbeschäftigte, Praktikantinnen, Werkstudenten, Personen, die in anerkannten Werkstätten für behinderte Menschen oder in gleichartigen Einrichtungen, in Einrichtungen der Jugendhilfe oder in Berufsbildungswerken tätig sind, sowie solche, die ein freiwilliges soziales, ein freiwilliges ökologisches Jahr oder einen Bundesfreiwilligendienst ableisten.[2] Alle sozialversicherungspflichtigen Beschäftigungsverhältnisse zeichnet eine in unterschiedlichem Maß bestehende wirtschaftliche und/oder persönliche Abhängigkeit von Arbeitgebern aus. 1

Für die unterschiedlichen sozialversicherungspflichtigen Beschäftigungsverhältnisse gibt es keinen einheitlichen arbeits- oder sozialrechtlichen 2

1 Vgl. *www.destatis.de/DE/Themen/Arbeit/Arbeitsmarkt/Erwerbstaetigkeit/_inhalt.html.*

2 *www.destatis.de/DE/Themen/Arbeit/Arbeitsmarkt/Glossar/sozialversicherungspflichtig-beschaeftigte.html.*

Schutzrahmen. Der Anwendungsbereich des gesetzlichen Arbeits- und Gesundheitsschutzes ist beispielsweise nach § 2 Abs. 2 ArbSchG auf die dort genannten Beschäftigten beschränkt. Obwohl die Begriffsbestimmung in dieser Vorschrift weit gefasst ist, werden beispielsweise Praktikantinnen und Praktikanten von ihr ebenso wenig erfasst wie in anerkannten Werkstätten für behinderte Menschen tätige Beschäftigte. Das Arbeitszeitgesetz kommt nach der Begriffsbestimmung in § 2 Abs. 2 ArbZG nur für Arbeiter und Angestellte sowie für zu ihrer Berufsausbildung Beschäftigte zur Anwendung. Über einen gesetzlichen Kündigungsschutz nach dem KSchG verfügen nach § 1 Abs. 1 dieses Gesetzes nur Arbeitnehmer i. S. v. § 611a BGB. Im Bereich des Datenschutzrechts besteht demgegenüber eine einheitlichere Situation. Der umfassende datenschutzrechtliche Begriff der »Beschäftigten« in § 26 Abs. 8 BDSG erfasst alle Formen sozialversicherungspflichtiger Tätigkeiten und schließt darüber hinaus neben arbeitnehmerähnlichen Personen auch die im Anwendungsbereich dieses Gesetzes tätigen Beamtinnen und Beamten, Richterinnen und Richter, Soldatinnen und Soldaten sowie Zivildienstleistende ein. Die durch § 26 Abs. 8 BDSG ermöglichte einheitliche Einbeziehung aller Beschäftigtengruppen, die in einer persönlichen und/oder wirtschaftlichen Abhängigkeit stehen, in einen einheitlichen datenschutzrechtlichen Schutzbereich ist erforderlich, weil ihre Arbeitgeber, Dienstherren oder Auftraggeber (im Folgenden durchgängig als Arbeitgeber bezeichnet) in der Regel umfassende Verarbeitungsmöglichkeiten ihrer personenbezogenen Daten haben.

3 Im Vergleich zu den teilweise sehr ausführlichen und inhaltlich differenzierten gesetzlichen Regelungen, die es beispielsweise zum Arbeits- und Gesundheitsschutz gibt, ist der normative Regelungsrahmen zum Schutz der personenbezogenen Daten von Beschäftigten überschaubar und inhaltlich bescheiden: Für die Fülle personenbezogener Informationen, die Arbeitgebern über die von ihnen beschäftigten Personen zur Verfügung stehen, gibt es bisher kein spezielles und in sich geschlossenes gesetzliches Regelungswerk, das für unterschiedliche Verarbeitungssituation und -formen verbindliche Regeln oder Grenzen für die Verwendung personenbezogener Informationen vorgibt. Die beiden einzigen Spezialnormen zum Thema »Beschäftigtendatenschutz« in Art. 88 DSGVO und in § 26 BDSG sind teilweise als allgemeine Vorgaben ausgestaltet und darüber hinaus durch unbestimmte Rechtsbegriffe geprägt.

4 Aufgrund des Fehlens detaillierte rechtlicher Vorgaben werden Grenzen und Möglichkeiten der Verarbeitung von Beschäftigtendaten damit weitgehend durch allgemeine Datenschutzvorgaben sowie durch einschlägige Rechtsprechung geprägt. Diese normative Situation führt im datenschutzrechtlichen Bereich nicht dazu, dass zwischen abhängig Beschäftigten und ihren wirtschaftlich wie tatsächlich durchsetzungsstärkeren Arbeitgebern eine echte Handlungsparität besteht.

5 An dieser Situation ändert sich auch durch die beiden Spezialvorschriften zum Beschäftigtendatenschutz in Art. 88 DSGVO und § 26 BDSG nichts Grundlegendes. Wichtige Einzelthemen, etwa die Grenzen der Zulässigkeit von technischer Überwachung oder von medizinischen Untersuchungen der Beschäftigten, bleiben auf dieser Ebene ungeregelt.

II. Fehlen eines gesetzlichen Beschäftigtendatenschutzes

6 Über die Notwendigkeit der Schaffung eines eigenständigen Beschäftigtendatenschutzgesetzes gab es schon lange vor Inkrafttreten der DSGVO und des neuen BDSG intensive Diskussionen. Ein umfassender offizieller Entwurf für ein »Gesetz zur Regelung des Beschäftigtendatenschutzes« wurde erstmals im Dezember 2010 von einer Regierungskoalition aus CDU, CSU und FDP vorgelegt.[3] Dieser maßgeblich von der FDP getragene Entwurf sah die Einfügung von Regelungen zum Beschäftigtendatenschutz in das bestehende BDSG vor. Er stellt die Interessen von Arbeitgebern schon sprachlich in den Vordergrund. Das Gesetz wurde beispielsweise mit dem Halbsatz eingeleitet »*Der Arbeitgeber darf* (...)«. Diese Formulierung fand sich auch am Anfang zahlreicher weiterer Vorschriften wieder, in denen Verarbeitungsinteressen von Arbeitgebern auch inhaltlich vielfach Vorrang genossen. Diese Konzeption führte in der intensiv und kontrovers geführten Diskussion zu der Erkenntnis, dass es sich eigentlich um den Entwurf für ein »Beschäftigtenausforschungserlaubnisgesetz« handelt.[4]

7 Die Verabschiedung des »Gesetzes zur Regelung des Beschäftigtendatenschutzes« sollte zu Beginn des Jahres 2013 erfolgen. Dieses Vorhaben scheiterte aber letztlich am Widerstand vieler Bürgerinnen und Bürger, der sich in mehreren Unterschriftenkampagnen manifestierte. So wurde beispielsweise ein Aufruf von Datenschützern unter der Überschrift »Keine Überwachung am Arbeitsplatz« Ende Januar 2013 innerhalb weniger Tage von mehr als 70 000 Personen unterstützt.[5] Ein zeitgleich erfolgter ähnlicher Aufruf des DGB fand im selben Zeitraum mehr als 30 000 Unterstützer.[6] Wohl auch mit Blick auf die im Frühjahr 2013 in mehreren Bundesländern anstehenden Landtagswahlen wurde die für den 1. Februar 2013 im Schnelldurchgang geplante Abstimmung über das umstrittene Gesetz von der Bundesregie-

3 BT-Drs. 17/4230 vom 15.12.2010.

4 Vgl. die Zusammenstellung von Positionen aus der Diskussion unter *www.labournet.de/interventionen/grundrechte/menschenrechte-betrieb/arbeitnehmerdaten/datenschutzgesetz/beschaftigtendatenschutz-anderungsvorschlag-fur-innenausschus-sitzung-am-16-januar-2013/*.

5 Vgl. FIfF-Pressemitteilung 29.1.2013 unter *www.fiff.de/repository/keine-ueberwachung-am-arbeitsplatz-erfolg-fuer-datenschuetzer*.

6 Vgl. *www.dgb.de/themen/++co++8f093ba0-5e30-11e2-8325-00188b4dc422*.

rung gestoppt. Das Gesetzgebungsverfahren wurde in der Legislaturperiode nicht mehr zu Ende geführt und erledigte sich mit der folgenden Bundestagswahl.

8 Im Anschluss an dieses gescheiterte Gesetzgebungsvorhaben gab es keine weiteren ersthaften Gesetzgebungsinitiativen zu diesem Thema mehr. Ein vom Bundesminister für Arbeit und Soziales, Hubertus Heil, im Sommer 2020 eingesetzter Expertenbeirat trat zwar mit der Aufgabe zusammen, Perspektiven eines zukunftsweisenden Beschäftigtendatenschutzes zu erörtern und dabei zu prüfen, inwieweit zusätzliche, konkretisierende Regelungen für den Schutz der Rechte von Beschäftigten in der digitalen Arbeitswelt notwendig sind.[7] Zu den Ergebnissen der Beiratsarbeit gibt es bisher aber nur einen kurzen Abschlussbericht.[8]

9 Der Koalitionsvertrag der aktuellen »Ampel-Koalition«[9] enthält zu diesem Thema zwar die allgemeine Festlegung »*Wir schaffen Regelungen zum Beschäftigtendatenschutz, um Rechtsklarheit für Arbeitgeber sowie Beschäftigte zu erreichen und die Persönlichkeitsrechte effektiv zu schützen*«, verzichtet aber auf eine Festlegung zur Schaffung eines Beschäftigtendatenschutzgesetzes. Dies spricht nicht dafür, dass es in der laufenden Legislaturperiode bezüglich eines in sich geschlossenen Beschäftigtendatenschutzgesetzes zu herausragenden Aktivitäten der Bundesregierung kommen wird. Vor diesem Hintergrund könnte der als eigenständige gesetzliche Regelung »Entwurf eines Beschäftigtendatenschutzgesetzes (BeschDSG)«[10], den der Deutsche Gewerkschaftsbund im Februar 2022 vorgelegt hat, eine neue Diskussion anstoßen.[11]

III. Veränderung der Arbeitswelt

10 Dem Verzicht auf die Schaffung eines gesetzlichen Beschäftigtendatenschutzes, der aus mehr besteht als allgemeinen Vorgaben und unbestimm-

7 Vgl. *www.denkfabrik-bmas.de/schwerpunkte/beschaeftigtendatenschutz/beirat-zum-beschaeftigtendatenschutz.*

8 Vgl. Bericht des unabhängigen, interdisziplinären Beirats zum Beschäftigtendatenschutz, Stand 1/2022, elektronisch abrufbar unter *https://www.denkfabrik-bmas.de/fileadmin/Downloads/Publikationen/Bericht_des_unabhaengigen_interdisziplinaeren_Beirats_zum_Beschaeftigtendatenschutz.pdf.*

9 Vgl. Mehr Fortschritt wagen, Bündnis für Freiheit, Gerechtigkeit und Nachhaltigkeit, Koalitionsvertrag 2021 zwischen SPD, Bündnis 90/Die Grünen und FDP, elektronisch verfügbar unter *www.bundesregierung.de/breg-de/suche/koalitionsvertrag-2021-1990800.*

10 Elektronisch abrufbar unter *https://www.dgb.de/uber-uns/dgb-heute/recht/++co++d8c37b52-88e2-11ec-acce-001a4a160123.*

11 Vgl. hierzu *https://www.dgb.de/uber-uns/dgb-heute/recht/++co++82a3178c-88c4-11ec-b434-001a4a160123.*

ten Rechtsbegriffen, steht eine Arbeitswelt gegenüber, die durch zahlreiche neue und mächtige IT-Anwendungen geprägt ist. Gemeinsam ist diesen, dass mit ihnen umfassende Datenmengen erhoben und verarbeitet werden können. Dabei werden neben umfangreichen technischen Informationen, die für den Betrieb notwendig sind, regelmäßig auch zahlreiche personenbezogene Daten verarbeitet, die Rückschlüsse auf das individuelle Verhalten und die Leistung von Beschäftigten möglich machen. Besonders deutlich wird dies, wenn Beschäftigtendaten mit Anwendungen aus dem Bereich der »Künstlichen Intelligenz« verarbeitet werden. Aber auch neue Konzepte des Softwareeinsatzes wie »Software as a Service (›SaaS‹)« führen zu nur noch schwer überschaubaren Datenflüssen, die auch personenbezogene Daten beinhalten.

1. Künstliche Intelligenz und Beschäftigtendatenschutz

Der Begriff »Künstliche Intelligenz« (oder »KI«) bezeichnet Verfahren, die 11
auf der Basis von Methoden aus den Bereichen Mathematik und Informatik in der Lage sein sollen, konkrete Anwendungsprobleme zu lösen und sich dabei selbst zu optimieren.[12] Die Selbstoptimierung erfolgt auf Basis von »selbstlernende Algorithmen«. Der Begriff »Algorithmus« steht allgemein für sich wiederholende Rechenvorgänge nach einem bestimmten Schema.[13] Bezogen auf KI sind Algorithmen operative Verarbeitungsvorschriften, mit denen ein Ablaufplan als eine Folge von Verarbeitungsschritten spezifiziert wird. Algorithmen sollen ein angestrebtes Ergebnis durch die schrittweise Transformation von Eingangsdaten erzielen.[14]

Die effektive Nutzung von KI-Anwendungen setzt insbesondere in der 12
»Lernphase« der KI-Software den Zugriff auf vorhandene große Datenmengen voraus. Auf dieser Basis sollen eine umfassende neue Bewertung und Auswertung der vorliegenden Informationen sowie die Erstellung von hieraus abgeleiteten Prognosen möglich sein. Die Verarbeitung erfolgt in dieser Phase nicht für einen i. S. v. Art. 5 Abs. 1 Buchst. b DSGVO festgelegten, eindeutigen und legitimen Zweck, sondern mit dem alleinigen Ziel der Abarbeitung vorgegebener Grundregeln und ihrer automatisierten Weiterentwicklung auf Basis vorgefundener Informationen und Zwischenergebnisse. Letztlich handelt es sich damit um eine Vorratsdatenverarbeitung, die unabhängig und teilweise außerhalb der ursprünglich festgelegten Verarbeitungszwecke erfolgt. Ob die im Rahmen der Verarbeitung durchgeführte Zweckänderung datenschutzrechtlich zulässig sind, wird von der Software im Regelfall nicht beachtet oder überprüft.

---

12 Vgl. ähnlich *Bundesregierung*, Strategie Künstliche Intelligenz, S. 4.

13 Vgl. die Definition des Duden, abrufbar unter *www.duden.de/rechtschreibung/*.

14 Vgl. *Datenethikkommission*, S. 54.

13 Ob und welche Schlussfolgerungen eine KI-Software aus vorhandenen personenbezogenen Daten zieht und welche Aussagen zum Verhalten oder zur Leistung einzelner Beschäftigter daraus abgeleitet werden, ist für die betroffenen Personen weder vor Beginn der Verarbeitung noch in deren Verlauf transparent. Teilweise wissen aber auch die Anwender der KI-Software selbst nicht, welche Regeln der Hersteller der Verarbeitung zugrunde liegen oder wie Ergebnisse zustande kommen. Die fehlende Transparenz steht aber der Möglichkeit nicht entgegen, dass von der Software »gefundene« Ergebnisse für betroffene Beschäftigte Folgen haben können. Stellt eine KI-Software beispielsweise fest, dass bestimmte Beschäftigte im Vergleich zu anderen oder zum Durchschnitt zu langsam arbeiten oder dass die von ihnen beschrittenen Lösungswege zu kompliziert sind, kann dies im Einzelfall zu persönlichen Konsequenzen für die Betroffenen führen.

14 Viele Ausgestaltungen von KI-Software halten einer Bewertung am Maßstab einschlägiger datenschutzrechtlicher Grundsätze nicht oder nur begrenzt statt. Sind beispielsweise die der KI-Anwendung zugrunde liegenden Rechenregeln weder den Anwendern noch den von der Verarbeitung betroffenen Personen bekannt, steht der Einsatz entsprechender KI-Software für die Verarbeitung personenbezogener Daten im Widerspruch zu den datenschutzrechtlichen Grundsätzen der Transparenz und der Zweckbindung in Art. 5 Abs. 1 Buchst. a und b DSGVO. Ihre Verwendung wird zudem nicht der in Art. 25 Abs. 2 DSGVO enthalten Verpflichtung der Verantwortlichen gerecht, den Datenschutz durch datenfreundliche Voreinstellungen sicherzustellen. Praktisch bedeutet dies, dass Verantwortliche Verarbeitungsprozesse so ausgestalten müssen, dass Verarbeitungen personenbezogener Daten nur für die festgelegten Verarbeitungszwecke erfolgen können. Zudem können die Möglichkeiten von KI-Systemen zur autonomen Lösungsfindung mit den Regeln zum Ausschluss automatisierter Entscheidungen in Art. 22 Abs. 1 DSGVO kollidieren.

15 Werden mit KI-Anwendungen Beschäftigtendaten verarbeitet, ist es grundsätzlich fraglich, ob die ablaufenden Verarbeitungsprozesse und die daraus resultierenden Erkenntnisse über einzelne Beschäftigte i. S. v. § 26 Abs. 1 Satz 1 BDSG erforderlich für Anbahnung, Durchführung oder Abwicklung von Beschäftigungsverhältnissen sind.

2. Software as a Service und Beschäftigtendaten

16 Wird in der Arbeitswelt auf Konzepte aus dem Bereich des »Cloud-Computing« oder »Software as a Service« zurückgegriffen, ist sowohl für Verantwortliche wie auch für Beschäftigte vielfach nicht mehr nachvollziehbar, wo welche Daten vorgehalten oder verarbeitet werden. Der Begriff »Cloud-Computing« steht für verteilte Datenverarbeitung irgendwo auf der Welt, ohne dass Verantwortliche wissen, wo und mit welchen Servern

bestimmte Verarbeitungen durchgeführt werden. »Software as a Service« (kurz »SaaS«) steht für Konzepte, bei denen Anbieter ihre Anwendungssoftware für Kunden und Nutzer online im Internet zur Verfügung stellen. Notwendige Pflege- und Anpassungsmaßnahmen werden zentral durchgeführt und kommen allen Verwendern unmittelbar zugute. Für Anwender haben »SaaS«-Konzepte den Vorteil, dass sie benötigte Software nicht mehr eigenständig auf den Endgeräten installieren, dort auf dem neuesten Stand halten und nach einem Versionswechsel neu kaufen müssen. Stattdessen steht ihnen auf der Basis regelmäßiger Zahlungen für die Lizenzen jeweils die neueste Softwareversion zur Verfügung, ohne dass hierfür eigenständige Pflegeleistungen erbracht werden müssen.

Für Beschäftigte haben diese Konzepte den Nachteil, dass nicht nur ihr 17
Arbeitgeber auf ihre personenbezogenen Daten zugreifen kann, sondern diese Möglichkeit teilweise auch den Anbietern der Software offensteht. Diese verlangen beispielsweise im Rahmen des Lizenzmanagements regelmäßig die Bekanntgabe von Stammdaten wie insbesondere Namen oder E-Mail-Adressen von Beschäftigten. Darüber hinaus verarbeiten Anbieter personenbezogene Daten aber auch, um ihre Systeme fortzuentwickeln und zu »schulen«. Dies kann beispielsweise Informationen zur Häufigkeit der Nutzung bestimmter Programme, zu Art und Dauer der Verwendung oder zur individuellen Arbeitsgeschwindigkeit beinhalten. Teilweise können Anbieter auch umfassende Verhaltensprofile von Nutzern und Nutzergruppen erstellen, die in sog. »sozialen Graphen« dargestellt werden können.[15]

Aus datenschutzrechtlicher Sicht stellt sich bezüglich derartiger Kon- 18
zepte die grundsätzliche Frage nach den erforderlichen Erlaubnisnormen für derartige Verarbeitungen von Beschäftigtendaten. An diesen fehlt es bezogen auf die Verarbeitung durch Softwareanbieter vielfach schon deshalb, weil die Erforderlichkeit dieser Verwendung für die Durchführung von Beschäftigungsverhältnissen nicht gegeben ist. Um bestehenden datenschutzrechtlichen Anforderungen wie etwa dem Transparenzgebot gerecht werden zu können, müssen Arbeitgeber eigentlich schon im Rahmen ihrer Auswahlentscheidungen für bestimmte Software oder durch entsprechende Vertragsgestaltungen mit den jeweiligen Anbietern sicherstellen, dass derartige Verarbeitungen unterbleiben. In der arbeitsrechtlichen Praxis ist dies jedoch oft schon deshalb nicht der Fall, weil verwendete Software oft ohne echte Alternativen ist bzw. weil auch andere Produkte vergleichbare Verarbeitungen beinhalten.

15 Vgl. *Höller/Wedde*, S. 9ff.

3. Reaktionsmöglichkeiten von Beschäftigten

19 Sind Beschäftigte der Auffassung, dass Verarbeitungen ihrer Daten datenschutzrechtlich nicht zulässig sind, stehen ihnen auf Basis des geltenden Rechts nur begrenzte Reaktionsmöglichkeiten zur Verfügung wie etwa Informations- oder Widerspruchsrechte oder Löschungsansprüche. Handelt es sich um Verarbeitungen mittels der vorstehend skizzierten »KI«- oder »SaaS«-Anwendungen, stoßen diese Möglichkeiten zudem schnell an praktische Grenzen: Da Beschäftigte etwa zu den Herstellern oder Anbieter von »SaaS« keine unmittelbaren Vertragsbeziehung haben, sind sie aus arbeitsrechtlicher Sicht darauf beschränkt, die Einhaltung datenschutzrechtlicher Vorschriften bei Auftragsverarbeitern oder Dritten mit dem Ziel der Wahrung ihrer Persönlichkeitsrechte direkt bei ihrem Arbeitgeber einzufordern. Bleibt dieser untätig, laufen bestehende Möglichkeiten in der Praxis ins Leere. Unabhängig hiervon können Beschäftigte sich an die zuständigen staatlichen Aufsichtsbehörden wenden.

IV. Regelungen zum Beschäftigtendatenschutz in der DSGVO und im BDSG

20 Machen Beschäftigte von ihren gesetzlichen Rechten im Bereich des Datenschutzes Gebrauch, nehmen sie das Risiko in Kauf, dass Arbeitgeber auf ein solches Vorgehen negativ reagieren und dass Benachteiligungen oder Sanktionen folgen. Das geltende Datenschutzrecht stellt für diese Fälle zugunsten der Beschäftigten keinen spezifischen Schutzmechanismus zur Verfügung, der ihrer Interessen, Grundrechte und Grundfreiheiten vor Sanktionen schützt, die erfolgen, weil sie ihre Rechte wahrnehmen. Mit Blick auf die bestehende persönliche und zumeist auch wirtschaftliche Abhängigkeit reichen diesbezüglich insbesondere die Schadenersatzregelungen in Art. 82 DSGVO nicht aus.

21 Der normative Rahmen des Beschäftigtendatenschutz wird derzeit grundlegend durch die Vorgaben zum Thema »Datenverarbeitung im Beschäftigungskontext« in **Art. 88 DSGVO** bestimmt. Art. 88 **Abs. 1** DSGVO eröffnet den Mitgliedsstaaten die Möglichkeit, Vorschriften zum Beschäftigtendatenschutz durch gesetzliche Regelungen oder durch Kollektivvereinbarungen zu schaffen, und benennt in einer beispielhaften Aufzählung deren mögliche Zwecke. Art. 88 **Abs. 2** DSGVO gibt für die zu schaffenden Vorschriften vor, dass sie angemessene und besondere Maßnahmen zur Wahrung der menschlichen Würde, der berechtigten Interessen und der Grundrechte der betroffenen Personen enthalten müssen (vgl. Art. 88 DSGVO, Rn. 8ff.). Der den Mitgliedsstaaten eröffnete Spielraum ist in Deutschland mit den in § 26 BDSG enthaltenen Regelungen zur »Datenverarbeitung für Zwecke des Beschäftigungsverhältnisses« ausgefüllt worden. Teilweise zu § 26 BDSG

textgleiche Vorschriften finden sich in den ebenfalls angepassten Landesdatenschutzgesetzen der Bundesländer wieder. Ergänzend zu § 26 BDSG und den entsprechenden Vorschriften in den Bundesländern müssen bei der Verarbeitung von Beschäftigtendaten auch die einschlägigen allgemeinen Vorschriften beachtet werden, die in der DSGVO enthalten sind.

Durch § 26 **Abs. 1 Satz 1** BDSG wird die Zulässigkeit der Verarbeitung von 22
Beschäftigtendaten an das Bestehen einer **Erforderlichkeit** für die Anbahnung, die Durchführung oder die Beendigung der Beschäftigungsverhältnisse gebunden. Die Verarbeitung von Beschäftigtendaten durch Arbeitgeber setzt neben dem Vorliegen der Erforderlichkeit voraus, dass einer der in Art. 6 Abs. 1 DSGVO abschließend aufgezählten Erlaubnistatbestände erfüllt ist. Dies setzt beispielsweise der Verarbeitung von Beschäftigtendaten innerhalb von Konzernstrukturen dann Grenzen, wenn diese außerhalb des Unternehmens des Arbeitgebers, außerhalb einer Auftragsverarbeitung nach Art. 28 DSGVO und ohne Bestehen einer gemeinsamen Verantwortlichkeit nach Art. 26 DSGVO erfolgt.

In diesem Zusammenhang ist zu beachten, dass insbesondere die Möglich- 23
keit eines Rückgriffs auf Einwilligungen von Beschäftigten durch die Vorgaben in § **26 Abs. 2** BDSG begrenzt ist. Diese Vorschrift legt fest, dass bei der Prüfung der für eine **wirksame Einwilligung** notwendigen Freiwilligkeit der Erklärung insbesondere die bestehende Abhängigkeit der Beschäftigten von ihren Arbeitgebern zu berücksichtigen ist. Der normative Hinweis, dass Freiwilligkeit insbesondere dann vorliegen kann, wenn aus einer Einwilligung für Beschäftigte ein rechtlicher oder wirtschaftlicher Vorteil folgt oder wenn sie und ihre Arbeitgeber gleichgelagerte Interessen verfolgen, verdeutlicht, dass es primär um Vorteile für Beschäftigte geht. Sind diese nicht gegeben, spricht dies gegen die Wirksamkeit einer erteilten Einwilligung. Im Streitfall trägt der Arbeitgeber, der seine Datenverarbeitung allein auf eine erteilte Einwilligung stützt, die Beweislast für deren Wirksamkeit. Auf der formalen Ebene ist zu beachten, dass in Beschäftigungsverhältnissen abweichend von Art. 7 DSGVO eine Einwilligung im Regelfall schriftlich oder elektronischer erteilt werden muss.

Die in Art. 9 Abs. 1 DSGVO genannten **besonderen Kategorien personen-** 24
bezogener Daten sind datenschutzrechtlich herausragend geschützt und dürfen deshalb auch innerhalb von Beschäftigungsverhältnissen nicht durch Arbeitgeber verarbeitet werden. Allerdings finden sich von diesem Verbot schon in Art. 9 Abs. 1 DSGVO zahlreiche Ausnahmen (vgl. Art. 9 DSGVO, Rn. 27ff.), die durch die Regelung in § 26 **Abs. 3** BDSG nochmals erweitert werden (vgl. § 26 BDSG, Rn. 111ff.). Allerdings steht diese Erweiterung unter dem normativen Vorbehalt, dass es keine überwiegenden Interessen der betroffenen Beschäftigten am Ausschluss dieser Verarbeitung gibt. Wie schwer die Wahrung ihrer Interessen in diesem Bereich in der Praxis ist, hat sich während der SARS-CoV-2-Pandemie insbesondere an einseitig von

Arbeitgebern durchgeführten Maßnahmen gezeigt, etwa der Erhebung der Körpertemperatur von Beschäftigten, ohne dass dafür im Regelfall die notwendige rechtskonforme Einwilligung vorlag.

25 § 26 **Abs. 4** BDSG nimmt die in Art. 88 Abs. 1 DSGVO ausdrücklich genannte Möglichkeit auf, Regelungen zum Beschäftigtendatenschutz im Rahmen von **Kollektivvereinbarungen** zu treffen. Mangels einschlägiger Mitbestimmungstatbestände zu diesem Thema können entsprechende Regelungen zwischen den Betriebsparteien nur auf freiwilliger Basis getroffen werden und sind nicht einseitig durchsetzbar, etwa über eine Einigungsstelle.

26 In § 26 **Abs. 5** BDSG werden Verantwortliche und damit de facto die Arbeitgeber verpflichtet, geeignete Maßnahmen zu ergreifen, um die in Art. 5 Abs. 1 DSGVO enthaltenen **Grundsätze** auch für die Verarbeitung von Beschäftigtendaten **sicherzustellen**. Hierzu gehört beispielsweise die Herstellung der nach Art. 5 Abs. 1 Buchst. a DSGVO notwendigen Transparenz der Verarbeitung für die Beschäftigten sowie ihre Durchführung nach dem allgemeinen Grundsatz von »Treu und Glauben«. Weiterhin muss von Arbeitgebern unter Beachtung des Grundsatzes in Art. 5 Abs. 1 Buchst. b DSGVO sichergestellt werden, dass Beschäftigtendaten im Rahmen der Erforderlichkeit nach § 26 Abs. 1 Satz 1 BDSG nur für festgelegte, eindeutige und legitime Zwecke verarbeitet werden. Das Volumen der Verarbeitung von Beschäftigtendaten muss zur Wahrung der Grundsätze der Datenminimierung und der Speicherbegrenzung in Art. 5 Abs. 1 Buchst. c und e DSGVO auf das aus objektiver Sicht erforderliche Mindestmaß begrenzt werden. Die Einhaltung aller in Art. 5 Abs. 1 DSGVO enthaltenen Grundsätze müssen Arbeitgeber gemäß Art. 5 Abs. 2 DSGVO auch gegenüber den Beschäftigten nachweisen können.

27 § 26 **Abs. 6** BDSG stellt klar, dass die Regelungen zum Beschäftigtendatenschutz die **gesetzlichen Beteiligungsrechte** von Betriebs- oder Personalräten **unberührt** lassen. **Abs. 7** erstreckt den Anwendungsrahmen der vorstehenden Abs. 1 bis 6 auf **manuell** außerhalb von Dateisystemen **verarbeitete Beschäftigtendaten**. § 26 **Abs. 8** BDSG enthält eine spezifische datenschutzrechtliche **Begriffsbestimmung** der »**Beschäftigten**«, auf die die Regelungen zum Beschäftigtendatenschutz anwendbar sind. Diese geht deutlich über die arbeitsrechtliche Definition der »Arbeitnehmer« hinaus, die etwa in § 5 Abs. 1 BetrVG enthalten ist.

28 Unabhängig von den in § 26 BDSG enthaltenen Regelungen sind Arbeitgeber bezogen auf Beschäftigtendaten zur Einhaltung der Vorgaben zum **technischen und organisatorischen Datenschutz** verpflichtet, die in der DSGVO enthalten sind. Sie sind damit insbesondere zur Schaffung, Einhaltung und Prüfung eines angemessenen Schutzstandards verpflichtet. Hierzu gehören etwa die Gewährleistung des **Datenschutzes durch Technikgestaltung** nach Art. 24 DSGVO, die Durchführung notwendiger technischer und organisatorischer Maßnahmen nach Art. 32 DSGVO oder die

Verpflichtung zur Erstellung einer **Datenschutz-Folgenabschätzun** Art. 35 DSGVO.
Beschäftigte können (wie andere betroffene Personen) ihre in **Ka** **DSGVO** enthaltenen individuellen Rechte uneingeschränkt gege Arbeitgebern geltend machen. Hierzu gehören nicht nur der weitgeh allgemeine Anspruch auf **transparente und verständliche Erläuteru** bezüglich der Verarbeitung ihrer Daten nach Art. 12 DSGVO, sondern e auch der in den Art. 13 und 14 DSGVO verankerte **Informationsanspru** sowie das »**Recht auf Vergessenwerden**« in Art. 17 DSGVO. Beschäftig können auf dieser datenschutzrechtlichen Grundlage beispielsweise Informationen dazu verlangen, auf welcher Rechtsgrundlage und für welche Zwecke bestimmte Verarbeitungen ihrer Daten erfolgen. Die Information müssen Arbeitgeber als die regelmäßig datenschutzrechtlich Verantwortlichen ihnen unter Beachtung der allgemeinen Grundsätze in Art. 12 Abs. 1 DSGVO in klarer, einfach und verständlicher Sprache erteilen.

V. Anforderungen an ein Beschäftigtendatenschutzgesetz

Aktuell ist nicht erkennbar, dass eine in sich geschlossene gesetzliche Re- **30**
gelung zum Beschäftigtendatenschutz geschaffen wird. Damit bestehen in der Arbeitswelt die zahlreichen Gefährdungen von Interessen, Grundrechten und Grundfreiheiten von Beschäftigten datenschutzrechtlich ungeregelt fort. Wie gesetzliche Lösungen im Rahmen eines Beschäftigtendatenschutzgesetzes aussehen könnten, lässt sich beispielhaft an Einzelthemen illustrieren:[16]

Ein in sich geschlossenes Beschäftigtendatenschutzgesetz muss sich in **31**
dem datenschutzrechtlichen Rahmen bewegen, den die DSGVO vorgibt. Es muss damit die Möglichkeit eines freien Datenverkehrs innerhalb der EU offenhalten. Gleichzeitig muss es mit Blick auf die strukturelle Überlegenheit von Arbeitgebern aber für die Beschäftigten, deren Daten verarbeitet werden, Schutzvorkehrungen und Handlungsmöglichkeiten schaffen, die sie im Fall von Datenschutzverstößen ohne Sorge vor Sanktionen wirksam wahrnehmen können. Dieses Ziel kann durch die Benennung von **Grenzen der Erforderlichkeit** von Verarbeitungen erreicht werden, damit für alle Vertragsparteien klarer erkennbar wird, welche Verarbeitungen von Beschäftigtendaten wann zulässig sind und welche nicht. Als nicht erforderlich könnten beispielsweise Verarbeitungen qualifiziert werden, wenn es dazu Alternativen gibt, die weniger in Interessen, Grundrechte und Grund-

---

16 Vgl. zu erforderlichen Regelungsinhalten den »Entwurf eines Beschäftigtendatenschutzgesetzes (BeschDSG)« des DGB, elektronisch abrufbar unter *https://www.dgb.de/uber-uns/dgb-heute/recht/++co++d8c37b52-88e2-11ec-acce-001a4a160123*.

freiheiten der Beschäftigten eingreifen. In Betracht kommt beispielsweise der Verzicht auf biometrische Zugangskontrollverfahren, wenn eine sichere Authentifizierung auch mittels Chipkarte und Pin-Eingabe realisiert werden kann. Zugleich könnten Detaillierungen der Grundsätze aus Art. 5 Abs. 1 DSGVO verankert werden, etwa verbindliche Informationspflichten von Verantwortlichen gegenüber Beschäftigten bezüglich der festgelegten Verarbeitungszwecke.

32 Bezogen auf **Bewerbungsverfahren** müssen Möglichkeiten und Grenzen des Fragerechts von Arbeitgebern normativ fixiert werden. Hierzu kann auf die von der Rechtsprechung entwickelten Grundsätze zurückgegriffen werden, die als Maßstab der Zulässigkeit weitgehend anerkannt sind. Eine gesetzliche Festlegung muss beispielsweise die Benennung unzulässiger Themenkomplexe beinhalten wie etwa Fragen nach bestehenden Schwangerschaften oder nach Kinderwünschen. Im Regelfall sollen Fragen zu Informationen aus dem Bereich besonderer Kategorien personenbezogener Daten gemäß Art. 9 DSGVO nicht zulässig sein. Ausnahmen von diesem Verbot sollen nur gelten, wenn es für die Verarbeitung sensibler Informationen klare gesetzliche Erlaubnisnormen gibt wie etwa bezüglich der Vorlage einer Arbeitsunfähigkeitserklärung nach § 5 Abs. 1 EFZG. Werden Bewerberinnen oder Bewerbern unzulässige Fragen gestellt, muss ihnen diesbezüglich neben einem »Recht auf Unwahrheit« ein gesetzlicher Schadensersatzanspruch zustehen, der dem in § 21 Abs. 2 AGG nachgebildet ist, verbunden mit einer Beweislastumkehr zulasten von Arbeitgebern, die § 22 AGG entspricht.

33 Für die Durchführung **ärztlicher** oder **psychologischer Testverfahren** muss ein Beschäftigtendatenschutzgesetz klare Erlaubnis- und Verbotstatbestände enthalten. Die Zulässigkeit ihrer Durchführung muss voraussetzen, dass eine bestimmte physische oder psychische Konstitution von Beschäftigten für bestimmte Tätigkeiten eine aus objektiver Sicht feststellbare und zwingende Voraussetzung darstellt oder dass diese gesetzlich vorgeschrieben ist, beispielsweise eine ausreichende Sehfähigkeit. Ohne das Vorliegen objektiv vorgegebener Anforderungen sollen derartige Testverfahren nicht durchgeführt werden dürfen. Sind sie zulässig, dürfen Arbeitgebern keine medizinischen oder psychologischen Details mitgeteilt werden, sondern nur die Feststellung, ob eine Eignung gegeben ist oder nicht.

34 Für **bestehende Beschäftigungsverhältnisse** müssen in einem Beschäftigtendatenschutzgesetz insbesondere die Voraussetzungen festgeschrieben werden, unter denen erforderliche **Verhaltens- oder Leistungskontrollen** durchgeführt werden können. Dabei muss insbesondere sichergestellt werden, dass Kontrollen für die betroffenen Beschäftigten erkennbar und bezüglich der damit verfolgten Zwecke transparent und nachvollziehbar sind. Anlasslose oder zweckfreie Kontrollen sollen hingegen unzulässig sein. Gleiches gilt für dauerhafte Kontrollverfahren, es sei denn, sie leiten sich aus der Art der zu erbringenden Tätigkeiten ab und sind zum Schutz der

Beschäftigten unumgänglich. Heimliche Kontrollen müssen in jedem Fall unzulässig sein.

Ein Beschäftigtendatenschutzgesetz muss spezifische Vorgaben für den Einsatz von **Technikanwendungen** beinhalten, deren Verwendung **besondere Risiken** für die Interessen, Grundrechte und Grundfreiheiten der Beschäftigten mit sich bringen. Hierzu gehören beispielsweise Möglichkeiten der **Video- oder Audioüberwachung**. Diese sollen nur ausnahmsweise in Bereichen zulässig sein, für die es besondere Sicherheitsanforderungen gibt oder in denen aus der Verwendung dieser technischen Möglichkeiten eine Erhöhung des Schutzes der Beschäftigten resultiert. Die **Dauer** einer Video- oder Audioüberwachung muss so kurz wie möglich gehalten werden. Den Beschäftigten müssen während laufender Überwachungen **kontrollfreie Räume** oder Bereiche zur Verfügung stehen. Dauerhafte Aufzeichnungen oder Speicherungen dürfen nur erfolgen, wenn sie unumgänglich ist. Vorhandene Aufzeichnungen oder Speicherungen müssen mit Blick auf die Grundsätze der Datenminimierung und der Speicherbegrenzung in Art. 5 Abs. 1 DSGVO unverzüglich nach Erfüllung des Kontrollzwecks **gelöscht werden**. **Zweckänderungen** der bei Aufnahmen gewonnenen Informationen sind generell **auszuschließen**. 35

Entsprechendes gilt für andere technische Kontrollverfahren wie etwa die **Ortung** von Beschäftigten mittels technischer Einrichtungen oder die Nutzung ihrer **biometrischen Merkmale**. Derartige Möglichkeiten sind durch ein Beschäftigtendatenschutzgesetz für den Regelfall auszuschließen. Sie sollen nur ausnahmsweise eingesetzt werden können, wenn dies aufgrund einer spezifischen gesetzlichen Regelung zulässig ist oder wenn es einschlägige Erlaubnistatbestände in Kollektivvereinbarungen gibt. Letztere setzen allerdings das Bestehen entsprechender Mitbestimmungsrechte und eines Betriebs- oder Personalrats voraus. 36

Verstoßen Arbeitgeber gegen datenschutzrechtliche Vorgaben zum Beschäftigtendatenschutz, sollen diese Daten zulasten von Beschäftigten **nicht verwertet werden können**. Erfolgt eine Verwendung durch Arbeitgeber trotz eines solchen Verbots, löst dies gesetzliche Schadenersatzansprüche der betroffenen Beschäftigten aus, die entsprechend der Regelung in Art. 83 Abs. 1 DSGVO für Geldbußen in jedem Fall wirksam, verhältnismäßig und abschreckend sind. Weiterhin sollte gesetzlich festgelegt werden, dass Gewinne, die aus dem Verstoß gegen Datenschutzvorgaben resultieren, zugunsten der betroffenen Beschäftigten abgeschöpft und verwendet werden. 37

B. EU-Datenschutz-Grundverordnung (DSGVO) Kommentierung

VERORDNUNG (EU) 2016/679 DES EUROPÄISCHEN PARLAMENTS UND DES RATES

vom 27. April 2016
zum Schutz natürlicher Personen bei der Verarbeitung personenbezogener Daten, zum freien Datenverkehr und zur Aufhebung der Richtlinie 95/46/ EG (Datenschutz-Grundverordnung)[1]
(Text von Bedeutung für den EWR)

Erwägungsgründe

DAS EUROPÄISCHE PARLAMENT UND DER RAT DER EUROPÄISCHEN UNION —

gestützt auf den Vertrag über die Arbeitsweise der Europäischen Union, insbesondere auf Artikel 16,
auf Vorschlag der Europäischen Kommission,
nach Zuleitung des Entwurfs des Gesetzgebungsakts an die nationalen Parlamente,
nach Stellungnahme des Europäischen Wirtschafts- und Sozialausschusses[2],
nach Stellungnahme des Ausschusses der Regionen[3],
gemäß dem ordentlichen Gesetzgebungsverfahren[4],
in Erwägung nachstehender Gründe:

---

1 ABl. L 119 vom 4.5.2016, S. 1; berichtigt durch: Berichtigung, ABl. L 314 vom 22.11.2016, S. 72 (2016/679); Berichtigung, ABl. L 127 vom 23.5.2018, S. 2 (2016/679) und Berichtigung, ABl. L 74 vom 4.3.2021, S. 35 (2016/679).

2 ABl. C 229 vom 31.7.2012, S. 90.

3 ABl. C 391 vom 18.12.2012, S. 127.

4 Standpunkt des Europäischen Parlaments vom 12. März 2014 (noch nicht im Amtsblatt veröffentlicht) und Standpunkt des Rates in erster Lesung vom 8. April 2016 (noch nicht im Amtsblatt veröffentlicht). Standpunkt des Europäischen Parlaments vom 14. April 2016.

(1) Der Schutz natürlicher Personen bei der Verarbeitung personenbezogener Daten ist ein Grundrecht. Gemäß Artikel 8 Absatz 1 der Charta der Grundrechte der Europäischen Union (im Folgenden »Charta«) sowie Artikel 16 Absatz 1 des Vertrags über die Arbeitsweise der Europäischen Union (AEUV) hat jede Person das Recht auf Schutz der sie betreffenden personenbezogenen Daten.
(2) Die Grundsätze und Vorschriften zum Schutz natürlicher Personen bei der Verarbeitung ihrer personenbezogenen Daten sollten gewährleisten, dass ihre Grundrechte und Grundfreiheiten und insbesondere ihr Recht auf Schutz personenbezogener Daten ungeachtet ihrer Staatsangehörigkeit oder ihres Aufenthaltsorts gewahrt bleiben. Diese Verordnung soll zur Vollendung eines Raums der Freiheit, der Sicherheit und des Rechts und einer Wirtschaftsunion, zum wirtschaftlichen und sozialen Fortschritt, zur Stärkung und zum Zusammenwachsen der Volkswirtschaften innerhalb des Binnenmarkts sowie zum Wohlergehen natürlicher Personen beitragen.
(3) Zweck der Richtlinie 95/46/EG des Europäischen Parlaments und des Rates[5] ist die Harmonisierung der Vorschriften zum Schutz der Grundrechte und Grundfreiheiten natürlicher Personen bei der Datenverarbeitung sowie die Gewährleistung des freien Verkehrs personenbezogener Daten zwischen den Mitgliedstaaten.
(4) Die Verarbeitung personenbezogener Daten sollte im Dienste der Menschheit stehen. Das Recht auf Schutz der personenbezogenen Daten ist kein uneingeschränktes Recht; es muss im Hinblick auf seine gesellschaftliche Funktion gesehen und unter Wahrung des Verhältnismäßigkeitsprinzips gegen andere Grundrechte abgewogen werden. Diese Verordnung steht im Einklang mit allen Grundrechten und achtet alle Freiheiten und Grundsätze, die mit der Charta anerkannt wurden und in den Europäischen Verträgen verankert sind, insbesondere Achtung des Privat- und Familienlebens, der Wohnung und der Kommunikation, Schutz personenbezogener Daten, Gedanken-, Gewissens- und Religionsfreiheit, Freiheit der Meinungsäußerung und Informationsfreiheit, unternehmerische Freiheit, Recht auf einen wirksamen Rechtsbehelf und ein faires Verfahren und Vielfalt der Kulturen, Religionen und Sprachen.
(5) Die wirtschaftliche und soziale Integration als Folge eines funktionierenden Binnenmarkts hat zu einem deutlichen Anstieg des grenzüberschreitenden Verkehrs personenbezogener Daten geführt. Der unionsweite Austausch personenbezogener Daten zwischen öffentlichen und privaten Akteuren einschließlich natürlichen Personen, Vereinigungen und Unter-

5 Richtlinie 95/46/EG des Europäischen Parlaments und des Rates vom 24. Oktober 1995 zum Schutz natürlicher Personen bei der Verarbeitung personenbezogener Daten und zum freien Datenverkehr (ABl. L 281 vom 23.11.1995, S. 31).

nehmen hat zugenommen. Das Unionsrecht verpflichtet die Verwaltungen der Mitgliedstaaten, zusammenzuarbeiten und personenbezogene Daten auszutauschen, damit sie ihren Pflichten nachkommen oder für eine Behörde eines anderen Mitgliedstaats Aufgaben durchführen können.

(6) Rasche technologische Entwicklungen und die Globalisierung haben den Datenschutz vor neue Herausforderungen gestellt. Das Ausmaß der Erhebung und des Austauschs personenbezogener Daten hat eindrucksvoll zugenommen. Die Technik macht es möglich, dass private Unternehmen und Behörden im Rahmen ihrer Tätigkeiten in einem noch nie dagewesenen Umfang auf personenbezogene Daten zurückgreifen. Zunehmend machen auch natürliche Personen Informationen öffentlich weltweit zugänglich. Die Technik hat das wirtschaftliche und gesellschaftliche Leben verändert und dürfte den Verkehr personenbezogener Daten innerhalb der Union sowie die Datenübermittlung an Drittländer und internationale Organisationen noch weiter erleichtern, wobei ein hohes Datenschutzniveau zu gewährleisten ist.

(7) Diese Entwicklungen erfordern einen soliden, kohärenteren und klar durchsetzbaren Rechtsrahmen im Bereich des Datenschutzes in der Union, da es von großer Wichtigkeit ist, eine Vertrauensbasis zu schaffen, die die digitale Wirtschaft dringend benötigt, um im Binnenmarkt weiter wachsen zu können. Natürliche Personen sollten die Kontrolle über ihre eigenen Daten besitzen. Natürliche Personen, Wirtschaft und Staat sollten in rechtlicher und praktischer Hinsicht über mehr Sicherheit verfügen.

(8) Wenn in dieser Verordnung Präzisierungen oder Einschränkungen ihrer Vorschriften durch das Recht der Mitgliedstaaten vorgesehen sind, können die Mitgliedstaaten Teile dieser Verordnung in ihr nationales Recht aufnehmen, soweit dies erforderlich ist, um die Kohärenz zu wahren und die nationalen Rechtsvorschriften für die Personen, für die sie gelten, verständlicher zu machen.

(9) Die Ziele und Grundsätze der Richtlinie 95/46/EG besitzen nach wie vor Gültigkeit, doch hat die Richtlinie nicht verhindern können, dass der Datenschutz in der Union unterschiedlich gehandhabt wird, Rechtsunsicherheit besteht oder in der Öffentlichkeit die Meinung weit verbreitet ist, dass erhebliche Risiken für den Schutz natürlicher Personen bestehen, insbesondere im Zusammenhang mit der Benutzung des Internets. Unterschiede beim Schutzniveau für die Rechte und Freiheiten von natürlichen Personen im Zusammenhang mit der Verarbeitung personenbezogener Daten in den Mitgliedstaaten, vor allem beim Recht auf Schutz dieser Daten, können den unionsweiten freien Verkehr solcher Daten behindern. Diese Unterschiede im Schutzniveau können daher ein Hemmnis für die unionsweite Ausübung von Wirtschaftstätigkeiten darstellen, den Wettbewerb verzerren und die Behörden an der Erfüllung der ihnen nach dem Unionsrecht obliegenden

Pflichten hindern. Sie erklären sich aus den Unterschieden bei der Umsetzung und Anwendung der Richtlinie 95/46/EG.

(10) Um ein gleichmäßiges und hohes Datenschutzniveau für natürliche Personen zu gewährleisten und die Hemmnisse für den Verkehr personenbezogener Daten in der Union zu beseitigen, sollte das Schutzniveau für die Rechte und Freiheiten von natürlichen Personen bei der Verarbeitung dieser Daten in allen Mitgliedstaaten gleichwertig sein. Die Vorschriften zum Schutz der Grundrechte und Grundfreiheiten von natürlichen Personen bei der Verarbeitung personenbezogener Daten sollten unionsweit gleichmäßig und einheitlich angewandt werden. Hinsichtlich der Verarbeitung personenbezogener Daten zur Erfüllung einer rechtlichen Verpflichtung oder zur Wahrnehmung einer Aufgabe, die im öffentlichen Interesse liegt oder in Ausübung öffentlicher Gewalt erfolgt, die dem Verantwortlichen übertragen wurde, sollten die Mitgliedstaaten die Möglichkeit haben, nationale Bestimmungen, mit denen die Anwendung der Vorschriften dieser Verordnung genauer festgelegt wird, beizubehalten oder einzuführen. In Verbindung mit den allgemeinen und horizontalen Rechtsvorschriften über den Datenschutz zur Umsetzung der Richtlinie 95/46/EG gibt es in den Mitgliedstaaten mehrere sektorspezifische Rechtsvorschriften in Bereichen, die spezifischere Bestimmungen erfordern. Diese Verordnung bietet den Mitgliedstaaten zudem einen Spielraum für die Spezifizierung ihrer Vorschriften, auch für die Verarbeitung besonderer Kategorien von personenbezogenen Daten (im Folgenden »sensible Daten«). Diesbezüglich schließt diese Verordnung nicht Rechtsvorschriften der Mitgliedstaaten aus, in denen die Umstände besonderer Verarbeitungssituationen festgelegt werden, einschließlich einer genaueren Bestimmung der Voraussetzungen, unter denen die Verarbeitung personenbezogener Daten rechtmäßig ist.

(11) Ein unionsweiter wirksamer Schutz personenbezogener Daten erfordert die Stärkung und präzise Festlegung der Rechte der betroffenen Personen sowie eine Verschärfung der Verpflichtungen für diejenigen, die personenbezogene Daten verarbeiten und darüber entscheiden, ebenso wie — in den Mitgliedstaaten — gleiche Befugnisse bei der Überwachung und Gewährleistung der Einhaltung der Vorschriften zum Schutz personenbezogener Daten sowie gleiche Sanktionen im Falle ihrer Verletzung.

(12) Artikel 16 Absatz 2 AEUV ermächtigt das Europäische Parlament und den Rat, Vorschriften über den Schutz natürlicher Personen bei der Verarbeitung personenbezogener Daten und zum freien Verkehr solcher Daten zu erlassen.

(13) Damit in der Union ein gleichmäßiges Datenschutzniveau für natürliche Personen gewährleistet ist und Unterschiede, die den freien Verkehr personenbezogener Daten im Binnenmarkt behindern könnten, beseitigt werden, ist eine Verordnung erforderlich, die für die Wirtschaftsteilnehmer einschließlich Kleinstunternehmen sowie kleiner und mittlerer Unterneh-

men Rechtssicherheit und Transparenz schafft, natürliche Personen in allen Mitgliedstaaten mit demselben Niveau an durchsetzbaren Rechten ausstattet, dieselben Pflichten und Zuständigkeiten für die Verantwortlichen und Auftragsverarbeiter vorsieht und eine gleichmäßige Kontrolle der Verarbeitung personenbezogener Daten und gleichwertige Sanktionen in allen Mitgliedstaaten sowie eine wirksame Zusammenarbeit zwischen den Aufsichtsbehörden der einzelnen Mitgliedstaaten gewährleistet. Das reibungslose Funktionieren des Binnenmarkts erfordert, dass der freie Verkehr personenbezogener Daten in der Union nicht aus Gründen des Schutzes natürlicher Personen bei der Verarbeitung personenbezogener Daten eingeschränkt oder verboten wird. Um der besonderen Situation der Kleinstunternehmen sowie der kleinen und mittleren Unternehmen Rechnung zu tragen, enthält diese Verordnung eine abweichende Regelung hinsichtlich des Führens eines Verzeichnisses für Einrichtungen, die weniger als 250 Mitarbeiter beschäftigen. Außerdem werden die Organe und Einrichtungen der Union sowie die Mitgliedstaaten und deren Aufsichtsbehörden dazu angehalten, bei der Anwendung dieser Verordnung die besonderen Bedürfnisse von Kleinstunternehmen sowie von kleinen und mittleren Unternehmen zu berücksichtigen. Für die Definition des Begriffs »Kleinstunternehmen sowie kleine und mittlere Unternehmen« sollte Artikel 2 des Anhangs zur Empfehlung 2003/361/EG der Kommission[6] maßgebend sein.

(14) Der durch diese Verordnung gewährte Schutz sollte für die Verarbeitung der personenbezogenen Daten natürlicher Personen ungeachtet ihrer Staatsangehörigkeit oder ihres Aufenthaltsorts gelten. Diese Verordnung gilt nicht für die Verarbeitung personenbezogener Daten juristischer Personen und insbesondere als juristische Person gegründeter Unternehmen, einschließlich Name, Rechtsform oder Kontaktdaten der juristischen Person.

(15) Um ein ernsthaftes Risiko einer Umgehung der Vorschriften zu vermeiden, sollte der Schutz natürlicher Personen technologieneutral sein und nicht von den verwendeten Techniken abhängen. Der Schutz natürlicher Personen sollte für die automatisierte Verarbeitung personenbezogener Daten ebenso gelten wie für die manuelle Verarbeitung von personenbezogenen Daten, wenn die personenbezogenen Daten in einem Dateisystem gespeichert sind oder gespeichert werden sollen. Akten oder Aktensammlungen sowie ihre Deckblätter, die nicht nach bestimmten Kriterien geordnet sind, sollten nicht in den Anwendungsbereich dieser Verordnung fallen.

(16) Diese Verordnung gilt nicht für Fragen des Schutzes von Grundrechten und Grundfreiheiten und des freien Verkehrs personenbezogener Daten im

---

6 Empfehlung der Kommission vom 6. Mai 2003 betreffend die Definition der Kleinstunternehmen sowie der kleinen und mittleren Unternehmen (C (2003) 1422) (ABl. L 124 vom 20.5.2003, S. 36).

Zusammenhang mit Tätigkeiten, die nicht in den Anwendungsbereich des Unionsrechts fallen, wie etwa die nationale Sicherheit betreffende Tätigkeiten. Diese Verordnung gilt nicht für die von den Mitgliedstaaten im Rahmen der Gemeinsamen Außen- und Sicherheitspolitik der Union durchgeführte Verarbeitung personenbezogener Daten.

(17) Die Verordnung (EG) Nr. 45/2001 des Europäischen Parlaments und des Rates[7] gilt für die Verarbeitung personenbezogener Daten durch die Organe, Einrichtungen, Ämter und Agenturen der Union. Die Verordnung (EG) Nr. 45/2001 und sonstige Rechtsakte der Union, die diese Verarbeitung personenbezogener Daten regeln, sollten an die Grundsätze und Vorschriften der vorliegenden Verordnung angepasst und im Lichte der vorliegenden Verordnung angewandt werden. Um einen soliden und kohärenten Rechtsrahmen im Bereich des Datenschutzes in der Union zu gewährleisten, sollten die erforderlichen Anpassungen der Verordnung (EG) Nr. 45/2001 im Anschluss an den Erlass der vorliegenden Verordnung vorgenommen werden, damit sie gleichzeitig mit der vorliegenden Verordnung angewandt werden können.

(18) Diese Verordnung gilt nicht für die Verarbeitung von personenbezogenen Daten, die von einer natürlichen Person zur Ausübung ausschließlich persönlicher oder familiärer Tätigkeiten und somit ohne Bezug zu einer beruflichen oder wirtschaftlichen Tätigkeit vorgenommen wird. Als persönliche oder familiäre Tätigkeiten könnte auch das Führen eines Schriftverkehrs oder von Anschriftenverzeichnissen oder die Nutzung sozialer Netze und Online-Tätigkeiten im Rahmen solcher Tätigkeiten gelten. Diese Verordnung gilt jedoch für die Verantwortlichen oder Auftragsverarbeiter, die die Instrumente für die Verarbeitung personenbezogener Daten für solche persönlichen oder familiären Tätigkeiten bereitstellen.

(19) Der Schutz natürlicher Personen bei der Verarbeitung personenbezogener Daten durch die zuständigen Behörden zum Zwecke der Verhütung, Ermittlung, Aufdeckung oder Verfolgung von Straftaten oder der Strafvollstreckung, einschließlich des Schutzes vor und der Abwehr von Gefahren für die öffentliche Sicherheit, sowie der freie Verkehr dieser Daten sind in einem eigenen Unionsrechtsakt geregelt. Deshalb sollte diese Verordnung auf Verarbeitungstätigkeiten dieser Art keine Anwendung finden. Personenbezogene Daten, die von Behörden nach dieser Verordnung verarbeitet werden, sollten jedoch, wenn sie zu den vorstehenden Zwecken verwendet werden, einem spezifischeren Unionsrechtsakt, nämlich der Richtlinie

---

7 Verordnung (EG) Nr. 45/2001 des Europäischen Parlaments und des Rates vom 18. Dezember 2000 zum Schutz natürlicher Personen bei der Verarbeitung personenbezogener Daten durch die Organe und Einrichtungen der Gemeinschaft und zum freien Datenverkehr (ABl. L 8 vom 12.1.2001, S. 1).

(EU) 2016/680 des Europäischen Parlaments und des Rates[8] unterliegen. Die Mitgliedstaaten können die zuständigen Behörden im Sinne der Richtlinie (EU) 2016/680 mit Aufgaben betrauen, die nicht zwangsläufig für die Zwecke der Verhütung, Ermittlung, Aufdeckung oder Verfolgung von Straftaten oder der Strafvollstreckung, einschließlich des Schutzes vor und der Abwehr von Gefahren für die öffentliche Sicherheit, ausgeführt werden, so dass die Verarbeitung von personenbezogenen Daten für diese anderen Zwecke insoweit in den Anwendungsbereich dieser Verordnung fällt, als sie in den Anwendungsbereich des Unionsrechts fällt. In Bezug auf die Verarbeitung personenbezogener Daten durch diese Behörden für Zwecke, die in den Anwendungsbereich dieser Verordnung fallen, sollten die Mitgliedstaaten spezifischere Bestimmungen beibehalten oder einführen können, um die Anwendung der Vorschriften dieser Verordnung anzupassen. In den betreffenden Bestimmungen können die Auflagen für die Verarbeitung personenbezogener Daten durch diese zuständigen Behörden für jene anderen Zwecke präziser festgelegt werden, wobei der verfassungsmäßigen, organisatorischen und administrativen Struktur des betreffenden Mitgliedstaats Rechnung zu tragen ist. Soweit diese Verordnung für die Verarbeitung personenbezogener Daten durch private Stellen gilt, sollte sie vorsehen, dass die Mitgliedstaaten einige Pflichten und Rechte unter bestimmten Voraussetzungen mittels Rechtsvorschriften beschränken können, wenn diese Beschränkung in einer demokratischen Gesellschaft eine notwendige und verhältnismäßige Maßnahme zum Schutz bestimmter wichtiger Interessen darstellt, wozu auch die öffentliche Sicherheit und die Verhütung, Ermittlung, Aufdeckung und Verfolgung von Straftaten oder die Strafvollstreckung zählen, einschließlich des Schutzes vor und der Abwehr von Gefahren für die öffentliche Sicherheit. Dies ist beispielsweise im Rahmen der Bekämpfung der Geldwäsche oder der Arbeit kriminaltechnischer Labors von Bedeutung.

(20) Diese Verordnung gilt zwar unter anderem für die Tätigkeiten der Gerichte und anderer Justizbehörden, doch könnte im Unionsrecht oder im Recht der Mitgliedstaaten festgelegt werden, wie die Verarbeitungsvorgänge und Verarbeitungsverfahren bei der Verarbeitung personenbezogener Daten durch Gerichte und andere Justizbehörden im Einzelnen auszusehen haben. Damit die Unabhängigkeit der Justiz bei der Ausübung ihrer gerichtlichen Aufgaben einschließlich ihrer Beschlussfassung unangetastet bleibt, sollten

---

8 Richtlinie (EU) 2016/680 des Europäischen Parlaments und des Rates vom 27. April 2016 zum Schutz natürlicher Personen bei der Verarbeitung personenbezogener Daten durch die zuständigen Behörden zum Zwecke der Verhütung, Aufdeckung, Untersuchung oder Verfolgung von Straftaten oder der Strafvollstreckung sowie zum freien Datenverkehr und zur Aufhebung des Rahmenbeschlusses 2000/383/JI des Rates (siehe Seite 89 dieses Amtsblatts).

die Aufsichtsbehörden nicht für die Verarbeitung personenbezogener Daten durch Gerichte im Rahmen ihrer justiziellen Tätigkeit zuständig sein. Mit der Aufsicht über diese Datenverarbeitungsvorgänge sollten besondere Stellen im Justizsystem des Mitgliedstaats betraut werden können, die insbesondere die Einhaltung der Vorschriften dieser Verordnung sicherstellen, Richter und Staatsanwälte besser für ihre Pflichten aus dieser Verordnung sensibilisieren und Beschwerden in Bezug auf derartige Datenverarbeitungsvorgänge bearbeiten sollten.

(21) Die vorliegende Verordnung berührt nicht die Anwendung der Richtlinie 2000/31/EG des Europäischen Parlaments und des Rates[9] und insbesondere die der Vorschriften der Artikel 12 bis 15 jener Richtlinie zur Verantwortlichkeit von Anbietern reiner Vermittlungsdienste. Die genannte Richtlinie soll dazu beitragen, dass der Binnenmarkt einwandfrei funktioniert, indem sie den freien Verkehr von Diensten der Informationsgesellschaft zwischen den Mitgliedstaaten sicherstellt.

(22) Jede Verarbeitung personenbezogener Daten im Rahmen der Tätigkeiten einer Niederlassung eines Verantwortlichen oder eines Auftragsverarbeiters in der Union sollte gemäß dieser Verordnung erfolgen, gleich, ob die Verarbeitung in oder außerhalb der Union stattfindet. Eine Niederlassung setzt die effektive und tatsächliche Ausübung einer Tätigkeit durch eine feste Einrichtung voraus. Die Rechtsform einer solchen Einrichtung, gleich, ob es sich um eine Zweigstelle oder eine Tochtergesellschaft mit eigener Rechtspersönlichkeit handelt, ist dabei nicht ausschlaggebend.

(23) Damit einer natürlichen Person der gemäß dieser Verordnung gewährleistete Schutz nicht vorenthalten wird, sollte die Verarbeitung personenbezogener Daten von betroffenen Personen, die sich in der Union befinden, durch einen nicht in der Union niedergelassenen Verantwortlichen oder Auftragsverarbeiter dieser Verordnung unterliegen, wenn die Verarbeitung dazu dient, diesen betroffenen Personen gegen Entgelt oder unentgeltlich Waren oder Dienstleistungen anzubieten. Um festzustellen, ob dieser Verantwortliche oder Auftragsverarbeiter betroffenen Personen, die sich in der Union befinden, Waren oder Dienstleistungen anbietet, sollte festgestellt werden, ob der Verantwortliche oder Auftragsverarbeiter offensichtlich beabsichtigt, betroffenen Personen in einem oder mehreren Mitgliedstaaten der Union Dienstleistungen anzubieten. Während die bloße Zugänglichkeit der Website des Verantwortlichen, des Auftragsverarbeiters oder eines Vermittlers in der Union, einer E-Mail-Adresse oder anderer Kontaktdaten oder

9 Richtlinie 2000/31/EG des Europäischen Parlaments und des Rates vom 8. Juni 2000 über bestimmte rechtliche Aspekte der Dienste der Informationsgesellschaft, insbesondere des elektronischen Geschäftsverkehrs, im Binnenmarkt (»Richtlinie über den elektronischen Geschäftsverkehr«) (ABl. L 178 vom 17.7.2000, S. 1).

die Verwendung einer Sprache, die in dem Drittland, in dem der Verantwortliche niedergelassen ist, allgemein gebräuchlich ist, hierfür kein ausreichender Anhaltspunkt ist, können andere Faktoren wie die Verwendung einer Sprache oder Währung, die in einem oder mehreren Mitgliedstaaten gebräuchlich ist, in Verbindung mit der Möglichkeit, Waren und Dienstleistungen in dieser anderen Sprache zu bestellen, oder die Erwähnung von Kunden oder Nutzern, die sich in der Union befinden, darauf hindeuten, dass der Verantwortliche beabsichtigt, den Personen in der Union Waren oder Dienstleistungen anzubieten.

(24) Die Verarbeitung personenbezogener Daten von betroffenen Personen, die sich in der Union befinden, durch einen nicht in der Union niedergelassenen Verantwortlichen oder Auftragsverarbeiter sollte auch dann dieser Verordnung unterliegen, wenn sie dazu dient, das Verhalten dieser betroffenen Personen zu beobachten, soweit ihr Verhalten in der Union erfolgt. Ob eine Verarbeitungstätigkeit der Beobachtung des Verhaltens von betroffenen Personen gilt, sollte daran festgemacht werden, ob ihre Internetaktivitäten nachvollzogen werden, einschließlich der möglichen nachfolgenden Verwendung von Techniken zur Verarbeitung personenbezogener Daten, durch die von einer natürlichen Person ein Profil erstellt wird, das insbesondere die Grundlage für sie betreffende Entscheidungen bildet oder anhand dessen ihre persönlichen Vorlieben, Verhaltensweisen oder Gepflogenheiten analysiert oder vorausgesagt werden sollen.

(25) Ist nach Völkerrecht das Recht eines Mitgliedstaats anwendbar, z. B. in einer diplomatischen oder konsularischen Vertretung eines Mitgliedstaats, so sollte die Verordnung auch auf einen nicht in der Union niedergelassenen Verantwortlichen Anwendung finden.

(26) Die Grundsätze des Datenschutzes sollten für alle Informationen gelten, die sich auf eine identifizierte oder identifizierbare natürliche Person beziehen. Einer Pseudonymisierung unterzogene personenbezogene Daten, die durch Heranziehung zusätzlicher Informationen einer natürlichen Person zugeordnet werden könnten, sollten als Informationen über eine identifizierbare natürliche Person betrachtet werden. Um festzustellen, ob eine natürliche Person identifizierbar ist, sollten alle Mittel berücksichtigt werden, die von dem Verantwortlichen oder einer anderen Person nach allgemeinem Ermessen wahrscheinlich genutzt werden, um die natürliche Person direkt oder indirekt zu identifizieren, wie beispielsweise das Aussondern. Bei der Feststellung, ob Mittel nach allgemeinem Ermessen wahrscheinlich zur Identifizierung der natürlichen Person genutzt werden, sollten alle objektiven Faktoren, wie die Kosten der Identifizierung und der dafür erforderliche Zeitaufwand, herangezogen werden, wobei die zum Zeitpunkt der Verarbeitung verfügbare Technologie und technologische Entwicklungen zu berücksichtigen sind. Die Grundsätze des Datenschutzes sollten daher nicht für anonyme Informationen gelten, d. h. für Informationen, die sich nicht

auf eine identifizierte oder identifizierbare natürliche Person beziehen, oder personenbezogene Daten, die in einer Weise anonymisiert worden sind, dass die betroffene Person nicht oder nicht mehr identifiziert werden kann. Diese Verordnung betrifft somit nicht die Verarbeitung solcher anonymer Daten, auch für statistische oder für Forschungszwecke.

(27) Diese Verordnung gilt nicht für die personenbezogenen Daten Verstorbener. Die Mitgliedstaaten können Vorschriften für die Verarbeitung der personenbezogenen Daten Verstorbener vorsehen.

(28) Die Anwendung der Pseudonymisierung auf personenbezogene Daten kann die Risiken für die betroffenen Personen senken und die Verantwortlichen und die Auftragsverarbeiter bei der Einhaltung ihrer Datenschutzpflichten unterstützen. Durch die ausdrückliche Einführung der »Pseudonymisierung« in dieser Verordnung ist nicht beabsichtigt, andere Datenschutzmaßnahmen auszuschließen.

(29) Um Anreize für die Anwendung der Pseudonymisierung bei der Verarbeitung personenbezogener Daten zu schaffen, sollten Pseudonymisierungsmaßnahmen, die jedoch eine allgemeine Analyse zulassen, bei demselben Verantwortlichen möglich sein, wenn dieser die erforderlichen technischen und organisatorischen Maßnahmen getroffen hat, um — für die jeweilige Verarbeitung — die Umsetzung dieser Verordnung zu gewährleisten, wobei sicherzustellen ist, dass zusätzliche Informationen, mit denen die personenbezogenen Daten einer speziellen betroffenen Person zugeordnet werden können, gesondert aufbewahrt werden. Der für die Verarbeitung der personenbezogenen Daten Verantwortliche, sollte die befugten Personen bei diesem Verantwortlichen angeben.

(30) Natürlichen Personen werden unter Umständen Online-Kennungen wie IP-Adressen und Cookie-Kennungen, die sein Gerät oder Software-Anwendungen und -Tools oder Protokolle liefern, oder sonstige Kennungen wie Funkfrequenzkennzeichnungen zugeordnet. Dies kann Spuren hinterlassen, die insbesondere in Kombination mit eindeutigen Kennungen und anderen beim Server eingehenden Informationen dazu benutzt werden können, um Profile der natürlichen Personen zu erstellen und sie zu identifizieren.

(31) Behörden, gegenüber denen personenbezogene Daten aufgrund einer rechtlichen Verpflichtung für die Ausübung ihres offiziellen Auftrags offengelegt werden, wie Steuer- und Zollbehörden, Finanzermittlungsstellen, unabhängige Verwaltungsbehörden oder Finanzmarktbehörden, die für die Regulierung und Aufsicht von Wertpapiermärkten zuständig sind, sollten nicht als Empfänger gelten, wenn sie personenbezogene Daten erhalten, die für die Durchführung — gemäß dem Unionsrecht oder dem Recht der Mitgliedstaaten — eines einzelnen Untersuchungsauftrags im Interesse der Allgemeinheit erforderlich sind. Anträge auf Offenlegung, die von Behörden ausgehen, sollten immer schriftlich erfolgen, mit Gründen versehen sein und gelegentlichen Charakter haben, und sie sollten nicht vollständige Da-

teisysteme betreffen oder zur Verknüpfung von Dateisystemen führen. Die Verarbeitung personenbezogener Daten durch die genannten Behörden sollte den für die Zwecke der Verarbeitung geltenden Datenschutzvorschriften entsprechen.

(32) Die Einwilligung sollte durch eine eindeutige bestätigende Handlung erfolgen, mit der freiwillig, für den konkreten Fall, in informierter Weise und unmissverständlich bekundet wird, dass die betroffene Person mit der Verarbeitung der sie betreffenden personenbezogenen Daten einverstanden ist, etwa in Form einer schriftlichen Erklärung, die auch elektronisch erfolgen kann, oder einer mündlichen Erklärung. Dies könnte etwa durch Anklicken eines Kästchens beim Besuch einer Internetseite, durch die Auswahl technischer Einstellungen für Dienste der Informationsgesellschaft oder durch eine andere Erklärung oder Verhaltensweise geschehen, mit der die betroffene Person in dem jeweiligen Kontext eindeutig ihr Einverständnis mit der beabsichtigten Verarbeitung ihrer personenbezogenen Daten signalisiert. Stillschweigen, bereits angekreuzte Kästchen oder Untätigkeit der betroffenen Person sollten daher keine Einwilligung darstellen. Die Einwilligung sollte sich auf alle zu demselben Zweck oder denselben Zwecken vorgenommenen Verarbeitungsvorgänge beziehen. Wenn die Verarbeitung mehreren Zwecken dient, sollte für alle diese Verarbeitungszwecke eine Einwilligung gegeben werden. Wird die betroffene Person auf elektronischem Weg zur Einwilligung aufgefordert, so muss die Aufforderung in klarer und knapper Form und ohne unnötige Unterbrechung des Dienstes, für den die Einwilligung gegeben wird, erfolgen.

(33) Oftmals kann der Zweck der Verarbeitung personenbezogener Daten für Zwecke der wissenschaftlichen Forschung zum Zeitpunkt der Erhebung der personenbezogenen Daten nicht vollständig angegeben werden. Daher sollte es betroffenen Personen erlaubt sein, ihre Einwilligung für bestimmte Bereiche wissenschaftlicher Forschung zu geben, wenn dies unter Einhaltung der anerkannten ethischen Standards der wissenschaftlichen Forschung geschieht. Die betroffenen Personen sollten Gelegenheit erhalten, ihre Einwilligung nur für bestimme Forschungsbereiche oder Teile von Forschungsprojekten in dem vom verfolgten Zweck zugelassenen Maße zu erteilen.

(34) Genetische Daten sollten als personenbezogene Daten über die ererbten oder erworbenen genetischen Eigenschaften einer natürlichen Person definiert werden, die aus der Analyse einer biologischen Probe der betreffenden natürlichen Person, insbesondere durch eine Chromosomen, Desoxyribonukleinsäure (DNS)- oder Ribonukleinsäure (RNS)-Analyse oder der Analyse eines anderen Elements, durch die gleichwertige Informationen erlangt werden können, gewonnen werden.

(35) Zu den personenbezogenen Gesundheitsdaten sollten alle Daten zählen, die sich auf den Gesundheitszustand einer betroffenen Person beziehen und aus denen Informationen über den früheren, gegenwärtigen und

künftigen körperlichen oder geistigen Gesundheitszustand der betroffenen Person hervorgehen. Dazu gehören auch Informationen über die natürliche Person, die im Zuge der Anmeldung für sowie der Erbringung von Gesundheitsdienstleistungen im Sinne der Richtlinie 2011/24/EU des Europäischen Parlaments und des Rates[10] für die natürliche Person erhoben werden, Nummern, Symbole oder Kennzeichen, die einer natürlichen Person zugeteilt wurden, um diese natürliche Person für gesundheitliche Zwecke eindeutig zu identifizieren, Informationen, die von der Prüfung oder Untersuchung eines Körperteils oder einer körpereigenen Substanz, auch aus genetischen Daten und biologischen Proben, abgeleitet wurden, und Informationen etwa über Krankheiten, Behinderungen, Krankheitsrisiken, Vorerkrankungen, klinische Behandlungen oder den physiologischen oder biomedizinischen Zustand der betroffenen Person unabhängig von der Herkunft der Daten, ob sie nun von einem Arzt oder sonstigem Angehörigen eines Gesundheitsberufes, einem Krankenhaus, einem Medizinprodukt oder einem In-Vitro-Diagnostikum stammen.

(36) Die Hauptniederlassung des Verantwortlichen in der Union sollte der Ort seiner Hauptverwaltung in der Union sein, es sei denn, dass Entscheidungen über die Zwecke und Mittel der Verarbeitung personenbezogener Daten in einer anderen Niederlassung des Verantwortlichen in der Union getroffen werden; in diesem Fall sollte die letztgenannte als Hauptniederlassung gelten. Zur Bestimmung der Hauptniederlassung eines Verantwortlichen in der Union sollten objektive Kriterien herangezogen werden; ein Kriterium sollte dabei die effektive und tatsächliche Ausübung von Managementtätigkeiten durch eine feste Einrichtung sein, in deren Rahmen die Grundsatzentscheidungen zur Festlegung der Zwecke und Mittel der Verarbeitung getroffen werden. Dabei sollte nicht ausschlaggebend sein, ob die Verarbeitung der personenbezogenen Daten tatsächlich an diesem Ort ausgeführt wird. Das Vorhandensein und die Verwendung technischer Mittel und Verfahren zur Verarbeitung personenbezogener Daten oder Verarbeitungstätigkeiten begründen an sich noch keine Hauptniederlassung und sind daher kein ausschlaggebender Faktor für das Bestehen einer Hauptniederlassung. Die Hauptniederlassung des Auftragsverarbeiters sollte der Ort sein, an dem der Auftragsverarbeiter seine Hauptverwaltung in der Union hat, oder — wenn er keine Hauptverwaltung in der Union hat — der Ort, an dem die wesentlichen Verarbeitungstätigkeiten in der Union stattfinden. Sind sowohl der Verantwortliche als auch der Auftragsverarbeiter betroffen, so sollte die Aufsichtsbehörde des Mitgliedstaats, in dem der Verantwortliche seine Hauptniederlassung hat, die zuständige federführende Aufsichts-

---

10 Richtlinie 2011/24/EU des Europäischen Parlaments und des Rates vom 9. März 2011 über die Ausübung der Patientenrechte in der grenzüberschreitenden Gesundheitsversorgung (ABl. L 88 vom 4.4.2011, S. 45).

behörde bleiben, doch sollte die Aufsichtsbehörde des Auftragsverarbeiters als betroffene Aufsichtsbehörde betrachtet werden und diese Aufsichtsbehörde sollte sich an dem in dieser Verordnung vorgesehenen Verfahren der Zusammenarbeit beteiligen. Auf jeden Fall sollten die Aufsichtsbehörden des Mitgliedstaats oder der Mitgliedstaaten, in dem bzw. denen der Auftragsverarbeiter eine oder mehrere Niederlassungen hat, nicht als betroffene Aufsichtsbehörden betrachtet werden, wenn sich der Beschlussentwurf nur auf den Verantwortlichen bezieht. Wird die Verarbeitung durch eine Unternehmensgruppe vorgenommen, so sollte die Hauptniederlassung des herrschenden Unternehmens als Hauptniederlassung der Unternehmensgruppe gelten, es sei denn, die Zwecke und Mittel der Verarbeitung werden von einem anderen Unternehmen festgelegt.

(37) Eine Unternehmensgruppe sollte aus einem herrschenden Unternehmen und den von diesem abhängigen Unternehmen bestehen, wobei das herrschende Unternehmen dasjenige sein sollte, das zum Beispiel aufgrund der Eigentumsverhältnisse, der finanziellen Beteiligung oder der für das Unternehmen geltenden Vorschriften oder der Befugnis, Datenschutzvorschriften umsetzen zu lassen, einen beherrschenden Einfluss auf die übrigen Unternehmen ausüben kann. Ein Unternehmen, das die Verarbeitung personenbezogener Daten in ihm angeschlossenen Unternehmen kontrolliert, sollte zusammen mit diesen als eine »Unternehmensgruppe« betrachtet werden.

(38) Kinder verdienen bei ihren personenbezogenen Daten besonderen Schutz, da Kinder sich der betreffenden Risiken, Folgen und Garantien und ihrer Rechte bei der Verarbeitung personenbezogener Daten möglicherweise weniger bewusst sind. Ein solcher besonderer Schutz sollte insbesondere die Verwendung personenbezogener Daten von Kindern für Werbezwecke oder für die Erstellung von Persönlichkeits- oder Nutzerprofilen und die Erhebung von personenbezogenen Daten von Kindern bei der Nutzung von Diensten, die Kindern direkt angeboten werden, betreffen. Die Einwilligung des Trägers der elterlichen Verantwortung sollte im Zusammenhang mit Präventions- oder Beratungsdiensten, die unmittelbar einem Kind angeboten werden, nicht erforderlich sein.

(39) Jede Verarbeitung personenbezogener Daten sollte rechtmäßig und nach Treu und Glauben erfolgen. Für natürliche Personen sollte Transparenz dahingehend bestehen, dass sie betreffende personenbezogene Daten erhoben, verwendet, eingesehen oder anderweitig verarbeitet werden und in welchem Umfang die personenbezogenen Daten verarbeitet werden und künftig noch verarbeitet werden. Der Grundsatz der Transparenz setzt voraus, dass alle Informationen und Mitteilungen zur Verarbeitung dieser personenbezogenen Daten leicht zugänglich und verständlich und in klarer und einfacher Sprache abgefasst sind. Dieser Grundsatz betrifft insbesondere die Informationen über die Identität des Verantwortlichen und die Zwecke der

Verarbeitung und sonstige Informationen, die eine faire und transparente Verarbeitung im Hinblick auf die betroffenen natürlichen Personen gewährleisten, sowie deren Recht, eine Bestätigung und Auskunft darüber zu erhalten, welche sie betreffende personenbezogene Daten verarbeitet werden. Natürliche Personen sollten über die Risiken, Vorschriften, Garantien und Rechte im Zusammenhang mit der Verarbeitung personenbezogener Daten informiert und darüber aufgeklärt werden, wie sie ihre diesbezüglichen Rechte geltend machen können. Insbesondere sollten die bestimmten Zwecke, zu denen die personenbezogenen Daten verarbeitet werden, eindeutig und rechtmäßig sein und zum Zeitpunkt der Erhebung der personenbezogenen Daten feststehen. Die personenbezogenen Daten sollten für die Zwecke, zu denen sie verarbeitet werden, angemessen und erheblich sowie auf das für die Zwecke ihrer Verarbeitung notwendige Maß beschränkt sein. Dies erfordert insbesondere, dass die Speicherfrist für personenbezogene Daten auf das unbedingt erforderliche Mindestmaß beschränkt bleibt. Personenbezogene Daten sollten nur verarbeitet werden dürfen, wenn der Zweck der Verarbeitung nicht in zumutbarer Weise durch andere Mittel erreicht werden kann. Um sicherzustellen, dass die personenbezogenen Daten nicht länger als nötig gespeichert werden, sollte der Verantwortliche Fristen für ihre Löschung oder regelmäßige Überprüfung vorsehen. Es sollten alle vertretbaren Schritte unternommen werden, damit unrichtige personenbezogene Daten gelöscht oder berichtigt werden. Personenbezogene Daten sollten so verarbeitet werden, dass ihre Sicherheit und Vertraulichkeit hinreichend gewährleistet ist, wozu auch gehört, dass Unbefugte keinen Zugang zu den Daten haben und weder die Daten noch die Geräte, mit denen diese verarbeitet werden, benutzen können.

(40) Damit die Verarbeitung rechtmäßig ist, müssen personenbezogene Daten mit Einwilligung der betroffenen Person oder auf einer sonstigen zulässigen Rechtsgrundlage verarbeitet werden, die sich aus dieser Verordnung oder — wann immer in dieser Verordnung darauf Bezug genommen wird — aus dem sonstigen Unionsrecht oder dem Recht der Mitgliedstaaten ergibt, so unter anderem auf der Grundlage, dass sie zur Erfüllung der rechtlichen Verpflichtung, der der Verantwortliche unterliegt, oder zur Erfüllung eines Vertrags, dessen Vertragspartei die betroffene Person ist, oder für die Durchführung vorvertraglicher Maßnahmen, die auf Anfrage der betroffenen Person erfolgen, erforderlich ist.

(41) Wenn in dieser Verordnung auf eine Rechtsgrundlage oder eine Gesetzgebungsmaßnahme Bezug genommen wird, erfordert dies nicht notwendigerweise einen von einem Parlament angenommenen Gesetzgebungsakt; davon unberührt bleiben Anforderungen gemäß der Verfassungsordnung des betreffenden Mitgliedstaats. Die entsprechende Rechtsgrundlage oder Gesetzgebungsmaßnahme sollte jedoch klar und präzise sein und ihre Anwendung sollte für die Rechtsunterworfenen gemäß der Rechtsprechung des

Gerichtshofs der Europäischen Union (im Folgenden »Gerichtshof«) und des Europäischen Gerichtshofs für Menschenrechte vorhersehbar sein.

(42) Erfolgt die Verarbeitung mit Einwilligung der betroffenen Person, sollte der Verantwortliche nachweisen können, dass die betroffene Person ihre Einwilligung zu dem Verarbeitungsvorgang gegeben hat. Insbesondere bei Abgabe einer schriftlichen Erklärung in anderer Sache sollten Garantien sicherstellen, dass die betroffene Person weiß, dass und in welchem Umfang sie ihre Einwilligung erteilt. Gemäß der Richtlinie 93/13/EWG des Rates[11] sollte eine vom Verantwortlichen vorformulierte Einwilligungserklärung in verständlicher und leicht zugänglicher Form in einer klaren und einfachen Sprache zur Verfügung gestellt werden, und sie sollte keine missbräuchlichen Klauseln beinhalten. Damit sie in Kenntnis der Sachlage ihre Einwilligung geben kann, sollte die betroffene Person mindestens wissen, wer der Verantwortliche ist und für welche Zwecke ihre personenbezogenen Daten verarbeitet werden sollen. Es sollte nur dann davon ausgegangen werden, dass sie ihre Einwilligung freiwillig gegeben hat, wenn sie eine echte oder freie Wahl hat und somit in der Lage ist, die Einwilligung zu verweigern oder zurückzuziehen, ohne Nachteile zu erleiden.

(43) Um sicherzustellen, dass die Einwilligung freiwillig erfolgt ist, sollte diese in besonderen Fällen, wenn zwischen der betroffenen Person und dem Verantwortlichen ein klares Ungleichgewicht besteht, insbesondere wenn es sich bei dem Verantwortlichen um eine Behörde handelt, und es deshalb in Anbetracht aller Umstände in dem speziellen Fall unwahrscheinlich ist, dass die Einwilligung freiwillig gegeben wurde, keine gültige Rechtsgrundlage liefern. Die Einwilligung gilt nicht als freiwillig erteilt, wenn zu verschiedenen Verarbeitungsvorgängen von personenbezogenen Daten nicht gesondert eine Einwilligung erteilt werden kann, obwohl dies im Einzelfall angebracht ist, oder wenn die Erfüllung eines Vertrags, einschließlich der Erbringung einer Dienstleistung, von der Einwilligung abhängig ist, obwohl diese Einwilligung für die Erfüllung nicht erforderlich ist.

(44) Die Verarbeitung von Daten sollte als rechtmäßig gelten, wenn sie für die Erfüllung oder den geplanten Abschluss eines Vertrags erforderlich ist.

(45) Erfolgt die Verarbeitung durch den Verantwortlichen aufgrund einer ihm obliegenden rechtlichen Verpflichtung oder ist die Verarbeitung zur Wahrnehmung einer Aufgabe im öffentlichen Interesse oder in Ausübung öffentlicher Gewalt erforderlich, muss hierfür eine Grundlage im Unionsrecht oder im Recht eines Mitgliedstaats bestehen. Mit dieser Verordnung wird nicht für jede einzelne Verarbeitung ein spezifisches Gesetz verlangt. Ein Gesetz als Grundlage für mehrere Verarbeitungsvorgänge kann aus-

11 Richtlinie 93/13/EWG des Rates vom 5. April 1993 über missbräuchliche Klauseln in Verbraucherverträgen (ABl. L 95 vom 21.4.1993, S. 29).

reichend sein, wenn die Verarbeitung aufgrund einer dem Verantwortlichen obliegenden rechtlichen Verpflichtung erfolgt oder wenn die Verarbeitung zur Wahrnehmung einer Aufgabe im öffentlichen Interesse oder in Ausübung öffentlicher Gewalt erforderlich ist. Desgleichen sollte im Unionsrecht oder im Recht der Mitgliedstaaten geregelt werden, für welche Zwecke die Daten verarbeitet werden dürfen. Ferner könnten in diesem Recht die allgemeinen Bedingungen dieser Verordnung zur Regelung der Rechtmäßigkeit der Verarbeitung personenbezogener Daten präzisiert und es könnte darin festgelegt werden, wie der Verantwortliche zu bestimmen ist, welche Art von personenbezogenen Daten verarbeitet werden, welche Personen betroffen sind, welchen Einrichtungen die personenbezogenen Daten offengelegt, für welche Zwecke und wie lange sie gespeichert werden dürfen und welche anderen Maßnahmen ergriffen werden, um zu gewährleisten, dass die Verarbeitung rechtmäßig und nach Treu und Glauben erfolgt. Desgleichen sollte im Unionsrecht oder im Recht der Mitgliedstaaten geregelt werden, ob es sich bei dem Verantwortlichen, der eine Aufgabe wahrnimmt, die im öffentlichen Interesse liegt oder in Ausübung öffentlicher Gewalt erfolgt, um eine Behörde oder um eine andere unter das öffentliche Recht fallende natürliche oder juristische Person oder, sofern dies durch das öffentliche Interesse einschließlich gesundheitlicher Zwecke, wie die öffentliche Gesundheit oder die soziale Sicherheit oder die Verwaltung von Leistungen der Gesundheitsfürsorge, gerechtfertigt ist, eine natürliche oder juristische Person des Privatrechts, wie beispielsweise eine Berufsvereinigung, handeln sollte.

(46) Die Verarbeitung personenbezogener Daten sollte ebenfalls als rechtmäßig angesehen werden, wenn sie erforderlich ist, um ein lebenswichtiges Interesse der betroffenen Person oder einer anderen natürlichen Person zu schützen. Personenbezogene Daten sollten grundsätzlich nur dann aufgrund eines lebenswichtigen Interesses einer anderen natürlichen Person verarbeitet werden, wenn die Verarbeitung offensichtlich nicht auf eine andere Rechtsgrundlage gestützt werden kann. Einige Arten der Verarbeitung können sowohl wichtigen Gründen des öffentlichen Interesses als auch lebenswichtigen Interessen der betroffenen Person dienen; so kann beispielsweise die Verarbeitung für humanitäre Zwecke einschließlich der Überwachung von Epidemien und deren Ausbreitung oder in humanitären Notfällen insbesondere bei Naturkatastrophen oder vom Menschen verursachten Katastrophen erforderlich sein.

(47) Die Rechtmäßigkeit der Verarbeitung kann durch die berechtigten Interessen eines Verantwortlichen, auch eines Verantwortlichen, dem die personenbezogenen Daten offengelegt werden dürfen, oder eines Dritten begründet sein, sofern die Interessen oder die Grundrechte und Grundfreiheiten der betroffenen Person nicht überwiegen; dabei sind die vernünftigen Erwartungen der betroffenen Person, die auf ihrer Beziehung zu dem Ver-

antwortlichen beruhen, zu berücksichtigen. Ein berechtigtes Interesse könnte beispielsweise vorliegen, wenn eine maßgebliche und angemessene Beziehung zwischen der betroffenen Person und dem Verantwortlichen besteht, z. B. wenn die betroffene Person ein Kunde des Verantwortlichen ist oder in seinen Diensten steht. Auf jeden Fall wäre das Bestehen eines berechtigten Interesses besonders sorgfältig abzuwägen, wobei auch zu prüfen ist, ob eine betroffene Person zum Zeitpunkt der Erhebung der personenbezogenen Daten und angesichts der Umstände, unter denen sie erfolgt, vernünftigerweise absehen kann, dass möglicherweise eine Verarbeitung für diesen Zweck erfolgen wird. Insbesondere dann, wenn personenbezogene Daten in Situationen verarbeitet werden, in denen eine betroffene Person vernünftigerweise nicht mit einer weiteren Verarbeitung rechnen muss, könnten die Interessen und Grundrechte der betroffenen Person das Interesse des Verantwortlichen überwiegen. Da es dem Gesetzgeber obliegt, per Rechtsvorschrift die Rechtsgrundlage für die Verarbeitung personenbezogener Daten durch die Behörden zu schaffen, sollte diese Rechtsgrundlage nicht für Verarbeitungen durch Behörden gelten, die diese in Erfüllung ihrer Aufgaben vornehmen. Die Verarbeitung personenbezogener Daten im für die Verhinderung von Betrug unbedingt erforderlichen Umfang stellt ebenfalls ein berechtigtes Interesse des jeweiligen Verantwortlichen dar. Die Verarbeitung personenbezogener Daten zum Zwecke der Direktwerbung kann als eine einem berechtigten Interesse dienende Verarbeitung betrachtet werden.

(48) Verantwortliche, die Teil einer Unternehmensgruppe oder einer Gruppe von Einrichtungen sind, die einer zentralen Stelle zugeordnet sind können ein berechtigtes Interesse haben, personenbezogene Daten innerhalb der Unternehmensgruppe für interne Verwaltungszwecke, einschließlich der Verarbeitung personenbezogener Daten von Kunden und Beschäftigten, zu übermitteln. Die Grundprinzipien für die Übermittlung personenbezogener Daten innerhalb von Unternehmensgruppen an ein Unternehmen in einem Drittland bleiben unberührt.

(49) Die Verarbeitung von personenbezogenen Daten durch Behörden, Computer-Notdienste (Computer Emergency Response Teams — CERT, beziehungsweise Computer Security Incident Response Teams — CSIRT), Betreiber von elektronischen Kommunikationsnetzen und -diensten sowie durch Anbieter von Sicherheitstechnologien und -diensten stellt in dem Maße ein berechtigtes Interesse des jeweiligen Verantwortlichen dar, wie dies für die Gewährleistung der Netz- und Informationssicherheit unbedingt notwendig und verhältnismäßig ist, d. h. soweit dadurch die Fähigkeit eines Netzes oder Informationssystems gewährleistet wird, mit einem vorgegebenen Grad der Zuverlässigkeit Störungen oder widerrechtliche oder mutwillige Eingriffe abzuwehren, die die Verfügbarkeit, Authentizität, Vollständigkeit und Vertraulichkeit von gespeicherten oder übermittelten personenbezogenen Daten sowie die Sicherheit damit zusammenhängender

Dienste, die über diese Netze oder Informationssysteme angeboten werden bzw. zugänglich sind, beeinträchtigen. Ein solches berechtigtes Interesse könnte beispielsweise darin bestehen, den Zugang Unbefugter zu elektronischen Kommunikationsnetzen und die Verbreitung schädlicher Programmcodes zu verhindern sowie Angriffe in Form der gezielten Überlastung von Servern (»Denial of service«-Angriffe) und Schädigungen von Computer- und elektronischen Kommunikationssystemen abzuwehren.

(50) Die Verarbeitung personenbezogener Daten für andere Zwecke als die, für die die personenbezogenen Daten ursprünglich erhoben wurden, sollte nur zulässig sein, wenn die Verarbeitung mit den Zwecken, für die die personenbezogenen Daten ursprünglich erhoben wurden, vereinbar ist. In diesem Fall ist keine andere gesonderte Rechtsgrundlage erforderlich als diejenige für die Erhebung der personenbezogenen Daten. Ist die Verarbeitung für die Wahrnehmung einer Aufgabe erforderlich, die im öffentlichen Interesse liegt oder in Ausübung öffentlicher Gewalt erfolgt, die dem Verantwortlichen übertragen wurde, so können im Unionsrecht oder im Recht der Mitgliedstaaten die Aufgaben und Zwecke bestimmt und konkretisiert werden, für die eine Weiterverarbeitung als vereinbar und rechtmäßig erachtet wird. Die Weiterverarbeitung für im öffentlichen Interesse liegende Archivzwecke, für wissenschaftliche oder historische Forschungszwecke oder für statistische Zwecke sollte als vereinbarer und rechtmäßiger Verarbeitungsvorgang gelten. Die im Unionsrecht oder im Recht der Mitgliedstaaten vorgesehene Rechtsgrundlage für die Verarbeitung personenbezogener Daten kann auch als Rechtsgrundlage für eine Weiterverarbeitung dienen. Um festzustellen, ob ein Zweck der Weiterverarbeitung mit dem Zweck, für den die personenbezogenen Daten ursprünglich erhoben wurden, vereinbar ist, sollte der Verantwortliche nach Einhaltung aller Anforderungen für die Rechtmäßigkeit der ursprünglichen Verarbeitung unter anderem prüfen, ob ein Zusammenhang zwischen den Zwecken, für die die personenbezogenen Daten erhoben wurden, und den Zwecken der beabsichtigten Weiterverarbeitung besteht, in welchem Kontext die Daten erhoben wurden, insbesondere die vernünftigen Erwartungen der betroffenen Person, die auf ihrer Beziehung zu dem Verantwortlichen beruhen, in Bezug auf die weitere Verwendung dieser Daten, um welche Art von personenbezogenen Daten es sich handelt, welche Folgen die beabsichtigte Weiterverarbeitung für die betroffenen Personen hat und ob sowohl beim ursprünglichen als auch beim beabsichtigten Weiterverarbeitungsvorgang geeignete Garantien bestehen.

Hat die betroffene Person ihre Einwilligung erteilt oder beruht die Verarbeitung auf Unionsrecht oder dem Recht der Mitgliedstaaten, was in einer demokratischen Gesellschaft eine notwendige und verhältnismäßige Maßnahme zum Schutz insbesondere wichtiger Ziele des allgemeinen öffentlichen Interesses darstellt, so sollte der Verantwortliche die personenbezogenen Daten ungeachtet der Vereinbarkeit der Zwecke weiterverarbeiten dürfen.

In jedem Fall sollte gewährleistet sein, dass die in dieser Verordnung niedergelegten Grundsätze angewandt werden und insbesondere die betroffene Person über diese anderen Zwecke und über ihre Rechte einschließlich des Widerspruchsrechts unterrichtet wird. Der Hinweis des Verantwortlichen auf mögliche Straftaten oder Bedrohungen der öffentlichen Sicherheit und die Übermittlung der maßgeblichen personenbezogenen Daten in Einzelfällen oder in mehreren Fällen, die im Zusammenhang mit derselben Straftat oder derselben Bedrohung der öffentlichen Sicherheit stehen, an eine zuständige Behörde sollten als berechtigtes Interesse des Verantwortlichen gelten. Eine derartige Übermittlung personenbezogener Daten im berechtigten Interesse des Verantwortlichen oder deren Weiterverarbeitung sollte jedoch unzulässig sein, wenn die Verarbeitung mit einer rechtlichen, beruflichen oder sonstigen verbindlichen Pflicht zur Geheimhaltung unvereinbar ist.

(51) Personenbezogene Daten, die ihrem Wesen nach hinsichtlich der Grundrechte und Grundfreiheiten besonders sensibel sind, verdienen einen besonderen Schutz, da im Zusammenhang mit ihrer Verarbeitung erhebliche Risiken für die Grundrechte und Grundfreiheiten auftreten können. Diese personenbezogenen Daten sollten personenbezogene Daten umfassen, aus denen die rassische oder ethnische Herkunft hervorgeht, wobei die Verwendung des Begriffs »rassische Herkunft« in dieser Verordnung nicht bedeutet, dass die Union Theorien, mit denen versucht wird, die Existenz verschiedener menschlicher Rassen zu belegen, gutheißt. Die Verarbeitung von Lichtbildern sollte nicht grundsätzlich als Verarbeitung besonderer Kategorien von personenbezogenen Daten angesehen werden, da Lichtbilder nur dann von der Definition des Begriffs »biometrische Daten« erfasst werden, wenn sie mit speziellen technischen Mitteln verarbeitet werden, die die eindeutige Identifizierung oder Authentifizierung einer natürlichen Person ermöglichen. Derartige personenbezogene Daten sollten nicht verarbeitet werden, es sei denn, die Verarbeitung ist in den in dieser Verordnung dargelegten besonderen Fällen zulässig, wobei zu berücksichtigen ist, dass im Recht der Mitgliedstaaten besondere Datenschutzbestimmungen festgelegt sein können, um die Anwendung der Bestimmungen dieser Verordnung anzupassen, damit die Einhaltung einer rechtlichen Verpflichtung oder die Wahrnehmung einer Aufgabe im öffentlichen Interesse oder die Ausübung öffentlicher Gewalt, die dem Verantwortlichen übertragen wurde, möglich ist. Zusätzlich zu den speziellen Anforderungen an eine derartige Verarbeitung sollten die allgemeinen Grundsätze und andere Bestimmungen dieser Verordnung, insbesondere hinsichtlich der Bedingungen für eine rechtmäßige Verarbeitung, gelten. Ausnahmen von dem allgemeinen Verbot der Verarbeitung dieser besonderen Kategorien personenbezogener Daten sollten ausdrücklich vorgesehen werden, unter anderem bei ausdrücklicher Einwilligung der betroffenen Person oder bei bestimmten Notwendigkeiten, insbesondere wenn die Verarbeitung im Rahmen rechtmäßiger Tätigkeiten

bestimmter Vereinigungen oder Stiftungen vorgenommen wird, die sich für die Ausübung von Grundfreiheiten einsetzen.

(52) Ausnahmen vom Verbot der Verarbeitung besonderer Kategorien von personenbezogenen Daten sollten auch erlaubt sein, wenn sie im Unionsrecht oder dem Recht der Mitgliedstaaten vorgesehen sind, und — vorbehaltlich angemessener Garantien zum Schutz der personenbezogenen Daten und anderer Grundrechte — wenn dies durch das öffentliche Interesse gerechtfertigt ist, insbesondere für die Verarbeitung von personenbezogenen Daten auf dem Gebiet des Arbeitsrechts und des Rechts der sozialen Sicherheit einschließlich Renten und zwecks Sicherstellung und Überwachung der Gesundheit und Gesundheitswarnungen, Prävention oder Kontrolle ansteckender Krankheiten und anderer schwerwiegender Gesundheitsgefahren. Eine solche Ausnahme kann zu gesundheitlichen Zwecken gemacht werden, wie der Gewährleistung der öffentlichen Gesundheit und der Verwaltung von Leistungen der Gesundheitsversorgung, insbesondere wenn dadurch die Qualität und Wirtschaftlichkeit der Verfahren zur Abrechnung von Leistungen in den sozialen Krankenversicherungssystemen sichergestellt werden soll, oder wenn die Verarbeitung im öffentlichen Interesse liegenden Archivzwecken, wissenschaftlichen oder historischen Forschungszwecken oder statistischen Zwecken dient. Die Verarbeitung solcher personenbezogener Daten sollte zudem ausnahmsweise erlaubt sein, wenn sie erforderlich ist, um rechtliche Ansprüche, sei es in einem Gerichtsverfahren oder in einem Verwaltungsverfahren oder einem außergerichtlichen Verfahren, geltend zu machen, auszuüben oder zu verteidigen.

(53) Besondere Kategorien personenbezogener Daten, die eines höheren Schutzes verdienen, sollten nur dann für gesundheitsbezogene Zwecke verarbeitet werden, wenn dies für das Erreichen dieser Zwecke im Interesse einzelner natürlicher Personen und der Gesellschaft insgesamt erforderlich ist, insbesondere im Zusammenhang mit der Verwaltung der Dienste und Systeme des Gesundheits- oder Sozialbereichs, einschließlich der Verarbeitung dieser Daten durch die Verwaltung und die zentralen nationalen Gesundheitsbehörden zwecks Qualitätskontrolle, Verwaltungsinformationen und der allgemeinen nationalen und lokalen Überwachung des Gesundheitssystems oder des Sozialsystems und zwecks Gewährleistung der Kontinuität der Gesundheits- und Sozialfürsorge und der grenzüberschreitenden Gesundheitsversorgung oder Sicherstellung und Überwachung der Gesundheit und Gesundheitswarnungen oder für im öffentlichen Interesse liegende Archivzwecke, zu wissenschaftlichen oder historischen Forschungszwecken oder statistischen Zwecken, die auf Rechtsvorschriften der Union oder der Mitgliedstaaten beruhen, die einem im öffentlichen Interesse liegenden Ziel dienen müssen, sowie für Studien, die im öffentlichen Interesse im Bereich der öffentlichen Gesundheit durchgeführt werden. Diese Verordnung sollte daher harmonisierte Bedingungen für die Verarbeitung besonderer Ka-

tegorien personenbezogener Gesundheitsdaten im Hinblick auf bestimmte Erfordernisse harmonisieren, insbesondere wenn die Verarbeitung dieser Daten für gesundheitsbezogene Zwecke von Personen durchgeführt wird, die gemäß einer rechtlichen Verpflichtung dem Berufsgeheimnis unterliegen. Im Recht der Union oder der Mitgliedstaaten sollten besondere und angemessene Maßnahmen zum Schutz der Grundrechte und der personenbezogenen Daten natürlicher Personen vorgesehen werden. Den Mitgliedstaaten sollte gestattet werden, weitere Bedingungen — einschließlich Beschränkungen — in Bezug auf die Verarbeitung von genetischen Daten, biometrischen Daten oder Gesundheitsdaten beizubehalten oder einzuführen. Dies sollte jedoch den freien Verkehr personenbezogener Daten innerhalb der Union nicht beeinträchtigen, falls die betreffenden Bedingungen für die grenzüberschreitende Verarbeitung solcher Daten gelten.

(54) Aus Gründen des öffentlichen Interesses in Bereichen der öffentlichen Gesundheit kann es notwendig sein, besondere Kategorien personenbezogener Daten auch ohne Einwilligung der betroffenen Person zu verarbeiten. Diese Verarbeitung sollte angemessenen und besonderen Maßnahmen zum Schutz der Rechte und Freiheiten natürlicher Personen unterliegen. In diesem Zusammenhang sollte der Begriff »öffentliche Gesundheit« im Sinne der Verordnung (EG) Nr. 1338/2008 des Europäischen Parlaments und des Rates[12] ausgelegt werden und alle Elemente im Zusammenhang mit der Gesundheit wie den Gesundheitszustand einschließlich Morbidität und Behinderung, die sich auf diesen Gesundheitszustand auswirkenden Determinanten, den Bedarf an Gesundheitsversorgung, die der Gesundheitsversorgung zugewiesenen Mittel, die Bereitstellung von Gesundheitsversorgungsleistungen und den allgemeinen Zugang zu diesen Leistungen sowie die entsprechenden Ausgaben und die Finanzierung und schließlich die Ursachen der Mortalität einschließen. Eine solche Verarbeitung von Gesundheitsdaten aus Gründen des öffentlichen Interesses darf nicht dazu führen, dass Dritte, unter anderem Arbeitgeber oder Versicherungs- und Finanzunternehmen, solche personenbezogene Daten zu anderen Zwecken verarbeiten.

(55) Auch die Verarbeitung personenbezogener Daten durch staatliche Stellen zu verfassungsrechtlich oder völkerrechtlich verankerten Zielen von staatlich anerkannten Religionsgemeinschaften erfolgt aus Gründen des öffentlichen Interesses.

(56) Wenn es in einem Mitgliedstaat das Funktionieren des demokratischen Systems erfordert, dass die politischen Parteien im Zusammenhang mit Wahlen personenbezogene Daten über die politische Einstellung von

12 Verordnung (EG) Nr. 1338/2008 des Europäischen Parlaments und des Rates vom 16. Dezember 2008 zu Gemeinschaftsstatistiken über öffentliche Gesundheit und über Gesundheitsschutz und Sicherheit am Arbeitsplatz (ABl. L 354 vom 31.12.2008, S. 70).

Personen sammeln, kann die Verarbeitung derartiger Daten aus Gründen des öffentlichen Interesses zugelassen werden, sofern geeignete Garantien vorgesehen werden.

(57) Kann der Verantwortliche anhand der von ihm verarbeiteten personenbezogenen Daten eine natürliche Person nicht identifizieren, so sollte er nicht verpflichtet sein, zur bloßen Einhaltung einer Vorschrift dieser Verordnung zusätzliche Daten einzuholen, um die betroffene Person zu identifizieren. Allerdings sollte er sich nicht weigern, zusätzliche Informationen entgegenzunehmen, die von der betroffenen Person beigebracht werden, um ihre Rechte geltend zu machen. Die Identifizierung sollte die digitale Identifizierung einer betroffenen Person — beispielsweise durch Authentifizierungsverfahren etwa mit denselben Berechtigungsnachweisen, wie sie die betroffene Person verwendet, um sich bei dem von dem Verantwortlichen bereitgestellten Online-Dienst anzumelden — einschließen.

(58) Der Grundsatz der Transparenz setzt voraus, dass eine für die Öffentlichkeit oder die betroffene Person bestimmte Information präzise, leicht zugänglich und verständlich sowie in klarer und einfacher Sprache abgefasst ist und gegebenenfalls zusätzlich visuelle Elemente verwendet werden. Diese Information könnte in elektronischer Form bereitgestellt werden, beispielsweise auf einer Website, wenn sie für die Öffentlichkeit bestimmt ist. Dies gilt insbesondere für Situationen, wo die große Zahl der Beteiligten und die Komplexität der dazu benötigten Technik es der betroffenen Person schwer machen, zu erkennen und nachzuvollziehen, ob, von wem und zu welchem Zweck sie betreffende personenbezogene Daten erfasst werden, wie etwa bei der Werbung im Internet. Wenn sich die Verarbeitung an Kinder richtet, sollten aufgrund der besonderen Schutzwürdigkeit von Kindern Informationen und Hinweise in einer dergestalt klaren und einfachen Sprache erfolgen, dass ein Kind sie verstehen kann.

(59) Es sollten Modalitäten festgelegt werden, die einer betroffenen Person die Ausübung der Rechte, die ihr nach dieser Verordnung zustehen, erleichtern, darunter auch Mechanismen, die dafür sorgen, dass sie unentgeltlich insbesondere Zugang zu personenbezogenen Daten und deren Berichtigung oder Löschung beantragen und gegebenenfalls erhalten oder von ihrem Widerspruchsrecht Gebrauch machen kann. So sollte der Verantwortliche auch dafür sorgen, dass Anträge elektronisch gestellt werden können, insbesondere wenn die personenbezogenen Daten elektronisch verarbeitet werden. Der Verantwortliche sollte verpflichtet werden, den Antrag der betroffenen Person unverzüglich, spätestens aber innerhalb eines Monats zu beantworten und gegebenenfalls zu begründen, warum er den Antrag ablehnt.

(60) Die Grundsätze einer fairen und transparenten Verarbeitung machen es erforderlich, dass die betroffene Person über die Existenz des Verarbeitungsvorgangs und seine Zwecke unterrichtet wird. Der Verantwortliche sollte der betroffenen Person alle weiteren Informationen zur Verfügung

stellen, die unter Berücksichtigung der besonderen Umstände und Rahmenbedingungen, unter denen die personenbezogenen Daten verarbeitet werden, notwendig sind, um eine faire und transparente Verarbeitung zu gewährleisten. Darüber hinaus sollte er die betroffene Person darauf hinweisen, dass Profiling stattfindet und welche Folgen dies hat. Werden die personenbezogenen Daten bei der betroffenen Person erhoben, so sollte dieser darüber hinaus mitgeteilt werden, ob sie verpflichtet ist, die personenbezogenen Daten bereitzustellen, und welche Folgen eine Zurückhaltung der Daten nach sich ziehen würde. Die betreffenden Informationen können in Kombination mit standardisierten Bildsymbolen bereitgestellt werden, um in leicht wahrnehmbarer, verständlicher und klar nachvollziehbarer Form einen aussagekräftigen Überblick über die beabsichtigte Verarbeitung zu vermitteln. Werden die Bildsymbole in elektronischer Form dargestellt, so sollten sie maschinenlesbar sein.

(61) Dass sie betreffende personenbezogene Daten verarbeitet werden, sollte der betroffenen Person zum Zeitpunkt der Erhebung mitgeteilt werden oder, falls die Daten nicht von ihr, sondern aus einer anderen Quelle erlangt werden, innerhalb einer angemessenen Frist, die sich nach dem konkreten Einzelfall richtet. Wenn die personenbezogenen Daten rechtmäßig einem anderen Empfänger offengelegt werden dürfen, sollte die betroffene Person bei der erstmaligen Offenlegung der personenbezogenen Daten für diesen Empfänger darüber aufgeklärt werden. Beabsichtigt der Verantwortliche, die personenbezogenen Daten für einen anderen Zweck zu verarbeiten als den, für den die Daten erhoben wurden, so sollte er der betroffenen Person vor dieser Weiterverarbeitung Informationen über diesen anderen Zweck und andere erforderliche Informationen zur Verfügung stellen. Konnte der betroffenen Person nicht mitgeteilt werden, woher die personenbezogenen Daten stammen, weil verschiedene Quellen benutzt wurden, so sollte die Unterrichtung allgemein gehalten werden.

(62) Die Pflicht, Informationen zur Verfügung zu stellen, erübrigt sich jedoch, wenn die betroffene Person die Information bereits hat, wenn die Speicherung oder Offenlegung der personenbezogenen Daten ausdrücklich durch Rechtsvorschriften geregelt ist oder wenn sich die Unterrichtung der betroffenen Person als unmöglich erweist oder mit unverhältnismäßig hohem Aufwand verbunden ist. Letzteres könnte insbesondere bei Verarbeitungen für im öffentlichen Interesse liegende Archivzwecke, zu wissenschaftlichen oder historischen Forschungszwecken oder zu statistischen Zwecken der Fall sein. Als Anhaltspunkte sollten dabei die Zahl der betroffenen Personen, das Alter der Daten oder etwaige geeignete Garantien in Betracht gezogen werden.

(63) Eine betroffene Person sollte ein Auskunftsrecht hinsichtlich der sie betreffenden personenbezogenen Daten, die erhoben worden sind, besitzen und dieses Recht problemlos und in angemessenen Abständen wahrnehmen

können, um sich der Verarbeitung bewusst zu sein und deren Rechtmäßigkeit überprüfen zu können. Dies schließt das Recht betroffene Personen auf Auskunft über ihre eigenen gesundheitsbezogenen Daten ein, etwa Daten in ihren Patientenakten, die Informationen wie beispielsweise Diagnosen, Untersuchungsergebnisse, Befunde der behandelnden Ärzte und Angaben zu Behandlungen oder Eingriffen enthalten. Jede betroffene Person sollte daher ein Anrecht darauf haben zu wissen und zu erfahren, insbesondere zu welchen Zwecken die personenbezogenen Daten verarbeitet werden und, wenn möglich, wie lange sie gespeichert werden, wer die Empfänger der personenbezogenen Daten sind, nach welcher Logik die automatische Verarbeitung personenbezogener Daten erfolgt und welche Folgen eine solche Verarbeitung haben kann, zumindest in Fällen, in denen die Verarbeitung auf Profiling beruht. Nach Möglichkeit sollte der Verantwortliche den Fernzugang zu einem sicheren System bereitstellen können, der der betroffenen Person direkten Zugang zu ihren personenbezogenen Daten ermöglichen würde. Dieses Recht sollte die Rechte und Freiheiten anderer Personen, etwa Geschäftsgeheimnisse oder Rechte des geistigen Eigentums und insbesondere das Urheberrecht an Software, nicht beeinträchtigen. Dies darf jedoch nicht dazu führen, dass der betroffenen Person jegliche Auskunft verweigert wird. Verarbeitet der Verantwortliche eine große Menge von Informationen über die betroffene Person, so sollte er verlangen können, dass die betroffene Person präzisiert, auf welche Information oder welche Verarbeitungsvorgänge sich ihr Auskunftsersuchen bezieht, bevor er ihr Auskunft erteilt.

(64) Der Verantwortliche sollte alle vertretbaren Mittel nutzen, um die Identität einer Auskunft suchenden betroffenen Person zu überprüfen, insbesondere im Rahmen von Online-Diensten und im Fall von Online-Kennungen. Ein Verantwortlicher sollte personenbezogene Daten nicht allein zu dem Zweck speichern, auf mögliche Auskunftsersuchen reagieren zu können.

(65) Eine betroffene Person sollte ein Recht auf Berichtigung der sie betreffenden personenbezogenen Daten besitzen sowie ein »Recht auf Vergessenwerden«, wenn die Speicherung ihrer Daten gegen diese Verordnung oder gegen das Unionsrecht oder das Recht der Mitgliedstaaten, dem der Verantwortliche unterliegt, verstößt. Insbesondere sollten betroffene Personen Anspruch darauf haben, dass ihre personenbezogenen Daten gelöscht und nicht mehr verarbeitet werden, wenn die personenbezogenen Daten hinsichtlich der Zwecke, für die sie erhoben bzw. anderweitig verarbeitet wurden, nicht mehr benötigt werden, wenn die betroffenen Personen ihre Einwilligung in die Verarbeitung widerrufen oder Widerspruch gegen die Verarbeitung der sie betreffenden personenbezogenen Daten eingelegt haben oder wenn die Verarbeitung ihrer personenbezogenen Daten aus anderen Gründen gegen diese Verordnung verstößt. Dieses Recht ist insbesondere wichtig in Fällen, in denen die betroffene Person ihre Einwilligung noch im Kindesalter gegeben hat und insofern die mit der Verarbeitung verbundenen Gefahren nicht

in vollem Umfang absehen konnte und die personenbezogenen Daten — insbesondere die im Internet gespeicherten — später löschen möchte. Die betroffene Person sollte dieses Recht auch dann ausüben können, wenn sie kein Kind mehr ist. Die weitere Speicherung der personenbezogenen Daten sollte jedoch rechtmäßig sein, wenn dies für die Ausübung des Rechts auf freie Meinungsäußerung und Information, zur Erfüllung einer rechtlichen Verpflichtung, für die Wahrnehmung einer Aufgabe, die im öffentlichen Interesse liegt oder in Ausübung öffentlicher Gewalt erfolgt, die dem Verantwortlichen übertragen wurde, aus Gründen des öffentlichen Interesses im Bereich der öffentlichen Gesundheit, für im öffentlichen Interesse liegende Archivzwecke, zu wissenschaftlichen oder historischen Forschungszwecken oder zu statistischen Zwecken oder zur Geltendmachung, Ausübung oder Verteidigung von Rechtsansprüchen erforderlich ist.

(66) Um dem »Recht auf Vergessenwerden« im Netz mehr Geltung zu verschaffen, sollte das Recht auf Löschung ausgeweitet werden, indem ein Verantwortlicher, der die personenbezogenen Daten öffentlich gemacht hat, verpflichtet wird, den Verantwortlichen, die diese personenbezogenen Daten verarbeiten, mitzuteilen, alle Links zu diesen personenbezogenen Daten oder Kopien oder Replikationen der personenbezogenen Daten zu löschen. Dabei sollte der Verantwortliche, unter Berücksichtigung der verfügbaren Technologien und der ihm zur Verfügung stehenden Mittel, angemessene Maßnahmen — auch technischer Art — treffen, um die Verantwortlichen, die diese personenbezogenen Daten verarbeiten, über den Antrag der betroffenen Person zu informieren.

(67) Methoden zur Beschränkung der Verarbeitung personenbezogener Daten könnten unter anderem darin bestehen, dass ausgewählte personenbezogenen Daten vorübergehend auf ein anderes Verarbeitungssystem übertragen werden, dass sie für Nutzer gesperrt werden oder dass veröffentliche Daten vorübergehend von einer Website entfernt werden. In automatisierten Dateisystemen sollte die Einschränkung der Verarbeitung grundsätzlich durch technische Mittel so erfolgen, dass die personenbezogenen Daten in keiner Weise weiterverarbeitet werden und nicht verändert werden können. Auf die Tatsache, dass die Verarbeitung der personenbezogenen Daten beschränkt wurde, sollte in dem System unmissverständlich hingewiesen werden.

(68) Um im Fall der Verarbeitung personenbezogener Daten mit automatischen Mitteln eine bessere Kontrolle über die eigenen Daten zu haben, sollte die betroffene Person außerdem berechtigt sein, die sie betreffenden personenbezogenen Daten, die sie einem Verantwortlichen bereitgestellt hat, in einem strukturierten, gängigen, maschinenlesbaren und interoperablen Format zu erhalten und sie einem anderen Verantwortlichen zu übermitteln. Die Verantwortlichen sollten dazu aufgefordert werden, interoperable Formate zu entwickeln, die die Datenübertragbarkeit ermöglichen. Dieses

Recht sollte dann gelten, wenn die betroffene Person die personenbezogenen Daten mit ihrer Einwilligung zur Verfügung gestellt hat oder die Verarbeitung zur Erfüllung eines Vertrags erforderlich ist. Es sollte nicht gelten, wenn die Verarbeitung auf einer anderen Rechtsgrundlage als ihrer Einwilligung oder eines Vertrags erfolgt. Dieses Recht sollte naturgemäß nicht gegen Verantwortliche ausgeübt werden, die personenbezogenen Daten in Erfüllung ihrer öffentlichen Aufgaben verarbeiten. Es sollte daher nicht gelten, wenn die Verarbeitung der personenbezogenen Daten zur Erfüllung einer rechtlichen Verpflichtung, der der Verantwortliche unterliegt, oder für die Wahrnehmung einer ihm übertragenen Aufgabe, die im öffentlichen Interesse liegt oder in Ausübung einer ihm übertragenen öffentlichen Gewalt erfolgt, erforderlich ist. Das Recht der betroffenen Person, sie betreffende personenbezogene Daten zu übermitteln oder zu empfangen, sollte für den Verantwortlichen nicht die Pflicht begründen, technisch kompatible Datenverarbeitungssysteme zu übernehmen oder beizubehalten. Ist im Fall eines bestimmten Satzes personenbezogener Daten mehr als eine betroffene Person tangiert, so sollte das Recht auf Empfang der Daten die Grundrechte und Grundfreiheiten anderer betroffener Personen nach dieser Verordnung unberührt lassen. Dieses Recht sollte zudem das Recht der betroffenen Person auf Löschung ihrer personenbezogenen Daten und die Beschränkungen dieses Rechts gemäß dieser Verordnung nicht berühren und insbesondere nicht bedeuten, dass die Daten, die sich auf die betroffene Person beziehen und von ihr zur Erfüllung eines Vertrags zur Verfügung gestellt worden sind, gelöscht werden, soweit und solange diese personenbezogenen Daten für die Erfüllung des Vertrags notwendig sind. Soweit technisch machbar, sollte die betroffene Person das Recht haben, zu erwirken, dass die personenbezogenen Daten direkt von einem Verantwortlichen einem anderen Verantwortlichen übermittelt werden.

(69) Dürfen die personenbezogenen Daten möglicherweise rechtmäßig verarbeitet werden, weil die Verarbeitung für die Wahrnehmung einer Aufgabe, die im öffentlichen Interesse liegt oder in Ausübung öffentlicher Gewalt — die dem Verantwortlichen übertragen wurde, — oder aufgrund des berechtigten Interesses des Verantwortlichen oder eines Dritten erforderlich ist, sollte jede betroffene Person trotzdem das Recht haben, Widerspruch gegen die Verarbeitung der sich aus ihrer besonderen Situation ergebenden personenbezogenen Daten einzulegen. Der für die Verarbeitung Verantwortliche sollte darlegen müssen, dass seine zwingenden berechtigten Interessen Vorrang vor den Interessen oder Grundrechten und Grundfreiheiten der betroffenen Person haben.

(70) Werden personenbezogene Daten verarbeitet, um Direktwerbung zu betreiben, so sollte die betroffene Person jederzeit unentgeltlich insoweit Widerspruch gegen eine solche — ursprüngliche oder spätere — Verarbeitung einschließlich des Profilings einlegen können, als sie mit dieser

Direktwerbung zusammenhängt. Die betroffene Person sollte ausdrücklich auf dieses Recht hingewiesen werden; dieser Hinweis sollte in einer verständlichen und von anderen Informationen getrennten Form erfolgen.

(71) Die betroffene Person sollte das Recht haben, keiner Entscheidung — was eine Maßnahme einschließen kann — zur Bewertung von sie betreffenden persönlichen Aspekten unterworfen zu werden, die ausschließlich auf einer automatisierten Verarbeitung beruht und die rechtliche Wirkung für die betroffene Person entfaltet oder sie in ähnlicher Weise erheblich beeinträchtigt, wie die automatische Ablehnung eines Online-Kreditantrags oder Online-Einstellungsverfahren ohne jegliches menschliche Eingreifen. Zu einer derartigen Verarbeitung zählt auch das »Profiling«, das in jeglicher Form automatisierter Verarbeitung personenbezogener Daten unter Bewertung der persönlichen Aspekte in Bezug auf eine natürliche Person besteht, insbesondere zur Analyse oder Prognose von Aspekten bezüglich Arbeitsleistung, wirtschaftliche Lage, Gesundheit, persönliche Vorlieben oder Interessen, Zuverlässigkeit oder Verhalten, Aufenthaltsort oder Ortswechsel der betroffenen Person, soweit dies rechtliche Wirkung für die betroffene Person entfaltet oder sie in ähnlicher Weise erheblich beeinträchtigt. Eine auf einer derartigen Verarbeitung, einschließlich des Profilings, beruhende Entscheidungsfindung sollte allerdings erlaubt sein, wenn dies nach dem Unionsrecht oder dem Recht der Mitgliedstaaten, dem der für die Verarbeitung Verantwortliche unterliegt, ausdrücklich zulässig ist, auch um im Einklang mit den Vorschriften, Standards und Empfehlungen der Institutionen der Union oder der nationalen Aufsichtsgremien Betrug und Steuerhinterziehung zu überwachen und zu verhindern und die Sicherheit und Zuverlässigkeit eines von dem Verantwortlichen bereitgestellten Dienstes zu gewährleisten, oder wenn dies für den Abschluss oder die Erfüllung eines Vertrags zwischen der betroffenen Person und einem Verantwortlichen erforderlich ist oder wenn die betroffene Person ihre ausdrückliche Einwilligung hierzu erteilt hat. In jedem Fall sollte eine solche Verarbeitung mit angemessenen Garantien verbunden sein, einschließlich der spezifischen Unterrichtung der betroffenen Person und des Anspruchs auf direktes Eingreifen einer Person, auf Darlegung des eigenen Standpunkts, auf Erläuterung der nach einer entsprechenden Bewertung getroffenen Entscheidung sowie des Rechts auf Anfechtung der Entscheidung. Diese Maßnahme sollte kein Kind betreffen.

Um unter Berücksichtigung der besonderen Umstände und Rahmenbedingungen, unter denen die personenbezogenen Daten verarbeitet werden, der betroffenen Person gegenüber eine faire und transparente Verarbeitung zu gewährleisten, sollte der für die Verarbeitung Verantwortliche geeignete mathematische oder statistische Verfahren für das Profiling verwenden, technische und organisatorische Maßnahmen treffen, mit denen in geeigneter Weise insbesondere sichergestellt wird, dass Faktoren, die zu unrichtigen personenbezogenen Daten führen, korrigiert werden und das Risiko von Fehlern minimiert wird, und personenbezogene Daten in einer Weise sichern, dass den potenziellen Bedrohungen für die Interessen und Rechte der betroffenen Person Rechnung getragen wird und mit denen verhindert wird, dass es gegenüber natürlichen Personen aufgrund von Rasse, ethnischer Herkunft, politischer Meinung, Religion oder Weltanschauung, Gewerkschaftszugehörigkeit, genetischer Anlagen oder Gesundheitszustand sowie sexueller Orientierung zu diskriminierenden Wirkungen oder zu Maßnahmen kommt, die eine solche Wirkung haben. Automatisierte Entscheidungsfindung und Profiling auf der Grundlage besonderer Kategorien von personenbezogenen Daten sollten nur unter bestimmten Bedingungen erlaubt sein.

(72) Das Profiling unterliegt den Vorschriften dieser Verordnung für die Verarbeitung personenbezogener Daten, wie etwa die Rechtsgrundlage für die Verarbeitung oder die Datenschutzgrundsätze. Der durch diese Verordnung eingerichtete Europäische Datenschutzausschuss (im Folgenden »Ausschuss«) sollte, diesbezüglich Leitlinien herausgeben können.

(73) Im Recht der Union oder der Mitgliedstaaten können Beschränkungen hinsichtlich bestimmter Grundsätze und hinsichtlich des Rechts auf Unterrichtung, Auskunft zu und Berichtigung oder Löschung personenbezogener Daten, des Rechts auf Datenübertragbarkeit und Widerspruch, Entscheidungen, die auf der Erstellung von Profilen beruhen, sowie Mitteilungen über eine Verletzung des Schutzes personenbezogener Daten an eine betroffene Person und bestimmten damit zusammenhängenden Pflichten der Verantwortlichen vorgesehen werden, soweit dies in einer demokratischen Gesellschaft notwendig und verhältnismäßig ist, um die öffentliche Sicherheit aufrechtzuerhalten, wozu unter anderem der Schutz von Menschenleben insbesondere bei Naturkatastrophen oder vom Menschen verursachten Katastrophen, die Verhütung, Aufdeckung und Verfolgung von Straftaten oder die Strafvollstreckung — was auch den Schutz vor und die Abwehr von Gefahren für die öffentliche Sicherheit einschließt — oder die Verhütung, Aufdeckung und Verfolgung von Verstößen gegen Berufsstandsregeln bei reglementierten Berufen, das Führen öffentlicher Register aus Gründen des allgemeinen öffentlichen Interesses sowie die Weiterverarbeitung von archivierten personenbezogenen Daten zur Bereitstellung spezifischer Informationen im Zusammenhang mit dem politischen Verhalten unter ehemaligen totalitären Regimen gehört, und zum Schutz sonstiger wichtiger Ziele des allgemeinen öffentlichen Interesses der Union oder eines Mitgliedstaats, etwa wichtige wirtschaftliche oder finanzielle Interessen, oder die betroffene Person und die Rechte und Freiheiten anderer Personen, einschließlich in den Bereichen soziale Sicherheit, öffentliche Gesundheit und humanitäre Hilfe, zu schützen. Diese Beschränkungen sollten mit der Charta und mit

der Europäischen Konvention zum Schutz der Menschenrechte und Grundfreiheiten im Einklang stehen.

(74) Die Verantwortung und Haftung des Verantwortlichen für jedwede Verarbeitung personenbezogener Daten, die durch ihn oder in seinem Namen erfolgt, sollte geregelt werden. Insbesondere sollte der Verantwortliche geeignete und wirksame Maßnahmen treffen müssen und nachweisen können, dass die Verarbeitungstätigkeiten im Einklang mit dieser Verordnung stehen und die Maßnahmen auch wirksam sind. Dabei sollte er die Art, den Umfang, die Umstände und die Zwecke der Verarbeitung und das Risiko für die Rechte und Freiheiten natürlicher Personen berücksichtigen.

(75) Die Risiken für die Rechte und Freiheiten natürlicher Personen — mit unterschiedlicher Eintrittswahrscheinlichkeit und Schwere — können aus einer Verarbeitung personenbezogener Daten hervorgehen, die zu einem physischen, materiellen oder immateriellen Schaden führen könnte, insbesondere wenn die Verarbeitung zu einer Diskriminierung, einem Identitätsdiebstahl oder -betrug, einem finanziellen Verlust, einer Rufschädigung, einem Verlust der Vertraulichkeit von dem Berufsgeheimnis unterliegenden personenbezogenen Daten, der unbefugten Aufhebung der Pseudonymisierung oder anderen erheblichen wirtschaftlichen oder gesellschaftlichen Nachteilen führen kann, wenn die betroffenen Personen um ihre Rechte und Freiheiten gebracht oder daran gehindert werden, die sie betreffenden personenbezogenen Daten zu kontrollieren, wenn personenbezogene Daten, aus denen die rassische oder ethnische Herkunft, politische Meinungen, religiöse oder weltanschauliche Überzeugungen oder die Zugehörigkeit zu einer Gewerkschaft hervorgehen, und genetische Daten, Gesundheitsdaten oder das Sexualleben oder strafrechtliche Verurteilungen und Straftaten oder damit zusammenhängende Sicherungsmaßregeln betreffende Daten verarbeitet werden, wenn persönliche Aspekte bewertet werden, insbesondere wenn Aspekte, die die Arbeitsleistung, wirtschaftliche Lage, Gesundheit, persönliche Vorlieben oder Interessen, die Zuverlässigkeit oder das Verhalten, den Aufenthaltsort oder Ortswechsel betreffen, analysiert oder prognostiziert werden, um persönliche Profile zu erstellen oder zu nutzen, wenn personenbezogene Daten schutzbedürftiger natürlicher Personen, insbesondere Daten von Kindern, verarbeitet werden oder wenn die Verarbeitung eine große Menge personenbezogener Daten und eine große Anzahl von betroffenen Personen betrifft.

(76) Eintrittswahrscheinlichkeit und Schwere des Risikos für die Rechte und Freiheiten der betroffenen Person sollten in Bezug auf die Art, den Umfang, die Umstände und die Zwecke der Verarbeitung bestimmt werden. Das Risiko sollte anhand einer objektiven Bewertung beurteilt werden, bei der festgestellt wird, ob die Datenverarbeitung ein Risiko oder ein hohes Risiko birgt.

(77) Anleitungen, wie der Verantwortliche oder Auftragsverarbeiter geeignete Maßnahmen durchzuführen hat und wie die Einhaltung der Anforderungen nachzuweisen ist, insbesondere was die Ermittlung des mit der Verarbeitung verbundenen Risikos, dessen Abschätzung in Bezug auf Ursache, Art, Eintrittswahrscheinlichkeit und Schwere und die Festlegung bewährter Verfahren für dessen Eindämmung betrifft, könnten insbesondere in Form von genehmigten Verhaltensregeln, genehmigten Zertifizierungsverfahren, Leitlinien des Ausschusses oder Hinweisen eines Datenschutzbeauftragten gegeben werden. Der Ausschuss kann ferner Leitlinien für Verarbeitungsvorgänge ausgeben, bei denen davon auszugehen ist, dass sie kein hohes Risiko für die Rechte und Freiheiten natürlicher Personen mit sich bringen, und angeben, welche Abhilfemaßnahmen in diesen Fällen ausreichend sein können.

(78) Zum Schutz der in Bezug auf die Verarbeitung personenbezogener Daten bestehenden Rechte und Freiheiten natürlicher Personen ist es erforderlich, dass geeignete technische und organisatorische Maßnahmen getroffen werden, damit die Anforderungen dieser Verordnung erfüllt werden. Um die Einhaltung dieser Verordnung nachweisen zu können, sollte der Verantwortliche interne Strategien festlegen und Maßnahmen ergreifen, die insbesondere den Grundsätzen des Datenschutzes durch Technik (data protection by design) und durch datenschutzfreundliche Voreinstellungen (data protection by default) Genüge tun. Solche Maßnahmen könnten unter anderem darin bestehen, dass die Verarbeitung personenbezogener Daten minimiert wird, personenbezogene Daten so schnell wie möglich pseudonymisiert werden, Transparenz in Bezug auf die Funktionen und die Verarbeitung personenbezogener Daten hergestellt wird, der betroffenen Person ermöglicht wird, die Verarbeitung personenbezogener Daten zu überwachen, und der Verantwortliche in die Lage versetzt wird, Sicherheitsfunktionen zu schaffen und zu verbessern. In Bezug auf Entwicklung, Gestaltung, Auswahl und Nutzung von Anwendungen, Diensten und Produkten, die entweder auf der Verarbeitung von personenbezogenen Daten beruhen oder zur Erfüllung ihrer Aufgaben personenbezogene Daten verarbeiten, sollten die Hersteller der Produkte, Dienste und Anwendungen ermutigt werden, das Recht auf Datenschutz bei der Entwicklung und Gestaltung der Produkte, Dienste und Anwendungen zu berücksichtigen und unter gebührender Berücksichtigung des Stands der Technik sicherzustellen, dass die Verantwortlichen und die Verarbeiter in der Lage sind, ihren Datenschutzpflichten nachzukommen. Den Grundsätzen des Datenschutzes durch Technik und durch datenschutzfreundliche Voreinstellungen sollte auch bei öffentlichen Ausschreibungen Rechnung getragen werden.

(79) Zum Schutz der Rechte und Freiheiten der betroffenen Personen sowie bezüglich der Verantwortung und Haftung der Verantwortlichen und der Auftragsverarbeiter bedarf es — auch mit Blick auf die Überwachungs- und

sonstigen Maßnahmen von Aufsichtsbehörden — einer klaren Zuteilung der Verantwortlichkeiten durch diese Verordnung, einschließlich der Fälle, in denen ein Verantwortlicher die Verarbeitungszwecke und -mittel gemeinsam mit anderen Verantwortlichen festlegt oder ein Verarbeitungsvorgang im Auftrag eines Verantwortlichen durchgeführt wird.

(80) Jeder Verantwortliche oder Auftragsverarbeiter ohne Niederlassung in der Union, dessen Verarbeitungstätigkeiten sich auf betroffene Personen beziehen, die sich in der Union aufhalten, und dazu dienen, diesen Personen in der Union Waren oder Dienstleistungen anzubieten — unabhängig davon, ob von der betroffenen Person eine Zahlung verlangt wird — oder deren Verhalten, soweit dieses innerhalb der Union erfolgt, zu beobachten, sollte einen Vertreter benennen müssen, es sei denn, die Verarbeitung erfolgt gelegentlich, schließt nicht die umfangreiche Verarbeitung besonderer Kategorien personenbezogener Daten oder die Verarbeitung von personenbezogenen Daten über strafrechtliche Verurteilungen und Straftaten ein und bringt unter Berücksichtigung ihrer Art, ihrer Umstände, ihres Umfangs und ihrer Zwecke wahrscheinlich kein Risiko für die Rechte und Freiheiten natürlicher Personen mit sich oder bei dem Verantwortlichen handelt es sich um eine Behörde oder öffentliche Stelle. Der Vertreter sollte im Namen des Verantwortlichen oder des Auftragsverarbeiters tätig werden und den Aufsichtsbehörden als Anlaufstelle dienen. Der Verantwortliche oder der Auftragsverarbeiter sollte den Vertreter ausdrücklich bestellen und schriftlich beauftragen, in Bezug auf die ihm nach dieser Verordnung obliegenden Verpflichtungen an seiner Stelle zu handeln. Die Benennung eines solchen Vertreters berührt nicht die Verantwortung oder Haftung des Verantwortlichen oder des Auftragsverarbeiters nach Maßgabe dieser Verordnung. Ein solcher Vertreter sollte seine Aufgaben entsprechend dem Mandat des Verantwortlichen oder Auftragsverarbeiters ausführen und insbesondere mit den zuständigen Aufsichtsbehörden in Bezug auf Maßnahmen, die die Einhaltung dieser Verordnung sicherstellen sollen, zusammenarbeiten. Bei Verstößen des Verantwortlichen oder Auftragsverarbeiters sollte der bestellte Vertreter Durchsetzungsverfahren unterworfen werden.

(81) Damit die Anforderungen dieser Verordnung in Bezug auf die vom Auftragsverarbeiter im Namen des Verantwortlichen vorzunehmende Verarbeitung eingehalten werden, sollte ein Verantwortlicher, der einen Auftragsverarbeiter mit Verarbeitungstätigkeiten betrauen will, nur Auftragsverarbeiter heranziehen, die — insbesondere im Hinblick auf Fachwissen, Zuverlässigkeit und Ressourcen — hinreichende Garantien dafür bieten, dass technische und organisatorische Maßnahmen — auch für die Sicherheit der Verarbeitung — getroffen werden, die den Anforderungen dieser Verordnung genügen. Die Einhaltung genehmigter Verhaltensregeln oder eines genehmigten Zertifizierungsverfahrens durch einen Auftragsverarbeiter kann als Faktor herangezogen werden, um die Erfüllung der Pflichten

des Verantwortlichen nachzuweisen. Die Durchführung einer Verarbeitung durch einen Auftragsverarbeiter sollte auf Grundlage eines Vertrags oder eines anderen Rechtsinstruments nach dem Recht der Union oder der Mitgliedstaaten erfolgen, der bzw. das den Auftragsverarbeiter an den Verantwortlichen bindet und in dem Gegenstand und Dauer der Verarbeitung, Art und Zwecke der Verarbeitung, die Art der personenbezogenen Daten und die Kategorien von betroffenen Personen festgelegt sind, wobei die besonderen Aufgaben und Pflichten des Auftragsverarbeiters bei der geplanten Verarbeitung und das Risiko für die Rechte und Freiheiten der betroffenen Person zu berücksichtigen sind. Der Verantwortliche und der Auftragsverarbeiter können entscheiden, ob sie einen individuellen Vertrag oder Standardvertragsklauseln verwenden, die entweder unmittelbar von der Kommission erlassen oder aber nach dem Kohärenzverfahren von einer Aufsichtsbehörde angenommen und dann von der Kommission erlassen wurden. Nach Beendigung der Verarbeitung im Namen des Verantwortlichen sollte der Auftragsverarbeiter die personenbezogenen Daten nach Wahl des Verantwortlichen entweder zurückgeben oder löschen, sofern nicht nach dem Recht der Union oder der Mitgliedstaaten, dem der Auftragsverarbeiter unterliegt, eine Verpflichtung zur Speicherung der personenbezogenen Daten besteht.

(82) Zum Nachweis der Einhaltung dieser Verordnung sollte der Verantwortliche oder der Auftragsverarbeiter ein Verzeichnis der Verarbeitungstätigkeiten, die seiner Zuständigkeit unterliegen, führen. Jeder Verantwortliche und jeder Auftragsverarbeiter sollte verpflichtet sein, mit der Aufsichtsbehörde zusammenzuarbeiten und dieser auf Anfrage das entsprechende Verzeichnis vorzulegen, damit die betreffenden Verarbeitungsvorgänge anhand dieser Verzeichnisse kontrolliert werden können.

(83) Zur Aufrechterhaltung der Sicherheit und zur Vorbeugung gegen eine gegen diese Verordnung verstoßende Verarbeitung sollte der Verantwortliche oder der Auftragsverarbeiter die mit der Verarbeitung verbundenen Risiken ermitteln und Maßnahmen zu ihrer Eindämmung, wie etwa eine Verschlüsselung, treffen. Diese Maßnahmen sollten unter Berücksichtigung des Stands der Technik und der Implementierungskosten ein Schutzniveau — auch hinsichtlich der Vertraulichkeit — gewährleisten, das den von der Verarbeitung ausgehenden Risiken und der Art der zu schützenden personenbezogenen Daten angemessen ist. Bei der Bewertung der Datensicherheitsrisiken sollten die mit der Verarbeitung personenbezogener Daten verbundenen Risiken berücksichtigt werden, wie etwa — ob unbeabsichtigt oder unrechtmäßig — Vernichtung, Verlust, Veränderung oder unbefugte Offenlegung von oder unbefugter Zugang zu personenbezogenen Daten, die übermittelt, gespeichert oder auf sonstige Weise verarbeitet wurden, insbesondere wenn dies zu einem physischen, materiellen oder immateriellen Schaden führen könnte.

(84) Damit diese Verordnung in Fällen, in denen die Verarbeitungsvorgänge wahrscheinlich ein hohes Risiko für die Rechte und Freiheiten natürlicher Personen mit sich bringen, besser eingehalten wird, sollte der Verantwortliche für die Durchführung einer Datenschutz-Folgenabschätzung, mit der insbesondere die Ursache, Art, Besonderheit und Schwere dieses Risikos evaluiert werden, verantwortlich sein. Die Ergebnisse der Abschätzung sollten berücksichtigt werden, wenn darüber entschieden wird, welche geeigneten Maßnahmen ergriffen werden müssen, um nachzuweisen, dass die Verarbeitung der personenbezogenen Daten mit dieser Verordnung in Einklang steht. Geht aus einer Datenschutz-Folgenabschätzung hervor, dass Verarbeitungsvorgänge ein hohes Risiko bergen, das der Verantwortliche nicht durch geeignete Maßnahmen in Bezug auf verfügbare Technik und Implementierungskosten eindämmen kann, so sollte die Aufsichtsbehörde vor der Verarbeitung konsultiert werden.

(85) Eine Verletzung des Schutzes personenbezogener Daten kann — wenn nicht rechtzeitig und angemessen reagiert wird — einen physischen, materiellen oder immateriellen Schaden für natürliche Personen nach sich ziehen, wie etwa Verlust der Kontrolle über ihre personenbezogenen Daten oder Einschränkung ihrer Rechte, Diskriminierung, Identitätsdiebstahl oder -betrug, finanzielle Verluste, unbefugte Aufhebung der Pseudonymisierung, Rufschädigung, Verlust der Vertraulichkeit von dem Berufsgeheimnis unterliegenden Daten oder andere erhebliche wirtschaftliche oder gesellschaftliche Nachteile für die betroffene natürliche Person. Deshalb sollte der Verantwortliche, sobald ihm eine Verletzung des Schutzes personenbezogener Daten bekannt wird, die Aufsichtsbehörde von der Verletzung des Schutzes personenbezogener Daten unverzüglich und, falls möglich, binnen höchstens 72 Stunden, nachdem ihm die Verletzung bekannt wurde, unterrichten, es sei denn, der Verantwortliche kann im Einklang mit dem Grundsatz der Rechenschaftspflicht nachweisen, dass die Verletzung des Schutzes personenbezogener Daten voraussichtlich nicht zu einem Risiko für die persönlichen Rechte und Freiheiten natürlicher Personen führt. Falls diese Benachrichtigung nicht binnen 72 Stunden erfolgen kann, sollten in ihr die Gründe für die Verzögerung angegeben werden müssen, und die Informationen können schrittweise ohne unangemessene weitere Verzögerung bereitgestellt werden.

(86) Der für die Verarbeitung Verantwortliche sollte die betroffene Person unverzüglich von der Verletzung des Schutzes personenbezogener Daten benachrichtigen, wenn diese Verletzung des Schutzes personenbezogener Daten voraussichtlich zu einem hohen Risiko für die persönlichen Rechte und Freiheiten natürlicher Personen führt, damit diese die erforderlichen Vorkehrungen treffen können. Die Benachrichtigung sollte eine Beschreibung der Art der Verletzung des Schutzes personenbezogener Daten sowie an die betroffene natürliche Person gerichtete Empfehlungen zur Minderung

etwaiger nachteiliger Auswirkungen dieser Verletzung enthalten. Solche Benachrichtigungen der betroffenen Person sollten stets so rasch wie nach allgemeinem Ermessen möglich, in enger Absprache mit der Aufsichtsbehörde und nach Maßgabe der von dieser oder von anderen zuständigen Behörden wie beispielsweise Strafverfolgungsbehörden erteilten Weisungen erfolgen. Um beispielsweise das Risiko eines unmittelbaren Schadens mindern zu können, müssten betroffene Personen sofort benachrichtigt werden, wohingegen eine längere Benachrichtigungsfrist gerechtfertigt sein kann, wenn es darum geht, geeignete Maßnahmen gegen fortlaufende oder vergleichbare Verletzungen des Schutzes personenbezogener Daten zu treffen.

(87) Es sollte festgestellt werden, ob alle geeigneten technischen Schutz- sowie organisatorischen Maßnahmen getroffen wurden, um sofort feststellen zu können, ob eine Verletzung des Schutzes personenbezogener Daten aufgetreten ist, und um die Aufsichtsbehörde und die betroffene Person umgehend unterrichten zu können. Bei der Feststellung, ob die Meldung unverzüglich erfolgt ist, sollten die Art und Schwere der Verletzung des Schutzes personenbezogener Daten sowie deren Folgen und nachteilige Auswirkungen für die betroffene Person berücksichtigt werden. Die entsprechende Meldung kann zu einem Tätigwerden der Aufsichtsbehörde im Einklang mit ihren in dieser Verordnung festgelegten Aufgaben und Befugnissen führen.

(88) Bei der detaillierten Regelung des Formats und der Verfahren für die Meldung von Verletzungen des Schutzes personenbezogener Daten sollten die Umstände der Verletzung hinreichend berücksichtigt werden, beispielsweise ob personenbezogene Daten durch geeignete technische Sicherheitsvorkehrungen geschützt waren, die die Wahrscheinlichkeit eines Identitätsbetrugs oder anderer Formen des Datenmissbrauchs wirksam verringern. Überdies sollten solche Regeln und Verfahren den berechtigten Interessen der Strafverfolgungsbehörden in Fällen Rechnung tragen, in denen die Untersuchung der Umstände einer Verletzung des Schutzes personenbezogener Daten durch eine frühzeitige Offenlegung in unnötiger Weise behindert würde.

(89) Gemäß der Richtlinie 95/46/EG waren Verarbeitungen personenbezogener Daten bei den Aufsichtsbehörden generell meldepflichtig. Diese Meldepflicht ist mit einem bürokratischen und finanziellen Aufwand verbunden und hat dennoch nicht in allen Fällen zu einem besseren Schutz personenbezogener Daten geführt. Diese unterschiedslosen allgemeinen Meldepflichten sollten daher abgeschafft und durch wirksame Verfahren und Mechanismen ersetzt werden, die sich stattdessen vorrangig mit denjenigen Arten von Verarbeitungsvorgängen befassen, die aufgrund ihrer Art, ihres Umfangs, ihrer Umstände und ihrer Zwecke wahrscheinlich ein hohes Risiko für die Rechte und Freiheiten natürlicher Personen mit sich bringen. Zu solchen Arten von Verarbeitungsvorgängen gehören insbesondere solche, bei denen neue

Technologien eingesetzt werden oder die neuartig sind und bei denen der Verantwortliche noch keine Datenschutz-Folgenabschätzung durchgeführt hat bzw. bei denen aufgrund der seit der ursprünglichen Verarbeitung vergangenen Zeit eine Datenschutz-Folgenabschätzung notwendig geworden ist.

(90) In derartigen Fällen sollte der Verantwortliche vor der Verarbeitung eine Datenschutz-Folgenabschätzung durchführen, mit der die spezifische Eintrittswahrscheinlichkeit und die Schwere dieses hohen Risikos unter Berücksichtigung der Art, des Umfangs, der Umstände und der Zwecke der Verarbeitung und der Ursachen des Risikos bewertet werden. Diese Folgenabschätzung sollte sich insbesondere mit den Maßnahmen, Garantien und Verfahren befassen, durch die dieses Risiko eingedämmt, der Schutz personenbezogener Daten sichergestellt und die Einhaltung der Bestimmungen dieser Verordnung nachgewiesen werden soll.

(91) Dies sollte insbesondere für umfangreiche Verarbeitungsvorgänge gelten, die dazu dienen, große Mengen personenbezogener Daten auf regionaler, nationaler oder supranationaler Ebene zu verarbeiten, eine große Zahl von Personen betreffen könnten und — beispielsweise aufgrund ihrer Sensibilität — wahrscheinlich ein hohes Risiko mit sich bringen und bei denen entsprechend dem jeweils aktuellen Stand der Technik in großem Umfang eine neue Technologie eingesetzt wird, sowie für andere Verarbeitungsvorgänge, die ein hohes Risiko für die Rechte und Freiheiten der betroffenen Personen mit sich bringen, insbesondere dann, wenn diese Verarbeitungsvorgänge den betroffenen Personen die Ausübung ihrer Rechte erschweren. Eine Datenschutz-Folgenabschätzung sollte auch durchgeführt werden, wenn die personenbezogenen Daten für das Treffen von Entscheidungen in Bezug auf bestimmte natürliche Personen im Anschluss an eine systematische und eingehende Bewertung persönlicher Aspekte natürlicher Personen auf der Grundlage eines Profilings dieser Daten oder im Anschluss an die Verarbeitung besonderer Kategorien von personenbezogenen Daten, biometrischen Daten oder von Daten über strafrechtliche Verurteilungen und Straftaten sowie damit zusammenhängende Sicherungsmaßregeln verarbeitet werden. Gleichermaßen erforderlich ist eine Datenschutz-Folgenabschätzung für die weiträumige Überwachung öffentlich zugänglicher Bereiche, insbesondere mittels optoelektronischer Vorrichtungen, oder für alle anderen Vorgänge, bei denen nach Auffassung der zuständigen Aufsichtsbehörde die Verarbeitung wahrscheinlich ein hohes Risiko für die Rechte und Freiheiten der betroffenen Personen mit sich bringt, insbesondere weil sie die betroffenen Personen an der Ausübung eines Rechts oder der Nutzung einer Dienstleistung bzw. Durchführung eines Vertrags hindern oder weil sie systematisch in großem Umfang erfolgen. Die Verarbeitung personenbezogener Daten sollte nicht als umfangreich gelten, wenn die Verarbeitung personenbezogene Daten von Patienten oder von Mandanten betrifft und

durch einen einzelnen Arzt, sonstigen Angehörigen eines Gesundheitsberufes oder Rechtsanwalt erfolgt. In diesen Fällen sollte eine Datenschutz-Folgenabschätzung nicht zwingend vorgeschrieben sein.

(92) Unter bestimmten Umständen kann es vernünftig und unter ökonomischen Gesichtspunkten zweckmäßig sein, eine Datenschutz-Folgenabschätzung nicht lediglich auf ein bestimmtes Projekt zu beziehen, sondern sie thematisch breiter anzulegen — beispielsweise wenn Behörden oder öffentliche Stellen eine gemeinsame Anwendung oder Verarbeitungsplattform schaffen möchten oder wenn mehrere Verantwortliche eine gemeinsame Anwendung oder Verarbeitungsumgebung für einen gesamten Wirtschaftssektor, für ein bestimmtes Marktsegment oder für eine weit verbreitete horizontale Tätigkeit einführen möchten.

(93) Anlässlich des Erlasses des Gesetzes des Mitgliedstaats, auf dessen Grundlage die Behörde oder öffentliche Stelle ihre Aufgaben wahrnimmt und das den fraglichen Verarbeitungsvorgang oder die fraglichen Arten von Verarbeitungsvorgängen regelt, können die Mitgliedstaaten es für erforderlich erachten, solche Folgeabschätzungen vor den Verarbeitungsvorgängen durchzuführen.

(94) Geht aus einer Datenschutz-Folgenabschätzung hervor, dass die Verarbeitung bei Fehlen von Garantien, Sicherheitsvorkehrungen und Mechanismen zur Minderung des Risikos ein hohes Risiko für die Rechte und Freiheiten natürlicher Personen mit sich bringen würde, und ist der Verantwortliche der Auffassung, dass das Risiko nicht durch in Bezug auf verfügbare Technologien und Implementierungskosten vertretbare Mittel eingedämmt werden kann, so sollte die Aufsichtsbehörde vor Beginn der Verarbeitungstätigkeiten konsultiert werden. Ein solches hohes Risiko ist wahrscheinlich mit bestimmten Arten der Verarbeitung und dem Umfang und der Häufigkeit der Verarbeitung verbunden, die für natürliche Personen auch eine Schädigung oder eine Beeinträchtigung der persönlichen Rechte und Freiheiten mit sich bringen können. Die Aufsichtsbehörde sollte das Beratungsersuchen innerhalb einer bestimmten Frist beantworten. Allerdings kann sie, auch wenn sie nicht innerhalb dieser Frist reagiert hat, entsprechend ihren in dieser Verordnung festgelegten Aufgaben und Befugnissen eingreifen, was die Befugnis einschließt, Verarbeitungsvorgänge zu untersagen. Im Rahmen dieses Konsultationsprozesses kann das Ergebnis einer im Hinblick auf die betreffende Verarbeitung personenbezogener Daten durchgeführten Datenschutz-Folgenabschätzung der Aufsichtsbehörde unterbreitet werden; dies gilt insbesondere für die zur Eindämmung des Risikos für die Rechte und Freiheiten natürlicher Personen geplanten Maßnahmen.

(95) Der Auftragsverarbeiter sollte erforderlichenfalls den Verantwortlichen auf Anfrage bei der Gewährleistung der Einhaltung der sich aus der Durchführung der Datenschutz-Folgenabschätzung und der vorherigen Konsultation der Aufsichtsbehörde ergebenden Auflagen unterstützen.

(96) Eine Konsultation der Aufsichtsbehörde sollte auch während der Ausarbeitung von Gesetzes- oder Regelungsvorschriften, in denen eine Verarbeitung personenbezogener Daten vorgesehen ist, erfolgen, um die Vereinbarkeit der geplanten Verarbeitung mit dieser Verordnung sicherzustellen und insbesondere das mit ihr für die betroffene Person verbundene Risiko einzudämmen.

(97) In Fällen, in denen die Verarbeitung durch eine Behörde — mit Ausnahmen von Gerichten oder unabhängigen Justizbehörden, die im Rahmen ihrer justiziellen Tätigkeit handeln –, im privaten Sektor durch einen Verantwortlichen erfolgt, dessen Kerntätigkeit in Verarbeitungsvorgängen besteht, die eine regelmäßige und systematische Überwachung der betroffenen Personen in großem Umfang erfordern, oder wenn die Kerntätigkeit des Verantwortlichen oder des Auftragsverarbeiters in der umfangreichen Verarbeitung besonderer Kategorien von personenbezogenen Daten oder von Daten über strafrechtliche Verurteilungen und Straftaten besteht, sollte der Verantwortliche oder der Auftragsverarbeiter bei der Überwachung der internen Einhaltung der Bestimmungen dieser Verordnung von einer weiteren Person, die über Fachwissen auf dem Gebiet des Datenschutzrechts und der Datenschutzverfahren verfügt, unterstützt werden Im privaten Sektor bezieht sich die Kerntätigkeit eines Verantwortlichen auf seine Haupttätigkeiten und nicht auf die Verarbeitung personenbezogener Daten als Nebentätigkeit. Das erforderliche Niveau des Fachwissens sollte sich insbesondere nach den durchgeführten Datenverarbeitungsvorgängen und dem erforderlichen Schutz für die von dem Verantwortlichen oder dem Auftragsverarbeiter verarbeiteten personenbezogenen Daten richten. Derartige Datenschutzbeauftragte sollten unabhängig davon, ob es sich bei ihnen um Beschäftigte des Verantwortlichen handelt oder nicht, ihre Pflichten und Aufgaben in vollständiger Unabhängigkeit ausüben können.

(98) Verbände oder andere Vereinigungen, die bestimmte Kategorien von Verantwortlichen oder Auftragsverarbeitern vertreten, sollten ermutigt werden, in den Grenzen dieser Verordnung Verhaltensregeln auszuarbeiten, um eine wirksame Anwendung dieser Verordnung zu erleichtern, wobei den Besonderheiten der in bestimmten Sektoren erfolgenden Verarbeitungen und den besonderen Bedürfnissen der Kleinstunternehmen sowie der kleinen und mittleren Unternehmen Rechnung zu tragen ist. Insbesondere könnten in diesen Verhaltensregeln — unter Berücksichtigung des mit der Verarbeitung wahrscheinlich einhergehenden Risikos für die Rechte und Freiheiten natürlicher Personen — die Pflichten der Verantwortlichen und der Auftragsverarbeiter bestimmt werden.

(99) Bei der Ausarbeitung oder bei der Änderung oder Erweiterung solcher Verhaltensregeln sollten Verbände und oder andere Vereinigungen, die bestimmte Kategorien von Verantwortlichen oder Auftragsverarbeitern vertreten, die maßgeblichen Interessenträger, möglichst auch die betroffenen

Personen, konsultieren und die Eingaben und Stellungnahmen, die sie dabei erhalten, berücksichtigen.

(100) Um die Transparenz zu erhöhen und die Einhaltung dieser Verordnung zu verbessern, sollte angeregt werden, dass Zertifizierungsverfahren sowie Datenschutzsiegel und -prüfzeichen eingeführt werden, die den betroffenen Personen einen raschen Überblick über das Datenschutzniveau einschlägiger Produkte und Dienstleistungen ermöglichen.

(101) Der Fluss personenbezogener Daten aus Drittländern und internationalen Organisationen und in Drittländer und internationale Organisationen ist für die Ausweitung des internationalen Handels und der internationalen Zusammenarbeit notwendig. Durch die Zunahme dieser Datenströme sind neue Herausforderungen und Anforderungen in Bezug auf den Schutz personenbezogener Daten entstanden. Das durch diese Verordnung unionsweit gewährleistete Schutzniveau für natürliche Personen sollte jedoch bei der Übermittlung personenbezogener Daten aus der Union an Verantwortliche, Auftragsverarbeiter oder andere Empfänger in Drittländern oder an internationale Organisationen nicht untergraben werden, und zwar auch dann nicht, wenn aus einem Drittland oder von einer internationalen Organisation personenbezogene Daten an Verantwortliche oder Auftragsverarbeiter in demselben oder einem anderen Drittland oder an dieselbe oder eine andere internationale Organisation weiterübermittelt werden. In jedem Fall sind derartige Datenübermittlungen an Drittländer und internationale Organisationen nur unter strikter Einhaltung dieser Verordnung zulässig. Eine Datenübermittlung könnte nur stattfinden, wenn die in dieser Verordnung festgelegten Bedingungen zur Übermittlung personenbezogener Daten an Drittländer oder internationale Organisationen vorbehaltlich der übrigen Bestimmungen dieser Verordnung von dem Verantwortlichen oder dem Auftragsverarbeiter erfüllt werden.

(102) Internationale Abkommen zwischen der Union und Drittländern über die Übermittlung von personenbezogenen Daten einschließlich geeigneter Garantien für die betroffenen Personen werden von dieser Verordnung nicht berührt. Die Mitgliedstaaten können völkerrechtliche Übereinkünfte schließen, die die Übermittlung personenbezogener Daten an Drittländer oder internationale Organisationen beinhalten, sofern sich diese Übereinkünfte weder auf diese Verordnung noch auf andere Bestimmungen des Unionsrechts auswirken und ein angemessenes Schutzniveau für die Grundrechte der betroffenen Personen umfassen.

(103) Die Kommission darf mit Wirkung für die gesamte Union beschließen, dass ein bestimmtes Drittland, ein Gebiet oder ein bestimmter Sektor eines Drittlands oder eine internationale Organisation ein angemessenes Datenschutzniveau bietet, und auf diese Weise in Bezug auf das Drittland oder die internationale Organisation, das bzw. die für fähig gehalten wird, ein solches Schutzniveau zu bieten, in der gesamten Union Rechtssicherheit

schaffen und eine einheitliche Rechtsanwendung sicherstellen. In derartigen Fällen dürfen personenbezogene Daten ohne weitere Genehmigung an dieses Land oder diese internationale Organisation übermittelt werden. Die Kommission kann, nach Abgabe einer ausführlichen Erklärung, in der dem Drittland oder der internationalen Organisation eine Begründung gegeben wird, auch entscheiden, eine solche Feststellung zu widerrufen.

(104) In Übereinstimmung mit den Grundwerten der Union, zu denen insbesondere der Schutz der Menschenrechte zählt, sollte die Kommission bei der Bewertung des Drittlands oder eines Gebiets oder eines bestimmten Sektors eines Drittlands berücksichtigen, inwieweit dort die Rechtsstaatlichkeit gewahrt ist, der Rechtsweg gewährleistet ist und die internationalen Menschenrechtsnormen und -standards eingehalten werden und welche allgemeinen und sektorspezifischen Vorschriften, wozu auch die Vorschriften über die öffentliche Sicherheit, die Landesverteidigung und die nationale Sicherheit sowie die öffentliche Ordnung und das Strafrecht zählen, dort gelten. Die Annahme eines Angemessenheitsbeschlusses in Bezug auf ein Gebiet oder einen bestimmten Sektor eines Drittlands sollte unter Berücksichtigung eindeutiger und objektiver Kriterien wie bestimmter Verarbeitungsvorgänge und des Anwendungsbereichs anwendbarer Rechtsnormen und geltender Rechtsvorschriften in dem Drittland erfolgen. Das Drittland sollte Garantien für ein angemessenes Schutzniveau bieten, das dem innerhalb der Union gewährleisteten Schutzniveau der Sache nach gleichwertig ist, insbesondere in Fällen, in denen personenbezogene Daten in einem oder mehreren spezifischen Sektoren verarbeitet werden. Das Drittland sollte insbesondere eine wirksame unabhängige Überwachung des Datenschutzes gewährleisten und Mechanismen für eine Zusammenarbeit mit den Datenschutzbehörden der Mitgliedstaaten vorsehen, und den betroffenen Personen sollten wirksame und durchsetzbare Rechte sowie wirksame verwaltungsrechtliche und gerichtliche Rechtsbehelfe eingeräumt werden.

(105) Die Kommission sollte neben den internationalen Verpflichtungen, die das Drittland oder die internationale Organisation eingegangen ist, die Verpflichtungen, die sich aus der Teilnahme des Drittlands oder der internationalen Organisation an multilateralen oder regionalen Systemen insbesondere im Hinblick auf den Schutz personenbezogener Daten ergeben, sowie die Umsetzung dieser Verpflichtungen berücksichtigen. Insbesondere sollte der Beitritt des Drittlands zum Übereinkommen des Europarates vom 28. Januar 1981 zum Schutz des Menschen bei der automatischen Verarbeitung personenbezogener Daten und dem dazugehörigen Zusatzprotokoll berücksichtigt werden. Die Kommission sollte den Ausschuss konsultieren, wenn sie das Schutzniveau in Drittländern oder internationalen Organisationen bewertet.

(106) Die Kommission sollte die Wirkungsweise von Feststellungen zum Schutzniveau in einem Drittland, einem Gebiet oder einem bestimmten Sek-

tor eines Drittlands oder einer internationalen Organisation überwachen; sie sollte auch die Wirkungsweise der Feststellungen, die auf der Grundlage des Artikels 25 Absatz 6 oder des Artikels 26 Absatz 4 der Richtlinie 95/46/EG erlassen werden, überwachen. In ihren Angemessenheitsbeschlüssen sollte die Kommission einen Mechanismus für die regelmäßige Überprüfung von deren Wirkungsweise vorsehen. Diese regelmäßige Überprüfung sollte in Konsultation mit dem betreffenden Drittland oder der betreffenden internationalen Organisation erfolgen und allen maßgeblichen Entwicklungen in dem Drittland oder der internationalen Organisation Rechnung tragen. Für die Zwecke der Überwachung und der Durchführung der regelmäßigen Überprüfungen sollte die Kommission die Standpunkte und Feststellungen des Europäischen Parlaments und des Rates sowie der anderen einschlägigen Stellen und Quellen berücksichtigen. Die Kommission sollte innerhalb einer angemessenen Frist die Wirkungsweise der letztgenannten Beschlüsse bewerten und dem durch diese Verordnung eingesetzten Ausschuss im Sinne der Verordnung (EU) Nr. 182/2011 des Europäischen Parlaments und des Rates[13] sowie dem Europäischen Parlament und dem Rat über alle maßgeblichen Feststellungen Bericht erstatten.

(107) Die Kommission kann feststellen, dass ein Drittland, ein Gebiet oder ein bestimmter Sektor eines Drittlands oder eine internationale Organisation kein angemessenes Datenschutzniveau mehr bietet. Die Übermittlung personenbezogener Daten an dieses Drittland oder an diese internationale Organisation sollte daraufhin verboten werden, es sei denn, die Anforderungen dieser Verordnung in Bezug auf die Datenübermittlung vorbehaltlich geeigneter Garantien, einschließlich verbindlicher interner Datenschutzvorschriften und auf Ausnahmen für bestimmte Fälle werden erfüllt. In diesem Falle sollten Konsultationen zwischen der Kommission und den betreffenden Drittländern oder internationalen Organisationen vorgesehen werden. Die Kommission sollte dem Drittland oder der internationalen Organisation frühzeitig die Gründe mitteilen und Konsultationen aufnehmen, um Abhilfe für die Situation zu schaffen.

(108) Bei Fehlen eines Angemessenheitsbeschlusses sollte der Verantwortliche oder der Auftragsverarbeiter als Ausgleich für den in einem Drittland bestehenden Mangel an Datenschutz geeignete Garantien für den Schutz der betroffenen Person vorsehen. Diese geeigneten Garantien können darin bestehen, dass auf verbindliche interne Datenschutzvorschriften, von der Kommission oder von einer Aufsichtsbehörde angenommene Standarddatenschutzklauseln oder von einer Aufsichtsbehörde genehmigte Vertrags-

---

13 Verordnung (EU) Nr. 182/2011 des Europäischen Parlaments und des Rates vom 16. Februar 2011 zur Festlegung der allgemeinen Regeln und Grundsätze, nach denen die Mitgliedstaaten die Wahrnehmung der Durchführungsbefugnisse durch die Kommission kontrollieren (ABl. L 55 vom 28.2.2011, S. 13).

klauseln zurückgegriffen wird. Diese Garantien sollten sicherstellen, dass die Datenschutzvorschriften und die Rechte der betroffenen Personen auf eine der Verarbeitung innerhalb der Union angemessene Art und Weise beachtet werden; dies gilt auch hinsichtlich der Verfügbarkeit von durchsetzbaren Rechten der betroffenen Person und von wirksamen Rechtsbehelfen einschließlich des Rechts auf wirksame verwaltungsrechtliche oder gerichtliche Rechtsbehelfe sowie des Rechts auf Geltendmachung von Schadenersatzansprüchen in der Union oder in einem Drittland. Sie sollten sich insbesondere auf die Einhaltung der allgemeinen Grundsätze für die Verarbeitung personenbezogener Daten, die Grundsätze des Datenschutzes durch Technik und durch datenschutzfreundliche Voreinstellungen beziehen. Datenübermittlungen dürfen auch von Behörden oder öffentlichen Stellen an Behörden oder öffentliche Stellen in Drittländern oder an internationale Organisationen mit entsprechenden Pflichten oder Aufgaben vorgenommen werden, auch auf der Grundlage von Bestimmungen, die in Verwaltungsvereinbarungen — wie beispielsweise einer gemeinsamen Absichtserklärung –, mit denen den betroffenen Personen durchsetzbare und wirksame Rechte eingeräumt werden, aufzunehmen sind. Die Genehmigung der zuständigen Aufsichtsbehörde sollte erlangt werden, wenn die Garantien in nicht rechtsverbindlichen Verwaltungsvereinbarungen vorgesehen sind.

(109) Die dem Verantwortlichen oder dem Auftragsverarbeiter offenstehende Möglichkeit, auf die von der Kommission oder einer Aufsichtsbehörde festgelegten Standard-Datenschutzklauseln zurückzugreifen, sollte den Verantwortlichen oder den Auftragsverarbeiter weder daran hindern, die Standard-Datenschutzklauseln auch in umfangreicheren Verträgen, wie zum Beispiel Verträgen zwischen dem Auftragsverarbeiter und einem anderen Auftragsverarbeiter, zu verwenden, noch ihn daran hindern, ihnen weitere Klauseln oder zusätzliche Garantien hinzuzufügen, solange diese weder mittelbar noch unmittelbar im Widerspruch zu den von der Kommission oder einer Aufsichtsbehörde erlassenen Standard-Datenschutzklauseln stehen oder die Grundrechte und Grundfreiheiten der betroffenen Personen beschneiden. Die Verantwortlichen und die Auftragsverarbeiter sollten ermutigt werden, mit vertraglichen Verpflichtungen, die die Standard-Schutzklauseln ergänzen, zusätzliche Garantien zu bieten.

(110) Jede Unternehmensgruppe oder jede Gruppe von Unternehmen, die eine gemeinsame Wirtschaftstätigkeit ausüben, sollte für ihre internationalen Datenübermittlungen aus der Union an Organisationen derselben Unternehmensgruppe oder derselben Gruppe von Unternehmen, die eine gemeinsame Wirtschaftstätigkeit ausüben, genehmigte verbindliche interne Datenschutzvorschriften anwenden dürfen, sofern diese sämtliche Grundprinzipien und durchsetzbaren Rechte enthalten, die geeignete Garantien für die Übermittlungen beziehungsweise Kategorien von Übermittlungen personenbezogener Daten bieten.

(111) Datenübermittlungen sollten unter bestimmten Voraussetzungen zulässig sein, nämlich wenn die betroffene Person ihre ausdrückliche Einwilligung erteilt hat, wenn die Übermittlung gelegentlich erfolgt und im Rahmen eines Vertrags oder zur Geltendmachung von Rechtsansprüchen, sei es vor Gericht oder auf dem Verwaltungswege oder in außergerichtlichen Verfahren, wozu auch Verfahren vor Regulierungsbehörden zählen, erforderlich ist. Die Übermittlung sollte zudem möglich sein, wenn sie zur Wahrung eines im Unionsrecht oder im Recht eines Mitgliedstaats festgelegten wichtigen öffentlichen Interesses erforderlich ist oder wenn sie aus einem durch Rechtsvorschriften vorgesehenen Register erfolgt, das von der Öffentlichkeit oder Personen mit berechtigtem Interesse eingesehen werden kann. In letzterem Fall sollte sich eine solche Übermittlung nicht auf die Gesamtheit oder ganze Kategorien der im Register enthaltenen personenbezogenen Daten erstrecken dürfen. Ist das betreffende Register zur Einsichtnahme durch Personen mit berechtigtem Interesse bestimmt, sollte die Übermittlung nur auf Anfrage dieser Personen oder nur dann erfolgen, wenn diese Personen die Adressaten der Übermittlung sind, wobei den Interessen und Grundrechten der betroffenen Person in vollem Umfang Rechnung zu tragen ist.

(112) Diese Ausnahmen sollten insbesondere für Datenübermittlungen gelten, die aus wichtigen Gründen des öffentlichen Interesses erforderlich sind, beispielsweise für den internationalen Datenaustausch zwischen Wettbewerbs-, Steuer- oder Zollbehörden, zwischen Finanzaufsichtsbehörden oder zwischen für Angelegenheiten der sozialen Sicherheit oder für die öffentliche Gesundheit zuständigen Diensten, beispielsweise im Falle der Umgebungsuntersuchung bei ansteckenden Krankheiten oder zur Verringerung und/oder Beseitigung des Dopings im Sport. Die Übermittlung personenbezogener Daten sollte ebenfalls als rechtmäßig angesehen werden, wenn sie erforderlich ist, um ein Interesse, das für die lebenswichtigen Interessen — einschließlich der körperlichen Unversehrtheit oder des Lebens — der betroffenen Person oder einer anderen Person wesentlich ist, zu schützen und die betroffene Person außerstande ist, ihre Einwilligung zu geben. Liegt kein Angemessenheitsbeschluss vor, so können im Unionsrecht oder im Recht der Mitgliedstaaten aus wichtigen Gründen des öffentlichen Interesses ausdrücklich Beschränkungen der Übermittlung bestimmter Kategorien von Daten an Drittländer oder internationale Organisationen vorgesehen werden. Die Mitgliedstaaten sollten solche Bestimmungen der Kommission mitteilen. Jede Übermittlung personenbezogener Daten einer betroffenen Person, die aus physischen oder rechtlichen Gründen außerstande ist, ihre Einwilligung zu erteilen, an eine internationale humanitäre Organisation, die erfolgt, um eine nach den Genfer Konventionen obliegende Aufgabe auszuführen oder um dem in bewaffneten Konflikten anwendbaren humanitären Völkerrecht nachzukommen, könnte als aus einem wichtigen Grund im

öffentlichen Interesse notwendig oder als im lebenswichtigen Interesse der betroffenen Person liegend erachtet werden.

(113) Übermittlungen, die als nicht wiederholt erfolgend gelten können und nur eine begrenzte Zahl von betroffenen Personen betreffen, könnten auch zur Wahrung der zwingenden berechtigten Interessen des Verantwortlichen möglich sein, sofern die Interessen oder Rechte und Freiheiten der betroffenen Person nicht überwiegen und der Verantwortliche sämtliche Umstände der Datenübermittlung geprüft hat. Der Verantwortliche sollte insbesondere die Art der personenbezogenen Daten, den Zweck und die Dauer der vorgesehenen Verarbeitung, die Situation im Herkunftsland, in dem betreffenden Drittland und im Endbestimmungsland berücksichtigen und angemessene Garantien zum Schutz der Grundrechte und Grundfreiheiten natürlicher Personen in Bezug auf die Verarbeitung ihrer personenbezogener Daten vorsehen. Diese Übermittlungen sollten nur in den verbleibenden Fällen möglich sein, in denen keiner der anderen Gründe für die Übermittlung anwendbar ist. Bei wissenschaftlichen oder historischen Forschungszwecken oder bei statistischen Zwecken sollten die legitimen gesellschaftlichen Erwartungen in Bezug auf einen Wissenszuwachs berücksichtigt werden. Der Verantwortliche sollte die Aufsichtsbehörde und die betroffene Person von der Übermittlung in Kenntnis setzen.

(114) In allen Fällen, in denen kein Kommissionsbeschluss zur Angemessenheit des in einem Drittland bestehenden Datenschutzniveaus vorliegt, sollte der Verantwortliche oder der Auftragsverarbeiter auf Lösungen zurückgreifen, mit denen den betroffenen Personen durchsetzbare und wirksame Rechte in Bezug auf die Verarbeitung ihrer personenbezogenen Daten in der Union nach der Übermittlung dieser Daten eingeräumt werden, damit sie weiterhin die Grundrechte und Garantien genießen können.

(115) Manche Drittländer erlassen Gesetze, Vorschriften und sonstige Rechtsakte, die vorgeben, die Verarbeitungstätigkeiten natürlicher und juristischer Personen, die der Rechtsprechung der Mitgliedstaaten unterliegen, unmittelbar zu regeln. Dies kann Urteile von Gerichten und Entscheidungen von Verwaltungsbehörden in Drittländern umfassen, mit denen von einem Verantwortlichen oder einem Auftragsverarbeiter die Übermittlung oder Offenlegung personenbezogener Daten verlangt wird und die nicht auf eine in Kraft befindliche internationale Übereinkunft wie etwa ein Rechtshilfeabkommen zwischen dem ersuchenden Drittland und der Union oder einem Mitgliedstaat gestützt sind. Die Anwendung dieser Gesetze, Verordnungen und sonstigen Rechtsakte außerhalb des Hoheitsgebiets der betreffenden Drittländer kann gegen internationales Recht verstoßen und dem durch diese Verordnung in der Union gewährleisteten Schutz natürlicher Personen zuwiderlaufen. Datenübermittlungen sollten daher nur zulässig sein, wenn die Bedingungen dieser Verordnung für Datenübermittlungen an Drittländer eingehalten werden. Dies kann unter anderem der Fall sein, wenn die

Offenlegung aus einem wichtigen öffentlichen Interesse erforderlich ist, das im Unionsrecht oder im Recht des Mitgliedstaats, dem der Verantwortliche unterliegt, anerkannt ist.

(116) Wenn personenbezogene Daten in ein anderes Land außerhalb der Union übermittelt werden, besteht eine erhöhte Gefahr, dass natürliche Personen ihre Datenschutzrechte nicht wahrnehmen können und sich insbesondere gegen die unrechtmäßige Nutzung oder Offenlegung dieser Informationen zu schützen. Ebenso kann es vorkommen, dass Aufsichtsbehörden Beschwerden nicht nachgehen oder Untersuchungen nicht durchführen können, die einen Bezug zu Tätigkeiten außerhalb der Grenzen ihres Mitgliedstaats haben. Ihre Bemühungen um grenzüberschreitende Zusammenarbeit können auch durch unzureichende Präventiv- und Abhilfebefugnisse, widersprüchliche Rechtsordnungen und praktische Hindernisse wie Ressourcenknappheit behindert werden. Die Zusammenarbeit zwischen den Datenschutzaufsichtsbehörden muss daher gefördert werden, damit sie Informationen austauschen und mit den Aufsichtsbehörden in anderen Ländern Untersuchungen durchführen können. Um Mechanismen der internationalen Zusammenarbeit zu entwickeln, die die internationale Amtshilfe bei der Durchsetzung von Rechtsvorschriften zum Schutz personenbezogener Daten erleichtern und sicherstellen, sollten die Kommission und die Aufsichtsbehörden Informationen austauschen und bei Tätigkeiten, die mit der Ausübung ihrer Befugnisse in Zusammenhang stehen, mit den zuständigen Behörden der Drittländer nach dem Grundsatz der Gegenseitigkeit und gemäß dieser Verordnung zusammenarbeiten.

(117) Die Errichtung von Aufsichtsbehörden in den Mitgliedstaaten, die befugt sind, ihre Aufgaben und Befugnisse völlig unabhängig wahrzunehmen, ist ein wesentlicher Bestandteil des Schutzes natürlicher Personen bei der Verarbeitung personenbezogener Daten. Die Mitgliedstaaten sollten mehr als eine Aufsichtsbehörde errichten können, wenn dies ihrer verfassungsmäßigen, organisatorischen und administrativen Struktur entspricht.

(118) Die Tatsache, dass die Aufsichtsbehörden unabhängig sind, sollte nicht bedeuten, dass sie hinsichtlich ihrer Ausgaben keinem Kontroll- oder Überwachungsmechanismus unterworfen werden bzw. sie keiner gerichtlichen Überprüfung unterzogen werden können.

(119) Errichtet ein Mitgliedstaat mehrere Aufsichtsbehörden, so sollte er mittels Rechtsvorschriften sicherstellen, dass diese Aufsichtsbehörden am Kohärenzverfahren wirksam beteiligt werden. Insbesondere sollte dieser Mitgliedstaat eine Aufsichtsbehörde bestimmen, die als zentrale Anlaufstelle für eine wirksame Beteiligung dieser Behörden an dem Verfahren fungiert und eine rasche und reibungslose Zusammenarbeit mit anderen Aufsichtsbehörden, dem Ausschuss und der Kommission gewährleistet.

(120) Jede Aufsichtsbehörde sollte mit Finanzmitteln, Personal, Räumlichkeiten und einer Infrastruktur ausgestattet werden, wie sie für die wirksame

Wahrnehmung ihrer Aufgaben, einschließlich derer im Zusammenhang mit der Amtshilfe und Zusammenarbeit mit anderen Aufsichtsbehörden in der gesamten Union, notwendig sind. Jede Aufsichtsbehörde sollte über einen eigenen, öffentlichen, jährlichen Haushaltsplan verfügen, der Teil des gesamten Staatshaushalts oder nationalen Haushalts sein kann.

(121) Die allgemeinen Anforderungen an das Mitglied oder die Mitglieder der Aufsichtsbehörde sollten durch Rechtsvorschriften von jedem Mitgliedstaat geregelt werden und insbesondere vorsehen, dass diese Mitglieder im Wege eines transparenten Verfahrens entweder — auf Vorschlag der Regierung, eines Mitglieds der Regierung, des Parlaments oder einer Parlamentskammer — vom Parlament, der Regierung oder dem Staatsoberhaupt des Mitgliedstaats oder von einer unabhängigen Stelle ernannt werden, die nach dem Recht des Mitgliedstaats mit der Ernennung betraut wird. Um die Unabhängigkeit der Aufsichtsbehörde zu gewährleisten, sollten ihre Mitglieder ihr Amt integer ausüben, von allen mit den Aufgaben ihres Amts nicht zu vereinbarenden Handlungen absehen und während ihrer Amtszeit keine andere mit ihrem Amt nicht zu vereinbarende entgeltliche oder unentgeltliche Tätigkeit ausüben. Die Aufsichtsbehörde sollte über eigenes Personal verfügen, das sie selbst oder eine nach dem Recht des Mitgliedstaats eingerichtete unabhängige Stelle auswählt und das ausschließlich der Leitung des Mitglieds oder der Mitglieder der Aufsichtsbehörde unterstehen sollte.

(122) Jede Aufsichtsbehörde sollte dafür zuständig sein, im Hoheitsgebiet ihres Mitgliedstaats die Befugnisse auszuüben und die Aufgaben zu erfüllen, die ihr mit dieser Verordnung übertragen wurden. Dies sollte insbesondere für Folgendes gelten: die Verarbeitung im Rahmen der Tätigkeiten einer Niederlassung des Verantwortlichen oder Auftragsverarbeiters im Hoheitsgebiet ihres Mitgliedstaats, die Verarbeitung personenbezogener Daten durch Behörden oder private Stellen, die im öffentlichen Interesse handeln, Verarbeitungstätigkeiten, die Auswirkungen auf betroffene Personen in ihrem Hoheitsgebiet haben, oder Verarbeitungstätigkeiten eines Verantwortlichen oder Auftragsverarbeiters ohne Niederlassung in der Union, sofern sie auf betroffene Personen mit Wohnsitz in ihrem Hoheitsgebiet ausgerichtet sind. Dies sollte auch die Bearbeitung von Beschwerden einer betroffenen Person, die Durchführung von Untersuchungen über die Anwendung dieser Verordnung sowie die Förderung der Information der Öffentlichkeit über Risiken, Vorschriften, Garantien und Rechte im Zusammenhang mit der Verarbeitung personenbezogener Daten einschließen.

(123) Die Aufsichtsbehörden sollten die Anwendung der Bestimmungen dieser Verordnung überwachen und zu ihrer einheitlichen Anwendung in der gesamten Union beitragen, um natürliche Personen im Hinblick auf die Verarbeitung ihrer Daten zu schützen und den freien Verkehr personenbezogener Daten im Binnenmarkt zu erleichtern. Zu diesem Zweck sollten die Aufsichtsbehörden untereinander und mit der Kommission zusammen-

arbeiten, ohne dass eine Vereinbarung zwischen den Mitgliedstaaten über die Leistung von Amtshilfe oder über eine derartige Zusammenarbeit erforderlich wäre.

(124) Findet die Verarbeitung personenbezogener Daten im Zusammenhang mit der Tätigkeit einer Niederlassung eines Verantwortlichen oder eines Auftragsverarbeiters in der Union statt und hat der Verantwortliche oder der Auftragsverarbeiter Niederlassungen in mehr als einem Mitgliedstaat oder hat die Verarbeitungstätigkeit im Zusammenhang mit der Tätigkeit einer einzigen Niederlassung eines Verantwortlichen oder Auftragsverarbeiters in der Union erhebliche Auswirkungen auf betroffene Personen in mehr als einem Mitgliedstaat bzw. wird sie voraussichtlich solche Auswirkungen haben, so sollte die Aufsichtsbehörde für die Hauptniederlassung des Verantwortlichen oder Auftragsverarbeiters oder für die einzige Niederlassung des Verantwortlichen oder Auftragsverarbeiters als federführende Behörde fungieren. Sie sollte mit den anderen Behörden zusammenarbeiten, die betroffen sind, weil der Verantwortliche oder Auftragsverarbeiter eine Niederlassung im Hoheitsgebiet ihres Mitgliedstaats hat, weil die Verarbeitung erhebliche Auswirkungen auf betroffene Personen mit Wohnsitz in ihrem Hoheitsgebiet hat oder weil bei ihnen eine Beschwerde eingelegt wurde. Auch wenn eine betroffene Person ohne Wohnsitz in dem betreffenden Mitgliedstaat eine Beschwerde eingelegt hat, sollte die Aufsichtsbehörde, bei der Beschwerde eingelegt wurde, auch eine betroffene Aufsichtsbehörde sein. Der Ausschuss sollte — im Rahmen seiner Aufgaben in Bezug auf die Herausgabe von Leitlinien zu allen Fragen im Zusammenhang mit der Anwendung dieser Verordnung — insbesondere Leitlinien zu den Kriterien ausgeben können, die bei der Feststellung zu berücksichtigen sind, ob die fragliche Verarbeitung erhebliche Auswirkungen auf betroffene Personen in mehr als einem Mitgliedstaat hat und was einen maßgeblichen und begründeten Einspruch darstellt.

(125) Die federführende Behörde sollte berechtigt sein, verbindliche Beschlüsse über Maßnahmen zu erlassen, mit denen die ihr gemäß dieser Verordnung übertragenen Befugnisse ausgeübt werden. In ihrer Eigenschaft als federführende Behörde sollte diese Aufsichtsbehörde für die enge Einbindung und Koordinierung der betroffenen Aufsichtsbehörden im Entscheidungsprozess sorgen. Wird beschlossen, die Beschwerde der betroffenen Person vollständig oder teilweise abzuweisen, so sollte dieser Beschluss von der Aufsichtsbehörde angenommen werden, bei der die Beschwerde eingelegt wurde.

(126) Der Beschluss sollte von der federführenden Aufsichtsbehörde und den betroffenen Aufsichtsbehörden gemeinsam vereinbart werden und an die Hauptniederlassung oder die einzige Niederlassung des Verantwortlichen oder Auftragsverarbeiters gerichtet sein und für den Verantwortlichen und den Auftragsverarbeiter verbindlich sein. Der Verantwortliche

oder Auftragsverarbeiter sollte die erforderlichen Maßnahmen treffen, u die Einhaltung dieser Verordnung und die Umsetzung des Beschlusses gewährleisten, der der Hauptniederlassung des Verantwortlichen oder A tragsverarbeiters im Hinblick auf die Verarbeitungstätigkeiten in der Un von der federführenden Aufsichtsbehörde mitgeteilt wurde.

(127) Jede Aufsichtsbehörde, die nicht als federführende Aufsichtsbehörd fungiert, sollte in örtlichen Fällen zuständig sein, wenn der Verantwortliche oder Auftragsverarbeiter Niederlassungen in mehr als einem Mitgliedstaat hat, der Gegenstand der spezifischen Verarbeitung aber nur die Verarbeitungstätigkeiten in einem einzigen Mitgliedstaat und nur betroffene Personen in diesem einen Mitgliedstaat betrifft, beispielsweise wenn es um die Verarbeitung von personenbezogenen Daten von Arbeitnehmern im spezifischen Beschäftigungskontext eines Mitgliedstaats geht. In solchen Fällen sollte die Aufsichtsbehörde unverzüglich die federführende Aufsichtsbehörde über diese Angelegenheit unterrichten. Nach ihrer Unterrichtung sollte die federführende Aufsichtsbehörde entscheiden, ob sie den Fall nach den Bestimmungen zur Zusammenarbeit zwischen der federführenden Aufsichtsbehörde und anderen betroffenen Aufsichtsbehörden gemäß der Vorschrift zur Zusammenarbeit zwischen der federführenden Aufsichtsbehörde und anderen betroffenen Aufsichtsbehörden (im Folgenden »Verfahren der Zusammenarbeit und Kohärenz«) regelt oder ob die Aufsichtsbehörde, die sie unterrichtet hat, den Fall auf örtlicher Ebene regeln sollte. Dabei sollte die federführende Aufsichtsbehörde berücksichtigen, ob der Verantwortliche oder der Auftragsverarbeiter in dem Mitgliedstaat, dessen Aufsichtsbehörde sie unterrichtet hat, eine Niederlassung hat, damit Beschlüsse gegenüber dem Verantwortlichen oder dem Auftragsverarbeiter wirksam durchgesetzt werden. Entscheidet die federführende Aufsichtsbehörde, den Fall selbst zu regeln, sollte die Aufsichtsbehörde, die sie unterrichtet hat, die Möglichkeit haben, einen Beschlussentwurf vorzulegen, dem die federführende Aufsichtsbehörde bei der Ausarbeitung ihres Beschlussentwurfs im Rahmen dieses Verfahrens der Zusammenarbeit und Kohärenz weitestgehend Rechnung tragen sollte.

(128) Die Vorschriften über die federführende Behörde und das Verfahren der Zusammenarbeit und Kohärenz sollten keine Anwendung finden, wenn die Verarbeitung durch Behörden oder private Stellen im öffentlichen Interesse erfolgt. In diesen Fällen sollte die Aufsichtsbehörde des Mitgliedstaats, in dem die Behörde oder private Einrichtung ihren Sitz hat, die einzige Aufsichtsbehörde sein, die dafür zuständig ist, die Befugnisse auszuüben, die ihr mit dieser Verordnung übertragen wurden.

(129) Um die einheitliche Überwachung und Durchsetzung dieser Verordnung in der gesamten Union sicherzustellen, sollten die Aufsichtsbehörden in jedem Mitgliedstaat dieselben Aufgaben und wirksamen Befugnisse haben, darunter, insbesondere im Fall von Beschwerden natürlicher Personen,

Untersuchungsbefugnisse, Abhilfebefugnisse und Sanktionsbefugnisse und Genehmigungsbefugnisse und beratende Befugnisse, sowie — unbeschadet der Befugnisse der Strafverfolgungsbehörden nach dem Recht der Mitgliedstaaten — die Befugnis, Verstöße gegen diese Verordnung den Justizbehörden zur Kenntnis zu bringen und Gerichtsverfahren anzustrengen. Dazu sollte auch die Befugnis zählen, eine vorübergehende oder endgültige Beschränkung der Verarbeitung, einschließlich eines Verbots, zu verhängen. Die Mitgliedstaaten können andere Aufgaben im Zusammenhang mit dem Schutz personenbezogener Daten im Rahmen dieser Verordnung festlegen. Die Befugnisse der Aufsichtsbehörden sollten in Übereinstimmung mit den geeigneten Verfahrensgarantien nach dem Unionsrecht und dem Recht der Mitgliedstaaten unparteiisch, gerecht und innerhalb einer angemessenen Frist ausgeübt werden. Insbesondere sollte jede Maßnahme im Hinblick auf die Gewährleistung der Einhaltung dieser Verordnung geeignet, erforderlich und verhältnismäßig sein, wobei die Umstände des jeweiligen Einzelfalls zu berücksichtigen sind, das Recht einer jeden Person, gehört zu werden, bevor eine individuelle Maßnahme getroffen wird, die nachteilige Auswirkungen auf diese Person hätte, zu achten ist und überflüssige Kosten und übermäßige Unannehmlichkeiten für die Betroffenen zu vermeiden sind. Untersuchungsbefugnisse im Hinblick auf den Zugang zu Räumlichkeiten sollten im Einklang mit besonderen Anforderungen im Verfahrensrecht der Mitgliedstaaten ausgeübt werden, wie etwa dem Erfordernis einer vorherigen richterlichen Genehmigung. Jede rechtsverbindliche Maßnahme der Aufsichtsbehörde sollte schriftlich erlassen werden und sie sollte klar und eindeutig sein; die Aufsichtsbehörde, die die Maßnahme erlassen hat, und das Datum, an dem die Maßnahme erlassen wurde, sollten angegeben werden und die Maßnahme sollte vom Leiter oder von einem von ihm bevollmächtigten Mitglied der Aufsichtsbehörde unterschrieben sein und eine Begründung für die Maßnahme sowie einen Hinweis auf das Recht auf einen wirksamen Rechtsbehelf enthalten. Dies sollte zusätzliche Anforderungen nach dem Verfahrensrecht der Mitgliedstaaten nicht ausschließen. Der Erlass eines rechtsverbindlichen Beschlusses setzt voraus, dass er in dem Mitgliedstaat der Aufsichtsbehörde, die den Beschluss erlassen hat, gerichtlich überprüft werden kann.

(130) Ist die Aufsichtsbehörde, bei der die Beschwerde eingereicht wurde, nicht die federführende Aufsichtsbehörde, so sollte die federführende Aufsichtsbehörde gemäß den Bestimmungen dieser Verordnung über Zusammenarbeit und Kohärenz eng mit der Aufsichtsbehörde zusammenarbeiten, bei der die Beschwerde eingereicht wurde. In solchen Fällen sollte die federführende Aufsichtsbehörde bei Maßnahmen, die rechtliche Wirkungen entfalten sollen, unter anderem bei der Verhängung von Geldbußen, den Standpunkt der Aufsichtsbehörde, bei der die Beschwerde eingereicht wurde und die weiterhin befugt sein sollte, in Abstimmung mit der zuständigen

Aufsichtsbehörde Untersuchungen im Hoheitsgebiet ihres eigenen Mitgliedstaats durchzuführen, weitestgehend berücksichtigen.

(131) Wenn eine andere Aufsichtsbehörde als federführende Aufsichtsbehörde für die Verarbeitungstätigkeiten des Verantwortlichen oder des Auftragsverarbeiters fungieren sollte, der konkrete Gegenstand einer Beschwerde oder der mögliche Verstoß jedoch nur die Verarbeitungstätigkeiten des Verantwortlichen oder des Auftragsverarbeiters in dem Mitgliedstaat betrifft, in dem die Beschwerde eingereicht wurde oder der mögliche Verstoß aufgedeckt wurde, und die Angelegenheit keine erheblichen Auswirkungen auf betroffene Personen in anderen Mitgliedstaaten hat oder haben dürfte, sollte die Aufsichtsbehörde, bei der eine Beschwerde eingereicht wurde oder die Situationen, die mögliche Verstöße gegen diese Verordnung darstellen, aufgedeckt hat bzw. auf andere Weise darüber informiert wurde, versuchen, eine gütliche Einigung mit dem Verantwortlichen zu erzielen; falls sich dies als nicht erfolgreich erweist, sollte sie die gesamte Bandbreite ihrer Befugnisse wahrnehmen. Dies sollte auch Folgendes umfassen: die spezifische Verarbeitung im Hoheitsgebiet des Mitgliedstaats der Aufsichtsbehörde oder im Hinblick auf betroffene Personen im Hoheitsgebiet dieses Mitgliedstaats; die Verarbeitung im Rahmen eines Angebots von Waren oder Dienstleistungen, das speziell auf betroffene Personen im Hoheitsgebiet des Mitgliedstaats der Aufsichtsbehörde ausgerichtet ist; oder eine Verarbeitung, die unter Berücksichtigung der einschlägigen rechtlichen Verpflichtungen nach dem Recht der Mitgliedstaaten bewertet werden muss.

(132) Auf die Öffentlichkeit ausgerichtete Sensibilisierungsmaßnahmen der Aufsichtsbehörden sollten spezifische Maßnahmen einschließen, die sich an die Verantwortlichen und die Auftragsverarbeiter, einschließlich Kleinstunternehmen sowie kleiner und mittlerer Unternehmen, und an natürliche Personen, insbesondere im Bildungsbereich, richten.

(133) Die Aufsichtsbehörden sollten sich gegenseitig bei der Erfüllung ihrer Aufgaben unterstützen und Amtshilfe leisten, damit eine einheitliche Anwendung und Durchsetzung dieser Verordnung im Binnenmarkt gewährleistet ist. Eine Aufsichtsbehörde, die um Amtshilfe ersucht hat, kann eine einstweilige Maßnahme erlassen, wenn sie nicht binnen eines Monats nach Eingang des Amtshilfeersuchens bei der ersuchten Aufsichtsbehörde eine Antwort von dieser erhalten hat.

(134) Jede Aufsichtsbehörde sollte gegebenenfalls an gemeinsamen Maßnahmen von anderen Aufsichtsbehörden teilnehmen. Die ersuchte Aufsichtsbehörde sollte auf das Ersuchen binnen einer bestimmten Frist antworten müssen.

(135) Um die einheitliche Anwendung dieser Verordnung in der gesamten Union sicherzustellen, sollte ein Verfahren zur Gewährleistung einer einheitlichen Rechtsanwendung (Kohärenzverfahren) für die Zusammenarbeit zwischen den Aufsichtsbehörden eingeführt werden. Dieses Verfahren soll-

te insbesondere dann angewendet werden, wenn eine Aufsichtsbehörde beabsichtigt, eine Maßnahme zu erlassen, die rechtliche Wirkungen in Bezug auf Verarbeitungsvorgänge entfalten soll, die für eine bedeutende Zahl betroffener Personen in mehreren Mitgliedstaaten erhebliche Auswirkungen haben. Ferner sollte es zur Anwendung kommen, wenn eine betroffene Aufsichtsbehörde oder die Kommission beantragt, dass die Angelegenheit im Rahmen des Kohärenzverfahrens behandelt wird. Dieses Verfahren sollte andere Maßnahmen, die die Kommission möglicherweise in Ausübung ihrer Befugnisse nach den Verträgen trifft, unberührt lassen.

(136) Bei Anwendung des Kohärenzverfahrens sollte der Ausschuss, falls von der Mehrheit seiner Mitglieder so entschieden wird oder falls eine andere betroffene Aufsichtsbehörde oder die Kommission darum ersuchen, binnen einer festgelegten Frist eine Stellungnahme abgeben. Dem Ausschuss sollte auch die Befugnis übertragen werden, bei Streitigkeiten zwischen Aufsichtsbehörden rechtsverbindliche Beschlüsse zu erlassen. Zu diesem Zweck sollte er in klar bestimmten Fällen, in denen die Aufsichtsbehörden insbesondere im Rahmen des Verfahrens der Zusammenarbeit zwischen der federführenden Aufsichtsbehörde und den betroffenen Aufsichtsbehörden widersprüchliche Standpunkte zu dem Sachverhalt, vor allem in der Frage, ob ein Verstoß gegen diese Verordnung vorliegt, vertreten, grundsätzlich mit einer Mehrheit von zwei Dritteln seiner Mitglieder rechtsverbindliche Beschlüsse erlassen.

(137) Es kann dringender Handlungsbedarf zum Schutz der Rechte und Freiheiten von betroffenen Personen bestehen, insbesondere wenn eine erhebliche Behinderung der Durchsetzung des Rechts einer betroffenen Person droht. Eine Aufsichtsbehörde sollte daher hinreichend begründete einstweilige Maßnahmen in ihrem Hoheitsgebiet mit einer festgelegten Geltungsdauer von höchstens drei Monaten erlassen können.

(138) Die Anwendung dieses Verfahrens sollte in den Fällen, in denen sie verbindlich vorgeschrieben ist, eine Bedingung für die Rechtmäßigkeit einer Maßnahme einer Aufsichtsbehörde sein, die rechtliche Wirkungen entfalten soll. In anderen Fällen von grenzüberschreitender Relevanz sollte das Verfahren der Zusammenarbeit zwischen der federführenden Aufsichtsbehörde und den betroffenen Aufsichtsbehörden zur Anwendung gelangen, und die betroffenen Aufsichtsbehörden können auf bilateraler oder multilateraler Ebene Amtshilfe leisten und gemeinsame Maßnahmen durchführen, ohne auf das Kohärenzverfahren zurückzugreifen.

(139) Zur Förderung der einheitlichen Anwendung dieser Verordnung sollte der Ausschuss als unabhängige Einrichtung der Union eingesetzt werden. Damit der Ausschuss seine Ziele erreichen kann, sollte er Rechtspersönlichkeit besitzen. Der Ausschuss sollte von seinem Vorsitz vertreten werden. Er sollte die mit der Richtlinie 95/46/EG eingesetzte Arbeitsgruppe für den Schutz der Rechte von Personen bei der Verarbeitung personen-

bezogener Daten ersetzen. Er sollte aus dem Leiter einer Aufsichtsbehörde jedes Mitgliedstaats und dem Europäischen Datenschutzbeauftragten oder deren jeweiligen Vertretern gebildet werden. An den Beratungen des Ausschusses sollte die Kommission ohne Stimmrecht teilnehmen und der Europäische Datenschutzbeauftragte sollte spezifische Stimmrechte haben. Der Ausschuss sollte zur einheitlichen Anwendung der Verordnung in der gesamten Union beitragen, die Kommission insbesondere im Hinblick auf das Schutzniveau in Drittländern oder internationalen Organisationen beraten und die Zusammenarbeit der Aufsichtsbehörden in der Union fördern. Der Ausschuss sollte bei der Erfüllung seiner Aufgaben unabhängig handeln.

(140) Der Ausschusssollte von einem Sekretariat unterstützt werden, das von dem Europäischen Datenschutzbeauftragten bereitgestellt wird. Das Personal des Europäischen Datenschutzbeauftragten, das an der Wahrnehmung der dem Ausschuss gemäß dieser Verordnung übertragenen Aufgaben beteiligt ist, sollte diese Aufgaben ausschließlich gemäß den Anweisungen des Vorsitzes des Ausschusses durchführen und diesem Bericht erstatten.

(141) Jede betroffene Person sollte das Recht haben, bei einer einzigen Aufsichtsbehörde insbesondere in dem Mitgliedstaat ihres gewöhnlichen Aufenthalts eine Beschwerde einzureichen und gemäß Artikel 47 der Charta einen wirksamen gerichtlichen Rechtsbehelf einzulegen, wenn sie sich in ihren Rechten gemäß dieser Verordnung verletzt sieht oder wenn die Aufsichtsbehörde auf eine Beschwerde hin nicht tätig wird, eine Beschwerde teilweise oder ganz abweist oder ablehnt oder nicht tätig wird, obwohl dies zum Schutz der Rechte der betroffenen Person notwendig ist. Die auf eine Beschwerde folgende Untersuchung sollte vorbehaltlich gerichtlicher Überprüfung so weit gehen, wie dies im Einzelfall angemessen ist. Die Aufsichtsbehörde sollte die betroffene Person innerhalb eines angemessenen Zeitraums über den Fortgang und die Ergebnisse der Beschwerde unterrichten. Sollten weitere Untersuchungen oder die Abstimmung mit einer anderen Aufsichtsbehörde erforderlich sein, sollte die betroffene Person über den Zwischenstand informiert werden. Jede Aufsichtsbehörde sollte Maßnahmen zur Erleichterung der Einreichung von Beschwerden treffen, wie etwa die Bereitstellung eines Beschwerdeformulars, das auch elektronisch ausgefüllt werden kann, ohne dass andere Kommunikationsmittel ausgeschlossen werden.

(142) Betroffene Personen, die sich in ihren Rechten gemäß dieser Verordnung verletzt sehen, sollten das Recht haben, nach dem Recht eines Mitgliedstaats gegründete Einrichtungen, Organisationen oder Verbände ohne Gewinnerzielungsabsicht, deren satzungsmäßige Ziele im öffentlichem Interesse liegen und die im Bereich des Schutzes personenbezogener Daten tätig sind, zu beauftragen, in ihrem Namen Beschwerde bei einer Aufsichtsbehörde oder einen gerichtlichen Rechtsbehelf einzulegen oder das Recht auf Schadensersatz in Anspruch zu nehmen, sofern dieses im Recht der Mit-

gliedstaaten vorgesehen ist. Die Mitgliedstaaten können vorsehen, dass diese Einrichtungen, Organisationen oder Verbände das Recht haben, unabhängig vom Auftrag einer betroffenen Person in dem betreffenden Mitgliedstaat eine eigene Beschwerde einzulegen, und das Recht auf einen wirksamen gerichtlichen Rechtsbehelf haben sollten, wenn sie Grund zu der Annahme haben, dass die Rechte der betroffenen Person infolge einer nicht im Einklang mit dieser Verordnung stehenden Verarbeitung verletzt worden sind. Diesen Einrichtungen, Organisationen oder Verbänden kann unabhängig vom Auftrag einer betroffenen Person nicht gestattet werden, im Namen einer betroffenen Person Schadenersatz zu verlangen.

(143) Jede natürliche oder juristische Person hat das Recht, unter den in Artikel 263 AEUV genannten Voraussetzungen beim Gerichtshof eine Klage auf Nichtigerklärung eines Beschlusses des Ausschusses zu erheben. Als Adressaten solcher Beschlüsse müssen die betroffenen Aufsichtsbehörden, die diese Beschlüsse anfechten möchten, binnen zwei Monaten nach deren Übermittlung gemäß Artikel 263 AEUV Klage erheben. Sofern Beschlüsse des Ausschusses einen Verantwortlichen, einen Auftragsverarbeiter oder den Beschwerdeführer unmittelbar und individuell betreffen, so können diese Personen binnen zwei Monaten nach Veröffentlichung der betreffenden Beschlüsse auf der Website des Ausschusses im Einklang mit Artikel 263 AEUV eine Klage auf Nichtigerklärung erheben. Unbeschadet dieses Rechts nach Artikel 263 AEUV sollte jede natürliche oder juristische Person das Recht auf einen wirksamen gerichtlichen Rechtsbehelf bei dem zuständigen einzelstaatlichen Gericht gegen einen Beschluss einer Aufsichtsbehörde haben, der gegenüber dieser Person Rechtswirkungen entfaltet. Ein derartiger Beschluss betrifft insbesondere die Ausübung von Untersuchungs-, Abhilfe- und Genehmigungsbefugnissen durch die Aufsichtsbehörde oder die Ablehnung oder Abweisung von Beschwerden. Das Recht auf einen wirksamen gerichtlichen Rechtsbehelf umfasst jedoch nicht rechtlich nicht bindende Maßnahmen der Aufsichtsbehörden wie von ihr abgegebene Stellungnahmen oder Empfehlungen. Verfahren gegen eine Aufsichtsbehörde sollten bei den Gerichten des Mitgliedstaats angestrengt werden, in dem die Aufsichtsbehörde ihren Sitz hat, und sollten im Einklang mit dem Verfahrensrecht dieses Mitgliedstaats durchgeführt werden. Diese Gerichte sollten eine uneingeschränkte Zuständigkeit besitzen, was die Zuständigkeit, sämtliche für den bei ihnen anhängigen Rechtsstreit maßgebliche Sach- und Rechtsfragen zu prüfen, einschließt. Wurde eine Beschwerde von einer Aufsichtsbehörde abgelehnt oder abgewiesen, kann der Beschwerdeführer Klage bei den Gerichten desselben Mitgliedstaats erheben.

Im Zusammenhang mit gerichtlichen Rechtsbehelfen in Bezug auf die Anwendung dieser Verordnung können einzelstaatliche Gerichte, die eine Entscheidung über diese Frage für erforderlich halten, um ihr Urteil erlassen zu können, bzw. müssen einzelstaatliche Gerichte in den Fällen nach Artikel 267 AEUV den Gerichtshof um eine Vorabentscheidung zur Auslegung des Unionsrechts — das auch diese Verordnung einschließt — ersuchen. Wird darüber hinaus der Beschluss einer Aufsichtsbehörde zur Umsetzung eines Beschlusses des Ausschusses vor einem einzelstaatlichen Gericht angefochten und wird die Gültigkeit des Beschlusses des Ausschusses in Frage gestellt, so hat dieses einzelstaatliche Gericht nicht die Befugnis, den Beschluss des Ausschusses für nichtig zu erklären, sondern es muss im Einklang mit Artikel 267 AEUV in der Auslegung des Gerichtshofs den Gerichtshof mit der Frage der Gültigkeit befassen, wenn es den Beschluss für nichtig hält. Allerdings darf ein einzelstaatliches Gericht den Gerichtshof nicht auf Anfrage einer natürlichen oder juristischen Person mit Fragen der Gültigkeit des Beschlusses des Ausschusses befassen, wenn diese Person Gelegenheit hatte, eine Klage auf Nichtigerklärung dieses Beschlusses zu erheben — insbesondere wenn sie unmittelbar und individuell von dem Beschluss betroffen war –, diese Gelegenheit jedoch nicht innerhalb der Frist gemäß Artikel 263 AEUV genutzt hat.

(144) Hat ein mit einem Verfahren gegen die Entscheidung einer Aufsichtsbehörde befasstes Gericht Anlass zu der Vermutung, dass ein dieselbe Verarbeitung betreffendes Verfahren — etwa zu demselben Gegenstand in Bezug auf die Verarbeitung durch denselben Verantwortlichen oder Auftragsverarbeiter oder wegen desselben Anspruchs — vor einem zuständigen Gericht in einem anderen Mitgliedstaat anhängig ist, so sollte es mit diesem Gericht Kontakt aufnehmen, um sich zu vergewissern, dass ein solches verwandtes Verfahren existiert. Sind verwandte Verfahren vor einem Gericht in einem anderen Mitgliedstaat anhängig, so kann jedes später angerufene Gericht das Verfahren aussetzen oder sich auf Anfrage einer Partei auch zugunsten des zuerst angerufenen Gerichts für unzuständig erklären, wenn dieses später angerufene Gericht für die betreffenden Verfahren zuständig ist und die Verbindung von solchen verwandten Verfahren nach seinem Recht zulässig ist. Verfahren gelten als miteinander verwandt, wenn zwischen ihnen eine so enge Beziehung gegeben ist, dass eine gemeinsame Verhandlung und Entscheidung geboten erscheint, um zu vermeiden, dass in getrennten Verfahren einander widersprechende Entscheidungen ergehen.

(145) Bei Verfahren gegen Verantwortliche oder Auftragsverarbeiter sollte es dem Kläger überlassen bleiben, ob er die Gerichte des Mitgliedstaats anruft, in dem der Verantwortliche oder der Auftragsverarbeiter eine Niederlassung hat, oder des Mitgliedstaats, in dem die betroffene Person ihren Aufenthaltsort hat; dies gilt nicht, wenn es sich bei dem Verantwortlichen um eine Behörde eines Mitgliedstaats handelt, die in Ausübung ihrer hoheitlichen Befugnisse tätig geworden ist.

(146) Der Verantwortliche oder der Auftragsverarbeiter sollte Schäden, die einer Person aufgrund einer Verarbeitung entstehen, die mit dieser Verordnung nicht im Einklang steht, ersetzen. Der Verantwortliche oder der Auf-

tragsverarbeiter sollte von seiner Haftung befreit werden, wenn er nachweist, dass er in keiner Weise für den Schaden verantwortlich ist. Der Begriff des Schadens sollte im Lichte der Rechtsprechung des Gerichtshofs weit auf eine Art und Weise ausgelegt werden, die den Zielen dieser Verordnung in vollem Umfang entspricht. Dies gilt unbeschadet von Schadenersatzforderungen aufgrund von Verstößen gegen andere Vorschriften des Unionsrechts oder des Rechts der Mitgliedstaaten. Zu einer Verarbeitung, die mit der vorliegenden Verordnung nicht im Einklang steht, zählt auch eine Verarbeitung, die nicht mit den nach Maßgabe der vorliegenden Verordnung erlassenen delegierten Rechtsakten und Durchführungsrechtsakten und Rechtsvorschriften der Mitgliedstaaten zur Präzisierung von Bestimmungen der vorliegenden Verordnung im Einklang steht. Die betroffenen Personen sollten einen vollständigen und wirksamen Schadenersatz für den erlittenen Schaden erhalten. Sind Verantwortliche oder Auftragsverarbeiter an derselben Verarbeitung beteiligt, so sollte jeder Verantwortliche oder Auftragsverarbeiter für den gesamten Schaden haftbar gemacht werden. Werden sie jedoch nach Maßgabe des Rechts der Mitgliedstaaten zu demselben Verfahren hinzugezogen, so können sie im Verhältnis zu der Verantwortung anteilmäßig haftbar gemacht werden, die jeder Verantwortliche oder Auftragsverarbeiter für den durch die Verarbeitung entstandenen Schaden zu tragen hat, sofern sichergestellt ist, dass die betroffene Person einen vollständigen und wirksamen Schadenersatz für den erlittenen Schaden erhält. Jeder Verantwortliche oder Auftragsverarbeiter, der den vollen Schadenersatz geleistet hat, kann anschließend ein Rückgriffsverfahren gegen andere an derselben Verarbeitung beteiligte Verantwortliche oder Auftragsverarbeiter anstrengen.

(147) Soweit in dieser Verordnung spezifische Vorschriften über die Gerichtsbarkeit — insbesondere in Bezug auf Verfahren im Hinblick auf einen gerichtlichen Rechtsbehelf einschließlich Schadenersatz gegen einen Verantwortlichen oder Auftragsverarbeiter — enthalten sind, sollten die allgemeinen Vorschriften über die Gerichtsbarkeit, wie sie etwa in der Verordnung (EU) Nr. 1215/2012 des Europäischen Parlaments und des Rates[14] enthalten sind, der Anwendung dieser spezifischen Vorschriften nicht entgegenstehen.

(148) Im Interesse einer konsequenteren Durchsetzung der Vorschriften dieser Verordnung sollten bei Verstößen gegen diese Verordnung zusätzlich zu den geeigneten Maßnahmen, die die Aufsichtsbehörde gemäß dieser Verordnung verhängt, oder an Stelle solcher Maßnahmen Sanktionen einschließlich Geldbußen verhängt werden. Im Falle eines geringfügigeren

---

14 Verordnung (EU) Nr. 1215/2012 des Europäischen Parlaments und des Rates vom 12. Dezember 2012 über die gerichtliche Zuständigkeit und die Anerkennung und Vollstreckung von Entscheidungen in Zivil- und Handelssachen (ABl. L 351 vom 20.12.2012, S. 1).

Verstoßes oder falls voraussichtlich zu verhängende Geldbuße eine unverhältnismäßige Belastung für eine natürliche Person bewirken würde, kann anstelle einer Geldbuße eine Verwarnung erteilt werden. Folgendem sollte jedoch gebührend Rechnung getragen werden: der Art, Schwere und Dauer des Verstoßes, dem vorsätzlichen Charakter des Verstoßes, den Maßnahmen zur Minderung des entstandenen Schadens, dem Grad der Verantwortlichkeit oder jeglichem früheren Verstoß, der Art und Weise, wie der Verstoß der Aufsichtsbehörde bekannt wurde, der Einhaltung der gegen den Verantwortlichen oder Auftragsverarbeiter angeordneten Maßnahmen, der Einhaltung von Verhaltensregeln und jedem anderen erschwerenden oder mildernden Umstand. Für die Verhängung von Sanktionen einschließlich Geldbußen sollte es angemessene Verfahrensgarantien geben, die den allgemeinen Grundsätzen des Unionsrechts und der Charta, einschließlich des Rechts auf wirksamen Rechtsschutz und ein faires Verfahren, entsprechen.

(149) Die Mitgliedstaaten sollten die strafrechtlichen Sanktionen für Verstöße gegen diese Verordnung, auch für Verstöße gegen auf der Grundlage und in den Grenzen dieser Verordnung erlassene nationale Vorschriften, festlegen können. Diese strafrechtlichen Sanktionen können auch die Einziehung der durch die Verstöße gegen diese Verordnung erzielten Gewinne ermöglichen. Die Verhängung von strafrechtlichen Sanktionen für Verstöße gegen solche nationalen Vorschriften und von verwaltungsrechtlichen Sanktionen sollte jedoch nicht zu einer Verletzung des Grundsatzes »ne bis in idem«, wie er vom Gerichtshof ausgelegt worden ist, führen.

(150) Um die verwaltungsrechtlichen Sanktionen bei Verstößen gegen diese Verordnung zu vereinheitlichen und ihnen mehr Wirkung zu verleihen, sollte jede Aufsichtsbehörde befugt sein, Geldbußen zu verhängen. In dieser Verordnung sollten die Verstöße sowie die Obergrenze der entsprechenden Geldbußen und die Kriterien für ihre Festsetzung genannt werden, wobei diese Geldbußen von der zuständigen Aufsichtsbehörde in jedem Einzelfall unter Berücksichtigung aller besonderen Umstände und insbesondere der Art, Schwere und Dauer des Verstoßes und seiner Folgen sowie der Maßnahmen, die ergriffen worden sind, um die Einhaltung der aus dieser Verordnung erwachsenden Verpflichtungen zu gewährleisten und die Folgen des Verstoßes abzuwenden oder abzumildern, festzusetzen sind. Werden Geldbußen Unternehmen auferlegt, sollte zu diesem Zweck der Begriff »Unternehmen« im Sinne der Artikel 101 und 102 AEUV verstanden werden. Werden Geldbußen Personen auferlegt, bei denen es sich nicht um Unternehmen handelt, so sollte die Aufsichtsbehörde bei der Erwägung des angemessenen Betrags für die Geldbuße dem allgemeinen Einkommensniveau in dem betreffenden Mitgliedstaat und der wirtschaftlichen Lage der Personen Rechnung tragen. Das Kohärenzverfahren kann auch genutzt werden, um eine kohärente Anwendung von Geldbußen zu fördern. Die Mit-

gliedstaaten sollten bestimmen können, ob und inwieweit gegen Behörden Geldbußen verhängt werden können. Auch wenn die Aufsichtsbehörden bereits Geldbußen verhängt oder eine Verwarnung erteilt haben, können sie ihre anderen Befugnisse ausüben oder andere Sanktionen nach Maßgabe dieser Verordnung verhängen.

(151) Nach den Rechtsordnungen Dänemarks und Estlands sind die in dieser Verordnung vorgesehenen Geldbußen nicht zulässig. Die Vorschriften über die Geldbußen können so angewandt werden, dass die Geldbuße in Dänemark durch die zuständigen nationalen Gerichte als Strafe und in Estland durch die Aufsichtsbehörde im Rahmen eines Verfahrens bei Vergehen verhängt wird, sofern eine solche Anwendung der Vorschriften in diesen Mitgliedstaaten die gleiche Wirkung wie die von den Aufsichtsbehörden verhängten Geldbußen hat. Daher sollten die zuständigen nationalen Gerichte die Empfehlung der Aufsichtsbehörde, die die Geldbuße in die Wege geleitet hat, berücksichtigen. In jeden Fall sollten die verhängten Geldbußen wirksam, verhältnismäßig und abschreckend sein.

(152) Soweit diese Verordnung verwaltungsrechtliche Sanktionen nicht harmonisiert oder wenn es in anderen Fällen — beispielsweise bei schweren Verstößen gegen diese Verordnung — erforderlich ist, sollten die Mitgliedstaaten eine Regelung anwenden, die wirksame, verhältnismäßige und abschreckende Sanktionen vorsieht. Es sollte im Recht der Mitgliedstaaten geregelt werden, ob diese Sanktionen strafrechtlicher oder verwaltungsrechtlicher Art sind.

(153) Im Recht der Mitgliedstaaten sollten die Vorschriften über die freie Meinungsäußerung und Informationsfreiheit, auch von Journalisten, Wissenschaftlern, Künstlern und/oder Schriftstellern, mit dem Recht auf Schutz der personenbezogenen Daten gemäß dieser Verordnung in Einklang gebracht werden. Für die Verarbeitung personenbezogener Daten ausschließlich zu journalistischen Zwecken oder zu wissenschaftlichen, künstlerischen oder literarischen Zwecken sollten Abweichungen und Ausnahmen von bestimmten Vorschriften dieser Verordnung gelten, wenn dies erforderlich ist, um das Recht auf Schutz der personenbezogenen Daten mit dem Recht auf Freiheit der Meinungsäußerung und Informationsfreiheit, wie es in Artikel 11 der Charta garantiert ist, in Einklang zu bringen. Dies sollte insbesondere für die Verarbeitung personenbezogener Daten im audiovisuellen Bereich sowie in Nachrichten- und Pressearchiven gelten. Die Mitgliedstaaten sollten daher Gesetzgebungsmaßnahmen zur Regelung der Abweichungen und Ausnahmen erlassen, die zum Zwecke der Abwägung zwischen diesen Grundrechten notwendig sind. Die Mitgliedstaaten sollten solche Abweichungen und Ausnahmen in Bezug auf die allgemeinen Grundsätze, die Rechte der betroffenen Person, den Verantwortlichen und den Auftragsverarbeiter, die Übermittlung von personenbezogenen Daten an Drittländer oder an internationale Organisationen, die unabhängigen

Aufsichtsbehörden, die Zusammenarbeit und Kohärenz und besondere Datenverarbeitungssituationen erlassen. Sollten diese Abweichungen oder Ausnahmen von Mitgliedstaat zu Mitgliedstaat unterschiedlich sein, sollte das Recht des Mitgliedstaats angewendet werden, dem der Verantwortliche unterliegt. Um der Bedeutung des Rechts auf freie Meinungsäußerung in einer demokratischen Gesellschaft Rechnung zu tragen, müssen Begriffe wie Journalismus, die sich auf diese Freiheit beziehen, weit ausgelegt werden.

(154) Diese Verordnung ermöglicht es, dass bei ihrer Anwendung der Grundsatz des Zugangs der Öffentlichkeit zu amtlichen Dokumenten berücksichtigt wird. Der Zugang der Öffentlichkeit zu amtlichen Dokumenten kann als öffentliches Interesse betrachtet werden. Personenbezogene Daten in Dokumenten, die sich im Besitz einer Behörde oder einer öffentlichen Stelle befinden, sollten von dieser Behörde oder Stelle öffentlich offengelegt werden können, sofern dies im Unionsrecht oder im Recht der Mitgliedstaaten, denen sie unterliegt, vorgesehen ist. Diese Rechtsvorschriften sollten den Zugang der Öffentlichkeit zu amtlichen Dokumenten und die Weiterverwendung von Informationen des öffentlichen Sektors mit dem Recht auf Schutz personenbezogener Daten in Einklang bringen und können daher die notwendige Übereinstimmung mit dem Recht auf Schutz personenbezogener Daten gemäß dieser Verordnung regeln. Die Bezugnahme auf Behörden und öffentliche Stellen sollte in diesem Kontext sämtliche Behörden oder sonstigen Stellen beinhalten, die vom Recht des jeweiligen Mitgliedstaats über den Zugang der Öffentlichkeit zu Dokumenten erfasst werden. Die Richtlinie 2003/98/EG des Europäischen Parlaments und des Rates[15] lässt das Schutzniveau für natürliche Personen in Bezug auf die Verarbeitung personenbezogener Daten gemäß den Bestimmungen des Unionsrechts und des Rechts der Mitgliedstaaten unberührt und beeinträchtigt diesen in keiner Weise, und sie bewirkt insbesondere keine Änderung der in dieser Verordnung dargelegten Rechte und Pflichten. Insbesondere sollte die genannte Richtlinie nicht für Dokumente gelten, die nach den Zugangsregelungen der Mitgliedstaaten aus Gründen des Schutzes personenbezogener Daten nicht oder nur eingeschränkt zugänglich sind, oder für Teile von Dokumenten, die nach diesen Regelungen zugänglich sind, wenn sie personenbezogene Daten enthalten, bei denen Rechtsvorschriften vorsehen, dass ihre Weiterverwendung nicht mit dem Recht über den Schutz natürlicher Personen in Bezug auf die Verarbeitung personenbezogener Daten vereinbar ist.

(155) Im Recht der Mitgliedstaaten oder in Kollektivvereinbarungen (einschließlich ›Betriebsvereinbarungen‹) können spezifische Vorschriften für die Verarbeitung personenbezogener Beschäftigtendaten im Beschäfti-

15 Richtlinie 2003/98/EG des Europäischen Parlaments und des Rates vom 17. November 2003 über die Weiterverwendung von Informationen des öffentlichen Sektors (ABl. L 345 vom 31.12.2003, S. 90).

gungskontext vorgesehen werden, und zwar insbesondere Vorschriften über die Bedingungen, unter denen personenbezogene Daten im Beschäftigungskontext auf der Grundlage der Einwilligung des Beschäftigten verarbeitet werden dürfen, über die Verarbeitung dieser Daten für Zwecke der Einstellung, der Erfüllung des Arbeitsvertrags einschließlich der Erfüllung von durch Rechtsvorschriften oder durch Kollektivvereinbarungen festgelegten Pflichten, des Managements, der Planung und der Organisation der Arbeit, der Gleichheit und Diversität am Arbeitsplatz, der Gesundheit und Sicherheit am Arbeitsplatz sowie für Zwecke der Inanspruchnahme der mit der Beschäftigung zusammenhängenden individuellen oder kollektiven Rechte und Leistungen und für Zwecke der Beendigung des Beschäftigungsverhältnisses.

(156) Die Verarbeitung personenbezogener Daten für im öffentlichen Interesse liegende Archivzwecke, zu wissenschaftlichen oder historischen Forschungszwecken oder zu statistischen Zwecken sollte geeigneten Garantien für die Rechte und Freiheiten der betroffenen Person gemäß dieser Verordnung unterliegen. Mit diesen Garantien sollte sichergestellt werden, dass technische und organisatorische Maßnahmen bestehen, mit denen insbesondere der Grundsatz der Datenminimierung gewährleistet wird. Die Weiterverarbeitung personenbezogener Daten zu im öffentlichen Interesse liegende Archivzwecken, zu wissenschaftlichen oder historischen Forschungszwecken oder zu statistischen Zwecken erfolgt erst dann, wenn der Verantwortliche geprüft hat, ob es möglich ist, diese Zwecke durch die Verarbeitung von personenbezogenen Daten, bei der die Identifizierung von betroffenen Personen nicht oder nicht mehr möglich ist, zu erfüllen, sofern geeignete Garantien bestehen (wie z.B. die Pseudonymisierung von personenbezogenen Daten). Die Mitgliedstaaten sollten geeignete Garantien in Bezug auf die Verarbeitung personenbezogener Daten für im öffentlichen Interesse liegende Archivzwecke, zu wissenschaftlichen oder historischen Forschungszwecken oder zu statistischen Zwecken vorsehen. Es sollte den Mitgliedstaaten erlaubt sein, unter bestimmten Bedingungen und vorbehaltlich geeigneter Garantien für die betroffenen Personen Präzisierungen und Ausnahmen in Bezug auf die Informationsanforderungen sowie der Rechte auf Berichtigung, Löschung, Vergessenwerden, zur Einschränkung der Verarbeitung, auf Datenübertragbarkeit sowie auf Widerspruch bei der Verarbeitung personenbezogener Daten zu im öffentlichen Interesse liegende Archivzwecken, zu wissenschaftlichen oder historischen Forschungszwecken oder zu statistischen Zwecken vorzusehen. Im Rahmen der betreffenden Bedingungen und Garantien können spezifische Verfahren für die Ausübung dieser Rechte durch die betroffenen Personen vorgesehen sein — sofern dies angesichts der mit der spezifischen Verarbeitung verfolgten Zwecke angemessen ist — sowie technische und organisatorische Maßnahmen zur Minimierung der Verarbeitung personenbezogener Daten im Hinblick auf

die Grundsätze der Verhältnismäßigkeit und der Notwendigkeit. Die Verarbeitung personenbezogener Daten zu wissenschaftlichen Zwecken sollte auch anderen einschlägigen Rechtsvorschriften, beispielsweise für klinische Prüfungen, genügen.

(157) Durch die Verknüpfung von Informationen aus Registern können Forscher neue Erkenntnisse von großem Wert in Bezug auf weit verbreiteten Krankheiten wie Herz-Kreislauferkrankungen, Krebs und Depression erhalten. Durch die Verwendung von Registern können bessere Forschungsergebnisse erzielt werden, da sie auf einen größeren Bevölkerungsanteil gestützt sind. Im Bereich der Sozialwissenschaften ermöglicht die Forschung anhand von Registern es den Forschern, entscheidende Erkenntnisse über den langfristigen Zusammenhang einer Reihe sozialer Umstände zu erlangen, wie Arbeitslosigkeit und Bildung mit anderen Lebensumständen. Durch Register erhaltene Forschungsergebnisse bieten solide, hochwertige Erkenntnisse, die die Basis für die Erarbeitung und Umsetzung wissensgestützter politischer Maßnahmen darstellen, die Lebensqualität zahlreicher Menschen verbessern und die Effizienz der Sozialdienste verbessern können. Zur Erleichterung der wissenschaftlichen Forschung können daher personenbezogene Daten zu wissenschaftlichen Forschungszwecken verarbeitet werden, wobei sie angemessenen Bedingungen und Garantien unterliegen, die im Unionsrecht oder im Recht der Mitgliedstaaten festgelegt sind.

(158) Diese Verordnung sollte auch für die Verarbeitung personenbezogener Daten zu Archivzwecken gelten, wobei darauf hinzuweisen ist, dass die Verordnung nicht für verstorbene Personen gelten sollte. Behörden oder öffentliche oder private Stellen, die Aufzeichnungen von öffentlichem Interesse führen, sollten gemäß dem Unionsrecht oder dem Recht der Mitgliedstaaten rechtlich verpflichtet sein, Aufzeichnungen von bleibendem Wert für das allgemeine öffentliche Interesse zu erwerben, zu erhalten, zu bewerten, aufzubereiten, zu beschreiben, mitzuteilen, zu fördern, zu verbreiten sowie Zugang dazu bereitzustellen. Es sollte den Mitgliedstaaten ferner erlaubt sein vorzusehen, dass personenbezogene Daten zu Archivzwecken weiterverarbeitet werden, beispielsweise im Hinblick auf die Bereitstellung spezifischer Informationen im Zusammenhang mit dem politischen Verhalten unter ehemaligen totalitären Regimen, Völkermord, Verbrechen gegen die Menschlichkeit, insbesondere dem Holocaust, und Kriegsverbrechen.

(159) Diese Verordnung sollte auch für die Verarbeitung personenbezogener Daten zu wissenschaftlichen Forschungszwecken gelten. Die Verarbeitung personenbezogener Daten zu wissenschaftlichen Forschungszwecken im Sinne dieser Verordnung sollte weit ausgelegt werden und die Verarbeitung für beispielsweise die technologische Entwicklung und die Demonstration, die Grundlagenforschung, die angewandte Forschung und die privat finanzierte Forschung einschließen. Darüber hinaus sollte sie dem in Artikel 179 Absatz 1 AEUV festgeschriebenen Ziel, einen europäischen

Raum der Forschung zu schaffen, Rechnung tragen. Die wissenschaftlichen Forschungszwecke sollten auch Studien umfassen, die im öffentlichen Interesse im Bereich der öffentlichen Gesundheit durchgeführt werden. Um den Besonderheiten der Verarbeitung personenbezogener Daten zu wissenschaftlichen Forschungszwecken zu genügen, sollten spezifische Bedingungen insbesondere hinsichtlich der Veröffentlichung oder sonstigen Offenlegung personenbezogener Daten im Kontext wissenschaftlicher Zwecke gelten. Geben die Ergebnisse wissenschaftlicher Forschung insbesondere im Gesundheitsbereich Anlass zu weiteren Maßnahmen im Interesse der betroffenen Person, sollten die allgemeinen Vorschriften dieser Verordnung für diese Maßnahmen gelten.

(160) Diese Verordnung sollte auch für die Verarbeitung personenbezogener Daten zu historischen Forschungszwecken gelten. Dazu sollte auch historische Forschung und Forschung im Bereich der Genealogie zählen, wobei darauf hinzuweisen ist, dass diese Verordnung nicht für verstorbene Personen gelten sollte.

(161) Für die Zwecke der Einwilligung in die Teilnahme an wissenschaftlichen Forschungstätigkeiten im Rahmen klinischer Prüfungen sollten die einschlägigen Bestimmungen der Verordnung (EU) Nr. 536/2014 des Europäischen Parlaments und des Rates[16] gelten.

(162) Diese Verordnung sollte auch für die Verarbeitung personenbezogener Daten zu statistischen Zwecken gelten. Das Unionsrecht oder das Recht der Mitgliedstaaten sollte in den Grenzen dieser Verordnung den statistischen Inhalt, die Zugangskontrolle, die Spezifikationen für die Verarbeitung personenbezogener Daten zu statistischen Zwecken und geeignete Maßnahmen zur Sicherung der Rechte und Freiheiten der betroffenen Personen und zur Sicherstellung der statistischen Geheimhaltung bestimmen. Unter dem Begriff »statistische Zwecke« ist jeder für die Durchführung statistischer Untersuchungen und die Erstellung statistischer Ergebnisse erforderliche Vorgang der Erhebung und Verarbeitung personenbezogener Daten zu verstehen. Diese statistischen Ergebnisse können für verschiedene Zwecke, so auch für wissenschaftliche Forschungszwecke, weiterverwendet werden. Im Zusammenhang mit den statistischen Zwecken wird vorausgesetzt, dass die Ergebnisse der Verarbeitung zu statistischen Zwecken keine personenbezogenen Daten, sondern aggregierte Daten sind und diese Ergebnisse oder personenbezogenen Daten nicht für Maßnahmen oder Entscheidungen gegenüber einzelnen natürlichen Personen verwendet werden.

---

16 Verordnung (EU) Nr. 536/2014 des Europäischen Parlaments und des Rates vom 16. April 2014 über klinische Prüfungen mit Humanarzneimitteln und zur Aufhebung der Richtlinie 2001/20/EG Text von Bedeutung für den EWR (ABl. L 158 vom 27.5.2014, S. 1).

(163) Die vertraulichen Informationen, die die statistischen Behörden der Union und der Mitgliedstaaten zur Erstellung der amtlichen europäischen und der amtlichen nationalen Statistiken erheben, sollten geschützt werden. Die europäischen Statistiken sollten im Einklang mit den in Artikel 338 Absatz 2 AEUV dargelegten statistischen Grundsätzen entwickelt, erstellt und verbreitet werden, wobei die nationalen Statistiken auch mit dem Recht der Mitgliedstaaten übereinstimmen müssen. Die Verordnung (EG) Nr. 223/2009 des Europäischen Parlaments und des Rates[17] enthält genauere Bestimmungen zur Vertraulichkeit europäischer Statistiken.

(164) Hinsichtlich der Befugnisse der Aufsichtsbehörden, von dem Verantwortlichen oder vom Auftragsverarbeiter Zugang zu personenbezogenen Daten oder zu seinen Räumlichkeiten zu erlangen, können die Mitgliedstaaten in den Grenzen dieser Verordnung den Schutz des Berufsgeheimnisses oder anderer gleichwertiger Geheimhaltungspflichten durch Rechtsvorschriften regeln, soweit dies notwendig ist, um das Recht auf Schutz der personenbezogenen Daten mit einer Pflicht zur Wahrung des Berufsgeheimnisses in Einklang zu bringen. Dies berührt nicht die bestehenden Verpflichtungen der Mitgliedstaaten zum Erlass von Vorschriften über das Berufsgeheimnis, wenn dies aufgrund des Unionsrechts erforderlich ist.

(165) Im Einklang mit Artikel 17 AEUV achtet diese Verordnung den Status, den Kirchen und religiöse Vereinigungen oder Gemeinschaften in den Mitgliedstaaten nach deren bestehenden verfassungsrechtlichen Vorschriften genießen, und beeinträchtigt ihn nicht.

(166) Um die Zielvorgaben dieser Verordnung zu erfüllen, d. h. die Grundrechte und Grundfreiheiten natürlicher Personen und insbesondere ihr Recht auf Schutz ihrer personenbezogenen Daten zu schützen und den freien Verkehr personenbezogener Daten innerhalb der Union zu gewährleisten, sollte der Kommission die Befugnis übertragen werden, gemäß Artikel 290 AEUV Rechtsakte zu erlassen. Delegierte Rechtsakte sollten insbesondere in Bezug auf die für Zertifizierungsverfahren geltenden Kriterien und Anforderungen, die durch standardisierte Bildsymbole darzustellenden Informationen und die Verfahren für die Bereitstellung dieser Bildsymbole erlassen werden. Es ist von besonderer Bedeutung, dass die Kommission im

17 Verordnung (EG) Nr. 223/2009 des Europäischen Parlaments und des Rates vom 11. März 2009 über europäische Statistiken und zur Aufhebung der Verordnung (EG, Euratom) Nr. 1101/2008 des Europäischen Parlaments und des Rates über die Übermittlung von unter die Geheimhaltungspflicht fallenden Informationen an das Statistische Amt der Europäischen Gemeinschaften, der Verordnung (EG) Nr. 322/97 des Rates über die Gemeinschaftsstatistiken und des Beschlusses 89/382/EWG, Euratom des Rates zur Einsetzung eines Ausschusses für das Statistische Programm der Europäischen Gemeinschaften (ABl. L 87 vom 31.3.2009, S. 164).

Zuge ihrer Vorbereitungsarbeit angemessene Konsultationen, auch auf der Ebene von Sachverständigen, durchführt. Bei der Vorbereitung und Ausarbeitung delegierter Rechtsakte sollte die Kommission gewährleisten, dass die einschlägigen Dokumente dem Europäischen Parlament und dem Rat gleichzeitig, rechtzeitig und auf angemessene Weise übermittelt werden.

(167) Zur Gewährleistung einheitlicher Bedingungen für die Durchführung dieser Verordnung sollten der Kommission Durchführungsbefugnisse übertragen werden, wenn dies in dieser Verordnung vorgesehen ist. Diese Befugnisse sollten nach Maßgabe der Verordnung (EU) Nr. 182/2011 des Europäischen Parlaments und des Rates ausgeübt werden. In diesem Zusammenhang sollte die Kommission besondere Maßnahmen für Kleinstunternehmen sowie kleine und mittlere Unternehmen erwägen.

(168) Für den Erlass von Durchführungsrechtsakten bezüglich Standardvertragsklauseln für Verträge zwischen Verantwortlichen und Auftragsverarbeitern sowie zwischen Auftragsverarbeitern; Verhaltensregeln; technische Standards und Verfahren für die Zertifizierung; Anforderungen an die Angemessenheit des Datenschutzniveaus in einem Drittland, einem Gebiet oder bestimmten Sektor dieses Drittlands oder in einer internationalen Organisation; Standardschutzklauseln; Formate und Verfahren für den Informationsaustausch zwischen Verantwortlichen, Auftragsverarbeitern und Aufsichtsbehörden im Hinblick auf verbindliche interne Datenschutzvorschriften; Amtshilfe; sowie Vorkehrungen für den elektronischen Informationsaustausch zwischen Aufsichtsbehörden und zwischen Aufsichtsbehörden und dem Ausschuss sollte das Prüfverfahren angewandt werden.

(169) Die Kommission sollte sofort geltende Durchführungsrechtsakte erlassen, wenn anhand vorliegender Beweise festgestellt wird, dass ein Drittland, ein Gebiet oder ein bestimmter Sektor in diesem Drittland oder eine internationale Organisation kein angemessenes Schutzniveau gewährleistet, und dies aus Gründen äußerster Dringlichkeit erforderlich ist.

(170) Da das Ziel dieser Verordnung, nämlich die Gewährleistung eines gleichwertigen Datenschutzniveaus für natürliche Personen und des freien Verkehrs personenbezogener Daten in der Union, von den Mitgliedstaaten nicht ausreichend verwirklicht werden kann, sondern vielmehr wegen des Umfangs oder der Wirkungen der Maßnahme auf Unionsebene besser zu verwirklichen ist, kann die Union im Einklang mit dem in Artikel 5 des Vertrags über die Europäische Union (EUV) verankerten Subsidiaritätsprinzip tätig werden. Entsprechend dem in demselben Artikel genannten Grundsatz der Verhältnismäßigkeit geht diese Verordnung nicht über das für die Verwirklichung dieses Ziels erforderliche Maß hinaus.

(171) Die Richtlinie 95/46/EG sollte durch diese Verordnung aufgehoben werden. Verarbeitungen, die zum Zeitpunkt der Anwendung dieser Verordnung bereits begonnen haben, sollten innerhalb von zwei Jahren nach dem Inkrafttreten dieser Verordnung mit ihr in Einklang gebracht werden.

Beruhen die Verarbeitungen auf einer Einwilligung gemäß der Richtlinie 95/46/EG, so ist es nicht erforderlich, dass die betroffene Person erneut ihre Einwilligung dazu erteilt, wenn die Art der bereits erteilten Einwilligung den Bedingungen dieser Verordnung entspricht, so dass der Verantwortliche die Verarbeitung nach dem Zeitpunkt der Anwendung der vorliegenden Verordnung fortsetzen kann. Auf der Richtlinie 95/46/EG beruhende Entscheidungen bzw. Beschlüsse der Kommission und Genehmigungen der Aufsichtsbehörden bleiben in Kraft, bis sie geändert, ersetzt oder aufgehoben werden.

(172) Der Europäische Datenschutzbeauftragte wurde gemäß Artikel 28 Absatz 2 der Verordnung (EG) Nr. 45/2001 konsultiert und hat am 7. März 2012[18] eine Stellungnahme abgegeben.

(173) Diese Verordnung sollte auf alle Fragen des Schutzes der Grundrechte und Grundfreiheiten bei der Verarbeitung personenbezogener Daten Anwendung finden, die nicht den in der Richtlinie 2002/58/EG des Europäischen Parlaments und des Rates[19] bestimmte Pflichten, die dasselbe Ziel verfolgen, unterliegen, einschließlich der Pflichten des Verantwortlichen und der Rechte natürlicher Personen. Um das Verhältnis zwischen der vorliegenden Verordnung und der Richtlinie 2002/58/EG klarzustellen, sollte die Richtlinie entsprechend geändert werden. Sobald diese Verordnung angenommen ist, sollte die Richtlinie 2002/58/EG einer Überprüfung unterzogen werden, um insbesondere die Kohärenz mit dieser Verordnung zu gewährleisten —

HABEN FOLGENDE VERORDNUNG ERLASSEN:

Kapitel I
Allgemeine Bestimmungen

Artikel 1 Gegenstand und Ziele

(1) Diese Verordnung enthält Vorschriften zum Schutz natürlicher Personen bei der Verarbeitung personenbezogener Daten und zum freien Verkehr solcher Daten.

---

18 ABl. C 192 vom 30.6.2012, S. 7.

19 Richtlinie 2002/58/EG des Europäischen Parlaments und des Rates vom 12. Juli 2002 über die Verarbeitung personenbezogener Daten und den Schutz der Privatsphäre in der elektronischen Kommunikation (Datenschutzrichtlinie für elektronische Kommunikation) (ABl. L 201 vom 31.7.2002, S. 37).

(2) Diese Verordnung schützt die Grundrechte und Grundfreiheiten natürlicher Personen und insbesondere deren Recht auf Schutz personenbezogener Daten.

(3) Der freie Verkehr personenbezogener Daten in der Union darf aus Gründen des Schutzes natürlicher Personen bei der Verarbeitung personenbezogener Daten weder eingeschränkt noch verboten werden.

Inhaltsübersicht Rn.

I. Allgemeines 1
II. Zielrichtungen (Abs. 1) 2–3
III. Schutz der Grundrechte und Grundfreiheiten (Abs. 2) 4–5
IV. Freier Datenverkehr in der EU (Abs. 3) 6
V. Hinweise für Betriebs- oder Personalräte 7

I. Allgemeines

1 Art. 1 hat inhaltlich die Regelung des Art. 1 EG-Datenschutzrichtlinie übernommen. Dies verdeutlich, dass durch die DSGVO weiterhin der Schutz der Grundrechte und Grundfreiheiten und insbesondere der Schutz der Privatsphäre natürlicher Personen bezüglich der Verarbeitung ihrer personenbezogenen Daten gewährleitet werden soll.[1]

II. Zielrichtungen (Abs. 1)

2 **Abs. 1** verdeutlicht, dass die DSGVO **zwei unterschiedliche Zielrichtungen** hat: Einerseits enthält die Vorschrift Regelungen zum **Schutz natürlicher Personen** bei der Verarbeitung ihrer personenbezogenen Daten (zur Definition vgl. Art. 4 Rn. 14ff.), andererseits eine **Garantie des freien Verkehrs** personenbezogener Daten in der EU. Damit besteht innerhalb der gesamten DSGVO ein **Spannungsverhältnis** zwischen zwei eigentlich gegensätzlichen Regelungszielen, das aber insbesondere dadurch aufgelöst wird, dass innerhalb der gesamten Union ein einheitliches und zwingendes Schutzniveau zugunsten der personenbezogenen Daten besteht. Durch diese Zweiteilung der Zielsetzungen unterscheidet sich die DSGVO grundsätzlich von dem Ansatz, den das BDSG a. F. aus dem Jahr 1990 verfolgt hat.[2] In § 1 Abs. 1 BDSG a. F. wurde als Zweck des Gesetzes festgelegt, Einzelne davor zu schützen, dass sie durch den Umgang mit ihren personenbezogenen Daten in ihren Persönlichkeitsrechten beeinträchtigt werden.

3 Die beiden in Art. 1 genannten **Schutzziele** stehen gleichrangig nebeneinander. Kollidieren sie (etwa, weil ein Unternehmen Beschäftigtendaten aus

---

1 Vgl. DWWS-*Weichert*, Art. 1 Rn. 1.

2 Vgl. Gesetz zur Fortentwicklung der Datenverarbeitung und des Datenschutzes v. 20.12.1990, BGBl. I, S. 2954.

Deutschland in einem anderen europäischen Land verarbeiten lassen will), muss eine **Abwägung** zwischen den Grundrechten, Grundfreiheiten und dem Recht auf den Schutz personenbezogener Daten einer Person auf der einen mit dem angestrebten freien Verkehr der Daten innerhalb der Union auf der anderen Seite erfolgen.[3] Auch wenn die beiden in Art. 1 genannten Schutzziele gleichrangig sind, lässt sich ein wirksamer und umfassender Schutz der Grundfreiheiten und Grundrechte natürlicher Personen in diesem Zusammenhang nur gewährleisten, wenn die Regelungen zum Schutz natürlicher Personen bei der Verarbeitung personenbezogener Daten nicht eng ausgelegt werden.[4] Für einen gewissen Vorrang der Rechte natürlicher Personen im Datenschutzbereich spricht auch der Hinweis in den Erwägungsgründen zur DSGVO, nachdem die Verarbeitung personenbezogener Daten im Dienste der Menschheit stehen soll (ErwGr 4).

III. Schutz der Grundrechte und Grundfreiheiten (Abs. 2)

Die Regelung in **Abs. 2** zielt auf den **Schutz der Grundrechte und Grundfreiheiten** natürlicher Personen und insbesondere auf den Schutz ihrer personenbezogenen Daten. Das Schutzziel dieser Regelung entspricht dem in Deutschland durch das BVerfG begründete Recht auf informationelle Selbstbestimmung, das im Zusammenhang mit einem Rechtsstreit um die geplante Volkszählung entwickelt wurde.[5] Nach der Entscheidung des BVerfG im »Volkszählungsurteil« beinhaltet das Recht auf informationelle Selbstbestimmung unter den Bedingungen der modernen Datenverarbeitung den Schutz Einzelner gegen die unbegrenzte Erhebung, Speicherung, Verwendung und Weitergabe ihrer persönlichen Daten. Dieses Recht wird vom allgemeinen Persönlichkeitsrecht des Art. 2 Abs. 1 GG i.Vm. Art. 1 Abs. 1 GG umfasst. Für alle Personen gewährleistet das Recht auf informationelle Selbstbestimmung die Befugnis, selbst über die Preisgabe und Verwendung ihrer Daten zu bestimmen. 4

Die Vorgaben des BVerfG zum **Recht auf informationelle Selbstbestimmung** finden sich in Art. 8 Abs. 1 GRCh wieder. Hiernach hat jede Person das Recht auf Schutz der sie betreffenden personenbezogenen Daten. Nach Art. 8 Abs. 2 GRCh dürfen personenbezogene Daten nur nach Treu und Glauben für festgelegte Zwecke verarbeitet werden. Jede Verarbeitung setzt entweder eine Einwilligung der betroffenen Person oder aber eine gesetzliche Grundlage voraus. Damit besteht ein »**Verbotsprinzip mit Erlaubnisvorbehalt**«. Dieses schon in § 4 Abs. 1 BDSG a. F. enthaltene Prinzip hat über den im Grundsatz in Art. 5 Buchst. a verwendeten Begriff der »Recht- 5

3 DWWS-*Weichert*, Art. 1 Rn. 8a.

4 Vgl. EuGH 1.10.2015 – C-230/14, Weltimmo, Rn. 25.

5 Vgl. BVerfG 15.12.1983 – 1 BvR 2009/83, BVerfGE 65, 1.

mäßigkeit« Eingang in die DSGVO und damit auch in das neue BDSG gefunden.[6]

Die DSGVO wirkt bezogen auf die personenbezogenen Daten von betroffenen Personen durch zahlreiche Einzelvorschriften als **Schutzgesetz**. Allerdings ist dieser Schutz nicht grenzenlos. Einschränkungen des im Sinne des Rechts auf informationelle Selbstbestimmung bestehenden Schutzes personenbezogener Daten sind vielmehr im überwiegenden Allgemeininteresse zulässig. Dies setzt stets eine Prüfung der **Verhältnismäßigkeit** voraus.[7] Werden Eingriffe in das Grundrecht auf informationelle Selbstbestimmung durch gesetzliche Normen legitimiert, müssen diese dem rechtsstaatlichen Gebot der Normenklarheit entsprechen.[8]

IV. Freier Datenverkehr in der EU (Abs. 3)

6 Durch **Abs. 3** wird festgeschrieben, dass ein innerhalb der Europäischen Union stattfindender **Datenverkehr** aus Gründen des Schutzes natürlicher Personen bei der Verarbeitung ihrer personenbezogenen Daten weder eingeschränkt noch verboten werden kann. Diese Regelung zielt darauf, bezüglich der Datenverarbeitung einen offenen europäischen Binnenmarkt zu garantieren, und ist aus europäischer Perspektive zu begrüßen. Allerdings setzt eine europaweite Verarbeitung personenbezogener Daten voraus, dass dabei unabhängig vom Ort der Datenverarbeitung innerhalb der EU auch bei grenzüberschreitender Verarbeitung die rechtlichen Vorgaben uneingeschränkt gewährleistet werden, die es bezogen auf die Verarbeitung von personenbezogenen Daten innerhalb der einzelnen Mitgliedsstaaten gibt. Handelt es sich beispielsweise um Beschäftigtendaten, muss bei deren grenzüberschreitender Verarbeitung sichergestellt sein, dass zulässige landesspezifische Regelungen zum Beschäftigtendatenschutz berücksichtigt werden.

Aus deutscher Perspektive gehört hierzu neben der Einhaltung der Vorgaben in § 26 BDSG auch die Berücksichtigung einschlägiger **kollektivrechtlicher Regelungen** zum Beschäftigtendatenschutz, die insbesondere in **Betriebsvereinbarungen** enthalten sein können. Soweit diesbezüglich Interessengegensätze bestehen, müssen sie im Rahmen einer Verhältnismäßigkeitsprüfung aufgelöst werden. Dabei ist insbesondere zu beachten, dass die individuellen rechtlichen Durchsetzungsmöglichkeiten von Beschäftigten bei einer sie betreffenden unzulässigen oder unrichtigen Verarbeitung in anderen EU-Staaten in der Praxis erschwert sind. Aus kollektivrechtlicher Sicht ist bei der Verhältnismäßigkeitsprüfung zu berücksichtigen, dass ins-

6 DWWS-*Weichert*, Art. 1 Rn. 13; vgl. Art. 5 Rn. 16.
7 Vgl. BVerfG, a. a. O., 2. Leitsatz; DWWS-*Weichert*, Art. 1 Rn. 22.
8 BVerfG, a. a. O.

besondere die rechtlichen Möglichkeiten von Betriebsräten aufgrund des Territorialitätsprinzips auf das Hoheitsgebiet der Bundesrepublik Deutschland beschränkt sind.[9]

V. Hinweise für Betriebs- oder Personalräte

Die Prüfung der Einhaltung der zugunsten von Beschäftigten geltenden Grundrechte und Grundfreiheiten und insbesondere die Einhaltung des gesetzlichen Schutzes personenbezogener Daten nach der DSGVO und dem BDSG gehört zu den allgemeinen Kontrollaufgaben, die Betriebs- oder Personalräten durch einschlägige kollektivrechtliche Regelungen zugewiesen werden (vgl. etwa § 80 Abs. 1 Nr. 1 BetrVG oder § 62 Abs. 1 Nr. 2 BPersVG). Sowohl die DSGVO als auch das BDSG gehören insoweit zu den einschlägigen arbeitsrechtlichen Schutzgesetzen.[10] 7

Artikel 2 Sachlicher Anwendungsbereich

(1) Diese Verordnung gilt für die ganz oder teilweise automatisierte Verarbeitung personenbezogener Daten sowie für die nichtautomatisierte Verarbeitung personenbezogener Daten, die in einem Dateisystem gespeichert sind oder gespeichert werden sollen.

(2) Diese Verordnung findet keine Anwendung auf die Verarbeitung personenbezogener Daten

a) im Rahmen einer Tätigkeit, die nicht in den Anwendungsbereich des Unionsrechts fällt,

b) durch die Mitgliedstaaten im Rahmen von Tätigkeiten, die in den Anwendungsbereich von Titel V Kapitel 2 EUV fallen,

c) durch natürliche Personen zur Ausübung ausschließlich persönlicher oder familiärer Tätigkeiten,

d) durch die zuständigen Behörden zum Zwecke der Verhütung, Ermittlung, Aufdeckung oder Verfolgung von Straftaten oder der Strafvollstreckung, einschließlich des Schutzes vor und der Abwehr von Gefahren für die öffentliche Sicherheit.

(3) Für die Verarbeitung personenbezogener Daten durch die Organe, Einrichtungen, Ämter und Agenturen der Union gilt die Verordnung (EG) Nr. 45/2001. Die Verordnung (EG) Nr. 45/2001 und sonstige Rechtsakte der Union, die diese Verarbeitung personenbezogener Daten regeln, werden im Einklang mit Artikel 98 an die Grundsätze und Vorschriften der vorliegenden Verordnung angepasst.

---

9 Vgl. zum Territorialitätsprinzip DKW-*Trümner*, § 1 BetrVG Rn. 23f.

10 Vgl. etwa Gola-*Pötters*, Art. 1 Rn. 15; DKW-*Buschmann*, § 80 BetrVG Rn. 14; *Fitting*, § 80 BetrVG Rn. 7.

(4) Die vorliegende Verordnung lässt die Anwendung der Richtlinie 2000/31/EG und speziell die Vorschriften der Artikel 12 bis 15 dieser Richtlinie zur Verantwortlichkeit der Vermittler unberührt.

Inhaltsübersicht Rn.

I. Allgemeines ... 1
II. Sachlicher Anwendungsbereich (Abs. 1) ... 2–10
III. Ausnahmen (Abs. 2) ... 11–21

I. Allgemeines

1 Durch die Regelung des Art. 2 wird der **sachliche Anwendungsbereich** der DSGVO bestimmt. Die in **Abs. 1** genannten **sachlichen Voraussetzungen** müssen erfüllt sein, damit die Regelungen der Verordnung auf eine Verarbeitung personenbezogener Daten zur Anwendung kommen.[1] Ausdrücklich **ausgeschlossen** ist die Anwendung der DSGVO hingegen auf die in **Abs. 2** genannten Formen der Verarbeitung personenbezogener Daten. Bezüglich der **Organe**, **Einrichtungen**, **Ämter** und **Agenturen** der **Europäischen Union** verweist **Abs. 3** auf die für diesen Bereich geltende Verordnung (EG) Nr. 45/2001. Durch die Regelung in **Abs. 4** wird festgelegt, dass die Richtlinie 2000/31/EG über den **elektronischen Geschäftsverkehr** (auch »E-Commerce-Richtlinie«) unberührt bleibt, wenn sie sachlich und räumlich anwendbar ist. Die E-Commerce-Richtlinie hat insoweit **Vorrang** vor den Vorgaben der DSGVO.

II. Sachlicher Anwendungsbereich (Abs. 1)

2 In **Abs. 1** werden die Voraussetzungen definiert, unter denen die DSGVO für die Verarbeitung personenbezogener Daten zur Anwendung kommt. Der **sachliche Anwendungsbereich** der DSGVO lässt sich teilweise nur im Zusammenspiel mit den Begriffsbestimmungen in Art. 4 festlegen. Dies gilt insbesondere bezüglich der dort enthaltenen Definitionen der »personenbezogenen Daten«, der »Verarbeitung« und der »Dateisysteme«.

3 Der sachliche Anwendungsbereich knüpft an eine Verarbeitung **personenbezogener Daten** an. Dies sind nach **Art. 4 Nr. 1** alle Informationen, die sich auf eine identifizierte oder identifizierbare natürliche Person beziehen. Der Bereich der **Identifizierbarkeit** ist **weit** zu fassen und bezieht sich auf alle Informationen, mittels derer eine natürliche Person direkt oder indirekt im Zusammenhang mit den vorliegenden Daten erkannt werden kann (vgl. ausführlich Art. 4 Rn. 7). Nach der Definition der **Verarbeitung** in **Art. 4 Nr. 2** ist für die sachliche Anwendbarkeit jeder mit oder ohne Hilfe auto-

1 Kühling/Buchner-*Kühling/Raab*, Art. 2 Rn. 19.

matisierter Verfahren ausgeführte Vorgang wie das Erheben, Erfassen, Organisieren, Ordnen, Speichern, Anpassen oder Verändern personenbezogener Daten einschlägig (vgl. Art. 4 Rn. 15). Der Begriff der Verarbeitung kommt **technikneutral** auf alle Formen des Umgangs mit personenbezogenen Daten zur Anwendung und ist **weit auszulegen**. Auf die genutzte Hard- und Software kommt es ebenso wenig an wie auf die eingebundenen digitalen Übertragungswege oder auf die Leistungsfähigkeit der genutzten Systeme.[2] Auch die Einbindung in andere Prozesse oder Techniken ist unerheblich. Deshalb sind beispielsweise Verarbeitungen von personenbezogenen Daten durch elektronische Systeme in Kraftfahrzeugen, in Maschinen oder in Gebäudesteuerungsanwendungen von der DSGVO ebenso erfasst wie personenbezogene Informationen in Videoaufnahmen, in Netzwerk-Servern oder in Bürokaffeemaschinen (wenn Kaffee nur beziehen kann, wer seinen Firmenausweis vor das Gerät hält).

Die DSGVO kommt sachlich unabhängig davon zur Anwendung, ob die **4** Verarbeitung ganz oder teilweise **automatisiert** erfolgt. Typischerweise »ganz« automatisiert sind Verarbeitungen, die auf Basis einer Software vollkommen selbstständig ablaufen. Hierzu gehört etwa die Berechnung und Anweisung des monatlichen Gehalts einer Belegschaft nach der kalendermäßigen »Auslösung« des Gehaltslaufs in einer Software. Gleiches gilt für die automatisierte Erstellung von Tourenplänen für Auslieferungsfahrer durch ein Warendistributionsprogramm. Der Begriff der automatisierten Verarbeitung ist insoweit **sehr weit auszulegen**.[3]

Erfasst werden beispielsweise unterschiedliche Formen von **Videoauf- 5 zeichnungen** mittels digitaler Kameras, die auf öffentlichen Plätzen oder in Betrieben stattfinden. Die DSGVO kommt damit auch auf digitale Aufzeichnungen mit Personenbezug in Dash- oder Body-Cams ebenso zur Anwendung wie auf die in Mobiltelefonen, Notebooks oder Tablets. Auch Videoaufzeichnungen mittels Kameras in Drohnen erfasst die DSGVO genauso wie die Verfilmung von Straßenzügen oder Häusern für Angebote wie etwa die von Google Earth.

Neben einer vollständigen automatisierten Verarbeitung sind nach Abs. 1 **6** auch **teilweise automatisierte Verarbeitungen** personenbezogener Daten vom sachlichen Anwendungsbereich der DSGVO erfasst. Hierzu gehört beispielsweise die Abfrage personenbezogener Daten bei Bewerbern mit dem Ziel der späteren Eingabe in ein Personalinformationssystem, aber auch die Übermittlung der in einem Firmenausweis gespeicherten Personalnummer an das betriebliche Zeiterfassungssystem, die durch das Auflegen des Ausweises auf ein Lesegerät am Werkstor angestoßen wird. Die Abgrenzung zwischen einer ganz bzw. teilweise automatisierten Verarbeitung ist im Ein-

2 DWWS-*Weichert*, Art. 2 Rn. 8.

3 Paal/Pauly-*Ernst*, Art. 2 Rn. 5; Kühling/Buchner-*Kühling/Raab*, Art. 2 Rn. 15.

zelfall schwierig. Mit Blick auf die ohnehin weite Auslegung des sachlichen Anwendungsbereichs sind mögliche Abgrenzungsprobleme zwischen einer ganz oder einer nur teilweise automatisierten Verarbeitung allerdings ohne nennenswerte praktische Relevanz. Beide Formen der Verarbeitung lösen die uneingeschränkte Anwendung der DSGVO aus.

7 Hinzu kommt, dass die Anwendbarkeit der DSGVO weiterhin auch für die **nicht vollständig automatisierte Verarbeitung** personenbezogener Daten gegeben ist, wenn diese in einem Dateisystem gespeichert sind oder gespeichert werden sollen. Ein »Dateisystem« ist nach der Definition in Art. 4 Nr. 6 jede strukturierte Sammlung personenbezogener Daten, die nach bestimmten Kriterien zugänglich ist. Für die Feststellung eines Dateisystems in diesem Sinne ist es unerheblich, ob die Sammlung zentral, dezentral oder nach funktionalen oder geografischen Gesichtspunkten geordnet geführt wird. Durch die Einbeziehung dieser nicht automatisierten Verarbeitungen ist die Anwendbarkeit der DSGVO bereits dann gegeben, wenn ein Bezug der Datenerhebung zu einer Speicherung besteht. Durch diese Erweiterung des Anwendungsbereichs wird ein Umgehungsschutz geschaffen, der dafür sorgt, dass die Anwendbarkeit der DSGVO technikneutral sowohl bei automatisierter wie auch bei manueller Verarbeitung gegeben ist. Entscheidend ist, dass eine Speicherung in einem Dateisystem erfolgt oder erfolgen soll (vgl. ErwGr 15).

8 Auch bezogen auf nicht automatisierte Verarbeitungen ist der durch Art. 2 vorgegebene **sachliche Anwendungsbereich weit zu fassen**. Es genügt, wenn die Speicherung in einem EDV-System geplant ist.[4] Mit Blick auf den Wortlaut, nach dem eine Anwendbarkeit besteht, wenn nicht automatisierte personenbezogene Daten »gespeichert werden sollen«, reicht es für die Anwendbarkeit aus, wenn eine spätere Speicherung in vergleichbaren Verfahren üblicherweise erfolgt.

9 In welcher Form eine »nicht automatisierte Verarbeitung« erfolgen kann, definiert die DSGVO nicht. Ausgehend davon, dass Verarbeitungsprozesse, die teilweise automatisiert ablaufen (etwa das temporäre und nur kurzzeitige Einscannen eines Briefes für den Ausdruck einer Kopie), uneingeschränkt von der DSGVO erfasst sind, kann als »nicht automatisierte Verarbeitung« nur eine ausschließlich manuelle Verarbeitung personenbezogener Daten in Betracht kommen wie etwa das Notieren einer Telefonnummer auf einem Klebezettel, die anschließend für einen Rückruf über das Internet-Telefon verwendet wird. Gleiches gilt, wenn sich ein Vorgesetzter während eines Mitarbeitergesprächs Notizen auf einem Blatt Papier macht. Wird dieses Blatt allerdings später gezielt dafür verwendet, die Angaben über Beschäftigte in einem Personalinformationssystem zu aktualisieren oder zu vervollständigen, kann es sich von Anfang an auch um eine teilweise automatisierte

4 DWWS-*Weichert*, Art. 2 Rn. 13.

Verarbeitung handeln. Gleiches gilt, wenn die persönlichen Notizen ein Vorgesetzten mit den Arbeitsaufgaben verglichen werden, die für Mitarbeiter in einem elektronischen System hinterlegt sind.
Insgesamt ist der sachliche Anwendungsbereich der DSGVO damit weit zu fassen. Nicht berücksichtigt wird eine Verarbeitung personenbezogener Daten nur dann, wenn sie ohne jeden Bezug zu einer automatisierten Verarbeitung oder zu einer geplanten Verarbeitung in einem Dateisystem ist. Dies kann etwa der Fall sein, wenn auf einem »Post-it«-Klebezettel lediglich ein Name und eine Uhrzeit für ein späteres Treffen notiert wird, der nach Durchführung des Termins ohne weitere Verarbeitung in den Papierkorb befördert wird.

III. Ausnahmen (Abs. 2)

Die Ausnahmeregelung in **Abs. 2** enthält in einer **abschließenden Aufzählung** vier Tatbestände, bei deren Vorliegen es zu einer **Ausnahme vom Anwendungsbereich** der DSGVO kommt. 11

Nach **Buchst. a** gehören hierzu Tätigkeiten, die **nicht in den Anwendungsbereich des Unionsrechts** fallen, beispielsweise eine Verarbeitung für Zwecke der nationalen Sicherheit (vgl. ErwGr 16). 12

Die Ausnahme in **Buchst. b** bezieht sich auf Tätigkeiten von Mitgliedsstaaten, die in den **Anwendungsbereich von Titel V Kapitel 2 EUV** fallen. Hierzu gehören Verarbeitungen von Mitgliedsstaaten im Rahmen der gemeinsamen Außen- und Sicherheitspolitik der Europäischen Union (ErwGr 16). 13

Aus Sicht von betroffenen Personen ist die Ausnahme in **Buchst. c** bedeutsamer als die in den Buchst. a und b. Dieser Ausnahmetatbestand wird als »**Haushaltsausnahme**« oder als »**Haushaltsprivilegierung**« bezeichnet.[5] Durch ihn werden Verarbeitungen personenbezogener Daten aus dem Anwendungsbereich der DSGVO ausgenommen, die natürliche Personen **zur Ausübung persönlicher** oder **familiärer Tätigkeiten** durchführen. 14

Der Ausnahmetatbestand des Buchst. c gilt nach dem Wortlaut **nur für natürliche Personen**. Damit ist die Anwendung auf juristische Personen ebenso ausgeschlossen wie auf (gemeinnützige) Vereine, Parteien, Nichtregierungsorganisationen oder BGB-Gesellschaften.[6] Anknüpfungspunkt der Ausnahme ist nicht der »Haushalt«, der in der Regel räumlich identisch mit der Wohnung natürlicher Personen ist, sondern die **soziale Sphäre**, in der sie sich bewegen. Finden in dieser sozialen Sphäre individuelle Verarbeitungen personenbezogener Daten durch Einzelne oder durch Familien- 15

---

5 Vgl. etwa Gola-*Gola*, Art. 2 Rn. 19; DWWS-*Weichert*, Art. 2 Rn. 17.
6 DWWS-*Weichert*, Art. 2 Rn. 20.

gruppen statt, die einen rein privaten Charakter haben, sind die Regeln der DSGVO nicht einschlägig.

16 Die Herausnahme aus dem sachlichen Anwendungsbereich auf der Grundlage von Buchst. b setzt nicht das Bestehen einer Familie im Sinne des Familienrechts voraus. Im Rahmen einer weiten Auslegung sind sowohl **Familien** im zivilrechtlichen Sinn als auch menschliche Verbindungen privilegiert, die **familienähnlich** ausgestaltet sind. Maßgeblich für die Beurteilung, ob eine familiäre Verbindung vorliegt, ist die Verkehrsanschauung.[7] Keine Anwendung findet die Privilegierung des Buchst. b hingegen auf Belegschaften von Firmen, die von deren Chefs als »große Familie« beschrieben werden, oder auf die Verarbeitung von Beschäftigtendaten in einem »familiären Umfeld«.

17 Maßgeblich für das Einsetzen des Privilegs nach Buchst. b ist der **private** und damit **nichtöffentliche Charakter**. Private wie familiäre Tätigkeiten im Sinne dieser Vorschrift sind »öffentlichkeitsfeindlich«.[8] Insoweit ist die **Ausnahmeregel eng auszulegen**. Auf ihrer Grundlage werden vom Anwendungsbereich der DSGVO beispielsweise privat geführte individuelle Adressverzeichnisse oder Geburtstagslisten ebenso nicht erfasst wie private Briefe oder vergleichbare Dokumente, soweit sie die eigene Person, die eigene Familie oder persönliche Freunde oder Bekannte betreffen. Datenschutzrechtlich privilegiert werden aber auch elektronische Systeme zur Steuerung des Haushalts (Smart Homes), Videoaufnahmen des eigenen Grundstücks, die Kommunikation mit Familienangehörigen oder persönlichen Freunden in »sozialen Netzwerken«. Gleiches gilt für die individuelle Selbstdarstellung in öffentlichen Netzwerken, nicht aber für eine eigenmächtige und nicht durch Einwilligungen legitimierte Weitergabe von Informationen über andere Familienangehörige oder Freunde wie etwa das »Teilen« von Urlaubsvideos oder -fotos in öffentlichen Gruppen sozialer Netzwerke.[9]

18 Nicht vom Anwendungsbereich des Art. 2 Abs. 2 **Buchst. c** erfasst sind Verarbeitungen, bei denen der Bereich der ausschließlich familiären oder privaten Tätigkeiten verlassen wird. Dies kann beispielsweise der Fall sein, wenn mit einer Kamera nicht nur das eigene Grundstück überwacht und gefilmt wird, sondern auch angrenzende Nachbargrundstücke oder ein Teil einer öffentlichen Straße. Gleiches gilt für die Veröffentlichung von Informationen über andere Personen im öffentlichen Teil von »sozialen Netzwerken«, aber auch für die Nutzung von sogenannten **Dash-Cams** in Fahrzeugen, mit

7 Zutreffend DWWS-*Weichert*, Art. 2 Rn. 23.

8 DWWS-*Weichert*, Art. 2 Rn. 28.

9 Vgl. ErwGr 18; Auernhammer-*von Lewinski*, Art. 2 Rn. 29ff.; Gola-*Gola*, Art. 2 Rn. 19; DWWS-*Weichert*, Art. 2 Rn. 21ff.

denen auch andere Personen gefilmt werden.[10] Der Begriff der rein privaten Datenverarbeitung wird auch verlassen, wenn ein Vermieter für die Erstellung einer Nebenkostenabrechnung Daten an eine Firma weitergibt, die als Auftragsverarbeiter gemäß Nr. 8 tätig wird.[11]

Das Herauswachsen einzelner Verarbeitungsschritte aus dem ausschließlich privaten Bereich führt für die gesamte Verarbeitung zur Anwendbarkeit der DSGVO.

In der **Arbeitswelt** kommt der Regelung in Buchst. c insbesondere dann eine Bedeutung zu, wenn es zu einer Vermischung der »geschäftlichen« und privaten Nutzung von Endgeräten wie etwa Notebooks, Smartphones, Tablets oder anderen »Mobile Devices« kommt. Werden auf solchen privaten Geräten auch geschäftliche Daten verarbeitet (etwa eine Kombination von privaten und dienstlichen Adressen und Telefonnummern), werden über sie geschäftliche E-Mails abgerufen und beantwortet oder werden »soziale Netzwerke« sowohl für private wie auch für berufliche Kommunikation verwendet, reduziert sich die Privilegierung durch Buchst. c auf die Bereiche bzw. auf die Informationen, die ohne jeden geschäftlichen Bezug sind. Nicht außerhalb der DSGVO stehen damit etwa Notizen, die sich ein Vorgesetzter auf einem privaten Endgerät über Beschäftigte macht und dort als »persönlich« kennzeichnet. Ausnahmen können allenfalls für private Tagebücher von Vorgesetzten gegeben sein, wenn klar ist, dass die dort verzeichneten Informationen über Beschäftigte später keinen Eingang in dienstliche Verarbeitungen finden. Insoweit ist der Ausnahmetatbestand in Buchst. c im arbeitsrechtlichen Bereich nicht dazu bestimmt, die Datenschutzrechte von Arbeitnehmern oder kollektivrechtliche Beteiligungsrechte von Interessenvertretungen zu umgehen. **19**

Verarbeitungen durch **staatliche Sicherheitsbehörden** für Zwecke der Verhütung, Ermittlung, Aufdeckung oder Verfolgung von Straftaten oder der Strafvollstreckung sowie zum Schutz bzw. zur Abwehr von Gefahren für die öffentliche Sicherheit sind aus dem Anwendungsbereich der DSGVO durch **Buchst. d** herausgenommen. Der Datenschutz für diesen Bereich wird durch eine spezielle Richtlinie sichergestellt, die zeitgleich mit der DSGVO verabschiedet wurde.[12] **20**

Die Abs. 3 und 4 werden nicht kommentiert. **21**

10 Vgl. aber BGH 15.5.2018 – VI ZR 233/17 zur Zulässigkeit von Dash-Cams; allgemein *Greve*, AiB 7/8 2020, 37.

11 Vgl. LG Wiesbaden 30.9.2021 – 3 S 50/21.

12 Richtlinie (EU) 2016/680, ABl. EU L 119/89 v. 4.5.2016.

Artikel 3 Räumlicher Anwendungsbereich

(1) Diese Verordnung findet Anwendung auf die Verarbeitung personenbezogener Daten, soweit diese im Rahmen der Tätigkeiten einer Niederlassung eines Verantwortlichen oder eines Auftragsverarbeiters in der Union erfolgt, unabhängig davon, ob die Verarbeitung in der Union stattfindet.

(2) Diese Verordnung findet Anwendung auf die Verarbeitung personenbezogener Daten von betroffenen Personen, die sich in der Union befinden, durch einen nicht in der Union niedergelassenen Verantwortlichen oder Auftragsverarbeiter, wenn die Datenverarbeitung im Zusammenhang damit steht

a) betroffenen Personen in der Union Waren oder Dienstleistungen anzubieten, unabhängig davon, ob von diesen betroffenen Personen eine Zahlung zu leisten ist;

b) das Verhalten betroffener Personen zu beobachten, soweit ihr Verhalten in der Union erfolgt.

(3) Diese Verordnung findet Anwendung auf die Verarbeitung personenbezogener Daten durch einen nicht in der Union niedergelassenen Verantwortlichen an einem Ort, der aufgrund Völkerrechts dem Recht eines Mitgliedstaats unterliegt.

Inhaltsübersicht Rn.

I. Einleitung 1– 4
II. Niederlassung innerhalb der EU (Abs. 1) 5–10
III. Marktortprinzip (Abs. 2) 11–21
1. Angebot von Waren oder Dienstleistungen (Abs. 2 Buchst. a) ... 14–16
2. Beobachtung des Verhaltens (Abs. 2 Buchst. b) 17–20
3. Verantwortlichkeit nach dem Recht eines Mitgliedsstaates (Abs. 3) 21

I. Einleitung

1 Durch Art. 3 wird der **räumliche Anwendungsbereich** der DSGVO festgelegt. Der Vorschrift liegt die Feststellung zugrunde, dass geografische Gesichtspunkte inzwischen bei der Verarbeitung von personenbezogenen Daten keine nennenswerte Rolle mehr spielen. Die notwendigen Server können irgendwo auf der Welt stehen, solange sie über einen leistungsfähigen Anschluss an das Internet verfügen. Deshalb knüpft der räumliche Anwendungsbereich nicht mehr an den geografischen Standort einer Verarbeitung an und lässt damit das »Territorialitätsprinzip« hinter sich, das etwa den räumlichen Anwendungsbereich des BetrVG begrenzt.

2 Durch Art. 3 wird die Anwendbarkeit der DSGVO für eine Verarbeitung mit der **Niederlassung** eines Verantwortlichen oder eines Auftragsverarbeiters

verknüpft. Diese Anwendbarkeit ist nach **Abs. 1** unabhängig davon, wo die Verarbeitung technisch bzw. geografisch tatsächlich erfolgt. Eine Ansiedlung innerhalb der EU ist damit keine Voraussetzung für die räumliche Anwendbarkeit der DSGVO.

Geografisch noch weiter wirkt das in **Abs. 2** verankerte »**Marktortprinzip**«. 3
Hiernach ist die DSGVO auch dann anwendbar, wenn personenbezogene Daten von Menschen, die sich geografisch innerhalb der EU aufhalten, durch einen nicht hier angesiedelten Verantwortlichen oder Auftragsverarbeiter verarbeitet werden. Diese Regelung erfasst insbesondere außerhalb der EU angesiedelte Anbieter von Waren oder Dienstleistungen sowie »Datensammler«, die das Verhalten von in der EU befindlichen Personen beobachten und hierbei anfallende Daten verarbeiten. Die Staatsangehörigkeit der geschützten Personen ist unerheblich. Damit sind beispielsweise auch Touristen aus dem Nicht-EU-Ausland erfasst, die sich für einen Urlaub hier aufhalten. Ihnen stehen nach Europäischem Recht insbesondere Auskunftsansprüche gegen die Verantwortlichen oder Auftragsverarbeiter zu.

Durch **Abs. 3** wird festgelegt, dass die DSGVO auch an Orten gilt, die auf- 4
grund des Völkerrechts dem Recht eines EU-Mitgliedsstaats unterliegen. Hierzu gehören insbesondere **diplomatische** und **konsularische Vertretungen** der Mitgliedsstaaten (ErwGr 25).

II. Niederlassung innerhalb der EU (Abs. 1)

Die Regelung in **Abs. 1** legt zunächst fest, dass die DSGVO auf alle Verarbei- 5
tungen personenbezogener Daten durch Verantwortliche oder Auftragsverarbeiter anwendbar ist, die innerhalb der EU erfolgen. Für die Anwendbarkeit der DSGVO reicht es aus, dass innerhalb der EU eine Niederlassung eines Verantwortlichen oder Auftragsverarbeiters existiert.

Das Bestehen einer Niederlassung setzt eine **effektive und tatsächliche** 6
Ausübung einer **Tätigkeit** durch eine feste Einrichtung voraus (ErwGr 22). Eine bestimmte Rechtsform ist für die Feststellung einer Niederlassung nicht Voraussetzung. Es kann sich beispielsweise um eine Zweigstelle eines Unternehmens oder eine Tochtergesellschaft mit eigener Rechtspersönlichkeit handeln (ErwGr 22). Eine Niederlassung kann bereits dann gegeben sein, wenn ein Verantwortlicher über einen Briefkasten in der EU verfügt, der von einem Anwaltsbüro betreut wird.[1] Für die Feststellung einer Niederlassung kann es auch ausreichend sein, dass ein Vertreter eines Unternehmens innerhalb der EU tätig ist und dass hier ein Bankkonto existiert. Eine Eintragung im Handelsregister ist hingegen nicht notwendig.[2]

1 DWWS-*Weichert*, Art. 3 Rn. 7.

2 Vgl. EuGH 1.10.2015 – C-230/14, WeltImmo, Rn. 29; Gola-*Gola*, Art. 3 Rn. 10.

7 Sind **Privatpersonen** Verantwortliche, ist die Niederlassung identisch mit deren Wohnsitz.[3] Unerheblich ist hingegen, wo die Datenverarbeitung technisch stattfindet. An der räumlichen Anwendbarkeit der DSGVO ändert sich deshalb auch dadurch nichts, dass die Verarbeitung personenbezogener Daten durch eine Person ausschließlich auf einem Server oder in einer Cloud außerhalb der EU erfolgt.

8 Nach dem Wortlaut von Art. 3 Abs. 1 muss die Verarbeitung im Rahmen der Tätigkeit einer Niederlassung erfolgen. Um diese Voraussetzung zu erfüllen, reicht es aus, dass die Tätigkeit einen Bezug zur Verarbeitung personenbezogener Daten hat. Dieser kann sich aus dem Verkauf von Werbeflächen auf einer Suchmaschine ergeben, wenn hierbei personenbezogene Daten anfallen.[4]

9 Bezogen auf **Beschäftigte** werden von der Verordnung alle Betriebe und Dienststellen erfasst, die innerhalb der EU angesiedelt sind. Gleiches gilt, wenn eine Beschäftigung durch Auftraggeber aus dem Nicht-EU-Ausland erfolgt, sobald diese in Deutschland etwa einen Repräsentanten, eine Geschäftsanschrift oder ein Bankkonto haben. Handelt es sich um **Arbeitnehmer**, kann sich die Anwendbarkeit der DSGVO auch aus einschlägigen sozial- und steuerrechtlichen Vorgaben ableiten, die für diese Beschäftigten zur Anwendung kommen.

10 Mit Blick auf die in Art. 1 Abs. 2 enthaltenen zentralen Ziele des Schutzes der Grundfreiheiten und Grundrechte natürlicher Personen und ihrer personenbezogenen Daten ist die Vorgabe, dass eine Verarbeitung im Rahmen der Tätigkeit einer Niederlassung erfolgen muss, damit die Verordnung anwendbar ist, **weit auszulegen**.[5] Insoweit sind alle Arten von Verarbeitungen erfasst, bei denen auch nur noch ein Restbezug zu den betroffenen Personen besteht.

III. Marktortprinzip (Abs. 2)

11 Durch die Regelung in **Abs. 2** wird der gesetzliche Schutz personenbezogener Daten auch für die Fälle festgeschrieben, in denen sich Verantwortliche oder Auftragsverarbeiter nicht in der EU befinden. Durch die Vorschrift geschützt werden auch in diesem Fall die Daten von betroffenen Personen, die sich dauerhaft oder temporär in der EU aufhalten. Ein Wohnsitz oder eine Anmeldung bei der zuständigen staatlichen Behörde ist keine Voraussetzung für die Erfüllung der in Abs. 2 genannten Voraussetzungen.[6]

---

3 DWWS-*Weichert*, Art. 3 Rn. 7.
4 Vgl. EuGH 13.5.2014 – C-131/12 in Sachen Google Spain SL und Google Inc.
5 Gola-*Gola*, Art. 3 Rn. 16.
6 Vgl. Ehmann/Selmayr-*Zerdick*, Art. 3 Rn. 17.

Die Regelung kommt auf alle Verantwortlichen und Auftragsverarbeiter zur Anwendung, die **keine Niederlassung in der EU** haben, und geht damit weit über den Anwendungsbereich von Abs. 1 hinaus. Sie ist in diesem geografischen Rahmen auch auf **staatliche Stellen außerhalb der EU** anwendbar.[7] Sie ist insbesondere für internetbasierte Verarbeitungen relevant. Darüber hinaus ist sie anwendbar auf alle anderen von der DSGVO erfassten Verarbeitungsformen, etwa auf Angebote für Bestellungen aus dem Nicht-EU-Ausland per Brief oder Telefon.[8] Die Regelung in Abs. 2 kann darüber hinaus auch für die Verarbeitung von **Beschäftigtendaten** innerhalb von **weltweiten Konzernen** einschlägig sein, wenn etwa ein außerhalb der EU angesiedeltes Konzernunternehmen Zugriff auf innerhalb der EU zentral gespeicherte Beschäftigtendaten erlangt. 12

Abs. 2 benennt **zwei Fälle** für die **Anwendbarkeit der DSGVO**: Das **Angebot von Waren** oder **Dienstleistungen** an betroffene Personen innerhalb der EU (Buchst. a) und die **Beobachtung des Verhaltens** dieser Personen (Buchst. b). 13

1. Angebot von Waren oder Dienstleistungen (Abs. 2 Buchst. a)

Nach **Buchst. a** ist die DSGVO räumlich anwendbar, wenn Verantwortliche oder Auftragsverarbeiter von Orten außerhalb der EU Personen, die sich innerhalb der EU aufhalten, **Waren** oder **Dienstleistungen anbieten**. Eines konkreten Angebots bedarf es nicht. Es ist vielmehr bereits ausreichend, wenn ein Angebot offensichtlich beabsichtigt wird (ErwGr 23). Folglich ist auch der Abschluss eines Vertrags nicht Voraussetzung für die Anwendbarkeit von Abs. 2.[9] 14

Indizien für ein datenschutzrechtlich relevantes Angebot können die verwendete Sprache oder der Verweis auf eine in einem Mitgliedsstaat gebräuchliche Währung sein (etwa Preisauszeichnungen in Euro). Auch die Möglichkeit, in der verwendeten Sprache zu bestellen oder in einer EU-Währung zu bezahlen, spricht für ein im Sinne dieser Vorschrift relevantes Angebot (ErwGr 23). Darüber hinaus kann beispielsweise die Angabe einer Telefonnummer aus dem EU-Raum oder einer hier gelegenen Postanschrift auf ein datenschutzrechtlich relevantes Angebot hinweisen.[10] Demgegenüber kommt die Vorschrift nicht zur Anwendung, wenn ein Angebot im Internet lediglich möglich ist oder wenn etwa eine Sprache verwendet wird, die in dem Land, in dem ein Anbieter angesiedelt ist, Verwendung findet (ErwGr 23). Im Zweifel ist bei der Bewertung auf den **Gesamtkontext** ab- 15

---

7 Gola-*Piltz*, Art. 3 Rn. 26.
8 Ähnlich Gola-*Piltz*, Art. 3 Rn. 30.
9 Ähnlich Gola-*Piltz*, Art. 3 Rn. 28.
10 Vgl. DWWS-*Weichert*, Art. 3 Rn. 18.

zustellen. Keine Anwendbarkeit der Vorschrift kann beispielsweise bezogen auf einen Anbieter gegeben sein, der in den USA angesiedelt ist, Dienstleistungen auf Englisch anbieten und Abrechnungen in Dollar zuzüglich der US-amerikanischen Steuern in Aussicht stellt.

16 Unerheblich für die Anwendbarkeit von Buchst. a ist es, ob Dienstleistungen oder Waren gegen Entgelt oder unentgeltlich angeboten werden. Damit werden beispielsweise auch Dienste von Suchmaschinen oder von »Sozialen Netzwerken«, die für Nutzer »kostenlos« im Netz zu finden sind, von der Regelung des Buchst. a erfasst.[11]

2. Beobachtung des Verhaltens (Abs. 2 Buchst. b)

17 Die DSGVO kommt nach **Buchst. b** aus räumlicher Sicht zur Anwendung, wenn ein **Verhalten** betroffener Personen innerhalb der EU durch Verantwortliche oder Auftragsverarbeiter außerhalb der EU **beobachtet wird**. Der Begriff der Beobachtung ist in der Verordnung nicht definiert. Sie liegt aber insbesondere dann vor, wenn Internet-Aktivitäten von betroffenen Personen nachvollzogen werden können bzw. wenn es möglich ist, aus vorliegenden Verhaltensdaten Profile einzelner Personen zu erstellen.[12] Beobachtungsaktivitäten müssen auf eine bestimmte Dauer ausgelegt sein.[13] Einmalige »Momentaufnahmen« erfüllen den Tatbestand im Regelfall nicht.

18 Eine **Beobachtung** im Sinne der Vorschrift setzt weiterhin eine **erkennbare Intensität** voraus, nicht aber eine flächendeckende und systematische Kontrolle.[14] Zudem muss ein **aktives Verhalten** des Verantwortlichen oder Auftragsverarbeiters gegeben sein.[15] Die zufällige Erfassung von Verhaltensdaten, die in der Folge nicht weiterverarbeitet werden, ist keine Beobachtung.

19 Der Schwerpunkt der praktischen Anwendung der Vorschrift liegt damit im Bereich der **Erstellung von Profilen einzelner Personen**, die darauf zielt, den Absatz dadurch zu erhöhen, dass persönliche Vorlieben, Verhaltensweisen oder Gepflogenheiten auf der Basis einer Analyse vorausgesagt werden (vgl. ErwGr 24). Gegenstand einer relevanten Beobachtung kann aber auch eine Bewertung im Rahmen der Anbahnung oder Durchführung von Vertragsverhältnissen sein, etwa im Bereich von Rating-, Tracing- oder Scoring-Verfahren.[16] Auch eine Erfassung des »Klick-Verhaltens« oder die

---

11 Vgl. Ehmann/Selmayr-*Zerdick*, Art. 3 Rn. 18; Paal/Pauly-*Ernst*, Art. 3 Rn. 17.

12 Vgl. ErwGr 24; DWWS-*Weichert*, Rn. 20.

13 Kühling/Buchner-*Klar*, Rn. 94.

14 Vgl. Kühling/Buchner-*Klar*, Rn. 95.

15 Gola-*Piltz*, Rn. 32.

16 Vgl. DWWS-*Weichert*, Rn. 21; Gola-*Piltz*, Rn. 32; Kühling/Buchner-*Klar*, Rn. 94.

Verwendung von Cookies, Tags, Pixels oder anderer vergleichbarer Technologien erfüllt den Tatbestand des Buchst. b.[17]

Die Vorschrift kommt uneingeschränkt zur Anwendung, wenn entsprechende Beobachtungen bezogen auf **Beschäftigte** erfolgen. Dies kann beispielsweise der Fall sein, wenn in Konzernen unternehmensübergreifende Anwendungen eingesetzt werden und wenn auf dieser Basis konzernweite Datenauswertungen möglich sind. In diesen Fällen können Beobachtungen und daran anknüpfende Auswertungen ausnahmsweise zulässig sein, wenn sie erforderlich i. S. v. § 26 Abs. 1 BDSG sind (vgl. hierzu § 26 BDSG, Rn. 7 ff.). 20

3. Verantwortlichkeit nach dem Recht eines Mitgliedsstaates (Abs. 3)

Die inhaltlich schwer verständliche Regelung in **Abs. 3** stellt klar, dass die DSGVO insbesondere auch auf **diplomatische** und **konsularische Vertretungen** eines Mitgliedsstaats außerhalb der EU Anwendung findet. Es kommt nicht darauf an, dass dort auch tatsächlich eine Datenverarbeitung erfolgt. Vielmehr reicht es aus, dass dort eine Niederlassung vorhanden ist, von der aus personenbezogene Daten aus der EU verarbeitet werden.[18] 21

Artikel 4 Begriffsbestimmungen

Im Sinne dieser Verordnung bezeichnet der Ausdruck:

1. **»personenbezogene Daten« alle Informationen, die sich auf eine identifizierte oder identifizierbare natürliche Person (im Folgenden »betroffene Person«) beziehen; als identifizierbar wird eine natürliche Person angesehen, die direkt oder indirekt, insbesondere mittels Zuordnung zu einer Kennung wie einem Namen, zu einer Kennnummer, zu Standortdaten, zu einer Online-Kennung oder zu einem oder mehreren besonderen Merkmalen, die Ausdruck der physischen, physiologischen, genetischen, psychischen, wirtschaftlichen, kulturellen oder sozialen Identität dieser natürlichen Person sind, identifiziert werden kann;**
2. **»Verarbeitung« jeden mit oder ohne Hilfe automatisierter Verfahren ausgeführten Vorgang oder jede solche Vorgangsreihe im Zusammenhang mit personenbezogenen Daten wie das Erheben, das Erfassen, die Organisation, das Ordnen, die Speicherung, die Anpassung oder Veränderung, das Auslesen, das Abfragen, die Verwendung, die Offenlegung durch Übermittlung, Verbreitung oder eine andere**

17 Vgl. Gola-*Piltz*, Rn. 32.

18 Ähnlich Kühling/Buchner-*Klar*, Art. 3 Rn. 103.

Form der Bereitstellung, den Abgleich oder die Verknüpfung, die Einschränkung, das Löschen oder die Vernichtung;

3. »Einschränkung der Verarbeitung« die Markierung gespeicherter personenbezogener Daten mit dem Ziel, ihre künftige Verarbeitung einzuschränken;
4. »Profiling« jede Art der automatisierten Verarbeitung personenbezogener Daten, die darin besteht, dass diese personenbezogenen Daten verwendet werden, um bestimmte persönliche Aspekte, die sich auf eine natürliche Person beziehen, zu bewerten, insbesondere um Aspekte bezüglich Arbeitsleistung, wirtschaftliche Lage, Gesundheit, persönliche Vorlieben, Interessen, Zuverlässigkeit, Verhalten, Aufenthaltsort oder Ortswechsel dieser natürlichen Person zu analysieren oder vorherzusagen;
5. »Pseudonymisierung« die Verarbeitung personenbezogener Daten in einer Weise, dass die personenbezogenen Daten ohne Hinzuziehung zusätzlicher Informationen nicht mehr einer spezifischen betroffenen Person zugeordnet werden können, sofern diese zusätzlichen Informationen gesondert aufbewahrt werden und technischen und organisatorischen Maßnahmen unterliegen, die gewährleisten, dass die personenbezogenen Daten nicht einer identifizierten oder identifizierbaren natürlichen Person zugewiesen werden;
6. »Dateisystem« jede strukturierte Sammlung personenbezogener Daten, die nach bestimmten Kriterien zugänglich sind, unabhängig davon, ob diese Sammlung zentral, dezentral oder nach funktionalen oder geografischen Gesichtspunkten geordnet geführt wird;
7. »Verantwortlicher« die natürliche oder juristische Person, Behörde, Einrichtung oder andere Stelle, die allein oder gemeinsam mit anderen über die Zwecke und Mittel der Verarbeitung von personenbezogenen Daten entscheidet; sind die Zwecke und Mittel dieser Verarbeitung durch das Unionsrecht oder das Recht der Mitgliedstaaten vorgegeben, so kann der Verantwortliche beziehungsweise können die bestimmten Kriterien seiner Benennung nach dem Unionsrecht oder dem Recht der Mitgliedstaaten vorgesehen werden;
8. »Auftragsverarbeiter« eine natürliche oder juristische Person, Behörde, Einrichtung oder andere Stelle, die personenbezogene Daten im Auftrag des Verantwortlichen verarbeitet;
9. »Empfänger« eine natürliche oder juristische Person, Behörde, Einrichtung oder andere Stelle, der personenbezogene Daten offengelegt werden, unabhängig davon, ob es sich bei ihr um einen Dritten handelt oder nicht. Behörden, die im Rahmen eines bestimmten Untersuchungsauftrags nach dem Unionsrecht oder dem Recht der Mitgliedstaaten möglicherweise personenbezogene Daten erhalten, gelten jedoch nicht als Empfänger; die Verarbeitung dieser Daten durch

die genannten Behörden erfolgt im Einklang mit den geltenden Datenschutzvorschriften gemäß den Zwecken der Verarbeitung;

10. »Dritter« eine natürliche oder juristische Person, Behörde, Einrichtung oder andere Stelle, außer der betroffenen Person, dem Verantwortlichen, dem Auftragsverarbeiter und den Personen, die unter der unmittelbaren Verantwortung des Verantwortlichen oder des Auftragsverarbeiters befugt sind, die personenbezogenen Daten zu verarbeiten;
11. »Einwilligung« der betroffenen Person jede freiwillig für den bestimmten Fall, in informierter Weise und unmissverständlich abgegebene Willensbekundung in Form einer Erklärung oder einer sonstigen eindeutigen bestätigenden Handlung, mit der die betroffene Person zu verstehen gibt, dass sie mit der Verarbeitung der sie betreffenden personenbezogenen Daten einverstanden ist;
12. »Verletzung des Schutzes personenbezogener Daten« eine Verletzung der Sicherheit, die, ob unbeabsichtigt oder unrechtmäßig, zur Vernichtung, zum Verlust, zur Veränderung, oder zur unbefugten Offenlegung von beziehungsweise zum unbefugten Zugang zu personenbezogenen Daten führt, die übermittelt, gespeichert oder auf sonstige Weise verarbeitet wurden;
13. »genetische Daten« personenbezogene Daten zu den ererbten oder erworbenen genetischen Eigenschaften einer natürlichen Person, die eindeutige Informationen über die Physiologie oder die Gesundheit dieser natürlichen Person liefern und insbesondere aus der Analyse einer biologischen Probe der betreffenden natürlichen Person gewonnen wurden;
14. »biometrische Daten« mit speziellen technischen Verfahren gewonnene personenbezogene Daten zu den physischen, physiologischen oder verhaltenstypischen Merkmalen einer natürlichen Person, die die eindeutige Identifizierung dieser natürlichen Person ermöglichen oder bestätigen, wie Gesichtsbilder oder daktyloskopische Daten;
15. »Gesundheitsdaten« personenbezogene Daten, die sich auf die körperliche oder geistige Gesundheit einer natürlichen Person, einschließlich der Erbringung von Gesundheitsdienstleistungen, beziehen und aus denen Informationen über deren Gesundheitszustand hervorgehen;
16. »Hauptniederlassung«
    a) im Falle eines Verantwortlichen mit Niederlassungen in mehr als einem Mitgliedstaat den Ort seiner Hauptverwaltung in der Union, es sei denn, die Entscheidungen hinsichtlich der Zwecke und Mittel der Verarbeitung personenbezogener Daten werden in einer anderen Niederlassung des Verantwortlichen in der Union getroffen und diese Niederlassung ist befugt, diese Entscheidun-

gen umsetzen zu lassen; in diesem Fall gilt die Niederlassung, die derartige Entscheidungen trifft, als Hauptniederlassung;

b) im Falle eines Auftragsverarbeiters mit Niederlassungen in mehr als einem Mitgliedstaat den Ort seiner Hauptverwaltung in der Union oder, sofern der Auftragsverarbeiter keine Hauptverwaltung in der Union hat, die Niederlassung des Auftragsverarbeiters in der Union, in der die Verarbeitungstätigkeiten im Rahmen der Tätigkeiten einer Niederlassung eines Auftragsverarbeiters hauptsächlich stattfinden, soweit der Auftragsverarbeiter spezifischen Pflichten aus dieser Verordnung unterliegt;

17. »Vertreter« eine in der Union niedergelassene natürliche oder juristische Person, die von dem Verantwortlichen oder Auftragsverarbeiter schriftlich gemäß Artikel 27 bestellt wurde und den Verantwortlichen oder Auftragsverarbeiter in Bezug auf die ihnen jeweils nach dieser Verordnung obliegenden Pflichten vertritt;

18. »Unternehmen« eine natürliche oder juristische Person, die eine wirtschaftliche Tätigkeit ausübt, unabhängig von ihrer Rechtsform, einschließlich Personengesellschaften oder Vereinigungen, die regelmäßig einer wirtschaftlichen Tätigkeit nachgehen;

19. »Unternehmensgruppe« eine Gruppe, die aus einem herrschenden Unternehmen und den von diesem abhängigen Unternehmen besteht;

20. »verbindliche interne Datenschutzvorschriften« Maßnahmen zum Schutz personenbezogener Daten, zu deren Einhaltung sich cin im Hoheitsgebiet eines Mitgliedstaats niedergelassener Verantwortlicher oder Auftragsverarbeiter verpflichtet im Hinblick auf Datenübermittlungen oder eine Kategorie von Datenübermittlungen personenbezogener Daten an einen Verantwortlichen oder Auftragsverarbeiter derselben Unternehmensgruppe oder derselben Gruppe von Unternehmen, die eine gemeinsame Wirtschaftstätigkeit ausüben, in einem oder mehreren Drittländern;

21. »Aufsichtsbehörde« eine von einem Mitgliedstaat gemäß Artikel 51 eingerichtete unabhängige staatliche Stelle;

22. »betroffene Aufsichtsbehörde« eine Aufsichtsbehörde, die von der Verarbeitung personenbezogener Daten betroffen ist, weil

    a) der Verantwortliche oder der Auftragsverarbeiter im Hoheitsgebiet des Mitgliedstaats dieser Aufsichtsbehörde niedergelassen ist,

    b) diese Verarbeitung erhebliche Auswirkungen auf betroffene Personen mit Wohnsitz im Mitgliedstaat dieser Aufsichtsbehörde hat oder haben kann oder

    c) eine Beschwerde bei dieser Aufsichtsbehörde eingereicht wurde;

23. »grenzüberschreitende Verarbeitung« entweder

a) eine Verarbeitung personenbezogener Daten, die im Rahmen der Tätigkeiten von Niederlassungen eines Verantwortlichen oder eines Auftragsverarbeiters in der Union in mehr als einem Mitgliedstaat erfolgt, wenn der Verantwortliche oder Auftragsverarbeiter in mehr als einem Mitgliedstaat niedergelassen ist, oder

b) eine Verarbeitung personenbezogener Daten, die im Rahmen der Tätigkeiten einer einzelnen Niederlassung eines Verantwortlichen oder eines Auftragsverarbeiters in der Union erfolgt, die jedoch erhebliche Auswirkungen auf betroffene Personen in mehr als einem Mitgliedstaat hat oder haben kann;

24. »maßgeblicher und begründeter Einspruch« einen Einspruch gegen einen Beschlussentwurf im Hinblick darauf, ob ein Verstoß gegen diese Verordnung vorliegt oder ob beabsichtigte Maßnahmen gegen den Verantwortlichen oder den Auftragsverarbeiter im Einklang mit dieser Verordnung steht, wobei aus diesem Einspruch die Tragweite der Risiken klar hervorgeht, die von dem Beschlussentwurf in Bezug auf die Grundrechte und Grundfreiheiten der betroffenen Personen und gegebenenfalls den freien Verkehr personenbezogener Daten in der Union ausgehen;

25. »Dienst der Informationsgesellschaft« eine Dienstleistung im Sinne des Artikels 1 Nummer 1 Buchstabe b der Richtlinie (EU) 2015/1535 des Europäischen Parlaments und des Rates[1];

26. »internationale Organisation« eine völkerrechtliche Organisation und ihre nachgeordneten Stellen oder jede sonstige Einrichtung, die durch eine zwischen zwei oder mehr Ländern geschlossene Übereinkunft oder auf der Grundlage einer solchen Übereinkunft geschaffen wurde.

Inhaltsübersicht Rn.

I. Allgemeines 1–90
1. Personenbezogene Daten (Nr. 1) 3–13
a. Betroffene Personen 5– 6
b. Informationen 7– 9
c. Personenbezug 10–13
2. Verarbeitung (Nr. 2) 14–22
3. Einschränkung der Verarbeitung (Nr. 3) 23–24
4. Profiling (Nr. 4) 25–27

1 Richtlinie (EU) 2015/1535 des Europäischen Parlaments und des Rates vom 9. September 2015 über ein Informationsverfahren auf dem Gebiet der technischen Vorschriften und der Vorschriften für die Dienste der Informationsgesellschaft (ABl. L 241 vom 17.9.2015, S. 1).

5. Pseudonymisierung (Nr. 5) 28–32
6. Dateisystem (Nr. 6) 33–34
7. Verantwortlicher (Nr. 7) 35–38
8. Auftragsverarbeiter (Nr. 8) 39–46
9. Empfänger (Nr. 9) 47–49
10. Dritter (Nr. 10) 50–51
11. Einwilligung (Nr. 11) 52–64
12. Verletzung des Schutzes personenbezogener Daten (Nr. 12) 65
13. Genetische Daten (Nr. 13) 66–67
14. Biometrische Daten (Nr. 14) 68–70
15. Gesundheitsdaten (Nr. 15) 71
16. Hauptniederlassung (Nr. 16) 72–75
17. Vertreter (Nr. 17) 76
18. Unternehmen (Nr. 18) 77–78
19. Unternehmensgruppe (Nr. 19) 79–81
20. Verbindliche interne Datenschutzvorschriften (Nr. 20) 82–83
21. Aufsichtsbehörde (Nr. 21) 84
22. Betroffene Aufsichtsbehörden (Nr. 22) 85–86
23. Grenzüberschreitende Verarbeitung (Nr. 23) 87
24. Maßgeblicher und begründeter Einspruch (Nr. 24) 88
25. Dienst der Informationsgesellschaft (Nr. 25) 89
26. Internationale Organisation (Nr. 26) 90

I. Allgemeines

1 Ähnlich der Regelung in § 3 BDSG a. F. enthält Art. 4 **Definitionen** zu einer Reihe herausragend wichtiger Begriffe, die in der Verordnung verwendet werden. Ein Teil dieser Begriffsbestimmungen ähnelt strukturell denen in Art. 3 BDSG a. F. Die Begriffsbestimmungen in Art. 4 sind aber umfangreicher und in den Formulierungen allgemeiner gehalten als die im BDSG a. F.

2 Die Begriffsbestimmungen des Art. 4 sind allen einschlägigen Auslegung der DSGVO zugrunde zu legen. Ergänzende Definitionen in der Verordnung oder in anderen gesetzlichen Vorschriften können diese Begriffsbestimmungen ergänzen, nicht aber außer Kraft setzen.

1. Personenbezogene Daten (Nr. 1)

3 Die Definition der personenbezogenen Daten in **Nr. 1** ist der **zentrale Anknüpfungspunkt** für die Anwendbarkeit datenschutzrechtlicher Regeln. Fehlt jeglicher Personenbezug, wird ein Schutz der Persönlichkeitsrechte mangels Verbindung zu bestimmten Personen obsolet. Die Regelungen der DSGVO sind in diesen Fällen nicht anwendbar. Damit legt diese Definition im Ergebnis in Ergänzung zu Art. 2 den sachlichen Anwendungsbereich der DSGVO fest. Lässt sich ein direkter oder indirekter Bezug vorliegender

Einzelinformationen zu einem bestimmten Menschen herstellen, wird allein hierdurch die Anwendbarkeit der Verordnung ausgelöst.

Die Definition enthält zusammen mit der Festlegung zu relevanten personenbezogenen Daten auch eine Festlegung der betroffenen Personen, die durch datenschutzrechtliche Regelungen geschützt werden. 4

a. Betroffene Personen

Die von einer Verarbeitung ihrer Daten tangierten Personen werden in der Definition als »**betroffene Person**« bezeichnet. Erfasst sind nur **natürliche Personen**, nicht aber juristische. Die **persönliche Anwendbarkeit** des durch die DSGVO gewährten Schutzes ist **unabhängig von der Nationalität** der betroffenen Person. Insbesondere kommt es nicht auf das Vorliegen einer EU-Staatsbürgerschaft an. Damit werden beispielsweise auch Personen in den Schutzbereich der DSGVO einbezogen, die aus einem außereuropäischen Land stammen und von Verarbeitungen durch Verantwortliche im Anwendungsbereich der DSGVO betroffen sind. Juristische Personen wie etwa eine GmbH, AG oder ein in anderen Gesellschaftsformen organisiertes Unternehmen sind vom datenschutzrechtlichen Schutz nicht erfasst. 5

Zum geschützten Personenkreis gehören auch **ungeborene Kinder**.[2] Keinen unmittelbaren Datenschutz genießen hingegen **verstorbene Personen**. Etwas anderes kann gelten, wenn Informationen über Verstorbene, beispielsweise das Vorliegen einer spezifischen Krankheitsdisposition, in Bezug zu noch lebenden Personen gesetzt werden können. Auch Berufsgeheimnisse Verstorbener gelten über deren Tod hinaus für noch vorhandene Informationen fort. 6

b. Informationen

Bei der Auslegung der Definition ist der verwendete Begriff der **Informationen weit zu verstehen**. Erfasst werden alle Daten, die bezogen auf eine Person anfallen können oder sich auf diese beziehen.[3] Dies beginnt beim Namen und einer zugehörigen Anschrift und setzt sich bis zu Angaben fort, die nur unter Zugriff auf Zusatzdaten bestimmten Personen zugeschrieben werden können. Bezogen auf die persönlichen Verhältnisse einer betroffenen Person kommen beispielsweise entsprechend benannte Akten oder Dateien in Betracht, aber auch Bild- und Tonaufnahmen. 7

Das Medium für eine Verarbeitung ist unerheblich. Auch **Gerüchte**, die mündlich weitergegeben werden, sind relevante Informationen. Gleiches gilt für **digitalisierte Informationen**, etwa Gesichts- oder Stimmprofile oder 8

2 Vgl. DWWS-*Weichert*, Art. 4 Rn. 9.

3 Vgl. LG Landau 17.9.2019 – 4 O 389/17.

auch Standortdaten, die aus einem Smartphone oder einem Navigationsgerät im Auto ausgelesen werden können. Weiterhin sind etwa auch Steuerdaten, Arztunterlagen einschließlich genetischer oder biometrischer Gesundheitsdaten ebenso relevante Informationen wie personenbezogene oder personenbeziehbare Daten, die im Rahmen eines **Beschäftigungsverhältnisses** anfallen. Zu den relevanten Informationen gehören auch Angaben zu sachlichen Verhältnissen von betroffenen Personen, etwa Eigentumsverhältnisse im Grundbuch, die Haltereigenschaft bezüglich eines Kraftfahrzeugs oder gesellschaftsrechtliche Beteiligungen an Unternehmen.[4]

9 Können Prognosen, »Scoring-Daten« oder statistische Informationen auf bestimmte Personen bezogen werden, sind diese ebenso vom Datenschutz erfasst wie etwa Bewertungen der individuellen Internetkauf- oder Kontaktfreudigkeit.

c. Personenbezug

10 Die Definition spricht von **identifizierten** oder **identifizierbaren Personen**. Auch dieses Begriffspaar ist mit Blick auf den verfassungsrechtlichen Schutzbereich des Rechts auf informationelle Selbstbestimmung **weit auszulegen**. Es erfasst beispielsweise auch Informationen, bei denen erst unter Verwendung von Zusatzwissen oder nach einem längeren Prozess wieder ein Bezug zu bestimmten Personen hergestellt werden kann, etwa der Rückschluss auf den Namen eines Kontoinhabers aus einer vorhandenen IBAN-Nummer oder auf einen ehemaligen Fahrzeughalter aus der Fahrgestellnummer eines illegal in einem Stausee entsorgten Fahrzeugs.

11 Lässt sich aus den vorhandenen Informationen kein direkter Personenbezug ableiten, ist eine **indirekte Personenbeziehbarkeit dennoch gegeben**, wenn es möglich ist, eine Zuordnung zu einer betroffenen Person vorzunehmen. Dies ist beispielsweise dann der Fall, wenn nur eine Telefonnummer oder ein Kfz-Kennzeichen bekannt ist. Problematischer kann die Herstellung eines Personenbezugs sein, wenn etwa eine Postadresse zu einem großen Wohnblock mit vielen Parteien gehört. Unproblematisch wäre in einem solchen Fall hingegen die Zuordnung einer Anschrift zu einer Person in einem Einfamilienhaus.

12 Bezüglich der **Personenbeziehbarkeit** ist eine **weite Auslegung** des Begriffs vorzunehmen. Dies gilt insbesondere, wenn sich ein Personenbezug mittels Software oder in digitalen Netzen herstellen lässt. Deshalb ist auch eine private **IP-Adresse**, die für dienstliche Zwecke verwendet wird, für betriebliche Systemadministratoren in der Regel personenbeziehbar. Wie hoch der technische organisatorische Aufwand für die Herstellung des Personenbezugs

---

4 Vgl. DWWS-*Weichert*, Art. 4 Rn. 28f.

ist, spielt für das Bestehen des Datenschutzes nach der DSGVO und dem BDSG keine Rolle.

Die Definition der personenbezogenen Daten in Art. 4 Nr. 1 nennt als direkt oder indirekt natürlichen Personen zuweisbar beispielhaft **Kennungen** oder **Kennnummern**. Ein Personenbezug ist auch dann gegeben, wenn Informationen zunächst nur einer Gruppe von natürlichen Personen zugeordnet werden können. Aus datenschutzrechtlicher Sicht ist diesbezüglich entscheidend für eine Anwendung der DSGVO, ob sich bezogen auf identifizierbare Gruppenmitglieder aus den Informationen Feststellungen ergeben können. 13

2. Verarbeitung (Nr. 2)

Die Definition der »**Verarbeitung**« in **Nr. 2** gehört zu den **zentralen Anknüpfungspunkten** für die Anwendung des gesetzlichen Datenschutzes nach der DSGVO. Der hier beschriebene Verarbeitungsbegriff ist **weiter gefasst** als der in § 4 BDSG a. F. und schließt beispielsweise auch die Phasen der Erhebung und Nutzung von Daten ein. 14

Die Begriffsdefinition enthält eine **beispielhafte Aufzählung** von verschiedenen Verarbeitungsmöglichkeiten. Der Begriff steht für jede Form des Umgangs mit personenbezogenen Daten. Es kommt nicht darauf an, ob eine oder mehrere der in Nr. 2 aufgezählten Verarbeitungssituationen gegeben ist. Bedeutsam ist nur, dass eine der genannten Formen des Umgangs mit personenbezogenen Daten stattfindet.

Eine Verarbeitung im Sinne der Definition kann **mit** oder **ohne Hilfe automatisierter Verfahren erfolgen**. Erfasst sind neben einer **elektronischen Verarbeitung** etwa auch **manuelle Auflistungen** oder **Sortierungen** personenbezogener Daten. Notiert beispielsweise eine Führungskraft Leistungsdaten einzelner Beschäftigter manuell auf Karteikarten und wertet diese Informationen vor der Festlegung von Gehaltserhöhungen oder vor der Durchführung von Beförderungen aus, handelt es sich ebenso um eine datenschutzrechtliche Verarbeitung wie bei der entsprechenden Auswertung mittels geeigneter Software. 15

Die in der Definition beispielhaft genannte **Erhebung** steht für jede **Beschaffung von Daten** von betroffenen Personen, unabhängig davon, ob diese direkt bei diesen oder aus anderen Quellen erfolgt. Voraussetzung ist, dass sie gezielt erfolgt. Eine Erhebung kann etwa in einer direkten Befragung von Personen, in der Auswertung der von diesen übergebenen Unterlagen oder in Nachfragen bei Dritten gegeben sein. Darüber hinaus ist auch eine Suche im Internet oder die Auswertung vorliegender Materialien oder Unterlagen eine Erhebung. Im **betrieblichen Rahmen** stellt damit auch die Nachfrage eines Vorgesetzten bei einer Beschäftigten nach dem aktuellen Stand einer 16

Arbeitsaufgabe ebenso eine Erhebung im datenschutzrechtlichen Sinne dar wie eine Erkundigung nach dem Verlauf des letzten Urlaubs.

17 Damit Informationen nicht flüchtig bleiben, müssen sie von einem Verantwortlichen erfasst oder gespeichert werden. Die notwendigen **Verarbeitungsvorgänge** können **manuell** erfolgen, etwa durch Niederschrift oder sortiertes Aufbewahren von persönlichen Unterlagen. Bei der **Verwendung von IT-Systemen** handelt es sich um die Eingabe der Daten per Tastatur oder auf einem anderen Weg sowie das Abspeichern in einer bestimmten Datei. **Speicherung** beinhaltet nicht nur die **endgültige Ablage** von Daten an einem bestimmten Ort, sondern auch jede **Zwischenspeicherung** auf dem Weg dahin.

18 Das **Auslesen** oder **Abfragen** von Daten steht im Wesentlichen für die **Kenntnisnahme durch andere Personen**. Es ist im Regelfall die **Vorstufe für** die ebenfalls genannte **Verwendung** von Daten. Zusammengefasst stehen diese drei Vorgänge für jede Form der Vorbereitung oder Durchführung des Umgangs mit personenbezogenen Daten. Ausgelesene oder abgefragte Daten können im Betrieb beispielsweise für weitergehende Auswertungen (etwa mit Excel-Dateien), für die Weitergabe an andere Personen in gedruckter Form oder als Datei oder für die zielgerichtete Kenntnisnahme durch andere verwendet werden. Der Begriff ist insoweit weit gefasst und steht letztlich für jede Form der Nutzung.

19 Auch die ebenfalls in der Vorschrift genannte **Offenlegung** von Daten **ist eine Verwendung**. Die Offenlegung ist im Regelfall mit der **Bekanntmachung** von Daten an einen bestimmten oder unbestimmten Personenkreis verbunden.

20 Der Begriff »**Abgleich**« beschreibt den Vergleich mehrerer Datenbestände miteinander oder die Prüfung von Einzeldaten gegen andere Daten oder Dateien. Wird beispielsweise der Name eines Schulungsteilnehmers mit der Teilnehmerliste verglichen, stellt dies einen Abgleich dar.

21 Eng verbunden mit dem Abgleich ist die **Verknüpfung** von Daten. Vorrangig geht es hierbei nicht um vergleichende Verarbeitungen, sondern um die Zusammenführung von verschiedenen Informationen. Dies kann z. B. der Übertrag einzelner Krankmeldungen in eine Jahresübersicht zu einzelnen Beschäftigten sein, unabhängig hiervon, ob dieser in einem IT-System automatisch oder durch manuellen Eintrag in eine Liste stattfindet.

22 Aus datenschutzrechtlicher Sicht gehören auch das **Löschen** oder die **Vernichtung** von Daten zum Verarbeitungsprozess. Beide Verarbeitungsschritte zielen auf das Unkenntlichmachen vorhandener personenbezogener Informationen. Bei konventionellen Unterlagen auf Papier kommt insbesondere eine **manuelle Zerstörung** in einem Schredder in Betracht, ausnahmsweise aber auch die **Schwärzung** bestimmter Textteile. Bei der Verwendung von **automatisierten Verfahren** können Daten durch entsprechende **Softwarebefehle** (»delete/all«) oder durch die Verwendung **geeigneter Löschpro-**

gramme unkenntlich gemacht werden. Die weitestgehende Form stellt in diesem Bereich die **physikalische Vernichtung** dar, etwa durch die Zerstörung von beschriebenen CDs oder Festplatten. Die Zerstörung von Datenträgern ist für sich ebenfalls Verarbeitung im Sinne von Nr. 2.[5] **Keine Löschung** ist die **Sperrung** von Daten mittels entsprechender Software-Befehle. Sie erfüllt die Vorgaben einer Löschung im Sinne der Begriffsbestimmung nicht.

3. Einschränkung der Verarbeitung (Nr. 3)

Die Definition der »**Einschränkung der Verarbeitung**« in **Nr. 3** entspricht der des »Sperrens« in § 3 Abs. 4 Nr. 4 BDSG a. F. Eine Einschränkung legt fest, dass künftige Verarbeitungen nur noch **für bestimmte Zwecke** oder in **bestimmten Zusammenhängen** erfolgen dürfen. Derartige Einschränkungen können beispielsweise aus einem Verlangen von betroffenen Personen nach Art. 18 folgen. Einschränkungen sind allerdings dann nicht möglich, wenn bestimmte Verarbeitungen aufgrund zwingender gesetzlicher oder betrieblicher Regelungen erfolgen müssen (etwa aus steuerlichen Gründen oder für die Umsetzung einer Betriebsvereinbarung). 23

Realisiert werden können Einschränkungen der Verarbeitung durch **technische oder organisatorische Maßnahmen**. Mit Blick auf den angestrebten Schutz der betroffenen Personen ist technischen Maßnahmen wie der automatischen Sperrung von Daten der **Vorzug zu geben**. Auch eine getrennte Aufbewahrung bzw. Speicherung in nur für Befugte zugänglichen Bereichen kann eine Einschränkung der Verarbeitungsmöglichkeiten bedeuten. In jedem Fall müssen Daten, die nur noch eingeschränkt verarbeitet werden dürfen, entsprechend gekennzeichnet sein. 24

4. Profiling (Nr. 4)

Der Begriff des »**Profiling**« in **Nr. 4** steht in der DSGVO für jede Art von automatisierter Verarbeitung, die auf die Bewertung von Personen zielt. Mögliche Ziele der Bewertung werden in der Definition **beispielhaft benannt**. Hierzu gehören insbesondere Aspekte der Arbeitsleistung, der wirtschaftlichen Lage, der Gesundheit, der Zuverlässigkeit, des Verhaltens oder der persönlichen Vorlieben. Im Rahmen von Profiling-Verfahren werden vorliegende Daten analysiert, um hieraus Vorhersagen bezüglich einzelner Personen treffen zu können. 25

Nach dem Wortlaut kommt Profiling im Sinne der Nr. 4 **nur** im Rahmen **automatisierter Verarbeitung** personenbezogener Daten in Betracht. Damit bleibt beispielsweise die manuelle Erstellung von Persönlichkeitsprofilen 26

5 OLG Dresden 31.8.2021 – 4 U 324/21.

mit Papier und Bleistift aus dieser Definition ausgeschlossen. Dies ändert aber nichts daran, dass derartige Verarbeitungen allgemein der DSGVO unterfallen.

27 Profiling-Verfahren erfolgen EDV-technisch in vielen Fällen unter Rückgriff auf »Big-Data-Technologien« und auf Basis von Algorithmen aus dem Bereich der »Künstlichen Intelligenz«. Zumeist werden große Datenmengen vergleichend ausgewertet, um daraus individuelle Persönlichkeitsbilder oder sonstige Informationen zu Einzelnen abzuleiten. Ziel von Profiling-Verfahren ist im Regelfall die Voraussage persönlicher Entwicklungen oder des persönlichen Verhaltens der Zielpersonen.

5. Pseudonymisierung (Nr. 5)

28 Der Begriff der »**Pseudonymisierung**« in **Nr. 5** steht für eine Zerlegung vorhandener Datensätze oder Informationen in zwei Teile. Ein in Informationen enthaltener Personenbezug wird hierbei von den übrigen Daten getrennt und durch eine allgemeine Kennzeichnung (etwa eine Ordnungsnummer oder eine anderweitige Bezeichnung) ersetzt. Diese Kennzeichnung wird an anderer Stelle parallel zusammen mit den Personendaten aufbewahrt. In der Folge können die weiterhin ohne Personenbezug vorhandenen Informationen verarbeitet werden. Wer über die Zuordnungsliste verfügt, kann allerdings den Personenbezug wiederherstellen.

29 Im **betrieblichen Rahmen** kommt eine Pseudonymisierung notwendiger Zugriffsberechtigungen etwa dann in Betracht, wenn **mehrere Beschäftigte an derselben Maschine arbeiten** und für den Fall vorliegender Produktionsmängel Rückfragen möglich sein sollen. Durch eine Pseudonymisierung kann hier gleichzeitig vermieden werden, dass ungewollte Verhaltens- oder Leistungskontrollen erfolgen können.

30 Eine **Pseudonymisierung schließt** eine **spätere Auswertung** von Daten mit Personenbezug **nicht aus**, solange der Zuordnungsschlüssel zugänglich bleibt und für eine »Personalisierung« herangezogen werden kann. Deshalb kann eine Pseudonymisierung auch keine Methode zur Datenlöschung sein, wenn diese erforderlich ist.

31 Keine Definition enthält die DSGVO zum Begriff der »**Anonymisierung**«. Dieser Begriff stand nach § 3 Abs. 6 BDSG a.F. für Veränderungen personenbezogener Daten, in deren Folge ein Personenbezug gar nicht mehr oder nur mit einem unverhältnismäßig hohen Aufwand hergestellt werden kann.

32 Eine **Pseudonymisierung** von Informationen erfolgt nicht, wenn diesen zwar der unmittelbare Personenbezug entnommen wurde, Nutzern von Daten aber aufgrund vorhandenen Zusatzwissens die Rückführung auf bestimmte Personen möglich ist.

6. Dateisystem (Nr. 6)

Der Begriff des »**Dateisystems**« in **Nr. 6** geht weiter als der der »Datei«. Ein Dateisystem im Sinne der Definition in Nr. 6 liegt vor, wenn mehrere personenbezogene Daten als Sammlung zusammengefasst werden. 33

Bei einer **manuellen Verarbeitung** ist beispielsweise eine Akte mit unterschiedlichen Daten ebenso ein Dateisystem wie ein Karteikasten. Bei **elektronischer Verarbeitung** steht dieser Begriff insbesondere für die Zusammenfassung verschiedener elektronischer Dokumente an einem definierten Speicherort. Nach welchen Kriterien die Sammlung innerhalb eines Dateisystems aufgebaut wird, ist für die Erfüllung des Begriffs unerheblich. 34

7. Verantwortlicher (Nr. 7)

Wie die Definition der »personenbezogenen Daten« in Art. 4 Nr. 1 und die der »Verarbeitung« in Nr. 2 gehört auch die normative Festlegung des »**Verantwortlichen**« in **Nr. 7** zu den herausragend bedeutsamen Begriffsdefinitionen der DSGVO. Durch diese Definition wird auch festgelegt, wer **für die Durchführung des gesetzlichen Datenschutzes verantwortlich ist**. Der Begriff »Verantwortlicher« entspricht dem in § 3 Abs. 7 BDSG a. F. definierten Begriff der »verantwortlichen Stelle«. In **Betrieben** und **Behörden** ist der **Verantwortliche** aus Sicht von Interessenvertretungen regelmäßig **identisch mit dem Arbeitgeber** bzw. mit der **Dienststellenleitung**. 35

Die Verantwortlichkeit trifft nach dem Wortlaut der Begriffsbestimmung die natürliche oder juristische Person, Behörde, Einrichtung oder andere Stelle, die **aus objektiver Sicht** über die **Art** und den **Umfang der Verarbeitung** personenbezogener Daten **bestimmen kann**. Voraussetzung ist, dass vom Verantwortlichen allein oder gemeinsam mit anderen über die **Zwecke** und **Mittel der Verarbeitung** personenbezogener Daten **entschieden werden kann** (vgl. zur gemeinsamen Verarbeitung Art. 28). Die in der Definition genannten Zwecke stehen in diesem Zusammenhang für das »**Ob**«, »**Wie**«, »**Wofür**« **und** »**Wieweit**« einer Verarbeitung.[6] Praktisch geht es um die **Entscheidungsbefugnis** über die Verarbeitung und Nutzung personenbezogener Daten. Mittel der Verarbeitung sind die hierfür eingesetzten Verfahren bzw. die eingesetzte Technik. Ob diese Mittel im Eigentum des Verantwortlichen stehen oder nur im Besitz, ist unerheblich. Maßgeblich ist, ob allein er bestimmen kann, welche Mittel wie, wofür und in welcher Form für die Verarbeitung verwendet werden. 36

Bezogen auf **juristische Personen**, etwa eine GmbH oder eine AG, besteht die datenschutzrechtliche Verantwortlichkeit in der Regel einheitlich für den ganzen Betrieb bzw. für das ganze Unternehmen. Ausnahmen können hier 37

6 Kühling/Buchner-*Hartung*, Art. 4 Nr. 7 Rn. 13.

nur gegeben sein, wenn eine Organisationseinheit innerhalb eines Unternehmens die Zwecke ihrer Arbeit ebenso eigenständig bestimmen kann wie die hierfür eingesetzten Mittel. Dies könnte der Fall sein, wenn beispielsweise eine innerbetriebliche Audit-Abteilung die Zwecke ihrer Tätigkeit völlig eigenständig und unabhängig von Vorgaben des Arbeitgebers ausgestaltet und wenn sie ihre Arbeit vollständig mit eigenen Mitteln durchführt. Praktisch würde dies eine Loslösung einer solchen Abteilung aus den technischen Strukturen eines Betriebs voraussetzen. Benennt ein Verantwortlicher einen Rechtsanwalt als Prozessbevollmächtigten, wird dadurch die datenschutzrechtliche Verantwortlichkeit nicht erweitert, da deren Umfang durch die DSGVO bestimmt wird.[7]

38 **Betriebs- oder Personalräte** sind aus datenschutzrechtlicher Sicht »Teil des Verantwortlichen«, nicht aber selbst »Verantwortlicher« im Sinne der Definition in Nr. 7. **Ausnahmen** von dieser allgemeinen datenschutzrechtlichen Situation **müssten gesetzlich ausdrücklich geregelt werden**. Entsprechende Vorgaben könnten in den Grenzen bestehender gesetzlicher Zuständigkeiten für den kollektivrechtlichen Bereich auf Bundes- oder Landesebene geschaffen werden. Derartige abweichende Zuweisungen der Verantwortlichkeiten sind nach dem **zweiten Halbsatz** der Definition in Nr. 7 durch rechtliche Festlegung der Mitgliedsstaaten möglich. Für den Bereich des Betriebsverfassungsrechts und damit für Betriebsräte enthält die neue in das Gesetz eingefügte Regelung des § 79a BetrVG inzwischen zu diesem Thema die klare Feststellung, dass die allgemeine datenschutzrechtliche Verantwortlichkeit auch die Verarbeitung von Daten durch Betriebsräte erfasst.[8] Entsprechende Klarstellungen für Personalräte finden sich etwa in § 69 Satz 2 BPersVG.

8. Auftragsverarbeiter (Nr. 8)

39 Der Begriff »**Auftragsverarbeiter**« in **Nr. 8** steht für die Verarbeitung personenbezogener Daten im Auftrag eines Verantwortlichen. Dabei kann es sich um alle Formen von »Hilfstätigkeiten« handeln, auch wenn diese fachlich sehr qualifiziert sind oder hochwertige Leistungen beinhalten. Auftragsverarbeitung begründet hingegen keine eigenständige und vom Auftraggeber unabhängige Verarbeitungsbefugnis der Auftragnehmer für eigene Zwecke.

40 Die **Anforderungen** und **Bedingungen** für Auftragsverarbeitung enthält **Art. 28**. Sind die dort genannten Voraussetzungen bei einer Verarbeitung außerhalb des Verantwortlichen nicht gegeben, weil ein Auftragnehmer beispielsweise außerhalb seiner weisungsgebundenen Tätigkeit weitere Zweck und Mittel der Verarbeitung selbst bestimmt, ist dies im Regelfall rechts-

7 Vgl. VG Schwerin 16.3.2021 – 1 A 1254/20 SN.

8 Vgl. DKW-*Buschmann*, § 79a BetrVG, Rn. 17ff.

widrig, wenn es hierfür keine eigenständige datenschutzrechtliche Grundlage gibt (vgl. zur gemeinsamen Verantwortlichkeit Art. 6).

Auftragsverarbeiter können **natürliche** oder **juristische Personen, Behörden, Einrichtungen** oder **andere Stellen** sein. Die **Rechtsform ist unerheblich**. Gleiches gilt für den **Ort** der geografischen Ansiedlung. Auftragsverarbeiter können geographisch auch außerhalb der Europäischen Union angesiedelt sein, solange durch geeignete Maßnahmen und Verträge sichergestellt ist, dass die Vorgaben der DSGVO eingehalten und die Anweisungen des Auftraggebers uneingeschränkt befolgt werden können. **41**

Die Vergabe wirksamer Aufträge setzt voraus, dass der Verantwortliche selbst über eine datenschutzrechtliche Befugnis zur Verarbeitung der betreffenden personenbezogenen Daten verfügt. Auftragsverarbeiter dürfen diese Daten ausschließlich im Rahmen eines Auftrages einschließlich ergänzender Weisungen verarbeiten. Es gilt insoweit eine absolute Weisungsgebundenheit, die allerdings gemäß Art. 29 unter dem Vorbehalt bestehender eigener rechtlicher Verpflichtungen (vgl. Art. 29 Rn. 5) steht. **42**

Die vom Auftraggeber erteilten **Weisungen** müssen sich ihrerseits auf personenbezogene Daten beziehen, für deren Verarbeitung er als Verantwortlicher eine datenschutzrechtliche Berechtigung hat. Gleichzeitig müssen für die Verarbeitung bestehende Beschränkungen und Verbote auch im Rahmen der Auftragserteilung beachtet werden. Finden sich diese in kollektivrechtlichen Vereinbarungen, insbesondere in Betriebsvereinbarungen, müssen Verantwortliche auch bezüglich ihrer Auftragnehmer sicherstellen, dass Verarbeitungen nur im zulässigen Rahmen erfolgen. Insoweit bestimmt im Einzelfall auch der materiell-rechtliche Gehalt von Betriebsvereinbarungen die Zulässigkeit der Verarbeitungen. Dies gilt auch in Konzernunternehmen, in denen die einzelnen Unternehmen zwar formal Auftraggeber sind, in denen Entscheidungen über Art und Umfang der Verarbeitung von Beschäftigtendaten aber aufgrund tatsächlich bestehender gesellschaftsrechtlicher Abhängigkeiten an der Konzernspitze oder in Einzelunternehmen getroffen werden. **43**

Erfüllt ein Auftrag die Voraussetzung des Art. 28, sind Auftragnehmer im Verhältnis zum Verantwortlichen **nicht »Dritte«** (vgl. Nr. 10), sondern bezüglich des Auftrags aus datenschutzrechtlicher Sicht **»Teil des Verantwortlichen«**. In diesem Rahmen ist Auftragsverarbeitung nicht anders zu bewerten als eine Weitergabe von Daten zwischen eigenständigen Abteilungen innerhalb eines Unternehmens mit einem einheitlichen Verantwortlichen. **44**

Keine Auftragsverarbeitung liegt vor, wenn die Verarbeitung personenbezogener Daten außerhalb des Verantwortlichen durch andere Personen, Behörden, Einrichtungen oder anderen Stellen nach eigenen Vorgaben oder im eigenen Interesse erfolgt. Dies ist etwa der Fall, wenn ein Anbieter von »Software as a Service« die bei der Nutzung seiner Software anfallenden Nutzerdaten außerhalb des Auftrags, beispielsweise für die Verbesserung der **45**

Software auswertet. Eine derartige Verarbeitung ohne eine explizite datenschutzrechtliche Berechtigung in Art. 6 Abs. 1 ist unzulässig.

46 Die **Regelungen zur Auftragsverarbeitung** gelten auch beim Umgang mit personenbezogenen Daten **innerhalb verschiedener Unternehmen** oder **Betriebe eines Konzerns.** Mangels Konzernprivileg (vgl. hierzu Art. 88 Rn. 20ff.) setzt beispielsweise die Übermittlung von Beschäftigtendaten aus einem Konzernunternehmen an ein anderes, in dem etwa die zentrale Gehaltsabrechnung für den Gesamtkonzern betrieben wird, immer den Abschluss eines Auftragsvertrags nach Art. 28 voraus. Die Unternehmen eines Konzerns untereinander sind in diesem Sinne nicht anders zu behandeln als konzernexterne Auftragnehmer. In beiden Fällen müssen die jeweiligen Verantwortlichen sicherstellen, dass Auftragsverarbeitungen nur gemäß ihren Vorgaben und Anweisungen erfolgen. Unzulässig sind deshalb beispielsweise zentrale Auswertungen der im Gehaltsabrechnungsunternehmen vorliegenden Beschäftigtendaten oder gezielte Zugriffe der Konzernleitung auf diese Informationen.

9. Empfänger (Nr. 9)

47 Der Begriff des »**Empfängers**« in **Nr. 9** steht für alle Personen oder Stellen außerhalb des Verantwortlichen, an die personenbezogene Daten übermittelt werden. Es muss beim Empfang eine tatsächliche wie rechtliche Unabhängigkeit vom Verantwortlichen bestehen.

48 **Nicht** als **Empfänger** im Sinne dieser Definition sind alle **Stellen, Abteilungen, Bereiche, Organisationseinheiten** usw. innerhalb des Betriebs oder Unternehmens eines Verantwortlichen zu verstehen. Diese sind hingegen (ebenso wie Betriebs- oder Personalräte oder die betroffenen Personen) aus datenschutzrechtlicher Sicht Teil des Verantwortlichen. Gleiches gilt für Auftragnehmer gemäß Art. 28 (etwa externe Steuerberater, Rechtsanwälte oder Sachverständige sowie externe Datenschutzbeauftragte).

49 **Satz 2** der Definition in **Nr. 9** bezieht sich auf **Behörden**, die im Rahmen eines bestimmten, gesetzlich legitimierten Untersuchungsauftrags personenbezogene Daten vom Verantwortlichen erhalten. Diese sind nicht als Empfänger im Sinne der Definition zu qualifizieren, solange sie personenbezogene Daten nur in Übereinstimmung mit geltenden Datenschutzvorschriften und für die gesetzlich festgelegten Zwecke verarbeiten.

10. Dritter (Nr. 10)

50 Die Definition des »**Dritten**« in **Nr. 10** wird durch die Abgrenzung zu betroffenen Personen, Verantwortlichen und auch Auftragnehmern festgelegt. Wer nicht zum Kreis dieser berechtigten Verarbeiter gehört, ist »Dritter«. Die Rechtsform, die ein Dritter innehat, ist unerheblich. Die Qualifikati-

on als Dritter steht einer Verarbeitung personenbezogener Daten zwar nicht grundsätzlich entgegen. Sie setzt aber das Bestehen einer expliziten datenschutzrechtlichen Grundlage voraus, auf die sich ein Dritter berufen kann.

Unselbstständige Zweigstellen von Unternehmen, **ausgelagerte Betriebe** 51
o. ä. sind generell **keine Dritten** im Sinne dieser Definition, sondern Teil des Verantwortlichen. Etwas anderes gilt für verschiedene Unternehmen eines Konzerns (vgl. hierzu Art. 88 Rn. 20ff.). Diese sind im Verhältnis zueinander jeweils Dritte, es sei denn, es liegt Auftragsverarbeitung nach Art. 28 vor. Etwas anderes kann bei auch außerhalb der EU tätigen Verantwortlichen gelten. Gibt es hier unselbstständige Zweigstellen außerhalb der EU, sind diese abweichend vom vorstehend Gesagten als »Dritte« zu qualifizieren, da sich nur so derselbe Datenschutz sicherstellen lässt wie für Verarbeitungen innerhalb des unmittelbaren Anwendungsbereichs der DSGVO in Mitgliedsstaaten der EU.

11. Einwilligung (Nr. 11)

Der Datenverarbeitung auf der rechtlichen Grundlage einer individuellen 52
Einwilligung der betroffenen Personen kommt in der Praxis eine große Bedeutung zu. Einwilligungen werden beispielsweise beim Aufruf von Webseiten erteilt, aber auch bei Bestellungen, bei Kaufverträgen oder bei Arztbesuchen. Die Definition der »**Einwilligung**« in **Nr. 11** legt die grundlegenden Rahmenbedingungen für ihre wirksame Erteilung fest. Weitergehende Beschreibungen der Bedingungen für eine wirksame Einwilligung finden sich in Art. 7, 8 und 9 Abs. 2 Buchst. a. Für Beschäftigungsverhältnisse enthält § 26 Abs. 2 BDSG weitergehende Vorgaben zu Möglichkeiten und Ausgestaltungen von Einwilligungen (vgl. § 26 BDSG, Rn. 104ff.).

Die Definition in Nr. 11 beinhaltet mit den Hinweisen auf die notwendi- 53
ge **Freiwilligkeit**, **Informiertheit** und **Willensbestätigung zwingende Voraussetzungen** für den Rahmen einer wirksamen Einwilligung, die **insgesamt** erfüllt sein müssen. Bedeutsam sind auch die Beschränkungen für Einwilligungen, die sich auf die in Art. 9 Abs. 2 Buchst. a aufgelisteten besonderen Arten personenbezogener Daten beziehen.

Die Erteilung einer Einwilligung für die Verarbeitung personenbezogener 54
Daten ist im Regelfall für alle Konstellationen zulässig. **Ausnahmen** bestehen in wenigen Einzelfällen (etwa in § 136a Abs. 3 StPO oder in § 8 GenDG).

Für die Einwilligung gibt es **keine gesetzlichen Formvorschriften**. Sie kann 55
deshalb schriftlich oder mündlich, aber auch per E-Mail, per SMS oder über einen Messenger-Dienst erteilt werden. Für den Erhalt einer wirksamen Einwilligung bzw. für den Nachweis ihrer wirksamen Erteilung ist der Verantwortliche zuständig, der sich auf diese beruft und daraus Verarbeitungs-

befugnisse herleitet. Aus dessen Sicht sollte die Einwilligung immer in einer beweisbaren Form erfolgen.

56 Eine Einwilligung kann nur **höchstpersönlich** von der betroffenen Person selbst oder von ihrem gesetzlichen Vertreter erteilt werden. Dies schließt aber die Bevollmächtigung oder sonstige vergleichbare Legitimation anderer Personen zur Abgabe einer Einwilligung für betroffene Personen nicht aus.

57 Eine Einwilligung muss **vor der ersten Verarbeitung** erfolgen, um diese zu legitimieren. Hat ein Verantwortlicher keinen anderen Erlaubnistatbestand, auf den er eine Verarbeitung unabhängig von einer Einwilligung stützen kann, ist eine ohne Einwilligung erteilte Verarbeitung datenschutzrechtlich unzulässig. Sie kann indes **nachträglich** von der betroffenen Person genehmigt werden.

58 Eine Einwilligung muss für ihre Wirksamkeit immer **eindeutig** sein und sich auf **bestimmte Zwecke beziehen**. Die wirksame Erteilung setzt voraus, dass die sie erklärende Person über die von dem Verantwortlichen verfolgten **Zwecke** der Verarbeitung personenbezogener Daten **informiert** wurde und dass sie die Einwilligung für diese Zwecke unmissverständlich erteilt hat. Dies schließt pauschale und nicht abgegrenzte Einwilligungserklärungen aus, die beispielsweise nur allgemeine Verarbeitungszwecke wie »Zwecke der Personalverwaltung« benennen. Derart unbestimmte Einwilligungen sind unwirksam. Mit Blick auf nach Art. 83 mögliche Geldbußen sollten Verantwortliche deshalb immer sicherstellen, dass die Zwecke, für die eine Einwilligung erteilt wird, eindeutig formuliert sind.

59 **Keine wirksame Einwilligung** leitet sich im Regelfall aus einem **konkludenten Handeln** betroffener Personen ab, da dieses nicht unmissverständlich ist. **Gleiches** gilt für ein **Nichttätigwerden** oder **Stillschweigen**.

60 Eine **grundlegende Voraussetzung** für eine wirksame Einwilligung ist deren **Freiwilligkeit**. Freiwilligkeit setzt die vom Verantwortlichen nachweisbare Abwesenheit von Zwang voraus. Es muss sich um eine freie Entscheidung der betroffenen Personen handeln, bestimmte Verarbeitungen für festgelegte Zwecke zulassen zu wollen. Fehlt eine solche eindeutige Entscheidung, lässt sich eine Verarbeitung nicht mit einer Einwilligung legitimieren. Die Freiwilligkeit fehlt beispielsweise, wenn betroffene Personen auf eine bestimmte Leistung existenziell angewiesen sind (etwa auf die Tätigkeit eines Abschleppunternehmens nach einem Unfall, die die Einwilligung zur Informationseinholung bei einer Auskunftei zur Voraussetzung für die Bergung eines havarierten Fahrzeugs macht). Gleiches gilt im Fall einer Behandlung bei einem Zahnarzt, wenn dieser bei einem Patienten, der mit schmerzhaft verzogenem Gesicht in seinem Wartezimmer sitzt, eine umfassende Einwilligung zur Verarbeitung aller Arten von Gesundheitsdaten einfordert.

Freiwilligkeit ist hingegen immer dann gegeben, wenn betroffene Personen konkrete und nachteilsfreie Handlungsalternativen haben. Dies kann etwa für Beschäftigte in einem Callcenter der Fall sein, wenn Arbeitgeber ihnen bei gleichen Konditionen unterschiedliche Arbeitsbereiche anbieten, unter denen sich auch solche befinden, in denen die Auftraggeber der Callcenter weitergehende Einwilligungen für das Mithören von Gesprächen wünschen.

Erfolgt eine **Koppelung** zwischen Diensten oder Angeboten und einer zu erteilenden Einwilligung, ist diese **unzulässig**, wenn die Verarbeitung personenbezogener Daten dafür nicht erforderlich ist (vgl. auch Art. 7 Rn. 38ff.). Etwas anderes gilt, wenn die Erbringung eines Angebots direkte Kontaktaufnahmen von Lieferanten zu Käufern voraussetzt und wenn deshalb eine Telefonnummer oder E-Mail-Adresse abgefordert wird. 61

Die Erteilung einer wirksamen Einwilligung setzt die **Information** der betroffenen Personen darüber voraus, was Verantwortliche mit ihren Daten anfangen wollen und für welche konkreten Zwecke diese verarbeitet werden. Entsprechende Informationen müssen in einer **klaren** und **verständlichen** Sprache erteilt werden (vgl. hierzu auch Art. 12 Rn. 5ff.). Für die Erfüllung dieser Voraussetzung ist der Verantwortliche zuständig. 62

Erteilte Einwilligungen können nach Art. 7 Abs. 3 jederzeit **widerrufen** werden. Steht in diesen Fällen dem Verantwortlichen kein anderweitiger datenschutzrechtlicher Erlaubnistatbestand zur Verfügung, muss die weitere Verarbeitung gestoppt werden. Die vor dem Widerruf auf Basis einer Einwilligung erhobenen personenbezogenen Daten sind zu **löschen**, sofern der Verantwortliche dafür keine anderweitige datenschutzrechtliche Verarbeitungsbefugnis (etwa zwingende gesetzliche Aufbewahrungspflichten) hat. 63

Wird im **Rahmen eines Beschäftigungsverhältnisses** von den Beschäftigten eine Einwilligung verlangt, weil Arbeitgeber als Verantwortliche diese als Erlaubnistatbestand benötigen, sind die besonderen Anforderungen zu beachten, die § 26 Abs. 2 BDSG bezogen auf Verantwortliche im deutschen Rechtsraum enthält. Hierzu gehört beispielsweise die Erteilung in Textform oder in elektronischer Form (vgl. § 26 BDSG, Rn. 108). 64

12. Verletzung des Schutzes personenbezogener Daten (Nr. 12)

Der in **Nr. 12** definierte Begriff der »**Verletzung des Schutzes personenbezogener Daten**« wird insbesondere in Art. 33 und 34 verwendet. Dort löst eine solche Verletzung spezifische Melde- und Benachrichtigungspflichten der Verantwortlichen aus (vgl. Art. 33 Rn. 3 und Art. 34 Rn. 3). Diese sind gegeben, wenn es Unbefugten aufgrund technischer oder tatsächlicher Umstände möglich ist, auf personenbezogene Daten zuzugreifen, etwa weil Zugangsdaten öffentlich zugänglich sind oder weil ein unverschlüsselter Datenträger verloren wurde. Auf die Gründe, die zu einer Verletzung der Sicherheit geführt haben, kommt es nicht an. 65

13. Genetische Daten (Nr. 13)

66 Die Begriffsbestimmung »**Genetische Daten**« in **Nr. 13** findet ihren normativen Niederschlag insbesondere in Art. 9. Bei der Verarbeitung dieser Daten sind außer den allgemeinen datenschutzrechtlichen Vorgaben die Regelungen in Spezialgesetzen wie insbesondere dem GenDG zu beachten.

67 Verarbeitungen genetischer Daten sind nur in besonderen Ausnahmefällen zulässig. Im Rahmen von **Beschäftigungsverhältnissen** dürfen sie überhaupt nur dann verarbeitet werden, wenn es dafür eine **eindeutige gesetzliche Erlaubnis** bzw. Vorschrift gibt.

14. Biometrische Daten (Nr. 14)

68 Die Begriffsbestimmung »**Biometrische Daten**« in **Nr. 14** bezieht sich auf eine bestimmte Art von personenbezogenen Informationen über Menschen, die mit speziellen technischen Verfahren gewonnen werden; in der Regel mittels Software. Biometrische Daten beinhalten physische, physiologische oder verhaltenstypische Merkmale einer eindeutig identifizierbaren Person, etwa digitale Abbildungen von Fingerabdrücken, Gesichtern oder Stimmen. In Betracht kommen aber auch digitale Abbildungen der Retina oder der Iris oder Venenbilder an einem bestimmten Körperteil.

69 **Technisch zu realisieren** sind auch biometrische Erfassungen von personenspezifischen Bewegungsmustern, Gangarten oder Körperbewegungen. Ziel biometrischer Konzepte ist die eindeutige Erfassung und Identifizierung bestimmter Personen.

70 Im **arbeitsrechtlichen Bereich** werden biometrische Verfahren und Systeme beispielsweise bei der **Zugangskontrolle** oder zur **Freischaltung von Zugriffen** auf bestimmte Informationen eingesetzt. Sollen biometrische Daten von Beschäftigten verarbeitet werden, ist stets zu prüfen, ob dieser Einsatz gemäß § 26 Abs. 1 Satz 1 BDSG als erforderlich zu qualifizieren ist und ob es dazu eine Alternative gibt, die weniger in die Persönlichkeitsrechte der Beschäftigten eingreift.

15. Gesundheitsdaten (Nr. 15)

71 Die in **Nr. 15** definierten »**Gesundheitsdaten**« unterliegen innerhalb der DSGVO einem **herausragenden Schutz**. Dieser schlägt sich insbesondere in dem allgemeinen Verarbeitungsverbot des Art. 9 Abs. 1 nieder, dass für alle Kategorien besonderer personenbezogener Daten gilt.

Der Begriff »**Gesundheitsdaten**« steht für alle Informationen über den Gesundheitszustand von Menschen. Er erfasst im Rahmen einer **weiten Auslegung** Daten über frühere, gegenwärtige, künftige körperliche oder geistige Gesundheitszustände. Es geht also nicht nur um Gesundheit, sondern auch um Erkrankungen und ihre Folgen für den gesundheitlichen Gesamtzustand sowie um jedes Verhalten, das sich mit der Gesundheit in Beziehung setzen lässt (etwa Arztbesuche oder Recherchen nach bestimmten Krankheiten im Internet). Darüber hinaus sind Gesundheitsdaten auch Informationen, die Rückschlüsse auf aktuelle, frühere oder künftig mögliche Erkrankungen zulassen. Weiterhin wird eine gesundheitlich bedingte Minderung der Erwerbsfähigkeit oder eine Behinderung vom Begriff der Gesundheit erfasst.

16. Hauptniederlassung (Nr. 16)

Der Begriff der »**Hauptniederlassung**« in **Nr. 16** soll eine klare Zuweisung datenschutzrechtlicher Verantwortlichkeiten ermöglichen und zugleich die Zuständigkeit einer staatlichen Aufsichtsbehörde begründen. Der Begriff der Niederlassung, auf den etwa Art. 3 Abs. 1 Bezug nimmt, wird allerdings in der Verordnung nicht definiert. In ErwGr 22 wird diesbezüglich lediglich ausgeführt, dass eine Niederlassung durch eine effektive und tatsächliche Ausübung einer Tätigkeit gekennzeichnet ist. Auf eine bestimmte Rechtsform kommt es nicht an. 72

Eine Niederlassung innerhalb der EU besteht aus datenschutzrechtlicher Sicht bereits dann, wenn dort auch nur eine geringfügige Tätigkeit erfolgt. Gibt es mehrere Niederlassungen, so ist nach der Definition diejenige als Hauptniederlassung zu qualifizieren, an der die Hauptverwaltung angesiedelt ist. Abweichend hiervon kann aber auch die Niederlassung als Hauptniederlassung qualifiziert werden, in der die Entscheidungen hinsichtlich der Zwecke und Mittel der Verarbeitung personenbezogener Daten getroffen werden und, wenn diese Niederlassung befugt ist, diese Entscheidung auch in anderen Niederlassungen umsetzen zu lassen. Entsprechendes gilt nach Buchst. b im Fall von Auftragsverarbeitern mit Niederlassungen in mehr als einem Mitgliedsstaat der Union. 73

Eine **Hauptniederlassung** muss nicht zwingend auch der datenschutzrechtlich »Verantwortliche« i. S. v. Art. 4 Nr. 7 für die gesamte Verarbeitung sein. Handelt es sich um ein Unternehmen mit mehreren Betrieben, ist dies in der Praxis indes regelmäßig der Fall. Etwas anderes gilt für Konzerne mit mehreren Unternehmen, die im Verhältnis zueinander eigenständige datenschutzrechtliche Verantwortliche bleiben. 74

Innerhalb einer **Unternehmensgruppe** kann ebenfalls eine Hauptniederlassung bestehen, wenn etwa an der Konzernspitze zwingende Vorgaben zur Verarbeitung personenbezogener Daten in allen Konzernunternehmen getroffen werden. 75

17. Vertreter (Nr. 17)

76 Die Definition des »**Vertreters**« in **Nr. 17** ist nur dann einschlägig, wenn Verantwortliche oder Auftragsverarbeiter personenbezogene Daten aus dem Anwendungsbereich der DSGVO verarbeiten, ohne selbst eine Niederlassung in der EU zu haben. Eine Qualifikation als Vertreter setzt mit Blick auf die spezifische Regelung in Art. 27 voraus, dass eine entsprechende Beauftragung erfolgt ist. Diese muss ausdrücklich und schriftlich begründet sein.

18. Unternehmen (Nr. 18)

77 Die datenschutzrechtliche Definition des »**Unternehmens**« in **Nr. 18** ist weiter als die in Deutschland übliche gesellschaftsrechtliche Begrifflichkeit, die sich beispielsweise auf eine GmbH oder AG bezieht. Für die Feststellung eines Unternehmens ist im europarechtlichen Kontext der **weite Unternehmensbegriff** i. S. d. Art. 101 und 102 AEUV maßgeblich. Dieser erfasst jede wirtschaftlich tätige Einheit, auch wenn sie aus mehreren natürlichen oder juristischen Personen besteht. Es kommt darauf an, wie sich die Verbindung aus marktwirtschaftlicher Sicht bewerten lässt. Deshalb kann beispielsweise auch eine Konzerngruppe als Unternehmen im Sinne dieser Definition qualifiziert werden. Voraussetzung hierfür ist aber, dass eine **einheitliche wirtschaftliche Tätigkeit** stattfindet.

78 Diese Definition kann schwerwiegende Folgen haben, insbesondere wenn Geldbußen gemäß Art. 83 verhängt werden, die sich am Gesamtumsatz des Unternehmens orientieren.

19. Unternehmensgruppe (Nr. 19)

79 Eine »**Unternehmensgruppe**« im Sinne der datenschutzrechtlichen Definition in **Nr. 19** besteht, wenn mehrere Unternehmen einer wirtschaftlich verbundenen Gruppe von einem der Unternehmen **beherrscht werden**. Beherrschung meint in diesen Fällen die Möglichkeit der praktischen Einflussnahme auf Entscheidungen anderer Unternehmen, die über beteiligungsrechtliche oder vertragliche Instrumente realisiert werden kann.

80 Können auf dieser Grundlage datenschutzrechtliche Vorgaben erlassen werden, die andere Unternehmen zwingend binden, spricht dies für ein beherrschenden Einfluss auf die übrigen Unternehmen und damit auf das Vorliegen einer Unternehmensgruppe. Besteht eine Unternehmensgruppe i. S. v. Nr. 19, kann beispielsweise ein gemeinsamer Datenschutzbeauftragter für die Unternehmensgruppe bestellt werden (vgl. Art. 37 Rn. 9).

81 Das Bestehen einer Unternehmensgruppe kann in bestimmten Fällen zwar grundsätzlich unternehmensübergreifende Datenverarbeitungen legitimie-

ren. Diese setzen aber immer auch das Vorliegen einer gesonderten datenschutzrechtlichen Berechtigung voraus. Ein »**Konzernprivileg**«, das etwa die unternehmensübergreifende Verarbeitung von Beschäftigtendaten zulassen würde, lässt sich aus dieser Definition nicht ableiten (vgl. zum Konzernprivileg Art. 88 Rn. 20ff.).

20. Verbindliche interne Datenschutzvorschriften (Nr. 20)

Die Definition in **Nr. 20** beschreibt »**verbindliche interne Datenschutzvorschriften**«, die innerhalb eines Unternehmens oder einer Unternehmensgruppe als Grundlage für die Zulässigkeit internen Datenverarbeitung festgelegt sind. Üblicherweise wird für derartige verbindliche interne Datenschutzvorschriften auch die englische Bezeichnung »**Binding Corporate Rules (BCR)**« verwendet. 82

Werden verbindliche Datenschutzvorschriften innerhalb einer Unternehmensgruppe oder innerhalb eines Unternehmens erlassen, sind die anwendbaren kollektivrechtliche Beteiligungsrechte von Betriebs- oder Personalräten zu beachten, soweit die Regelungen beispielsweise Einfluss auf die Ordnung im Betrieb oder das Verhalten der Arbeitnehmer im Betrieb haben. 83

21. Aufsichtsbehörde (Nr. 21)

Die Definition in **Nr. 21** verweist auf die bestehenden (staatlichen) »**Aufsichtsbehörden**«. In Deutschland sind dies regelmäßig die Landesbeauftragten für Datenschutz und Informationssicherheit bzw. in Bayern das Bayerische Landesamt für Datenschutzaufsicht für den nicht öffentlichen Bereich und der Landesbeauftragte für Datenschutz und Informationssicherheit für den öffentlichen Bereich. 84

22. Betroffene Aufsichtsbehörden (Nr. 22)

Die Definition der »**betroffenen Aufsichtsbehörden**« in **Nr. 22** bildet die zentrale Zuständigkeit für die Wahrnehmung von Aufsichtsaufgaben innerhalb der EU ab, die sich insbesondere aus dem sogenannten »One-Stop-Shop-Prinzip« ergibt. 85

Die Begriffsdefinition in Nr. 22 ist bedeutsam, wenn Verarbeitungen von personenbezogenen Daten durch Verantwortliche in mehreren EU-Staaten erfolgen oder wenn es entsprechende Konzernstrukturen mit mehreren Unternehmen in unterschiedlichen EU-Staaten gibt. Auch eine Verarbeitung derselben personenbezogenen Daten in mehreren Mitgliedsstaaten wird von der betroffenen Aufsichtsbehörde im Sinne der Definition in Nr. 22 durchgeführt. 86

23. Grenzüberschreitende Verarbeitung (Nr. 23)

87 Der Begriff der »**Grenzüberschreitenden Verarbeitung**« in **Nr. 23** steht **einerseits** für die Verarbeitung personenbezogener Daten durch Verantwortliche, die über Niederlassungen in mehreren EU-Staaten verfügen. **Andererseits** ist die Definition einschlägig für Verarbeitungen, die zwar nur in einem Mitgliedsstaat erfolgen, die jedoch erhebliche Auswirkungen auf betroffene Personen in mehreren Mitgliedsstaaten haben können.

24. Maßgeblicher und begründeter Einspruch (Nr. 24)

88 Die Definition »**Maßgeblicher und begründeter Einspruch**« in **Nr. 24** ist bedeutsam für Differenzen zwischen verschiedenen Aufsichtsbehörden, die sich mit gleichen Sachverhalten befassen.

25. Dienst der Informationsgesellschaft (Nr. 25)

89 Die Definition zum »**Dienst der Informationsgesellschaft**« in **Nr. 25** ist im Zusammenspiel mit anderen europäischen und nationalen Vorschriften bedeutsam, wenn Kinder in den Bezug von Diensten der Informationsgesellschaft einwilligen.

26. Internationale Organisation (Nr. 26)

90 Der Begriff »**Internationale Organisation**« in **Nr. 26** steht insbesondere für internationale Organisationen wie völkerrechtliche Organisationen und ihre nachgeordneten Stellen und Einrichtungen (etwa die Vereinten Nationen (UN) oder die Welthandelsorganisation (WTO)).

Kapitel II
Grundsätze

Artikel 5 Grundsätze für die Verarbeitung personenbezogener Daten

(1) Personenbezogene Daten müssen

a) auf rechtmäßige Weise, nach Treu und Glauben und in einer für die betroffene Person nachvollziehbaren Weise verarbeitet werden (»Rechtmäßigkeit, Verarbeitung nach Treu und Glauben, Transparenz«);

b) für festgelegte, eindeutige und legitime Zwecke erhoben werden und dürfen nicht in einer mit diesen Zwecken nicht zu vereinbarenden Weise weiterverarbeitet werden; eine Weiterverarbeitung für im öffentlichen Interesse liegende Archivzwecke, für wissenschaftliche oder historische Forschungszwecke oder für statistische Zwecke gilt gemäß Artikel 89 Absatz 1 nicht als unvereinbar mit den ursprünglichen Zwecken (»Zweckbindung«);
c) dem Zweck angemessen und erheblich sowie auf das für die Zwecke der Verarbeitung notwendige Maß beschränkt sein (»Datenminimierung«);
d) sachlich richtig und erforderlichenfalls auf dem neuesten Stand sein; es sind alle angemessenen Maßnahmen zu treffen, damit personenbezogene Daten, die im Hinblick auf die Zwecke ihrer Verarbeitung unrichtig sind, unverzüglich gelöscht oder berichtigt werden (»Richtigkeit«);
e) in einer Form gespeichert werden, die die Identifizierung der betroffenen Personen nur so lange ermöglicht, wie es für die Zwecke, für die sie verarbeitet werden, erforderlich ist; personenbezogene Daten dürfen länger gespeichert werden, soweit die personenbezogenen Daten vorbehaltlich der Durchführung geeigneter technischer und organisatorischer Maßnahmen, die von dieser Verordnung zum Schutz der Rechte und Freiheiten der betroffenen Person gefordert werden, ausschließlich für im öffentlichen Interesse liegende Archivzwecke oder für wissenschaftliche und historische Forschungszwecke oder für statistische Zwecke gemäß Artikel 89 Absatz 1 verarbeitet werden (»Speicherbegrenzung«);
f) in einer Weise verarbeitet werden, die eine angemessene Sicherheit der personenbezogenen Daten gewährleistet, einschließlich Schutz vor unbefugter oder unrechtmäßiger Verarbeitung und vor unbeabsichtigtem Verlust, unbeabsichtigter Zerstörung oder unbeabsichtigter Schädigung durch geeignete technische und organisatorische Maßnahmen (»Integrität und Vertraulichkeit«);

(2) Der Verantwortliche ist für die Einhaltung des Absatzes 1 verantwortlich und muss dessen Einhaltung nachweisen können (»Rechenschaftspflicht«).

Inhaltsübersicht Rn.

I. Allgemeines 1– 4
II. Grundsätze (Abs. 1) 5–61
1. Rechtmäßigkeit, Verarbeitung nach Treu und Glauben und Transparenz (Abs. 1 Buchst. a) 7–23
a. Rechtmäßigkeit 8–10
b. Treu und Glauben 11–14
c. Transparenz 15–19

d. Hinweise für Betriebs- oder Personalräte und für Beschäftigte ... 20–23
2. Zweckbindung (Abs. 1 Buchst. b) ... 24–39
3. Datenminimierung (Abs. 1 Buchst. c) ... 40–51
4. Richtigkeit (Abs. 1 Buchst. d) ... 52–55
5. Speicherbegrenzung (Abs. 1 Buchst. e) ... 56–60
6. Integrität und Vertraulichkeit (Abs. 1 Buchst. f) ... 61
III. Rechenschaftspflicht (Abs. 2) ... 62–64
IV. Hinweise für Betriebs- oder Personalräte ... 65–72

I. Allgemeines

1 Die Vorschrift enthält **Grundsätze** für die Verarbeitung von Daten, die für die gesamte DSGVO und hieraus resultierende datenschutzrechtliche Regelungen in den Mitgliedsstaaten zur Anwendung kommen. Die Grundsätze in Art. 5 Abs. 1 haben damit für die Auslegung des Datenschutzrechts eine **zentrale Bedeutung**. Bei ihnen handelt es sich nicht um allgemeine Programmsätze oder Regelungsziele, sondern um verbindliche Vorgaben, die von Verantwortlichen bei jeder Verarbeitung personenbezogener Daten zu beachten und einzuhalten sind und die bei der Auslegung von Einzelnormen und -regelungen herangezogen werden müssen. Ihnen kommt sowohl ein **programmatischer** wie auch ein **normativer Charakter** zu.[1]

2 Problematisch für die Umsetzung der Grundsätze ist allerdings, dass sie **sprachlich** teilweise sehr **unbestimmt gefasst** sind. Klare oder zwingende Vorgaben, Erlaubnisse oder Verbote lassen sich deshalb aus ihnen nicht ableiten. Dennoch verdeutlichen sie, welche allgemeinen Wertungen den Regelungen der DSGVO zugrunde liegen und an welchen Prinzipien sich die Anwendung der einzelnen Datenschutzvorschriften auszurichten hat. Die Grundsätze sind folglich als **Zielvorgaben** zu beachten und umzusetzen, auch wenn sie nicht absolut gelten.[2]

3 Die Vorschrift besteht aus **zwei Regelungsteilen**. **Abs. 1** enthält **sechs Grundsätze**. Diese Aufzählung ist allerdings **nicht abschließend**, sodass sich weitere Grundsätze aus dem Zusammenspiel einzelner Vorschriften ergeben können. Durch **Abs. 2** wird festgelegt, **wer** für die Einhaltung der Grundsätze im ersten Absatz **verantwortlich ist**. Dies ist der Verantwortliche gemäß Art. 4 Nr. 7, der zugleich im Rahmen einer durch Abs. 2 ausdrücklich festgelegten **Rechenschaftspflicht** auch für den Nachweis der Einhaltung dieser Grundsätze verantwortlich ist.

4 Die Grundsätze prägen auch die **Verarbeitung von Beschäftigtendaten** und sind in diesem Rahmen über die DSGVO hinaus beispielsweise auch bei der

1 Vgl. DWWS-*Weichert*, Art. 5 Rn. 1.

2 Vgl. DWWS-*Weichert*, Art. 5 Rn. 5f.

Auslegung der Erforderlichkeit von Verarbeitungen im Rahmen von § 26 Abs. 1 Satz 1 BDSG zu beachten (vgl. hierzu § 26 BDSG, Rn. 7ff.).

II. Grundsätze (Abs. 1)

In **Abs. 1** sind **sechs Grundsätze** für die Verarbeitung personenbezogener Daten enthalten. Die Aufzählung ist **nicht abschließend**, benennt aber wesentliche Vorgaben für den Umgang mit personenbezogenen Informationen. 5

Die in Abs. 1 enthaltenen Grundsätze müssen von allen Verantwortlichen beachtet werden, das heißt auch von Einzel- oder Privatpersonen, die der DSGVO unterfallende Verarbeitungen im Sinne der Begriffsbestimmung in Art. 4 Nr. 2 durchführen. 6

1. Rechtmäßigkeit, Verarbeitung nach Treu und Glauben und Transparenz (Abs. 1 Buchst. a)

Im **ersten Grundsatz** des **Buchst. a** sind **drei Einzelthemen** zusammengefasst, die aufgrund ihrer textlichen Verbindung zusammenhängend beachtet werden müssen. Es handelt sich insgesamt um zwingende Einzelaspekte, die als Prüfmaßstab heranzuziehen sind, bevor eine Verarbeitung personenbezogener Daten überhaupt beginnen kann. Wird eine der drei Vorgaben nicht erfüllt, muss die Verarbeitung wegen des Verstoßes gegen den Grundsatz in Buchst. a unterbleiben. 7

a. Rechtmäßigkeit

Eine Verarbeitung personenbezogener Daten setzt zunächst die **Rechtmäßigkeit** dieses Vorgangs voraus. Voraussetzung hierfür ist das Vorliegen mindestens eines der in Art. 6 Abs. 1 genannten **Erlaubnistatbestände**. In Betracht kommen darüber hinaus als Erlaubnistatbestände spezialgesetzliche Regelungen auf europäischer oder nationaler Ebene, sofern diese sich in dem durch Art. 6 Abs. 1 vorgegebenen Rahmen bewegen oder wenn es hierfür aufgrund der zahlreichen, in der DSGVO enthaltenen Öffnungsklauseln eine anderweitige europarechtliche oder nationale Legitimation gibt.[3] Die Vorgabe der Rechtmäßigkeit begründet ein »Verbot mit Erlaubnisvorbehalt«, wie es vor dem Inkrafttreten der DSGVO in § 4 Abs. 1 BDSG a. F. enthalten war.[4] 8

Der Regelungsgehalt der in Art. 6 Abs. 1 in einer abschließenden Aufzählung enthaltenen Erlaubnistatbestände für die Verarbeitung personenbezogener 9

3 Vgl. Gola-*Pötters*, Art. 5 Rn. 6.

4 Vgl. DWWS-*Weichert*, Art. 5 Rn. 16.

Daten kann durch spezialgesetzliche Regelungen der Mitgliedsstaaten präzisiert werden. Dabei sind auch Begrenzungen der Zulässigkeit bestimmter Verarbeitungen möglich. So wird beispielsweise die nach Art. 7 Abs. 2 bestehende Formfreiheit für eine Einwilligung zum Schutz der Beschäftigten in § 26 Abs. 2 BDSG für den Regelfall auf eine schriftliche oder elektronische Form begrenzt. Eine andere Form, insbesondere eine mündliche Erklärung, ist im Rahmen von Beschäftigungsverhältnissen ausnahmsweise nur möglich, wenn diese Form wegen besonderer Umstände angemessen ist (vgl. § 26 BDSG, Rn. 109).

10 Der Grundsatz der Rechtmäßigkeit führt im Ergebnis auch dazu, dass die DSGVO (ebenso wie schon das BDSG a. F.) ein »**Auffanggesetz**« ist. Die hier enthaltenen Datenschutzregelungen kommen uneingeschränkt nur zur Anwendung, wenn es keine spezialgesetzlichen Regelungen gibt, die das Thema im Rahmen der bestehenden Regelungsbefugnis näher ausgestalten.

b. Treu und Glauben

11 Der einer Verarbeitung vorgegebene Grundsatz »nach Treu und Glauben« ist im deutschen Recht bisher vorwiegend im zivilrechtlichen Bereich verankert. § 157 BGB stellt beispielsweise bezüglich der Auslegung von Verträgen fest, dass diese so auszulegen sind, wie Treu und Glauben mit **Rücksicht auf die Verkehrssitte** dies erfordern. Anders als der Grundsatz der »Rechtmäßigkeit«, der auf die formalen Voraussetzungen einer Verarbeitung abstellt, bezieht sich »Treu und Glauben« auf die materielle Seite und somit auf die **Inhalte von Verarbeitungen**.[5]

12 Die Begrifflichkeit zielt auf Formen der Verarbeitung ihrer personenbezogenen Daten, mit denen betroffene Personen rechnen oder rechnen müssen. Nicht nach »Treu und Glauben« erfolgt hingegen eine Verarbeitung, die »unfair« ist wie insbesondere der Einsatz versteckter Kontrolltechniken (etwa der Einsatz sogenannter »Keylogger« oder versteckt in Rauchmeldern angebrachter digitaler Kameras).[6]

13 Gemessen am Grundsatz von »Treu und Glauben« sind alle Verarbeitungen personenbezogener Daten **unzulässig**, die gegenüber den betroffenen Personen **unverhältnismäßig** sind. Die DSGVO nimmt damit implizit eine Verpflichtung zur Durchführung einer Verhältnismäßigkeitsprüfung als Voraussetzung für jede Verarbeitung mit in den Regelungsrahmen auf.

14 Mit Blick auf das Gebot der Fairness, das sich aus dem Grundsatz von »Treu und Glauben« ableitet, können betroffene Personen von Verantwortlichen die Einhaltung der in Art. 5 Abs. 1 enthaltenen weiteren Grundsätze erwarten. Hierzu gehört insbesondere der Zweckbindungsgrundsatz, der

---

5 Vgl. DWWS-*Weichert*, Art. 5 Rn. 18.

6 Ähnlich Gola-*Pötters*, Art. 5 Rn. 8.

dann verletzt wäre, wenn Verarbeitungen außerhalb der festgelegten und bekannten Zwecke erfolgen. Dies kann bezogen auf **Beschäftigungsverhältnisse** der Fall sein, wenn beispielsweise Daten, die in einem automatischen Zugangskontrollsystem (etwa an elektronisch gesteuerten »Drehkreuzen« an Werkstoren) anfallen, auch verwendet werden, um Anwesenheitsprofile von Beschäftigten zu erstellen oder um festzustellen, welche Personen regelmäßig zusammen in den Betrieb kommen oder diesen gemeinsam verlassen.

c. Transparenz

Die Formulierung »in einer für die betroffene Person nachvollziehbaren Weise« verweist bezüglich des Grundsatzes der Transparenz darauf, dass im Mittelpunkt dieser datenschutzrechtlichen Vorgabe die betroffenen Personen stehen. Ihre Möglichkeiten, sich Klarheit über Gründe, Art und Umstände der Verarbeitung ihrer personenbezogenen Daten zu verschaffen, wird durch diesen Grundsatz deutlich gestärkt. **Transparenz** in diesem Sinne beinhaltet, dass betroffene Personen darüber Kenntnis haben müssen, welche personenbezogenen Daten erhoben, verwendet, eingesehen oder anderweitig verarbeitet werden und welche künftigen Verarbeitungen noch zu erwarten sind (vgl. ErwGr 39). **15**

Der **Transparenzgrundsatz** soll betroffene Personen insgesamt in die Lage versetzen, erkennen zu können, wer über sie aus welchen Gründen welche Daten verarbeitet, auf welcher rechtlichen Grundlage dies erfolgt und wie sie ggf. gegen unzulässige Verarbeitungen vorgehen können. Insoweit nimmt der Transparenzgrundsatz Vorgaben auf, die das BVerfG für den deutschen Rechtsraum in der »Volkszählungsentscheidung« vom 15.12.1983 formuliert hat.[7] In diesem Urteil führt das Gericht aus, dass in seiner Freiheit wesentlich gehemmt sein wird, wer nicht mit hinreichender Sicherheit überschauen kann, welche ihn betroffenen Informationen über ihn bekannt sind. **16**

Um den Transparenzgrundsatz erfüllen zu können, müssen Verantwortliche den betroffenen Personen alle Informationen zur Verarbeitung in leicht zugänglicher und verständlicher Form zur Verfügung stellen. In diesem Rahmen sind sie nach Art. 12 Abs. 1 zu einer Abfassung der Informationen in klarer und einfacher Sprache verpflichtet (ErwGr 39). Zudem müssen auch solche Informationen geliefert werden, durch die gewährleistet wird, dass eine faire und transparente Verarbeitung erfolgt. **17**

Aus dem Transparenzgrundsatz leitet sich für Verantwortliche die generelle Verpflichtung ab, betroffenen Personen eine **Bestätigung oder Auskunft** darüber zu geben, welche Daten über sie verarbeitet werden (ErwGr 39). **18**

7 Vgl. BVerfG 15.12.1985 – 1 BvR 209/83.

Diese Auskunft muss eine Aufklärung über Risiken, Vorschriften, Garantien und Rechte enthalten, die bezogen auf die Verarbeitung personenbezogener Daten existieren. Weiterhin muss betroffenen Personen dargelegt werden, wie sie ihre Rechte gegenüber einem Verantwortlichen geltend machen können.

19 Die mit Blick auf die notwendige Transparenz zu erteilenden Informationen beziehen sich insbesondere auch auf die **Identität des Verantwortlichen** und auf die von diesem **verfolgten Zwecke der Verarbeitung**. Die Informationen müssen Angaben dazu enthalten, wie eine faire und transparente Verarbeitung im Hinblick auf die betroffene natürliche Person gewährleistet wird (ErwGr 39). Dies beinhaltet auch Angaben zur Weitergabe von Daten an andere Stellen. Ein Kunde muss demgemäß beispielsweise darüber informiert werden, welche Datenweitergaben an andere Stellen erfolgen, um ihn werblich nach dem erfolgten Kauf besser ansprechen zu können.

d. Hinweise für Betriebs- oder Personalräte und für Beschäftigte

20 Die **drei Einzelaspekte** des Grundsatzes in Abs. 1 Buchst. a haben für den Bereich des **Beschäftigtendatenschutzes** herausragende Bedeutung. Mit Blick auf die zu garantierende Rechtmäßigkeit können Beschäftigte und ihre Betriebs- oder Personalräte vom Arbeitgeber verlangen, dass ihnen zur durchgeführten Verarbeitung jeweils die zugrunde liegenden Rechtsgrundlagen klar und nachvollziehbar benannt werden. Ein allgemeiner Verweis auf »rechtliche Verpflichtung«, auf »einschlägige Gesetze« oder auf »behördliche Anordnung« erfüllt diese Vorgabe nicht. Werden entsprechende Informationen zu einschlägigen Rechtsnormen mitgeteilt, bleibt den Beschäftigten wie Betriebs- oder Personalräten die Möglichkeit offen, das Zutreffen dieser Vorschriften zu bewerten.

21 Der Grundsatz einer Verarbeitung nach »Treu und Glauben« **schließt** insbesondere Formen der **heimlichen** oder **verdeckten Verarbeitung von Daten aus**, da diese im Regelfall als »unfair« zu qualifizieren sind. Darüber hinaus verstoßen aber auch Verarbeitungen gegen den Grundsatz von »Treu und Glauben«, die im Widerspruch zu anderen in Art. 5 Abs. 1 genannten Grundsätzen stehen, etwa eine Missachtung oder Abweichung vom Zweckbindungsgrundsatz, das Fehlen einer Umsetzung zur Datenminimierung oder unzureichende Begrenzungen von Speicherfristen bzw. das Fehlen von Löschkonzepten und verhältnismäßigen Löschfristen.

22 Das Transparenzgebot weist Arbeitgebern **umfassende Informationspflichten** zu Art, Umfang und Ausgestaltung der Verarbeitung personenbezogener Daten zu. Beschäftigte haben einen Anspruch auf spezifische Informationen, die in einer Form abgefasst sind, die für alle betroffenen Personen verständlich ist. Dies setzt ein Abweichen von »Techniksprache« ebenso voraus wie den Verzicht auf komplexe juristische Formulierungen. In Betrieben

mit Beschäftigten, für die Deutsch keine Muttersprache ist und die diese Sprache nur begrenzt beherrschen, müssen entsprechende Informationen ggf. vom Arbeitgeber als Verantwortlichem übersetzt werden. Umgekehrt reichen englischsprachige Informationen im Regelfall nicht aus, da selbst Beschäftigte mit guten Englischkenntnissen nicht zwangsläufig auch rechtlich geprägte Texte verstehen.

Werden Systeme aus dem Bereich der »**Künstlichen Intelligenz**« eingesetzt, 23
müssen Beschäftigte vom Arbeitgeber darüber aufgeklärt werden, welche Grundannahmen entsprechenden Verarbeitungen zugrunde liegen und welche Algorithmen zur Anwendung kommen, wenn sich daraus Auswirkungen auf die Art und Weise der Verarbeitung sowie die möglichen Erkenntnisse ergeben.

2. Zweckbindung (Abs. 1 Buchst. b)

Die nach diesem Grundsatz festzulegenden Zwecke der Verarbeitung per- 24
sonenbezogener Daten sollen eindeutig und rechtmäßig sein sowie angemessen und erheblich. Zugleich soll eine Beschränkung auf das für die festgelegten Zwecke der Verarbeitung notwendige Maß erfolgen (vgl. ErwGr 39).

Die Notwendigkeit einer **engen Zweckbindung** leitet sich für den deutschen 25
Rechtsraum unmittelbar aus dem Urteil des BVerfG zur Volkszählung aus dem Jahr 1983 ab.[8] Dort hat das Gericht etwa ausgeführt, dass außer in Fällen einer ausschließlich statistischen (und damit regelmäßig anonymen) Datenerhebung eine enge und konkrete Zweckbindung der verarbeiteten Daten unerlässlich ist. Das BVerfG unterfüttert in seinem Urteil die Notwendigkeit einer Festlegung der angestrebten Zwecke mit dem Hinweis, dass sich nur so eine Verletzung der Persönlichkeitsrechte betroffener Personen vermeiden lässt und dass nur so verhindert werden kann, dass »Gläserne Bürger« entstehen.

Ein einmal festgelegter **Zweck** kann mit Blick auf das allgemeine Zweck- 26
änderungsverbot in Art. 6 Abs. 1 im Regelfall **nicht modifiziert** werden. Allerdings werden in Art. 6 Abs. 4 Bedingungen benannt, unter denen bestimmte Zweckänderungen möglich sind (vgl. Art. 6 Rn. 58 ff.).

Die Festlegung der Zwecke ist zu Beginn der Verarbeitung für den gesam- 27
ten folgenden Prozess bedeutsam, weil sie nicht nur über die Zulässigkeit einer Verarbeitung personenbezogener Daten an sich bestimmt, sondern auch darüber, welche Daten und welche Verarbeitungsschritte hierfür erforderlich sind.[9] Mit Blick auf diesen Zusammenhang ist die **Reglung zur Zweckbindung eng auszulegen**.

---

8 Vgl. BVerfG 15.12.1983 – 1 BvR 209/83, NJW 1984, 422.

9 Vgl. Gola-*Pötters*, Art. 5 Rn. 13.

28 Bei der Festlegung des Zwecks muss der Verarbeitungskontext beachtet werden. Beispielsweise dürfen medizinische Daten von Beschäftigten aus datenschutzrechtlicher Sicht nur in einem engen Korridor verarbeitet werden, um Arbeitgebern unzulässige Einblicke in den Gesundheitszustand einzelner Beschäftigter zu verweigern.

29 Um die Ziele des Grundsatzes der Zweckbindung zu erfüllen, müssen Verarbeitungen personenbezogener Daten stets zu **festgelegten eindeutigen** und **legitimen Zwecken** erfolgen. Die vorhandenen Daten dürften nicht in einer mit diesem Zweck nicht zu vereinbarenden Weise weiterverarbeitet werden. Ausnahmen bestehen lediglich für im öffentlichen Interesse liegenden Archivzwecke.

30 Um diese Vorgaben einzuhalten und um zugleich die in Buchst. a enthaltenen Grundsätze zur Rechtmäßigkeit, Verarbeitung nach Treu und Glauben und Transparenz zu erfüllen, müssen die vom Verantwortlichen festgelegten Zwecke **eindeutig** sein (vgl. ErwGr 39).

31 Die **Festlegung** der Zwecke muss **vor Beginn der Verarbeitung** erfolgen. Festgelegte Zwecke müssen den betroffenen Personen in einer klaren und für alle verständlichen Sprache benannt werden. Diese Voraussetzung erfüllt beispielsweise eine Festlegung, nach der eine Arbeitszeiterfassungssoftware in einem Betrieb ausschließlich für die Kontrolle der »Kommen« und »Gehen-Zeiten« verwendet wird oder dass eine Verarbeitung von personenbezogenen Stammdaten in einem Betrieb ausschließlich für Zwecke der Gehaltsberechnung und -zahlung erfolgt.

32 Keine dem Grundsatz der Zweckbindung entsprechende Festlegung wäre hingegen eine Formulierung wie etwa »Verarbeitungen erfolgen für Zwecke der Verwaltung« oder »Verarbeitungen erfolgen für Zwecke des betrieblichen Gesundheitsschutzes«. Gleiches gilt für beispielhafte Aufzählungen wie etwa »Zwecke sind insbesondere die Personalplanung, das Nachfolgemanagement und die Fortbildung und die betriebliche Aus- und Weiterbildung der Beschäftigten« oder die Verwendung unbestimmter Rechtsbegriffe wie »die Zwecke der Verarbeitung orientieren sich an betrieblichen Bedürfnissen und einem Anforderungsmanagement«.

33 Zulässige Zwecke müssen mit Blick auf die Notwendigkeit einer Zweckbindung in **klarer, einfacher und verständlicher** Sprache formuliert sein. Die Verständlichkeit muss für alle Beschäftigten gleichermaßen gegeben sein und darf sich nicht ausschließlich an solche mit Verwaltungstätigkeiten oder höheren Bildungsabschlüssen orientieren. Ausschließlich juristisch oder betriebswirtschaftlich geprägte Formulierungen erfüllen diese Anforderungen im Regelfall nicht.

34 Gleiches gilt für unbestimmte Rechtsbegriffe wie »im notwendigen Umfang« oder »für angemessene Zwecke«. Aus diesen leitet sich ebenfalls keine abschließende Zweckbindung ab (vgl. hierzu auch Art. 12 Rn. 5ff.). Ermöglichen verwendete Formulierungen unterschiedliche Auslegungen der zu-

lässigen Zwecke, erfüllen sie ebenfalls die Anforderungen einer wirksamen Zweckbindung nicht.

35 Die zu verarbeitenden Daten müssen für die benannten Zwecke **erforderlich** sein (vgl. ErwGr 39). Dies setzt auf Seiten des Verantwortlichen eine **Verhältnismäßigkeitsprüfung** voraus. Ist in deren Ergebnis weder eine Erforderlichkeit noch eine Eignung der personenbezogenen Daten gegeben, die zur Erreichung eines Zwecks verarbeitet werden sollen, muss die Erhebung und Verarbeitung dieser Informationen unterbleiben. Sollen beispielsweise Zeit, Dauer und Ort einer Leistungserbringung durch Beschäftigte für Kunden zu Abrechnungszwecken verarbeitet werden, ist es in der Regel nicht erforderlich, weitere Informationen wie Name oder Telefonnummer der Beschäftigten zu erheben oder zu verarbeiten, wenn ein Rückschluss auf die leistenden Personen sich bereits aus dem Gesamtkontext der vorhandenen Rahmendaten ableiten lässt. Eine Weitergabe entsprechender Daten an Kunden (etwa im Rahmen der Rechnungserstellung) ist nicht verhältnismäßig.

36 Die Zwecke müssen bereits bei der **Erhebung** der personenbezogenen Daten feststehen (vgl. ErwGr 39). Dies schließt beispielsweise eine im Regelfall zweckfreie Vorratsdatenverarbeitung aus.

37 Eine Änderung der bei der Erhebung festgelegten Zwecke ist nicht grundsätzlich ausgeschlossen, sondern unter Beachtung der Vorgaben in Art. 6 Abs. 4 zulässig (vgl. Art. 6 Rn. 54ff.). Erfolgt eine Zweckänderung, besteht nach Art. 6 Abs. 4 allerdings zulasten des Verantwortlichen eine **umfassende Prüfpflicht**, durch die sichergestellt werden soll, dass die Interessen, Grundrechte und Grundfreiheiten der betroffenen Personen hinreichend beachtet und geschützt werden. Die an die Zulässigkeit einer Zweckänderung angelegten Maßstäbe müssen vom Verantwortlichen (und damit im Beschäftigungsverhältnis vom Arbeitgeber) im Rahmen der nach Abs. 2 bestehenden Rechenschaftspflicht insbesondere den betroffenen Personen dargelegt werden können. Finden Zweckänderungen statt, müssen die betroffenen Personen zudem vom Verantwortlichen hierüber nach den Vorgaben in Art. 13 Abs. 3 und 14 Abs. 4 vor der Durchführung der Zweckänderung und der hiermit verbundenen Verarbeitung informiert werden.

38 Bei der Bewertung der Zulässigkeit von Zweckänderungen im Arbeitsverhältnis müssen Arbeitgeber als Verantwortliche die spezifischen Begrenzungen beachten, die sich aus der in § 26 Abs. 1 Satz 1 BDSG festgelegten Erforderlichkeit ergeben. Diese Regelung begrenzt im Rahmen der vorzunehmenden Verhältnismäßigkeitsprüfung die Möglichkeiten von Arbeitgebern.

Hinweise für Betriebs- oder Personalräte

39 Betriebs- oder Personalräte können vom Arbeitgeber für Zwecke der Wahrnehmung ihrer **allgemeinen Kontrollpflichten** (beispielsweise nach § 80 Abs. 1 Nr. 1 BetrVG oder nach § 62 Abs. 1 Nr. 2 BPersVG) verlangen, dass ihnen die bei der Verhältnismäßigkeitsprüfung vom Arbeitgeber berücksichtigten Aspekte dargelegt werden. Zudem können sie unter Hinweis auf nicht feststehende Zwecke eine Form der Vorratsdatenspeicherung mit dem Argument entgegentreten, dass diese Form der Verarbeitung die durch den Grundsatz der Zweckbindung in Art. 5 Abs. 1 Buchst. b aufgestellten Anforderungen nicht erfüllt.

3. Datenminimierung (Abs. 1 Buchst. c)

40 Der Grundsatz der Datenminimierung beinhaltet **zwei gleichwertige Vorgaben**: **Einerseits** muss die **Verarbeitung** personenbezogener Daten für den damit vom Verantwortlichen verfolgten Zweck **anmessen** und **erheblich** sein. Sind diese Voraussetzungen nicht erfüllt, muss die Verarbeitung schon mit Blick auf den Grundsatz der Zweckbindung unterbleiben. Liegt Angemessenheit und Erheblichkeit vor, so sind **andererseits** die dann möglichen Verarbeitungen auf das **für die Verarbeitungszwecke notwendige Maß** zu beschränken.

41 Der Grundsatz der Datenminimierung entspricht strukturell der Regelung zur Datenvermeidung und Datensparsamkeit in § 3a BDSG a.F. Gegenüber dieser »Vorgängerregelung« unverändert geblieben ist der Gedanke, dass eine Datenminimierung insbesondere durch Maßnahmen der Pseudonymisierung oder Anonymisierung erreicht werden soll, soweit dies nach dem Verwendungszweck möglich ist und entsprechende Maßnahmen nicht einen unverhältnismäßigen Aufwand erfordern.[10]

42 Der Grundsatz der Datenminimierung findet in der DSGVO seine Fortsetzung in den spezifischen Regelungen des **Art. 25** zum **Datenschutz durch Technikgestaltung** und durch **datenschutzfreundliche Voreinstellungen**, in der Regelung des **Art. 32 Abs. 1 zur Datensicherheit** oder in den in **Art. 40 Abs. 2** enthalten **Verhaltensregeln**.

43 Zielrichtung der Datenvermeidung ist es, **keine** oder **so wenig Daten wie möglich** zu verarbeiten. Ist eine Verarbeitung personenbezogener Daten zum Erreichen des angestrebten Zwecks unumgänglich, müssen Art und Umfang der Nutzung auf das **zwingend notwendige Maß** begrenzt werden. Weiterhin muss eine Beschränkung des Kreises der von der Verarbeitung betroffenen Personen auf das Notwendige erfolgen.[11]

---

10 DWWS-*Weichert*, Art. 5 Rn. 45; Gola-*Pötters*, Art. 5 Rn. 23.

11 Vgl. Gola-*Pötters*, Art. 5 Rn. 22.

Als Maßnahmen der Datenminimierung kommt beispielsweise auch eine **Begrenzung der Zugriffsrechte** auf personenbezogene Daten durch ein **eng gefasstes Rollen- und Berechtigungskonzept** in Betracht sowie die Beschränkung vorhandener Berechtigungen auf Leserechte, wo weitergehende Rechte nicht erforderlich sind. Dem Ziel der Datenminimierung gilt auch eine Begrenzung der Zugriffsdauer auf die Zeiten der Erforderlichkeit. Sind Daten nicht oder nicht mehr geeignet, um den angestrebten Zweck zu erreichen, müssen Zugriffe ausgeschlossen werden.[12] **44**

Wann eine Verarbeitung für den angestrebten Zweck angemessen und erheblich ist, muss im Rahmen einer umfangreichen **Verhältnismäßigkeitsprüfung** bewertet werden. In diesem Rahmen soll insbesondere sichergestellt werden, dass eine Verarbeitung nicht über die Zwecke hinausgeht, die ursprünglich festgelegt wurden. Dabei muss zugunsten der betroffenen Personen von Verantwortlichen auch berücksichtigt werden, dass eine Verarbeitung personenbezogener Daten überhaupt nur dann erfolgen darf, wenn der Zweck der Verarbeitung nicht in zumutbarer Weise auch durch andere Mittel erreicht werden kann (vgl. ErwGr 39). Ist dies nicht der Fall, kann eine Verarbeitung nicht als angemessen im Sinne des Grundsatzes qualifiziert werden. **45**

Die Notwendigkeit des Nachweises, dass eine Verarbeitung erforderlich ist, leitet sich ebenfalls unmittelbar aus der Überlegung ab, dass einem Verantwortlichen keine anderen Möglichkeiten zur Erreichung angestrebter Zwecke zur Verfügung stehen. Mit Blick auf den angestrebten Schutz der Grundrechte und Grundfreiheiten natürlicher Personen ist bei der Prüfung der Erforderlichkeit im Einzelfall ein **strenger Maßstab anzulegen**. Es **reicht nicht**, wenn eine Verarbeitung dem vom Verantwortlichen angestrebten Zweck **nur dienlich** oder zu dessen Erreichung nur **geeignet** ist. Es muss im Gegenteil der Nachweis erbracht werden, dass ohne die Verarbeitung bestimmter personenbezogener Daten ein Zweck nicht erreicht werden kann.[13] **46**

Die **Erforderlichkeit** muss vom Verantwortlichen **vor Durchführung** der geplanten Verarbeitung **geprüft werden**. Dabei müssen unter Beachtung des »Need-to-know-Grundsatzes« mögliche Begrenzungen der Berechtigungstiefe (etwa nur Leserechte oder auch weitergehende Schreib- und Ausführungsrechte) erfolgen, soweit dies technisch möglich ist.[14] **47**

Diese Vorgabe gilt uneingeschränkt auch im Bereich des **Beschäftigtendatenschutzes**. Hier ist zusätzlich zu bedenken, welche negativen Folgen eine Verarbeitung personenbezogener Daten für die betroffenen Personen im Rahmen der innerhalb von Beschäftigungsverhältnissen zumeist beste- **48**

12 Vgl. Ehmann/Selmayr-*Heberlein*, Art. 5 Rn. 22.
13 Vgl. in diesem Sinne LG Bonn 29.5.2018 – 10 O 171/18, ZD 2018, 588.
14 Vgl. SHS-*Roßnagel*, Art. 5 Rn. 130.

henden strukturellen Ungleichheit haben können. Dies schränkt im Rahmen einer Verhältnismäßigkeitsprüfung die bestehende Erforderlichkeit ggf. weiter ein. Auch ist einer Pseudonymisierung oder Anonymisierung der Vorzug zu geben.

49 Die **zweckbezogene Erforderlichkeit** muss **während der gesamten Verarbeitung** gegeben sein. Entfällt sie, schließt dies die weitere Verarbeitung aus. Der Grundsatz der Datenminimierung steht aber auch der Erhebung und Verarbeitung solcher Daten entgegen, die keinen Bezug zum benannten Verarbeitungszweck haben oder die nicht geeignet sind, diesen Zweck zu erfüllen.[15] Insoweit ist an die Feststellung der Erforderlichkeit ein **strenger Maßstab** anzulegen. Praktisch bedeutet dies, dass insbesondere zweckfreie Vorratsdatenspeicherungen unzulässig sind, wie sie vielen Verfahren aus dem Bereich »Big-Data« oder »Künstlicher Intelligenz« zugrunde liegen.

50 Bei der praktischen Umsetzung von Maßnahmen der Datenminimierung muss insbesondere auf eine **Pseudonymisierung** oder **Anonymisierung** vorhandener Daten zurückgegriffen werden. Diesbezüglich müssen alle Maßnahmen und Verfahren ausgeschöpft werden, die organisatorisch oder technisch möglich sind.[16] Eine ausdrückliche Begrenzung auf Maßnahmen, die in einem angemessenen Verhältnis zum angestrebten Schutzzweck stehen, wie sie noch § 9 BDSG a. F. vorsah, enthält die DSGVO nicht. Hieraus resultieren hohe Anforderungen an die vom Verantwortlichen zu treffenden Maßnahmen. Allerdings gilt auch in diesem Zusammenhang, dass ggf. ganz auf die Verarbeitung personenbezogener Daten verzichtet werden muss, wenn dies möglich ist.[17]

51 Werden personenbezogene Daten nicht mehr benötigt, muss im Sinne der Datenminimierung ihre Löschung erfolgen. Gibt es zwingende gesetzliche Vorschriften, die eine längere Speicherung erforderlich machen, müssen Verarbeitungen für andere Zwecke ausgeschlossen werden.

4. Richtigkeit (Abs. 1 Buchst. d)

52 Werden unrichtige oder unzutreffende personenbezogene Daten verarbeitet, kann dies für die betroffenen Personen weitreichende Folgen und negative Auswirkungen haben. Wird beispielsweise in einer Kreditauskunftei eine wohlhabende und zahlungskräftige Person aufgrund einer Namensgleichheit mit einer in Privatinsolvenz befindlichen verwechselt, kann dies zur Verweigerung von Krediten für Anschaffungen durch Banken führen, die auf diese Daten Zugriff haben. Vor diesem Hintergrund verpflichtet der Grundsatz der »Richtigkeit« der Verarbeitung die Verantwortlichen dazu,

15 Vgl. Ehmann/Selmayr-*Heberlein*, Art. 5 Rn. 22.

16 Vgl. Gola-*Pötters*, Art. 5 Rn. 23.

17 Vgl. DWWS-*Weichert*, Art. 5 Rn. 49.

alle vertretbaren Schritte zu unternehmen, damit **unrichtige personenbezogene Daten gelöscht oder berichtigt werden** (ErwGr 39). Verarbeitete personenbezogene Daten müssen sachlich richtig und erforderlichenfalls auf dem neuesten Stand sein. Um dieses Ziel zu erreichen, müssen Verantwortliche angemessene Maßnahmen treffen, damit unrichtige Daten unverzüglich gelöscht oder berichtigt werden. Diese Berichtigungspflicht besteht nach dem Wortlaut des Grundsatzes ausdrücklich bezogen auf die Zwecke der Verarbeitung. Die Richtigkeit ist nach der Definition des Duden gegeben, wenn eine Information dem tatsächlichen Sachverhalt oder den realen Gegebenheiten entspricht. Um die Richtigkeit zu gewährleisten, müssen die verarbeiteten Daten auf dem aktuellen und neuesten Stand sein. Dies muss vom Verantwortlichen sichergestellt werden.

Die Richtigkeit muss bezogen auf die Zwecke gegeben sein, die mit der Ver- **53**
arbeitung verfolgt werden. Dies führt im Ergebnis zu einer **aktiven Prüfpflicht** des Verantwortlichen im Sinne einer **Qualitätssicherung** der Daten. Die zu treffenden Maßnahmen müssen dabei angemessen sein. Das bedeutet, dass zwar nicht jede mögliche Maßnahme ergriffen werden muss, wohl aber solche, die dem Verantwortlichen mit Blick auf den notwendigen Aufwand zugemutet werden können. Im Ergebnis kann beispielsweise ein Online-Shop auf die Pflege der von Kunden eigenständig mitgeteilten Telefonnummern verzichten, wenn es für die Abwicklung von Käufen ausreichend ist, die korrekte Anschrift zu verarbeiten. Auf Verlangen ist allerdings auch eine nicht zwingend benötigte Telefonnummer zu korrigieren, wenn der Kunde auf Fehler hinweist. Alternativ können Verantwortliche diese aber auch löschen.

Zur Sicherung der Richtigkeit müssen Verantwortliche Maßnahmen treffen, **54**
die sich auf alle Daten beziehen, die für einen Verarbeitungszweck aktuell und zutreffend sein müssen. Diese Einschränkung leitet sich aus der Verwendung des Begriffs »erforderlichenfalls« im ersten Halbsatz des Grundsatzes in Buchst. d ab. Andere personenbezogene Daten müssen insoweit nicht zwingend von qualitätssichernden Maßnahmen erfasst werden. Bezüglich dieser Informationen stellt sich indes mit Blick auf den Grundsatz der Datenminimierung in Buchst. c die Frage, ob diese nicht zu löschen sind.

Im **betrieblichen Rahmen** kommt dem Grundsatz der Richtigkeit ins- **55**
besondere bezogen auf **Personalakten** eine Bedeutung zu. Finden sich hier Informationen, die unrichtig sind, müssen diese vom Arbeitgeber als dem für den Datenschutz Verantwortlichen identifiziert, korrigiert oder gelöscht werden. Dies kann beispielsweise bezogen auf eine erteilte arbeitsrechtliche Abmahnung der Fall sein, wenn diese im Ergebnis einer gerichtlichen Auseinandersetzung vom Arbeitgeber zurückgenommen werden musste.

5. Speicherbegrenzung (Abs. 1 Buchst. e)

56 Der Grundsatz der »Speicherbegrenzung« gibt für alle Verarbeitungen personenbezogener Daten den Maßstab vor, dass dies nur solange zulässig ist, bis der festgelegte Zweck erfüllt ist. Die Regelung **konkretisiert den Grundsatz der Zweckbindung** und füllt das jeweils zu beachtende Verhältnismäßigkeitsprinzip in zeitlicher Hinsicht aus.[18] Er gibt vor, dass eine Identifizierung betroffener Personen nur solange möglich sein soll, wie dies für den Verarbeitungszweck erforderlich ist. Abweichungen von diesem allgemeinen Grundsatz sind möglich, wenn personenbezogene Daten ausschließlich für im öffentlichen Interesse liegende Archivzwecke oder für wissenschaftliche oder historische Forschungszwecke wie für statistische Zwecke verarbeitet werden. In diesem Sonderfall ist eine längere Speicherung ausdrücklich zulässig. Zur Umsetzung des Grundsatzes der Speicherbegrenzung müssen Verantwortliche in allen anderen Fällen **Fristen für die Löschung personenbezogener Daten** vorsehen. Ist eine solche Festlegung von Fristen nicht erfolgt, müssen regelmäßige Überprüfungen bezüglich der Frage erfolgen, ob vorhandene personenbezogene Daten für den hiermit verbundenen Zweck noch erforderlich sind (vgl. ErwGr 39). Bei der Festlegung von Löschfristen müssen Verantwortliche vorsehen, dass Speicherfristen auf das unbedingt erforderliche Mindestmaß beschränkt sind. Dabei ist wie bei der Speicherbegrenzung der Datenminimierung zu beachten, dass eine Verarbeitung überhaupt nur erfolgen darf, wenn ihr Zweck vom Verantwortlichen nicht in zumutbarer Weise mit anderen Mitteln erreicht werden kann.[19] Im Ergebnis lässt der Grundsatz der Speicherbegrenzung die Verarbeitung personenbezogener Daten nur so lange zu, wie der Verarbeitungszweck erforderlich ist. Insoweit ergänzt der Grundsatz der Speicherbegrenzung den der Datenminimierung.

57 Ist der **Zweck** für eine Verarbeitung personenbezogener Daten **erfüllt oder weggefallen**, muss die Speicherbegrenzung durch eine **Löschung** der entsprechenden Daten erfolgen. Mit Blick auf das »Recht auf Vergessenwerden« der betroffenen Person in Art. 17 muss der Löschungsvorgang **unverzüglich** durchgeführt werden. Alternativ zur Löschung kommt eine Anonymisierung vorhandener Daten in Betracht, durch die jeder Rückschluss auf einzelne Personen ausgeschlossen wird. Keine Anonymisierung liegt vor, wenn lediglich die Dateinamen oder Identifizierungsdaten im Text gelöscht werden, weil dann Rückschlüsse auf Personen technisch weiter möglich sind. Gleiches gilt für die Pseudonymisierung, die den Besitzern der entsprechenden Schlüssellisten jederzeit eine Wiederherstellung der Daten ermöglicht. Dienen personenbezogene Daten mehreren Zwecken, muss eine

---

18 Vgl. Gola-*Pötters*, Art. 5 Rn. 25.
19 Vgl. DWWS-*Weichert*, Art. 5 Rn. 59.

Umsetzung der Speicherbegrenzung erst nach Wegfall des letzten Zwecks erfolgen. Bis dahin muss aber durch geeignete technische und organisatorische Maßnahmen eine Begrenzung der Zugriffsberechtigungen auf diese Daten und eine Sperrung für andere Zwecke erfolgen.

Die Festlegung einer Speicherdauer, an deren Ende eine Löschung steht, 58 muss **objektiven Kriterien** genügen, die sich aus der Gesamtschau der vorhandenen personenbezogenen Daten und der mit ihrer Verarbeitung verfolgten Zwecke ableiten. Besondere Arten personenbezogener Daten müssen damit im Ergebnis ggf. früher gelöscht werden als Kontaktdaten zu einer bestimmten Person. Keine Ausnahme vom Grundsatz der Speicherbegrenzung gibt es für die Vorratsdatenspeicherung personenbezogener Daten, für deren Verarbeitung es keinen festgelegten Zweck gibt bzw. die weiter gespeichert werden sollen, weil sich ein solcher in der Zukunft möglicherweise ergeben könnte.[20]

Betroffene Personen müssen vom Verantwortlichen mit Blick auf Art. 13 59 Abs. 2 Buchst. a über die Dauer der mit einem Zweck verbundenen Speicherung **informiert** werden. Falls sich die Dauer nicht benennen lässt, müssen ihnen ersatzweise die Kriterien für die Festlegung der Dauer mitgeteilt werden. Diese Information muss ebenso wie die aus Art. 14 Abs. 2 Buchst. a bei Erhebungen personenbezogener Daten bei Dritten durch den Verantwortlichen erfolgen.

Erfolgt die Verarbeitung von personenbezogenen Daten für im öffentlichen 60 Interesse liegende **Archivzwecke**, für wissenschaftliche oder historische **Forschungszwecke** oder für **statistische Zwecke**, können längere Speicherfristen zulässig sein. Allerdings setzen diese geeignete Garantien i. S. v. Art. 88 voraus, die die jeweiligen Verantwortlichen geben müssen.

6. Integrität und Vertraulichkeit (Abs. 1 Buchst. f)

Der Grundsatz in **Buchst. f** soll die notwendige **technische** und **organi-** 61 **satorische Datensicherheit** gewährleisten. Im Ergebnis beinhaltet die Regelung eine Verpflichtung zur Durchführung systematischer technischer und organisatorischer Maßnahmen, die näher in Art. 32 beschrieben sind. Personenbezogene Daten müssen nach dem Grundsatz in einer Weise verarbeitet werden, die ihren angemessenen Schutz gewährleistet. Hierzu gehört auch die Absicherung vor unbefugten oder unrechtmäßigen Verarbeitungen oder vor unbeabsichtigten Verlusten sowie vor unbeabsichtigter Zerstörung oder Schädigung. Die datenschutzrechtliche Konkretisierung dieses Grundsatzes findet in der DSGVO insbesondere durch die Regelungen in Art. 25, 32 und 35 statt.

20 Vgl. Ehmann/Selmayr-*Heberlein*, Art. 5 Rn. 25.

III. Rechenschaftspflicht (Abs. 2)

62 Die Grundsätze in Abs. 1 dieser Vorschrift sind keine »allgemeinen Programmsätze«, sondern **verbindliche Vorgaben**, die Verantwortliche beachten und sicherstellen müssen. Darauf weist die Regelung zur »Rechenschaftspflicht« hin, die **Abs. 2** enthält. Hiernach ist der Verantwortliche für die Einhaltung der Grundsätze in Abs. 1 zwingend zuständig und muss deren Einhaltung nachweisen können.

63 Im Ergebnis kommt diese Vorgabe einer **Dokumentationspflicht** zulasten des Verantwortlichen gleich, da nur so der geforderte Nachweis in substantiierter Form möglich sein wird.[21] Dabei müssen die zur Umsetzung der Grundsätze getroffenen Maßnahmen konkret und nachvollziehbar beschrieben werden. Der Nachweis kann aber auch durch die Festlegung interner Strategien und deren Umsetzung erfolgen, wenn diese im Ergebnis die Vorgaben in Abs. 1 erfüllen.

64 Nach Abs. 2 trifft den Verantwortlichen die **Beweispflicht** dafür, dass und wie er die Grundsätze in Abs. 1 umgesetzt hat. Beschäftigte können schon mit Blick auf das Transparenzgebot der DSGVO vom Arbeitgeber Darlegungen zur Umsetzung verlangen. Gleiches gilt im Rahmen ihrer Beteiligungsrechte für Betriebs- oder Personalräte. Diese Grundsätze müssen vom Arbeitgeber als dem datenschutzrechtlich Verantwortlichen ebenfalls nachvollziehbare Auskünfte darüber erteilt werden, welche konkreten Umsetzungsschritte erfolgt sind bzw. welche Kriterien bei deren Festlegung und Prüfung herangezogen wurden.

IV. Hinweise für Betriebs- oder Personalräte

65 Die datenschutzrechtlichen Grundsätze in Abs. 1 kommen auch auf die Verarbeitung personenbezogener Daten durch Betriebs- oder Personalräte zur Anwendung, die für die Durchführung ihrer kollektivrechtlich vorgegebenen Aufgaben erfolgen. Eine entsprechende Verpflichtung von Betriebsräten sieht auch das BAG.[22] Sie ist inzwischen in einzelnen Bundesländern für Personalräte im Landesbereich auch in einzelnen Landespersonalvertretungsgesetzen, in § 69 BPersVG sowie in § 79a BetrVG verankert (vgl. Art. 4 Rn. 38).

66 Bezogen auf die Verarbeitung von Beschäftigtendaten können Betriebs- oder Personalräte bei der Wahrnehmung ihrer kollektivrechtlichen Beteiligungsrechte die Einhaltung der in Art. 5 Abs. 1 verankerten Grundsätze verlangen. Dies ist insbesondere im Rahmen der allgemeinen Kontrollrechte relevant, die etwa § 80 Abs. 1 Nr. 1 BetrVG enthält. Die datenschutzrechtlichen Re-

21 Vgl. *Berning*, ZD 2018, 348.

22 Vgl. BAG 18.7.2012 – 7 ABR 23/11, NZA 2013, 49.

gelungen der DSGVO und des BDSG gehören in diesem Rahmen zu den zugunsten von Arbeitnehmern geltenden Gesetzen, deren Einhaltung Betriebsräte zu überwachen haben.

Betriebs- oder Personalräte können beispielsweise einfordern, dass bei der **67** Ausgestaltung von betrieblichen Prozessen der Verarbeitung von Beschäftigtendaten der Grundsatz der Datenminimierung durchgängig eingehalten wird. Arbeitgeber müssen ihnen gegenüber darlegen, wie der Grundsatz der Datenminimierung praktisch umgesetzt wird. Um diesen zu garantieren, kommt etwa innerhalb von Betriebs- oder Dienstvereinbarungen die Festschreibung eines den Vorgaben des Grundsatzes entsprechenden Rollen- und Berechtigungskonzepts mit auf das Notwendige begrenzten Zugriffsmöglichkeiten ebenso in Betracht wie die Verankerung verbindlicher und möglich kurzer Löschfristen.

Im Rahmen des **Rollen- und Berechtigungskonzeptes** kann beispielsweise **68** festgeschrieben werden, dass innerhalb einer größeren Personalabteilung die dort Beschäftigten kein allgemeines Zugriffsrecht auf alle Personalakten haben, sondern nur auf ihnen zugeordnete Gruppen von Beschäftigten. Gleiches gilt für die Regelung zu Vertretungen im Fall von Urlaub, Krankheit oder aus sonstigen Gründen.

Ein weiteres aktuelles und immer brisanter werdendes Regelungsthema lei- **69** tet sich aus dem Grundsatz der **Datenminimierung** bezogen auf Verfahren ab, die mittels »Big Data-Anwendungen« oder mit »KI-Technologien« ablaufen und die regelmäßig eine **Verarbeitung auf Vorrat** beinhalten. Für derartige Verfahren besteht keine belastbare datenschutzrechtliche Berechtigung. Sollen sie dennoch für Zwecke eingesetzt werden, die auch aus Sicht von Betriebs- oder Personalräten sinnvoll und notwendig sind, muss durch kollektive Regelungen sichergestellt werden, dass die hierbei »auf Vorrat« verarbeiteten personenbezogenen Daten auf ein Minimum reduziert werden. In vielen Fällen lassen sich zudem notwendige Lern- und Auswertungsphasen der verwendeten Algorithmen auf der Basis pseudonymisierter Informationen realisieren, auch wenn diese in Systemen nicht standardmäßig so angelegt sind. Betriebs- oder Personalräte können diesbezüglich von Verantwortlichen verlangen, dass der Grundsatz der Datenminimierung konsequent und nachhaltig befolgt wird. Hieraus resultiert bereits ein eigenständiger Zwang zum Einsatz von Verfahren zur Pseudonymisierung oder Anonymisierung. Wo dies nicht möglich ist, müssen andere wirksame verfahrensrechtliche Schutzmaßnahmen verankert werden.

Mit Blick auf den Grundsatz der **Speicherbegrenzung** können Betriebs- **70** oder Personalräte im mitbestimmungsrechtlichen Bereich bezüglich der Verarbeitung personenbezogener Daten vom Arbeitgeber Auskunft darüber verlangen, wie dieses Konzept in die Praxis umgesetzt wird. Dies kann im Regelfall durch die Darstellung der getroffenen Maßnahmen und der dort verankerten Löschfristen geschehen. Wird diese Information nicht erteilt oder gibt es entsprechende Löschkonzepte nicht, können sie der Einführung oder Anwendung technischer Systeme, mit denen Beschäftigtendaten verarbeitet werden, das Argument entgegenhalten, dass die Verarbeitung nicht rechtskonform ist. Schafft der Arbeitgeber in dieser Situation keine Abhilfe, ist fraglich, ob eine solche technische Einrichtung einseitig in einer Einigungsstelle durchgesetzt werden kann.

71 Die Missachtung zwingender datenschutzrechtlicher Grundsätze durch eine vom Einigungsstellenvorsitzenden mitgetragene kontroverse Entscheidung wäre mit hoher Wahrscheinlichkeit rechtsmissbräuchlich.

72 Im Rahmen der ihnen nach Art. 5 Abs. 2 obliegenden **Rechenschaftspflicht** müssen Arbeitgeber Betriebs- oder Personalräten spätestens auf deren Nachfrage darlegen, wie die **Umsetzung dieser Grundsätze konkret erfolgt**. Entsprechendes gilt bezüglich der Einführung und Anwendung technischer Einrichtungen, die zur Verhaltens- oder Leistungskontrolle i. S. v. § 87 Abs. 1 Nr. 6 BetrVG bestimmt sind. Diesbezüglich muss mit Blick auf die Grundsätze in Abs. 1 beispielsweise dargelegt werden, welche rechtlichen Grundlagen es für Verarbeitungen gibt, welchen konkreten Zwecken sie dienen sollen und wie die Datenminimierung sichergestellt wird.

Artikel 6 Rechtmäßigkeit der Verarbeitung

(1) Die Verarbeitung ist nur rechtmäßig, wenn mindestens eine der nachstehenden Bedingungen erfüllt ist:

a) Die betroffene Person hat ihre Einwilligung zu der Verarbeitung der sie betreffenden personenbezogenen Daten für einen oder mehrere bestimmte Zwecke gegeben;

b) die Verarbeitung ist für die Erfüllung eines Vertrags, dessen Vertragspartei die betroffene Person ist, oder zur Durchführung vorvertraglicher Maßnahmen erforderlich, die auf Anfrage der betroffenen Person erfolgen;

c) die Verarbeitung ist zur Erfüllung einer rechtlichen Verpflichtung erforderlich, der der Verantwortliche unterliegt;

d) die Verarbeitung ist erforderlich, um lebenswichtige Interessen der betroffenen Person oder einer anderen natürlichen Person zu schützen;

e) die Verarbeitung ist für die Wahrnehmung einer Aufgabe erforderlich, die im öffentlichen Interesse liegt oder in Ausübung öffentlicher Gewalt erfolgt, die dem Verantwortlichen übertragen wurde;

f) die Verarbeitung ist zur Wahrung der berechtigten Interessen des Verantwortlichen oder eines Dritten erforderlich, sofern nicht die Interessen oder Grundrechte und Grundfreiheiten der betroffenen Person, die den Schutz personenbezogener Daten erfordern, über-

wiegen, insbesondere dann, wenn es sich bei der betroffenen Person um ein Kind handelt.

Unterabsatz 1 Buchstabe f gilt nicht für die von Behörden in Erfüllung ihrer Aufgaben vorgenommene Verarbeitung.

(2) Die Mitgliedstaaten können spezifischere Bestimmungen zur Anpassung der Anwendung der Vorschriften dieser Verordnung in Bezug auf die Verarbeitung zur Erfüllung von Absatz 1 Buchstaben c und e beibehalten oder einführen, indem sie spezifische Anforderungen für die Verarbeitung sowie sonstige Maßnahmen präziser bestimmen, um eine rechtmäßig und nach Treu und Glauben erfolgende Verarbeitung zu gewährleisten, einschließlich für andere besondere Verarbeitungssituationen gemäß Kapitel IX.

(3) Die Rechtsgrundlage für die Verarbeitungen gemäß Absatz 1 Buchstaben c und e wird festgelegt durch

a) Unionsrecht oder
b) das Recht der Mitgliedstaaten, dem der Verantwortliche unterliegt.

Der Zweck der Verarbeitung muss in dieser Rechtsgrundlage festgelegt oder hinsichtlich der Verarbeitung gemäß Absatz 1 Buchstabe e für die Erfüllung einer Aufgabe erforderlich sein, die im öffentlichen Interesse liegt oder in Ausübung öffentlicher Gewalt erfolgt, die dem Verantwortlichen übertragen wurde. Diese Rechtsgrundlage kann spezifische Bestimmungen zur Anpassung der Anwendung der Vorschriften dieser Verordnung enthalten, unter anderem Bestimmungen darüber, welche allgemeinen Bedingungen für die Regelung der Rechtmäßigkeit der Verarbeitung durch den Verantwortlichen gelten, welche Arten von Daten verarbeitet werden, welche Personen betroffen sind, an welche Einrichtungen und für welche Zwecke die personenbezogenen Daten offengelegt werden dürfen, welcher Zweckbindung sie unterliegen, wie lange sie gespeichert werden dürfen und welche Verarbeitungsvorgänge und -verfahren angewandt werden dürfen, einschließlich Maßnahmen zur Gewährleistung einer rechtmäßig und nach Treu und Glauben erfolgenden Verarbeitung, wie solche für sonstige besondere Verarbeitungssituationen gemäß Kapitel IX. Das Unionsrecht oder das Recht der Mitgliedstaaten müssen ein im öffentlichen Interesse liegendes Ziel verfolgen und in einem angemessenen Verhältnis zu dem verfolgten legitimen Zweck stehen.

(4) Beruht die Verarbeitung zu einem anderen Zweck als zu demjenigen, zu dem die personenbezogenen Daten erhoben wurden, nicht auf der Einwilligung der betroffenen Person oder auf einer Rechtsvorschrift der Union oder der Mitgliedstaaten, die in einer demokratischen Gesellschaft eine notwendige und verhältnismäßige Maßnahme zum Schutz der in Artikel 23 Absatz 1 genannten Ziele darstellt, so berücksichtigt

der Verantwortliche — um festzustellen, ob die Verarbeitung zu einem anderen Zweck mit demjenigen, zu dem die personenbezogenen Daten ursprünglich erhoben wurden, vereinbar ist — unter anderem

a) jede Verbindung zwischen den Zwecken, für die die personenbezogenen Daten erhoben wurden, und den Zwecken der beabsichtigten Weiterverarbeitung,

b) den Zusammenhang, in dem die personenbezogenen Daten erhoben wurden, insbesondere hinsichtlich des Verhältnisses zwischen den betroffenen Personen und dem Verantwortlichen,

c) die Art der personenbezogenen Daten, insbesondere ob besondere Kategorien personenbezogener Daten gemäß Artikel 9 verarbeitet werden oder ob personenbezogene Daten über strafrechtliche Verurteilungen und Straftaten gemäß Artikel 10 verarbeitet werden,

d) die möglichen Folgen der beabsichtigten Weiterverarbeitung für die betroffenen Personen,

e) das Vorhandensein geeigneter Garantien, wozu Verschlüsselung oder Pseudonymisierung gehören kann.

Inhaltsübersicht Rn.

I. Allgemeines 1– 3
II. Rechtmäßigkeit der Datenverarbeitung (Abs. 1) 4–46
  1. Einwilligung (Abs. 1 Buchst. a) 11–17
  2. Vertragserfüllung oder Durchführung vorvertraglicher Maßnahmen (Abs. 1 Buchst. b) 18–28
  3. Erfüllung einer rechtlichen Verpflichtung (Abs. 1 Buchst. c) 29
  4. Schutz lebenswichtiger Interessen (Abs. 1 Buchst. d) 30–33
  5. Wahrnehmung von Aufgaben im öffentlichen Interesse oder Ausübung öffentlicher Gewalt (Abs. 1 Buchst. e) 34
  6. Wahrung berechtigter Interessen (Abs. 1 Buchst. f) 35–46
III. Spezifische Datenschutzbestimmungen in den Mitgliedsstaaten (Abs. 2) 47–50
IV. Ausgestaltung spezifischer Datenschutzbestimmungen (Abs. 3) 51–53
V. Verarbeitungen zu anderen Zwecken (Abs. 4) 54–74
  1. Bewertungskriterien 58–74
    a. Zweck (Abs. 4 Buchst. a) 59–62
    b. Erhebungszusammenhang (Abs. 4 Buchst. b) 63–65
    c. Art der personenbezogenen Daten (Abs. 4 Buchst. c) 66–68
    d. Folgen für die betroffene Person (Abs. 4 Buchst. d) 69–71
    e. Garantien (Abs. 4 Buchst. e) 72–74
VI. Verantwortlichkeit für die Prüfung 75–76

I. Allgemeines

1 Der Regelung zur Rechtmäßigkeit der Verarbeitung in Art. 6 kommt innerhalb der DSGVO eine herausragende und zentrale Bedeutung zu, da sie die **maßgeblichen Erlaubnisnormen** für alle Verarbeitungen personenbezoge-

ner Daten enthält. Die in dieser Vorschrift verankerten datenschutzrechtlichen Erlaubnistatbestände entsprechen in vielen Punkten den Vorschriften, die in §§ 4 Abs. 1 und 28 Abs. 1 Nr. 1 und 2 BDSG a. F. enthalten waren.

In **Abs. 1** sind die **datenschutzrechtlichen Erlaubnistatbestände abschließend** aufgezählt. Die Reichweite dieser Erlaubnistatbestände ist mit Blick auf die allgemeinen Grundsätze in Art. 5 sowie auf zahlreiche Präzisierungen in anderen Vorschriften (etwa in Art. 9 zu »besonderen Kategorien personenbezogener Daten«) bezüglich Art und Umfang ihrer Reichweite nur schwer zu überschauen. **Abs. 2** enthält eine **Öffnungsklausel**, auf deren Grundlage **Mitgliedsstaaten spezifische Verarbeitungsanforderungen** oder **sonstige Maßnahmen** des Datenschutzes präziser bestimmen können. Entsprechende Maßnahmen müssen gewährleisten, dass Verarbeitungen rechtmäßig sind und nach Treu und Glauben erfolgen. Die Regelung zielt vorwiegend auf den öffentlichen Bereich und hat dort klarstellende Funktionen. **Abs. 3** legt fest und präzisiert die Bedingungen, die **einschlägige Rechtsgrundlagen des** Unionsrechts oder des Rechts der Mitgliedsstaaten **erfüllen** müssen, um Verarbeitungen personenbezogener Informationen datenschutzrechtlich zu legitimieren. Neben Abs. 1 ist **Abs. 4** herausragend bedeutsam, der die Voraussetzungen für Zweckänderungen vorgibt. Deren Zulässigkeit müssen Verantwortliche eigenständig prüfen. In der Vorschrift werden hierfür beispielhaft (»unter anderem«) fünf Kriterien benannt, die Verantwortliche heranziehen müssen, wenn sie die **Zulässigkeit von Zweckänderungen** bewerten. Eigenständige Erlaubnistatbestände für die Verarbeitung nach einer Zweckänderung enthält Abs. 4 nicht. 2

Art. 6 kommt unterschiedslos auf Verantwortliche im **öffentlichen** wie im **nichtöffentlichen** Bereich und auf die von diesen durchgeführten Verarbeitungen zur Anwendung. Die einzige Ausnahme vom Anwendungsbereich gibt es nach Art. 6 Abs. 2 für den Tatbestand der Wahrung berechtigter Interessen in Abs. 1 Buchst. f, der für öffentliche Stellen nach der Regelung im letzten Satz von Abs. 1 nicht zur Anwendung kommt. 3

II. Rechtmäßigkeit der Datenverarbeitung (Abs. 1)

In **Abs. 1** werden **sechs Tatbestände** benannt, bei deren Erfüllung die Verarbeitung personenbezogener Daten zulässig ist. Damit wird auch für den Anwendungsbereich der DSGVO ein **Verbot mit Erlaubnisvorbehalt** begründet, das bereits in Art. 5 DSRL sowie in der sich daraus ableitenden Vorschrift des § 4 Abs. 1 BDSG a. F. zu finden war. Eine Verarbeitung personenbezogener Daten darf nur erfolgen, wenn ein Verarbeiter einen der in Abs. 1 enthaltenen Tatbestände als einschlägig benennen und dessen Anwendbarkeit substantiiert darlegen kann.[1] 4

1 Vgl. Gola-*Schulz*, Art. 6 Rn. 2; Kühling/Buchner-*Buchner/Petri*, Art. 6 Rn. 11.

5 Die **Aufzählung** der Erlaubnistatbestände in Abs. 1 ist **abschließend**. Sie stehen zueinander in einem gleichwertigen Verhältnis. Allerdings weist die Nennung der Einwilligung an erster Stelle darauf hin, dass dieser im datenschutzrechtlichen Gesamtkontext eine herausragende Bedeutung zukommt.

6 Um personenbezogene Daten verarbeiten zu können, muss mindestens eine der in Abs. 1 genannten Grundlage erfüllt sein. Möglich ist auch das **Nebeneinander** mehrerer Erlaubnistatbestände. Allerdings leitet sich hieraus keine Ausweitung des Inhalts eines Erlaubnistatbestands ab. Eine solche Ausweitung stünde im Widerspruch zum aus Art. 5 Abs. 1 Buchst. b folgenden Grundsatz einer (engen) Zweckbindung. Vor diesem Hintergrund sind Erlaubnistatbestände bezogen auf Zwecke der Verarbeitung **eng auszulegen**. Die hierauf fußenden Verarbeitungszwecke selbst sind so konkret wie möglich zu fassen.[2]

7 Der anzulegende **enge Maßstab** führt dazu, dass der Regelungsgehalt der einzelnen Erlaubnistatbestände nicht kumulativ bewertet werden kann. Werden etwa personenbezogene Daten im Sinne von Abs. 1 Buchst. b für die Erfüllung eines Vertrags verarbeitet, prägt dieser Erlaubnistatbestand die datenschutzrechtliche Zulässigkeit des Umgangs mit personenbezogenen Daten insgesamt. Diese Prägung steht beispielsweise einem Rückgriff auf einen der anderen in den Buchst. d bis f enthaltenen Erlaubnistatbestände entgegen, die nur dazu dient, zusätzliche Verarbeitungsmöglichkeiten zu schaffen, die sich aus der Vertragserfüllung nicht ableiten.

8 Entsprechendes gilt, wenn **parallel** zu einem in Buchst. b bis f enthaltenen Erlaubnistatbestand von betroffenen Personen eine **Einwilligung** eingeholt wird. Mit Blick auf den in Art. 5 Abs. 1 Buchst. a enthaltenen Grundsatz einer Verarbeitung nach Treu und Glauben und unter Wahrung der notwendigen Transparenz muss ein Verantwortlicher im Falle der zusätzlichen Einholung einer Einwilligung den betroffenen Personen gegenüber darlegen, dass er am Vorliegen eines anderen gesetzlichen Erlaubnistatbestandes selbst Zweifel hat. Zudem kann die parallele Einholung einer Einwilligung im Widerspruch zu der durch Art. 5 Abs. 1 Buchst. b vorgeschriebenen Zweckbindung stehen.

9 Mit Ausnahme des Erlaubnistatbestands der Einwilligung in Buchst. a stehen alle weiteren Erlaubnistatbestände unter dem Vorbehalt einer im Einzelfall objektiv gegebenen **Erforderlichkeit**. Auf die Durchführung einer Interessenabwägung unter Beachtung der Verhältnismäßigkeit können Verantwortliche ausnahmsweise nur dann verzichten, wenn sich ein Erlaubnistatbestand aus objektiver Sicht auf Basis einer Interessenabwägung sonst nicht realisieren lässt. Ein solcher Fall kann beispielsweise bei der Verarbeitung zu Vertragszwecken dann vorliegen, wenn ohne die bekannte Konto-

2 Vgl. Gola-*Schulz*, Art. 6 Rn. 19.

nummer einer betroffenen Person vertraglich geschuldete Zahlungen nicht geleistet werden können.

Bezieht sich einer der Erlaubnistatbestände in Abs. 1 auf besondere Katego- 10
rien personenbezogener Daten gemäß **Art. 9**, sind die normativen Vorgaben in Buchst. a bis f **restriktiv zu interpretieren**. Die Ausnahmetatbestände in Art. 9 Abs. 2 dürfen zu keiner Erweiterung der in Art. 6 Abs. 1 verankerten Erlaubnistatbestände führen.[3]

1. Einwilligung (Abs. 1 Buchst. a)

Die Verarbeitung personenbezogener Daten kann nach Abs. 1 **Buchst. a** 11
auf Basis einer **Einwilligung** erfolgen, die entsprechend der in Art. 7 verankerten Regel erteilt wurde. Handelt es sich um eine Einwilligung von Beschäftigten im Rahmen eines Beschäftigungsverhältnisses, sind darüber hinaus die in § 26 Abs. 2 BDSG enthaltenen Vorgaben zu beachten (vgl. dort Rn. 104ff.). Die Definition der Einwilligung enthält Art. 4 Nr. 11 (vgl. Rn. 52ff.).

Der **Inhalt einer Einwilligung** muss **unmissverständlich** sein. Bezieht sie 12
sich auf mehrere Verarbeitungszwecke, müssen diese insgesamt, klar und eindeutig von der Einwilligung erfasst sein. Ist dies nicht oder nur teilweise der Fall, fehlt es insgesamt an einer rechtswirksamen Einwilligung (vgl. ErwGr 43). Zudem liegt dann insbesondere ein Verstoß gegen den Transparenzgrundsatz des Art. 5 Abs. 1 Buchst. a vor (vgl. Art. 5 Rn. 15ff.).

Wird der **Text** einer Einwilligung vom Verantwortlichen **vorgegeben oder** 13
vorformuliert, muss dieser in verständlicher, leicht zugänglicher Form und in einer klaren und einfachen Sprache verfasst sein (vgl. ErwGr 42; vgl. auch § 12 BDSG, Rn. 12). Ist einem Verantwortlichen bekannt, dass Personen, von denen er eine Einwilligung einholt, die Landessprache nur unzureichend oder lückenhaft beherrschen, muss er die Einwilligung in deren Muttersprache übersetzen, damit sie Wirksamkeit entfalten kann.[4] Vorformulierte Einwilligungserklärungen dürfen im Text keine »missbräuchlichen Klauseln« im Sinne des AGB-Rechts enthalten.

Mit Blick auf den datenschutzrechtlichen Zweckbindungsgrundsatz in Art. 5 14
Abs. 1 Buchst. b müssen die Zwecke einer Verarbeitung, in die eingewilligt werden soll, so konkret wie möglich benannt werden. Zulässig sind nur Verarbeitungen, die für festgelegte, eindeutige und legitime Zwecke erfolgen. Dies **schließt Blankoeinwilligungen** oder **pauschale Zulässigkeiten** aus.[5]

3 Vgl. DWWS-*Wedde*, Art. 6 Rn. 10f.

4 Vgl. SHS-*Schantz*, Art. 6 Abs. 1 Rn. 27; DWWS-*Wedde*, Art. 6 Rn. 20.

5 Vgl. Gola-*Schulz*, Art. 6 Rn. 24.

15 Die Einwilligung nach Abs. 1 Buchst. b muss **tatsächlich erteilt** werden. Schweigen oder Untätigkeit einer Person ist ebenso wenig eine datenschutzrechtlich relevante Einwilligung wie konkludentes Handeln. Erbittet beispielsweise ein Unternehmen, das einen »Tag der offenen Tür« durchführt, von Besuchern eine Anmeldung unter Nennung von Name und Telefonnummer, stellt deren Übermittlung nicht zugleich eine Einwilligung in die Weiterverarbeitung dieser Daten und in den Abgleich mit anderen Informationen dar.

16 Eine erteilte Einwilligung kann von betroffenen Personen **jederzeit widerrufen** werden, ohne dass es hierfür einer Begründung bedarf (vgl. Art. 7 Rn. 28). Ist ein Widerspruch erfolgt, darf ein Verantwortlicher die entsprechenden personenbezogenen Daten auch nicht auf Basis einer anderen Erlaubnisnorm in Abs. 1 Buchst. b bis f weiterverarbeiten. Ein Widerspruch ist insoweit auch im Rahmen einer durchzuführenden Interessenabwägung als Indiz dafür herausragend zu beachten, dass überwiegende Interessen, Grundrechte und Grundfreiheiten betroffener Personen daran vorliegen, dass eine Verarbeitung unterbleiben muss.[6]

17 Die **Beweislast** dafür, dass eine wirksame Einwilligung vorliegt, trägt nach Art. 7 Abs. 1 der Verantwortliche. Um dieser Beweislast nachkommen zu können, sollte die **Schriftform** oder zumindest die (elektronische) **Textform** gewählt werden, da sich der Nachweis einer tatsächlichen Erteilung bei einer nur mündlichen Einwilligung nur schwer führen lässt. Bei Beschäftigtenverhältnissen muss aufgrund von § 26 Abs. 2 BDSG im Regelfall die Schriftform oder eine elektronische Form gewählt werden (vgl. § 26 BDSG, Rn. 108).

2. Vertragserfüllung oder Durchführung vorvertraglicher Maßnahmen (Abs. 1 Buchst. b)

18 Der Erlaubnistatbestand in Abs. 1 **Buchst. b** regelt alternativ die Erlaubnistatbestände für die Erfüllung eines Vertrags mit einer betroffenen Person bzw. für die von betroffenen Personen veranlasste erforderliche Durchführung vorvertraglicher Maßnahmen.

19 Als **erste Alternative** wird im Erlaubnistatbestand des Buchst. b die **Erfüllung eines Vertrags** genannt. Dieser Erlaubnistatbestand setzt immer voraus, dass die von der Verarbeitung betroffene Person eine der Vertragsparteien ist. Der Inhalt der vertraglichen Regelung, durch den der Zweck der Verarbeitung bestimmt wird, leitet sich insoweit aus den vorliegenden und im Regelfall übereinstimmenden Willenserklärungen ab.

20 Die **Erfüllung** des Vertrags bezeichnet alle Phasen der Durchführung eines vertraglichen Schuldverhältnisses wie insbesondere die Herbeiführung des vertraglich geschuldeten Leistungserfolgs. Hinzu kommen vertragliche Ne-

6 Ähnlich Kühling/Buchner-*Buchner/Petri*, Art. 6 Rn. 23.

benpflichten (wie etwa allgemeine Rücksichtnahme- und Schutzpflichten) sowie die nach Beendigung eines Vertrags bestehenden Sorgfalts- und Abwicklungspflichten.[7]

Der Begriff »**Vertrag**« steht für **alle Formen** wie Dienst- oder Werkverträge, Kauf-, Leih-, Werklieferungs-, Dienstleistungs- und Mietverträge, aber auch Schenkungen, Bürgschaften oder Auftragsverhältnisse. Auch Mitgliedschaften in Vereinen sind erfasst.[8] 21

Bezüglich der Verträge über Beschäftigungsverhältnisse und insbesondere über Arbeitsverträge ist bei der Bestimmung des Anwendungsraums des Erlaubnistatbestands in Abs. 1 Buchst. b die Regelung des § 26 BDSG zu berücksichtigen. Diese spezialgesetzliche Vorschrift beschränkt bezogen auf **Arbeitsverträge** und **andere Verträge über Beschäftigungsverhältnisse** die Verarbeitungsbefugnisse der Verantwortlichen auf den **Bereich des Erforderlichen** (vgl. § 26 BDSG, Rn. 7ff.). Ohne das Vorliegen einer spezifischen Erforderlichkeit darf die Verarbeitung zur Erfüllung eines Beschäftigungsvertrags nicht erfolgen. 22

Der Erlaubnistatbestand in Abs. 1 Buchst. b bezieht sich im Regelfall nur auf personenbezogene Daten der Betroffenen als den direkten Vertragspartnern. Die Verarbeitung von Daten Dritter (etwa von Ehepartnern, Familienangehörigen oder anderen nahestehenden Personen) darf nur mit deren Erlaubnis erfolgen. Deshalb darf beispielsweise ein Autohaus bei einem Fahrzeugkäufer nicht die Namen von Ehe- oder Lebenspartnern erfragen, um diese aus werblichen Gründen gesondert ansprechen zu können. Etwas anderes kann beispielsweise dann gelten, wenn eine Lebensversicherung Name und Anschrift eines Begünstigten enthalten soll. 23

Als **zweite Erlaubnisalternative** enthält Abs. 1 Buchst. b die Möglichkeit der Verarbeitung personenbezogener Daten zur **Durchführung erforderlicher vorvertraglicher Maßnahmen**, wenn diese Maßnahmen auf Anfrage der betroffenen Person erfolgen. Dieser Tatbestand ist wegen seiner Unbestimmtheit **eng auszulegen** und stellt **keinen Auffangtatbestand** für vertragliche Sachverhalte dar, die außerhalb der unmittelbaren Vertragserfüllung stehen. **Nicht erfasst** sind **Ermittlungsinitiativen von Verantwortlichen**, die sich außerhalb einer Anfrage bewegen. Insoweit wäre es unzulässig, nach einer Anfrage die anfragenden Personen mittels einer Internet-Suchmaschine zu spezifizieren und weitere Daten zu sammeln. Gleiches gilt für alle Formen vorsorglicher Datenverarbeitung.[9] 24

Von der zweiten Alternative des Abs. 1 Buchst. b erfasst ist beispielsweise eine Verarbeitung von Namen und Anschriftendaten, wenn ein potenzieller 25

7 Vgl. Kühling/Buchner-*Buchner/Petri*, Art. 6 Rn. 33.
8 Vgl. Kühling/Buchner-*Buchner/Petri*, Art. 6 Rn. 25ff.; SHS-*Schantz*, Art. 6 Abs. 1 Rn. 16.
9 Vgl. Gola-*Schulz*, Art. 6 Rn. 15.

Kunde bei einem Autohaus um die Übersendung eines unverbindlichen Angebots bittet. Weitergehende Informationen wie etwa die Einholung einer Bonitätsauskunft wären in dieser Phase einer möglichen Vertragsanbahnung unzulässig, da die entsprechenden Daten nicht auf Anfrage der betroffenen Personen verarbeitet werden. Die Verarbeitungsbefugnis endet insgesamt, wenn vorvertragliche Maßnahmen (im vorstehenden Fall die Anfrage) nicht in einen Vertrag münden.

26 Entsprechendes gilt bezogen auf **Beschäftigungsverhältnisse**. Haben beispielsweise **Bewerber** Unterlagen eingereicht, dürfen potenzielle Arbeitgeber keine zusätzlichen Informationen über sie im Internet oder an anderer Stelle sammeln. Sie müssen sich vielmehr zunächst auf die zugesandten Informationen verlassen. Reichen ihnen diese für eine Bewerbungsentscheidung nicht aus, müssen sie mit Blick auf die allgemeinen Grundsätze zur »Rechtmäßigkeit«, zu »Treu und Glauben« und zur »Transparenz« in Art. 5 Abs. 1 Buchst. a die Bewerber direkt um weitere Informationen oder um die Einwilligung in eine Informationseinholung bei Dritten bitten (vgl. § 26 BDSG, Rn. 22). Erfolgt diese, löst dies ggf. Informationspflichten zu Lasten des Arbeitgebers nach Art. 14 und 15 aus.

27 Hat ein Bewerber oder auch ein bereits eingestellter Beschäftigter zu einem Arbeitgeber **weitere Vertragsverhältnisse** (etwa für bei einer Krankenversicherung Beschäftigte in Form einer bestehenden Krankenversicherung oder bei einem Bankmitarbeiter in Form einer Kontoverbindung oder eines Darlehens), sind in beiden in Abs. 4 Buchst. b genannten Alternativen die aus unterschiedlichen Vertragsverhältnissen stammenden Daten strikt getrennt voneinander zu verarbeiten, da die beiden Vertragsverhältnisse aus datenschutzrechtlicher Sicht unabhängig voneinander sind. Für eine **gemeinsame Verarbeitung** dieser Informationen fehlt die notwendige datenschutzrechtliche Grundlage. Insoweit besteht eine Verpflichtung zur strikten **Datentrennung** der im Rahmen unterschiedlicher Vertragsverhältnisse vorhandenen personenbezogenen Daten.[10]

28 Diese Unzulässigkeit einer vertragsübergreifenden Datenverarbeitung gilt insbesondere bezogen auf besondere Arten personenbezogener Daten nach Art. 9. Es ist beispielsweise datenschutzrechtlich unzulässig, wenn ein Verantwortlicher, der ein Krankenhaus betreibt, die Daten seiner Beschäftigten mit denen abgleicht, die nach einer Behandlung im Krankenhaus in den Patientenakte zu finden sind.

3. Erfüllung einer rechtlichen Verpflichtung (Abs. 1 Buchst. c)

29 Personenbezogene Daten dürfen nach dem Erlaubnistatbestand in Abs. 1 **Buchst. c** verarbeitet werden, wenn Verantwortliche einer entsprechenden

10 Vgl. Kühling/Buchner-*Buchner/Petri*, Art. 6 Rn. 51.

rechtlichen Verpflichtung unterliegen. Es muss sich schon mit Blick auf die allgemeinen Grundsätze in Art. 5 Abs. 1 um eine **klare** und **präzise Rechtsgrundlage** handeln. In Gesetzen verwendete unbestimmte Rechtsbegriffe, etwa die »Einrichtung interner Kontrollverfahren« in § 25a Abs. 1 KWG, erfüllen diese Anforderungen nicht. Vielmehr müssen **zwingende gesetzliche Verarbeitungspflichten** zulasten von Verantwortlichen vorliegen, etwa die sich aus der Abgabenordnung ableitenden Verpflichtungen zur Übermittlung von Gehaltsinformationen und steuerlichen Abzugsbeträgen an die zuständigen Finanzämter. Die durch den Erlaubnistatbestand in Abs. 1 Buchst. c legitimierten Verarbeitungen müssen sich insoweit **eng** an gesetzlichen Vorgaben orientieren, um datenschutzrechtlich zulässig zu sein.

4. Schutz lebenswichtiger Interessen (Abs. 1 Buchst. d)

Welche praktische Bedeutung der eigentlich für die Wahrung lebenswichtiger Interessen von betroffenen Personen in **Notsituationen** gedachte Tatbestand in Abs. 1 **Buchst. d** in der Praxis haben kann, wurde im Verlauf der Corona-Pandemie überdeutlich. Diese Ausnahmesituation hat aber zugleich gezeigt, wo die **Grenzen des Erlaubnistatbestandes** angesiedelt sind: Um eine Verarbeitung mit dem Schutz lebenswichtiger Interessen zu rechtfertigen, muss in jedem Fall eine aus objektiver Sicht feststellbare **Notsituation vorliegen**, deren Behebung einen absoluten Vorrang vor datenschutzrechtlichen Interessen der Betroffenen hat. Der Tatbestand soll aber grundsätzlich **nur dann zur Anwendung kommen**, wenn eine Verarbeitung offensichtlich **nicht auf eine andere Rechtsgrundlage gestützt** werden kann (vgl. ErwGr 46). 30

Mit Blick auf die erforderliche Notsituation ist der **Erlaubnistatbestand** weiterhin **sehr eng auszulegen**. Es muss sich um **existenzielle Interessen** handeln, wie sie eine lebensbedrohliche Pandemie darstellt. Auch in dieser Situation muss von Verantwortlichen geprüft werden, ob es zur Verarbeitung personenbezogener Daten in der angestrebten Form **Alternativen** gibt, die weniger stark in die Interessen, Grundrechte und Grundfreiheiten der betroffenen Personen eingreifen würden. Statt eines verpflichtenden Fiebermessens am Werkstor kommt beispielsweise eine räumliche Trennung der Belegschaft ebenso in Betracht wie die alternative Heranziehung anderer Nachweise der Infektionsfreiheit (etwa ein aktueller Selbsttest). 31

Unabhängig vom Bestehen einer akuten Notlage, wie sie eine lebensbedrohende Pandemie darstellt, setzt der Erlaubnistatbestand in Abs. 1 Buchst. d weiterhin voraus, dass es um lebenswichtige Interessen der Betroffenen oder von Dritten geht, zu deren Schutz eine Erhebung bestimmter personenbezogener Daten erforderlich ist. Grundsätzlich gilt aber auch in derartigen Fällen, dass die Verarbeitung unterbleiben muss, wenn es handhabbare Alternativen gibt. 32

33 Die Verarbeitung auf der Grundlage von Abs. 1 Buchst. d muss unterbleiben, wenn feststeht, dass Betroffene eine **Einwilligung nicht erteilt haben** oder diese **nicht erteilen wollen**. Gleiches gilt, wenn von einer handlungsunfähigen Person bekannt ist, dass sie eine Einwilligung nicht erteilen würde. Weigert sich beispielsweise ein Beschäftigter am Werkstor, sich einer Fiebermessung oder einer sonstigen Untersuchung zu unterziehen, bevor er an seinen Arbeitsplatz gelangt, kann eine entsprechende Anforderung des Arbeitgebers nicht auf Abs. 1 Buchst. d gestützt werden. Gegebenenfalls kann sie aber erforderlich i. S. v. § 26 Abs. 1 Satz 1 BDSG sein (vgl. dazu § 26 BDSG, Rn. 52ff.).

5. Wahrnehmung von Aufgaben im öffentlichen Interesse oder Ausübung öffentlicher Gewalt (Abs. 1 Buchst. e)

34 Die Regelung in Abs. 1 **Buchst. e** richtet sich **vorrangig an staatliche Stellen**. Darüber hinaus kommt sie aber im engen Rahmen auch für Verarbeitungen in Betracht, die natürliche oder juristische Personen außerhalb des öffentlichen Bereichs durchführen, etwa Anwalts- oder Ärztekammern bezüglich des Standesrechts oder Industrie- und Handelskammern, die im Rahmen einer rechtswirksamen Beauftragung etwa Prüfungen im staatlichen Auftrag durchführen.

6. Wahrung berechtigter Interessen (Abs. 1 Buchst. f)

35 Die Regelung in Abs. 1 **Buchst. f** ermöglicht die Verarbeitung personenbezogener Daten, wenn diese zur Wahrung berechtigter Interessen des Verantwortlichen oder eines Dritten erforderlich ist. Allerdings steht dieser Erlaubnistatbestand unter dem **ausdrücklichen Vorbehalt**, dass Interessen oder Grundrechte und Grundfreiheiten der betroffenen Personen, die den Schutz personenbezogener Daten erfordern, nicht überwiegen. Dies gilt insbesondere, wenn es sich bei der betroffenen Person um ein Kind handelt. Ist ein solches Überwiegen gegeben, muss eine Verarbeitung auf dieser Grundlage vollständig unterbleiben.

36 Die Berufung auf ein berechtigtes Interesse setzt stets voraus, dass die verarbeiteten personenbezogenen Daten **rechtmäßig** und nach »**Treu und Glauben**« erhoben werden und dass sie richtig sind. Auch die Zwecke der Verarbeitung müssen klar benannt werden. Bezüglich der Verarbeitungszwecke ist zu bedenken, dass diese über eine pauschale Berufung auf berechtigte Interessen hinausgehen müssen. Der Erlaubnistatbestand in Abs. 1 Buchst. f ist insoweit kein **Auffangtatbestand**, der herangezogen werden kann, wenn keiner der anderen Erlaubnistatbestände in den Buchst. a bis

e erfüllt ist.[11] Auf die Verarbeitung durch **staatliche Behörden** kommt der Erlaubnistatbestand in Abs. 1 Buchst. f nach dem letzten Satz von Abs. 1 ausdrücklich **nicht zur Anwendung**.

Nach der klaren Formulierung des Erlaubnistatbestands steht die Durchführung von Verarbeitungen zur Wahrung berechtigter Interessen des Verantwortlichen oder eines Dritten immer unter dem Vorbehalt, dass eine **Interessenabwägung** nicht zur Feststellung eines Überwiegens der Interessen, Grundrechte oder Grundfreiheiten betroffener Personen führt. Die Durchführung dieser Interessenabwägung obliegt dem Verantwortlichen. Wird entgegen dem Ergebnis einer Interessenabwägung zugunsten der betroffenen Personen eine Verarbeitung auf dieser Rechtsgrundlage durchgeführt, setzen sich Verantwortliche dem Risiko einer Sanktionierung gemäß Art. 83 aus. Schon dies spricht dafür, auf die Verarbeitung auf der Basis dieser Erlaubnisnorm **im Zweifel zu verzichten**. 37

Die durchgeführte Interessenabwägung einschließlich der ihr zugrunde liegenden berechtigten Interessen und der berücksichtigten Interessen, Grundrechte und Grundfreiheiten der betroffenen Personen sind vom Verantwortlichen schon mit Blick auf die Rechenschaftspflichten in Art. 5 Abs. 2 zu dokumentieren. Diese Dokumentation muss in **klarer** und **verständlicher Sprache** erfolgen und den betroffenen Personen im Zweifel vorgelegt werden. Nicht ausreichend ist der allgemeine Hinweis: »Die Verarbeitung ist zur Wahrung berechtigter Interessen erforderlich. Überwiegende Interessen, Grundrechte oder Grundfreiheiten der betroffenen Personen sind nicht gegeben.« Eine solche Verkürzung der durchzuführenden Interessenabwägung erfüllt weder den Grundsatz der Verarbeitung nach »Treu und Glauben« und der »Transparenz« in Art. 5 Abs. 1 Buchst. a noch stellt sie eine klare Zweckfestlegung nach Art. 5 Abs. 1 Buchst. b dar. 38

Berechtigte Interessen liegen nur dann vor, wenn Verantwortliche oder Dritte **keine Handlungsalternative** haben und wenn sie ohne die angestrebte Verarbeitung einen unzumutbaren Nachteil erleiden würden.[12] Bestehen berechtigte Interessen und leitet sich aus der Verhältnismäßigkeitsprüfung eine Verarbeitungsbefugnis ab, muss in jedem Fall eine Form der Verarbeitung erfolgen, die so wenig wie möglich in Interessen, Grundrechte oder Grundfreiheiten der betroffenen Personen eingreift. Insoweit ist der datenschutzrechtliche **Erlaubnistatbestand** zulasten der Verantwortlichen oder Dritten **eng auszulegen**. 39

Der Begriff der »berechtigten Interessen« erfasst rechtliche, aber auch wirtschaftliche oder ideelle Interessen.[13] Insoweit ist von einem **weiten Anwendungsbereich** der Norm auszugehen. Allerdings geht dieser nicht so weit, 40

11 Vgl. Gola-*Schulz*, Art. 6 Rn. 13; Paal/Pauly-*Frenzel*, Art. 6 Rn. 26.
12 Vgl. ähnlich Sydow-*Reimer*, Art. 6 Rn. 58.
13 Vgl. BGH 17.12.1985 – VI ZR 244/84, NJW 1986, 2505.

dass auch Verarbeitungen erfasst werden, die berechtigten Interessen nur dienlich sind.

41 Ob eine Verarbeitung aufgrund des Vorliegens eines berechtigten Interesses zulässig ist, ist auch an den **Grundsätzen in Art. 5 Abs. 1** zu prüfen. Damit muss ein berechtigtes Interesse beispielsweise vom **Erhebungszweck** in Art. 5 Abs. 1 Buchst. b erfasst sein. Diesbezüglich ist zu bedenken, dass allein das Vorliegen eines berechtigten Interesses kein legitimer Zweck i. S. v. Art. 5 Abs. 1 Buchst. b ist, sondern nur ein Erlaubnistatbestand, der die Verarbeitung von personenbezogenen Daten für bestimmte und zu benennende Zwecke erlaubt. Weiterhin müssen bei der Prüfung eines berechtigten Interesses die Vorgaben zur **Datenminimierung** in Art. 5 Abs. 1 Buchst. c und die Vorgaben zur Speicherbegrenzung in Art. 5 Abs. 1 Buchst. e berücksichtigt werden. Kein berechtigtes Interesse ist beispielsweise das Ziel, einen Vorratsdatenpool zu schaffen, der »Big Data-Anwendungen« als Grundlage dienen kann. Weiterhin müssen auf Abs. 1 Buchst. f gestützte Verarbeitungen für die betroffene Person gemäß Art. 5 Abs. 1 Buchst. a ausreichend **transparent** sein. Hinzukommt eine leichte Zugänglichkeit und Verständlichkeit, somit auch Informationen in klarer und einfacher Sprache, die die berechtigten Interessen beschreiben (vgl. ErwGr 39 zum Transparenzgrundsatz). Ein berechtigtes Interesse kann beispielsweise gegeben sein, wenn ein Autohaus Kunden im Rahmen einer Rückrufaktion anschreibt. Kein berechtigtes Interesse besteht hingegen, wenn ein Konzernunternehmen außerhalb der Erforderlichkeit nach § 26 Abs. 1 Satz 1 BDSG eine zentrale Verarbeitung von Beschäftigtendaten in einem im Ausland angesiedelten Konzernunternehmen durchführen will. Dem stehen überwiegende Interessen, Grundrechte und Grundfreiheiten der betroffenen Beschäftigten gegenüber. Hiervon ist im Übrigen auch auszugehen, wenn die betroffene Person ein Kind ist.

42 Die Verarbeitung personenbezogener Daten auf der Grundlage des Erlaubnistatbestandes in Abs. 1 Buchst. f setzt damit **drei Prüfschritte** voraus, die ein Verantwortlicher durchführen muss: **Im ersten Schritt** muss der Verantwortliche oder ein Dritter bewerten, ob eine **Erforderlichkeit** zur Wahrung berechtigter Interessen **gegeben ist**. Ist diese Feststellung positiv, muss in einem **zweiten Schritt** geprüft werden, ob es **entgegenstehende Interessen**, **Grundrechte** oder **Grundfreiheiten** der betroffenen Personen gibt. An diese Prüfung muss sich in einem **dritten Schritt** eine **Interessenabwägung** zwischen den berechtigten Interessen und den Interessen, Grundrechten und Grundfreiheiten der betroffenen Personen anschließen. Mit Blick auf die in Art. 5 Abs. 2 enthaltenen Rechenschaftspflichten sowie die Transparenz- und Nachweisanforderungen in Art. 5 Abs. 1 Buchst. a bzw. Art. 12 Abs. 1 muss das Ergebnis der Prüfung dokumentiert und den betroffenen Personen auf Anfrage vorgelegt werden.

43 **Bezogen auf Beschäftigte** ist der **Tatbestand** des berechtigten Interesses in Abs. 1 Buchst. f **eng auszulegen**. Die Benennung allgemeiner berechtigter

Interessen wie etwa »Korruptionsbekämpfung« oder »Compliance« mag zwar ein berechtigtes Interesse der Verantwortlichen beschreiben, steht aber offenkundig im **Widerspruch zu Interessen, Grundrechten und Grundfreiheiten** der betroffenen Beschäftigten. Gleiches gilt für die Durchführung sogenannter »präventiver Screenings« (vgl. § 26 BDSG, Rn. 7ff.). In diesem Zusammenhang ist zu berücksichtigen, dass mit der Regelung zur Erforderlichkeit in § 26 Abs. 1 Satz 1 BDSG eine zulässige spezialgesetzliche Regelung für die Verarbeitung von Beschäftigtendaten geschaffen worden ist, die den Umgang mit diesen Informationen begrenzt. Fehlt die Erforderlichkeit, würde eine dennoch stattfindende Verarbeitung von Beschäftigtendaten in überwiegende Interessen, Grundrechte und Grundfreiheiten der betroffenen Personen eingreifen.

Das Überwiegen schutzwürdiger Interessen, Grundrechte und Grundfrei- **44** heiten der Beschäftigten folgt bezogen auf Abs. 1 Buchst. f. unabhängig von dem im vorstehenden Abs. dargelegten Argument zudem auch daraus, dass für sie nicht nachvollziehbar ist, ob und welche Verarbeitungen personenbezogener Daten auf Basis von Art. 6 Abs. 1 Buchst. f außerhalb der durch das Beschäftigungsverhältnis begründeten Erforderlichkeit erfolgen. So wird beispielsweise die Durchführung einer Big Data-Analyse durch einen Dritten im Auftrag eines Arbeitgebers mit dem Hinweis auf die Wahrung berechtigter Interessen nicht zu den Verarbeitungen gehören, mit denen Beschäftigte vernünftigerweise rechnen müssen. Im Regelfall wird eine solche Form der Verarbeitung auch nicht den vom Arbeitgeber bei Abschluss des Arbeits- oder Beschäftigungsvertrags genannten Zwecken dienen. Mit Blick auf die für Beschäftigte aus einer solchen Analyse möglicherweise fortfolgenden Nachteile ist von einem Überwiegen ihres schutzwürdigen Interesses auszugehen.

Entsprechendes gilt, wenn Beschäftigte einer vom Arbeitgeber eingefor- **45** derten **Einwilligung** zu Formen der Verarbeitung ausdrücklich nicht zugestimmt oder ihr sogar widersprochen haben. In derartigen Fällen ist immer vom Überwiegen ihrer Interessen auszugehen, soweit Verarbeitungen außerhalb der Erforderlichkeit gemäß § 26 Abs. 1 Satz 1 BDSG stehen.

Wird die Verarbeitung personenbezogener Daten im Rahmen von Beschäf- **46** tigungsverhältnissen durch Kollektivverträge (insbesondere durch Betriebs- oder Dienstvereinbarungen) beschränkt, stehen diese Beschränkungen einer Berufung auf berechtigte Interessen i. S. v. Abs. 1 Buchst. f zur Begründung weitergehender Verarbeitungsmöglichkeiten entgegen. Diesbezüglich ist davon auszugehen, dass eine Abweichung von kollektivrechtlich vereinbarten Regeln immer zu einem Überwiegen der Interessen, Grundrechte und Grundfreiheiten der betroffenen Personen führt.[14]

14 Vgl. DWWS-*Wedde*, Art. 6 Rn. 110.

III. Spezifische Datenschutzbestimmungen in den Mitgliedsstaaten (Abs. 2)

47 Die Regelung in **Abs. 2** eröffnet den Weg für eine spezifische **Ausgestaltung des Datenschutzes durch Mitgliedsstaaten**. Die Vorschrift ist sowohl sprachlich als auch vom Zusammenhang her schwer verständlich. Spezifische Vorschriften der Mitgliedsstaaten müssen sich innerhalb des Rahmens bewegen, den die europarechtliche Regelung der DSGVO vorgibt. Zu den spezifischen Vorschriften, die Mitgliedsstaaten erlassen können, gehören auch die Regelungen zur Datenverarbeitung im Beschäftigungsverhältnis nach Art. 88.

48 Spezifische Datenschutzbestimmungen, die auf Grundlage dieser Vorschrift erlassen werden, müssen rechtmäßig sein und nach Treu und Glauben erfolgen. Dies leitet sich aus dem Wortlaut der Vorschrift ab und gibt einen Maßstab vor, an dem sich Regelungen in den Mitgliedsstaaten messen lassen müssen.

49 Die Mitgliedsstaaten können nach Abs. 2 spezifische Vorschriften erlassen, müssen dies aber nicht tun. Bestehende Vorschriften können beibehalten werden, wenn sie den Vorschriften der DSGVO entsprechen. Es besteht insoweit kein Handlungszwang für die Mitgliedsstaaten.

50 Die Vorschrift hat **indirekte Auswirkungen** auf bestehende Betriebs- und Dienstvereinbarungen. Auch diese müssen den Anforderungen der DSGVO entsprechen, wenn sie als datenschutzrechtliche Erlaubnistatbestände wirken oder wenn sie datenschutzrechtliche Regelungen ausgestalten.

IV. Ausgestaltung spezifischer Datenschutzbestimmungen (Abs. 3)

51 In **Abs. 3** sind Vorgaben zur Ausgestaltung der nach Abs. 2 der Vorschrift möglichen spezifischen Bestimmungen enthalten. Der Regelungsgehalt dieser Vorschrift wird damit nur im Zusammenhang mit Abs. 2 verständlich.

52 Durch Abs. 3 Satz 2 werden die **nationalen Gesetzgeber** verpflichtet, die **Zwecke** einer Verarbeitung in landesspezifischen Bestimmungen **festzuschreiben**. Hieraus leitet sich ein hoher Anspruch an die Ausgestaltung von Datenschutzregeln in den Mitgliedsstaaten ab. Zweckbestimmungen müssen sich daran orientieren, was für die Erfüllung einer Aufgabe erforderlich ist. Der Begriff der Erforderlichkeit ist in diesem Zusammenhang eng auszulegen.[15]

53 In Abs. 3 Satz 3 werden **beispielhaft Inhalte von Bestimmungen benannt**, die in den Regelungen zur Anpassung der DSGVO enthalten sein können.

---

15 Vgl. DWWS-*Wedde*, Art. 6 Rn. 120.

Der in Abs. 3 Satz 4 enthaltene Verhältnismäßigkeitsgrundsatz hat weitgehend nur deklaratorischen Charakter.[16]

V. Verarbeitungen zu anderen Zwecken (Abs. 4)

Die Regelung in **Abs. 4** enthält **Zulässigkeitsvoraussetzungen** für Verarbeitungen personenbezogener Daten, **die von dem Zweck abweichen**, welcher der erstmaligen Erhebung und Verarbeitung zugrunde lag. Gegenüber der restriktiveren Regelung in § 28 Abs. 2 BDSG a. F. schafft Abs. 4 insgesamt erweiterte Möglichkeiten für Zweckänderungen. Dabei müssen allerdings ergänzend zum Wortlaut in Abs. 4 insbesondere die allgemeinen Grundsätze in Art. 5 Abs. 1 Beachtung finden. Dies gilt insbesondere für den Grundsatz der Zweckbindung in Buchst. b dieser Vorschrift. **54**

Abs. 4 ist **keine autonome Rechtsgrundlage** für die Zulässigkeit für vom ursprünglich festgelegten Zweck abweichende Verarbeitungen. Damit diese durchgeführt werden können, muss es eine klare datenschutzrechtliche Grundlage geben. Diese kann nach dem Wortlaut in Abs. 4 Satz 1 in der **Einwilligung** einer betroffenen Person oder in einer **Rechtsvorschrift der Union** oder der **Mitgliedsstaaten bestehen**. Neben den in Art. 6 Abs. 1 Buchst. b bis f genannten Erlaubnistatbeständen kommen hieraus abgeleitete Rechtsgrundlagen in Betracht, etwa die in Art. 88 Abs. 1 genannten **Kollektivvereinbarungen**. In jedem Fall müssen einschlägige Rechtsvorschriften der Union oder der Mitgliedsstaaten die allgemeinen Vorgaben der DSGVO beachten. **55**

Gibt es weder eine Einwilligung noch eine einschlägige Rechtsgrundlage für die auf Basis einer Zweckänderung erfolgende Verarbeitung, ist deren Durchführung unzulässig. Liegt sowohl dem ursprünglichen Zweck als auch dem geänderten dieselbe Rechtsgrundlage zugrunde, ist die Verarbeitung hingegen durchgängig zulässig. Dies kann beispielsweise der Fall sein, wenn die im Zusammenhang mit einer lebensbedrohlichen Infektionskrankheit anfallenden personenbezogenen Informationen zu einer Person dazu verwendet werden sollen, anderen ebenfalls gleichermaßen erkrankten Personen hiermit zu helfen. **56**

Wird eine Zweckänderung mit einer Einwilligung der betroffenen Personen legitimiert, ist Voraussetzung, dass diese der Zweckänderung ausdrücklich zugestimmt haben. Unabhängig von einer Einwilligung sind die betroffenen Personen vor einer Weiterverarbeitung für andere Zwecke nach den Art. 13 Abs. 3 und 14 Abs. 4 über die beabsichtigte Zweckänderung und alle anderen in diesem Zusammenhang maßgeblichen Informationen vom Verantwortlichen zu informieren. **57**

16 Vgl. Paal/Pauly-*Frenzel*, Art. 6 Rn. 45.

1. Bewertungskriterien

58 Abs. 4 benennt in einer **nicht abschließenden Aufzählung fünf Bewertungskriterien**, die zu berücksichtigen sind, wenn eine Zweckänderung erfolgen soll. Darüber hinaus müssen Verantwortliche vor Durchführung einer Zweckänderung die Grundsätze des Art. 5 Abs. 1 berücksichtigen. Im Ergebnis bestehen damit umfassende Prüfpflichten zulasten der Verantwortlichen. Die vorgenommene Bewertung muss mit Blick auf die Rechenschaftspflicht nach Art. 5 Abs. 2 nachweisbar sein und deshalb dokumentiert werden.

a. Zweck (Abs. 4 Buchst. a)

59 Nach dem Wortlaut der **ersten Prüfvorgabe** in **Buchst. a** muss der Verantwortliche bei der Bewertung der Zulässigkeit einer Zweckänderung jede **Verbindung** zwischen dem ursprünglichen Erhebungszweck der Daten und den Zwecken der beabsichtigten Weiterverarbeitung berücksichtigen. Im Ergebnis muss damit eine enge Verbindung zwischen den ursprünglichen Zwecken und Zielen der Verarbeitung und der nunmehr in einem anderen Zusammenhang angestrebten weiteren Verwendung personenbezogener Daten bestehen.[17]

60 Ist eine Weiterverarbeitung beispielsweise der logische nächste Schritt einer Kette sich anschließender Verarbeitungen, die zur Erreichung des ursprünglichen Zwecks erforderlich sind, spricht dies für die Zulässigkeit einer Zweckänderung. Dies kann etwa der Fall sein, wenn aus einem Vertragsverhältnis Name und Anschrift eines Kunden in eine Sperrdatei übermittelt werden, weil dieser mit Zahlungen erheblich in Verzug ist, und wenn die betroffenen Personen in derartigen Fällen mit einer solchen Übermittlung rechnen müssen.

61 Dagegen steht eine nur lose oder gar keine Verbindung zwischen verschiedenen Zwecken einer Zweckänderung auf der Grundlage von Buchst. a entgegen. Das wäre beispielsweise der Fall, wenn Daten, die zur Absicherung eines Betriebsgebäudes per Audio- oder Videoüberwachung verarbeitet werden, in Abweichung von diesem Zweck für die gezielte Überwachung einzelner Beschäftigter genutzt würden.[18]

62 Besteht keine Verbindung zwischen den verschiedenen Zwecken, könnte eine Verarbeitung vorhandener Daten allenfalls dann erfolgen, wenn es hierfür eine andere datenschutzrechtliche Grundlage gibt. Deren Vorausset-

---

17 Vgl. Kühlung/Buchner-*Buchner/Petri*, Art. 6 Rn. 187; Plath-*Plath*, Art. 6 Rn. 136; a. A. Gola-*Schulz*, Art. 6 Rn. 21, der auch partielle oder gar keine Verbindung für denkbar hält.

18 Vgl. Ehmann/Selmayr-*Heberlein*, Art. 6 Rn. 55.

zungen sind wie für jede andere neue oder erstmalige Verarbeitung auch aus datenschutzrechtlicher Sicht gesondert zu prüfen.

b. Erhebungszusammenhang (Abs. 4 Buchst. b)

Das **zweite Prüfkriterium** in **Buchst. b** stellt auf den **ursprünglichen Erhebungszusammenhang** ab und auf die daraus resultierenden Erwartungen betroffener Personen bezüglich der aus dem ursprünglichen Zweck abgeleiteten möglichen weiteren Verwendung ihrer Daten. Hierbei ist auf die **vernünftigen Erwartungen** der betroffenen Personen abzustellen, die sich aus ihrer Beziehung zu dem Verantwortlichen ergeben. Ist beispielsweise **Beschäftigten** nicht klar, dass die auf einem Firmenparkplatz aus Sicherheitsgründen angebrachten Kameras von Vorgesetzten auch dazu verwendet werden können, die Pünktlichkeit der Mitarbeiter zu kontrollieren, spricht dies im Rahmen der vom Verantwortlichen vorzunehmenden Abschätzung gegen die Zulässigkeit der Verarbeitung für Kontrollzwecke.[19] 63

Als besonders schutzwürdig sind die vernünftigen Erwartungen betroffener Personen dann einzuschätzen, wenn die Verantwortlichen besonderen Geheimhaltungspflichten unterliegen. Beschäftigte müssen deshalb beispielsweise nicht damit rechnen, dass ein nach Art. 37 benannter Datenschutzbeauftragter Informationen aus einem vertraulich mit diesem geführten Gespräch zu einem Datenschutzvorfall unter Herstellung des Personenbezugs an den Arbeitgeber weitergibt.[20] 64

Verantwortliche sind gegenüber den betroffenen Personen zu einer Darlegung der neuen Verarbeitung und der damit verfolgten Zwecke verpflichtet. Ist diese Darlegung nicht erfolgt, muss die Verarbeitung zu anderen Zwecken unterbleiben. 65

c. Art der personenbezogenen Daten (Abs. 4 Buchst. c)

Der **dritte Prüfschritt** in **Buchst. c** stellt auf die **Art der personenbezogenen Daten** ab. Die explizite Nennung besonderer Kategorien personenbezogener Daten gemäß Art. 9 sowie von personenbezogenen Daten über strafrechtliche Verurteilungen und Straftaten gemäß Art. 10 verdeutlicht, dass für die Bewertung der Zulässigkeit von Zweckänderungen bei der Verarbeitung dieser Daten ein strenger Maßstab angelegt werden muss. 66

Diesbezüglich ist grundsätzlich zu bedenken, dass schon die **datenschutzrechtliche Sensibilität** dieser Informationen einer Verarbeitung für andere Zwecke entgegensteht. Die Verarbeitung besonderer Arten personenbezogener Daten kommt gemäß Art. 9 ohnehin nur für wenige und definierte 67

19 Ähnlich Ehmann/Selmayr-*Heberlein*, Art. 6 Rn. 56.
20 Vgl. ebenso Ehmann/Selmayr-*Heberlein*, Art. 6 Rn. 57.

Zwecke in Betracht. Diese Begrenzung schränkt die Fälle denkbarer Zweckänderungen bereits deutlich ein. Entsprechendes gilt bezogen auf die Verarbeitung von Informationen über Straftaten oder Verurteilungen, die vorrangig überhaupt noch in öffentlichen Stellen vorhanden sind und dort verarbeitet werden könnten. Zweckänderungen sind bei beiden Kategorien damit nur ausnahmsweise zulässig. Bei der Bewertung ist jeweils ein **strenger Maßstab** anzulegen.

Beschäftigtendatenschutz

68 Einen strengen **Bewertungsmaßstab** für die Prüfung der **Zulässigkeit von Zweckänderungen** gibt es bezogen auf **Beschäftigungsverhältnisse**, in denen es ohnehin nur eine begrenzte Anzahl von Verarbeitungsmöglichkeiten für besondere Arten personenbezogener Daten gibt. Soweit der Umgang mit diesen Daten durch Arbeitgeber überhaupt erforderlich i. S. v. § 26 Abs. 1 Satz 1 BDSG ist, muss sich die Verarbeitung auf die ursprünglich benannten Zwecke beschränken. Im Rahmen der vorzunehmenden Interessenabwägung wird sich beispielsweise die Verwendung der im Rahmen der gesetzlichen Entgeltfortzahlung anfallenden Daten zu Krankheitszeiten für Zwecke der Erstellung personenbezogener Krankheitsstatistiken im Vergleich zu anderen Beschäftigten datenschutzrechtlich nicht rechtfertigen lassen. Gleiches gilt für die Verarbeitung vorliegender Informationen zur Religionszugehörigkeit, zur Gewerkschaftszugehörigkeit oder zu einer bestehenden Minderung der Erwerbsfähigkeit. Im Ergebnis der vorzunehmenden Berücksichtigung der Art der personenbezogenen Daten wird mithin im Rahmen von Beschäftigungsverhältnissen eine zweckändernde Verarbeitung dieser Informationen praktisch nicht zulässig sein.

d. Folgen für die betroffene Person (Abs. 4 Buchst. d)

69 Das in **Buchst. d** genannte **vierte Prüfkriterium** bezieht sich auf die möglichen **Folgen der beabsichtigten Weiterverarbeitung für die betroffenen Personen**. Dabei sind vom Verantwortlichen im Rahmen der Bewertung alle denkbaren Auswirkungen umfassend zu berücksichtigen. Sind diese aus Sicht der betroffenen Personen positiv, spricht dies für die Zulässigkeit einer Verarbeitung für andere Zwecke. Sind sie vermutlich negativ, steht dies einer Verarbeitung für andere Zwecke entgegen. Negativ kann insbesondere die mögliche Kenntnis eines größeren Personenkreises sein, die nach einer Zweckänderung möglich ist. Aber auch Profilbildungen und mögliche Diskriminierungen oder Rufschädigungen sind als negative Folgen zu qualifizieren, die gegen eine Zweckänderung sprechen.[21]

21 Vgl. Ehmann/Selmayr-*Heberlein*, Art. 6 Rn. 59.

Die Bewertung möglicher Folgen muss der Verantwortliche von einem objektiven Standpunkt aus vornehmen. Seine eigene subjektive Einschätzung ist ebenso unmaßgeblich wie Nachteile, die sich für ihn aus einem Verzicht auf die Zweckänderung ergeben können. Insoweit stehen die Interessen, Grundrechte und Grundfreiheiten der betroffenen Person hier im Vordergrund. 70

Besonders groß sind mögliche Folgen einer beabsichtigten Weiterverarbeitung, wenn diese auf Veranlassung des Verantwortlichen durch **Dritte** durchgeführt wird. In diesen Fällen ist es für betroffene Personen oft nicht mehr nachvollziehbar, wer der neue Verarbeiter ist und welche Rechtsbeziehungen und hieraus folgend welche rechtlichen Durchsetzungsmöglichkeiten gegeben sind.[22] Dies gilt im Rahmen von **Beschäftigungsverhältnissen** insbesondere dann, wenn zweckändernde Verarbeitungen durch andere Konzernunternehmen erfolgen, zumal wenn diese außerhalb der EU angesiedelt sind. 71

e. Garantien (Abs. 4 Buchst. e)

Der **fünfte Bewertungsaspekt** in **Buchst. e** verlangt die Berücksichtigung des Vorhandenseins geeigneter **Garantien** durch den Verantwortlichen. Ausdrücklich genannt werden in diesem Zusammenhang die **Verschlüsselung** und die **Pseudonymisierung** von Daten. Insgesamt sind damit die Schutzmaßnahmen angesprochen, die es nach einer Zweckänderung zugunsten der betroffenen Personen gibt. Dabei handelt es sich weniger um tatsächliche, juristische oder organisatorische Vorkehrungen als vielmehr um technische. Gemeint ist der gesamte Bereich des technischen oder organisatorischen Datenschutzes. 72

Sind personenbezogene Daten nach einer Zweckänderung weiterhin genauso gut oder besser geschützt als im Rahmen der ursprünglichen Verarbeitung, kann dies für die Zulässigkeit einer anderweitigen Verwendung sprechen. Dies gilt insbesondere, wenn Daten pseudonymisiert oder verschlüsselt werden. Sinkt der absehbare Schutzstandard, steht dies einer Zweckänderung entgegen. 73

Beschäftigtendatenschutz

Im Rahmen eines **Beschäftigungsverhältnisses** fehlen geeignete Garantien beispielsweise dann, wenn eine Verarbeitung personenbezogener Daten innerhalb eines Konzerns durch Konzernunternehmen in den USA erfolgen und wenn diesbezüglich nicht durch Verschlüsselungsverfahren ausgeschlossen ist, dass die dortigen Sicherheitsbehörden auf die vorhandenen 74

22 Vgl. Kühling/Buchner-*Buchner/Petri*, Art. 6 Rn. 190.

personenbezogenen Daten zugreifen können. Solange derartige Zugriffsmöglichkeiten nicht ausgeschlossen sind, muss eine Zweckänderung mit der Folge der Verarbeitung in diesem Fall unterbleiben.[23]

VI. Verantwortlichkeit für die Prüfung

75 Die Prüfung der Zulässigkeit einer Zweckänderung auf der Grundlage der in Abs. 4 genannten Prüfkriterien **obliegt dem Verantwortlichen**. Er bleibt auch nach einer Zweckänderung uneingeschränkt dafür verantwortlich, dass die Interessen, Grundrechte und Grundfreiheiten der betroffenen Personen uneingeschränkt gewahrt werden.

76 Arbeitgeber müssen als Verantwortliche darüber hinaus sicherstellen, dass Vorgaben zur Zulässigkeit der Datenverarbeitung im Kollektivvereinbarungen uneingeschränkt Berücksichtigung finden, wenn Zweckänderungen erfolgen sollen. Schließen etwa Betriebsvereinbarungen bestimmte Formen der Verarbeitung aus, sind diese sowohl im Rahmen des ursprünglichen Zwecks als auch für andere Zwecke grundsätzlich unzulässig.

Artikel 7 Bedingungen für die Einwilligung

(1) Beruht die Verarbeitung auf einer Einwilligung, muss der Verantwortliche nachweisen können, dass die betroffene Person in die Verarbeitung ihrer personenbezogenen Daten eingewilligt hat.

(2) Erfolgt die Einwilligung der betroffenen Person durch eine schriftliche Erklärung, die noch andere Sachverhalte betrifft, so muss das Ersuchen um Einwilligung in verständlicher und leicht zugänglicher Form in einer klaren und einfachen Sprache so erfolgen, dass es von den anderen Sachverhalten klar zu unterscheiden ist. Teile der Erklärung sind dann nicht verbindlich, wenn sie einen Verstoß gegen diese Verordnung darstellen.

(3) Die betroffene Person hat das Recht, ihre Einwilligung jederzeit zu widerrufen. Durch den Widerruf der Einwilligung wird die Rechtmäßigkeit der aufgrund der Einwilligung bis zum Widerruf erfolgten Verarbeitung nicht berührt. Die betroffene Person wird vor Abgabe der Einwilligung hiervon in Kenntnis gesetzt. Der Widerruf der Einwilligung muss so einfach wie die Erteilung der Einwilligung sein.

(4) Bei der Beurteilung, ob die Einwilligung freiwillig erteilt wurde, muss dem Umstand in größtmöglichem Umfang Rechnung getragen werden, ob unter anderem die Erfüllung eines Vertrags, einschließlich der Erbringung einer Dienstleistung, von der Einwilligung zu einer Ver-

---

23 Vgl. EuGH 16.7.2020 – C – 311/18 (»Schrems II«).

arbeitung von personenbezogenen Daten abhängig ist, die für die Erfüllung des Vertrags nicht erforderlich sind.

Inhaltsübersicht

		Rn.
I.	Allgemeines	1– 5
II.	Nachweispflicht des Verantwortlichen (Abs. 1)	6–10
III.	Form (Abs. 2 Satz 1)	11–24
	1. Zweckbezogenheit der Einwilligung	17
	2. Anforderungen an schriftliche Erklärungen	18–20
	3. Einwilligung in die Verarbeitung besonderer Arten personenbezogener Daten	21–23
	4. Beweislast	24
IV.	Verstoß gegen die DSGVO (Abs. 2 Satz 2)	25–27
V.	Widerrufsrecht (Abs. 3)	28–37
VI.	Koppelungsverbot (Abs. 4)	38–41
VII.	Hinweise für Betriebs- oder Personalräte	42–45

I. Allgemeines

Die **Einwilligung** ist eine der sechs in Art. 6 Abs. 1 genannten **datenschutzrechtlichen Erlaubnisnormen**. Diese Erlaubnistatbestände sind zwar gleichwertig, dennoch kommt der Einwilligung mit Blick auf die freie Entscheidung der Betroffenen eine exponierte Bedeutung zu. Deshalb steht sie als Buchst. a auch an erster Stelle. Die Verarbeitung personenbezogener Daten ist hiernach erlaubt, wenn eine betroffene Person ihre Einwilligung für einen oder mehrere Zwecke erteilt hat. 1

Was unter »Einwilligung« zu verstehen ist, sagt die **Legaldefinition** in Art. 4 Nr. 11. In Ergänzung hierzu enthält Art. 7 die **formalen Bedingungen** für eine Einwilligung wie insbesondere Festlegungen zu ihrer Wirksamkeit, zur Freiwilligkeit oder zum Widerruf. 2

Die Regelung in Art. 7 enthält **keine eigenständige datenschutzrechtliche Erlaubnisnorm**, sondern beschreibt die Rahmenbedingungen für die wirksame Abgabe einer Einwilligung. In **Abs. 1** wird die **Nachweispflicht**, dass eine Einwilligung wirksam erteilt wurde, dem Verantwortlichen zugewiesen. In **Abs. 2** sind Vorgaben zur **formalen Ausgestaltung** einer wirksamen Einwilligung enthalten. Ist eine Einwilligung erteilt, kann sie nach den Regeln des **Abs. 3** jederzeit **widerrufen** werden. **Abs. 4** enthält Anhaltspunkte zur **Beurteilung der Freiwilligkeit**. Dies folgt insbesondere aus dem Rechtsgedanken der Widerruflichkeit einer Einwilligung bis zur Vornahme eines Rechtsgeschäfts, den § 183 BGB enthält.[1] 3

Erfolgt eine Verarbeitung personenbezogener Daten ohne Einwilligung und gibt es dafür keine andere datenschutzrechtliche Legitimation, sind gewon- 4

1 Vgl. Gola-*Schulz*, Art. 7 Rn. 7; DWWS-*Däubler*, Art. 7 Rn. 12.

nene Informationen vielfach trotz des Verstoßes gegen gesetzliche Vorschriften nicht mehr aus der Welt zu schaffen. Dieser Verstoß kann durch eine nachträgliche Einwilligung nicht legitimiert werden, wohl aber die weitere Verarbeitung in der Zukunft.[2]

5 Eine wirksame Einwilligung kann von einer **geschäftsfähigen Person nur persönlich** oder von einem **gesetzlichen Vertreter** (insbesondere bei Minderjährigen) abgegeben werden. Eine Einwilligung zugunsten oder **zulasten Dritter** ist **unzulässig.**[3] Nutzen mehrere Personen eine technische Einrichtung oder einen Dienst gemeinsam und werden hierbei von einem einheitlichen Verantwortlichen von allen Nutzern Daten verarbeitet, muss jeweils eine **separate Einwilligung** vorliegen, wenn es keine andere datenschutzrechtliche Erlaubnisnorm gibt. Dies kommt etwa bei der Nutzung von Messenger-Diensten oder von sozialen Netzen in Betracht, die durch mehrere Personen über eine einheitliche Kennung durchgeführt wird.[4]

II. Nachweispflicht des Verantwortlichen (Abs. 1)

6 Die Regelung in **Abs. 1** legt Verantwortlichen die Verpflichtung auf nachzuweisen, dass eine betroffene Person in die Verarbeitung ihrer personenbezogenen Daten eingewilligt hat. Er muss die Erteilung einer Einwilligung **im Streitfall beweisen** können.[5] Die **Nachweispflicht** bezieht sich sowohl auf die Erteilung der Einwilligung als solche als auch auf deren inhaltliche Eindeutigkeit. Im Zweifelsfall muss sowohl die formale wie auch die materielle Wirksamkeit der Einwilligung vom Verantwortlichen dargelegt werden.[6]

7 Anders als durch § 4a Abs. 1 Satz 3 BDSG a. F. wird in Art. 7 für den Regelfall **keine Schriftform** mehr vorgeschrieben. Dennoch ist der Rückgriff auf eine schriftliche Einwilligung oder auf eine dokumentierbare elektronische Form (etwa eine doppelte digitale Bestätigung durch zwei Mausklicks und deren elektronische Dokumentation) anzuraten, wenn Verantwortliche ihrer Nachweispflicht wirksam nachkommen wollen. Ist ein solcher Nachweis im Streitfall nicht möglich und gibt es keine andere datenschutzrechtliche Grundlage, kann sich eine Verarbeitung insgesamt als datenschutzrechtlich unzulässig darstellen.

8 Die Legitimation einer Datenverarbeitung durch eine Einwilligung ist problematisch, wenn zwischen betroffenen Personen und Verantwortlichen, die eine Datenverarbeitung durchführen wollen, keine Macht-Parität besteht.

---

2 Vgl. Gola-*Schulz*, Art. 7 Rn. 7; Sydow-*Ingold*, Art. 7 Rn. 17.

3 Vgl. Gola-*Schulz*, Art. 7 Rn. 8.

4 Vgl. AG Bad Hersfeld 20.3.2017 – F 111/17.

5 Vgl. Kühling/Buchner-*Buchner/Kühling*, Art. 7 Rn. 22.

6 Vgl. Gola-*Schulz*, Art. 7 Rn. 61.

Dies ist insbesondere bei **Beschäftigungsverhältnissen** der Fall, wo Arbeitgeber gegenüber Beschäftigten regelmäßig in einer stärkeren Position sind. Gleiches kann aber auch im **Mietrecht** bezogen auf das Verhältnis von Mietern und Vermietern, bei der Kreditvergabe durch **Banken** oder im Verhältnis von Kunden zu großen **Software-Anbietern der Fall sein.** Liegen derartige ungleiche Ausgangspositionen vor, sind regelmäßig **Zweifel** an der notwendigen Freiwilligkeit einer Einwilligung angebracht. Vor diesem Hintergrund enthält Art. 7 **Mindestvoraussetzungen**, die bei der Erteilung einer Einwilligung als Bedingungen zu berücksichtigen sind. Lässt sich eine Parität auch auf dieser Grundlage nicht sicherstellen, ist es Gesetzgebern grundsätzlich unbenommen, die Einstellungsmöglichkeiten durch gesetzliche Verarbeitungsregeln zu beschränken.[7] Gleiches geschieht im Bereich des Beschäftigtendatenschutzes durch die Verankerungen von Voraussetzungen einer wirksamen Einwilligung in § 26 Abs. 2 BDSG (vgl. § 26 BDSG, Rn. 104 ff.).

Die Erteilung einer **wirksamen Einwilligung** durch eine betroffene Person 9
setzt voraus, dass diese die rechtlichen Folgen einer Zustimmung absehen kann. Dies setzt neben der Geschäftsfähigkeit und der Kenntnis über die Zwecke der Verarbeitung auch das Wissen um ihre möglichen Folgen und Auswirkungen für die eigenen Interessen, Grundrechte und Grundfreiheiten voraus.[8] Diesbezüglich ist auch die Vorgabe in der Definition in Art. 4 Nr. 11 zu beachten, nach der eine wirksame Einwilligung in **informierter Weise** abgegeben werden muss.

Beschäftigtendatenschutz

Bezogen auf **Beschäftigungsverhältnisse** gelten besondere Voraussetzun- 10
gen für eine wirksame Einwilligung, die in § 26 Abs. 2 BDSG enthalten sind (vgl. dort Rn. 104 ff.). Durch die ausdrückliche Aufnahme der Einwilligung als Möglichkeit der Legitimation von Verarbeitungen personenbezogener Daten hat der Gesetzgeber die bislang bestehende Streitfrage entschieden, ob eine Einwilligung wegen des bestehenden Abhängigkeitsverhältnisses von Beschäftigten überhaupt freiwillig sein kann. Allerdings sind die in § 26 Abs. 2 BDSG genannten Rahmenbedingungen für die Zulässigkeit einer Einwilligung **sehr eng** gehalten. Mit Blick auf den nach Abs. 4 dieser Vorschrift jederzeit möglichen Widerruf einer erteilten Einwilligung stellt zudem die Begründung von Verarbeitungen personenbezogener Daten auf eine Einwilligung im Beschäftigungsverhältnis für Verantwortliche ein großes praktisches Risiko dar.

---

7 Vgl. Gola-*Schulz*, Art. 7 Rn. 5.

8 Vgl. DWWS-*Däubler*, Art. 7 Rn. 13.

III. Form (Abs. 2 Satz 1)

11 Die Regelung in **Abs. 2** enthält spezifische Vorgaben für die **Form** der Abgabe einer schriftlichen Einwilligung. Nach **Satz 1** der Vorschrift muss eine schriftliche Einwilligungserklärung, die von einem Verantwortlichen vorgelegt wird (»Ersuchen um Einwilligung«), insbesondere dann in **verständlicher** und **leicht zugänglicher Form** sowie in einer **klaren** und **einfachen Sprache** ausgestaltet sein, wenn die Erklärung insgesamt auch andere Sachverhalte betrifft. Von diesen muss die datenschutzrechtliche Einwilligungserklärung klar zu unterscheiden sein. Insoweit handelt es sich um eine spezielle Vorgabe für die Schriftform von Einwilligungen.

12 Die **Schriftform** wird in Deutschland durch § 126 BGB definiert. Dies setzt nach § 126 Abs. 1 BGB eine Urkunde voraus, die von der erklärenden Person eigenhändig unterzeichnet oder deren Unterzeichnung notariell beglaubigt wurde. Die weitere Fassung der Schriftform im Europäischen Recht lässt hingegen auch eine elektronische Form zu, wie sie durch § 126a BGB definiert ist.[9] Deshalb spricht viel dafür, in dem Regelungsrahmen von Abs. 2 neben der elektronischen Form nach § 126a BGB auch die Textform nach § 126b BGB einzubeziehen. Diese setzt eine lesbare Erklärung voraus, die die Person des Erklärenden benennt und die auf einem dauerhaften Datenträger abgegeben wird. Insoweit ist der Anwendungsbereich von Abs. 2 **weit auszulegen**.

13 Die besonderen Bedingungen für eine Einwilligung in Schriftform führen nicht dazu, dass andere Formen der Einwilligung unwirksam wären. Anders als § 4a Abs. 1 Satz 3 und § 28 Abs. 3a Satz 1 BDSG a.F. enthält Art. 7 **keinen Schriftformzwang**. Damit sind unabhängig von den Vorgaben in Abs. 2 auch andere Formen der Einwilligung möglich, solange in ihnen der **eindeutige Wille** betroffener Personen zum Ausdruck kommt, dass eine bestimmte Verarbeitung für bestimmte Zwecke erfolgen kann. Es muss sich aber in jedem Fall um eine unmissverständlich abgegebene Willensbekundung handeln, mit der betroffene Personen verdeutlichen, dass sie einer bestimmten Verarbeitung ihrer personenbezogenen Daten zustimmen.[10]

14 Neben der klassischen Form einer unterschriebenen Urkunde oder einer Textform (etwa eine **E-Mail)** kommen auch eine **SMS** oder eine **Videobotschaft** mit entsprechendem Inhalt in Betracht. Darüber hinaus kann auch das »**Anklicken**« eines Schalters in einer Internet-Anwendung oder das Setzen eines »**Hakens**« in einem PDF-Dokument ebenso eine wirksame Einwilligung darstellen, wie die **Mitteilung** in einem **Messenger-Dienst**. Auch die **Aufzeichnung bestimmter Gesten** oder die **gezielte Bewegung** eines Smartphones oder Tablets sowie das Zeichnen eines Symbols auf einem

9 Vgl. Ehmann/Selmayr-*Heckmann/Paschke*, Art. 7 Rn. 77.

10 Vgl. Gola-*Schulz*, Art. 7 Rn. 41.

Bildschirm kann als Einwilligung gewertet werden.[11] Voraussetzung ist in allen Fällen, dass betroffene Personen wissen, welchen Inhalt ihre Einwilligungserklärung hat.

Allerdings setzen sich Verantwortliche mit Einwilligung außerhalb der Schriftform im **Streitfall** dem **Risiko** aus, diese nicht beweisen zu können. Deshalb ist der Rückgriff auf die Schriftform oder zumindest die Textform ratsam. Dies gilt insbesondere in Beschäftigungsverhältnissen, wenn Arbeitgeber für die Verarbeitung von Beschäftigtendaten keine andere Rechtsgrundlage haben, wie etwa die Verarbeitung von Gehaltsdaten außerhalb des Unternehmens, in denen Beschäftigte angestellt sind. **15**

Wird der Text einer schriftlichen Einwilligung von Verantwortlichen vorgegeben, so unterliegt diese insbesondere den allgemeinen Vorgaben der Regelungen zu Allgemeinen Geschäftsbedingungen. Damit dürfen auch datenschutzrechtliche Einwilligungserklärungen mit Blick auf § 305c BGB keine überraschenden Klauseln enthalten und dürfen mit Blick auf § 307 Abs. 1 BGB nicht zu einer unangemessenen Benachteiligung im Sinne des Gebots von Treu und Glauben führen.[12] **16**

1. Zweckbezogenheit der Einwilligung

Die Einwilligung muss sich mit Blick auf das Transparenzgebot in Art. 5 Abs. 1 Buchst. a und den Zweckbindungsgrundsatz in Buchst. b dieser Norm auf **festgelegte Zwecke** beziehen. Gibt es mehrere Zwecke, müssen diese alle in der Einwilligung angesprochen werden. **Unzulässig** sind damit insbesondere **Pauschalermächtigungen**, z.B. die Formulierung in einem Arbeitsvertrag »die/der Beschäftigte stimmt der Verarbeitung aller personenbezogenen Daten zu, die der Arbeitgeber für die Durchführung des Arbeitsverhältnisses benötigt«. **17**

2. Anforderungen an schriftliche Erklärungen

Einwilligungen in schriftlicher Form, die Teil umfassender Vereinbarungen sind oder die von ihrer inhaltlichen Gestaltung her auch andere Sachverhalte betreffen, **müssen** klar **als datenschutzrechtliche Erlaubnisnorm erkennbar sein**. Optisch kann dies durch eine besondere **grafische Hervorhebung** geschehen. Darüber hinaus sind **textliche Hinweise** wie die Überschrift »Datenschutzrechtliche Einwilligung« notwendig. Wenn solche Einwilligungen in elektronischer Form erfolgen, kann aus einem anderen Text heraus ein Verweis auf die Einwilligungserklärung erfolgen. Dieser muss dann aber in jedem Fall gesondert zugestimmt werden können. Bezüglich **18**

11 Vgl. Gola-*Schulz*, Art. 7 Rn. 41f.

12 Vgl. DWWS-*Däubler*, Art. 7 Rn. 27f.

der notwendigen Kenntlichmachung gilt insoweit die Verpflichtung zur besonderen Hervorhebung weiter, die § 4a Abs. 1 Satz 4 BDSG a. F. enthielt.

19 Die von Abs. 2 Satz 1 erfassten schriftlichen Einwilligungserklärungen müssen immer in **verständlicher** und **leicht zugänglicher Form** erteilt werden. Dies setzt nicht nur die vorstehend beschriebene besondere Hervorhebung voraus, sondern auch eine **gute Lesbarkeit**. Zudem darf die Erklärung **nicht versteckt** oder an einer schwer zugänglichen Stelle stehen.[13] Keine wirksame Form stellt beispielsweise eine Einwilligung zur Verarbeitung von Cookies im Internet dar, wenn hier Einstellungsmöglichkeiten zur Verwendung bestimmter Anwendungen an unvermuteter oder versteckter Stelle platziert sind oder wenn ihre graphische Gestaltung dazu verleitet, eine Einwilligung ungewollt zu erteilen.

20 Die Verpflichtung zur Verwendung klarer und einfacher Sprache macht es notwendig, **Texte** so zu gestalten, dass die Einwilligungserklärung auch von betroffenen Personen **verstanden wird**, die das Lesen derartiger Formulierungen nicht gewohnt sind. Dies schließt komplexe juristische Formulierungen ebenso aus wie die Verwendung von Fremdworten oder den Verweis auf Gesetzestexte. Legen Verantwortliche eine schriftliche Einwilligungserklärung betroffenen Personen in einer Sprache vor, von der sie wissen, dass dies nicht die Muttersprache der Adressaten ist, steht dies der datenschutzrechtlichen Verwendung einer klaren und einfachen Sprache ebenfalls entgegen. Hier ist ggf. eine Übersetzung der Einwilligungserklärung unumgänglich. Unzureichend wäre die Verwendung von Symbolen oder Piktogrammen zur Einholung einer Einwilligung.[14]

3. Einwilligung in die Verarbeitung besonderer Arten personenbezogener Daten

21 Sollen **besondere Kategorien personenbezogener Daten** gemäß Art. 9 auf der Grundlage einer Einwilligung verarbeitet werden, so sind an die zu erteilende Erklärung nach Art. 9 Abs. 2 Buchst. a besondere Anforderungen zu stellen. Es muss in diesen Fällen eine »ausdrückliche« Einwilligung vorliegen, was insbesondere eine konkludente oder implizit erteilte Einwilligungserklärung ausschließt.[15]

22 Auch an den **Inhalt** von schriftlichen Einwilligungserklärungen sind besonders hohe Anforderungen zu stellen, wenn es um besondere Kategorien personenbezogener Daten geht. Insbesondere der Zweck der Verarbeitung und seine Grenzen müssen so konkret wie möglich mitgeteilt werden. Vo-

13 Vgl. Ehmann/Selmayr-*Heckmann/Paschke*, Art. 7 Rn. 79.

14 Vgl. Ehmann/Selmayr-*Heckmann/Paschke*, Art. 7 Rn. 80.

15 Vgl. Gola-*Schulz*, Art. 7 Rn. 50.

raussetzung ist, dass eine Verarbeitung dieser Daten überhaupt gesetzlich zulässig ist.

Verlangt ein Arbeitgeber **von Beschäftigten die Einwilligung** in die Verarbeitung besonderer Kategorien personenbezogener Daten, etwa in Form der Zustimmung zu psychologischen Tests oder zu medizinischen Untersuchungen, ohne dass diese Informationen für die Aufnahme oder Durchführung von Beschäftigungsverhältnissen aus objektiver Sicht erforderlich sind, weckt dies Zweifel an der notwendigen Freiwilligkeit einer Einwilligung. Entsprechendes gilt, wenn Informationen über den Impfstatus verlangt werden, es sei denn, es gibt hierfür eine zwingende gesetzliche Nachweispflicht.[16] **23**

4. Beweislast

Die **Beweislast** für das Vorliegen einer wirksamen Einwilligung trifft den **Verantwortlichen**, der sich auf diese zur Legitimation einer Verarbeitung beruft. Insoweit trägt er auch die Nachweisplicht für die Abgabe einer wirksamen Erklärung durch betroffene Personen, wenn Einwilligungen außerhalb der Schriftform gemäß § 126 BGB erteilt wurden. Im Rahmen von **Beschäftigungsverhältnissen** ist die Schriftform bzw. die elektronische Form durch § 26 Abs. 2 BDSG im Regelfall vorgeschrieben (vgl. dort Rn. 108). **24**

IV. Verstoß gegen die DSGVO (Abs. 2 Satz 2)

Nach **Abs. 2 Satz 2** sind Teile von Einwilligungserklärungen nicht verbindlich und damit unwirksam, wenn sie gegen Regelungen und Vorschriften der DSGVO verstoßen. Führt die **Unwirksamkeit** eines Teils der Einwilligung dazu, dass sie als solche insgesamt keinen sinnvollen Erlaubnistatbestand begründet, kann hieraus die Unwirksamkeit der gesamten datenschutzrechtlichen Einwilligung folgen. Dies ist jeweils im Einzelfall zu beurteilen. **25**

Enthält etwa ein Arbeitsvertrag unter der Überschrift »Datenschutzrechtliche Einwilligung« die Formulierung »Die Arbeitnehmerin räumt dem Arbeitgeber hiermit das Recht ein, im Rahmen der Erforderlichkeit alle Arten personenbezogener Daten zu erheben und zu verarbeiten«, folgt die datenschutzrechtliche Unwirksamkeit der Erklärung schon aus der unzureichenden Zweckbestimmung in dieser Formulierung. Bezogen auf besondere Kategorien personenbezogener Daten erfüllt die Formulierung »Die vorstehende Einwilligung in die Verarbeitung personenbezogener Informationen bezieht sich entsprechend auch auf die Verarbeitung besonderer Arten personenbezogener Daten im Sinne von Art. 9« nicht die Voraussetzungen, die **26**

16 Vgl. allgemein *Tatzky/Stach*, AiB 3/2021, 34; *Wedde*, CuA 5/2021, 34; *ders.*, CuA 12/2021, 26.

in diesen Fällen aus Art. 9 Abs. 1 Buchst. b folgen und eine ausdrückliche Einwilligung für ein oder mehrere festgelegte Zwecke voraussetzen. Die Verarbeitung besonderer Arten personenbezogener Daten wäre hierdurch nicht legitimiert.

27 Wird die Unwirksamkeit von Teilen einer Einwilligung oder der Einwilligung insgesamt im Nachhinein festgestellt, sind bis dahin auf dieser Grundlage durchgeführte Verarbeitungen personenbezogener Daten ohne die notwendige rechtliche Grundlage erfolgt. Dies kann ggf. Geldbußen nach Art. 83 auslösen, sofern Verantwortliche nicht auf eine andere datenschutzrechtliche Grundlage in Art. 6 Abs. 1 zurückgreifen können.

V. Widerrufsrecht (Abs. 3)

28 Durch die Regelung in **Abs. 3** wird betroffenen Personen ein ausdrückliches **Widerrufsrecht bezüglich** einer erteilten Einwilligung eingeräumt. Der Widerspruch bedarf **keiner Begründung**. Er muss lediglich klar zum Ausdruck bringen, dass nunmehr kein Einverständnis mit der Verarbeitung personenbezogener Daten mehr besteht. Ein Widerspruch wirkt nur für die Zukunft. Sind allerdings Daten, die auf Basis einer Einwilligung verarbeitet wurden, bei einem Verantwortlichen inzwischen gelöscht, bleibt der Widerspruch praktisch folgenlos.

29 Die **Ausübung** des Widerspruchsrechts darf **keine Nachteile** für die betroffenen Personen mit sich bringen. Der Begriff der Nachteile ist weit zu fassen und beinhaltet alle aus Sicht der betroffenen Personen negativen Konsequenzen oder Auswirkungen.[17]

30 Das **Widerspruchsrecht kann** nach der Regelung in Abs. 3 Satz 1 **jederzeit ausgeübt** werden. Verantwortliche genießen insoweit bezüglich einer erteilten Einwilligung **keinen Vertrauensschutz** auf deren Bestand. Erfolgt der Widerruf einer Einwilligung, die Bestandteil eines umfassenderen Vertrags ist, dürfen hierfür notwendige Verarbeitungen von personenbezogenen Daten nur erfolgen, wenn der Verantwortliche auf eine andere datenschutzrechtliche Erlaubnisnorm zurückgreifen kann (bei Verträgen etwa die Möglichkeit der Vertragserfüllung gemäß Art. 6 Abs. 1 Buchst. c).

Beschäftigtendatenschutz

31 Ist eine datenschutzrechtliche Einwilligungserklärung **Bestandteil eines Arbeitsvertrags** und ermöglicht diese dem Arbeitgeber beispielsweise die Durchführung der Personalverwaltung in einem anderen Unternehmen des Konzerns, lässt der Widerruf einer Einwilligung das grundlegende Beschäftigungsverhältnis unberührt. Der Arbeitgeber muss dann ggf. die

17 Vgl. Gola-*Schulz*, Art. 7 Rn. 55.

Gehaltszahlung und die Verwaltung der personenbezogenen Daten im Personalbereich anderweitig innerhalb des Unternehmens sicherstellen, sofern es hierfür keine andere datenschutzrechtliche Grundlage gibt.

Nach Abs. 3 **Satz 2** berührt der Widerruf einer Einwilligung die **Rechtmäßigkeit** der **bisher auf deren Basis durchgeführten Verarbeitung** personenbezogener Daten nicht. Verarbeitungen in der Vergangenheit bleiben damit in dem durch die Einwilligung eröffneten Rahmen zulässig. Nach Einlegung des Widerspruchs müssen jedoch ggf. auf dieser Grundlage erhobene Informationen gelöscht werden. Gegebenenfalls besteht ein Herausgabeanspruch des Beschäftigten im Rahmen des Rechts auf Datenübertragbarkeit in Art. 20. **32**

Sind beispielsweise von einem Beschäftigten auf der Grundlage seiner freiwilligen Einwilligung Aufnahmen von Videomeetings gemacht worden und widerruft dieser die erteilte Einwilligung, müssen zumindest die Teile der Aufnahme, in denen er zu sehen sind, gelöscht werden. Ist dies nicht möglich, kommt eine Löschung der gesamten Aufnahme in Betracht. **33**

Über die Möglichkeit des Widerrufs einer erteilten Einwilligung müssen die betroffenen Personen vom Verantwortlichen nach Abs. 3 **Satz 3** bei der Abgabe der Erklärung **in Kenntnis** gesetzt werden. Unterlässt ein Verantwortlicher diese Mitteilung, bleibt dies allerdings datenschutzrechtlich folgenlos.[18] **34**

Ein Verantwortlicher kann sich ohne die Erfüllung dieser Informationspflicht nicht darauf berufen, dass ein Widerspruch ein pflichtwidriges Vorgehen einer betroffenen Person darstellt, etwa im Rahmen eines Beschäftigungsverhältnisses. **35**

Ein Widerruf muss nach der Regelung in Abs. 3 **Satz 4** so **einfach** sein wie die Erteilung der Einwilligung selbst. Das bedeutet nicht, dass der Widerspruch in derselben Form wie die Einwilligung durchgeführt werden soll. Vielmehr herrscht hier Formfreiheit und betroffene Personen sind in der Ausgestaltung eines Widerspruchs frei. Die Vorschrift zielt diesbezüglich in die gegenteilige Richtung und soll Erschwernisse zulasten der betroffenen Personen ausschließen. Kann etwa eine Einwilligung innerhalb einer Internet-Anwendung durch das einfache Anklicken eines Buttons erteilt werden, können betroffene Personen nicht verpflichtet werden, den Widerspruch in Schriftform oder in einem bestimmten Portal einzulegen. Ihnen steht es nach der Regelung in Satz 4 frei, in diesem Fall den Widerspruch beispielsweise auch durch das Ausfüllen eines Kontaktformulars auf derselben Internet-Seite einzulegen. Darüber hinaus stehen ihnen alle anderen Kommunikationsmöglichkeiten zur Verfügung. **36**

18 Vgl. Ehmann/Selmayr-*Heckmann/Paschke*, Art. 7 Rn. 89; Plath-*Plath*, Art. 7 Rn. 16.

37 Betroffene Personen müssen darauf achten, dass sie das Einlegen eines Widerspruchs im Zweifelsfall beweisen können. Insoweit bietet sich auch ein paralleles Vorgehen über ein Kontaktformular und durch eine schriftliche Erklärung an, wenn die Verantwortlichen klar adressierbar sind. Ist die von betroffenen Personen gewählte Form der Einwilligung formal einfacher durchführbar, so ist auch dies zulässig. Sie können deshalb beispielsweise eine schriftlich erteilte Einwilligung auch durch eine E-Mail, eine SMS oder eine sonstige Form widerrufen. Auch in diesen Fällen obliegt ihnen allerdings im Streitfall die Beweispflicht.

VI. Koppelungsverbot (Abs. 4)

38 Die Regelung in **Abs. 4** sichert die Freiwilligkeit einer Einwilligung durch ein »**Koppelungsverbot**« ab. Nach dieser Regelung muss bei der Beurteilung der Frage, ob eine Einwilligung freiwillig erteilt wurde, dem Umstand Rechnung getragen werden, ob die Erfüllung eines Vertrags oder die Erbringung einer Dienstleistung vom Verantwortlichen von der Einwilligung zu einer Verarbeitung von personenbezogenen Daten abhängig gemacht wurde. Relevant sind hier personenbezogene Daten, die für die Erfüllung des Vertrags nicht erforderlich sind.

39 Bestehende Verbindungen zwischen Einwilligung und nicht erforderlichen Verarbeitungszwecken müssen bei der Prüfung des Bestehens eines Koppelungsverbots in »größtmöglichem Umfang« berücksichtigt werden. Dies spricht für eine **weite Auslegung der Vorschrift**. Zudem ist die genannte Vertragserfüllung beispielhaft (»unter anderem«) und lässt auch die Einbeziehung anderer Faktoren wie außerhalb des Vertrags stehender Vorteile nicht außer Acht.

40 **Freiwilligkeit** setzt weiterhin voraus, dass eine betroffene Person bei der Erteilung der Einwilligung eine **echte** oder **freie Wahlmöglichkeit** hat. Sie muss in der Lage sein, eine Einwilligung zu verweigern oder zurückzuziehen, ohne dadurch Nachteile zu erleiden. Bezogen auf ein **Beschäftigungsverhältnis** in einem Callcenter bedeutet dies beispielsweise, dass der Abschluss eines Arbeitsvertrags in keiner Weise mit einer Einwilligung in das Mithören von Telefongesprächen verknüpft werden darf. Es muss insoweit eine echte Wahlfreiheit für die betroffenen Personen bestehen. Dies wird etwa gegeben sein, wenn in einem Call-Center (bei gleichen finanziellen und sonstigen Rahmenbedingungen für alle Beschäftigten) nur für die Tätigkeit in bestimmten Bereichen die Erteilung einer Einwilligung in das Mithören von Gesprächen verlangt wird, weil Kunden dies wünschen.

41 In jedem Fall ausgeschlossen ist die unmittelbare Verknüpfung von persönlichen Vorteilen mit der Erteilung einer Einwilligung. Wird etwa die **Übergabe eines Neuwagens** davon abhängig gemacht, dass der Käufer eine umfassende Datenübermittlung aus dem Fahrzeug an den Hersteller zu-

stimmt, handelt es sich hierbei regelmäßig um eine unzulässige Koppelung. Kann das Fahrzeug nicht ohne eine Einwilligung betrieben werden, weil dann zugesicherte Funktionen nicht genutzt werden können, steht Käufern zusätzlich zu der Widerrufsmöglichkeit ggf. ein Recht auf Rückgabe des Fahrzeugs und Annullierung des Kaufvertrags zu.

VII. Hinweise für Betriebs- oder Personalräte

Betriebs- oder Personalräte haben bezogen auf **Einwilligungen**, die Be- 42
schäftigte Arbeitgebern für die Verarbeitung ihrer personenbezogenen Daten geben, **keine unmittelbaren gesetzlichen Beteiligungsrechte**. Mittelbar können sie aber beispielsweise im Rahmen ihrer allgemeinen Überwachungsaufgaben (etwa nach § 80 Abs. 1 Nr. 1 BetrVG bzw. nach § 62 Abs. 1 Nr. 2 BPersVG) prüfen, ob Einwilligungen von Beschäftigten wirksam erteilt wurden. In diesem Rahmen können Betriebs- oder Personalräte auch bewerten, ob die Form schriftlicher Einwilligungen den Vorgaben in Art. 7 Abs. 2 i. V. m. § 26 Abs. 2 BDSG entspricht und ob Beschäftigte die Einwilligungserklärung freiwillig i. S. v. Art. 7 Abs. 4 abgegeben haben.

Sind datenschutzrechtliche Einwilligungen **Bestandteil der Standard-** 43
arbeitsverträge, muss das auf Personalfragebogen bezogene Mitbestimmungsrecht (§ 94 Abs. 2 BetrVG bzw. § 90 Abs. 1 Nr. 15 BPersVG) beachtet werden.

Erfolgen auf der Grundlage bestehender Mitbestimmungsrechte (etwa § 87 44
Abs. 1 Nr. 6 BetrVG bzw. § 80 Abs. 1 Nr. 21 BPersVG) Regelungen zu einzelnen IT-Systemen, können in diesen Bedingungen oder Beschränkungen für die Erteilung von Einwilligungen verankert werden. Enthält eine Betriebs- oder Dienstvereinbarung beispielsweise die Vorgabe, dass eine individuelle Einwilligung zur Verarbeitung personenbezogener Daten von Beschäftigten nur dann eingeholt werden kann, wenn der für die Regelung des Gesamtsystems zuständige Betriebsrat diesem Vorgehen zugestimmt hat, bindet diese Regelung die Arbeitgeber. Auch ohne eine solche Regelung wäre beispielsweise eine Einwilligung, mit der Beschäftigte Verarbeitungen zugestehen, die eine Betriebsvereinbarung zur Wahrung von Persönlichkeitsrechten der Beschäftigten ausdrücklich ausschließt, als Verstoß gegen die sich aus § 77 Abs. 4 BetrVG ableitende Regelungssperre unzulässig.

Willigen Beschäftigte auf Verlangen des Arbeitgebers beispielsweise in eine 45
Übermittlung personenbezogener Daten an ein anderes Konzernunternehmen im nichteuropäischen Ausland ein, obwohl diese Form der Verarbeitung in einer Betriebsvereinbarung des verwendeten Personalinformationssystems ausdrücklich ausgeschlossen ist, oder stimmen sie individuell der dauerhaften Speicherung von Videoaufnahmen einer Überwachungskamera zu, obwohl eine Betriebsvereinbarung keine oder nur eine sehr kurze Speicherdauer zulässt, werden die abgeschlossenen **kollektivrechtlichen Ver-**

arbeitungssperren dadurch **nicht außer Kraft gesetzt**. Die entsprechenden Einwilligungen legitimieren Verarbeitungen nicht, die im Widerspruch zu kollektivrechtlichen Verarbeitungen stehen. Etwas anderes gilt nur, wenn es zu einer Verarbeitung gar keine einschlägige kollektivrechtliche Vereinbarung gibt oder wenn bestehende Regelungen bestimmte Themen außer Acht lassen. So können Beschäftigte beispielsweise ihrer Aufnahme in einen konzernweiten digitalen Talentpool oder der Verwendung ihres Fotos für die Selbstdarstellung des Unternehmens individuell zustimmen, wenn diese Themen im Betrieb kollektivrechtlich ungeregelt sind.

Artikel 8 Bedingungen für die Einwilligung eines Kindes in Bezug auf Dienste der Informationsgesellschaft

(1) Gilt Artikel 6 Absatz 1 Buchstabe a bei einem Angebot von Diensten der Informationsgesellschaft, das einem Kind direkt gemacht wird, so ist die Verarbeitung der personenbezogenen Daten des Kindes rechtmäßig, wenn das Kind das sechzehnte Lebensjahr vollendet hat. Hat das Kind noch nicht das sechzehnte Lebensjahr vollendet, so ist diese Verarbeitung nur rechtmäßig, sofern und soweit diese Einwilligung durch den Träger der elterlichen Verantwortung für das Kind oder mit dessen Zustimmung erteilt wird.

Die Mitgliedstaaten können durch Rechtsvorschriften zu diesen Zwecken eine niedrigere Altersgrenze vorsehen, die jedoch nicht unter dem vollendeten dreizehnten Lebensjahr liegen darf.

(2) Der Verantwortliche unternimmt unter Berücksichtigung der verfügbaren Technik angemessene Anstrengungen, um sich in solchen Fällen zu vergewissern, dass die Einwilligung durch den Träger der elterlichen Verantwortung für das Kind oder mit dessen Zustimmung erteilt wurde.

(3) Absatz 1 lässt das allgemeine Vertragsrecht der Mitgliedstaaten, wie etwa die Vorschriften zur Gültigkeit, zum Zustandekommen oder zu den Rechtsfolgen eines Vertrags in Bezug auf ein Kind, unberührt.

1 Die Regelung in Art. 8 gab es im deutschen Datenschutzrecht bisher nicht. Sie bezieht sich auf Minderjährige, die in **Abs. 1** als »**Kinder**« bezeichnet werden. Durch die Regelung in **Abs. 1** wird festgelegt, dass die Verarbeitung personenbezogener Daten von **Kindern**, die das **16. Lebensjahr** noch **nicht vollendet** haben, regelmäßig unrechtmäßig ist. Ab Vollendung des 16. Lebensjahrs kann die Verarbeitung rechtmäßig sein, wenn Erziehungsberechtigte diese für ihr Kind legitimiert haben.

2 Nach **Abs. 2** muss ein Verantwortlicher **angemessene Anstrengungen** dafür unternehmen sich zu vergewissern, ob eine Einwilligung durch Erziehungsberechtigte erteilt wurde. Die Verpflichtung besteht unter Berücksichtigung der verfügbaren Technik.

Durch **Abs. 3** wird ausdrücklich klargestellt, dass die Regelung **rechtliche Vorgaben in den Mitgliedsstaaten** zur Gültigkeit, zum Zustandekommen oder zu Rechtsfolgen eines Vertrags in Bezug auf Kinder **unberührt** lässt. 3

Artikel 9 Verarbeitung besonderer Kategorien personenbezogener Daten

(1) Die Verarbeitung personenbezogener Daten, aus denen die rassische und ethnische Herkunft, politische Meinungen, religiöse oder weltanschauliche Überzeugungen oder die Gewerkschaftszugehörigkeit hervorgehen, sowie die Verarbeitung von genetischen Daten, biometrischen Daten zur eindeutigen Identifizierung einer natürlichen Person, Gesundheitsdaten oder Daten zum Sexualleben oder der sexuellen Orientierung einer natürlichen Person ist untersagt.

(2) Absatz 1 gilt nicht in folgenden Fällen:

a) Die betroffene Person hat in die Verarbeitung der genannten personenbezogenen Daten für einen oder mehrere festgelegte Zwecke ausdrücklich eingewilligt, es sei denn, nach Unionsrecht oder dem Recht der Mitgliedstaaten kann das Verbot nach Absatz 1 durch die Einwilligung der betroffenen Person nicht aufgehoben werden,

b) die Verarbeitung ist erforderlich, damit der Verantwortliche oder die betroffene Person die ihm bzw. ihr aus dem Arbeitsrecht und dem Recht der sozialen Sicherheit und des Sozialschutzes erwachsenden Rechte ausüben und seinen bzw. ihren diesbezüglichen Pflichten nachkommen kann, soweit dies nach Unionsrecht oder dem Recht der Mitgliedstaaten oder einer Kollektivvereinbarung nach dem Recht der Mitgliedstaaten, das geeignete Garantien für die Grundrechte und die Interessen der betroffenen Person vorsieht, zulässig ist,

c) die Verarbeitung ist zum Schutz lebenswichtiger Interessen der betroffenen Person oder einer anderen natürlichen Person erforderlich und die betroffene Person ist aus körperlichen oder rechtlichen Gründen außerstande, ihre Einwilligung zu geben,

d) die Verarbeitung erfolgt auf der Grundlage geeigneter Garantien durch eine politisch, weltanschaulich, religiös oder gewerkschaftlich ausgerichtete Stiftung, Vereinigung oder sonstige Organisation ohne Gewinnerzielungsabsicht im Rahmen ihrer rechtmäßigen Tätigkeiten und unter der Voraussetzung, dass sich die Verarbeitung ausschließlich auf die Mitglieder oder ehemalige Mitglieder der Organisation oder auf Personen, die im Zusammenhang mit deren Tätigkeitszweck regelmäßige Kontakte mit ihr unterhalten, bezieht und die personenbezogenen Daten nicht ohne Einwilligung der betroffenen Personen nach außen offengelegt werden,

e) die Verarbeitung bezieht sich auf personenbezogene Daten, die die betroffene Person offensichtlich öffentlich gemacht hat,

f) die Verarbeitung ist zur Geltendmachung, Ausübung oder Verteidigung von Rechtsansprüchen oder bei Handlungen der Gerichte im Rahmen ihrer justiziellen Tätigkeit erforderlich,

g) die Verarbeitung ist auf der Grundlage des Unionsrechts oder des Rechts eines Mitgliedstaats, das in angemessenem Verhältnis zu dem verfolgten Ziel steht, den Wesensgehalt des Rechts auf Datenschutz wahrt und angemessene und spezifische Maßnahmen zur Wahrung der Grundrechte und Interessen der betroffenen Person vorsieht, aus Gründen eines erheblichen öffentlichen Interesses erforderlich,

h) die Verarbeitung ist für Zwecke der Gesundheitsvorsorge oder der Arbeitsmedizin, für die Beurteilung der Arbeitsfähigkeit des Beschäftigten, für die medizinische Diagnostik, die Versorgung oder Behandlung im Gesundheits- oder Sozialbereich oder für die Verwaltung von Systemen und Diensten im Gesundheits- oder Sozialbereich auf der Grundlage des Unionsrechts oder des Rechts eines Mitgliedstaats oder aufgrund eines Vertrags mit einem Angehörigen eines Gesundheitsberufs und vorbehaltlich der in Absatz 3 genannten Bedingungen und Garantien erforderlich,

i) die Verarbeitung ist aus Gründen des öffentlichen Interesses im Bereich der öffentlichen Gesundheit, wie dem Schutz vor schwerwiegenden grenzüberschreitenden Gesundheitsgefahren oder zur Gewährleistung hoher Qualitäts- und Sicherheitsstandards bei der Gesundheitsversorgung und bei Arzneimitteln und Medizinprodukten, auf der Grundlage des Unionsrechts oder des Rechts eines Mitgliedstaats, das angemessene und spezifische Maßnahmen zur Wahrung der Rechte und Freiheiten der betroffenen Person, insbesondere des Berufsgeheimnisses, vorsieht, erforderlich, oder

j) die Verarbeitung ist auf der Grundlage des Unionsrechts oder des Rechts eines Mitgliedstaats, das in angemessenem Verhältnis zu dem verfolgten Ziel steht, den Wesensgehalt des Rechts auf Datenschutz wahrt und angemessene und spezifische Maßnahmen zur Wahrung der Grundrechte und Interessen der betroffenen Person vorsieht, für im öffentlichen Interesse liegende Archivzwecke, für wissenschaftliche oder historische Forschungszwecke oder für statistische Zwecke gemäß Artikel 89 Absatz 1 erforderlich.

(3) Die in Absatz 1 genannten personenbezogenen Daten dürfen zu den in Absatz 2 Buchstabe h genannten Zwecken verarbeitet werden, wenn diese Daten von Fachpersonal oder unter dessen Verantwortung verarbeitet werden und dieses Fachpersonal nach dem Unionsrecht oder dem Recht eines Mitgliedstaats oder den Vorschriften nationaler zuständiger Stellen dem Berufsgeheimnis unterliegt, oder wenn die Verarbeitung

durch eine andere Person erfolgt, die ebenfalls nach dem Unionsrecht oder dem Recht eines Mitgliedstaats oder den Vorschriften nationaler zuständiger Stellen einer Geheimhaltungspflicht unterliegt.

(4) Die Mitgliedstaaten können zusätzliche Bedingungen, einschließlich Beschränkungen, einführen oder aufrechterhalten, soweit die Verarbeitung von genetischen, biometrischen oder Gesundheitsdaten betroffen ist.

Inhaltsübersicht Rn.

I. Allgemeines ... 1– 5
II. Verarbeitungsverbot (Abs. 1) ... 6–26
1. Rassische und ethnische Herkunft (Abs. 1 Nr. 1) ... 7
2. Politische Meinung (Abs. 1 Nr. 2) ... 8
3. Religiöse und weltanschauliche Überzeugungen (Abs. 1 Nr. 3) ... 9–10
4. Gewerkschaftszugehörigkeit (Abs. 1 Nr. 4) ... 11–12
5. Genetische Daten (Abs. 1 Nr. 5) ... 13–14
6. Biometrische Daten zur eindeutigen Identifizierung (Abs. 1 Nr. 6) ... 15–17
7. Gesundheitsdaten (Abs. 1 Nr. 7) ... 18–23
8. Daten über Sexualleben und sexuelle Orientierung (Abs. 1 Nr. 8) ... 24–26
III. Ausnahmen vom Verarbeitungsverbot (Abs. 2) ... 27–73
1. Einwilligung (Abs. 2 Buchst. a) ... 30–35
2. Arbeitsrecht, Soziale Sicherheit und Sozialschutz (Abs. 2 Buchst. b) ... 36–46
a. Arbeitsrecht ... 37–44
b. Soziale Sicherheit und Sozialschutz ... 45–46
3. Schutz lebenswichtiger Interessen betroffener Personen (Abs. 2 Buchst. c) ... 47–51
4. Verarbeitung durch bestimmte Organisationen und Tendenzbetriebe (Abs. 2 Buchst. d) ... 52–55
5. Offenkundig öffentlich gemachte Daten (Abs. 2 Buchst. e) ... 56–61
6. Rechtsansprüche (Abs. 2 Buchst. f) ... 62–64
7. Erhebliches öffentliches Interesse (Abs. 2 Buchst. g) ... 65–66
8. Gesundheitsversorgung und Arbeitsmedizin (Abs. 2 Buchst. h) 67–71
9. Öffentliche Gesundheitsdienste (Abs. 2 Buchst. i) ... 72
10. Archivarische, wissenschaftliche und statistische Zwecke (Abs. 2 Buchst. j) ... 73
IV. Beachtung von Berufsgeheimnissen (Abs. 3) ... 74–76
V. Verarbeitung von genetischen oder biometrischen Daten und von Gesundheitsdaten (Abs. 4) ... 77–78

I. Allgemeines

Besonders sensitive personenbezogene Daten stellt die DSGVO ebenso wie 1
die deutsche Vorgängerregelung in § 28 Abs. 6 BDSG a. F. unter einen besonderen Schutz. Für in einer abschließenden Aufzählung benannte Kategorien

besonders schützenswerter Daten enthält Art. 9 in **Abs. 1** ein **generelles Verarbeitungsverbot**, das jedoch durch die in **Abs. 2** enthaltenen **Ausnahmetatbestände** teilweise aufgehoben wird.

2 Die Regelungen zum Schutz besonderer Kategorien personenbezogener Daten zielen insgesamt darauf, **Benachteiligungen** oder **Diskriminierungen** zulasten betroffener Personen zu **vermeiden**. Dabei geht es beispielsweise um die politische Meinung, die Religion oder den Gesundheitszustand. Durch das Verbot in Art. 9 Abs. 1 sollen Grundrechte wie die Gedanken-, Gewissens- und Religionsfreiheit (Art. 10 GRCh, Art. 4 GG), die freie politische und gewerkschaftliche Betätigung (Art. 11 und 12 GRCh, Art. 5 und 9 GG), die körperliche Unversehrtheit (Art. 3 GRCh, Art. 2 Abs. 2 GG), die soziale Sicherheit und der Gesundheitsschutz (Art. 34 und 35 GRCh, Art. 20 Abs. 1 GG) gewährleistet werden.

3 Bezogen auf die in Abs. 1 aufgelisteten besonderen Kategorien personenbezogener Daten besteht ein **umfassender datenschutzrechtlicher Schutzbedarf**. Dies rechtfertigt eine weite Auslegung des Anwendungsbereichs der Vorschrift. Nur eine solche Form der Auslegung garantiert den besonderen Schutz dieser Daten vor den im Zusammenhang mit ihrer Verarbeitung möglicherweise eintretenden erheblichen Risiken für Grundrechte und Grundfreiheiten (vgl. ErwGr 51). In der Umkehrung dieses Arguments sind die in Abs. 2 **abschließend aufgezählten Ausnahmetatbestände** mit Blick auf den angestrebten Schutzrahmen der Interessen, Grundrechte und Grundfreiheiten der Betroffenen entsprechend **eng auszulegen**.

4 In **Abs. 1** werden die besonders geschützten Kategorien personenbezogener Daten aufgelistet. In der DSGVO finden sich in Art. 4 Nr. 13 bis 15 hierzu nur Definitionen zu genetischen und biometrischen Daten sowie zu Gesundheitsdaten. An die Auflistung in Abs. 1 schließt sich in **Abs. 2** unmittelbar eine Auflistung von zahlreichen **Bereichsausnahmen** an. Auch in diesen Fällen ist eine Verarbeitung nur zulässig, wenn sie durch einen der allgemeinen Erlaubnistatbestände in Art. 6 Abs. 1 legitimiert ist. Bezogen auf die Verarbeitung der in Abs. 2 Buchst. h genannten **Gesundheitsdaten** wird in **Abs. 3** festgelegt, dass diese nur durch Personen und Stellen verarbeitet werden dürfen, die einer **besonderen Schweigepflicht** unterfallen. Den Mitgliedsstaaten wird durch **Abs. 4** ein **Gestaltungsspielraum** für besondere Bedingungen und Beschränkungen bezüglich der Verarbeitung von genetischen oder biometrischen Daten sowie von Gesundheitsdaten eingeräumt.

5 Hinweise zum zulässigen Umgang mit besonderen Kategorien personenbezogener Daten enthalten ErwGr 51 bis 56. Im BDSG finden sich einschlägige Vorschriften in den §§ 22, 27 und 28.

II. Verarbeitungsverbot (Abs. 1)

6 **Abs. 1** enthält eine **abschließende Aufzählung** verschiedener Kategorien besonderer personenbezogener Daten, deren **Verarbeitung grundsätzlich untersagt** ist. Welche konkreten Informationen von diesen Kategorien umfasst sind, unterfällt mit Blick auf das Schutzziel der Vorschrift einer **weiten Auslegung**.[1] Der durch Abs. 1 bestimmte Schutzrahmen gilt auch für verbundene Informationen, deren Gehalt nur teilweise zu den besonderen Kategorien personenbezogener Daten gehört. Weiterhin erfasst er auch solche Daten, die nur indirekte Hinweise auf besonders schützenswerte persönliche Informationen geben.[2] Bei der Bewertung, ob Informationen von Abs. 1 erfasst werden, ist auf den Kontext sowie auf den Verständnis- und Interpretationshorizont eines durchschnittlichen Informationsempfängers abzustellen.[3] So lässt sich beispielsweise aus einer schriftlichen Essensbestellung, durch die »Schweinefleisch« ausdrücklich ausgeschlossen wird oder mit der ausdrücklich »glutenfreie Kost« verlangt wird, auf die Religionszugehörigkeit oder auf Allergien schließen. Im Einzelnen schützt Abs. 1 die folgenden Kategorien personenbezogener Daten.

1. Rassische und ethnische Herkunft (Abs. 1 Nr. 1)

7 Die Datenkategorie der **rassischen und ethnischen Herkunft** in Abs. 1 **Nr. 1** verweist auf die Zugehörigkeit zu einer bestimmten Bevölkerungsgruppe.[4] Die Verwendung des Begriffs »**rassische Herkunft**« soll ausdrücklich nicht mit der Begründung des Bestehens unterschiedlicher menschlicher Rassen gleichgesetzt werden (vgl. ErwGr 51). Mit Blick auf den einheitlichen Schutzrahmen ist eine klare und eindeutige Abgrenzung zwischen »Rasse« und »Ethnie« aus datenschutzrechtlicher Sicht nicht erforderlich, da beide Datengruppen gleichermaßen geschützt sind.[5]

2. Politische Meinung (Abs. 1 Nr. 2)

8 Die in Abs. 1 **Nr. 2** genannte »**politischen Meinung**« weist dem allgemeinen Sprachgebrauch folgend auf Ansichten, Überzeugungen, Stellungnahmen, Werturteile oder Aussagen zu politischen Themen hin.[6] Darüber hinaus bezieht sie sich auf alle einschlägigen Äußerungen und Aktivitäten, aus de-

1 Vgl. Ehmann/Selmayr-*Schiff*, Art. 9 Rn. 13; SHS-*Petri*, Art. 9 Rn. 11f.
2 Vgl. Kühling/Buchner-*Weichert*, Art. 9 Rn. 22; a. A. Gola-Schulz, Art. 9 Rn. 11 bezüglich der »Mischdaten«.
3 Vgl. Gola-*Schulz*, Art. 9 Rn. 13.
4 Vgl. Sydow-*Kampert*, Art. 9 Rn. 7.
5 Vgl. DWWS-*Wedde*, Art. 9 Rn. 17.
6 Vgl. Ehmann/Selmayr-*Schiff*, Art. 9 Rn. 19.

nen sich Rückschlüsse zu politischen Einstellungen oder Meinungen ziehen lassen, aber auch Informationen zur Mitgliedschaft in einer Partei oder in einer parteipolitisch orientierten Gruppe oder Initiative. Der Begriff ist **weit auszulegen**. Geschützt sind damit auch Informationen über aktives politisches Handeln oder über eine eher passive Befürwortung bestimmter politischer Richtungen oder Strömungen bzw. entsprechender Aktivitäten.

3. Religiöse und weltanschauliche Überzeugungen (Abs. 1 Nr. 3)

9 Die Kategorie »**religiöse und weltanschauliche Überzeugungen**« in Abs. 1 **Nr. 3** bezieht sich einerseits auf alle personenbezogenen Daten, aus denen sich die **Zugehörigkeit zu einer Religion** oder deren **Befürwortung** ableiten lässt. Religion hat regelmäßig einen Bezug zur Transzendenz.[7] Demgegenüber steht der Begriff der »**weltanschaulichen Überzeugung**« für persönliche Orientierungen ohne einen transzendentalen Bezug.[8]

10 Durch die Aufnahme der religiösen und weltanschaulichen Überzeugungen in den Katalog des Abs. 1 soll der Schutz vor Diskriminierungen und Benachteiligungen gewährleistet werden. Hintergrund ist die auf der ganzen Welt auftretende Verfolgung von Menschen wegen ihrer religiösen oder weltanschaulichen Überzeugung.

4. Gewerkschaftszugehörigkeit (Abs. 1 Nr. 4)

11 Alle Informationen zur **Gewerkschaftszugehörigkeit** unterliegen nach Abs. 1 **Nr. 4** einem besonderen Schutz. Der Schutzraum bezieht sich im Rahmen einer **weiten Auslegung** auf alle Daten und Hinweise, aus denen sich Rückschlüsse auf die Mitgliedschaft in einer Gewerkschaft ziehen lassen. Geschützt sind auch Hinweise auf gewerkschaftliche Aktivitäten, ohne dass die betroffenen Personen Gewerkschaftsmitglieder sind.

12 Dem Schutz von Informationen über die Gewerkschaftszugehörigkeit kommt insbesondere im **arbeitsrechtlichen Kontext** eine besondere Bedeutung zu, da die Zugehörigkeit zu einer Gewerkschaft oder das Sympathisieren mit gewerkschaftlichen Zielen von einzelnen Arbeitgebern negativ bewertet wird und zu Sanktionen bis hin zur Beendigung von Beschäftigungsverhältnissen führen kann.

5. Genetische Daten (Abs. 1 Nr. 5)

13 Die in Art. 4 Nr. 13 definierten »**genetischen Daten**« sind **weit zu fassen** und beinhalten alle Informationen über ererbte oder erworbene genetische

---

7 Vgl. Sydow-*Kampert*, Art. 9 Rn. 9; Ehmann/Selmayr-*Schiff*, Art. 9 Rn. 23.

8 Ebd.

Eigenschaften eines Menschen, aus denen sich Erkenntnisse über seine Physiologie oder seine Gesundheit ableiten lassen. Ziel des besonderen Schutzes ist die Vermeidung genetischer Diskriminierungen.

Dem besonderen Schutz genetischer Daten kommt **bezogen auf Beschäftigungsverhältnisse** eine besondere Bedeutung zu. Er zielt darauf ab, Beschäftigte davor zu schützen, dass ein Arbeitgeber sie wegen möglicher Erkrankungen gar nicht erst einstellt oder nicht weiterbeschäftigt. 14

6. Biometrische Daten zur eindeutigen Identifizierung (Abs. 1 Nr. 6)

Zu den in **Abs. 1 Nr. 6** definierten »**biometrischen Daten**« gehören beispielsweise digital analysierte Bilder von Gesichtern, entsprechende Stimm- oder Fingerabdruckerkennungen sowie die von Programmen erhobenen Ergebnisse einer Iris- oder Venenerkennung. Einschlägig können auch erfasste Bewegungsmuster oder Gangarten sein. Fotos von Personen (»Lichtbilder«) sind nur dann erfasst, wenn sie mit technischen Mitteln bearbeitet und »digitalisiert« worden sind (vgl. ErwGr 51). Eine Verarbeitung dieser Daten ist bei Erfüllung der allgemeinen Tatbestände einzig für Identifizierungszwecke zulässig, nicht aber aus anderen Gründen. 15

Die **Art der digitalen Analyse** ist für die Einordnung als besondere Kategorie personenbezogener Daten **nicht relevant**. Entscheidend ist nur, dass mit den hierbei gefundenen Ergebnissen Auswertungen mittels Software oder menschlichen Wirkens durchführbar sind. Dies ist z. B. der Fall, wenn auf einem Smartphone eine spezifische Erkennungssoftware installiert ist, die es den Nutzern ermöglicht, Personen, die einen bestimmten Bereich durchquert haben, anhand eines Vergleichs mit anderen Informationen im Internet zu identifizieren. 16

In der **Arbeitswelt** kommt der Verwendung von biometrischen Daten beispielsweise im Zusammenhang mit **Zugangskontrollsystemen** in Betracht, wenn etwa die Bilder einer Person mit den hinterlegten Daten in der Personalakte verglichen werden, um die Zugangsberechtigung zu verifizieren. Entsprechendes gilt, wenn ein Arbeitgeber **Smartphones** zur Verfügung stellt, zu denen der Zugang nur mittels **Gesichtserkennung** oder **Fingerabdruck** möglich ist. Keine Identifizierung anhand biometrischer Daten liegt hingegen vor, wenn auf Firmenausweisen zwar Fotos hinterlegt sind, diese aber nur von Pförtnern in Augenschein genommen werden. Für die Verwendung eines biometrischen Fingerabdrucks durch ein Zeiterfassungssystem soll es keine Erforderlichkeit nach § 26 Abs. 1 BDSG geben.[9] 17

9 LAG Berlin-Brandenburg 4. 6. 2020 – 10 Sa 2130/19.

7. Gesundheitsdaten (Abs. 1 Nr. 7)

18 Durch die Regelung in Abs. 1 **Nr.** 7 werden auch die in Art. 4 Nr. 15 definierten **Gesundheitsdaten** in den Kreis der besonders geschützten Kategorie personenbezogener Daten einbezogen. Der Begriff der »Gesundheitsdaten« ist **weit** zu fassen und steht für alle Informationen, die bezogen auf eine betroffene Person Aussagen zum früheren, gegenwärtigen oder künftigen körperlichen oder geistigen Zustand beinhalten.[10]

19 Die Unzulässigkeit der Verarbeitung von Gesundheitsdaten ist **von allen natürlichen** und **juristischen Personen zu beachten**, die mit diesen Informationen umgehen. Hierzu gehören nicht nur unmittelbare Erbringer von Gesundheitsleistungen wie Ärzte oder Krankenhäuser, sondern auch medizinische Labore, Krankenversicherungen oder Abrechnungsstellen.

20 Die Unzulässigkeit der Verarbeitung von Gesundheitsdaten bezieht sich auf alle Formen der Erhebung und Verarbeitung. Damit sind beispielsweise auch **Fitnessgeräte in Sportstudios** erfasst, wenn diese Gewichts- oder Verbrauchsdaten bestimmbarer Kunden verarbeiten. Gleiches gilt für **Fitnessarmbänder** oder **»Gesundheits-Apps«** auf Smartphones.

21 **Keine Gesundheitsdaten** i. S. v. Abs. 1 sind allgemeine und nicht gesundheitsspezifische Informationen über die Zugehörigkeit zu einer bestimmten **Krankenversicherung** oder das Bestehen einer **Beihilfeberechtigung** im öffentlichen Dienst. Nicht in die Kategorie gehören weiterhin Informationen, aus denen sich ein Gesundheitszustand nur indirekt ableiten lässt, wie etwa die Information, dass eine bestimmte Person in einen schweren Autounfall verwickelt war.

22 Eine Verarbeitung von Gesundheitsdaten ist Arbeitgebern im Rahmen von **Beschäftigungsverhältnissen** im Regelfall **untersagt. Ausnahmen** wie etwa die Verpflichtung zur Übermittlung einer Arbeitsunfähigkeitsbescheinigung nach dem EFZG müssen **gesetzlich festgelegt** sein und begründen keine weitergehende Verarbeitungsbefugnis von Arbeitgebern.

23 Damit sind beispielsweise betrieblichen »**Gesundheitsinitiativen**« Grenzen gesetzt, wenn hierfür Informationen zum Fitnessstand einzelner Beschäftigter verarbeitet werden sollen. Gleiches gilt für die Verwendung von »**Fitnessarmbändern**« und den Vergleich der dabei anfallenden Daten zwischen Beschäftigten. Etwas anderes kann nur dann gelten, wenn diese Informationen etwa vom betriebsärztlichen Dienst für bestimme und klar definierte Zwecke verarbeitet werden, mit denen sich Beschäftigte per wirksamer individueller Einwilligung einverstanden erklärt haben oder wenn ein betriebliches Eingliederungsmanagement erfolgt. In derartigen Fällen sind bestehende Mitbestimmungsrechte der Betriebs- und Personalräte zu beachten (etwa § 87 Abs. 1 Nr. 7 BetrVG oder § 80 Abs. 1 Nr. 16 BPersVG bezogen

10 Vgl. allgemein *Frowein*, CuA 1/2021, 8; *Frowein/Wedde*, PersR 5/2021, 32.

auf den Arbeits- und Gesundheitsschutz). Zudem muss durch technische und organisatorische Vorgaben ausgeschlossen werden, dass Gesundheitsdaten dem Arbeitgeber zugänglich werden.

8. Daten über Sexualleben und sexuelle Orientierung (Abs. 1 Nr. 8)

Durch das Verbot der Verarbeitung von Informationen zum **Sexualleben oder der sexuellen Orientierung** in **Abs. 1 Nr. 8** wird der unmittelbare Intimbereich eines jeden Menschen geschützt. Wegen der hohen persönlichen Sensibilität dieser Information ist der Anwendungsbereich dieser besonderen Kategorie personenbezogener Daten **weit zu fassen**. 24

Die Abgrenzung zwischen den beiden Begrifflichkeiten »Sexualleben« und »sexuelle Orientierung« ist nicht immer trennscharf möglich. Daten zum Sexualleben sind beispielsweise Informationen zu Sexualpartnern oder zu bevorzugten sexuellen Praktiken. Daten zur sexuellen Orientierung beziehen sich insbesondere auf das bevorzugte Geschlecht von Partnerinnen oder Partnern. Wegen des identischen datenschutzrechtlichen Schutzrahmens ist sie aber in der Praxis nicht von entscheidender Bedeutung. 25

Im **arbeitsrechtlichen Bereich** sind Informationen über Sexualleben oder die sexuelle Orientierung von Beschäftigten **irrelevant**. Einzig das Geschlecht kann in bestimmten, gesetzlich definierten Fällen eine Rolle spielen (etwa beim Schutz von Minderheiten und der hieraus resultierenden Pflicht zur Berücksichtigung des Minderheitengeschlechts im Betrieb bei der Zusammensetzung von Betriebsräten) oder im Rahmen des besonderen gesetzlichen Schutzes während einer Schwangerschaft. 26

III. Ausnahmen vom Verarbeitungsverbot (Abs. 2)

Das in Abs. 1 enthaltene Verbot der Verarbeitung besonderer Kategorien personenbezogener Daten wird durch die in **Abs. 2** enthaltene **abschließende Aufzählung** von **Ausnahmetatbeständen** in vielfacher Hinsicht **ausgehöhlt**. Allerdings begründen die genannten Ausnahmetatbestände keine völlige Aufhebung des generellen Verarbeitungsverbotes in Abs. 1. Sie schaffen vielmehr für definierte Fälle begrenzte Verarbeitungsbefugnisse, die jeweils zulasten einer möglichen Verarbeitung **eng auszulegen** sind.[11] Zudem setzt eine Verarbeitung besonderer Kategorien personenbezogener Daten im Einzelfall voraus, dass es angemessene Garantien zum Schutz dieser sensiblen Informationen gibt. Diese können insbesondere in Form einer besonderen Zweckbindung erfolgen, aber auch in einer engen Begrenzung der zugriffsberechtigten Personen sowie unter Nutzung technischer Möglichkeiten wie etwa der Verschlüsselung dieser Informationen. 27

11 Vgl. Paal/Pauly-*Frenzel*, Art. 9 Rn. 18.

28 Einige der in Abs. 2 enthaltenen Ausnahmeregelungen knüpfen die Erlaubnis zur Verarbeitung von Informationen aus dem Bereich der besonderen Kategorien personenbezogener Daten an das Vorhandensein »angemessener und spezifischer Garantien« oder an »geeignete Garantien für die Grundrechte und die Interessen der Person« (etwa Buchst. b, g, i oder j sowie Buchst. h i. V. m. Abs. 3). Die damit notwendig werdenden Schutzvorkehrungen können sowohl **materiell-rechtliche Verarbeitungsbegrenzungen** sein oder **prozedurale, technische oder organisatorische Maßnahmen**. Ihre genaue Ausgestaltung bestimmt sich nach dem Kontext der Verarbeitung und der spezifischen Sensitivität der personenbezogenen Daten.[12]

29 Die Erlaubnisregeln lassen sich in **zwei Untergruppen** unterteilen. Zur **ersten Gruppe** gehören Verarbeitungssituationen, die aus sich heraus die Verarbeitung personenbezogener Daten erlauben, etwa die Einwilligung gemäß Buchst. a sowie die Fälle der Buchst. c, d, e und f. Die **zweite Gruppe**, die in den Buchst. b, g, h, i und j spezifiziert wird, setzt für eine Verarbeitung die vorherige Erfüllung spezifischer Bedingungen bzw. die Schaffung spezifischer Regelungen voraus.

1. Einwilligung (Abs. 2 Buchst. a)

30 Die Erteilung einer **Einwilligung** für die Verarbeitung besonderer Kategorien personenbezogener Daten ist nach der Regelung in Abs. 2 **Buchst. a** unter Beachtung der Voraussetzungen in **Art. 7** sowie innerhalb von Beschäftigungsverhältnissen unter Berücksichtigung der ergänzenden Vorgaben in **§ 26 Abs. 2 BDSG** möglich. Nach dem Gesetzestext muss eine **wirksame Einwilligung ausdrücklich** erfolgen. Diese Ausdrücklichkeit macht es notwendig, in einer Einwilligungserklärung auf die Sensibilität und den besonderen Charakter der Daten hinzuweisen. Die Einwilligungserklärung muss verdeutlichen, dass sich Betroffene der Bedeutung ihrer Erklärung bewusst sind.

31 Bestehen für Verarbeitungssituationen neben datenschutzrechtlichen Vorgaben und Verboten spezifische **gesetzliche Schweigepflichten** (etwa bezogen auf Ärzte, Psychologen oder Rechtsanwälte und Steuerberater), kann es zu Überschneidungen der Schutzbereiche kommen, in denen spezialgesetzliche Regelungen den allgemeinen der DSGVO vorgehen können. Diese sind dann erheblich, wenn eine Einwilligung auf die Entbindung von der gesetzlichen Schweigepflicht zielt. In diesen Fällen müssen die der Schweigepflicht unterliegenden Personen prüfen, inwieweit sie befugt sind, auf der Grundlage einer datenschutzrechtlichen Einwilligung anderen Personen Informationen offenzulegen, oder ob es darüber hinaus einer expliziten Entbindung von ihrer Schweigepflicht bedarf.

12 Vgl. ausführlich DWWS-*Wedde*, Art. 9 Rn. 142ff.

Die Einwilligung setzt das Vorliegen der notwendigen Freiwilligkeit voraus (vgl. Art. 4 Rn. 60). Gibt es daran Zweifel, weil etwa ein Abhängigkeitsverhältnis der Personen vom Verantwortlichen besteht, der eine Einwilligung verlangt, obliegt es diesem, das Bestehen einer Freiwilligkeit darzulegen und im Streitfall auch zu beweisen. 32

Im Rahmen von **Beschäftigungsverhältnissen** ist die Einwilligung in die Verarbeitung besonderer Kategorien von personenbezogenen Daten unter den durch § 26 Abs. 2 BDSG bestimmten Vorgaben nicht vollständig ausgeschlossen. Fraglich ist allerdings, ob Arbeitgeber überhaupt berechtigt sind, von Beschäftigten eine entsprechende Einwilligung bezüglich besonderer Kategorien personenbezogener Daten zu verlangen. 33

In diesem Sinne kritisch zu bewerten ist beispielsweise die Einwilligung in eine **umfassende Verarbeitung von Gesundheitsdaten** oder in die **Durchführung von Alkohol- oder Drogentests**, wenn es hierfür in einem Betrieb keine zwingende Erforderlichkeit gibt. Diese kann ausnahmsweise gegeben sein bei einer Beschäftigung im Produktionsbereich eines Chemieunternehmens, wenn die dort tätigen Personen mit toxischen Substanzen umgehen müssen, oder aber bei Fahrern von Flüssiggastransportern, wenn Arbeitgeber hier durch Stichproben sicherstellen wollen, dass diese sich an bestehende absolute Alkoholverbote halten. In allen anderen Fällen wird eine entsprechende Anforderung allerdings an der fehlenden Erforderlichkeit scheitern. Dies gilt auch, wenn Arbeitgeber während der Dauer einer pandemischen Krisensituation wie etwa der durch das SARS-CoV-2-Virus verursachten bei Beschäftigten bestimmte Gesundheitsdaten abfragen. Die Zulässigkeit der Erhebung und der anschließenden Verarbeitung dieser Daten setzt eine zwingende gesetzliche Grundlage voraus, während eine Einwilligung wegen der Gefahr der Ausgrenzung oder Diskriminierung von Beschäftigten, die diese nicht erteilen, ausscheidet. 34

Entsprechend hohe Anforderungen sind auch an die Verarbeitung anderer Informationen aus dem Bereich besonderer Kategorien personenbezogener Daten zu machen, etwa wenn Informationen über die religiöse, weltanschauliche oder politische Überzeugung von einem Arbeitgeber gesammelt werden sollen. 35

2. Arbeitsrecht, Soziale Sicherheit und Sozialschutz (Abs. 2 Buchst. b)

Der Erlaubnistatbestand in Abs. 2 **Buchst. b** bezieht sich auf die aus Sicht von Beschäftigten eng verwandten Bereiche des **Arbeitsrechts** auf der einen und der **sozialen Sicherheit** sowie des **Sozialschutzes** auf der anderen Seite. 36

a. Arbeitsrecht

37 Für den Bereich des **Arbeitsrechts** bezieht sich der Erlaubnistatbestand nur auf die Verarbeitung solcher Kategorien personenbezogener Daten, für die es eine gesetzliche oder kollektivrechtliche Grundlage gibt. Insbesondere kommen die in Art. 88 aufgeführten »Kollektivvereinbarungen« (Betriebs- oder Dienstvereinbarung sowie Tarifverträge) in Betracht. Außerhalb dieses Rahmens ist kein Rückgriff auf die Regelung in Buchst. b zulässig.

38 Jede Verarbeitung innerhalb dieses Tatbestands steht unter dem Vorbehalt, dass die Verarbeitung i. S. v. § 26 Abs. 1 BDSG **erforderlich** ist. Die Erforderlichkeit ist mit Blick auf den Ausnahmecharakter der Vorschrift **eng auszulegen**. Zudem müssen die allgemeinen Grundsätze in Art. 5 Abs. 1 beachtet werden. Aus arbeitsrechtlicher Sicht herausragend bedeutsam ist hier die Notwendigkeit der Datenminimierung (Buchst. c), die Garantie einer engen Zweckbindung (Buchst. b) sowie eine besondere Sicherung der verarbeiteten Daten nach Maßgabe des Grundsatzes der Vertraulichkeit und Integrität (Buchst. f).

39 In bestimmten Fällen ist die Verarbeitung von Informationen aus dem Bereich besonderer Kategorien personenbezogener Daten für Beschäftigte gesetzlich vorgeschrieben, wie insbesondere die Verwendung von Daten zur Religionszugehörigkeit für die Berechnung der gesetzlich vorgeschriebenen Kirchensteuer.

40 Die Verarbeitung von Informationen zur **Gewerkschaftszugehörigkeit** kann bezogen auf Beschäftigungsverhältnisse ausnahmsweise erforderlich sein, wenn **Tarifverträge** ausdrücklich vorsehen, dass Leistungen nur an Gewerkschaftsmitglieder gezahlt werden. In diesen Fällen hängt die Verarbeitung allerdings im Regelfall von einer expliziten Einwilligung der betroffenen Personen ab. Zudem unterliegen diese Daten dann einer engen Zweckbindung.

41 Die Verarbeitung von **Gesundheitsdaten** im Rahmen eines Beschäftigungsverhältnisses setzt eine eindeutige Erforderlichkeit voraus, die in der Regel nur durch eindeutige gesetzliche Vorgaben begründet werden kann. Dies gilt beispielsweise für die **Mitteilung einer Schwangerschaft**, wenn diese etwa nach dem MuSchG erforderlich ist, um dem Arbeitgeber die Beachtung gesetzlicher Beschäftigungsverbote zu ermöglichen. Die Verarbeitung von Informationen über die Minderung der Erwerbsfähigkeit einzelner Beschäftigter zur Vermeidung der Zahlung von Ausgleichsabgaben nach § 160 SGB IX setzt eine freiwillige Information des Arbeitgebers durch die jeweiligen betroffenen Personen über den Grad ihrer Behinderung voraus. Werden Informationen zu besonderen Kategorien personenbezogener Daten dem Arbeitgeber von den Beschäftigten mitgeteilt, stehen sie im Rahmen der kollektivrechtlichen Zuständigkeiten auch Betriebs- und Personalräten zu. Diese Gremien müssen dann aber – ebenso wie der Arbeitgeber –besondere Schutzmaßnahmen treffen.

Bezüglich der Verarbeitung **genetischer Daten** im Rahmen eines Beschäftigungsverhältnisses sind bei der notwendigen Prüfung der Erforderlichkeit besonders **strenge Maßstäbe** anzulegen. Gesetzlich ausgeschlossen sind nach § 20 GenDG genetische Untersuchungen bei der Anstellung sowie zur Vorsorge im Rahmen des Arbeitsschutzes. **Ausnahmen** vom Verarbeitungsverbot werden bezogen auf diese Daten in §§ 19–22 GenDG konkretisiert. Ausnahmsweise zulässig können derartige Untersuchungen beispielsweise nach § 20 Abs. 2 GenDG sein, wenn hiermit schwerwiegende Erkrankungen oder gesundheitliche Störungen ausgeschlossen werden können, die an bestimmten Arbeitsplätzen oder bei bestimmten Tätigkeiten entstehen könnten. 42

Die Verarbeitung **bestimmter biometrischer Merkmale** für Zwecke der Identitätsfeststellung kann etwa im Rahmen der **Zeiterfassung** oder der **Zugangsberechtigung** ausnahmsweise zulässig sein, wenn hierfür entsprechende Erfassungsgeräte verwendet werden. Allerdings müssen hierbei zugunsten der betroffenen Beschäftigten die Grundsätze in Art. 5 Abs. 1 herausragende Beachtung finden. Arbeitgeber müssen solche Verfahren auswählen, die mit dem **geringsten Eingriff** in Interessen, Grundrechte und Grundfreiheiten der Beschäftigten verbunden sind.[13] Ist beispielsweise eine sichere Identifikation auch mittels Eingabe einer PIN oder der Verwendung eines RFID-Chips eines entsprechenden Lesegeräts möglich, muss auf die technisch oder organisatorisch mögliche Nutzung eines Fingerabdruckscanners verzichtet werden. ist ein solches Gerät im Einzelfall (etwa aus Sicherheitsgründen) unverzichtbar, muss bei der Erzeugung des Prüfwerts darauf geachtet werden, dass dieser sich nur auf eine allgemeine Prüfsumme beschränkt und nicht die genauen Merkmale des Fingerabdrucks verwendet. 43

Angaben zum **Sexualleben** oder zur **sexuellen Orientierung** sind bezogen auf Arbeitsverhältnisse regelmäßig nicht erforderlich. Ausnahmen können überhaupt nur dann bestehen, wenn beispielsweise sexuelle Dienstleistungen Gegenstand der beruflichen Tätigkeit sind. 44

b. Soziale Sicherheit und Sozialschutz

Die Verarbeitung von Informationen aus dem Bereich besonderer Kategorien personenbezogener Daten kann insbesondere im Rahmen gesetzlicher Vorgaben nach dem SGB gesetzlich erlaubt oder sogar vorgeschrieben sein. Einschlägig können etwa gesetzliche Regelungen aus dem Bereich des **Arbeitsschutzes**, der **Bildungs- und Ausbildungsförderung**, der **Kranken- und Berufsunfähigkeitsversicherung** usw. sein. 45

13 LAG Berlin-Brandenburg 4.6.2020 – 10 Sa 2130/19, RDV 2020, 273 hält ein biometrisches Zeiterfassungssystem nicht für erforderlich.

46 Für den Bereich der sozialen Sicherheit und des Sozialschutzes gibt es neben den allgemeinen Datenschutzregelungen spezifische Datenschutzvorgaben, die insbesondere in den §§ 67ff. SGB X enthalten sind.

3. Schutz lebenswichtiger Interessen betroffener Personen (Abs. 2 Buchst. c)

47 Die Verarbeitung besonderer Kategorien von personenbezogenen Daten ist zulässig, wenn sie zum **Schutz lebenswichtiger Interessen der Betroffenen** oder **eines Dritten** erforderlich ist. Weitere Voraussetzung ist, dass betroffene Personen in dieser Situation körperlich oder rechtlich außerstande sind, ihre Einwilligung zu geben oder eine sonstige Entscheidung zur Verarbeitung zu treffen.

48 Der Tatbestand beinhaltet **zwei alternative Voraussetzungen**. Eine Verarbeitung auf dieser Grundlage setzt zunächst einmal das Bestehen **lebenswichtiger Interessen** voraus, die nur durch die Verarbeitung von Informationen aus dem Bereich besonderer Kategorien personenbezogener Daten geschützt werden können. In Betracht kommen nur existenzielle Interessen, beispielsweise die Erfassung des Infektionsstatus zur Bekämpfung einer schnell um sich greifenden Pandemie.

49 Zudem muss die Gefahr **konkret und gegenwärtig sein**. Präventivmaßnahmen, die auf künftige lebensbedrohliche Situationen hinwirken, sind von diesem datenschutzrechtlichen Ausnahmetatbestand nicht erfasst.

50 Die Erhebung und Verarbeitung besonderer Kategorien personenbezogener Daten muss unterbleiben, wenn mit hinreichender Sicherheit davon ausgegangen werden kann, dass betroffene Personen ihre Einwilligung dazu nicht erteilt hätten. Relevant ist diesbezüglich der hypothetische Wille einer betroffenen Person, der sich von einem objektiven Standpunkt aus feststellen lässt.

51 In **Beschäftigungsverhältnissen** sind dem Rückgriff auf diesen Tatbestand **enge Grenzen** gesetzt. Dieser kommt etwa dann in Betracht, wenn Beschäftigte nach einem Arbeitsunfall nicht ansprechbar sind oder wenn sie aufgrund einer akuten infektiösen Erkrankung einer Kollegin oder eines Kollegen gesundheitlich herausragend bedroht sind. Vom Tatbestand ausdrücklich **nicht erfasst** sind **rein präventive Maßnahmen**, etwa das während der Corona-Pandemie diskutierte zwingende und automatische Fiebermessen an Betriebseingängen oder die Durchführung von zwingenden SARS-CoV-2-Schnelltests. In beiden Fällen stehen Arbeitgebern andere mildere Mittel zur Verfügung wie etwa eine auf umfassenden Hygienekonzepten beruhende räumliche Trennung von Arbeitsplätzen. Etwas anderes kann hier gelten, wenn es zwingende gesetzliche Vorgaben gibt, die bestimmte Verarbeitungen besonderer Kategorien personenbezogener Daten vorschreiben, etwa Angaben zum individuellen Impfstatus.

4. Verarbeitung durch bestimmte Organisationen und Tendenzbetriebe (Abs. 2 Buchst. d)

Die Regelung in Abs. 2 **Buchst. d** enthält eine **abschließende Aufzählung** 52
von **Organisationen** und **Tendenzbetrieben**, denen eine Verarbeitung bestimmter Kategorien personenbezogener Daten im Rahmen ihrer rechtmäßigen Tätigkeit erlaubt ist. Die Verarbeitungsbefugnis wird zudem durch den Text der Vorschrift auf die Voraussetzungen beschränkt, dass der Umgang mit besonderen Kategorien personenbezogener Daten sich ausschließlich auf Mitglieder oder ehemalige Mitglieder einer Organisation bezieht sowie auf Personen, die im Zusammenhang mit dem Tätigkeitszweck der Organisation regelmäßig Kontakte mit dieser unterhalten. Weitere Voraussetzung ist, dass die personenbezogenen Daten nicht ohne Einwilligung der betroffenen Personen nach außen offengelegt werden.

Die Regelung bezieht sich **beispielsweise** auf **Gewerkschaften**, die befugt 53
sind, Informationen zur Gewerkschaftszugehörigkeit ihrer Mitglieder oder ggf. ihrer Beschäftigten zu verarbeiten. Der Rahmen der zulässigen Zwecke der Verarbeitung wird durch die verfassungsrechtlich begründete Tätigkeit von Gewerkschaften abgesteckt.

Entsprechendes gilt für **politische Parteien**, für **weltanschaulich** oder 54
religiös ausgerichtete Institutionen einschließlich entsprechend tätiger Stiftungen, Vereinigungen oder sonstiger Organisationen ohne Gewinnerzielungsabsicht.

Andere gemeinnützige Organisationen, die nicht in der Regelung des 55
Buchst. d benannt sind, haben das entsprechende Verarbeitungsprivileg nicht. Damit werden Selbsthilfeorganisationen oder »Nicht-Regierungs-Organisationen« vom Anwendungsbereich dieser Regelung nicht erfasst.[14]

5. Offenkundig öffentlich gemachte Daten (Abs. 2 Buchst. e)

Hat eine **betroffene Person** Informationen aus dem Bereich besonderer 56
Kategorien personenbezogener Daten **offensichtlich öffentlich gemacht**, so dürfen diese Daten nach Abs. 2 **Buchst. e** verarbeitet werden. Das kann etwa bezogen auf die Gewerkschaftszugehörigkeit der Fall sein, wenn ein Beschäftigter für ein öffentliches gewerkschaftliches Ehrenamt kandidiert. Die **sexuelle Orientierung** wird beispielsweise offensichtlich öffentlich gemacht, wenn ein Spitzenpolitiker seine gleichgeschlechtliche Eheschließung durch eine Pressemitteilung publik macht.

Das notwendige »**Öffentlichmachen**« ist gegeben, wenn Informationen 57
aus dem Bereich besonders geschützter personenbezogener Daten von betroffenen Personen der breiten Öffentlichkeit mitgeteilt werden, etwa durch

14 Vgl. Kühling/Buchner-*Weichert*, Art. 9 Rn. 72.

die **Publikation in einem öffentlichen Netzwerk** oder in einem anderen Medium, das sich an einen nicht bestimmten offenen Personenkreis wendet. Die Art der Veröffentlichung ist unerheblich. Deshalb kann sie digital oder analog stattfinden.

58 Das Öffentlichmachen muss **offensichtlich** sein. Es muss eindeutig klar sein, dass eine betroffene Person Informationen bekanntmachen wollte. Ist dies nur versehentlich erfolgt, kann von Offensichtlichkeit nicht die Rede sein.

59 Die **Bewertung**, ob etwas offenkundig öffentlich gemacht wird, ist an einem **engen Maßstab** auszurichten. Bezogen auf Informationen in einem sogenannten sozialen Netzwerk wird dies nur der Fall sein, wenn diese dort ohne Zugriffsbegrenzung eingestellt wurden. Im Zweifelsfall ist bezüglich dieser Informationen nicht von einer offensichtlichen Intention zum Öffentlichmachen auszugehen.

60 **Keine Privilegierung** tritt ein, wenn öffentlich gemachte **Informationen nicht von der betroffenen Person selbst** stammen. Eine Verwendung von Informationen aus dem Bereich besonderer Kategorien personenbezogener Daten ist in diesen Fällen nicht durch die Ausnahme privilegiert. Nicht privilegiert ist deshalb beispielsweise die Veröffentlichung eines Bildes, das eine identifizierbare Person auf einer Demonstration oder auf einer parteiinternen Veranstaltung zeigt.

61 In jedem Fall muss das Öffentlichmachen **freiwillig** erfolgt sein. Dies ist nicht der Fall, wenn Informationen über eine vorliegende Erkrankung gegen den Willen der betroffenen Person oder ohne deren Kenntnis in ein öffentlich zugängliches Verzeichnis aufgenommen wurden oder wenn Informationen über ihre Zugehörigkeit zu einer Gewerkschaft, einer politischen Partei oder einer religiösen oder weltanschaulichen Gemeinschaft ohne ihre Kenntnis oder gegen ihren Willen veröffentlicht wurden.

6. Rechtsansprüche (Abs. 2 Buchst. f)

62 Der Ausnahmetatbestand in **Abs. 2 Buchst. f** bezieht sich auf zwei unterschiedliche **Fallkonstellationen**: **Einerseits** dürfen besondere Kategorien personenbezogener Daten für die Geltendmachung, Ausübung oder Verteidigung von **Rechtsansprüchen** verarbeitet werden und **andererseits** im Rahmen der **Tätigkeiten von Gerichten**.

63 Durch diese Regelung wird beispielsweise die Durchführung von zivilrechtlichen Schadensersatzansprüchen nach einem Verkehrsunfall ermöglicht, wenn hierbei der aktuelle gesundheitliche Zustand des gegnerischen Fahrers und Unfallverursachers eine ausschlaggebende Rolle spielen kann. Verfügt ein Geschädigter über diese Informationen, kann er sie in das Verfahren einbringen.

Im **arbeitsrechtlichen Bereich** kann eine entsprechende Situation entstehen, wenn ein Beschäftigungsverhältnis wegen der Krankheit eines Beschäftigten gekündigt wird und wenn Arbeitgeber zur Begründung Indizien oder Sachverhalte anführen, die auf eine bestimmte, dauerhafte und in ihren Folgen für den Betrieb nicht zumutbare Erkrankung hindeuten. Allerdings setzt ein solches Verfahren voraus, dass die Informationen vom Arbeitgeber in datenschutzrechtlich zulässiger Art und Weise gewonnen wurden. 64

7. Erhebliches öffentliches Interesse (Abs. 2 Buchst. g)

Die Regelung in **Abs. 2 Buchst. g** enthält einen sehr **engen Ausnahmetatbestand**. Eine Verarbeitung auf dieser Grundlage muss **alle drei Voraussetzungen** erfüllen, die in dieser Norm genannt sind. **Zum Ersten** muss sie – bezogen auf die verfolgten Ziele – **angemessen** sein. **Zum Zweiten** muss bei der Verarbeitung der **Wesensgehalt des Rechts auf Datenschutz** gewahrt werden. **Zum Dritten** müssen die rechtlichen Grundlagen für diese Verarbeitung **angemessen und spezifische Maßnahmen** zur Wahrung der **Grundrechte und Interessen** der betroffenen Personen vorsehen. Fehlt eine dieser Voraussetzungen, darf die Verarbeitung nicht erfolgen. 65

Die Verarbeitung setzt **zudem** entsprechende gesetzliche Vorgaben im Unionsrecht oder im Recht eines Mitgliedsstaates voraus. In Deutschland müssen hierbei auch die Vorgaben gewahrt werden, die das BVerfG bezogen auf das Recht auf informationelle Selbstbestimmung formuliert hat.[15] Das öffentliche Interesse, das die Verarbeitung personenbezogener Daten erforderlich macht, muss von besonderer Bedeutung sein. Es reicht damit nicht jedes öffentliche Interesse aus.[16] 66

8. Gesundheitsversorgung und Arbeitsmedizin (Abs. 2 Buchst. h)

Die Regelung in **Abs. 2 Buchst. h** erlaubt die Verarbeitung besonders geschützter personenbezogener Gesundheitsdaten für die in der Vorschrift **abschließend aufgezählten Zwecke**, zu denen insbesondere die **Arbeitsmedizin**, aber auch einschlägige **Verwaltungsaufgaben** zählen. Zudem muss eine Verarbeitung die in Abs. 3 genannten Bedingungen erfüllen. 67

Die Verarbeitung von Informationen aus dem Bereich besonderer Kategorien personenbezogener Daten für gesundheitsbezogene Zwecke darf nur erfolgen, wenn sie der Erreichung dieser Zwecke im Interesse einzelner Personen und der Gesellschaft insgesamt dient und hierfür erforderlich ist. Partikularinteressen rechtfertigen hingegen eine Verarbeitung auf dieser Grundlage nicht. 68

15 Vgl. BVerfG 15.12.1983 – 1 BvR 209/83.

16 Vgl. Kühling/Buchner-*Weichert*, Art. 9 Rn. 90.

69 Der in der Vorschrift verwendete Begriff der »**Arbeitsmedizin**« beinhaltet bezogen auf Beschäftigungsverhältnisse insbesondere die Untersuchung, Bewertung, Begutachtung und Beeinflussung der zwischen den Anforderungen an einen Arbeitsplatz auf der einen und den gesundheitlichen Reaktionen der Beschäftigten auf der anderen Seite bestehenden Situation.

70 Erkenntnisse zur Gesundheit einzelner Beschäftigter, die zuständige Stellen im Betrieb (etwa ein betriebsärztlicher Dienst) erlangen, dürfen nicht an den Arbeitgeber weitergegeben werden. Dieser darf allenfalls die Information erhalten, ob ein Beschäftigter für eine bestimmte Tätigkeit (weiter) geeignet ist oder nicht. Insoweit bestehen hier besondere Anforderungen, die sowohl aus dem Datenschutz wie aus ärztlichen Schweigepflichten resultieren. Im Rahmen von »BEM-Verfahren« dürfen Gesundheitsinformationen einzelner Beschäftigter nur den Vertretern von Arbeitgebern bzw. von Betriebs- oder Personalräten bekannt gemacht werden, die an diesen Verfahren unmittelbar beteiligt sind.[17]

Vom Erlaubnistatbestand miterfasst wird der **gesetzlich initiierte Datenaustausch** zwischen Arbeitsmedizinern, zuständigen öffentlichen Stellen (etwa Sozialversicherungsträger und Gesundheitsbehörden) und Arbeitgeber sowie im Bereich bestehender kollektivrechtlicher Zuständigkeiten mit Betriebs- und Personalräten.

71 Der Ausnahmetatbestand in Abs. 2 Buchst. h schließt die Verarbeitung von Informationen aus dem Bereich besondere Kategorien personenbezogener Daten für **erforderliche Verwaltungsaufgaben** ein, beispielsweise gegenüber gesetzlichen Kranken oder Unfallversicherungen. Auch Datenverarbeitungen von anderen Versicherungen, die sich auf Gesundheitsleistungen beziehen, sind erfasst.

9. Öffentliche Gesundheitsdienste (Abs. 2 Buchst. i)

72 Die Regelung in **Abs. 2 Buchst. i** bezieht sich ausschließlich auf Verarbeitungen besonderer Kategorien personenbezogener Daten im Bereich der öffentlichen Gesundheit, die aus **Gründen des öffentlichen Interesses** erfolgt. Zielrichtung sind etwa schwerwiegende grenzüberschreitende Gesundheitsgefahren, etwa aufgrund einer Pandemie, oder die Gewährleistung hoher Qualitäts- und Sicherheitsstandards bei der Gesundheitsvorsorge sowie bei Arzneimitteln und Medizinprodukten. Kommerzielle Interessen und Ver-

17 LAG Baden-Württemberg 28.7.2021 – 4 Sa 68/70; zum Umgang mit den Daten eigener Beschäftigter bei einem Medizinischen Dienst einer Krankenkasse vgl. den Vorlagebeschluss des BAG vom 26.8.2021 – 8 AZR 253/20 (A); *Kort*, NZA 2019, 502 zum Umgang mit diesen Daten in Betriebsräten.

arbeitungszwecke sind ausgeschlossen. Nicht öffentliche Verantwortliche können sich nicht auf diesen Erlaubnistatbestand berufen.[18]

10. Archivarische, wissenschaftliche und statistische Zwecke (Abs. 2 Buchst. j)

Die Regelung in **Abs. 2 Buchst. j** privilegiert ausschließlich die Verarbeitung besonderer Kategorien personenbezogener Daten für **Archivzwecke**, für **wissenschaftlich** oder **historische Forschungszwecke**. Alle nach diesem Tatbestand zulässigen Verarbeitungen müssen zudem im **öffentlichen Interesse** liegen.[19] Eine Verarbeitung besonders geschützter personenbezogener Daten für andere Zwecke und insbesondere im Rahmen von Beschäftigungsverhältnissen ist damit auf dieser Grundlage nicht zugelassen. 73

IV. Beachtung von Berufsgeheimnissen (Abs. 3)

Durch die Regelung in **Abs. 3** werden **Vorgaben des Datenschutzrechts mit besonderen Schutzvorkehrungen** verknüpft, die sich aus standesrechtlich begründeten **Berufsgeheimnissen** ableiten. Der Anwendungsbereich dieser Vorschrift ist auf die in Abs. 2 Buchst. h genannten Verarbeitungssituationen beschränkt. Sollen besondere Kategorien personenbezogener Daten für die in Buchst. h genannten Zwecke verarbeitet werden, müssen sowohl die dort genannten Voraussetzungen als auch die des Abs. 3 erfüllt sein. 74

Bestehen **standesrechtliche Berufsgeheimnisse**, beschränken diese die Zulässigkeit der Verarbeitung auf die Berufsträger oder die für sie tätigen Personen. Nicht erfasst sind hingegen Personen, die außerhalb der gesetzlich begründeten Berufsgeheimnisse stehen. 75

Dies schließt in **Beschäftigungsverhältnissen** beispielsweise den Zugriff einer Personalabteilung auf geschützte Informationen des betriebsärztlichen Dienstes oder von Betriebspsychologen aus. Deshalb dürfen beispielsweise Beschäftigte, die keine einschlägige Fachqualifikation haben, keine ärztlichen oder psychologischen Tests durchführen. 76

V. Verarbeitung von genetischen oder biometrischen Daten und von Gesundheitsdaten (Abs. 4)

Die Regelung in **Abs. 4** berechtigt **die Mitgliedsstaaten**, zusätzliche Bedingungen für die Verarbeitung von Gesundheitsdaten und von genetischen oder biometrischen Daten einzuführen. Hierbei kann es sich auch um Ver- 77

---

18 Vgl. DWWS-*Wedde*, Art. 9 Rn. 129.

19 Vgl. Ehmann/Selmayr-*Schiff*, Art. 9 Rn. 63.

arbeitungsbeschränkungen handeln, die neu geschaffen werden oder die schon vor Inkrafttreten der DSGVO existierten.

78 In Deutschland sind in diesem Bereich insbesondere die Regelungen im GenDG einschlägig.[20]

Artikel 10 Verarbeitung von personenbezogenen Daten über strafrechtliche Verurteilungen und Straftaten

Die Verarbeitung personenbezogener Daten über strafrechtliche Verurteilungen und Straftaten oder damit zusammenhängende Sicherungsmaßregeln aufgrund von Artikel 6 Absatz 1 darf nur unter behördlicher Aufsicht vorgenommen werden oder wenn dies nach dem Unionsrecht oder dem Recht der Mitgliedstaaten, das geeignete Garantien für die Rechte und Freiheiten der betroffenen Personen vorsieht, zulässig ist. Ein umfassendes Register der strafrechtlichen Verurteilungen darf nur unter behördlicher Aufsicht geführt werden.

1 Durch Art. 10 wird der **datenschutzrechtliche Umgang** mit personenbezogenen Informationen über **strafrechtliche Verurteilungen** und **Straftaten** sowie über die damit zusammenhängenden **Sicherungsmaßregeln** vorgegeben. Die Regelung zielt darauf, dass diese für die betroffenen Personen sensitiven Informationen stets unter **öffentlicher Aufsicht** und unter öffentlich-rechtlicher Kontrolle verarbeitet werden.

2 **Adressaten** der Regelung sind **öffentliche** wie **private Datenbanken**. Der Betrieb privater Datenbanken setzt eine eindeutige gesetzliche Grundlage voraus.

Artikel 11 Verarbeitung, für die eine Identifizierung der betroffenen Person nicht erforderlich ist

(1) Ist für die Zwecke, für die ein Verantwortlicher personenbezogene Daten verarbeitet, die Identifizierung der betroffenen Person durch den Verantwortlichen nicht oder nicht mehr erforderlich, so ist dieser nicht verpflichtet, zur bloßen Einhaltung dieser Verordnung zusätzliche Informationen aufzubewahren, einzuholen oder zu verarbeiten, um die betroffene Person zu identifizieren.

(2) Kann der Verantwortliche in Fällen gemäß Absatz 1 des vorliegenden Artikels nachweisen, dass er nicht in der Lage ist, die betroffene Person zu identifizieren, so unterrichtet er die betroffene Person hierüber, sofern möglich. In diesen Fällen finden die Artikel 15 bis 20 keine Anwendung, es sei denn, die betroffene Person stellt zur Ausübung ihrer in diesen Ar-

20 Vgl. weitere Regelungen bei DWWS-*Wedde*, Art. 9 Rn. 166ff.

tikeln niedergelegten Rechte zusätzliche Informationen bereit, die ihre Identifizierung ermöglichen.

Inhaltsübersicht Rn.

I. Allgemeines

Die Regelung in Art. 11 begrenzt die Verpflichtung von Verantwortlichen, betroffene Personen weiter identifizierbar zu machen, wenn die Fortführung eines Personenbezug für die vom Verantwortlichen verfolgten Zwecke nicht mehr erforderlich ist. In diesen Fällen wird die Informationsverpflichtung des Verantwortlichen begrenzt. 1

Durch die Regelung sollen insbesondere die in Art. 5 Abs. 1 Buchst. c und e enthaltenen Grundsätze der **Datenminimierung** und der **Speicherbegrenzung** durch eine Beschränkung notwendiger personenbezogener Datenverarbeitung umgesetzt werden. Gleichzeitig soll sichergestellt werden, dass Verantwortliche, die diesen Grundsätzen folgen, nicht weiter mit Auskunftsansprüchen betroffener Personen belastet werden können, die sie mangels Möglichkeit der Zuordnung nicht erfüllen könnten. 2

II. Fehlende Identifizierungsmöglichkeit (Abs. 1)

Durch **Abs. 1** wird festgeschrieben, dass Verantwortliche personenbezogene Daten nicht allein deshalb weiter speichern müssen, um betroffene Personen identifizieren zu können. Etwas anderes kann nur gelten, wenn Verantwortliche gesetzlichen Aufbewahrungspflichten unterliegen. Ist nach Wegfall des Personenbezuges eine Identifikation betroffener Personen nicht mehr möglich, sind Verantwortliche nicht mehr verpflichtet, die in Art. 12ff. zu ihren Lasten enthaltenen Verpflichtungen einzuhalten. 3

III. Einbeziehung der Betroffenen (Abs. 2)

Kann ein Verantwortlicher den Nachweis erbringen, dass betroffene Personen für ihn in den Fällen des Abs. 1 nicht mehr zu identifizieren sind, entfallen nach **Abs. 2** die zu seinen Lasten nach den Art. 15–20 bestehenden Verpflichtungen. Insbesondere ist er nicht mehr zu entsprechenden Informationen verpflichtet. Etwas anderes gilt nach Satz 2 der Vorschrift dann, wenn betroffene Personen dem Verantwortlichen zur Wahrnehmung ihrer Rechte nach Art. 12ff. zusätzliche Informationen vorlegen, die eine Identifizierung bzw. Zuordnung vorhandener Daten zu ihrer Person ermöglichen. 4

Kapitel III
Rechte der betroffenen Person

Abschnitt 1
Transparenz und Modalitäten

Artikel 12 Transparente Information, Kommunikation und Modalitäten für die Ausübung der Rechte der betroffenen Person

(1) Der Verantwortliche trifft geeignete Maßnahmen, um der betroffenen Person alle Informationen gemäß den Artikeln 13 und 14 und alle Mitteilungen gemäß den Artikeln 15 bis 22 und Artikel 34, die sich auf die Verarbeitung beziehen, in präziser, transparenter, verständlicher und leicht zugänglicher Form in einer klaren und einfachen Sprache zu übermitteln; dies gilt insbesondere für Informationen, die sich speziell an Kinder richten. Die Übermittlung der Informationen erfolgt schriftlich oder in anderer Form, gegebenenfalls auch elektronisch. Falls von der betroffenen Person verlangt, kann die Information mündlich erteilt werden, sofern die Identität der betroffenen Person in anderer Form nachgewiesen wurde.

(2) Der Verantwortliche erleichtert der betroffenen Person die Ausübung ihrer Rechte gemäß den Artikeln 15 bis 22. In den in Artikel 11 Absatz 2 genannten Fällen darf sich der Verantwortliche nur dann weigern, aufgrund des Antrags der betroffenen Person auf Wahrnehmung ihrer Rechte gemäß den Artikeln 15 bis 22 tätig zu werden, wenn er glaubhaft macht, dass er nicht in der Lage ist, die betroffene Person zu identifizieren.

(3) Der Verantwortliche stellt der betroffenen Person Informationen über die auf Antrag gemäß den Artikeln 15 bis 22 ergriffenen Maßnahmen unverzüglich, in jedem Fall aber innerhalb eines Monats nach Eingang des Antrags zur Verfügung. Diese Frist kann um weitere zwei Monate verlängert werden, wenn dies unter Berücksichtigung der Komplexität und der Anzahl von Anträgen erforderlich ist. Der Verantwortliche unterrichtet die betroffene Person innerhalb eines Monats nach Eingang des Antrags über eine Fristverlängerung, zusammen mit den Gründen für die Verzögerung. Stellt die betroffene Person den Antrag elektronisch, so ist sie nach Möglichkeit auf elektronischem Weg zu unterrichten, sofern sie nichts anderes angibt.

(4) Wird der Verantwortliche auf den Antrag der betroffenen Person hin nicht tätig, so unterrichtet er die betroffene Person ohne Verzögerung, spätestens aber innerhalb eines Monats nach Eingang des Antrags über die Gründe hierfür und über die Möglichkeit, bei einer Aufsichts-

behörde Beschwerde einzulegen oder einen gerichtlichen Rechtsbehelf einzulegen.

(5) Informationen gemäß den Artikeln 13 und 14 sowie alle Mitteilungen und Maßnahmen gemäß den Artikeln 15 bis 22 und Artikel 34 werden unentgeltlich zur Verfügung gestellt. Bei offenkundig unbegründeten oder — insbesondere im Fall von häufiger Wiederholung — exzessiven Anträgen einer betroffenen Person kann der Verantwortliche entweder

a) ein angemessenes Entgelt verlangen, bei dem die Verwaltungskosten für die Unterrichtung oder die Mitteilung oder die Durchführung der beantragten Maßnahme berücksichtigt werden, oder

b) sich weigern, aufgrund des Antrags tätig zu werden.

Der Verantwortliche hat den Nachweis für den offenkundig unbegründeten oder exzessiven Charakter des Antrags zu erbringen.

(6) Hat der Verantwortliche begründete Zweifel an der Identität der natürlichen Person, die den Antrag gemäß den Artikeln 15 bis 21 stellt, so kann er unbeschadet des Artikels 11 zusätzliche Informationen anfordern, die zur Bestätigung der Identität der betroffenen Person erforderlich sind.

(7) Die Informationen, die den betroffenen Personen gemäß den Artikeln 13 und 14 bereitzustellen sind, können in Kombination mit standardisierten Bildsymbolen bereitgestellt werden, um in leicht wahrnehmbarer, verständlicher und klar nachvollziehbarer Form einen aussagekräftigen Überblick über die beabsichtigte Verarbeitung zu vermitteln. Werden die Bildsymbole in elektronischer Form dargestellt, müssen sie maschinenlesbar sein.

(8) Der Kommission wird die Befugnis übertragen, gemäß Artikel 92 delegierte Rechtsakte zur Bestimmung der Informationen, die durch Bildsymbole darzustellen sind, und der Verfahren für die Bereitstellung standardisierter Bildsymbole zu erlassen.

Inhaltsübersicht Rn.

I. Allgemeines 1– 4
II. Übermittlung von Informationen und Mitteilungen (Abs. 1) 5–16
III. Erleichterung der Ausübung von Betroffenenrechten (Abs. 2) 17–19
IV. Informationsfrist (Abs. 3) 20–23
V. Untätigkeit von Verantwortlichen (Abs. 4) 24–25
VI. Kosten der Information/Unentgeltlichkeit (Abs. 5) 26–32
VII. Begründete Zweifel an der Identität (Abs. 6) 33–34
VIII. Bildsymbole (Abs. 7 und 8) 35–37
IX. Handlungsmöglichkeiten für Betriebs- oder Personalräte 38–39

I. Allgemeines

1 Die Rechte der von der Verarbeitung ihrer personenbezogenen Daten betroffenen Personen sind in der DSGVO in einem eigenständigen Abschnitt zusammengefasst. Zu den in Kapitel III aufgeführten Betroffenenrechten gehören insbesondere

- Vorgaben zur Ausgestaltung der Informationsrechte für die von der Verarbeitung betroffenen Personen sowie Auskunftsrechte (Art. 12 und 15),
- Informationspflichten der Verantwortlichen (Art. 13 und 14),
- individuelle Ansprüche auf Berichtigung, Löschung oder Einschränkung der Verarbeitung (Art. 16 bis 18),
- Mitteilungspflichten der Verantwortlichen gegenüber betroffenen Personen (Art. 19),
- Recht auf Datenübertragbarkeit (Art. 20),
- Widerspruchsrechte (Art. 21) sowie
- ein Verarbeitungsverbot bezüglich ausschließlich automatisierter Entscheidungen (Art. 22).

2 Die Regelungen in Art. 12, wie auch die übrigen Vorgaben zu Rechten der betroffenen Personen in Kapitel III, kommen für **Verantwortliche** aus dem **öffentlichen** wie aus dem **privaten Bereich** gleichermaßen zur Anwendung. Die einschlägigen Vorschriften treffen gemäß Art. 3 Abs. 2 und 3 auch Verantwortliche, die außerhalb der EU in einem **Drittstaat** angesiedelt sind.[1] Sie kommen gemäß Art. 28 Abs. 3 Buchst. e und Abs. 4 Satz 1 gleichermaßen **auf Auftragsverarbeiter zur Anwendung.**

3 Durch Art. 12 Abs. 1 wird eine allgemeine Verpflichtung der Verantwortlichen zur Verfolgung einer **transparenten Informationspolitik** gegenüber betroffenen Personen begründet. Die in Art. 12 wie in den übrigen Artikeln des Kap. III enthaltenen Vorgaben zu den Rechten der betroffenen Personen sind **nicht abschließend**. Dies verdeutlichen die in Art. 12 Abs. 1 und 5 enthaltenen Verweise auf Art. 34. Darüber hinaus sind beispielsweise die allgemeinen Grundsätze in Art. 5 Abs. 1 bei der Bewertung von Betroffenenrechten zu berücksichtigen. Gleiches gilt für die in Art. 82 verankerten Schadensersatzrechte oder die in Art. 88 enthaltenen spezifischen Vorgaben zur Verarbeitung von Beschäftigtendaten.

4 Art. 12 regelt unterschiedliche Sachverhalte. In **Abs. 1** werden Vorgaben zur **Form** von Informationen und Mitteilungen an betroffene Personen sowohl in sprachlicher Form wie auch in der Art der Übermittlung gemacht. Durch **Abs. 2** werden **Verantwortliche verpflichtet**, betroffenen Personen die Ausübung ihrer Rechte nach Art. 15 bis 22 zu erleichtern. Verweigert werden darf die Wahrnehmung von Rechten nur, wenn die relevanten personenbezogenen Daten von einem Verantwortlichen nicht identifiziert werden

1 Vgl. Gola-*Franck*, Art. 12 Rn. 3.

können. **Fristen**, die Verantwortliche bezüglich der Informationserteilung zu wahren haben, sind in **Abs. 3** enthalten. Für den Fall von **Verzögerungen** enthält **Abs. 4** spezifische Unterrichtungspflichten zulasten des Verantwortlichen. Durch **Abs. 5** wird festgelegt, dass die von Verantwortlichen zu erteilenden Mitteilungen sowie von diesen **durchzuführenden Maßnahmen** nach den Art. 13–22 und 34 **unentgeltlich** zur Verfügung gestellt bzw. durchgeführt werden müssen. Abweichungen von dieser Vorgabe sind nur in seltenen Ausnahmefällen zulässig. Haben Verantwortliche begründete **Zweifel an der Identität** von Personen, können sie nach **Abs. 6** unabhängig von den Vorgaben in Art. 11 **zusätzliche Informationen** zur Bestätigung der Identität bestimmter betroffener Personen einfordern. Durch **Abs. 7** wird ergänzend zu den Vorgaben in Abs. 1 die Möglichkeit begründet, **standardisierte Bildsymbole** für die Erteilung von Auskünften zu verwenden. In **Abs. 8** wird der EU-Kommission die **Befugnis** übertragen, derartige Bildsymbole durch delegierte Rechtsakte festzulegen.

II. Übermittlung von Informationen und Mitteilungen (Abs. 1)

Durch **Abs. 1 Satz 1** werden Verantwortliche verpflichtet, sowohl bei der Wahrnehmung der zu ihren Lasten bestehenden allgemeinen Informationspflichten nach Art. 13 und 14 als auch bezüglich der betroffenen Personen nach Art. 15–22 und 34 zu machenden Mitteilungen sicherzustellen, dass diese in präziser, transparenter, verständlicher und leicht zugänglicher Form sowie in einer klaren und einfachen Sprache erfolgen. Diese gesetzliche Regelung soll sicherstellen, dass betroffenen Personen im Rahmen einer **verständlichen Darstellung** der durchgeführten Datenverarbeitung verdeutlicht wird, welche Garantien es zum Schutz ihrer Rechte gibt und welche Risiken zu ihren Lasten bestehen. Weiterhin sollen sie erkennen können, wie sie ihre Rechte nach der DSGVO gegen Verantwortliche geltend machen können.[2] Darüber hinaus stellt die Regelung in Satz 1 eine **allgemeine Formvorschrift** dar, die von Verantwortlichen beachtet werden muss, wenn sie betroffenen Personen Informationen über geplante oder stattfindende Datenverarbeitungen übermitteln oder wenn sie gesetzlich vorgeschriebene Auskünfte geben. Die Vorgaben kommen auch bei der Formulierung von Einwilligungen nach Art. 7 zur Anwendung (vgl. Art. 7 Rn. 11ff.). 5

Die Vorgaben in Satz 1 sind auf alle Informationen und Mitteilungen beschränkt, die sich aus datenschutzrechtlichen Vorgaben ableiten und die sich auf personenbezogene Daten beziehen. Auf Informationen, denen ein Per- 6

2 Vgl. ErwGr 39 und 58; ähnlich Ehmann/Selmayr-*Heckmann/Paschke*, Art. 12 Rn. 8.

sonenbezug im Sinne der Definition in Art. 4 Nr. 1 fehlt, kommen sie nicht zur Anwendung.[3]

7 Die Regelung zielt zugunsten der betroffenen Personen auf die **Herstellung von Klarheit** über die personenbezogenen Daten, die Verantwortliche über sie verarbeiten. Damit füllt sie die grundlegende Vorgabe des Transparenzgrundsatzes in Art. 5 Abs. 1 Buchst. a aus.

8 Informationen und Mitteilungen an betroffene Personen müssen in **präziser Form** gemacht werden. Dies setzt die **inhaltliche Richtigkeit** und **Vollständigkeit** der von Verantwortlichen mitgeteilten Informationen voraus. Notwendige oder überflüssige Textteile sollen hingegen vermieden werden.[4] Keine präzise Form liegt vor, wenn Sachinformationen aus dem datenschutzrechtlichen Kontext durch Werbe- oder Marketingformulierungen angereichert oder ausgeweitet werden. Betroffene Personen müssen insoweit **vor** einer **Informationsüberflutung geschützt** werden, bei der sie nicht mehr erkennen können, welches die datenschutzrechtlich relevanten Hinweise sind.

9 Die Information muss in **transparenter Form** erfolgen. Wo genau die Abgrenzung zwischen präziser und transparenter Information vorzunehmen ist, bleibt unklar. Für betroffene Personen muss allerdings deutlich werden, um welche Verarbeitung es sich handelt und für welche Zwecke diese erforderlich ist.

10 Die gewählte Form der Informationen muss **verständlich** sein. Die Bewertung, ob dies der Fall ist, muss ausgehend vom **Verständnishorizont** der betroffenen Personen erfolgen, die informiert werden sollen. In Abhängigkeit vom Verarbeitungskontext sind die Anforderungen an die Verständlichkeit unterschiedlich. Das Kriterium der »verständlichen Form« erfüllen beispielsweise juristische Formulierungen oder die Nutzung anderer Fachsprachen im Regelfall nicht. Auch die Syntax der gewählten Sprache kann zur Verständlichkeit beitragen, wenn beispielsweise auf lange Schachtelsätze zugunsten von kurzen prägnanten Sätzen verzichtet wird.

11 Die gewählte Sprache muss von den betroffenen Personen **uneingeschränkt verstanden werden** können. Dies macht es ggf. notwendig, Übersetzungen in eine Muttersprache betroffener Personen vorzunehmen, wenn Verantwortliche wissen oder wissen können, dass bei betroffenen Personen unzureichende Kenntnisse der für die Information verwendeten Sprache vorhanden sind.[5]

12 In jedem Fall muss eine Verständlichkeit dadurch sichergestellt werden, dass entsprechende Informationen für betroffene Personen **leicht auffind-**

3 Vgl. Ehmann/Selmayr-*Heckmann/Paschke*, Art. 12 Rn. 9.

4 Vgl. Paal/Pauly-*Paal/Hennemann*, Art. 12 Rn. 28; Ehmann/Selmayr-*Heckmann/Paschke*, Art. 12 Rn. 12.

5 Vgl. DWWS-*Däubler*, Art. 12 Rn. 8; Sydow-*Greve*, Art. 12 Rn. 15.

bar sind. Zudem muss Barrierefreiheit gesichert sein. Die Verständlichkeit muss in jedem Falle in eine **klare und einfache Sprache** münden, in der Informationen und Mitteilungen an betroffene Personen übermittelt werden. Dies ist nicht nur für die in Art. 12–22 und 34 genannten Informationen und Mitteilungen von Verantwortlichen zu beachten, sondern auch für alle anderen Formulierungen, die gegenüber betroffenen Personen im datenschutzrechtlichen Kontext gemacht werden. Hierzu gehören etwa auch die Texte von Einwilligungserklärungen gemäß Art. 7.

Besonders hohe Anforderungen an eine klare und einfache Sprache sind 13
dann gegeben, wenn sich die Information oder Mitteilung an **Kinder** richtet. Hier treffen Verantwortliche hohe Sorgfaltspflichten.

Die Regelung in **Abs. 1 Satz 2** lässt neben der **Schriftform** auch die **elek-** 14
tronische Form der Übermittlung von Informationen oder Mitteilungen durch Verantwortliche an betroffene Personen zu. Die elektronische Form wird beispielsweise durch die Verwendung einer E-Mail gewahrt. Verantwortliche müssen hierbei allerdings sicherstellen, dass diese nur von den betroffenen Personen gelesen werden kann.

Die Regelung in **Abs. 1 Satz 3** lässt die **mündliche Erteilung einer Infor-** 15
mation ausdrücklich dann zu, wenn die betroffene Person dies verlangt. Mit Blick auf die möglicherweise fehlende Beweisbarkeit nur mündlich gemachter Informationen sollte eine ausschließlich verbale Informationserteilung im Interesse der betroffenen Personen die Ausnahme darstellen.

Die mündliche Erteilung einer Information setzt voraus, dass die betrof- 16
fenen Personen ihre **Identität** in einer anderen Form als nur mündlich **nachgewiesen** haben. Dies kann beispielsweise durch das Vorzeigen eines Personalausweises oder eines vergleichbaren Dokuments wie etwa einem Firmenausweis geschehen. Ohne einen solchen Nachweis darf eine mündliche Information nicht erfolgen.

III. Erleichterung der Ausübung von Betroffenenrechten (Abs. 2)

Nach der Regelung in **Abs. 2 Satz 1** müssen Verantwortliche den betrof- 17
fenen Personen die Ausübung ihrer nach Art. 15–22 bestehenden Rechte erleichtern. Durch diese Vorgabe sollen die Betroffenenrechte gestärkt und besser durchsetzbar gemacht werden. Verantwortliche werden durch diese Vorschrift ausdrücklich verpflichtet, auf die Gewährleistung der Betroffenenrechte hinzuwirken.[6] Diese Vorgabe schließt in der Umkehrung jegliche Behinderung von betroffenen Personen bei der Wahrnehmung ihrer Rechte aus der DSGVO aus. Eine solche Behinderung läge bezogen auf ein **Beschäftigungsverhältnis** beispielsweise dann vor, wenn ein Arbeitgeber Beschäftigte darauf verweist, dass sie erst einmal Einsicht in ihre Personalak-

6 Vgl. Sydow-*Greve*, Art. 12 Rn. 22.

te nehmen müssen, bevor sie eine datenschutzrechtliche Auskunft erhalten oder dass sie sich mit Auskunftsersuchen an den Datenschutzbeauftragten oder an den Betriebs- oder Personalrat zu wenden haben.

18 Die Erleichterung der Ausübung von Rechten der Betroffenen wird in der Umkehrung dadurch erreicht, dass Verantwortliche beispielsweise für Auskünfte **klare Antragsstrukturen, Online-Services** oder **digitale Abfragemöglichkeiten** zur Verfügung stellen. Insoweit sollen sie dafür sorgen, dass Anträge auch elektronisch gestellt werden können (vgl. ErwGr 59 Satz 2).

19 Die Regelung in Abs. 2 **Satz 2** ist nur zusammen mit der in Art. 11 Abs. 2 verständlich. Bezogen auf die dort genannten Fälle einer nicht bestehenden Identifikationsmöglichkeit bestimmter betroffener Personen wird Verantwortlichen ein Recht auf Verweigerung einer Auskunft oder Information eingeräumt, wenn sie glaubhaft machen, dass sie nicht in der Lage sind, die betroffene Person zu identifizieren. Zur Glaubhaftmachung wird im Regelfall eine **substantiierte Darlegung** ausreichen, in der beschrieben wird, dass über eine bestimmte betroffene Person keine Daten vorhanden sind bzw. dass deren Zuordnung zu vorhandenen Daten spezifische, bisher nicht durchgeführte Verarbeitungen erforderlich machen würde. Dies wäre etwa der Fall, wenn Daten zu einem bestimmten Zeitraum ohne jeden Personenbezug nur noch in anonymisierter Form vorliegen.[7]

IV. Informationsfrist (Abs. 3)

20 Die Regelung in Abs. 3 **Satz 1** legt verbindlich fest, innerhalb welcher **Frist** Verantwortliche betroffenen Personen Informationen zu ergriffenen Maßnahmen mitteilen müssen, die sie auf einen Antrag nach Art. 15–22 ergriffen haben. Die Verwendung des Begriffs »**unverzüglich**« verdeutlicht, dass diese Information gemäß § 121 Abs. 1 Satz 1 BGB ohne schuldhaftes Zögern und damit so schnell wie möglich erfolgen muss. Spätestens muss dies **innerhalb eines Monats** nach Eingang des Antrags der Fall sein. Die Monatsfrist berechnet sich nach den §§ 187 und 188 BGB.

21 Die **einmonatige Regelfrist** kann nach Abs. 3 **Satz 2** ausnahmsweise um **zwei weitere Monate verlängert** werden. Die Verlängerung setzt voraus, dass eine längere Bearbeitungsfrist aus Sicht des Verantwortlichen aufgrund der Komplexität oder der Zahl der Anträge erforderlich ist. Diese Fristverlängerung stellt nach dem Wortlaut insoweit eine **Ausnahme** dar. Sie kann nicht in Anspruch genommen werden, wenn es sich um einfache Sachverhalte oder um Standardbeantwortungen handelt, die auch in anderen Fällen erfolgen. Unzulässig wäre eine standardmäßige Inanspruchnahme in allen

7 Vgl. Sydow-*Greve*, Art. 12 Rn. 23.

Fällen des Auskunftsersuchens in Form einer routinemäßigen Fristverlängerung.[8]

Will ein Verantwortlicher eine **Fristverlängerung** in Anspruch nehmen, muss er die betroffene Person nach Abs. 3 **Satz 3** innerhalb eines Monats nach Eingang des Antrags **informieren**. Dabei müssen die Gründe für die Verzögerung genannt werden. Die Begründung muss gemäß Abs. 1 Satz 1 in präziser, transparenter, verständlicher und leicht zugänglicher Form sowie in einer klaren und einfachen Sprache erfolgen. Für die betroffenen Personen muss nachvollziehbar sein, warum innerhalb der Regelfrist keine Antwort erfolgen konnte. Ist dies nicht erkennbar, können Verantwortliche die Fristverlängerung nicht in Anspruch nehmen. Betroffenen Personen steht in diesen Fällen insbesondere die Einschaltung der zuständigen staatlichen Aufsichtsbehörden offen. 22

Durch die Regelung in Abs. 3 **Satz 4** wird der **Informationsfluss kanalisiert**. Wird ein Antrag auf Auskunft in elektronischer Form gestellt, sind betroffene Personen nach Möglichkeit auch in derselben Form zu unterrichten. Dies gilt jedoch nicht, wenn sie ausdrücklich eine andere Form für Mitteilungen an sie angeben. Damit ist es beispielsweise möglich, ein Auskunftsersuchen zwar elektronisch per E-Mail zu stellen, die Übermittlung der Informationen und Auskünfte aber in Schriftform zu verlangen oder in mündlicher Form. Verantwortliche müssen der Art des Informationsverlangens in jedem Fall Rechnung tragen und entsprechend informieren. 23

V. Untätigkeit von Verantwortlichen (Abs. 4)

Nach **Abs. 4** müssen Verantwortliche betroffene Personen ohne Verzögerung, spätestens aber innerhalb eines Monats nach Eingang des Antrags, darüber unterrichten, dass sie in dieser Sache nicht tätig werden wollen. Diese **Unterrichtungspflicht** soll verhindern, dass Rechte der Betroffenen nach den Art. 12–22 oder 34 leerlaufen, weil Verantwortliche auf einen Antrag von betroffenen Personen nicht reagieren.[9] Neben einer bloßen **Untätigkeit** kann die **Nichtbefassung** mit einem Antrag insbesondere auch daraus resultieren, dass die Identität der antragstellenden betroffenen Personen für einen Verantwortlichen zu vorhandenen Daten nicht zugeordnet werden kann. 24

In der Mitteilung des Verantwortlichen an betroffene Personen sind die **Gründe** für die Untätigkeit **darzulegen**. Weiterhin sind die betroffenen Personen ausdrücklich auf die Möglichkeit hinzuweisen, bei der nach Art. 77 zuständigen **staatlichen Aufsichtsbehörde** eine **Beschwerde** einzulegen oder einen gerichtlichen Rechtsbehelf einzulegen. Vom Verantwortlichen 25

8 Vgl. Kühling/Buchner-*Bäcker*, Art. 12 Rn. 34.

9 Vgl. Sydow-*Greve*, Art. 12 Rn. 26.

sind hierbei die zuständige Aufsichtsbehörde oder das zuständige Gericht zu benennen.[10]

VI. Kosten der Information/Unentgeltlichkeit (Abs. 5)

26 Nach **der Regelung** in **Abs. 5 Satz 1** sind alle Informationen nach Art. 13 und 14 sowie alle Mitteilungen und Maßnahmen nach Art. 15–22 und 34 für betroffene Personen **kostenlos**. Sie müssen deshalb vom Verantwortlichen unentgeltlich zur Verfügung gestellt oder vorgenommen werden. Dies gilt ohne Einschränkung auch im Rahmen von Beschäftigungsverhältnissen.

27 Hiervon abweichend können Verantwortliche nach **Abs. 5 Satz 2 bestimmte Kosten** nach Maßgabe der Regelung in Buchst. a in Rechnung stellen oder ein antragsgemäßes Handeln nach Maßgabe der Regelung in Buchst. b verweigern. Die Erhebung von Kosten bzw. die Verweigerung eines Handelns durch Verantwortliche ist allerdings in beiden Fällen daran geknüpft, dass die Wahrnehmung eines Rechts durch eine betroffene Person **offenkundig unbegründet** ist oder dass es sich um **exzessive Anträge** handelt (insbesondere eine häufige Wiederholung von Informationsanfragen oder Verlangen der Durchführung bestimmter Mitteilungen oder Maßnahmen).

28 Eine **offenkundige Unbegründetheit** kann bestehen, wenn es für betroffene Personen von Anfang an und klar ersichtlich keine rechtliche Grundlage für ein geltend gemachtes Recht gibt. Dies kann etwa der Fall sein, wenn eine gar nicht direkt betroffene Person einen Auskunftsanspruch geltend macht, etwa ein Gläubiger, der unter Hinweis auf geltendes Datenschutzrecht Informationen über den Kontostand eines vermeintlichen Schuldners bei einer Bank abfragen will, oder ein von einer Verarbeitung gar nicht betroffener Lebenspartner, der personenbezogene Daten anfordert. Gibt es hingegen Hinweise oder auch nur vage Verdachtsmomente, dass Daten über eine bestimmte Person verarbeitet werden, ist eine Anfrage nicht unbegründet.[11] Dann muss der Verantwortliche angeforderte Informationen, Mitteilungen oder Maßnahmen zur Verfügung stellen bzw. durchführen.

29 Eine **exzessive Wahrnehmung** kann gegeben sein, wenn eine betroffene Person die ihr gesetzlich zustehenden Rechte mehrfach wahrnimmt und damit offensichtlich ausschließlich darauf zielt, einen Aufwand für den Verantwortlichen zu erzeugen, um diesen zu behindern oder ihm Schaden zuzufügen. Nicht in diese Fallkonstellation gehören erneute Anträge, wenn betroffene Personen damit erneut prüfen wollen, ob missbräuchliche Datenverarbeitungen tatsächlich eingestellt wurden oder ob neue Informationen über missbräuchliche oder unzulässige Datenverarbeitung zutreffen. Inso-

---

10 Vgl. DWWS-*Däubler*, Art. 12 Rn. 13; Ehmann/Selmayr-*Heckmann/Paschke*, Art. 12 Rn. 40.

11 Vgl. DWWS-*Däubler*, Art. 12 Rn. 16.

weit ist der Tatbestand zugunsten der betroffenen Personen und deren bestehender Rechte **eng auszulegen.**[12]

Sind Anträge offenkundig unbegründet oder erfolgen sie in exzessiver Form, können Verantwortliche für deren Bearbeitung nach der ersten Fallalternative in **Buchst. a** ein **angemessenes Entgelt** verlangen, bei dem die Verwaltungskosten für eine Unterrichtung oder Mitteilung bzw. für die Durchführung der beantragten Maßnahmen berücksichtigt werden. Das Entgelt darf die Kosten, die dem Verantwortlichen tatsächlich entstehen, nicht übersteigen.[13] Insbesondere dürfen keine Gemeinkostenanteile in Rechnung gestellt werden, die für die allgemeine Verwaltungsarbeit eines Verantwortlichen entstehen.[14] 30

Alternativ zur Erhebung eines angemessenen Entgelts können Verantwortlichen sich nach **Buchst. b weigern,** aufgrund eines Antrags von betroffenen Personen tätig zu werden. Verantwortliche können somit wählen, welche Konsequenz sie aus einer offenkundig unbegründeten oder exzessiven Antragstellung ziehen. 31

Nach **Abs. 5 Satz 3** müssen Verantwortliche das Vorliegen eines offenkundig unbegründeten oder exzessiven Charakters eines Antrags **nachweisen** können. Eine Mitteilung der Gründe an die betroffenen Personen muss nicht erfolgen. Wenden diese sich allerdings an eine staatliche Aufsichtsbehörde oder das zuständige Gericht, sind Verantwortliche in einem darauffolgenden Verfahren beweispflichtig. 32

VII. Begründete Zweifel an der Identität (Abs. 6)

Hat ein Verantwortlicher im Zusammenhang mit einem Antrag nach Art. 15 bis 21 Zweifel an der Identität einer natürlichen Person, von der dieser Antrag ausgeht, kann er unbeschadet der Vorgaben in Art. 12 von ihr nach **Abs. 6 zusätzliche Informationen anfordern**, die zur Bestätigung der Identität der betroffenen Person erforderlich sind. Durch diese Regelung soll sichergestellt werden, dass **nur berechtigte Personen** Informationen oder Mitteilungen aus dem datenschutzrechtlich geschützten Bereich erhalten. Dabei sollen Verantwortliche alle vertretbaren Mittel nutzen, um die Identität einer betroffenen Person zu überprüfen. Diese Identitätsprüfung soll insbesondere im Rahmen von Online-Diensten oder von Online-Kennungen erfolgen (vgl. ErwGr 64). In Betracht kommt neben dem Abfragen zusätzlicher Merkmale wie Geburtstag oder einer dem Verantwortlichen bekannten Mobiltelefonnummer auch der Rückgriff auf Kontrollfragen, zu denen die Antworten vorab in einem System hinterlegt wurden. Bestehen die Zweifel 33

12 Vgl. ähnlich DWWS-*Däubler*, Art. 12 Rn. 17; Sydow-*Greve*, Art. 12 Rn. 28.

13 Vgl. EuGH 12.12.2013 – C-486/12, ZD 2014, 248.

14 Vgl. Gola-*Franck*, Art. 12 Rn. 40.

fort, können Verantwortliche eine andere Form der Identifikation verlangen wie etwa das Vorzeigen eines Vertragsdokuments in die Web-Kamera oder den Rückgriff auf ein schriftliches Formular.

34 Worin die begründeten Zweifel bestehen, müssen Verantwortliche im Streitfall darlegen können. Diese Situation kann beispielsweise gegeben sein, wenn eine Person mit ausgeblendeter Telefonnummer anruft und sich lediglich mit ihrem Namen identifiziert, darüber hinaus aber keine weiteren Informationen dazu macht, in welchem vertraglichen Kontext sie zu einem Verantwortlichen steht.

VIII. Bildsymbole (Abs. 7 und 8)

35 Nach der Regelung in **Abs. 7** kann die Information über eine beabsichtigte Verarbeitung von personenbezogenen Daten mit dem Ziel einer leichteren Wahrnehmbarkeit, einer größeren Verständlichkeit und einer klar nachvollziehbaren Form auch unter Rückgriff auf Bildsymbole erfolgen. Im Regelfall sind dies sogenannte **Piktogramme** oder vergleichbare bildliche Darstellungen von Verarbeitungssituationen bzw. Verarbeitungsverboten. Die gewählten Symbole müssen so gewählt sein, dass sie unmissverständlich sind.

36 Werden Bildsymbole in elektronischer Form dargestellt, müssen sie technisch so ausgestaltet sein, dass eine **Maschinenlesbarkeit** gegeben ist.

37 Nach **Abs. 8** hat die EU-Kommission die Befugnis, durch **delegierte Rechtsakte** weitere Vorgaben zu den Informationen zu machen, die durch Bildsymbole darzustellen sind.

IX. Handlungsmöglichkeiten für Betriebs- oder Personalräte

38 Betriebs- oder Personalräte können im Rahmen der Mitbestimmung bezüglich der Einführung und Anwendung technischer Systeme, die zur Verhaltens- oder Leistungskontrolle bestimmt sind, darauf hinwirken, dass diese so ausgestaltet werden, dass die Rechte der Betroffenen nach Art. 12 bis 23 vollumfänglich gewahrt werden. Dies beinhaltet beispielsweise eine **transparente Ausgestaltung aller Verarbeitungsvorgänge**, die durch eine Betriebs- oder Dienstvereinbarung geregelt werden. Dieses Ziel lässt sich durch eine umfassende Beschreibung der Informationsphase vor Einführung oder Änderung von technischen Systemen erreichen. Darüber hinaus kann im Rahmen der Mitbestimmung verlangt werden, dass Verarbeitungen bezogen auf einzelne Betroffene von Anfang an transparent und nachvollziehbar dokumentiert werden.

39 Das vorstehende Ziel kann nicht erreicht werden, wenn Arbeitgeber als Verantwortliche darauf verweisen, dass sie selbst aufgrund bestehender Geheimhaltungen der Hersteller nicht wissen, wie Verarbeitungen ablaufen und wo welche personenbezogenen Daten gespeichert werden. Dies ist insbesondere bei Anwendungen aus dem Bereich von »Software as a Service« oder von Algorithmen, die in Systemen der »Künstlichen Intelligenz« verwendet werden, oft der Fall. Diesbezüglich ist zu bedenken, dass Arbeitgeber als datenschutzrechtlich Verantwortliche sich mit Blick auf ihre insbesondere nach Art. 32 bestehenden Verpflichtungen im Bereich des technischen und organisatorischen Datenschutzes nicht auf das Argument zurückziehen können, dass sie nicht wissen, welche Verarbeitungsprozesse in den von ihnen verwendeten technischen Systemen ablaufen. Mit einer solchen Position verletzen sie nicht nur datenschutzrechtliche Vorgaben aus dem Bereich der technischen und organisatorischen Datensicherheit, sondern auch ihre allgemein bestehenden Sorgfaltspflichten. Insoweit dient die abschließende Einforderung von Informationen zu verwendeten Systemen insbesondere auch der Sicherung der durch die Art. 12 bis 22 und 34 festgeschriebenen Rechte der betroffenen Personen. Können entsprechende technische Informationen bezüglich einer Software oder Anwendung von Verantwortlichen nicht erteilt werden, stehen diese außerhalb der datenschutzrechtlichen Zulässigkeit. Verantwortliche nehmen damit sowohl die Verhängung von Geldbußen nach Art. 83 in Kauf als auch Schadensersatzansprüche betroffener Personen nach Art. 82.[15]

Abschnitt 2
Informationspflicht und Recht auf Auskunft zu personenbezogenen Daten

Artikel 13 Informationspflicht bei Erhebung von personenbezogenen Daten bei der betroffenen Person

(1) Werden personenbezogene Daten bei der betroffenen Person erhoben, so teilt der Verantwortliche der betroffenen Person zum Zeitpunkt der Erhebung dieser Daten Folgendes mit:

a) den Namen und die Kontaktdaten des Verantwortlichen sowie gegebenenfalls seines Vertreters;

b) gegebenenfalls die Kontaktdaten des Datenschutzbeauftragten;

c) die Zwecke, für die die personenbezogenen Daten verarbeitet werden sollen, sowie die Rechtsgrundlage für die Verarbeitung;

15 Vgl. allgemein LAG Niedersachsen 22.10.2021 – 16 Sa 761/20; ArbG Düsseldorf 5.3.2020 – 9 Ca 6557/18; *Brandt*, CuA 4/2021, 8; *Fuhlrott/Oltmanns*, AuA 2/2021, 8.

d) wenn die Verarbeitung auf Artikel 6 Absatz 1 Buchstabe f beruht, die berechtigten Interessen, die von dem Verantwortlichen oder einem Dritten verfolgt werden;
e) gegebenenfalls die Empfänger oder Kategorien von Empfängern der personenbezogenen Daten und
f) gegebenenfalls die Absicht des Verantwortlichen, die personenbezogenen Daten an ein Drittland oder eine internationale Organisation zu übermitteln, sowie das Vorhandensein oder das Fehlen eines Angemessenheitsbeschlusses der Kommission oder im Falle von Übermittlungen gemäß Artikel 46 oder Artikel 47 oder Artikel 49 Absatz 1 Unterabsatz 2 einen Verweis auf die geeigneten oder angemessenen Garantien und die Möglichkeit, wie eine Kopie von ihnen zu erhalten ist, oder wo sie verfügbar sind.

(2) Zusätzlich zu den Informationen gemäß Absatz 1 stellt der Verantwortliche der betroffenen Person zum Zeitpunkt der Erhebung dieser Daten folgende weitere Informationen zur Verfügung, die notwendig sind, um eine faire und transparente Verarbeitung zu gewährleisten:
a) die Dauer, für die die personenbezogenen Daten gespeichert werden oder, falls dies nicht möglich ist, die Kriterien für die Festlegung dieser Dauer;
b) das Bestehen eines Rechts auf Auskunft seitens des Verantwortlichen über die betreffenden personenbezogenen Daten sowie auf Berichtigung oder Löschung oder auf Einschränkung der Verarbeitung oder eines Widerspruchsrechts gegen die Verarbeitung sowie des Rechts auf Datenübertragbarkeit;
c) wenn die Verarbeitung auf Artikel 6 Absatz 1 Buchstabe a oder Artikel 9 Absatz 2 Buchstabe a beruht, das Bestehen eines Rechts, die Einwilligung jederzeit zu widerrufen, ohne dass die Rechtmäßigkeit der aufgrund der Einwilligung bis zum Widerruf erfolgten Verarbeitung berührt wird;
d) das Bestehen eines Beschwerderechts bei einer Aufsichtsbehörde;
e) ob die Bereitstellung der personenbezogenen Daten gesetzlich oder vertraglich vorgeschrieben oder für einen Vertragsabschluss erforderlich ist, ob die betroffene Person verpflichtet ist, die personenbezogenen Daten bereitzustellen, und welche mögliche Folgen die Nichtbereitstellung hätte und
f) das Bestehen einer automatisierten Entscheidungsfindung einschließlich Profiling gemäß Artikel 22 Absätze 1 und 4 und — zumindest in diesen Fällen — aussagekräftige Informationen über die involvierte Logik sowie die Tragweite und die angestrebten Auswirkungen einer derartigen Verarbeitung für die betroffene Person.

(3) Beabsichtigt der Verantwortliche, die personenbezogenen Daten für einen anderen Zweck weiterzuverarbeiten als den, für den die per-

sonenbezogenen Daten erhoben wurden, so stellt er der betroffenen Person vor dieser Weiterverarbeitung Informationen über diesen anderen Zweck und alle anderen maßgeblichen Informationen gemäß Absatz 2 zur Verfügung.

(4) Die Absätze 1, 2 und 3 finden keine Anwendung, wenn und soweit die betroffene Person bereits über die Informationen verfügt.

Inhaltsübersicht Rn.

I. Allgemeines 1– 4
II. Mindestinformationen bei der Erhebung (Abs. 1) 5–24
1. Name und Kontaktdaten des Verantwortlichen oder seines Vertreters (Abs. 1 Buchst. a) 9–12
2. Kontaktdaten des Datenschutzbeauftragten (Abs. 1 Buchst. b) .. 13
3. Zweck und Rechtsgrundlagen der Verarbeitung (Abs. 1 Buchst. c) 14–17
4. Berechtigte Interessen des Verantwortlichen oder eines Dritten (Abs. 1 Buchst. d) 18–19
5. Empfänger oder Kategorie von Empfängern (Abs. 1 Buchst. e) .. 20–22
6. Transfer in Drittländer (Abs. 1 Buchst. f) 23–24
III. Zusätzliche Informationen (Abs. 2) 25–35
1. Dauer der Speicherung oder Kriterien für deren Festlegung (Abs. 2 Buchst. a) 26–28
2. Rechte der Betroffenen (Abs. 2 Buchst. b) 29
3. Widerruf einer Einwilligung (Abs. 2 Buchst. c) 30
4. Beschwerderecht bei einer Aufsichtsbehörde (Abs. 2 Buchst. d) . 31
5. Bereitstellungsgrund (Abs. 2 Buchst. e) 32–33
6. Automatisierte Entscheidungsfindung einschließlich Profiling (Abs. 2 Buchst. f) 34–35
IV. Beabsichtigte Zweckänderung (Abs. 3) 36–42
V. Unanwendbarkeit der Informationsregeln (Abs. 4) 43–46
VI. Hinweise für Betriebs- oder Personalräte 47–48
VII. Verstöße und Geldbußen 49–50

I. Allgemeines

Aus Sicht von betroffenen Personen setzt die datenschutzrechtlich vorgegebene Transparenz der Verarbeitung ihrer Daten voraus, dass sie überhaupt wissen, dass diese erfolgt. Nur dann sind sie in der Lage, die ihnen zustehenden Rechte und Möglichkeiten umzusetzen. Insoweit kommt den in Art. 13 und 14 enthaltenen **Informationspflichten der Verantwortlichen** gegenüber den betroffenen Personen eine **zentrale Bedeutung** zu. Wichtig ist, dass Verantwortliche die durch Art. 13 und 14 vorgegebenen Informationen von sich aus initiativ und aktiv erteilen müssen.[1] Verantwortliche 1

1 Vgl. Auernhammer-*Eßer*, Art. 13 Rn. 3; DWWS-*Däubler*, Art. 13 Rn. 1.

sind damit im Ergebnis verpflichtet, die aus Sicht der betroffenen Personen notwendige **Transparenz selbst aktiv herzustellen.**[2]

2 In der DSGVO findet sich der in § 4 Abs. 2 BDSG a. F. enthaltene **Grundsatz der Direkterhebung** nicht wieder. Sie beinhaltet aber in Art. 13 für den Fall der Direkterhebung **spezifische Informationspflichten** zulasten des Verantwortlichen. Erfolgt eine Datenerhebung nicht direkt bei der betroffenen Person, bestehen entsprechende Informationspflichten auf der Grundlage von Art. 14. Erfolgen **nachträgliche Zweckänderungen**, müssen Verantwortliche betroffene Personen auch darüber informieren.

3 In **Abs. 1** werden **Mindestinformationen** festgelegt, die Verantwortliche betroffenen Personen mitteilen müssen. Die Aufzählung in Abs. 1 schließt die Erweiterung der mitgeteilten Informationen nicht aus. Der Katalog der Mindestinformationen wird in **Abs. 2** durch **zusätzliche Informationen** ergänzt, die notwendig sind, um eine faire und transparente Verarbeitung zu gewährleisten. Für den Fall der beabsichtigten **Verarbeitung für andere Zwecke** enthält **Abs. 3** spezifische Informationspflichten. Durch **Abs. 4** wird festgelegt, dass die vorstehenden drei Absätze **keine Anwendung** finden, wenn die betroffene Person bereits über diese Informationen verfügt.

4 Über die Regelung in Abs. 4 hinaus sind weitere **Ausnahmen von der Informationspflicht im BDSG gesetzlich normiert**. Diese finden sich bezogen auf Art. 13 in den §§ 29 und 32 BDSG. Durch die Regelung in § 4 Abs. 4 BDSG wird eine **Erweiterung der Informationspflichten** auf die per **Videoüberwachung** erhobenen personenbezogenen Daten vorgenommen.

II. Mindestinformationen bei der Erhebung (Abs. 1)

5 Die Regelung in **Abs. 1** benennt **sechs Mindestinformationen**, die betroffene Personen automatisch zu personenbezogenen Daten erhalten müssen, die Verantwortliche direkt bei ihnen erheben. Die Erhebung wird in der Begriffsbestimmung der »Verarbeitung« als eine mögliche Verarbeitungsform an erster Stelle genannt. Sie steht logisch am Beginn weiterer Verarbeitungsschritte mit den erhobenen Daten (vgl. Art. 4 Rn. 16).

6 **Zeitlich** muss die Information zusammen mit der Erhebung erfolgen, also beispielsweise spätestens am Ende eines Gesprächs oder eines elektronischen Verarbeitungsvorgangs.[3] Die **Form** der Information muss die in Art. 12 benannten Voraussetzungen erfüllen.

7 Die Erhebung bezieht sich auf alle personenbezogenen oder personenbeziehbaren Daten, die bei einer betroffenen Person abgefragt werden. Es geht es um die **Direkterhebung** von Daten, während indirekte Erhebungen Regelungsgegenstand von Art. 14 sind.

---

2 Vgl. Gola-*Franck*, Art. 13 Rn. 1.

3 Vgl. Ehmann/Selmayr-*Knyrim*, Art. 13 Rn. 10.

Die **Form der Informationen** wird durch Art. 13 nicht zwingend vorgegeben. Sie muss nach Maßgabe von Art. 12 Abs. 1 aber in präziser, transparenter, verständlicher und leicht zugänglicher Form sowie in einer klaren und einfachen Sprache erfolgen (vgl. Art. 12 Rn. 7ff.). Die Information kann in dem durch Art. 12 Abs. 7 und 8 vorgegebenen Rahmen in einer Kombination mit den dort genannten standardisierten Bildsymbolen erfolgen (vgl. Art. 12 Rn. 35ff.). 8

1. Name und Kontaktdaten des Verantwortlichen oder seines Vertreters (Abs. 1 Buchst. a)

Nach der Regelung in Abs. 1 **Buchst. a** müssen betroffene Personen zum Zeitpunkt der Erhebung von Informationen bei ihnen über den Namen und die Kontaktdaten des Verantwortlichen oder seines Vertreters informiert werden, der diese Erhebung veranlasst hat. Der »**Vertreter**« des Verantwortlichen wird in Art. 4 Nr. 17 definiert. Er ist zu bestellen, wenn ein außerhalb der EU niedergelassener Verantwortlicher oder Auftragsverarbeiter gemäß Art. 3 Abs. 2 innerhalb der EU selbst keine Niederlassung hat. Betroffenen Personen müssen Name und Vorname bzw. die Firmen- oder Behördenbezeichnung des Verantwortlichen oder seines Vertreters benannt werden. Die Information muss alle für eine **ladungsfähige Anschrift** erforderlichen Informationen enthalten.[4] Handelt es sich um eine **juristische Person**, muss die genaue Firmenbezeichnung mitgeteilt werden, wie sie im Handelsregister oder im Vereinsregister eingetragen ist. Gegebenenfalls muss diese durch eine im Geschäftsverkehr verwendete Kurzform ergänzt werden.[5] Zur Firmenbezeichnung gehören auch die **Namen der verantwortlichen Geschäftsführer**. Die Benennung von Prokuristen oder anderen leitenden Angestellten ist nicht ausreichend. 9

Handelt es sich um eine **staatliche bzw. öffentliche Stelle** oder **Behörde**, muss auch deren genaue Bezeichnung bei der Erhebung genannt werden. 10

Sind **Verantwortliche im Ausland** angesiedelt, muss deren Bezeichnung ggf. in die Sprache der betroffenen Personen übersetzt werden. Dies gilt insbesondere für im Ausland angesiedelte staatliche Behörden oder für Firmen mit einer in Deutschland nicht üblichen Rechtsform oder Vertretungsstruktur. 11

Neben einer Postanschrift und einer Telefonnummer gehören zu den Kontaktdaten auch **Informationen zu einer elektronischen Erreichbarkeit** wie insbesondere eine E-Mail-Adresse oder ein Link zu einem Online-Kontaktformular. Darüber hinaus kommt auch die Benennung einer Web-Adresse 12

4 Vgl. Gola-*Franck*, Art. 13 Rn. 9.

5 Vgl. DWWS-*Däubler*, Art. 13 Rn. 5.

in Betracht, wenn dort die entsprechenden Kontaktdaten einfach aufzufinden sind.

2. Kontaktdaten des Datenschutzbeauftragten (Abs. 1 Buchst. b)

13 Sind bei Verantwortlichen oder ihren Vertretern Datenschutzbeauftragte gemäß Art. 37 benannt, müssen deren **Kontaktdaten** nach Abs. 1 **Buchst. b** den betroffenen Personen bei der Erhebung ihrer personenbezogenen Daten mitgeteilt werden. Hierbei handelt es sich mindestens um die **Postanschrift** sowie ggf. um **elektronische Kontaktdaten** wie E-Mail-Adresse, Online-Kontaktformular oder Telefonnummer. Die Nennung der **Namen von Datenschutzbeauftragten** schreibt die Regelung in Buchst. b nicht ausdrücklich vor. Insoweit wäre auch die Nennung »An die Datenschutzbeauftragte« in der mitgeteilten Anschrift ausreichend. Da aber von Verantwortlichen oder Vertretern sicherzustellen ist, dass Mitteilungen oder Schreiben betroffener Personen nur die nach Art. 37 benannten Personen erreichen und damit von den bestehenden gesetzlichen Schweigepflichten erfasst werden, spricht viel dafür, Namen und Vornamen von Datenschutzbeauftragten ebenfalls mitzuteilen.

3. Zweck und Rechtsgrundlagen der Verarbeitung (Abs. 1 Buchst. c)

14 Nach der Vorgabe in Abs. 1 **Buchst. c** müssen Verantwortliche die **Zwecke** einer geplanten Verarbeitung personenbezogener Daten sowie die hierfür bestehenden Rechtsgrundlagen mitteilen. Diese Mitteilung muss unter Beachtung des Grundsatzes der Zweckbindung in Art. 5 Abs. 1 Buchst. b und mit Blick auf die Vorgaben in Art. 12 Abs. 1 in klarer und einfacher Sprache erfolgen und dabei festgelegte, eindeutige und legitime Zwecke benennen, für die die erhobenen Daten verwendet werden sollen.[6] Nur eine solche Darlegung stellt für Betroffene einerseits dar, mit welchen Verarbeitungen **sie zu rechnen haben**, und beschreibt andererseits, **welche Zwecke** mangels Nennung **nicht verfolgt werden dürfen**.

15 Zur Wahrung des Transparenzgrundsatzes in Art. 5 Abs. 1 Buchst. a ist eine **enge Zweckbeschreibung** erforderlich, die allgemeine oder nicht klar beschränkte Verarbeitungsmöglichkeiten ausschließt. Unzulässig sind Zweckbeschreibungen mit allgemeinem Charakter wie etwa bezogen auf ein Beschäftigungsverhältnis der Hinweis »Die erhobenen Daten werden für Zwecke der Personalverwaltung verarbeitet«. Auch eine geplante, weitgehende zweckfreie **Vorratsdatenspeicherung** mit einer anschließenden Verwendung in »Big Data«- oder »KI-Systemen« stellt mangels klarer Zweckbindung der weiteren Verarbeitung personenbezogener Daten keine aus-

6 Vgl. Ehmann/Selmayr-*Knyrim*, Art. 13 Rn. 38.

reichende Information der betroffenen Personen dar. Diesbezüglich ist zu bedenken, dass gegen derartige Formen der Verarbeitung ohnehin grundlegende datenschutzrechtliche Einwände geltend gemacht werden können (vgl. Art. 5 Rn. 39 und Art. 6 Rn. 41).

Neben den Zwecken sind betroffenen Personen von den Verantwortlichen die anwendbaren **Rechtsgrundlagen** zu benennen, auf denen die Verarbeitung der personenbezogenen Daten fußt. In Betracht kommen nur die in Art. 6 Abs. 1 genannten Tatbestände. Diese müssen bezogen auf die konkret geplante Verarbeitung benannt werden. Ein bloßer Hinweis auf Art. 6 Abs. 1 ist nicht ausreichend. Auch das Zitat eines der Tatbestände aus Art. 6 Abs. 1 reicht nicht aus und erfüllt insbesondere die Vorgaben an eine klare und einfache Sprache in Art. 12 Abs. 1 nicht. Es reicht weiterhin nicht, betroffenen Personen nur den juristischen Erlaubnistatbestand zu benennen. Darüber hinaus muss ihnen vom Verantwortlichen einzelfallbezogen und vollständig dargelegt werden, warum dieser Erlaubnistatbestand zur Anwendung kommt. Wird eine Rechtsgrundlage in Art. 6 Abs. 1 durch spezifische normative Ausprägungen in einem Mitgliedsstaat ergänzt oder vertieft, müssen auch diesbezüglich die entsprechenden Regelungen benannt und erläutert werden. Bezogen auf Beschäftigungsverhältnisse gehört hierzu neben dem Hinweis auf Art. 88 insbesondere auch eine Ausführung zur Anwendbarkeit von § 26 BDSG.[7] Beinhalten anwendbare Erlaubnistatbestände die Durchführung von Interessenabwägungen im Rahmen einer durchzuführenden Verhältnismäßigkeitsprüfung, sind die betroffenen Personen darauf gesondert hinzuweisen. 16

Die Information zur anwendbaren Rechtsgrundlage muss so präzise und vollständig sein, wie es den Verantwortlichen möglich ist. Gegebenenfalls muss eine vollständige Erläuterung spätestens auf ein entsprechendes **Verlangen der betroffenen Personen** hin erfolgen.[8] Im Rahmen von **Beschäftigungsverhältnissen** müssen den betroffenen Personen beispielsweise auch die Gründe für eine vom Arbeitgeber gesehene Erforderlichkeit benannt werden. 17

4. Berechtigte Interessen des Verantwortlichen oder eines Dritten (Abs. 1 Buchst. d)

Die Regelung in Abs. 1 **Buchst. d** verpflichtet Verantwortliche zu einer weitergehenden Information, wenn die Verarbeitung personenbezogener Daten der **Wahrung** ihrer **berechtigten Interessen** oder derer von Dritten i. S. v. Art. 6 Abs. 1 Buchst. f dienen soll. Die ausdrückliche Benennung der berechtigten Interessen soll es betroffenen Personen ermöglichen zu bewerten, 18

7 Vgl. Kühling/Buchner-*Bäcker*, Art. 13 Rn. 26.

8 Vgl. DWWS-*Däubler*, Art. 13 Rn. 10.

ob diese tatsächlich bestehen und eine Verarbeitung rechtfertigen. Deshalb muss die **Information** so **umfassend** und **konkret wie möglich** erfolgen. Die Vorschrift beinhaltet allerdings nicht ausdrücklich eine Benennung der möglicherweise überwiegenden Interessen, Grundrechte und Grundfreiheiten der betroffenen Personen, die berechtigten Interessen eines Verantwortlichen oder eines Dritten entgegenstehen können. Auch ohne eine solche ausdrückliche Benennung ist davon auszugehen, dass die notwendige ausführliche Benennung der berechtigten Interessen des Verantwortlichen oder Dritten nur möglich ist, wenn zugleich der Inhalt der Überlegungen dargestellt wird, die bei der durchgeführten Interessenabwägung eine Rolle gespielt haben.

19 Eine solche Darlegung leitet sich zudem sowohl aus den Informationspflichten zu Zwecken und Rechtsgrundlagen der Verarbeitung in Abs. 1 Buchst. c als auch aus dem allgemeinen Grundsatz der Transparenz, der Verarbeitung nach Treu und Glauben und der Rechtmäßigkeit in Art. 5 Abs. 1 Buchst. a ab. Insoweit ist davon auszugehen, dass Verantwortliche den betroffenen Personen **alle** für die vorgenommene Interessenabwägung **maßgeblichen Gründe einzelfallbezogen benennen** und auf dieser **Grundlage erläutern**, warum nicht von einem Überwiegen der Interessen, Grundrechte und Grundfreiheiten der betroffenen Personen auszugehen ist.[9] In keinem Fall ausreichend ist allein der Hinweis, dass Verantwortliche oder Dritte die Verarbeitung zur Wahrung ihrer berechtigten Interessen für erforderlich halten.[10]

5. Empfänger oder Kategorie von Empfängern (Abs. 1 Buchst. e)

20 Ist zum Zeitpunkt der Erhebung abzusehen, dass eine Weitergabe personenbezogener Daten an **Empfänger** oder **Kategorien von Empfängern** gemäß Abs. 1 **Buchst. e** erfolgen soll oder kann, müssen betroffene Personen hierüber informiert werden. Wer »Empfänger« ist, leitet sich aus der Definition in Art. 4 Nr. 9 ab. Da es sich hierbei nicht nur um **Dritte** handeln kann, sondern auch um **Auftragsverarbeiter**, sind die **Informationsverpflichtungen** zulasten von Verantwortlichen **weit gefasst**.[11]

21 **Empfänger** kann jede natürliche oder juristische Person sein. Die Informationspflicht nach Buchst. e beinhaltet nicht nur eine Verpflichtung zur Benennung von Empfänger oder Kategorie von Empfängern, sondern auch die Benennung ihrer Namen und Kontaktdaten an betroffene Personen. Es

9 Vgl. Kühling/Buchner-*Bäcker*, Art. 13 Rn. 27.

10 Vgl. Gola-*Franck*, Art. 13 Rn. 14.

11 Vgl. Kühling/Buchner-*Bäcker*, Art. 13 Rn. 28; Ehmann/Selmayr-*Knyrim*, Art. 13 Rn. 44.

gelten insoweit die gleichen Maßstäbe wie im Rahmen der Informationspflicht nach Buchst. a.

Bezogen auf **Beschäftigungsverhältnisse** sind Arbeitgeber als Verantwortliche in diesem Rahmen verpflichtet, Beschäftigten auch Informationen zur Weitergabe von Daten innerhalb von Konzernstrukturen oder an Auftragnehmer außerhalb des Konzerns zu übermitteln. Nicht ausdrücklich zu benennen sind Informationsweitergaben innerhalb eines Unternehmens und Betriebs, die datenschutzrechtlich in einer Verantwortung stehen. 22

6. Transfer in Drittländer (Abs. 1 Buchst. f)

Nach der Regelung in Abs. 1 **Buchst. f** sind betroffene Personen darüber zu informieren, dass Verantwortliche die Absicht haben, personenbezogene Daten in ein **Drittland** oder an eine **internationale Organisation** zu übermitteln. Weiterhin ist ihnen mitzuteilen, ob es einen **Angemessenheitsbeschluss** der EU-Kommission bezüglich des Datenschutzstandards in dem Drittland gibt oder ob dieser fehlt. 23

Durch diese Informationen sollen betroffene Personen in die Lage versetzt werden abschätzen zu können, wie die **datenschutzrechtliche Situation** bezüglich ihrer personenbezogenen Daten im Fall einer solchen Übermittlung aussieht. Gibt es **spezifische Schutzvorkehrungen** wie etwa innerhalb eines Konzerns abgeschlossene »Binding Corporate Rules (BCR)«, gehören auch diese zu den zu erteilenden Informationen.[12] In jedem Fall müssen betroffene Personen davon ausgehen können, dass Verantwortliche ihre personenbezogenen Daten nur dann in Drittstaaten oder an internationale Organisationen übermitteln, wenn dort die nach der DSGVO vorgeschriebenen Schutzstandards eingehalten werden oder aber, wenn vergleichbare Datenschutzstandards bestehen. 24

III. Zusätzliche Informationen (Abs. 2)

Nach der Regelung in **Abs. 2** müssen Verantwortliche den betroffenen Personen über die in Abs. 1 genannten Informationen hinaus bei der Erhebung **zu sechs weiteren Themenfeldern Mitteilung machen**. Die in den Buchst. a bis f genannten Informationen müssen allerdings nicht immer mitgeteilt werden, sondern nur, wenn die dort beschriebenen Situationen eintreten. Mit Blick darauf, dass diese Informationen dazu dienen sollen, eine für die betroffenen Personen faire und transparente Verarbeitung zu gewährleisten, sind in der Praxis allerdings kaum Fallkonstellationen vorstellbar, in denen eine Information unterbleiben kann.[13] Insoweit ist davon auszugehen, dass 25

12 Vgl. DWWS-*Däubler*, Art. 13 Rn. 15.
13 Vgl. DWWS-*Däubler*, Art. 13 Rn. 37.

diese sechs Informationsthemen ergänzend zu den in Abs. 1 enthaltenen in der Praxis immer mitgeteilt werden.

1. Dauer der Speicherung oder Kriterien für deren Festlegung (Abs. 2 Buchst. a)

26 Nach der Regelung in Abs. 2 **Buchst. a** müssen Verantwortliche den betroffenen Personen entweder die **Dauer** der geplanten Speicherung der personenbezogenen Daten mitteilen oder, falls dies nicht möglich ist, alternativ die **Kriterien für die Festlegung dieser Dauer**. Mit Blick auf den Grundsatz der **Speicherbegrenzung** in Art. 5 Abs. 1 Buchst. e müssen Verantwortliche für jeden Verarbeitungsprozess Speicherfristen und damit im Ergebnis auch **Löschfristen** festlegen. Diese müssen den betroffenen Personen schon bei der Erhebung mitgeteilt werden. Genannte Fristen haben verbindlichen Charakter und müssen von den Verantwortlichen eingehalten werden.

27 Ist die Festlegung von **Fristen nicht möglich**, weil sich ein Ende der erforderlichen Speicherdauer aus dem Verlauf des Vertragsverhältnisses ergibt (etwa aufgrund des Vorliegens einer dauerhaften Geschäftsbeziehung zwischen einem Verkäufer und einem Käufer), müssen stattdessen die **Kriterien benannt werden**, nach denen Löschungen erfolgen. Im Regelfall wird dies die Benennung eines **Löschkonzeptes** sein. Die entsprechenden Informationen müssen vollständig und präzise durchgeführt werden.[14]

28 Aus **Sicht von Beschäftigten** bedeutet die Informationspflicht, dass **Arbeitgeber** ihnen als Verantwortliche mitteilen müssen, wann Löschungen von Daten erfolgen, die sie im Rahmen und aufgrund ihres Beschäftigungsverhältnisses bekannt geben müssen. Hierzu gehört beispielsweise die **Benennung von Löschfristen** für den Fall der Verarbeitung besonderer Kategorien personenbezogener Daten (etwa zur Arbeitsunfähigkeit). Soweit auf Löschkonzepte verwiesen wird, müssen diese ebenfalls klare Enddaten für die Löschung benennen. Nicht ausreichend sind etwa Hinweise wie »Die personenbezogenen Daten werden drei Jahre nach Beendigung des Beschäftigungsverhältnisses gelöscht«. Derart allgemeine und pauschale Angaben erfüllen weder die Grundsätze zur Transparenz der Datenverarbeitung in Art. 5 Abs. 1 Buchst. a bzw. zur Speicherbegrenzung in Art. 5 Abs. 1 Buchst. e noch die Vorgaben in Art. 12 Abs. 1.

2. Rechte der Betroffenen (Abs. 2 Buchst. b)

29 In der Regelung zu den **Rechten der Betroffenen** in Abs. 2 **Buchst. b** wird auf spezifische Regelungen in Kapitel II verwiesen. Genannt werden das nach Art. 15 bestehende **Auskunftsrecht**, der Anspruch auf **Berichtigung**

14 Vgl. Kühling/Buchner-*Bäcker*, Art. 13 Rn. 36.

nach Art. 16, der **Löschungsanspruch** (»Recht auf Vergessenwerden«) in Art. 17, die Vorgaben in Art. 18 zur **Einschränkung der Verarbeitung**, das **Widerspruchsrecht** in Art. 21 sowie das Recht auf **Datenübertragbarkeit** in Art. 20. Die Begrenzung auf diese Tatbestände beinhaltet jedoch nicht zugleich die Aussage, dass die übrigen Rechte von betroffenen Personen in der DSGVO von Verantwortlichen nicht eingehalten werden müssen. Die Benennung einzelner Tatbestände in dieser Vorschrift verweist vielmehr im Gegenteil auf die **besondere Wichtigkeit der** diesbezüglichen **Informationspflicht**.

3. Widerruf einer Einwilligung (Abs. 2 Buchst. c)

Nach der Regelung in Abs. 2 **Buchst. c** müssen betroffene Personen vom 30
Verantwortlichen bezogen auf eine nach Art. 6 Abs. 1 Buchst. a oder Art. 9 Abs. 2 Buchst. a erteilte **Einwilligung** informiert werden, dass sie diese **jederzeit** widerrufen können. Gleichzeitig muss die Information darauf hinweisen, dass die Verarbeitung personenbezogener Daten bis zu diesem Widerruf **rechtmäßig bleibt**. Diese Information gibt letztlich nur die in Art. 7 Abs. 3 enthaltene Vorgabe zum Widerruf einer Einwilligung wieder. Dass der Hinweis in Art. 13 nochmals aufgenommen wird, führt allerdings dazu, dass die allgemeinen Vorgaben zur Transparenz in Art. 12 Abs. 1 hier beachtet werden müssen.[15]

4. Beschwerderecht bei einer Aufsichtsbehörde (Abs. 2 Buchst. d)

Nach Abs. 2 **Buchst. d** muss der Verantwortliche zur Sicherstellung eines fai- 31
ren und transparenten Verfahrens betroffene Personen ausdrücklich darauf hinweisen, dass es ein **Beschwerderecht bei einer Aufsichtsbehörde** gibt. Diese Hinweispflicht beschränkt sich nicht nur auf eine allgemeine Aussage, sondern verpflichtet Verantwortliche zu einer **konkreten Benennung** der **zuständigen Aufsichtsbehörde** durch Mitteilung der Anschrift nebst Kontaktdaten oder durch die Benennung der Web-Adresse. Betroffenen Personen muss es allein auf Basis der mitgeteilten Kontaktdaten problemlos möglich sein, die Aufsichtsbehörde anzusprechen.

5. Bereitstellungsgrund (Abs. 2 Buchst. e)

Nach Abs. 2 **Buchst. e** muss eine Information darüber erfolgen, ob die 32
Bereitstellung personenbezogener Daten gesetzlich oder **vertraglich vorgeschrieben** ist oder ob sie für den Vertragsabschluss **erforderlich** ist. Weiterhin muss darüber informiert werden, ob eine Verpflichtung der be-

15 Vgl. DWWS-*Däubler*, Art. 13 Rn. 20.

troffenen Personen besteht, dem Verantwortlichen die personenbezogenen Daten bereitzustellen bzw. welche Folgen eine Verweigerung der Bereitstellung hätte. Diese Information erfüllt insbesondere das Transparenzgebot, das sowohl in Art. 5 Abs. 1 Buchst. a als auch in § 12 Abs. 1 BDSG enthalten ist. Insoweit handelt es sich vorrangig um eine Information zur bestehenden Rechtslage. Soweit Verantwortliche auf gesetzlich vorgeschriebene Bereitstellungen verweisen, muss es sich hierbei um **zwingende Gesetzesnormen** handeln. Nicht einschlägig sind gesetzliche Regelungen, die eine Verarbeitung lediglich möglich machen.

33 Im Rahmen von **Beschäftigungsverhältnissen** müssen Arbeitgeber als Verantwortliche Beschäftigten ebenfalls mitteilen, welches zwingende Gesetzesrecht es gibt (etwa im Rahmen des Sozialversicherungs- oder Steuerrechts). Weiterhin müssen sie darstellen, welche vertraglichen Verarbeitungsbefugnisse sich aus der Erforderlichkeit gemäß § 26 Abs. 1 Satz 1 BDSG ableiten.

6. Automatisierte Entscheidungsfindung einschließlich Profiling (Abs. 2 Buchst. f)

34 Die Regelung in Abs. 2 **Buchst. f** bezieht sich auf die in Art. 22 Abs. 1 und 4 genannten Möglichkeiten der **automatisierten Entscheidungsfindung** sowie des **Profilings** (vgl. hierzu Art. 22 Rn. 3ff.). Gibt es derartige Entscheidungsfindungen oder Profiling-Prozesse, muss den betroffenen Personen eine aussagekräftige Information über die involvierte Logik sowie über die möglichen Auswirkungen gegeben werden. Bei der **involvierten Logik** handelt es sich beispielsweise um die in Anwendungen aus dem Bereich der »Künstlichen Intelligenz« verwendeten Algorithmen. Ist eine Erklärung der Algorithmen nicht möglich, müssen mindestens die personenbezogenen Faktoren und Annahmen sowie die zugrunde liegende Verarbeitungslogik genannt werden, die in die Berechnung einfließen. Erfolgt dies nicht, riskieren Verantwortliche Schadensersatzforderungen der betroffenen Personen nach Art. 82 oder Geldbußen nach Art. 83 (vgl. Art. 12 Rn. 39).

35 Bezogen auf ein **Beschäftigungsverhältnis** muss Beschäftigten mit Blick auf die Vorgabe in Abs. 2 Buchst. f beispielsweise dargelegt werden, welche Algorithmen ein **Bewerberauswahlsystem** bzw. ein **Personalinformations- und Steuersystem** verwendet. Arbeitgeber können sich als Verantwortliche nicht auf die Position zurückziehen, dass diese Angaben ein Geschäftsgeheimnis der Hersteller sind oder dass sie selbst nichts über die Funktionsfähigkeit der Algorithmen wissen. Eine solche Aussage stünde im Widerspruch zum Transparenzgebot, das im Grundsatz des Art. 5 Abs. 1 Buchst. a enthalten ist.[16] Deshalb sollten Arbeitgeber für die Verarbeitung von Beschäftigten-

16 Vgl. zu Algorithmen *Wedde*, Automatisierung, S. 6f.

daten nur Technologien einsetzen, deren Funktionsweise sie selbst kennen und die sie ihren Beschäftigten entsprechend den Anforderungen in Art. 12 Abs. 1 auch erklären können.

IV. Beabsichtigte Zweckänderung (Abs. 3)

Beabsichtigt ein Verantwortlicher, personenbezogene Daten unter den in Art. 6 Abs. 4 genannten Voraussetzungen (vgl. Art. 6 Rn. 54ff.) **für einen anderen Zweck weiterzuverarbeiten,** so ist er nach **Abs. 3** verpflichtet, der betroffenen Person vor dieser Weiterverarbeitung **Informationen über den neuen Zweck** sowie alle maßgeblichen Informationen gemäß Abs. 2 zur Verfügung zu stellen. Insoweit begründet die Regelung in Abs. 3 unabhängig von der bei der erstmaligen Erhebung bestehenden Pflicht erneut eine umfassende Informationspflicht zulasten des Verantwortlichen.[17] **36**

Die Information über geplante Zweckänderungen muss vor der »**Weiterverarbeitung**« erfolgen, damit betroffene Personen den Sachverhalt vorab bewerten und ggf. hierauf schnell reagieren können. Deshalb ist es notwendig, dass zwischen der Meldung durch den Verantwortlichen und dem beabsichtigten Beginn der Verarbeitung für einen anderen Zweck eine angemessene Frist liegt. Dies schließt eine sich unmittelbar an die Mitteilung anschließende Aufnahme der Verarbeitung aus.[18] **37**

Von einer zweckändernden Verarbeitung betroffene Personen müssen nach der ausdrücklichen Vorgabe in Abs. 3 letzter Halbsatz **alle maßgeblichen Informationen** erhalten. Die übermittelten Angaben müssen es ermöglichen, sich ein Bild davon zu machen, welche Zweckänderung und sich hieraus ableitende neue Verarbeitung zu erwarten ist. Um dieses Ziel zu erreichen, müssen die gemachten Angaben nicht nur vollständig und detailliert sein, sondern unter Beachtung der Vorgaben in Art. 12 Abs. 1 auch in einer klaren und einfachen Sprache dargestellt werden.[19] Hierzu gehört insbesondere eine Beschreibung der neuen Zwecke einschließlich der hierfür bestehenden Rechtsgrundlagen. Weiterhin müssen Verantwortliche darlegen, auf der Grundlage welcher der in Art. 6 Abs. 4 genannten Kriterien sie die Zweckänderung für zulässig halten.[20] **38**

Auch wenn Abs. 3 nur auf die Informationspflichten in Abs. 2 Satz 2 Bezug nimmt, während die grundlegenden Informationen gemäß Abs. 1 nicht erwähnt werden, müssen Verantwortliche den betroffenen Personen vor einer Zweckänderung auch Informationen aus dem Katalog des Abs. 1 erneut **39**

---

17 Vgl. Gola-*Franck*, Art. 13 Rn. 66.

18 Vgl. *Artikel-29-Datenschutzgruppe*, WP 260, S. 24; Ehmann/Selmayr-*Knyrim*, Art. 13 Rn. 66.

19 Vgl. Kühling/Buchner-*Bäcker*, Art. 13 Rn. 71.

20 Vgl. DWWS-*Däubler*, Art. 13 Rn. 25.

geben, wenn infolge der Zweckänderung Veränderungen erfolgen. Derartige Details gehören auch ohne Erwähnung in Abs. 3 zu den **maßgeblichen Informationen**. Insoweit müssen insbesondere Veränderungen in den in Abs. 1 Buchst. d-f enthaltenen Sachverhalten mitgeteilt werden.

40 Eine auf Abs. 1 bezogene **Informationspflicht** leitet sich insoweit insbesondere aus dem **Grundsatz der Transparenz** in Art. 5 Abs. 1 Buchst. a ab. Hiernach müssen betroffenen Personen alle relevanten Informationen über eine sie betreffende Verarbeitung mitgeteilt werden. Die entsprechenden Mitteilungen müssen zudem nach den Vorgaben in § 12 Abs. 1 in präziser, transparenter, verständlicher und leicht zugänglicher Form sowie in einer klaren und einfachen Sprache erfolgen. Auch dies spricht für eine **umfassende Information** über alle in den Abs. 1 und 2 genannten Sachverhalte.[21] Nur durch eine solche Auslegung von Abs. 3 ist beispielsweise sichergestellt, dass betroffene Personen auch bei einem gleichbleibenden weiteren Verarbeitungszweck beispielsweise darüber informiert werden, dass die Verarbeitung nunmehr in einem Drittland außerhalb der EU erfolgt.

41 Basiert die ursprüngliche Verarbeitung **ausschließlich auf einer Einwilligung** der betroffenen Personen und gibt es auch für die Verarbeitung für einen geänderten Zweck keine andere der in Art. 6 Abs. 1 genannten Rechtsgrundlagen, kann die abweichende Verarbeitung nur erfolgen, wenn zuvor die Einwilligung **entsprechend erweitert wurde**. Ist dies nicht der Fall, muss die Zweckänderung unterbleiben.

42 Im Rahmen von **Beschäftigungsverhältnissen** gelten die vorstehenden Vorgaben zur Information bei erstmaliger Erhebung oder bei einer Zweckänderung uneingeschränkt. Arbeitgeber müssen damit Beschäftigten nicht nur die in Abs. 1 und 2 vorgegebenen Informationen geben. Sie müssen darüber hinaus vor Zweckänderungen eine erneute Informationsphase durchführen. Dies gilt sowohl, wenn vorhandene Daten innerhalb eines Betriebs oder Unternehmens in neue Zusammenhänge gestellt und für andere Zwecke verwendet werden als auch bei der Weitergabe innerhalb eines Konzerns oder an Auftragsverarbeiter oder Dritte. Bei der vorzunehmenden Prüfung der notwendigen Rechtsgrundlagen müssen Verantwortliche gegenüber Beschäftigten darlegen, dass diese **erforderlich i. S. v. § 26 Abs. 1 Satz 1 BDSG** sind. Ist diese Erforderlichkeit nicht gegeben, scheidet eine Zweckänderung regelmäßig aus. Sie kann auch nicht zur Wahrung berechtigter Interessen gemäß Art. 6 Abs. 1 Buchst. f erfolgen, da einem solchen Interesse regelmäßig überwiegende Interessen, Grundrechte und Grundfreiheiten der Beschäftigten entgegenstehen. Dies resultiert schon aus der Überlegung, dass für Beschäftigte außerhalb des Betriebs oder Unternehmens, zu dem ein Vertragsverhältnis besteht, eine Durchsetzung ihrer gesetzlich garan-

21 Vgl. zum Grundsatz Art. 5 Abs. 1 Buchst. a Gola-*Franck*, Art. 13 Rn. 35; zu Art. 12 Kühling/Buchner-*Bäcker*, Art. 13 Rn. 67.

tierten Datenschutzrechte nur unter erschwerten Bedingungen oder gar nicht möglich ist.

V. Unanwendbarkeit der Informationsregeln (Abs. 4)

Die Regelung in **Abs. 4** legt fest, dass die vorstehenden drei Absätze **nicht zur Anwendung kommen**, wenn betroffene Personen **bereits über die Informationen verfügen**. Die Regelung **vermeidet Doppelinformationen**, wenn betroffene Personen beispielsweise die Verarbeitung von Daten im Rahmen einer Einwilligungserklärung legitimiert und hierbei etwa bereits Informationen zur Person des Verantwortlichen oder zu einem benannten Datenschutzbeauftragten erhalten haben. 43

In jedem Fall muss es sich um eine Information handeln, die betroffene Personen bewusst als datenschutzrelevant aufgenommen haben. Es reicht hingegen nicht aus, dass sie ahnen können oder Anhaltspunkte dafür haben, dass Verantwortliche bestimmte Informationen von ihnen für eine anschließende Verarbeitung erhoben haben.[22] Im Ergebnis müssen betroffene Personen einen Informationsstand haben, der in Ausmaß, Detaillierung und sprachlicher Klarheit dem entspricht, den Verantwortliche nach den Regeln in Abs. 1 bis 3 zur Verfügung stellen müssen.[23] Kann ein Verantwortlicher nicht davon ausgehen, dass betroffene Personen den notwendigen Kenntnisstand haben, sollte er im Zweifel immer die in Abs. 1 bis 3 vorgegebenen Mitteilungen machen. 44

Die in Art. 4 festgelegte Ausnahme von der Informationspflicht findet auf der Grundlage der Regelungsbefugnisse, die Art. 23 den Mitgliedsstaaten zuweist, spezifische Ergänzungen im BDSG. Dort finden sich in § 29 Abs. 2 **Begrenzungen der Informationspflicht** bezogen auf **Mandatsverhältnisse** von **Berufsgeheimnisträgern** (vgl. dort). Eine weitere Ausnahme von der Informationspflicht besteht nach § 32 Abs. 1 Nr. 1 BDSG bezüglich der **Weiterverarbeitung** analog gespeicherter Daten (vgl. dort). 45

Die **Informationspflicht** soll **weiterhin dann entfallen**, wenn eine **Unterrichtung** betroffener Personen **tatsächlich unmöglich** ist oder wenn sie mit einem **unverhältnismäßig hohen Aufwand** verbunden wäre. Gleiches soll gelten, wenn eine Speicherung oder Offenlegung personenbezogener Daten ausdrücklich durch Rechtsvorschriften geregelt ist (vgl. ErwGr 62). Für den Fall der Unmöglichkeit ist der Wegfall der Informationspflicht aus logischen Gründen nachvollziehbar. Nicht plausibel ist hingegen der Wegfall der Informationspflicht beim Bestehen ausdrückliche Rechtsvorschriften. Auch in diesen Fällen ermöglicht erst eine Information den betroffenen Personen, 46

22 Vgl. DWWS-*Däubler*, Art. 13 Rn. 29; Gola-*Franck*, Art. 13 Rn. 44.
23 Vgl. Kühling/Buchner-*Bäcker*, Art. 13 Rn. 84.

die Gründe der Speicherung zu prüfen und auf die ihnen zustehenden Rechte zurückzugreifen.

VI. Hinweise für Betriebs- oder Personalräte

47 Die in Art. 13 enthaltenen Informationspflichten von Verantwortlichen stellen sich aus Sicht der betroffenen Personen auch im Rahmen von **Beschäftigungsverhältnissen** als **individuelle Rechte** dar. Unmittelbare Beteiligungsrechte für Betriebs- oder Personalräte leiten sich hieraus nicht ab. Die Einhaltung der Informationspflichten gehört indes zu den zugunsten der Arbeitnehmer geltenden gesetzlichen Vorschriften und löst kollektivrechtliche **Überwachungspflichten** aus (etwa nach § 80 Abs. 1 Nr. 1 BetrVG oder nach § 62 Abs. 1 Nr. 2 BPersVG). Insoweit können Betriebs- oder Personalräte von Arbeitgebern eine Darlegung dazu verlangen, wie die Informationspflichten aus Art. 13 tatsächlich umgesetzt werden. Dies gilt besonders bezogen auf komplexere Übermittlungsvorgänge, die aus der Einschaltung von Auftragnehmern folgen können.

48 Bezogen auf Beschäftigtendaten, die von Betriebs- oder Personalräten im Rahmen der Wahrnehmung ihrer kollektivrechtlichen Aufgaben selbst verarbeitet werden, ist zu beachten, dass sie als »Teil des Verantwortlichen« i.S.v. Art. 4 Nr. 7 (vgl. Art. 4 Rn. 38) diesbezüglich zusammen mit dem Arbeitgeber auskunftspflichtig sind. Diese Auskunftspflicht lässt sich dadurch erfüllen, dass sie Beschäftigten eine strukturierte Darstellung der betriebs- oder personalratsinternen Verarbeitungen übergeben. Diese muss die in Abs. 1 und 2 aufgelisteten Informationen enthalten.

VII. Verstöße und Geldbußen

49 Kommt es zu Verstößen von Verantwortlichen gegen die zu ihren Lasten bestehenden Informationspflichten, können diese gemäß Art. 83 Abs. 5 Buchst. b mit Geldbußen bis zu 20 Millionen € oder bei Unternehmen mit Beträgen von bis zu 4 % des gesamten weltweit erzielten Jahresumsatzes des vorhergehenden Geschäftsjahres sanktioniert werden.

50 Betroffene Personen können Verstöße gegen die Informationspflicht der Verantwortlichen bei den zuständigen staatlichen Aufsichtsbehörden geltend machen. Darüber hinaus stehen ihnen ggf. gesetzliche Schadensersatzansprüche wegen der Verletzung eines Schutzgesetzes nach § 823 BGB zu.[24]

---

24 Vgl. Gola-*Franck*, Art. 13 Rn. 58f.; ArbG Düsseldorf 5.3.2020 – 9 Ca 6557/18, das einem Beschäftigten einen Schadenersatzanspruch von EUR 5000 zugestanden hat.

Artikel 14 Informationspflicht, wenn die personenbezogenen Daten nicht bei der betroffenen Person erhoben wurden

(1) Werden personenbezogene Daten nicht bei der betroffenen Person erhoben, so teilt der Verantwortliche der betroffenen Person Folgendes mit:

a) den Namen und die Kontaktdaten des Verantwortlichen sowie gegebenenfalls seines Vertreters;
b) zusätzlich die Kontaktdaten des Datenschutzbeauftragten;
c) die Zwecke, für die die personenbezogenen Daten verarbeitet werden sollen, sowie die Rechtsgrundlage für die Verarbeitung;
d) die Kategorien personenbezogener Daten, die verarbeitet werden;
e) gegebenenfalls die Empfänger oder Kategorien von Empfängern der personenbezogenen Daten;
f) gegebenenfalls die Absicht des Verantwortlichen, die personenbezogenen Daten an einen Empfänger in einem Drittland oder einer internationalen Organisation zu übermitteln, sowie das Vorhandensein oder das Fehlen eines Angemessenheitsbeschlusses der Kommission oder im Falle von Übermittlungen gemäß Artikel 46 oder Artikel 47 oder Artikel 49 Absatz 1 Unterabsatz 2 einen Verweis auf die geeigneten oder angemessenen Garantien und die Möglichkeit, eine Kopie von ihnen zu erhalten, oder wo sie verfügbar sind.

(2) Zusätzlich zu den Informationen gemäß Absatz 1 stellt der Verantwortliche der betroffenen Person die folgenden Informationen zur Verfügung, die erforderlich sind, um der betroffenen Person gegenüber eine faire und transparente Verarbeitung zu gewährleisten:

a) die Dauer, für die die personenbezogenen Daten gespeichert werden oder, falls dies nicht möglich ist, die Kriterien für die Festlegung dieser Dauer;
b) wenn die Verarbeitung auf Artikel 6 Absatz 1 Buchstabe f beruht, die berechtigten Interessen, die von dem Verantwortlichen oder einem Dritten verfolgt werden;
c) das Bestehen eines Rechts auf Auskunft seitens des Verantwortlichen über die betreffenden personenbezogenen Daten sowie auf Berichtigung oder Löschung oder auf Einschränkung der Verarbeitung und eines Widerspruchsrechts gegen die Verarbeitung sowie des Rechts auf Datenübertragbarkeit;
d) wenn die Verarbeitung auf Artikel 6 Absatz 1 Buchstabe a oder Artikel 9 Absatz 2 Buchstabe a beruht, das Bestehen eines Rechts, die Einwilligung jederzeit zu widerrufen, ohne dass die Rechtmäßigkeit der aufgrund der Einwilligung bis zum Widerruf erfolgten Verarbeitung berührt wird;
e) das Bestehen eines Beschwerderechts bei einer Aufsichtsbehörde;

f) aus welcher Quelle die personenbezogenen Daten stammen und gegebenenfalls ob sie aus öffentlich zugänglichen Quellen stammen;

g) das Bestehen einer automatisierten Entscheidungsfindung einschließlich Profiling gemäß Artikel 22 Absätze 1 und 4 und — zumindest in diesen Fällen — aussagekräftige Informationen über die involvierte Logik sowie die Tragweite und die angestrebten Auswirkungen einer derartigen Verarbeitung für die betroffene Person.

(3) Der Verantwortliche erteilt die Informationen gemäß den Absätzen 1 und 2

a) unter Berücksichtigung der spezifischen Umstände der Verarbeitung der personenbezogenen Daten innerhalb einer angemessenen Frist nach Erlangung der personenbezogenen Daten, längstens jedoch innerhalb eines Monats,

b) falls die personenbezogenen Daten zur Kommunikation mit der betroffenen Person verwendet werden sollen, spätestens zum Zeitpunkt der ersten Mitteilung an sie, oder,

c) falls die Offenlegung an einen anderen Empfänger beabsichtigt ist, spätestens zum Zeitpunkt der ersten Offenlegung.

(4) Beabsichtigt der Verantwortliche, die personenbezogenen Daten für einen anderen Zweck weiterzuverarbeiten als den, für den die personenbezogenen Daten erlangt wurden, so stellt er der betroffenen Person vor dieser Weiterverarbeitung Informationen über diesen anderen Zweck und alle anderen maßgeblichen Informationen gemäß Absatz 2 zur Verfügung.

(5) Die Absätze 1 bis 4 finden keine Anwendung, wenn und soweit

a) die betroffene Person bereits über die Informationen verfügt,

b) die Erteilung dieser Informationen sich als unmöglich erweist oder einen unverhältnismäßigen Aufwand erfordern würde; dies gilt insbesondere für die Verarbeitung für im öffentlichen Interesse liegende Archivzwecke, für wissenschaftliche oder historische Forschungszwecke oder für statistische Zwecke vorbehaltlich der in Artikel 89 Absatz 1 genannten Bedingungen und Garantien oder soweit die in Absatz 1 des vorliegenden Artikels genannte Pflicht voraussichtlich die Verwirklichung der Ziele dieser Verarbeitung unmöglich macht oder ernsthaft beeinträchtigt In diesen Fällen ergreift der Verantwortliche geeignete Maßnahmen zum Schutz der Rechte und Freiheiten sowie der berechtigten Interessen der betroffenen Person, einschließlich der Bereitstellung dieser Informationen für die Öffentlichkeit,

c) die Erlangung oder Offenlegung durch Rechtsvorschriften der Union oder der Mitgliedstaaten, denen der Verantwortliche unterliegt und die geeignete Maßnahmen zum Schutz der berechtigten Interessen der betroffenen Person vorsehen, ausdrücklich geregelt ist oder

d) die personenbezogenen Daten gemäß dem Unionsrecht oder dem Recht der Mitgliedstaaten dem Berufsgeheimnis, einschließlich einer satzungsmäßigen Geheimhaltungspflicht, unterliegen und daher vertraulich behandelt werden müssen.

Inhaltsübersicht Rn.

I.	Allgemeines	1– 2
II.	Mindestinformationen (Abs. 1)	3– 5
III.	Zusätzliche Informationen (Abs. 2)	6–12
IV.	Zeitpunkt der Informationen (Abs. 3)	13–19
V.	Zweckänderung (Abs. 4)	20
VI.	Ausnahmen von der Informationspflicht (Abs. 5)	21–30
VII.	Beschäftigtendatenschutz	31
VIII.	Hinweise für Betriebs- oder Personalräte	32–33

I. Allgemeines

1 Die Regelung in Art. 14 verpflichtet datenschutzrechtlich Verantwortliche, auch über die Verarbeitung solcher Daten zu informieren, die sie nicht unmittelbar von betroffenen Personen per Direkterhebung erhalten haben. Diese Regelung setzt den **Transparenzgrundsatz** des Art. 5 Abs. 1 Buchst. a sowie die entsprechenden Verpflichtungen in Art. 12 Abs. 1 auch für die Fälle einer indirekten Erhebung um. Die Vorschrift ist damit eine Auffangnorm, die immer zum Tragen kommt, wenn Verantwortliche personenbezogene Daten nicht von betroffenen Personen erhalten, etwa durch eine Suche im Internet.[1]

2 In **Abs. 1** werden Informationen benannt, die Verantwortliche den betroffenen Personen mindestens mitteilen müssen, wenn die Erhebung personenbezogener Daten nicht bei diesen erfolgt ist. **Abs. 2** beinhaltet zusätzliche Informationsverpflichtungen mit dem Ziel der **Gewährleistung einer fairen** und **transparenten Verarbeitung**. In **Abs. 3** sind **Fristen** für die Informationserteilung festgelegt. Eine Regelung für **zweckändernde Verarbeitungen** enthält **Abs. 4**. In **Abs. 5** sind **Ausnahmen** von der Informationspflicht festgelegt, die in Art. 13 so nicht enthalten sind. Im Übrigen sind viele Regelungen in Art. 14 textgleich mit denen in Art. 13.

II. Mindestinformationen (Abs. 1)

3 Die Regelung in **Abs. 1** entspricht inhaltlich weitgehend der in Art. 13 Abs. 1 Satz 1. Es fehlt allerdings gegenüber der dort verwendeten Formulierung der Hinweis »zum Zeitpunkt der Erhebung dieser Daten«. Eine entsprechende zeitliche Präzisierung findet sich allerdings in dem folgenden Abs. 3. Die

1 Vgl. DWWS-*Däubler*, Art. 14 Rn. 3.

Buchst. a bis c sowie d und f sind textgleich mit den entsprechenden Regelungen in Art. 13 Abs. 1. Insoweit wird auf die dortigen Erläuterungen verwiesen.

4 Abs. 1 enthält in **Buchst. d** eine **Informationspflicht** bezüglich der **Kategorien personenbezogener Daten**, die verarbeitet werden. Nach dieser Regelung müssen betroffene Personen präzise und spezifisch darüber informiert werden, welche Kategorien genau verarbeitet werden. Diese Unterteilung bezieht sich nicht nur auf die besonderen Kategorien personenbezogener Daten in Art. 9, sondern auf alle anderen Informationen. Auf dieser Grundlage soll betroffenen Personen die Abschätzung des Risikos möglich sein, dass mit der Verarbeitung der Daten verbunden ist oder sein kann.[2]

5 Insoweit reicht es beispielsweise nicht aus, wenn **Bewerbern** mitgeteilt wird, dass ein Arbeitgeber ergänzende Personeninformationen über sie im Internet erhoben hat. Um den betroffenen Personen eine Einschätzung der hieraus möglicherweise folgenden Auswirkungen zu ermöglichen, muss vielmehr präzise benannt werden, welche Erforderlichkeit sowie Motivation der Informationserhebung zugrunde lagen und welche Suchfragen verwendet wurden. Weiterhin müsste ihnen dargelegt werden, welche Ergebnisse die Suche erbracht hat. Darüber hinaus müsste bezogen auf jede Suche bzw. Datenerhebung, die sich nicht unmittelbar an die betroffenen Personen gerichtet hat, von Verantwortlichen dargelegt werden, auf welcher Rechtsgrundlage diese erfolgt ist.[3]

III. Zusätzliche Informationen (Abs. 2)

6 Durch die Regelung in **Abs. 2** werden Verantwortliche verpflichtet, betroffenen Personen ergänzende Informationen zur Verfügung zu stellen, die erforderlich sind, um eine **faire** und **transparente Verarbeitung** zu **gewährleisten**. Diese Formulierung entspricht der im Eingangssatz zu Art. 13 Abs. 2 (vgl. Art. 13 Rn. 25). Der **Zeitpunkt** der Information wird durch Art. 14 Abs. 3 festgelegt (vgl. Rn. 13 ff.).

7 Die Regelungen in Abs. 2 sind inhaltlich weitgehend deckungsgleich mit denen in Art. 13 Abs. 2, weshalb insgesamt auf die dortige Kommentierung verwiesen wird:

- Abs. 2 Buchst. a entspricht der Regelung an gleicher Stelle in Art. 13 Abs. 2.
- In Abs. 2 Buchst. b findet sich textgleich die Regelung aus Art. 13 Abs. 1 Buchst. d wieder.
- Abs. 2 Buchst. c entspricht der Regelung in Art. 13 Abs. 1 Buchst. b. Der einzige Unterschied besteht in einem »oder« vor der Benennung eines

2 Vgl. Kühling/Buchner-*Bäcker*, Art. 14 Rn. 17.

3 Zur Verarbeitung von Bewerberdaten allgemein *Weichert*, CuA 10/2021, 26.

Widerspruchsrechts in Art. 13 Abs. 2 Buchst. b und einem »und« an gleicher Stelle in Art. 14 Abs. 2 Buchst. c. Diese redaktionelle Unterschiedlichkeit ist ohne inhaltliche Bedeutung.
- Die Regelung in Abs. 2 Buchst. d entspricht der in Art. 13 Abs. 2 Buchst. c.
- Die Regelung in Abs. 2 Buchst. e entspricht der in Art. 13 Abs. 2 Buchst. d.
- Die Regelung zur automatisierenden Entscheidungsfindung einschließlich Profiling in Abs. 2 Buchst. g entspricht der in Art. 13 Abs. 2 Buchst. f.

Keine Entsprechung in Art. 13 hat naturgemäß die Regelung in Art. 14 Abs. 2 **Buchst. f**, nach der den betroffenen Personen von Verantwortlichen mitgeteilt werden muss, **aus welchen Quellen** personenbezogene Daten stammen und ggf., ob sie **einer öffentlich zugänglichen Quelle entnommen** wurden. Der Begriff der »Quelle« ist weit zu fassen. Neben schriftlichen Unterlagen kommen hier insbesondere andere Personen in Betracht.[4] **8**

Durch die Nennung der Quelle soll für betroffene Personen **transparent** werden, woher Informationen stammen. Damit sollen sie in die Lage versetzt werden, die Zulässigkeit der Informationsgewinnung durch Verantwortliche einschätzen zu können. Zugleich soll es ihnen so möglich werden, falsch oder missverständliche Informationen zu korrigieren. **9**

Handelt es sich um **öffentlich zugängliche Quellen**, so sind diese von Verantwortlichen so genau zu benennen, dass sie für betroffene Personen auffindbar sind. Eine nur allgemeine Unterrichtung über verwendete Quellen erfüllt den Transparenzgrundsatz in Art. 5 Abs. 1 Buchst. a nicht und stellt zudem die von Art. 12 Abs. 1 Satz 1 vorgegebene präzise, transparente verständliche und leicht zugängliche Form der Information **nicht ausreichend sicher.**[5] **10**

Handelt es sich um **Beschäftigungsverhältnisse**, so leiten sich Grenzen für die Informationsgewinnung über Bewerber und Beschäftigte aus der Erforderlichkeit gemäß § 26 Abs. 1 Satz 1 BDSG ab (vgl. § 26 BDSG, Rn. 19ff.). Es ist Arbeitgebern insoweit etwa verwehrt, Informationen bei vorherigen Arbeitgebern einzuholen, ohne dass hierfür eine Einwilligung der Bewerber vorliegt. Das Verbot des Rückgriffs auf derartige Informationsquellen leitet sich insbesondere aus der Überlegung ab, dass Arbeitgeber immer die Verarbeitungsvariante wählen müssen, die am wenigsten die Interessen, Grundrechte und Grundfreiheiten von Beschäftigten tangieren. Gegenüber einer Erhebung bei anderen Stellen ist dies immer eine Direkterhebung. Nur wenn sich dann berechtigte Zweifel am Wahrheitsgehalt der Informationen ergeben, kommt ggf. eine anderweitige Validierung in Betracht. Grundsätzlich ausgeschlossen sind mit Blick auf die Vorgaben in Art. 88 und § 26 **11**

4 Vgl. DWWS-*Däubler*, Art. 14 Rn. 17.

5 Allgemeiner ErwGr 61, nach dem bei Informationen aus verschiedenen Quellen eine allgemeine Unterrichtung ausreichend sein soll.

Abs. 1 BDSG im Rahmen von Beschäftigungsverhältnissen heimliche oder verdeckte Informationserhebungen.

12 Greifen Arbeitgeber während des Bewerbungsverfahren auf andere Quellen zu wie insbesondere auf das Internet, müssen sie Bewerbern hierüber **umfassend und vollständig Auskunft** geben. Entsprechendes gilt während der Dauer von Beschäftigungsverhältnissen.

IV. Zeitpunkt der Informationen (Abs. 3)

13 Die Regelung in **Abs. 3** enthält zulasten der Verantwortlichen **zwingende Festlegungen** bezüglich des **Zeitpunkts der Information** an betroffene Personen, die nach deren indirekter Erlangung erfolgen muss. Im Text der Vorschrift ist zwar nur von den Informationen gemäß Abs. 1 und 2 die Rede. Aufgrund des Rückverweises auf Abs. 2, den Abs. 4 enthält, müssen diese zeitlichen Vorgaben auch bei Zweckänderungen beachtet werden.

14 Durch Abs. 3 **Buchst. a** wird Verantwortlichen für die Erteilung von Informationen an betroffene Personen eine **Maximalfrist** von **einen Monat** eingeräumt (zur Berechnung vgl. § 188 BGB), die nicht überschritten werden darf.[6] Halten Verantwortliche diese Frist nicht ein, können von der zuständigen Aufsichtsbehörde nach Art. 83 Abs. 5 Buchst. b Geldbußen verhängt werden. Die Maximalfrist von einem Monat gilt auch für die nach Abs. 3 Buchst. b und c zu erteilenden Informationen.

15 Die Nennung einer Maximalfrist bedeutet nicht, dass Verantwortliche die erforderlichen Informationen nicht früher an betroffene Personen geben können.

16 Die Maximalfrist von einem Monat wird **durch das erste Erlangen von personenbezogenen Informationen ausgelöst**. Erhalten Verantwortliche zu einer betroffenen Person Informationen aus verschiedenen Quellen und verarbeiten sie diese gemeinsam, beginnt die Maximalfrist mit Erhalt der ersten Information zu laufen.[7] Eine erneute spätere Information über weiterhin erlangte Daten ist Verantwortlichen unbenommen.[8]

17 Werden nicht direkt bei betroffenen Personen erhobene Daten für die Kommunikation mit diesen verwendet (etwa Informationen, die von »Adressenhändlern« stammen), müssen Verantwortliche die in den Abs. 1 und 2 genannten Informationen spätestens zum Zeitpunkt der ersten Mitteilung an diese übermitteln. Dies gilt besonders bezüglich der Kommunikationsdaten, damit betroffene Personen wissen, an wen sie sich zur Wahrnehmung ihrer Rechte wenden können.

---

6 Vgl. Kühling/Buchner-*Bäcker*, Art. 14 Rn. 31.

7 Vgl. Kühling/Buchner-*Bäcker*, Art. 14 Rn. 30.

8 Vgl. DWWS-*Däubler*, Art. 14 Rn. 20; Sydow-*Ingold*, Art. 14 Rn. 29.

Nach der Regelung in Abs. 3 **Buchst. c** müssen betroffene Personen vom Verantwortlichen bei einer beabsichtigten Offenlegung ihrer Daten gegenüber anderen Empfängern **spätestens zum Zeitpunkt der ersten Offenlegung** informiert werden. Mit Blick auf die Vorgaben zur Transparenz und zur Möglichkeit der Rechtewahrnehmung in Art. 12 Abs. 1 und 2 muss diese Information so rechtzeitig vor einer Offenlegung erfolgen, dass betroffene Personen ggf. rechtliche Schritte zu deren Unterbindung unternehmen können. Dies gilt insbesondere, wenn beispielsweise eine **Veröffentlichung im Internet** geplant ist und wenn die hierfür vorgesehenen personenbezogenen Daten unrichtig sind oder eine Veröffentlichung unzulässig wäre.[9] Zu den in Abs. 3 Buchst. c genannten »Empfängern« gehören auch Auftragsverarbeiter gemäß Art. 28.[10] **18**

Die Informationspflichten des Art. 14 gelten auch im Rahmen von **Beschäftigungsverhältnissen**. Arbeitgeber müssen deshalb Beschäftigten darüber Mitteilung machen, welche Daten sie von anderen Stellen oder aus anderen Quellen erlangt haben, auf welcher Rechtsgrundlage die entsprechenden Erhebungen stattgefunden haben und inwieweit die erlangten personenbezogenen Daten erforderlich i. S. v. § 26 Abs. 1 Satz 1 BDSG sind. Fehlt die notwendige Rechtsgrundlage, wäre eine Erhebung und Verarbeitung der nicht bei den Beschäftigten selbst erhobenen Daten unzulässig und könnte mit einer Geldbuße nach Art. 83 Abs. 5 Buchst. b belegt werden. **19**

V. Zweckänderung (Abs. 4)

Die Formulierung in **Abs. 4** entspricht fast **wortgleich** der in **Art. 13 Abs. 3**, weshalb auf die dortige Kommentierung verwiesen wird (vgl. Art. 13 Rn. 36ff.). Der einzige sprachliche Unterschied besteht darin, dass in Art. 13 Abs. 3 von »erhobenen Daten« die Rede ist und in Art. 14 Abs. 4 von »erlangten Daten«. Dieser Unterschied ist der Tatsache geschuldet, dass in Art. 13 von einer direkten Erhebung, in Art. 14 von einer indirekten ausgegangen wird. Insofern folgt aus dieser sprachlichen Differenzierung keine inhaltliche.[11] **20**

VI. Ausnahmen von der Informationspflicht (Abs. 5)

Die Regelung in **Abs. 5** enthält insgesamt **fünf Ausnahmen** von der Informationspflicht, die zulasten von Verantwortlichen nach Art. 14 besteht. **21**

Die **erste Ausnahme** ist in **Buchst. a** enthalten und entbindet Verantwortliche von der Informationspflicht, wenn betroffene Personen bereits über die **22**

9 Vgl. SHS-*Dix*, Art. 14 Rn. 15; Kühling/Buchner-*Bäcker*, Art. 14 Rn. 40.
10 Vgl. DWWS-*Däubler*, Art. 14 Rn. 21.
11 Vgl. Gola-*Franck*, Art. 14 Rn. 17.

durch Abs. 1 und 2 vorgegebenen Informationen verfügen. Die Vorschrift entspricht der Ausnahme in Art. 13 Abs. 4 (vgl. dort Rn. 43ff.).

23 Die **zweite Ausnahme** ist nach der ersten Regelungsalternative in **Buchst. b** gegeben, wenn die Erteilung einer Information dem Verantwortlichen **unmöglich ist**. Eine Unmöglichkeit kann beispielsweise daraus resultieren, dass Daten oder Datenträger verloren gegangen oder nicht mehr lesbar sind.[12] Gleiches gilt, wenn ein Verantwortlicher die zu einer betroffenen Person gehörenden personenbezogenen Daten nicht auffinden oder zuordnen kann, weil etwa die Auflösung vorhandener Pseudonyme nicht möglich ist.[13] **Keine Unmöglichkeit** besteht hingegen, wenn die Zuordnung vorhandener Daten zu einer betroffenen Person oder die Beschaffung dieser Informationen für Verantwortliche mit einem gewissen Aufwand verbunden ist.[14]

24 Der von Verantwortlichen zu betreibende Aufwand wird allerdings durch die **dritte Ausnahme** begrenzt, die als zweite Regelungsalternative in **Buchst. b** enthalten ist. Hiernach kann die Erteilung von Informationen unterbleiben, wenn sie einen unverhältnismäßigen Aufwand beim Verantwortlichen erfordern würde. Der unbestimmte Rechtsbegriff des »**unverhältnismäßigen Aufwands**« ist zugunsten der zu wahrenden Persönlichkeitsrechte der betroffenen Personen **eng auszulegen**. Im Rahmen der durchzuführenden Verhältnismäßigkeitsprüfung kann auf die Maßstäbe in § 275 Abs. 2 BGB zum Leistungsverweigerungsrecht eines Schuldners zurückgegriffen werden. Für die Bewertung ist weiterhin auf die Zahl der betroffenen Personen, auf das Alter der Daten und auf das Vorhandensein geeigneter Garantien zugunsten der betroffenen Personen abzustellen. Haben betroffene Personen mit Blick auf ihre zu wahrenden Interessen, Grundrechte und Grundfreiheiten ein hohes Interesse daran, über Art und Verwendung der nicht bei ihnen erhobenen Daten informiert zu werden, ist der Informationsaufwand, der Verantwortlichen zugemutet werden kann, umso größer.[15]

25 Ein **unverhältnismäßiger Aufwand** kann insbesondere dann vorliegen, wenn die Verarbeitung für im öffentlichen Interesse liegende Archivzwecke, für wissenschaftliche oder historische Forschungszwecke oder für statistische Zwecke erfolgen soll.

26 In allen in Buchst. b genannten Fällen ist nach **Satz 2** dieser Regelung der Verantwortliche verpflichtet, zum Schutz der Rechte und Freiheiten sowie der berechtigten Interessen betroffener Personen geeignete Maßnahmen zu ergreifen. Hierzu gehört insbesondere die Bereitstellung allgemeiner Informationen zu Verarbeitungszielen und -zwecken für die Öffentlichkeit. Die Bereitstellung konkreter personenbezogener Daten ist indes vollständig aus-

---

12 Vgl. Sydow-*Ingold*, Art. 14 Rn. 13.

13 Vgl. Kühling/Buchner-*Bäcker*, Art. 14 Rn. 54.

14 Vgl. DWWS-*Däubler*, Art. 14 Rn. 25.

15 Vgl. SHS-*Dix*, Art. 14 Rn. 22.

geschlossen. Die allgemeinen Informationen sollen es betroffenen Personen ermöglichen, ihre Rechte wahrzunehmen.

Eine Information kann weiterhin dann unterbleiben, wenn diese voraussichtlich die Verwirklichung der Ziele einer Verarbeitung unmöglich machen oder ernsthaft beeinträchtigen würden. Dieser Ausnahmetatbestand erlaubt beispielsweise verdeckte Datenerhebungen durch Dritte für einen begrenzten Zeitraum (etwa durch Privatdetektive).[16] Allerdings muss die Information dann nach Ende eines bestehenden Geheimhaltungsbedürfnisses uneingeschränkt nachgeholt werden, damit betroffene Personen dann ggf. bestehende Rechte oder Ansprüche geltend machen können.[17] 27

Bezogen auf **Beschäftigungsverhältnisse** ist zu beachten, dass dort heimliche und verdeckte Datenerhebung sowohl nach den Grundsätzen in Art. 88 Abs. 2 als auch mit Blick auf das Fehlen einer Erforderlichkeit gemäß § 26 Abs. 1 BDSG ausgeschlossen bleibt. Diesbezüglich ist auch die einschlägige Rechtsprechung zu beachten, die heimliche Erfassungsformen im Regelfall ausschließt.[18] 28

Die Ausnahme von der Informationspflicht in **Buchst. c** kommt zum Tragen, wenn eine **Rechtsvorschrift** der **EU** oder in einem **Mitgliedsstaat** hierzu eine **ausdrückliche Regelung** enthält. Der Hauptanwendungsfall dieser Vorschrift liegt im öffentlichen Bereich und kommt zum Tragen, wenn Behörden etwa spezielle gesetzliche Meldepflichten im Bereich des Steuer- oder Sozialversicherungsrechts oder in der Betrugsbekämpfung schaffen.[19] Entsprechende gesetzliche Regelungen müssen geeignete Maßnahmen zum Schutz der berechtigten Interessen betroffener Personen vorsehen. 29

Nach der Regelung in **Buchst. d** entfällt die Informationspflicht, wenn personenbezogene Daten **Berufsgeheimnissen** oder **satzungsgemäßen Geheimhaltungspflichten** unterliegen, die im Recht der EU oder der Mitgliedsstaaten geregelt sind (vgl. hierzu auch Art. 90). 30

VII. Beschäftigtendatenschutz

Die Informationspflichten, die Verantwortliche nach Art. 14 treffen, kommen uneingeschränkt auch bezogen auf Beschäftigungsverhältnisse zur Anwendung. Verantwortliche müssen als Arbeitgeber ihren Beschäftigten deshalb die in Abs. 1, 2 und 4 der Vorschrift aufgezählten Informationen zur Verfügung stellen. Die entsprechenden Informationspflichten gelten auch gegenüber Bewerbern, da auch diese vom Beschäftigtenbegriff des Art. 88 erfasst werden (vgl. hierzu § 26 Abs. 8 BDSG, Rn. 124). 31

16 Vgl. Kühling/Buchner-*Bäcker*, Art. 14 Rn. 59.

17 Vgl. DWWS-*Däubler*, Art. 14 Rn. 28.

18 Vgl. etwa BAG 27.7.2017 – 2 AZR 681/16; 28.3.2019 – 8 AZR 421/17.

19 Vgl. Kühling/Buchner-*Bäcker*, Art. 14 Rn. 66.

VIII. Hinweise für Betriebs- oder Personalräte

32 Betriebs- oder Personalräte können auf der Grundlage ihrer gesetzlichen Kontrollrechte (vgl. § 80 Abs. 1 Nr. 1 BetrVG oder § 62 Abs. 1 Nr. 2 BPersVG) die Einhaltung der Informationsvorgaben auf allgemeiner kollektivrechtlicher Ebene kontrollieren. Soweit ihnen im Rahmen ihrer gesetzlichen Beteiligungsrechte bestimmte Datenerhebungen bekannt sind, die nicht direkt bei Beschäftigten erfolgen (etwa über Schnittstellen zwischen kollektivrechtlich geregelten IT-Systemen), können sie in einschlägigen kollektivrechtlichen Vereinbarungen Regelungen dazu verankern, wie die Informationen im konkreten Fall zu erfolgen hat.

33 Erfolgen Erhebungen mittels Fragebogen, können sie ihre diesbezüglich bestehenden Mitbestimmungsrechte ebenfalls auch dazu einsetzen, um Erhebungen von Daten von Anfang an zu vermeiden, für die es keine Erforderlichkeit gibt.

Artikel 15 Auskunftsrecht der betroffenen Person

(1) Die betroffene Person hat das Recht, von dem Verantwortlichen eine Bestätigung darüber zu verlangen, ob sie betreffende personenbezogene Daten verarbeitet werden; ist dies der Fall, so hat sie ein Recht auf Auskunft über diese personenbezogenen Daten und auf folgende Informationen:

a) die Verarbeitungszwecke;

b) die Kategorien personenbezogener Daten, die verarbeitet werden;

c) die Empfänger oder Kategorien von Empfängern, gegenüber denen die personenbezogenen Daten offengelegt worden sind oder noch offengelegt werden, insbesondere bei Empfängern in Drittländern oder bei internationalen Organisationen;

d) falls möglich die geplante Dauer, für die die personenbezogenen Daten gespeichert werden, oder, falls dies nicht möglich ist, die Kriterien für die Festlegung dieser Dauer;

e) das Bestehen eines Rechts auf Berichtigung oder Löschung der sie betreffenden personenbezogenen Daten oder auf Einschränkung der Verarbeitung durch den Verantwortlichen oder eines Widerspruchsrechts gegen diese Verarbeitung;

f) das Bestehen eines Beschwerderechts bei einer Aufsichtsbehörde;

g) wenn die personenbezogenen Daten nicht bei der betroffenen Person erhoben werden, alle verfügbaren Informationen über die Herkunft der Daten;

h) das Bestehen einer automatisierten Entscheidungsfindung einschließlich Profiling gemäß Artikel 22 Absätze 1 und 4 und — zumindest in diesen Fällen — aussagekräftige Informationen über die

involvierte Logik sowie die Tragweite und die angestrebten Auswirkungen einer derartigen Verarbeitung für die betroffene Person.

(2) Werden personenbezogene Daten an ein Drittland oder an eine internationale Organisation übermittelt, so hat die betroffene Person das Recht, über die geeigneten Garantien gemäß Artikel 46 im Zusammenhang mit der Übermittlung unterrichtet zu werden.

(3) Der Verantwortliche stellt eine Kopie der personenbezogenen Daten, die Gegenstand der Verarbeitung sind, zur Verfügung. Für alle weiteren Kopien, die die betroffene Person beantragt, kann der Verantwortliche ein angemessenes Entgelt auf der Grundlage der Verwaltungskosten verlangen. Stellt die betroffene Person den Antrag elektronisch, so sind die Informationen in einem gängigen elektronischen Format zur Verfügung zu stellen, sofern sie nichts anderes angibt.

(4) Das Recht auf Erhalt einer Kopie gemäß Absatz 3 darf die Rechte und Freiheiten anderer Personen nicht beeinträchtigen.

Inhaltsübersicht Rn.

I.	Allgemeines	1– 4
II.	Auskunftsanspruch (Abs. 1)	5–15
III.	Übermittlungen in Drittländer oder an internationale Organisationen (Abs. 2)	16
IV.	Kopien (Abs. 3)	17–21
V.	Ausnahmen vom Auskunftsanspruch (Abs. 4)	22–23
VI.	Beschäftigtendatenschutz	24–25
VII.	Hinweise für Betriebs- oder Personalräte	26

I. Allgemeines

Das Recht aller betroffenen Personen, **Auskunft** über die sie betreffenden Daten zu erhalten, die von anderen erhoben oder verarbeitet werden, ist in Art. 8 Abs. 2 GRCh verankert. Hiernach besteht nicht nur ein **Auskunftsrecht**, sondern auch ein **Recht auf Berichtigung** der Daten, falls Informationen unzutreffend oder falsch sind. 1

Art. 15 nimmt diese Vorgabe aus Art. 8 GRCh auf und räumt betroffenen Personen in **Abs. 1** das Recht ein, von Verantwortlichen eine Bestätigung darüber zu verlangen, ob von diesen sie betreffende Daten verarbeitet werden. Falls dies nicht der Fall ist, müssen Verantwortliche dies im Rahmen einer **Negativauskunft** bestätigen. Erfolgt eine Verarbeitung, haben betroffene Personen ein Recht auf Auskunft über die sie betreffenden Daten, das insbesondere die in Art. 13 und 14 genannten Einzelangaben betrifft. Darüber hinaus müssen Verantwortliche ihnen die in Abs. 1 **Buchst. a bis h** 2 benannten Informationen zur Verfügung stellen. Das Auskunftsrecht steht auch Beschäftigten zu.[1]

3 In **Abs. 2** werden **Unterrichtungsansprüche** der betroffenen Personen für den Fall der Übermittlung ihrer personenbezogenen Daten an ein **Drittland** oder an eine **internationale Organisation** festgelegt. Nach **Abs. 3** haben betroffene Personen einen **Anspruch auf Kopien** der sie betreffenden personenbezogenen Daten, die von Verantwortlichen verarbeitet werden. Durch **Abs. 4** wird der **Auskunftsanspruch** in Abs. 3 dann **eingeschränkt**, wenn hierdurch Rechte und Freiheiten anderer Personen beeinträchtigt werden.

4 **Einschränkungen** des nach Art. 15 bestehenden Auskunftsrechts betroffener Personen finden sich in §§ 27 Abs. 2, 28 Abs. 2, 29 Abs. 1 Satz 2 und 34 BDSG (vgl. insgesamt § 34 BDSG, Rn. 4ff.).

II. Auskunftsanspruch (Abs. 1)

5 Nach der Regelung in **Abs. 1 erster Halbsatz** können betroffene Personen vom Verantwortlichen eine **Bestätigung** darüber verlangen, ob sie betreffende personenbezogene Daten verarbeitet werden. Ist dies nicht der Fall, muss der Verantwortliche dies in einer »**Negativbescheinigung**« bestätigen.[2] Die Auskunftspflicht besteht bezüglich aller Informationen, die für Verantwortliche noch erkennbar sind, und muss vollständig sein.[3] Ausgenommen sind damit unumkehrbar gelöschte oder anonymisierte Daten. Eine **Falschauskunft** kann insbesondere eine **Geldbuße** gemäß Art. 83 Abs. 5 Buchst. b auslösen.

6 Verfügen Verantwortliche über personenbezogene Daten, müssen sie dies in der Auskunft mitteilen. Nach **Abs. 1 zweiter Halbsatz** besteht dann ein Anspruch auf die in den Buchst. a bis h ausdrücklich benannten Informationen. Hinzukommen die Auskünfte, die nach Art. 13 oder 14 erteilt werden müssen. Teilweise überschneiden sich diese Informationen.

7 Eine Bestätigung über eine stattfindende Datenverarbeitung können betroffene Personen von Verantwortlichen in jeder beliebigen Form verlangen, also auch mündlich. Sie müssen aber im Streitfall nachweisen können, dass ein Verantwortlicher ihr Auskunftsersuchen erhalten hat, was für Schrift- oder Textform spricht.

---

1 Vgl. *Bargmann*, AiB 1/2021, 31; *Beckmann*, AiB 7/8/2021, 64; *Brandt*, CuA 4/2021, 8; *Kröll/Weber*, PersR 5/2019, 23; *Lembke*, NZA 2020, 1841; *Ruchhöft*, CuA 4/2021, 18.

2 Vgl. DWWS-*Däubler*, Art. 15 Rn. 2 »Negativattest«; Gola-*Franck*, Art. 15 Rn. 5 »Negativauskunft«.

3 Vgl. zur Vollständigkeit AG Kerpen 22.12.2020 – 106 C 96/20, juris.

Haben betroffene Personen **Zweifel** an der **Richtigkeit** und **Vollständigkeit** einer erteilten Auskunft, können sie von Verantwortlichen eine verbindliche oder ggf. auch eidesstattliche Versicherung einfordern. Diese kann auch gerichtlich durchgesetzt werden.[4] 8

Nach Abs. 1 **Buchst. a** müssen betroffenen Personen die **Verarbeitungszwecke** benannt werden. Diese Informationspflicht entspricht der in Art. 13 Abs. 1 Buchst. c bzw. in Art. 14 Abs. 1 Buchst. c (vgl. Art. 14 Rn. 14ff.). Damit muss betroffenen Personen vom Verantwortlichen neben den Zwecken immer auch die dafür vorliegende **Rechtsgrundlage** benannt werden. 9

Nach Abs. 1 **Buchst. b** muss eine Information über die Kategorien der verarbeiteten personenbezogenen Daten erfolgen. Diese Informationspflicht entspricht der in Art. 14 Abs. 1 Buchst. d (vgl. Art. 14 Rn. 4). 10

Nach Abs. 1 **Buchst. c** muss eine Information der betroffenen Personen über die **Empfänger** oder die **Kategorien von Empfängern** erfolgen, denen personenbezogene Daten offengelegt wurden oder werden. Hierzu gehören auch Empfänger in Drittländern oder bei internationalen Organisationen. Dieser Informationsanspruch findet sich inhaltlich entsprechend in Art. 13 Abs. 1 Buchst. e und f (vgl. Art. 13 Rn. 20ff.) sowie in Art. 14 Abs. 1 Buchst. e und f. In Ergänzung hierzu wird in Art. 15 Abs. 1 Buchst. c vorgegeben, dass betroffenen Personen jede »Offenlegung« aus der Gegenwart oder aus der Vergangenheit mitgeteilt werden muss. Dies verpflichtet Verantwortliche im Ergebnis, jede Weitergabe personenbezogener Daten an andere Empfänger zu speichern.[5] Eine **zeitliche Begrenzung** dieser Speicherung kann sich aus zivilrechtlichen Regelverjährungsfristen in §§ 195 und 199 BGB ableiten.[6] Neben **bereits erfolgten Offenlegungen** müssen betroffenen Personen auch **für die Zukunft geplante** mitgeteilt werden. 11

Nach der Regelung in Abs. 1 **Buchst. d** muss eine Information über die **geplante Dauer** oder über die **Festlegungen einer Frist** für die Speicherung erfolgen. Diese Vorgabe entspricht der in Art. 13 Abs. 2 Buchst. a (vgl. Art. 13 Rn. 25ff.) bzw. in Art. 14 Abs. 2 Buchst. a. Das in Abs. 1 Buchst. e enthaltene Informationsrecht bezüglich Berichtigung, Löschung, Einschränkung der Verarbeitung oder Widerspruchsrecht entspricht dem in Art. 13 Abs. 2 Buchst. b (vgl. Art. 13 Rn. 29) bzw. in Art. 14 Abs. 1 Buchst. c. 12

Die Information über ein **Beschwerderecht** nach Abs. 1 **Buchst. f** entspricht dem in Art. 13 Abs. 2 Buchst. d (vgl. Art. 13 Rn. 31) sowie in Art. 14 Abs. 2 Buchst. e. 13

Das Informationsrecht bezüglich der **Herkunft der Daten**, die nicht bei der betroffenen Person erhoben wurden, in Abs. 1 **Buchst. g** entspricht strukturell dem Auskunftsanspruch in Art. 14 Abs. 2 Buchst. f (vgl. Art. 14 Rn. 8ff.). 14

---

4 Vgl. DWWS-*Däubler*, Art. 15 Rn. 26.

5 Vgl. Kühling/Buchner-*Bäcker*, Art. 15 Rn. 18.

6 Vgl. DWWS-*Däubler*, Art. 15 Rn. 13.

Dort ist allerdings von »Quellen« die Rede, während die Regelung in Art. 15 Abs. 1 Buchst. g weitergehend auf »alle verfügbaren Informationen über die Herkunft der Daten« abstellt. Insoweit weist diese Regelung auf einen **umfassenden Informationsanspruch** hin, der alle Informationsmöglichkeiten beinhaltet.

15 Die Informationspflicht nach Abs. 1 **Buchst. h** entspricht der in Art. 13 Abs. 2 Buchst. f (vgl. Art. 13 Rn. 34ff.) und in Art. 14 Abs. 2 Buchst. g. Das Auskunftsrecht nach Art. 15 bezieht sich allerdings weitergehend auch auf **entsprechende Auswertungen**, die **in der Vergangenheit** getroffen wurden.[7] Insoweit müssen Verantwortliche auch in diesen Fällen dokumentieren, welche automatisierten Entscheidungsfindungen oder Profiling-Verfahren in der Vergangenheit erfolgt sind.[8]

III. Übermittlungen in Drittländer oder an internationale Organisationen (Abs. 2)

16 Nach **Abs. 2** sind betroffene Personen über Übermittlungen an Drittländer oder an internationale Organisationen zu informieren. Diese Regelung entspricht strukturell der in Art. 13 Abs. 1 Buchst. f (vgl. Art. 13 Rn. 23f.) und in Art. 14 Abs. 1 Buchst. f.

IV. Kopien (Abs. 3)

17 Durch **Abs. 3 Satz 1** werden Verantwortliche verpflichtet, den betroffenen Personen eine **Kopie aller personenbezogenen Daten** zur Verfügung zu stellen, die sie verarbeiten.[9] Die Übermittlung muss vollständig sein. Es müssen alle Unterlagen mitgeteilt werden, auf die sich der Auskunftsanspruch in Abs. 1 bezieht.[10] Hierzu gehören insbesondere auch interne Vermerke, Notizen u. Ä.[11] sowie Unterlagen, in denen betroffene Personen nur benannt werden (etwa Protokolle oder Konzeptpapiere).[12] Betroffene Personen haben einen Anspruch darauf, Auskunft über alle von einem Verantwortlichen gespeicherten Daten zu erhalten. Durch ein laufendes strafrechtliches Ermittlungsverfahren wird dieser Anspruch nicht begrenzt.[13] Sie müssen allerdings

---

7 Vgl. Kühling/Buchner-*Bäcker*, Art. 15 Rn. 27.
8 Vgl. DWWS-*Däubler*, Art. 15 Rn. 18.
9 Vgl. etwa LAG Hamm 11.5.2021 – 6 Sa 1260/20, allg. *Brink/Joos*, ZD 2019, 483.
10 LAG Niedersachsen 22.10.2021 – 16 Sa 761/20.
11 BGH 15.6.2021 – VI ZR 576/19.
12 Anderer Auffassung ArbG Bonn 16.7.2020 – 3 Ca 2026/19, ZD 2021, 111.
13 LAG Hessen 10.6.2021 – 9 SA 1431/19.

die personenbezogenen Daten (etwa auch E-Mails), die sie in Kopien erhalten möchten, hinreichend bestimmt benennen.[14]

Die **Form**, in der die Übermittlung erfolgt, ist durch Satz 1 nicht zwingend vorgegeben. Möglich ist insbesondere die Übergabe von Ausdrucken oder von entsprechenden elektronischen Datenträgern. Voraussetzung ist in jedem Fall, dass die Kopie für die betroffenen Personen einfach lesbar und handhabbar ist. **18**

Etwas anderes gilt nach der Vorgabe in **Abs. 3 Satz 3**. Dort wird festgelegt, dass die Kopie auf einen elektronischen Antrag der betroffenen Person hin in einer **gängigen elektronischen Form** zur Verfügung gestellt wird, sofern nichts anderes angegeben wird. Damit besteht eine **Wahlfreiheit** der betroffenen Personen, die elektronisch auch eine Übermittlung in Papierform oder auf einem Datenträger anfordern können. Voraussetzung ist in jedem Fall, dass das Format standardmäßig lesbar ist (etwa eine Übermittlung im »PDF-Format« oder in einem »Word-Format«). **19**

Nach **Abs. 3 Satz 2** ist die nach Satz 1 **erstmals zur Verfügung gestellte Kopie** der personenbezogenen Daten **kostenfrei**. Dies folgt aus der Formulierung in Satz 2, die erst für »weitere Kopien« die Möglichkeit der Erhebung eines angemessenen Entgelts vorsieht. Dieses Entgelt kann auf der Grundlage der anfallenden Verwaltungskosten erhoben werden, darf aber über diese nicht hinausgehen. **20**

Ein Entgelt kann faktisch nur für missbräuchliche oder exzessive, mehrfache, kurz aufeinanderfolgende Abfragen verlangt werden.[15] Zur Bestimmung einer **exzessiven Anfrage** kann auf die Regelung in Art. 12 Abs. 5 zurückgegriffen werden (vgl. dort Rn. 29). Haben betroffene Personen hingegen Anhaltspunkte dafür, dass sich die verarbeiteten Daten verändert haben, können sie **kostenfrei weitere Kopien** verlangen. Insoweit wird die Wiederholung einer Anfrage nach drei Monaten oder im folgenden Quartal in der Regel kostenfrei bleiben müssen.[16] **21**

V. Ausnahmen vom Auskunftsanspruch (Abs. 4)

Durch **Abs. 4** wird das **Recht** auf Erhalt einer Kopie der vorhandenen Daten dann begrenzt, wenn Rechte und Freiheiten anderer Personen beeinträchtigt würden. Diese Regelung zielt im Wesentlichen auf **Geschäftsgeheimnisse**, den **Schutz des geistigen Eigentums** oder **Urheberrechte** einer Software. Diese Schutzrechte sollen nicht beeinträchtigt werden (vgl. ErwGr 63). Al- **22**

14 BAG 27.4.2021 – 2 AZR 342/20; LAG Baden-Württemberg 17.3.2021 – 21 Sa 43/20, das eine konkrete Mitteilung des Begehrten verlangt; allgemein *Brandt*, CuA 10/2021, 39; *Lüdemann/Greve*, RDV 2021, 3.

15 Vgl. DWWS-*Däubler*, Art. 15 Rn. 32 »Exzessverbot«.

16 Vgl. Gola-*Franck*, Art. 15 Rn. 35.

lerdings darf dieser Schutz nicht dazu führen, dass den betroffenen Personen jegliche Auskunft verweigert wird, wenn entgegenstehende Rechte anderer gegeben sind (vgl. ErwGr 63). Deshalb muss sichergestellt werden, dass betroffene Personen, die eine Auskunft verlangen, alle Informationen erhalten, die ihnen eine Bewertung der über sie verarbeiteten Daten ermöglichen.

23 Damit muss eine **Interessenabwägung** stattfinden, die praktisch darin münden kann, dass betroffenen Personen die sie betreffenden Informationen nur mit »Schwärzungen« erhalten, durch die Informationen für sie unkenntlich gemacht werden, die Rechte und Freiheiten anderer Personen beeinträchtigen könnten.

VI. Beschäftigtendatenschutz

24 Der Auskunftsanspruch in Art. 15 lässt **Informationsansprüche von Beschäftigten** unbeeinflusst, die auf anderen rechtlichen Grundlagen basieren. Über die Regelung in Art. 15 hinaus haben Arbeitnehmer i.S.v. § 5 Abs. 1 BetrVG gemäß der Regelung in § 83 BetrVG ein **Einsichtsrecht** über die über sie geführten **Personalakten**.[17] Der Begriff der Personalakten ist in diesem Zusammenhang **weit auszulegen** und erfasst **alle personenbezogenen bzw. personenbeziehbaren Daten**, die mit dem Arbeitsverhältnis im Zusammenhang stehen können und die Auswirkungen auf die arbeitsrechtliche Situation der Beschäftigten haben können.[18] Das Einsichtsrecht in die Personalakte besteht sowohl in analog geführte Akten wie auch in die Daten in einem elektronischen Personalinformationssystem.

25 Arbeitnehmer können sich aus einer Personalakte Notizen machen, aber auch Kopien aus dieser anfertigen. Dies gilt insbesondere, wenn Personalakten in elektronischer Form geführt werden.[19] Zulässig ist auch das direkte Abfotografieren von Teilen der Personalakte mittels einer Smartphone-Kamera. Bezogen auf den Umgang mit Personalakten sind Ausnahmen der Auskunftspflicht nicht anwendbar, wie sie insbesondere in Art. 15 Abs. 4 sowie in § 34 BDSG enthalten sind.[20]

VII. Hinweise für Betriebs- oder Personalräte

26 Soweit Betriebs- oder Personalräte die Verarbeitung personenbezogener Daten im Rahmen ihrer kollektivrechtlich vorgegebenen Aufgabenerledigung für die in einschlägigen gesetzlichen Regelungen genannten Zwecke durchführen, sind auch sie zur Erteilung von Auskünften verpflichtet. Er-

---

17 Vgl. etwa *Franzen*, NZA 2020, 1593.
18 Vgl. DKW-*Buschmann*, § 83 BetrVG, Rn. 3.
19 Vgl. *Fitting*, § 83 BetrVG, Rn. 12.
20 Vgl. DWWS-*Däubler*, Art. 15 Rn. 42.

halten sie datenschutzrechtliche Auskunftsbitten direkt von Beschäftigten oder vermittelt über Arbeitgeber, müssen sie diesen nachkommen. Allerdings darf die Beantwortung von Auskunftsersuchen der Beschäftigten nicht zu Ausforschungen von Betriebs- oder Personalräten führen, die dem Arbeitgeber Einblick in deren Arbeit gewähren könnte. Wäre dies der Fall, könnten Betriebs- und Personalräte bestimmte Auskünfte unter Hinweis auf Art. 15 Abs. 4 aufgrund der Beeinträchtigung ihrer Rechte und Freiheiten verweigern. Datenschutzrechtlich indizierte Informationen an einzelne Beschäftigte können deshalb zur Vermeidung von Ausforschungen und damit zur Sicherung der Gegnerunabhängigkeit ausnahmsweise gekürzt bzw. »geschwärzt« werden.

Abschnitt 3
Berichtigung und Löschung

Artikel 16 Recht auf Berichtigung

Die betroffene Person hat das Recht, von dem Verantwortlichen unverzüglich die Berichtigung sie betreffender unrichtiger personenbezogener Daten zu verlangen. Unter Berücksichtigung der Zwecke der Verarbeitung hat die betroffene Person das Recht, die Vervollständigung unvollständiger personenbezogener Daten — auch mittels einer ergänzenden Erklärung — zu verlangen.

Inhaltsübersicht Rn.

I. Allgemeines 1– 3
II. Berichtigung unrichtiger Daten (Satz 1) 4– 7
III. Ergänzung vorhandener personenbezogener Daten (Satz 2) 8–11
IV. Beschäftigtendatenschutz 12

I. Allgemeines

Die Regelung in Art. 16 soll sicherstellen, dass über eine betroffene Person 1
nur **richtige und zutreffende Daten verarbeitet werden**. Dadurch soll ausgeschlossen werden, dass es zu individuellen Nachteilen kommt, weil verarbeitete Daten unzutreffend sind. Derartige Nachteile können beispielsweise eintreten, wenn zu einer Person unzutreffende Bonitäts- oder Kreditinformationen vorliegen, wenn ein falsches Geburtsdatum oder ein unrichtiger Vor- oder Nachname gespeichert sind oder wenn Adressangaben unrichtige Straßen oder Ortsteile nennen. Auch ohne das Vorliegen konkreter Nachteile sollen betroffene Personen in der Lage sein, die über sie erhobenen und

verarbeiteten personenbezogenen Informationen bezüglich der Richtigkeit, Vollständigkeit und Unmissverständlichkeit kontrollieren zu können.[1]

2 Die **Unrichtigkeit** kann sich auch aus einem **fehlerhaften** oder **missverständlichen Kontextbezug** ergeben. Findet sich etwa der Name einer Person nur deshalb in einer Schuldnerdatei, weil eine Verwechslung vorliegt, ist dies für die betroffenen Personen nicht hinnehmbar. **Kein Korrekturanspruch** besteht hingegen bezüglich bereits abgeschlossener Vorgänge, etwa wenn eine überholte Anschrift zusammen mit einem in der Vergangenheit abgeschlossenen und erledigten Kaufvertrag verwendet wurde. Hier kann ein **Korrekturanspruch** allenfalls **für die Zukunft** bestehen.

Der **Korrekturanspruch** entfällt, wenn sich formale Unrichtigkeiten aus technischen Gegebenheiten ableiten wie etwa die Umwandlung der deutschen Umlaute durch ein auf »Englisch« eingestelltes Textverarbeitungsprogramm in mehrere Buchstaben (etwa Austausch von »ä« in »ae«).

3 Art. 16 regelt **zwei Sachverhalte**. Durch **Satz 1** wird betroffenen Personen das Recht eingeräumt, von Verantwortlichen die unverzügliche **Berichtigung unrichtiger** personenbezogener Daten zu verlangen. Durch **Satz 2** wird festgelegt, dass betroffene Personen unrichtige personenbezogene Daten **vervollständigen** können, ggf. durch die Beifügung einer **ergänzenden Erklärung**.

II. Berichtigung unrichtiger Daten (Satz 1)

4 Ein **uneingeschränkter Korrekturanspruch** nach **Satz 1** besteht, wenn die über eine betroffene Person vorhandenen oder verarbeiteten Daten **unrichtig** sind. Eine »**Unrichtigkeit**« ist gegeben, wenn eine Information, die personenbezogen oder personenbeziehbar ist, aus objektiver Sicht unzutreffend oder falsch ist. Dies ist der Fall, wenn die Information nicht mit der Realität übereinstimmt.[2] Ist diese Bedingung erfüllt, muss auf Verlangen der betroffenen Person eine Berichtigung erfolgen.

5 Auf die Qualität oder das Schwergewicht einer Unrichtigkeit kommt es nicht an. Insoweit müssen auch kleine und aus Sicht von Verantwortlichen oder Dritten unbedeutende Unrichtigkeiten wie etwa ein falsch geschriebener Straßenname oder ein fehlender Bindestrich zwischen zwei Vornamen berichtigt werden.[3] **Kein Korrekturanspruch** besteht, wenn es sich um Werturteile, auch um Schätzungen handelt. Diese müssen allerdings entsprechend als solche ausgewiesen werden.[4]

---

1 Vgl. Ehmann/Selmayr-*Kamann/Braun*, Art. 16 Rn. 1; Kühling/Buchner-*Herbst*, Art. 16 Rn. 1.

2 Vgl. Kühling/Buchner-*Herbst*, Art. 16 Rn. 8.

3 Vgl. Gola-*Reif*, Art. 16 Rn. 13.

4 Vgl. Kühling/Buchner-*Herbst*, Art. 16 Rn. 8.

Liegt eine unrichtige Information über eine betroffene Person vor, muss deren **Korrektur** durch den Verantwortlichen auf Verlangen **unverzüglich** erfolgen. Nach § 121 Abs. 1 BGB muss der Verantwortliche insoweit **ohne schuldhaftes Zögern** tätig werden. Das bedeutet nicht, dass er sofort handeln muss. Ihm steht vielmehr die für die Nachprüfung und die Durchführung einer Korrektur benötigte Zeit zur Verfügung. Allerdings muss die absolute Frist von einem Monat in Art. 12 Abs. 3 Satz 1 beachtet werden, die unter den dort genannten Voraussetzungen um zwei Monate verlängert werden kann (vgl. Art. 12 Rn. 24f.). 6

Betroffene Personen müssen vom Verantwortlichen über die **Durchführung der Berichtigung** nach Maßgabe von Art. 12 Abs. 4 **unterrichtet** werden. Will der Verantwortliche nicht tätig werden, muss er nach dieser Vorschrift die betroffene Person auch darüber unterrichten. 7

III. Ergänzung vorhandener personenbezogener Daten (Satz 2)

Nach **Satz 2** haben betroffene Personen unter Berücksichtigung der Zwecke der Verarbeitung einen Anspruch darauf, dass **unvollständige personenbezogene Daten vervollständigt werden**. Umgesetzt werden kann dieser Anspruch ggf. auch mittels einer ergänzenden Erklärung der betroffenen Personen. 8

Die Regelung des Satzes 2 kommt insbesondere zur Anwendung, wenn bei einem Verantwortlichen vorhandene oder durch diesen verarbeitete personenbezogene Informationen zwar zutreffend sind, diese aufgrund des Verarbeitungskontextes oder der allgemeinen Bewertung aber geeignet sind, **einen falschen Eindruck zu erwecken**. 9

Der Anspruch in Satz 2 beschränkt sich nicht darauf, vorhandene und aus Sicht von betroffenen Personen unvollständige personenbezogene Daten zu vervollständigen. Sie haben darüber hinaus den Anspruch, diesen **Daten eine ergänzende Erklärung beizufügen**. Es besteht ein Wahlrecht, das keiner Begründung bedarf. Deshalb kann beispielsweise eine Unternehmerin, über die in einer Auskunftei die Information gespeichert ist, dass gegen sie eine Klage in Millionenhöhe anhängig ist, ergänzend darauf hinzuweisen, dass die Klage in den ersten beiden Instanzen wegen vollständiger Unbegründetheit des Anspruchs erfolgreich abgewehrt werden konnte. Gleiches gilt bezogen auf ein **Beschäftigungsverhältnis**, wenn ein Arbeitnehmer eine Abmahnung für unberechtigt hält und der Personalakte die Mitteilung hinzufügen möchte, dass er sich hiergegen derzeit vor dem Arbeitsgericht zur Wehr setzt. 10

Aus dem Gesamtkontext des Art. 16 ergibt sich, dass auch eine **Vervollständigung** oder **Hinzufügung** einer Ergänzung **unverzüglich** vom Verantwortlichen **vorgenommen werden muss** (vgl. hierzu Rn. 6). Mit Blick auf die allgemeine Regelung in Art. 12 Abs. 5 dürfen für die Vervollständigung 11 oder Ergänzung durch eine Erklärung vom Verantwortlichen gegenüber der betroffenen Person keine Kosten geltend gemacht werden.[5]

IV. Beschäftigtendatenschutz

12 Bezogen auf **Personalakten** von Beschäftigten kommt das Recht auf Berichtigung nach Art. 16 uneingeschränkt zur Anwendung. Auf Basis des datenschutzrechtlichen Ergänzungsanspruchs kann ein Beschäftigter beispielsweise bezogen auf eine ausgesprochene Abmahnung darlegen, dass er diese zwar inhaltlich für unberechtigt hält, aber zur Erhaltung des Betriebsfriedens nicht gerichtlich dagegen vorgegangen ist.

Artikel 17 Recht auf Löschung (»Recht auf Vergessenwerden«)

(1) Die betroffene Person hat das Recht, von dem Verantwortlichen zu verlangen, dass sie betreffende personenbezogene Daten unverzüglich gelöscht werden, und der Verantwortliche ist verpflichtet, personenbezogene Daten unverzüglich zu löschen, sofern einer der folgenden Gründe zutrifft:

a) Die personenbezogenen Daten sind für die Zwecke, für die sie erhoben oder auf sonstige Weise verarbeitet wurden, nicht mehr notwendig.

b) Die betroffene Person widerruft ihre Einwilligung, auf die sich die Verarbeitung gemäß Artikel 6 Absatz 1 Buchstabe a oder Artikel 9 Absatz 2 Buchstabe a stützte, und es fehlt an einer anderweitigen Rechtsgrundlage für die Verarbeitung.

c) Die betroffene Person legt gemäß Artikel 21 Absatz 1 Widerspruch gegen die Verarbeitung ein und es liegen keine vorrangigen berechtigten Gründe für die Verarbeitung vor, oder die betroffene Person legt gemäß Artikel 21 Absatz 2 Widerspruch gegen die Verarbeitung ein.

d) Die personenbezogenen Daten wurden unrechtmäßig verarbeitet.

e) Die Löschung der personenbezogenen Daten ist zur Erfüllung einer rechtlichen Verpflichtung nach dem Unionsrecht oder dem Recht der Mitgliedstaaten erforderlich, dem der Verantwortliche unterliegt.

f) Die personenbezogenen Daten wurden in Bezug auf angebotene Dienste der Informationsgesellschaft gemäß Artikel 8 Absatz 1 erhoben.

(2) Hat der Verantwortliche die personenbezogenen Daten öffentlich gemacht und ist er gemäß Absatz 1 zu deren Löschung verpflichtet, so trifft er unter Berücksichtigung der verfügbaren Technologie und der

5 Vgl. SHS-*Dix*, Art. 16 Rn. 18.

Implementierungskosten angemessene Maßnahmen, auch technischer Art, um für die Datenverarbeitung Verantwortliche, die die personenbezogenen Daten verarbeiten, darüber zu informieren, dass eine betroffene Person von ihnen die Löschung aller Links zu diesen personenbezogenen Daten oder von Kopien oder Replikationen dieser personenbezogenen Daten verlangt hat.

(3) Die Absätze 1 und 2 gelten nicht, soweit die Verarbeitung erforderlich ist

a) zur Ausübung des Rechts auf freie Meinungsäußerung und Information;

b) zur Erfüllung einer rechtlichen Verpflichtung, die die Verarbeitung nach dem Recht der Union oder der Mitgliedstaaten, dem der Verantwortliche unterliegt, erfordert, oder zur Wahrnehmung einer Aufgabe, die im öffentlichen Interesse liegt oder in Ausübung öffentlicher Gewalt erfolgt, die dem Verantwortlichen übertragen wurde;

c) aus Gründen des öffentlichen Interesses im Bereich der öffentlichen Gesundheit gemäß Artikel 9 Absatz 2 Buchstaben h und i sowie Artikel 9 Absatz 3;

d) für im öffentlichen Interesse liegende Archivzwecke, wissenschaftliche oder historische Forschungszwecke oder für statistische Zwecke gemäß Artikel 89 Absatz 1, soweit das in Absatz 1 genannte Recht voraussichtlich die Verwirklichung der Ziele dieser Verarbeitung unmöglich macht oder ernsthaft beeinträchtigt, oder

e) zur Geltendmachung, Ausübung oder Verteidigung von Rechtsansprüchen.

Inhaltsübersicht Rn.

I. Allgemeines 1– 6
II. Löschung – Sachverhalt und Durchführung 7–11
III. Recht auf Löschung/Löschungsverlangen (Abs. 1) 12–23
1. Zweckerreichung (Abs. 1 Buchst. a) 14–15
2. Widerruf einer Einwilligung (Abs. 1 Buchst. b) 16–18
3. Widerspruch gegen eine Verarbeitung (Abs. 1 Buchst. c) 19
4. Unrechtmäßige Verarbeitung (Abs. 1 Buchst. d) 20
5. Rechtliche Löschungspflicht (Abs. 1 Buchst. e) 21–22
6. Personenbezogene Daten eines Kindes in Bezug auf Dienste der Informationsgesellschaft (Abs. 1 Buchst. f) 23
IV. Öffentlich gemachte personenbezogene Daten und Informationspflichten der Verantwortlichen (Abs. 2) 24–32
V. Ausnahmen (Abs. 3) 33–42
1. Freie Meinungsäußerung und Information (Abs. 3 Buchst. a) 35
2. Erfüllung einer rechtlichen Verpflichtung (Abs. 3 Buchst. b) 36–38
3. Öffentliches Interesse im Bereich der öffentlichen Gesundheit (Abs. 3 Buchst. c) 39

4. Archiv- und Forschungszwecke sowie statische Zwecke (Abs. 3 Buchst. d) 40
5. Geltendmachung, Ausübung oder Verteidigung von Rechtsansprüchen (Abs. 3 Buchst. e) 41–42
VI. Beschäftigtendatenschutz 43–45
VII. Hinweise für Betriebs- oder Personalräte 46
VIII. Schadensersatz und Geldbuße 47–48

I. Allgemeines

1 Die Zielsetzung des in Art. 17 verankerten **Rechts auf Löschung** wird in der Überschrift durch das in dem Klammereinschub enthaltenen **»Recht auf Vergessenwerden«** präzisiert. Die beiden Begriffe sind keine Synonyme für denselben Sachverhalt, sondern stellen unterschiedliche Ausprägungen des Löschungsanspruchs dar.[1] Das allgemeine »Recht auf Löschung« wird durch das »Recht auf Vergessenwerden« ausgeweitet und geschärft.[2] Diese **Ausweitung** gilt insbesondere, wenn Verantwortliche personenbezogene Daten im Internet öffentlich gemacht haben. Ist dies der Fall, müssen Verantwortliche beim Bestehen von Löschungspflichten insbesondere auch alle Links zu diesen personenbezogenen Daten ebenso löschen wie deren Kopien oder Replikationen (vgl. ErwGr 66).

2 Dem »Recht auf Vergessenwerden« kommt insbesondere bezogen auf die **mögliche Veröffentlichung** personenbezogener Daten im Internet oder in anderer vergleichbarer Form eine besondere Bedeutung zu. Diese Zielsetzung leitet sich insbesondere aus der Entscheidung des EuGH zur Anzeige einer länger zurückliegenden Insolvenz eines Schuldners im sogenannten »Google Spain«-Urteil vom 13.5.2014 ab.[3] Die Regelung in Art. 17 soll es betroffenen Personen im Ergebnis ermöglichen, eine weitere Verarbeitung personenbezogener Daten dadurch zu verhindern, dass die entsprechenden Informationen gelöscht werden. Gleichzeitig werden Verantwortliche auch unabhängig von einem Löschungsverlangen betroffener Personen verpflichtet, in den in der Vorschrift genannten Fällen eigenständig eine Löschung personenbezogener Daten vorzunehmen. Die Vorgaben zur Löschung in Art. 17 setzen insbesondere die Grundsätze zur Datenminimierung in Art. 5 Abs. 1 Buchst. c und zur Speicherbegrenzung in Buchst. e um.[4]

3 Die Regelung zum Recht auf Löschung bzw. zum Recht auf Vergessenwerden in Art. 17 ist vielschichtig und nicht einfach zu verstehen. Durch **Abs. 1**

1 Vgl. Gola-*Nolte/Werkmeister*, Art. 17 Rn. 1.

2 Vgl. ErwGr 66; ähnlich Ehmann/Selmayr-*Kamann/Braun*, Art. 17 Rn. 2; a. A. Gola-*Nolte/Werkmeister*, Art. 17 Rn. 1, die das Recht auf Vergessenwerden für eine Ausprägung des Rechts auf Löschung halten.

3 Vgl. EuGH 13.5.2014 – C-131/12.

4 Vgl. DWWS-*Däubler*, Art. 17 Rn. 1.

wird einerseits betroffenen Personen das Recht eingeräumt, in den dort genannten Fällen vom Verantwortlichen eine **unverzügliche Löschung** der sie betreffenden personenbezogenen Daten **zu verlangen**. Andererseits wird der **Verantwortliche unabhängig** von einem solchen Verlangen gleichzeitig zur eigenständigen **unverzüglichen Löschung** personenbezogener Daten verpflichtet, wenn einer der im Folgenden genannten Gründe zutrifft.

Durch **Abs. 2** werden Löschungspflichten für die Fälle spezifiziert, in denen Verantwortliche **personenbezogene Daten öffentlich gemacht haben**. Diese Pflichten beziehen sich nicht nur auf die Löschung von Daten, sondern auch auf die Informationen anderer Verantwortlicher, die die öffentlich gemachten Daten weiterverarbeitet haben. Dieser Absatz dient insbesondere der Umsetzung des »Rechts auf Vergessenwerden«. 4

Durch die Regelung in **Abs. 3** werden für die dort in den **Buchst. a bis e** genannten Fälle **Ausnahmen von den Löschungsverpflichtungen** festgeschrieben. 5

Wichtige Aussagen zum Recht auf Löschung bzw. zum Recht auf Vergessenwerden enthalten die ErwGr 65 und 66. Einschränkungen dieser Rechte enthält § 35 BDSG (vgl. § 35 BDSG, Rn. 3 ff). 6

II. Löschung – Sachverhalt und Durchführung

Der in Art. 17 exponiert verwendete Begriff der »**Löschung**« ist in der DSGVO selbst nicht definiert. In Art. 4 Nr. 2 wird er als eine Form der Verarbeitung genannt. Nach der Definition in § 3 Abs. 4 Nr. 5 BDSG a. F. stand der Begriff »Löschen« für das Unkenntlichmachen gespeicherter personenbezogener Daten. Diese Festlegung beschreibt den Sachverhalt weiterhin zutreffend. 7

Die in der vormaligen Definition verwendete Formulierung der »Unkenntlichmachung« weist auf eine **weite Auslegung** des Begriffs der Löschung hin. Die Löschung bezieht sich auch nach neuem Recht auf alle Verfahren, mit denen personenbezogene Informationen in entsprechenden Texten Daten, Dateien oder Filmaufzeichnungen, die personenbezogene Informationen beinhalten, unlesbar gemacht werden können.[5]

Entscheidend ist, dass personenbezogene Daten so gelöscht werden, dass sie danach nicht mehr zur Verfügung stehen und auch nicht mehr lesbar gemacht werden können. Liegen personenbezogene Daten in konventioneller Form auf Papier vor, kann die Löschung durch dessen Vernichtung bzw. durch das sichere Unkenntlichmachen personenbezogener Stellen (»Schwärzung«) durchgeführt werden. Nicht ausreichend ist hingegen das »Überkleben« in einer Form, die eine weitere Lesbarkeit nicht sicher ausschließt. 8

5 Vgl. Gola-*Schomerus*, § 3 BDSG a. F., Rn. 40.

9 Liegen personenbezogene Informationen in elektronischer Form vor, müssen diese durch spezielle Löschprogramme oder durch andere Maßnahmen wie etwa ein mehrfaches Überschreiben der für die Speicherung verwendeten Sektoren auf einem Speichermedium unlesbar gemacht werden. Keine Löschung stellt die Freigabe der entsprechenden Speicherbereiche für das Überschreiben, die Unkenntlichmachung des Dateinamens oder das Formatieren eines Datenträgers dar, da in allen diesen Fällen eine Wiederherstellung noch vorhandener personenbezogener Daten nicht ausgeschlossen und mittels gängiger Programme einfach durchführbar ist. Auch die physikalische **Zerstörung** von Datenträgern, auf denen personenbezogene Informationen gespeichert werden, ist eine Löschung im Sinne der DSGVO.[6]

10 Muss eine Löschung auf Verlangen betroffener Personen oder wegen des Vorliegens der in Abs. 1 genannten Gründe auch ohne ein Verlangen von Verantwortlichen eigenständig vorgenommen werden, muss der Löschvorgang **unverzüglich** durchgeführt werden. Unter Beachtung der allgemeinen zivilrechtlichen Vorgabe in § 121 BGB muss ein entsprechendes Handeln der Verantwortlichen ohne schuldhaftes Zögern erfolgen. Allerdings kann mit einer Löschung so lange gewartet werden, bis eine Prüfung erfolgt ist, ob überhaupt ein Löschungsanspruch besteht bzw. bis betroffene Personen ggf. berechtigte offene Fragen des Verantwortlichen beantwortet haben. Hierzu kann beispielsweise die Überlegung und Prüfung gehören, ob berechtigte Personen nicht vielleicht statt der Löschung eine Berichtigung unrichtiger Daten bezwecken wollen.[7]

11 Die **Obergrenze** für ein mögliches Abwarten von Verantwortlichen wird durch die Regelung in Art. 12 Abs. 3 gesetzt. Damit muss eine Löschung spätestens innerhalb einer Frist von einem Monat erfolgt sein. Eine Verlängerung dieser Frist um die in Art. 12 Abs. 3 Satz 2 genannten weiteren zwei Monate scheidet allerdings im Regelfall aus, da ein einzelnes Löschungsverlangen einer betroffenen Person nicht zu einer hohen Komplexität und einer großen Anzahl von Anträgen führen kann.[8] Eine Fristverlängerung kann hingegen möglich sein, wenn Verantwortliche aus eigenem Antrieb ohnehin die Löschung größerer Datenbestände durchführen wollen und vorher eine Information aller betroffenen Personen erfolgen soll.

---

6 Vgl. OLG Dresden 31.8.2021 – 4 U 324/21.

7 Vgl. DWWS-*Däubler*, Art. 17 Rn. 22.

8 Vgl. ebenso DWWS-*Däubler*, Art. 17 Rn. 22; a.A. Auernhammer-*Stollhoff*, Art. 17 Rn. 40; Sydow-*Peuker*, Art. 17 Rn. 38.

III. Recht auf Löschung/Löschungsverlangen (Abs. 1)

Die Regelung in **Abs. 1** enthält in den **sechs Buchst. a bis f** Sachverhalte, bei deren Vorliegen eine **unverzügliche Löschung** durch den Verantwortlichen erfolgen muss. Der Katalog in Abs. 1 ist **abschließend**.[9]

Mit Blick auf die in Art. 12 Abs. 2 verankerte Pflicht der Verantwortlichen, betroffenen Personen die Ausübung ihrer Rechte zu erleichtern, dürfen an den Inhalt von **Löschungsverlangen keine hohen Ansprüche** gestellt werden. Neben einer klaren Forderung nach einer Löschung von Daten ist deshalb auch eine **implizite Artikulation** des **Rechts** auf Löschung bzw. auf Vergessenwerden ausreichend. Es genügt, wenn in einem Verlangen das Wort »Löschen« oder »Vergessenwerden« verwendet wird oder wenn ein Hinweis auf Art. 17 oder seine Überschrift erfolgt.[10] 12

Unabhängig von einem Verlangen betroffener Personen sind Verantwortliche verpflichtet, eine **unverzügliche Löschung** vorzunehmen, wenn sie selbst erkennen, dass einer der in Abs. 1 genannten Gründe vorliegt. Diese Verpflichtung zur eigenständigen Löschung resultiert zudem aus den allgemeinen Grundsätzen zur Datenminimierung bzw. zur Speicherbegrenzung in Art. 5 Abs. 1 Buchst. c und e. Allerdings müssen Verantwortliche vor einer Löschung in diesen Fällen prüfen, ob betroffene Personen gemäß Art. 18 Abs. 1 Buchst. c an einer weiteren Speicherung ihrer personenbezogenen Daten ein Interesse haben. Dies setzt vor einer Löschung eine entsprechende und schnelle Information der betroffenen Personen voraus.[11] 13

1. Zweckerreichung (Abs. 1 Buchst. a)

Ein Recht auf Löschung nach Abs. 1 **Buchst. a** besteht, wenn die **Zwecke**, für die personenbezogene Daten erhoben oder verarbeitet wurden, **erfüllt sind**. In diesen Fällen ist eine weitere Verarbeitung **nicht mehr notwendig**. Diese Löschvorgabe setzt insbesondere die Grundsätze zur Zweckbindung und zur Speicherbegrenzung in Art. 5 Abs. 1 Buchst. b und e um.[12] Steht der Zeitpunkt einer Zweckerreichung fest, ist sowohl für betroffene Personen wie auch für Verantwortliche schon bei der Zweckfestlegung absehbar, wann eine Löschung angebracht ist. Gegebenenfalls sind gesetzliche Aufbewahrungspflichten zu beachten. 14

In **Beschäftigungsverhältnissen** besteht ein Recht auf Löschung beispielsweise, wenn anhand täglicher Arbeitszeiteinträge ein monatliches Arbeits- 15

---

9 Vgl. Sydow-*Peuker*, Art. 17 Rn. 14.

10 Im Ergebnis ähnlich Plath-*Kamlah*, Art. 17 Rn. 5, der in diesen Fällen regelmäßig eine Prüfpflicht nach Art. 17 Abs. 1 Buchst. d sieht.

11 Vgl. DWWS-*Däubler*, Art. 17 Rn. 10.

12 Vgl. Sydow-*Peuker*, Art. 17 Rn. 16.

volumen festgestellt und der entsprechende Arbeitslohn bereits ausgezahlt wurde. Ähnliches gilt bezogen auf länger zurückliegende Abmahnungen, wenn etwa die von der Rechtsprechung vorgegebene Dreijahresfrist abgelaufen ist.[13] Im Rahmen von **Bewerbungsverfahren** setzt das Recht auf Löschung ein, wenn eine Stelle abschließend besetzt wurde und es hierfür keine Anfechtungsgründe bzw. keine Grundlagen für die Geltendmachung von Ansprüchen durch Bewerber mehr gibt.

2. Widerruf einer Einwilligung (Abs. 1 Buchst. b)

16 Eine **unverzügliche Löschung** muss nach Abs. 1 **Buchst. b** erfolgen, wenn eine betroffene Person eine erteilte **Einwilligung widerruft** und wenn es für die Verarbeitung keine anderweitige Rechtsgrundlage gibt. Die Regelung bezieht sich auf Einwilligungen, die gemäß Art. 6 Abs. 1 Buchst. a oder Art. 9 Abs. 2 Buchst. a erteilt wurden.

17 Wird das **Widerspruchsrecht** ausgeübt, bedarf es der expliziten Geltendmachung des »Rechts auf Löschung« eigentlich nicht, da sich die Notwendigkeit einer Löschung der auf der Grundlage einer Einwilligung verarbeiteten Daten konkludent aus dem Widerruf ergibt.[14]

18 Inhaltlich bezieht sich der Widerruf einer Einwilligung ausschließlich auf die Daten, die allein auf dieser Grundlage verarbeitet wurden. Dies ist beispielsweise der Fall, wenn im Rahmen eines **Beschäftigungsverhältnisses** die Veröffentlichung eines Fotos in einem betrieblichen Intranet ausschließlich auf der Grundlage einer Einwilligung erfolgte. Nach dem Widerruf muss das Foto gelöscht werden.[15] Etwas anders kann gelten, wenn in diesem Rahmen eine vertragliche Verpflichtung für eine entsprechende Verarbeitung besteht, etwa für den angestellten Pressesprecher eines Unternehmens.

3. Widerspruch gegen eine Verarbeitung (Abs. 1 Buchst. c)

19 Das in Abs. 1 **Buchst. c** enthaltene Recht auf Löschung bezieht sich auf das **Widerspruchsrecht** aus **Art. 21**. Nimmt eine betroffene Person dieses berechtigt wahr, muss die weitere Verarbeitung ihrer personenbezogenen Information unterbleiben (vgl. zu Einzelheiten Art. 21 Rn. 2ff.). Allerdings muss in diesen Fällen neben dem Widerspruchsrecht nach Art. 21 das **Löschungsrecht** nach Art. 17 Buchst. c **ausdrücklich in Anspruch genommen werden.**[16]

---

13 Vgl. zur Rechtsprechung etwa BAG 19.7.2012 – 2 AZR 782/11.

14 Vgl. Sydow-*Peuker*, Art. 17 Rn. 20.

15 Vgl. DWWS-*Däubler*, Art. 17 Rn. 12.

16 Vgl. DWWS-*Däubler*, Art. 17 Rn. 13.

4. Unrechtmäßige Verarbeitung (Abs. 1 Buchst. d)

Die Verpflichtung zur Löschung nach Abs. 1 **Buchst. d** ist eine Art **Auffangtatbestand**, der dann zur Anwendung kommt, wenn unrechtmäßige Verarbeitungen von personenbezogenen Informationen erfolgen, die nicht von den Tatbeständen in Buchst. a bis c bzw. e und f erfasst werden.[17] Eine unrechtmäßige Verarbeitung liegt weiterhin vor, wenn es sich um unrichtige oder unvollständige Daten handelt.[18] Die Verarbeitung unrichtiger Daten steht im direkten Widerspruch zum Grundsatz der Richtigkeit in Art. 5 Abs. 1 Buchst. a. Insoweit ist schon nach dieser allgemeinen Vorgabe die Beendigung einer Verarbeitung sowie eine Löschung erforderlich.[19] Die Unrechtmäßigkeit einer Verarbeitung personenbezogener Informationen ist auch dann gegeben, wenn keiner der in Art. 6 Abs. 1 genannten Erlaubnistatbestände erfüllt bzw. anwendbar ist. 20

5. Rechtliche Löschungspflicht (Abs. 1 Buchst. e)

Eine Verpflichtung zur unverzüglichen Löschung besteht nach Abs. 1 **Buchst. e**, wenn Verantwortliche einer entsprechenden **rechtlichen Verpflichtung** nach dem Recht der EU oder dem eines Mitgliedsstaates unterliegen und wenn insoweit die Löschung **erforderlich** ist. Es muss sich um eine **Rechtspflicht** nach objektivem Recht handeln, beispielsweise um die Pflicht zur Löschung von Bestandsdaten durch einen Anbieter von Telekommunikationsdienstleistungen nach Beendigung des Vertragsverhältnisses gemäß § 95 Abs. 3 Satz 1 TKG.[20] Hingegen reicht eine von einem Verantwortlichen vertraglich eingegangenen Löschfrist gegenüber einem Dritten zur Begründung eines Rechts auf Löschung nach Buchst. e nicht aus.[21] 21

Eine Verpflichtung zur Löschung nach Abs. 1 Buchst. e kann sich auch aus **rechtskräftigen Gerichtsentscheidungen** ergeben.[22] Beispielsweise besteht eine Verpflichtung zur Löschung bezüglich lange zurückliegender und nicht mehr relevanter Abmahnungen.[23] 22

---

17 Vgl. Sydow-*Peuker*, Art. 17 Rn. 25.
18 Vgl. Gola-*Nolte/Werkmeister*, Art. 17 Rn. 25.
19 Vgl. DWWS-*Däubler*, Art. 17 Rn. 16.
20 Vgl. Gola-*Nolte/Werkmeister*, Art. 17 Rn. 26.
21 Vgl. Kühling/Buchner-*Herbst*, Art. 17 Rn. 30.
22 Vgl. DWWS-*Däubler*, Art. 17 Rn. 17.
23 Vgl. BAG 19.7.2012 – 2 AZR 782/11.

6. Personenbezogene Daten eines Kindes in Bezug auf Dienste der Informationsgesellschaft (Abs. 1 Buchst. f)

23 Eine Verpflichtung zur Löschung nach Abs. 1 **Buchst. f** besteht, wenn ein Kind eine Einwilligung in Bezug auf Dienste der Informationsgesellschaft gemäß Art. 8 Abs. 1 erteilt hat. Dieses Recht auf Löschung besteht unabhängig davon, ob die Einwilligung wirksam oder unwirksam war und zu einer entsprechend zulässigen oder unzulässigen Verarbeitung personenbezogener Informationen geführt hat.[24]

IV. Öffentlich gemachte personenbezogene Daten und Informationspflichten der Verantwortlichen (Abs. 2)

24 Durch die Regelung in **Abs. 2** soll dem »**Recht auf Vergessenwerden**« bei der Verarbeitung von Daten im »**Netz**« mehr Geltung verschafft werden. Dies gilt insbesondere dann, wenn Verantwortliche personenbezogene Daten dort öffentlich gemacht haben (vgl. ErwGr 66). Bei der Regelung handelt es ich um eine **Spezialvorschrift** zu der in Art. 19 enthaltenen allgemeinen Mitteilungspflicht, die Verantwortliche gegenüber den Empfängern von Daten haben.

25 Die spezielle Mitteilungspflicht nach Abs. 2 wird durch ein **Verlangen** der betroffenen Personen ausgelöst. Das Verlangen ist an keine spezielle Form gebunden und kann deshalb insbesondere schriftlich, in elektronischer Form oder auch mündlich erklärt werden. Mit Blick auf die in Art. 12 Abs. 2 enthaltene **Erleichterungspflicht** können an ein Verlangen insoweit keine hohen Anforderungen gestellt werden. Es kann deshalb auch **explizit** oder **konkludent** geäußert werden.[25] Im Ergebnis muss für den Verantwortlichen nur erkennbar sein, dass eine betroffene Person vom Recht auf Löschung auch bezogen auf öffentlich gemachte Daten Gebrauch macht. In der Umkehrung bedeutet dies, dass ohne eine gleich wie geartete Initiative von betroffenen Personen die Verpflichtung nach Abs. 2 nicht einsetzt.[26]

26 Die Verpflichtung nach Abs. 2 knüpft daran an, dass ein Verantwortlicher personenbezogene Daten **öffentlich gemacht hat**. Ein »**Öffentlichmachen**« i. S. v. Abs. 2 liegt vor, wenn personenbezogene Daten einer unbegrenzten Zahl von Personen zugänglich gemacht werden, beispielsweise durch die Veröffentlichung auf einer Webseite oder in einem Informationsportal.[27] Es erfordert in diesem Sinne jeweils ein aktives und vorsätzliche Handeln eines Verantwortlichen. Erfolgt hingegen eine Veröffentlichung gegen den Willen

24 Vgl. Sydow-*Peuker*, Art. 17 Rn. 29.

25 Vgl. Ehmann/Selmayr-*Kamann/Braun*, Art. 17 Rn. 45.

26 Vgl. DWWS-*Däubler*, Art. 17 Rn. 27.

27 Vgl. EuGH 6. 11. 2003 – C 101/01.

eines Verantwortlichen und ggf. über Dritte (insbesondere »Hacker«), so wird der Tatbestand des »Öffentlichmachens« nicht erfüllt.[28]

Gibt es bezüglich öffentlich gemachter personenbezogener Daten ein **Verlangen der betroffenen Person** gemäß Abs. 1, müssen Verantwortliche die Notwendigkeit der Löschung gegenüber anderen Verantwortlichen, die diese Daten ebenfalls verarbeiten, durch eine entsprechende Information wahrnehmbar machen. Aus der Information leitet sich dann wiederum eine Löschungsverpflichtung zulasten der weiteren Verantwortlichen ab, soweit diese durch die DSGVO gerechtfertigt ist. Die Information muss sich an alle möglichen und denkbaren Verantwortlichen richten und nicht nur an die, denen personenbezogene Daten im Rahmen der Öffentlichkeitsmachung mitgeteilt wurden.[29] Praktisch kann diese Informationspflicht insbesondere durch Mitteilungen umgesetzt werden, die auf denselben Wegen erfolgen wie die ursprüngliche Öffentlichmachung. Dabei ist der Kreis der Verantwortlichen, die informiert werden, nicht auf solche Personen oder Stellen begrenzt, die dem Anwendungsbereich der DSGVO unterliegen.[30] 27

Die **Verpflichtung** der Verantwortlichen zur Löschung wird durch eine Reihe unbestimmter Rechtsbegriffe **relativiert**. So müssen sie unter **Berücksichtigung der verfügbaren Technologie** und der **Implementierungskosten angemessene Maßnahmen treffen**, um die Informationen an andere Verantwortliche weiterzuleiten. Welche Maßnahmen dies sind, müssen Verantwortliche im Rahmen einer Interessenabwägung und im Bereich der Verhältnismäßigkeit prüfen und ggf. umsetzen. In der Praxis kann dies etwa dazu führen, dass Verantwortliche eine Veröffentlichung auf der eigenen Webseite für ausreichend halten.[31] Im Extremfall kann das Ergebnis aber auch sein, dass ein Verantwortlicher **gar keine Maßnahmen vornimmt**, weil er diese insgesamt für unangemessen hält.[32] 28

Erhalten andere Verantwortliche eine entsprechende Information, müssen sie eigenständig nur dann tätig werden, wenn sie ebenfalls eine Pflicht zur Löschung trifft. Dies gilt insbesondere dann, wenn sie über keine eigenständige datenschutzrechtliche Grundlage zur weiteren Verarbeitung verfügen. Die Umsetzung dieses Anspruchs stellt sich allerdings aus Sicht der einzelnen betroffenen Personen äußerst problematisch dar, zumal dann, wenn andere Verantwortliche im Ausland und ggf. außerhalb der EU angesiedelt sind. 29

Differenziert stellt sich die Situation im Rahmen von **Beschäftigungsverhältnissen** dar. Hier ist davon auszugehen, dass der Beschäftigten als Ar- 30

28 Vgl. Ehmann/Selmayr-*Kamann/Braun*, Art. 17 Rn. 44.
29 Vgl. Ehmann/Selmayr-*Kamann/Braun*, Art. 17 Rn. 49.
30 Vgl. Kühling/Buchner-*Herbst*, Art. 17 Rn. 53.
31 Vgl. DWWS-*Däubler*, Art. 17 Rn. 29.
32 Vgl. Ehmann/Selmayr-*Kamann/Braun*, Art. 17 Rn. 50.

beitgeber bzw. Auftraggeber gegenüberstehende Verantwortliche Daten mit Blick auf Art. 88 und § 26 Abs. 1 Satz 1 BDSG nur im Rahmen einer bestehenden Erforderlichkeit verarbeiten kann. Leitet er in diesem Rahmen Beschäftigtendaten an andere Verantwortliche weiter, muss es hierfür eine **klare rechtliche Grundlage** geben wie insbesondere ein **Auftragsverhältnis** nach Art. 28. In diesem Rahmen haben Verantwortliche weitaus bessere Möglichkeiten, Löschungsansprüche auf der Grundlage vertraglicher Beziehungen durchzusetzen.

31 Verantwortliche haben im Regelfall **keine Befugnis**, Daten ihrer **Beschäftigten öffentlich zu machen**. Etwas anderes kann ausnahmsweise gelten, wenn bestimmte Beschäftigungsverhältnisse explizit darauf ausgerichtet sind, dass bestimmte Informationen veröffentlicht werden (etwa bezogen auf den Pressesprecher eines großen Unternehmens oder auf Vertriebspersonal, das in eine Werbekampagne im Internet eingebunden ist). In derartigen Fällen müssen aber entsprechende vertragliche Grundlagen bestehen.

32 **Betriebs- oder Personalräte** können die Einhaltung der im vorstehenden Absatz genannten Vorgaben dadurch regulieren, dass sie bezogen auf mitbestimmungspflichtige IT-Systeme oder IT-Anwendungen den Ausschluss bzw. die Begrenzung von Befugnissen zur Veröffentlichung in einschlägigen Kollektivvereinbarungen verankern. Darüber hinaus können sie die Einhaltung dieser Vorgaben im Rahmen bestehender Kontrollrechte überprüfen.

V. Ausnahmen (Abs. 3)

33 Das Recht auf Löschung besteht ebenso wie das Recht auf Vergessenwerden nur, wenn **unrechtmäßige Datenverarbeitungen** erfolgen.[33] Insoweit ist die in Art. 17 enthaltenen Löschungsvorgabe kein absolutes Recht.

34 In **Abs. 3** sind **fünf Ausnahmen** enthalten, bei deren Vorliegen entgegen den Vorgaben in Abs. 1 und 2 keine Löschung erfolgen muss. Die Ausnahmetatbestände sind **eng auszulegen** und die auf dieser Grundlage stattfindenden Datenverarbeitungen sind auf das **für die genannten Zwecke notwendige Maß zu beschränken**.[34] Die Ausnahmen sind erschöpfend und abschließend.[35]

1. Freie Meinungsäußerung und Information (Abs. 3 Buchst. a)

35 Löschungsansprüche bestehen nach Abs. 3 **Buchst. a** nicht, wenn die weitere Verarbeitung personenbezogener Informationen zur **Ausübung des**

33 Vgl. Sydow-*Peuker*, Art. 17 Rn. 57.

34 Vgl. Sydow-*Peuker*, Art. 17 Rn. 58.

35 Vgl. Ehmann/Selmayr-*Kamann/Braun*, Art. 17 Rn. 55.

Rechts auf freie Meinungsäußerung und Informationen erforderlich ist. Diese Vorschrift zielt im Wesentlichen auf journalistische Arbeit, die unter dem Schutz des Grundrechts auf **Pressefreiheit** erfolgt. Allerdings kommt der Meinungs- und Informationsfreiheit kein absoluter Vorrang zu. Obwohl sie in Art. 11 GRCh garantiert ist, muss im Einzelfall stets eine Abwägung mit dem Grundrecht auf Datenschutz in Art. 8 GRCh durchgeführt werden.[36] Vor diesem Hintergrund müssen insbesondere »Personen der Zeitgeschichte« über sie vorhandene Informationen hinnehmen, während »Normalbürgerinnen und -bürger« im Einzelfall ggf. eine Löschung verlangen können.[37]

2. Erfüllung einer rechtlichen Verpflichtung (Abs. 3 Buchst. b)

Eine Löschung muss nach der Regelung in Abs. 3 **Buchst. b** unterbleiben, 36
wenn eine Verarbeitung erforderlich ist, damit Verantwortliche eine ihnen **obliegende rechtliche Verpflichtung** erfüllen können oder weil es um die **Wahrnehmung einer öffentlichen Aufgabe** oder **Ausübung einer öffentlichen Gewalt** geht.

Eine rechtliche Verpflichtung zulasten von Verantwortlichen, die einer 37
Löschung von Daten entgegensteht, kann sich beispielsweise aus Vorgaben des **Steuerrechts** ergeben, wenn hier bestimmte **Dokumentations- und Aufbewahrungsfristen** vorhanden sind. Beispielsweise müssen Geschäftsunterlagen nach den Grundsätzen ordnungsgemäßer Buchführung (GoB) teilweise bis zu zehn Jahren aufbewahrt werden. Hierzu gehören allerdings nicht sämtliche E-Mails von Beschäftigten, sondern nur die, die sich unmittelbar auf Geschäftsvorgange beziehen.[38] Vor diesem Hintergrund haben insbesondere **Arbeitgeber keine Befugnis**, einer von **Beschäftigten** geforderten Löschung älterer E-Mails das Argument bestehender rechtlicher Verpflichtungen entgegenzuhalten, wenn es sich nicht um Geschäftsbriefe im engeren Sinn handelt. Ist die Trennung zwischen Geschäftsbriefen und »einfachen« E-Mails nicht möglich, müssen Verantwortliche Mittel und Wege finden, nur die relevanten Geschäftsunterlagen weiter zu speichern. Alle anderen Informationen müssen gelöscht werden.

Zu den im öffentlichen Interesse liegenden Aufgaben gehören in der Regel 38
die in Art. 6 Abs. 1 Buchst. e genannten Fälle von Verarbeitungen, die im öffentlichen Interesse liegen oder die in Ausübung öffentlicher Gewalt erfolgen, die dem Verantwortlichen übertragen wurde.

36 Vgl. Kühling/Buchner-*Herbst*, Art. 17 Rn. 73.

37 Vgl. insgesamt die Entscheidung zu »Google Spain« EuGH 13.5.2014 – C-131/12.

38 Vgl. *Sendelbeck/Müller*, CuA 6/2018, 23.

3. Öffentliches Interesse im Bereich der öffentlichen Gesundheit (Abs. 3 Buchst. c)

39 Die Regelung in Abs. 3 **Buchst. c** verweist auf die in Art. 9 Abs. 2 Buchst. h und i sowie in Abs. 3 genannten Sachverhalte aus dem Bereich der Gesundheitsvorsorge sowie zum Schutz der öffentlichen Gesundheit (vgl. Art. 9 Rn. 67 ff.).

4. Archiv- und Forschungszwecke sowie statische Zwecke (Abs. 3 Buchst. d)

40 Die Regelung in Abs. 3 **Buchst. d** bezieht sich auf Verarbeitungen für im öffentlichen Interesse liegende Archivzwecke, wissenschaftliche oder historische Forschungszwecke sowie für statische Zwecke. Unter Beachtung von Art. 89 Abs. 1 kommt diese Ausnahme nur zum Tragen, wenn eine Löschung diese Zwecke unmöglich machen oder ernsthaft beeinträchtigen würde.

5. Geltendmachung, Ausübung oder Verteidigung von Rechtsansprüchen (Abs. 3 Buchst. e)

41 Die Regelung in Abs. 3 **Buchst. e** entspricht strukturell der in Art. 9 Abs. 2 Buchst. f (vgl. dort Rn. 62 ff.). Sie zielt darauf ab, die **gerichtliche** oder **außergerichtliche Wahrnehmung von Rechten** sicherzustellen (vgl. ErwGr 111). Durch sie soll die Verteidigung gegen Rechtsansprüche gesichert und Prozessgegnern die Möglichkeit genommen werden, durch Geltendmachung von Löschungsansprüchen Beweismittel gegen sie oder anspruchsbegründete Tatsachen zu vernichten.[39]

42 Die Regelung in Abs. 3 **Buchst. e** kommt nicht zur Anwendung, wenn lediglich eine abstrakte Möglichkeit rechtlicher Auseinandersetzungen besteht, ohne dass diese sich tatsächlich abzeichnen.[40] Etwas anderes kann gelten, wenn es eine hinreichende und begründete Wahrscheinlichkeit für künftige Rechtsstreitigkeiten gibt.[41]

VI. Beschäftigtendatenschutz

43 Das Recht auf Löschung bzw. das Recht auf Vergessenwerden kommt auch im Rahmen von **Beschäftigungsverhältnissen** uneingeschränkt zur Anwendung. Es gilt nicht nur für Beschäftigte und ehemalige Beschäftigte, sondern

39 Plath-*Kamlah*, Art. 17 Rn. 20.

40 Vgl. Kühling/Buchner-*Herbst*, Art. 17 Rn. 83.

41 Vgl. Gola-*Nolte/Werkmeister*, Art. 17 Rn. 48.

auch für Bewerberinnen und Bewerber.[42] In der Praxis werden hierdurch insbesondere alle Formen zweckfreier Vorratsdatenverarbeitung oder von »Big Data-Anwendungen« ausgeschlossen. Arbeitgeber sind in derartigen Fällen als Verantwortliche nach den Vorgaben von Art. 17 Abs. 1 bereits von sich aus verpflichtet, die Daten zu löschen, für deren Verarbeitung es keine klaren Zwecke mehr gibt. Eine beabsichtigte Vorratsdatenspeicherung gehört nicht zu den für die Durchführung eines Beschäftigungsverhältnisses erforderlichen Zwecken. Erst recht gilt dies, wenn Beschäftigte ein entsprechendes Verlangen adressieren.

Dies macht gerade bezogen auf langfristig gespeicherte Unterlagen von Beschäftigten ein Umdenken erforderlich. So gibt es beispielsweise bei einem langjährigen Beschäftigten keinen berechtigten Zweck mehr für die Aufbewahrung von Schulzeugnissen, die mit einer Bewerbung übersandt worden waren, in der Personalakte. Ausreichend ist vielmehr die Speicherung der Nachweise einer bestimmten beruflichen Qualifikation. Gleiches gilt auch für Bewerbungsschreiben oder – bezogen auf laufende Beschäftigungsverhältnisse – für länger zurückliegende Anträge, Arbeitszeitnachweise sowie für Abmahnungen.[43] Verpflichtete sind insoweit in einer Situation, die eine Überprüfung von bestehenden Verfahren unumgänglich macht. 44

Der Löschung steht auch nicht die nur theoretische Möglichkeit von künftigen rechtlichen Auseinandersetzungen i. S. v. Abs. 3 Buchst. e entgegen. Etwas anderes gilt nur dann, wenn tatsächlich Rechtsstreitigkeiten zwischen einem Beschäftigten und einem Arbeitgeber laufen oder wahrscheinlich sind. Dann dürfen die hierfür erforderlichen Unterlagen von einer Löschung ausgenommen werden, auch wenn Beschäftigte diese fordern. 45

VII. Hinweise für Betriebs- oder Personalräte

Das in Art. 17 enthaltene Recht auf Löschung bzw. Recht auf Vergessenwerden ist ein **individuelles Recht**. Insoweit haben Betriebs- oder Personalräte hinsichtlich des datenschutzrechtlich möglichen Handelns von Beschäftigten keine spezifischen Beteiligungsrechte. Bezogen auf die allgemeine Notwendigkeit der Löschung, die den Verantwortlichen unabhängig von einem Verlangen von Beschäftigten trifft, kommen aber die allgemeinen Kontrollrechte zur Anwendung, die sich für Betriebsräte beispielsweise aus § 80 Abs. 1 Nr. 1 BetrVG ableiten. Darüber hinaus können Betriebs- oder Personalräte Löschungsansprüche, die auch nach der DSGVO bestehen, in einschlägigen Betriebs- oder Dienstvereinbarungen verankern, die etwa 46

42 Vgl. *Kröll/Weber*, PersR 5/2019, 23; *Haußmann/Karwatzki/Ernst*, DB 1028, 2697.

43 Für die Löschung von Abmahnungen LAG Sachsen-Anhalt 23.11.2018 – 5 Sa 7/17.

bezogen auf IT-Systeme oder -anwendungen abgeschlossen werden, die zur Verhaltens- oder Leistungskontrolle bestimmt sind.

VIII. Schadensersatz und Geldbuße

47 Kommt es zu Verstößen gegen das Recht auf Löschung bzw. das Recht auf Vergessenwerden, stehen den betroffenen Personen ggf. Schadensersatzansprüche nach Art. 82 zu (vgl. dort Rn. 2ff.).

48 Verstöße gegen die Vorgaben des Art. 17 können zudem nach Art. 83 Abs. 5 Buchst. b die dort genannten Geldbußen auslösen.

Artikel 18 Recht auf Einschränkung der Verarbeitung

(1) Die betroffene Person hat das Recht, von dem Verantwortlichen die Einschränkung der Verarbeitung zu verlangen, wenn eine der folgenden Voraussetzungen gegeben ist:

a) die Richtigkeit der personenbezogenen Daten von der betroffenen Person bestritten wird, und zwar für eine Dauer, die es dem Verantwortlichen ermöglicht, die Richtigkeit der personenbezogenen Daten zu überprüfen,

b) die Verarbeitung unrechtmäßig ist und die betroffene Person die Löschung der personenbezogenen Daten ablehnt und stattdessen die Einschränkung der Nutzung der personenbezogenen Daten verlangt;

c) der Verantwortliche die personenbezogenen Daten für die Zwecke der Verarbeitung nicht länger benötigt, die betroffene Person sie jedoch zur Geltendmachung, Ausübung oder Verteidigung von Rechtsansprüchen benötigt, oder

d) die betroffene Person Widerspruch gegen die Verarbeitung gemäß Artikel 21 Absatz 1 eingelegt hat, solange noch nicht feststeht, ob die berechtigten Gründe des Verantwortlichen gegenüber denen der betroffenen Person überwiegen.

(2) Wurde die Verarbeitung gemäß Absatz 1 eingeschränkt, so dürfen diese personenbezogenen Daten — von ihrer Speicherung abgesehen — nur mit Einwilligung der betroffenen Person oder zur Geltendmachung, Ausübung oder Verteidigung von Rechtsansprüchen oder zum Schutz der Rechte einer anderen natürlichen oder juristischen Person oder aus Gründen eines wichtigen öffentlichen Interesses der Union oder eines Mitgliedstaats verarbeitet werden.

(3) Eine betroffene Person, die eine Einschränkung der Verarbeitung gemäß Absatz 1 erwirkt hat, wird von dem Verantwortlichen unterrichtet, bevor die Einschränkung aufgehoben wird.

Inhaltsübersicht

		Rn.
I.	Allgemeines	1– 2
II.	Voraussetzungen für die Einschränkung der Verarbeitung (Abs. 1)	3–11
	1. Bestreiten der Richtigkeit (Abs. 1 Buchst. a)	5– 8
	2. Unrechtmäßige Verarbeitung (Abs. 1 Buchst. b)	9
	3. Schutz von Rechtsansprüchen (Abs. 1 Buchst. c)	10
	4. Widerspruch (Abs. 1 Buchst. d)	11
III.	Rechtsfolgen der Einschränkung der Verarbeitung (Abs. 2)	12–16
IV.	Unterrichtung vor Aufhebung der Einschränkung (Abs. 3)	17–18
V.	Beschäftigtendatenschutz	19

I. Allgemeines

Die Regelung beinhaltet Tatbestände, bei deren Vorliegen betroffene Personen das Recht haben, vom Verantwortlichen die Einschränkung einer Verarbeitung zu verlangen. Das mit dieser Vorschrift verfolgte Konzept entspricht strukturell dem der **Sperrung** in § 3 Abs. 4 Nr. 4 BDSG a. F.[1] Die Begriffsbestimmung der »Einschränkung der Verarbeitung« enthält Art. 4 Nr. 3 (vgl. dort Rn. 23). 1

In **Abs. 1** sind **Voraussetzungen** genannt, bei deren Vorliegen Einschränkungen der Verarbeitung erfolgen müssen. Die **Rechtsfolgen** einer solchen Einschränkung werden in **Abs. 2** festgelegt. Durch **Abs. 3** werden **Verantwortliche verpflichtet**, betroffene Personen vor einer Aufhebung der Einschränkung zu **unterrichten**. 2

II. Voraussetzungen für die Einschränkung der Verarbeitung (Abs. 1)

Nach der Regelung in **Abs. 1** haben betroffene Personen das Recht, beim Vorliegen der in Abs. 1 **abschließend aufgezählten Voraussetzungen** eine Einschränkung der Verarbeitung zu verlangen.[2] Die in den Buchst. a bis d beschriebenen Tatbestände können auch im Einvernehmen zwischen betroffenen Personen und Verantwortlichen nicht erweitert werden.[3] 3

Das Einschränkungsverlangen kann von betroffenen Personen **in jeder Form** geltend gemacht werden. Verantwortliche sind nach Art. 12 Abs. 2 verpflichtet, die Ausübung dieses Rechts zu erleichtern. Die Wahrnehmung des Anspruchs ist mit Blick auf Art. 12 Abs. 5 **unentgeltlich**. 4

---

1 Vgl. ähnlich ErwGr 67, in dem ebenfalls von »Sperrung« die Rede ist, sowie Gola-*Gola*, Art. 18 Rn. 2.

2 Vgl. Ehmann/Selmayr-*Kamann/Braun*, Art. 18 Rn. 1.

3 Vgl. DWWS-*Däubler*, Art. 18 Rn. 2.

1. Bestreiten der Richtigkeit (Abs. 1 Buchst. a)

5 Eine Einschränkung der Verarbeitung muss nach Abs. 1 **Buchst. a** erfolgen, wenn eine betroffene Person **die Richtigkeit** der personenbezogenen Daten **bestreitet**. Zeitlich dauert die dann vorzunehmende Einschränkung der Verarbeitung so lange, wie der Verantwortliche benötigt, um die Richtigkeit der personenbezogenen Daten zu überprüfen. Ist eine Korrektur unrichtiger Daten erforderlich, muss die **Berichtigung** nach Art. 16 **unverzüglich** erfolgen (vgl. Art. 16 Rn. 6). Die Prüfung darf mit Blick auf Art. 12 Abs. 3 Satz 1 **maximal einen Monat** dauern.[4]

6 Kommt der Verantwortliche im Rahmen seiner Prüfung zu der Feststellung, dass das **Bestreiten** durch eine betroffene Person **unberechtigt** ist, führt das zur Aufhebung der Einschränkung der Verarbeitung. Allerdings bleibt betroffenen Personen in diesem Fall die Möglichkeit einer Berufung auf den Tatbestand in Abs. 1 Buchst. b.[5]

7 Voraussetzung für die Einschränkung der Verarbeitung im Rahmen von Abs. 1 Buchst. a ist ein **Bestreiten der Richtigkeit** durch die betroffene Person. Dieses muss **keine substantiierte Beweisführung** beinhalten, sondern lediglich eine Darlegung, die es dem Verantwortlichen ermöglicht, entsprechende Prüfungen vorzunehmen. Faktisch müssen die bestrittenen Daten von der betroffenen Person deshalb nur so genau bezeichnet werden, wie es ihr möglich ist.[6]

8 Ist im Rahmen der Untersuchung durch den Verantwortlichen nicht zu klären, ob Daten richtig sind oder nicht (sogenannter »non liquet-Fall«), ist mit Blick auf das datenschutzrechtliche Konzept des Verbots mit Erlaubnisvorbehalt von einer unberechtigten Verarbeitung ohne hinreichende Rechtsgrundlage auszugehen.[7] Vorhandene Daten müssen in diesen Fällen vom Verantwortlichen unverzüglich gelöscht werden.

2. Unrechtmäßige Verarbeitung (Abs. 1 Buchst. b)

9 Durch die Regelung in Abs. 1 **Buchst. b** werden betroffene Personen in die Lage versetzt, eine **Einschränkung** der Verarbeitung zu verlangen, wenn diese an sich **unrechtmäßig** ist. Ein entsprechendes Verlangen kann beispielsweise darauf zielen, datenschutzrechtliche oder sonstige Schadensersatzansprüche geltend machen zu können, ohne dass die Verarbeitung weiter stattfindet bzw. ohne dass die vorhandenen Daten gelöscht werden.

---

4 Vgl. SHS-*Dix*, Art. 18 Rn. 4.

5 Vgl. DWWS-*Däubler*, Art. 18 Rn. 3.

6 Vgl. Plath-*Kamlah*, Art. 18 Rn. 5.

7 Vgl. Gola-*Gola*, Art. 18 Rn. 13; DWWS-*Däubler*, Art. 18 Rn. 4.

Auch die Rechtswidrigkeit eines Handelns des Verantwortlichen ka dokumentiert werden.[8]

Voraussetzung für eine Berufung auf Abs. 1 Buchst. b ist, das die **U** **mäßigkeit** einer Verarbeitung **sicher festgestellt** werden kann. J muss eine betroffene Person einerseits wissen, dass die Unrechtmäßigke gegeben ist, und andererseits davon Kenntnis haben, dass Verantwortli eine Löschung der entsprechenden Daten vornehmen wollen.[9] 14

3. Schutz von Rechtsansprüchen (Abs. 1 Buchst. c)

Durch die Regelung in Abs. 1 **Buchst. c** werden betroffene Personen in die Lage versetzt, **Löschungen** durch Verantwortliche **zu verhindern**, wenn sie die entsprechenden personenbezogenen Daten für die Geltendmachung, Ausübung oder Verteidigung bestehender Rechtsansprüche benötigen. Im Ergebnis stellt das Recht nach Abs. 1 Buchst. c einen Anspruch auf **Unterlassung** dar, der die Löschungspflicht gemäß Art. 17 Abs. 1 Buchst. a im Ergebnis aufhebt.[10] Allerdings muss die Geltendmachung, Ausübung oder Verteidigung von Rechtsansprüchen in **absehbarer Zeit** erfolgen oder zu erwarten sein. **Nicht ausreichend** sind lediglich bestehende Möglichkeiten oder abstrakte Vorstellungen.[11]

4. Widerspruch (Abs. 1 Buchst. d)

Abs. 1 **Buchst. d** schafft eine Art »**Bestandsschutz**« für den Zeitraum, in dem geprüft wird, ob ein Widerspruch berechtigt ist oder ob es entgegenstehende überwiegende Gründe des Verantwortlichen für eine Fortsetzung der Verarbeitung gibt (vgl. Art. 21 Rn. 8). Voraussetzung des Anspruchs ist in jedem Fall, dass eine betroffene Person nach den Vorgaben in Art. 21 Abs. 1 einen Widerspruch eingelegt hat. 11

III. Rechtsfolgen der Einschränkung der Verarbeitung (Abs. 2)

Erfolgt eine Einschränkung der Verarbeitung gemäß Abs. 1, dürfen personenbezogene Daten zunächst **weiter gespeichert werden**. Weitergehende Verarbeitungen oder Zweckänderungen sind in dieser Phase aber nur in den in **Abs. 2** genannten Fällen zulässig. 12

Nach der **ersten Alternative** in Abs. 2 können weitergehende Verarbeitungen erfolgen, wenn eine freiwillig erteilte **Einwilligung** der betroffenen Per- 13

8 Vgl. DWWS-*Däubler*, Art. 18 Rn. 5.

9 Vgl. Gola-*Gola*, Art. 18 Rn. 17.

10 Vgl. Kühling/Buchner-*Herbst*, Art. 18 Rn. 21.

11 Vgl. DWWS-*Däubler*, Art. 18 Rn. 7.

sonen nach Art. 7 vorliegt. Damit haben die betroffenen Personen es selbst in der Hand, welchen Verarbeitungen sie zustimmen.

Nach der **zweiten Alternative** in Abs. 2 kann eine weitergehende Verarbeitung zur **Geltendmachung, Ausübung** oder **Verteidigung von Rechtsansprüchen** erfolgen, die der Verantwortliche hat oder geltend macht. Die Regelung entspricht faktisch der in Art. 9 Abs. 2 Buchst. f (vgl. dort Rn. 62ff.) oder – bezogen auf zivilrechtliche Ansprüche – der Regelung in § 24 Abs. 1 Nr. 2 BDSG (vgl. dort Rn. 3ff.).

15 Eine Verarbeitung kann nach der **dritten Alternative** in Abs. 2 zum **Schutz der Rechte Dritter** erfolgen. Bei dieser Regelung handelt es sich um einen nur selten anwendbaren **Ausnahmetatbestand**, der eine **strenge Verhältnismäßigkeitsprüfung** voraussetzt. In deren Ergebnis kann eine Verarbeitung nur zulässig sein, wenn sie sich mit der Abwägung der Rechte des Betroffenen als **unbedingt notwendig** erweist.[12]

16 Die **vierte Alternative** in Abs. 2 lässt eine Verarbeitung aus **Gründen wichtiger öffentlicher Interessen** der EU oder eines Mitgliedsstaats zu. Ein solches Interesse setzt im Regelfall eine eindeutige und **zwingende gesetzliche Grundlage** voraus, die in Abwägung mit den Interessen der betroffenen Personen unzweifelhaft überwiegt.[13]

IV. Unterrichtung vor Aufhebung der Einschränkung (Abs. 3)

17 Durch die Regelung in **Abs. 3** werden Verantwortliche verpflichtet, **betroffenen Personen** vor einer Aufhebung der Einschränkung zu **unterrichten**. Die Unterrichtung muss zeitlich so früh vor einer Aufhebung erfolgen, dass sich betroffene Personen gegen die geplante Aufhebung noch wirksam juristisch zur Wehr setzen können. Eine Alternative kann beispielsweise die **Geltendmachung eines Löschungsrechts** vor Aufhebung der Verarbeitungseinschränkung sein.

18 Die **Unterrichtung** kann **unterbleiben**, wenn sie **offensichtlich überflüssig** ist, weil die Daten vom Verantwortlichen gelöscht werden sollen, was in Übereinstimmung mit der Intention einer betroffenen Person steht.[14]

V. Beschäftigtendatenschutz

19 Die Regelungen zur Einschränkung der Verarbeitung kommen auf **Beschäftigungsverhältnisse uneingeschränkt zur Anwendung**. Damit muss eine Einschränkung der Verarbeitung bezogen auf die Daten einer Abmahnung beispielsweise dann erfolgen, wenn Beschäftigte die Richtigkeit der dort

---

12 Vgl. Gola-*Gola*, Art. 19 Rn. 23; Sydow-*Peuker*, Art. 18 Rn. 24.

13 Vgl. DWWS-*Däubler*, Art. 18 Rn. 14.

14 Vgl. Ehmann/Selmayr-*Kamann/Braun*, Art. 18 Rn. 36.

enthaltenen personenbezogenen Daten bestreiten. Andererseits können Beschäftigte unter Berufung auf Art. 18 vermeiden, dass personenbezogene Daten gelöscht werden, die sie zur Wahrnehmung von arbeitsrechtlichen Ansprüchen gegen einen Arbeitgeber benötigen. Die gesetzlichen Möglichkeiten zur Einschränkung der Verarbeitung werden durch tarifvertragliche Ausschlussfristen oder Löschungsvorgaben im Einzelfall nicht gehemmt.

Artikel 19 Mitteilungspflicht im Zusammenhang mit der Berichtigung oder Löschung personenbezogener Daten oder der Einschränkung der Verarbeitung

Der Verantwortliche teilt allen Empfängern, denen personenbezogenen Daten offengelegt wurden, jede Berichtigung oder Löschung der personenbezogenen Daten oder eine Einschränkung der Verarbeitung nach Artikel 16, Artikel 17 Absatz 1 und Artikel 18 mit, es sei denn, dies erweist sich als unmöglich oder ist mit einem unverhältnismäßigen Aufwand verbunden. Der Verantwortliche unterrichtet die betroffene Person über diese Empfänger, wenn die betroffene Person dies verlangt.

Inhaltsübersicht Rn.

I. Allgemeines ... 1
II. Mitteilungspflicht (Satz 1) ... 2–4
III. Unterrichtungspflicht (Satz 2) ... 5
IV. Beschäftigtendatenschutz ... 6

I. Allgemeines

1 Die Regelung des **Art. 19 ergänzt** die in den Art. 16, 17 Abs. 1 und 18 enthaltenen **Ansprüche** betroffener Personen auf **Berichtigung**, **Löschung** und **Einschränkung der Verarbeitung** ihrer personenbezogenen Daten. Sie schreibt die sogenannte »**Nachberichtspflicht**« fest.[1] Diese zielt darauf, dass datenschutzrechtlich notwendige Korrekturen personenbezogener Daten auch bei den **Empfängern** erfolgen, die diese Informationen von einem Verantwortlichen erhalten haben. Die Begriffsbestimmung der »Empfänger« enthält Art. 4 Nr. 9 (vgl. Art. 4 Rn. 47).

II. Mitteilungspflicht (Satz 1)

2 Nach **Satz 1** der Vorschrift müssen Verantwortliche allen Empfängern, denen sie personenbezogene Daten **offengelegt haben**, automatisch davon Mitteilung machen, dass sie aufgrund eines berechtigten Verlangens

1 Vgl. DWWS-*Däubler*, Art. 19 Rn. 1; Gola-*Gola*, Art. 19 Rn. 3.

betroffener Personen Berichtigungen, Löschungen oder Einschränkungen der Verarbeitung vorgenommen haben.[2] Durch diese Mitteilung sollen Empfänger in die Lage versetzt werden, selbst entsprechende Korrekturen oder Maßnahmen durchzuführen. Die Mitteilungspflicht besteht **nicht bei Daten**, die i.S.v. Art. 17 Abs. 2 **veröffentlicht wurden**.[3]

3 Die **Verpflichtung** ist auf eine **Mitteilung** an die relevanten Empfänger beschränkt. Weitergehende Verpflichtungen wie etwa eine Kontrolle, ob Berichtigungen, Löschungen oder Einschränkungen der Verarbeitung durch die Empfänger durchgeführt wurden, treffen Verantwortliche nicht.[4] Die **Mitteilungspflicht entfällt** nach der Regelung im letzten Halbsatz von Satz 1, wenn sich diese als **unmöglich** erweist. Dies kann etwa der Fall sein, wenn sich die Kontaktdaten von Empfängern etwa durch einen Umzug oder eine Umfirmierung geändert haben.[5] Etwas anderes gilt, wenn sich Veränderungen durch eine einfache Recherche oder Nachfrage nachvollziehen lassen.

4 Die Mitteilungspflicht **entfällt weiterhin**, wenn ihre Umsetzung für Verantwortliche mit einem **unverhältnismäßigen Aufwand** verbunden ist. Die Unverhältnismäßigkeit ist im Rahmen einer Interessenabwägung zwischen dem Verantwortlichen und den betroffenen Personen festzustellen. Unverhältnismäßig kann der Aufwand beispielsweise sein, wenn sich in einer Postanschrift eines Kunden, die ein Verantwortlicher berechtigterweise einer größeren Zahl von Empfängern mitgeteilt hat, im Straßennamen ein Buchstabendreher befindet (»Banhhofstraße« statt »Bahnhofstraße«), der einer korrekten Zustellung von Schriftstücken aber mit hoher Wahrscheinlichkeit nicht entgegensteht. Ein größerer Aufwand ist hingegen etwa dann erforderlich und muss vom Verantwortlichen erbracht werden, wenn im Zusammenhang mit einer Kreditauskunft unzutreffende Bonitätsdaten an Empfänger weitergegeben wurden.

III. Unterrichtungspflicht (Satz 2)

5 Nach **Satz 2** muss ein Verantwortlicher die betroffenen Personen **über Empfänger unterrichten**, denen personenbezogene Daten offengelegt wurden und an die Berichtigungs-, Löschungs- oder Einschränkungsmitteilungen übermittelt werden. Diese Unterrichtung setzt jedoch immer ein **ausdrückliches Verlangen** voraus.

---

2 Vgl. SHS-*Dix*, Art. 19 Rn. 7.
3 Vgl. DWWS-*Däubler*, Art. 19 Rn. 6.
4 Vgl. DWWS-*Däubler*, Art. 19 Rn. 2b.
5 Vgl. Gola-*Gola*, Art. 19 Rn. 16.

IV. Beschäftigtendatenschutz

Die Mitteilungspflichten von Verantwortlichen bestehen auch bezogen auf **Beschäftigtendaten**. Beschäftigte können beispielsweise von ihrem Arbeitgeber verlangen, dass er innerhalb von Konzernstrukturen oder auch im Rahmen von Auftragsverhältnissen mit konzernfremden Unternehmen an alle internen oder externen Empfänger entsprechende Mitteilungen über eine erforderliche Berichtigung, Löschung oder Einschränkung der Verarbeitung macht. Insbesondere innerhalb von Konzernstrukturen ist diesbezüglich im Regelfall davon auszugehen, dass diese Mitteilung jeweils möglich und nicht mit einem unverhältnismäßigen Aufwand verbunden ist. 6

Artikel 20 Recht auf Datenübertragbarkeit

(1) Die betroffene Person hat das Recht, die sie betreffenden personenbezogenen Daten, die sie einem Verantwortlichen bereitgestellt hat, in einem strukturierten, gängigen und maschinenlesbaren Format zu erhalten, und sie hat das Recht, diese Daten einem anderen Verantwortlichen ohne Behinderung durch den Verantwortlichen, dem die personenbezogenen Daten bereitgestellt wurden, zu übermitteln, sofern

a) die Verarbeitung auf einer Einwilligung gemäß Artikel 6 Absatz 1 Buchstabe a oder Artikel 9 Absatz 2 Buchstabe a oder auf einem Vertrag gemäß Artikel 6 Absatz 1 Buchstabe b beruht und

b) die Verarbeitung mithilfe automatisierter Verfahren erfolgt.

(2) Bei der Ausübung ihres Rechts auf Datenübertragbarkeit gemäß Absatz 1 hat die betroffene Person das Recht, zu erwirken, dass die personenbezogenen Daten direkt von einem Verantwortlichen einem anderen Verantwortlichen übermittelt werden, soweit dies technisch machbar ist.

(3) Die Ausübung des Rechts nach Absatz 1 des vorliegenden Artikels lässt Artikel 17 unberührt. Dieses Recht gilt nicht für eine Verarbeitung, die für die Wahrnehmung einer Aufgabe erforderlich ist, die im öffentlichen Interesse liegt oder in Ausübung öffentlicher Gewalt erfolgt, die dem Verantwortlichen übertragen wurde.

(4) Das Recht gemäß Absatz 1 darf die Rechte und Freiheiten anderer Personen nicht beeinträchtigen.

Inhaltsübersicht

		Rn.
I.	Allgemeines	1– 2
II.	Voraussetzungen (Abs. 1)	3–11
III.	Direktübermittlung an neue Verantwortliche (Abs. 2)	12
IV.	Ausnahmen (Abs. 3)	13–15
V.	Schutz der Rechte und Freiheiten anderer Personen (Abs. 4)	16
VI.	Beschäftigtendatenschutz	17–20

I. Allgemeines

1 Das »**Recht auf Datenübertragung**« wurde mit der DSGVO erstmals flächendeckend in den datenschutzrechtlichen Regelungskontext eingefügt. Teilweise wird auch von »**Datenportabilität**« gesprochen.[1] Das Recht zielt darauf ab, betroffenen Personen eine **bessere Kontrolle** ihrer verarbeiteten personenbezogenen Daten zu ermöglichen.[2] Praktisch soll die Vorschrift den Wechsel von einem Anbieter zu einem anderen erleichtern.[3] Das »Recht auf Datenübertragung« kommt in einer Art »Nebeneffekt« auch auf **Beschäftigungsverhältnisse** zur Anwendung.[4]

2 Durch **Abs. 1** wird betroffenen Personen ein **allgemeines Recht auf »Datenübertragbarkeit«** bzw. »**Datenportabilität**« eingeräumt, das allerdings an die dort festgelegten tatsächlichen Vorgaben geknüpft ist. Nach **Abs. 2** können sie in diesen Fällen von einem Verantwortlichen die **direkte Übermittlung** personenbezogener Daten an einen anderen Verantwortlichen verlangen. Durch **Abs. 3** wird einerseits klargestellt, dass das in Art. 17 geregelte **Recht auf Löschung unberührt** bleibt. Andererseits werden Verarbeitungen, die im **öffentlichen Interesse** liegen oder die in Ausübung öffentlicher Gewalt erfolgen, von der Datenübertragbarkeit **ausgenommen**. Durch **Abs. 4** werden **Rechte und Freiheiten anderer Personen** geschützt. Diese dürfen durch die Datenübertragbarkeit nicht beeinträchtigt werden.

II. Voraussetzungen (Abs. 1)

3 **Abs. 1** räumt betroffenen Personen das Recht ein, personenbezogene Daten, die sie bereitgestellt haben, vom Verantwortlichen in einer **strukturierten**, **gängigen** und **maschinenlesbaren Form** zu erhalten. In der Regelung wird ausdrücklich festgelegt, dass es nur um solche personenbezogenen Daten geht, die betroffene Personen selbst **betreffen**. Damit bleiben beispielsweise Beiträge anderer Personen in einem Chat oder in einem ähnlichen Kommunikationsformat vom Recht auf Datenübertragbarkeit ausgeschlossen.

4 Grundlegende Voraussetzung des Rechts auf Datenübertragbarkeit ist, dass **betroffene Personen** einem Verantwortlichen personenbezogene Daten **selbst bereitgestellt haben**. Wann eine solche Bereitstellung vorliegt, leitet sich aus Art. 20 nicht unmittelbar ab. Im Rahmen der angebrachten **weiten Auslegung** des Begriffs der »Bereitstellung«[5] ist davon auszugehen, dass

---

1 Vgl. etwa Gola-*Piltz*, Art. 20 Rn. 1.

2 Vgl. Plath-*Kamlah*, Art. 20 Rn. 1; Paal/Pauly-*Paal*, Art. 20 Rn. 4.

3 Vgl. DWWS-*Däubler*, Art. 20 Rn. 1.

4 Vgl. Gola-*Piltz*, Art. 20 Rn. 7; *Wybitul/Rauer*, ZD 2012, 160.

5 Vgl. hierzu die Feststellung der *Artikel-29-Datenschutzgruppe*, Leitlinien zum Recht auf Datenübertragbarkeit, WP 242, rev. 01 vom 13. 12. 2016 (Arbeitsstand 5. 4. 2017), S. 11; Ehmann/Selmayer-*Kamann/Braun*, Art. 20 Rn. 13.

dieser alle Formen der **aktiven Offenlegung** personenbezogener Daten gegenüber Verantwortlichen erfasst, insbesondere auch die Übermittlung oder Verbreitung von Informationen.[6]

Das Recht auf Datenübertragung bezieht sich auf alle personenbezogenen 5
Informationen, die Verantwortlichen von betroffenen Personen bereitgestellt wurden und die diese betroffenen Personen selbst betreffen. Hinzukommen im Rahmen der vorzunehmenden **weiten Auslegung** auch solche personenbezogenen Informationen, die Verantwortliche im Rahmen eines datenschutzrechtlichen Erlaubnistatbestandes etwa auf der **Grundlage einer Einwilligung** oder im Rahmen der **Erfüllung eines Vertrags** selbst erhoben haben (sogenannte »**beobachtete Daten**«).[7]

Im Rahmen von **Beschäftigungsverhältnissen** gehören zu den von betroffe- 6
nen Personen bereitgestellten personenbezogenen Informationen beispielsweise Daten in einem automatisierten Personalinformationssystem oder eigenständige Eingaben in Foren interner sozialer Netzwerke. Bezogen auf **Bewerber** gehören zu den einschlägigen Daten Informationen, die diese in **betriebsinterne Bewerberdatenbanken** eingegeben haben.

Das Recht auf Datenübertragung setzt voraus, dass die in Abs. 1 **Buchst. a** 7
und b genannten Voraussetzungen gemeinsam erfüllt sind.

Nach **Buchst. a** muss die Verarbeitung entweder auf Grundlage einer **Ein-** 8
willigung nach Art. 6 Abs. 1 Buchst. a oder Art. 9 Abs. 2 Buchst. a beruhen oder auf einem **Vertrag** gemäß Art. 6 Abs. 1 Buchst. b. Andere in Art. 6 Abs. 1 genannte Erlaubnistatbestände lösen das Recht auf Datenübertragbarkeit nicht aus.

Sind die Voraussetzungen in Abs. 1 Buchst. a erfüllt, muss die Verarbeitung 9
der entsprechenden personenbezogenen Daten nach der zweiten Voraussetzung in Abs. 1 **Buchst. b** mit Hilfe eines **automatisierenden Verfahrens** stattfinden. Es kommen insoweit alle automatisierten Verfahren in Betracht, die von der Begriffsbestimmung der Verarbeitung in Art. 4 Nr. 2 erfasst sind (vgl. dort Rn. 15). In der Regel wird es sich hierbei um alle IT-basierenden Verfahren handeln. Grundsätzlich kommt aber auch die Verarbeitung in Karteien in Betracht, soweit diese die Voraussetzungen eines »Dateisystems« im Sinne der Begriffsbestimmung in Art. 4 Nr. 6 erfüllen (vgl. dort Rn. 33f.).

Sind die vorstehenden Voraussetzungen erfüllt, besteht ein Anspruch gegen 10
den Verantwortlichen, die entsprechenden personenbezogenen **Daten** in einem **strukturierten, gängigen** und **maschinenlesbaren Format zu erhalten**. Das Dateiformat muss so ausgestaltet sein, dass die entsprechenden personenbezogenen Daten problemlos durch andere Verantwortliche weiter-

6 Ähnlich Plath-*Kamlah*, Art. 20 Rn. 6; enger Gola-*Piltz*, Art. 20 Rn. 15.

7 Vgl. *Artikel-29-Datenschutzgruppe*, a.a.O.; Ehmann/Selmayr-*Kamann/Braun*, Art. 20 Rn. 13; a.A. Gola-*Piltz*, Art. 20 Rn. 15.

verarbeitet werden können. Allerdings soll keine Pflicht für Verantwortliche bestehen, technisch kompatible Datenverarbeitungssysteme zu übernehmen oder beizubehalten (vgl. ErwGr 67). In jedem Fall muss die Übermittlung aber in einem gängigen Format erfolgen.

11 Betroffene Personen haben das Recht, die ihnen von Verantwortlichen zur Verfügung gestellten Daten **direkt an andere Verantwortliche zu übermitteln**. Hierbei dürfen sie nicht behindert werden. Verantwortliche dürfen deshalb weder rechtliche Hindernisse schaffen, die einer Übermittlung an andere Verantwortliche entgegenstehen, noch technische Formate wählen, die von anderen Verantwortlichen nicht lesbar oder weiterverarbeitbar sind.[8]

III. Direktübermittlung an neue Verantwortliche (Abs. 2)

12 Nach der Regelung in **Abs. 2** können betroffene Personen von den Verantwortlichen, bei denen die Daten ursprünglich verarbeitet wurden, verlangen, dass die sie betreffenden personenbezogenen Informationen von dort direkt an andere Verantwortliche übermittelt werden. Voraussetzung ist, dass eine solche Übermittlung technisch machbar ist. Die Machbarkeit kann dann fehlen, wenn keine kompatiblen Dateiformate zur Verfügung stehen. In allen anderen Fällen muss sie aber auf Verlangen der betroffenen Personen erfolgen, ohne dass die ursprünglichen Verantwortlichen weitere Einwendungen geltend machen können.

IV. Ausnahmen (Abs. 3)

13 Durch **Abs. 3** werden zwei unterschiedliche Begrenzungen des Rechts auf Datenübertragbarkeit festgelegt.

14 Nach Abs. 3 **Satz 1** bleibt das in Art. 17 enthaltene **Recht auf Löschung** vom Recht auf Datenübertragung unberührt. Insoweit kann eine betroffene Person einerseits die Datenübertragung fordern und anschließend die Löschung der entsprechenden Daten beim ursprünglichen Verantwortlichen, soweit die datenschutzrechtlichen Voraussetzungen hierfür erfüllt sind.

15 Durch Abs. 3 **Satz 2** wird eine weitgehende **Bereichsausnahme** für Verarbeitungen personenbezogener Daten begründet, die im **öffentlichen Interesse** liegen oder in **Ausübung öffentlicher Gewalt** erfolgen. Diese Ausnahme richtet sich sowohl an Behörden als auch an alle anderen Verantwortlichen, die hoheitliche Funktionen ausüben. Damit werden beispielsweise Maßnahmen von Banken zur Vermeidung von Geldwäsche auf der Grundlage entsprechender gesetzlicher Regelungen von Art. 20 ausgenommen.[9]

8 Vgl. DWWS-*Däubler*, Art. 20 Rn. 17.

9 Vgl. Plath-*Kamlah*, Art. 20 Rn. 14.

V. Schutz der Rechte und Freiheiten anderer Personen (Abs. 4)

Durch **Abs. 4** soll sichergestellt werden, dass das Recht auf Datenübertragbarkeit zu keiner Beeinträchtigung der Rechte und Freiheiten anderer Personen führt. Soweit deren datenschutzrechtlich geschützte personenbezogene Daten betroffen würden, endet das durch Art. 20 konstituierte Recht auf Datenübertragbarkeit. 16

VI. Beschäftigtendatenschutz

Die Regelungen zur Datenübertragbarkeit und Datenportabilität kommen auch auf **Beschäftigungsverhältnisse** und die dort von Beschäftigten erfassten personenbezogenen Daten uneingeschränkt zur Anwendung. Dieses Ergebnis war vermutlich bei der Schaffung der Regelung des Art. 20 nicht vorausgesehen worden. 17

Das Recht auf Datenübertragung besteht beispielsweise im Rahmen von **Bewerbungsverfahren**, wenn potenzielle Arbeitgeber automatisierte »**Bewerberportale**« einsetzen oder Bewerbungen in anderer Form automatisiert verarbeiten. Werden auf diesen Wegen von Bewerberinnen und Bewerbern personenbezogene Informationen zur Verfügung gestellt, müssen diese auf der Grundlage von Art. 20 insbesondere nach einem gescheiterten Bewerbungsverfahren zur Verfügung gestellt werden. 18

Im Rahmen von **laufenden Beschäftigungsverhältnissen** kann ein Recht auf Datenübertragung beispielsweise gegeben sein, wenn Beschäftigte nach Beendigung einer Tätigkeit personenbezogene Informationen »mitnehmen wollen«, die sie außerhalb ihrer unmittelbaren dienstlichen Pflichten in betriebliche »soziale Netzwerke« eingestellt haben und die nicht bestehenden betrieblichen Geheimhaltungspflichten unterliegen. Hierbei kann es sich etwa um allgemeine Ratschläge zum Umgang mit Kunden aus anderen Kulturkreisen handeln oder um Hinweise zum Stressabbau. Das Recht zur Mitnahme kann sich aber etwa auch auf Daten beziehen, mit denen Beschäftigte ein Spracherkennungssystem auf ihre Stimme »trainiert« haben. 19

Weiterhin kann das Recht auf Datenübertragbarkeit bezogen auf Konzepte und Entwürfe bestehen, die Beschäftigte außerhalb ihrer dienstlichen Verpflichtungen erstellt haben und die außerhalb bestehender Geheimhaltungspflichten angesiedelt sind. Sind diese in betrieblichen Datenbanken gespeichert, kommt das Recht auf Datenübertragbarkeit ebenfalls zur Anwendung. 20

Abschnitt 4
Widerspruchsrecht und automatisierte Entscheidungsfindung im Einzelfall

Artikel 21 Widerspruchsrecht

(1) Die betroffene Person hat das Recht, aus Gründen, die sich aus ihrer besonderen Situation ergeben, jederzeit gegen die Verarbeitung sie betreffender personenbezogener Daten, die aufgrund von Artikel 6 Absatz 1 Buchstaben e oder f erfolgt, Widerspruch einzulegen; dies gilt auch für ein auf diese Bestimmungen gestütztes Profiling. Der Verantwortliche verarbeitet die personenbezogenen Daten nicht mehr, es sei denn, er kann zwingende schutzwürdige Gründe für die Verarbeitung nachweisen, die die Interessen, Rechte und Freiheiten der betroffenen Person überwiegen, oder die Verarbeitung dient der Geltendmachung, Ausübung oder Verteidigung von Rechtsansprüchen.

(2) Werden personenbezogene Daten verarbeitet, um Direktwerbung zu betreiben, so hat die betroffene Person das Recht, jederzeit Widerspruch gegen die Verarbeitung sie betreffender personenbezogener Daten zum Zwecke derartiger Werbung einzulegen; dies gilt auch für das Profiling, soweit es mit solcher Direktwerbung in Verbindung steht.

(3) Widerspricht die betroffene Person der Verarbeitung für Zwecke der Direktwerbung, so werden die personenbezogenen Daten nicht mehr für diese Zwecke verarbeitet.

(4) Die betroffene Person muss spätestens zum Zeitpunkt der ersten Kommunikation mit ihr ausdrücklich auf das in den Absätzen 1 und 2 genannte Recht hingewiesen werden; dieser Hinweis hat in einer verständlichen und von anderen Informationen getrennten Form zu erfolgen.

(5) Im Zusammenhang mit der Nutzung von Diensten der Informationsgesellschaft kann die betroffene Person ungeachtet der Richtlinie 2002/58/EG ihr Widerspruchsrecht mittels automatisierter Verfahren ausüben, bei denen technische Spezifikationen verwendet werden.

(6) Die betroffene Person hat das Recht, aus Gründen, die sich aus ihrer besonderen Situation ergeben, gegen die sie betreffende Verarbeitung sie betreffender personenbezogener Daten, die zu wissenschaftlichen oder historischen Forschungszwecken oder zu statistischen Zwecken gemäß Artikel 89 Absatz 1 erfolgt, Widerspruch einzulegen, es sei denn, die Verarbeitung ist zur Erfüllung einer im öffentlichen Interesse liegenden Aufgabe erforderlich.

Inhaltsübersicht Rn.

I. Allgemeines 1– 3
II. Widerspruchsrecht aufgrund einer besonderen Situation (Abs. 1) 4– 9

III. Direktwerbung und Profiling (Abs. 2) 10–11
IV. Widerspruch gegen Verarbeitung für Direktwerbung (Abs. 3) 12
V. Hinweis auf das Widerspruchsrecht (Abs. 4) 13
VI. Widerspruchsrecht im automatisierten Verfahren (Abs. 5) 14
VII. Widerspruchsrecht bei Verarbeitungen für Forschungszwecke oder für statistische Zwecke (Abs. 6) 15

I. Allgemeines

Die Regelung in Art. 21 räumt betroffenen Personen die Möglichkeit ein, in den genannten Fällen eine rechtmäßige Verarbeitung durch Einlegung eines Widerspruchs allgemein oder für bestimmte Zwecke zu beenden. **1**

Nach **Abs. 1** besteht das Widerspruchsrecht beim **Vorliegen von Gründen**, die sich **aus der besonderen Situation** betroffener Personen ergeben und die sich auf die in Art. 6 Abs. 1 Buchst. e und f enthaltenen Rechtsgrundlagen stützen. Erfolgt ein Widerspruch, darf eine Verarbeitung nur noch dann erfolgen, wenn Verantwortliche das **Überwiegen zwingender schutzwürdiger Gründe** für die Verarbeitung nachweisen können oder wenn es um die **Verteidigung von Rechtsansprüchen** geht. Die Regelung in **Abs. 2** beinhaltet ein Widerspruchsrecht im Bereich der **Direktwerbung** oder des **Profilings, soweit dieses mit Direktwerbung in Verbindung steht**. Widerspricht eine betroffene Person der Verarbeitung ihrer personenbezogenen Daten für **Zwecke der Direktwerbung**, so ist eine entsprechende Verarbeitung nach **Abs. 3** nicht mehr zulässig. Als dritte Konstellation für die Einlegung eines Widerspruchs wird in **Abs. 6** die Verarbeitung personenbezogener Daten zu einer betroffenen Person zu wissenschaftlichen oder historischen Forschungszwecken sowie zu statistischen Zwecken genannt. In diesen Fällen muss die Verarbeitung unterbleiben, soweit sie nicht zur Erfüllung einer im öffentlichen Interesse liegenden Aufgabe erforderlich ist. **2**

Durch die **allgemeine Regelung** in **Abs. 4** werden Verantwortliche verpflichtet, betroffene Personen zum Zeitpunkt der ersten Kommunikation **ausdrücklich auf das** in den Abs. 1 und 2 genannte **Widerspruchsrecht hinzuweisen**. Durch **Abs. 5** wird festgelegt, dass betroffene Personen ihr Widerspruchsrecht **mittels automatisierter Verfahren** ausüben können. **3**

II. Widerspruchsrecht aufgrund einer besonderen Situation (Abs. 1)

Das Widerspruchsrecht in **Abs. 1 Satz 1** bezieht sich nur auf Verarbeitungen, die ihre Rechtsgrundlage in Art. 6 Abs. 1 Buchst. e oder f haben. Einbezogen sind in diesen Fällen auch Formen des »**Profiling**«, die sich auf eine der beiden Rechtsgrundlagen stützen. Art. 6 Abs. 1 **Buchst. e** bezieht sich auf Verarbeitungen im **öffentlichen Interesse** oder in **Ausübung staatlicher** **4**

Gewalt. Art. 6 Abs. 1 Buchst. f beinhaltet eine Verarbeitung zur Wahrung der berechtigten Interessen des Verantwortlichen oder eines Dritten.

5 Alle anderen Erlaubnistatbestände wie insbesondere eine Einwilligung gemäß Art. 6 Abs. 1 Buchst. a werden von diesem Widerspruchsrecht nicht erfasst. Diesbezüglich ist aber zu bedenken, dass die **Rücknahme einer erteilten Einwilligung** nach Art. 7 Abs. 3 **für die Zukunft** als **Widerspruch** gegen die weitere Verarbeitung wirkt.

6 Das Widerspruchsrecht nach Abs. 1 Satz 1 setzt eine **besondere Situation** der betroffenen Person voraus. Es muss sich im Regelfall um Gründe handeln, die bei der ursprünglich vorgenommenen Interessenabwägung keine Berücksichtigung finden konnten, weil sie dem Verantwortlichen nicht bekannt waren. Dies kann etwa der Fall sein, wenn eine betroffene Person erfährt, dass ein enger Verwandter bei einem Facharzt beschäftigt ist, bei dem sie mit einer schweren Erkrankung in Behandlung ist, und wenn sie diese Erkrankung im Familienkreis geheim halten möchte.[1] Eine besondere Situation kann auch dann gegeben sein, wenn Verantwortliche die betroffenen Personen bei der Datenerhebung unter Verstoß gegen die Vorgaben in Art. 13 und 14 nicht ausreichend informiert hatten oder wenn die Gefahr besteht, dass sich Datenschutzverletzungen zulasten betroffener Personen wiederholen.[2] Das Widerspruchsrecht ist nicht geeignet, Verarbeitungen zu unterbinden, die zu einem Ergebnis einer Interessenabwägung verhältnismäßig sind, mit denen die betroffene Person aber nicht einverstanden ist.

7 Dass eine besondere Situation besteht, muss die betroffene Person darlegen. Hierfür ist der Hinweis auf das Bestehen besonderer Gegebenheiten oder eine allgemeine Ausführung nicht ausreichend.

8 Ist ein **Widerspruch** nach Abs. 1 erfolgt, muss die **weitere Verarbeitung** personenbezogener Daten **unterbleiben**. Etwas anderes gilt, wenn die in **Abs. 1 Satz 2** genannten Voraussetzungen erfüllt sind. Einerseits ist dies der Fall, wenn Verantwortliche **zwingende schutzwürdige Gründe** für die Fortsetzung der Verarbeitung nachweisen können, die die Interessen, Rechte und Freiheiten der betroffenen Personen überwiegen. Ob ein solches Überwiegen gegeben ist, muss wiederum in einer Interessenabwägung bewertet werden. Dies kann beispielsweise der Fall sein, wenn Verantwortliche darlegen, dass sie die Verarbeitung bestimmter personenbezogener Daten etwa für Zwecke der Betrugsbekämpfung oder zur Sicherstellung der Daten- und IT-Sicherheit durchführen müssen.[3] Mit Blick auf die zu schützenden Interessen, Grundrechte und Grundfreiheiten der betroffenen Personen sind an das Vorliegen zwingender schutzwürdiger Gründe **hohe Anforderungen** zu stellen.

---

1 Vgl. weitere Beispiele bei Ehmann/Selmayr-*Kamann/Braun*, Art. 21 Rn. 20.

2 Vgl. DWWS-*Däubler*, Art. 21 Rn. 10.

3 Vgl. Ehmann/Selmayr-*Kamann/Braun*, Art. 21 Rn. 23.

Nach der **zweiten Alternative** in **Abs. 1 Satz 2** kann die Verarbeitung nach einem Widerspruch weiter erfolgen, wenn diese der **Geltendmachung, Ausübung** oder **Verteidigung von Rechtsansprüchen** dient. Diesbezüglich gelten die gleichen Grundsätze wie in der Regelung des Art. 9 Abs. 2 Buchst. f (vgl. dort Rn. 62f.). 9

III. Direktwerbung und Profiling (Abs. 2)

Durch die Regelung in **Abs. 2** wird betroffenen Personen ein **weit gefasstes Widerspruchsrecht** gegen Verarbeitungen für Zwecke der Direktwerbung oder des Profilings eingeräumt. Der Begriff der **Direktwerbung** ist weit zu fassen und beinhaltet alle Formen der Ansprache betroffener Personen, beispielsweise durch Zusendung von Briefen, E-Mails, aber auch durch Telefonanrufe oder Ansprachen in »Sozialen Netzwerken«.[4] Der Begriff des Profilings erfasst alle in der Begriffsbestimmung des Art. 4 Nr. 4 genannten Verarbeitungen (vgl. dort Rn. 25ff.). 10

Handelt es sich um eine Verarbeitung von Daten für Zwecke der Direktwerbung oder des Profilings, kann ein Widerspruch unabhängig von der Rechtsgrundlage erfolgen, die für die Verarbeitung gilt.[5] 11

IV. Widerspruch gegen Verarbeitung für Direktwerbung (Abs. 3)

Erfolgt nach **Abs. 3** ein Widerspruch gegen Verarbeitung für Zwecke der Direktwerbung oder des Profilings, gilt ein **absolutes Verbot** für die weitere Verarbeitung für diese Zwecke. Anders als im Fall des Abs. 1 setzt dieses keine weitere Interessenabwägung voraus. 12

V. Hinweis auf das Widerspruchsrecht (Abs. 4)

Durch die Regelung in **Abs. 4** werden Verantwortliche verpflichtet, die betroffene Person spätestens zum Zeitpunkt der ersten Kommunikation **ausdrücklich auf das Widerspruchsrecht** in den Abs. 1 und 2 **hinzuweisen**. Der Hinweis muss in einer verständlichen und von anderer Information getrennten Form erfolgen. Mit Blick auf die Vorgaben in Art. 12 Abs. 1 muss neben einer verständlichen Form auch eine präzise und transparente sowie eine klare und einfache Sprache gewählt werden. Bezogen auf die Fälle der Direkterhebung gemäß Art. 13 ergibt sich aus dieser Regelung kein Unterschied. Soweit die Erhebung entsprechend Art. 14 nicht bei den betroffenen 13

4 Vgl. Kühling/Buchner-*Herbst*, Art. 21 Rn. 26.

5 Vgl. DWWS-*Däubler*, Art. 21 Rn. 15.

Personen erfolgt, leitet sich möglicherweise aus Abs. 4 eine Vorverlegung des Informationszeitpunkts ab.[6]

VI. Widerspruchsrecht im automatisierten Verfahren (Abs. 5)

14 Durch die Regelung in **Abs. 5** wird betroffenen Personen das Recht eingeräumt, ihr Widerspruchsrecht **mittels automatisierter Verfahren** auszuüben. Dieses Recht kann beispielsweise durch entsprechende Einstellung des Browsers (»Do-not-Track«-Einstellungen) ausgeübt werden.[7] Es steht auch Beschäftigten zu, insoweit können Arbeitgeber entsprechende Browser-Einstellungen nicht generell verbieten oder technisch unterbinden.

VII. Widerspruchsrecht bei Verarbeitungen für Forschungszwecke oder für statistische Zwecke (Abs. 6)

15 Die **Sonderregelung** in **Abs. 6** gilt für Verarbeitungen, die für **wissenschaftliche** oder **historische Forschungszwecke** oder für **statische Zwecke** erfolgen. Auch in diesen Fällen können betroffene Personen aus Gründen, die sich aus besonderen Situationen ergeben, einen Widerspruch einlegen. Dieser ist entsprechend der Vorgaben in Abs. 1 zu berücksichtigen. Der Widerspruch entfaltet dann keine Wirkung, wenn die Verarbeitung zur Erfüllung einer im öffentlichen Interesse liegenden Aufgabe erforderlich ist. Mit Blick auf die Interessen, Grundrechte und Grundfreiheiten der betroffenen Personen ist diese Sonderregelung **eng auszulegen**.

Artikel 22 Automatisierte Entscheidungen im Einzelfall einschließlich Profiling

(1) Die betroffene Person hat das Recht, nicht einer ausschließlich auf einer automatisierten Verarbeitung — einschließlich Profiling — beruhenden Entscheidung unterworfen zu werden, die ihr gegenüber rechtliche Wirkung entfaltet oder sie in ähnlicher Weise erheblich beeinträchtigt.

(2) Absatz 1 gilt nicht, wenn die Entscheidung

a) für den Abschluss oder die Erfüllung eines Vertrags zwischen der betroffenen Person und dem Verantwortlichen erforderlich ist,

b) aufgrund von Rechtsvorschriften der Union oder der Mitgliedstaaten, denen der Verantwortliche unterliegt, zulässig ist und diese Rechtsvorschriften angemessene Maßnahmen zur Wahrung der Rechte und

6 Vgl. DWWS-*Däubler*, Art. 21 Rn. 19.

7 Vgl. Kühling/Buchner-*Herbst*, Art. 21 Rn. 43.

Freiheiten sowie der berechtigten Interessen der betroffenen Person enthalten oder

c) mit ausdrücklicher Einwilligung der betroffenen Person erfolgt.

(3) In den in Absatz 2 Buchstaben a und c genannten Fällen trifft der Verantwortliche angemessene Maßnahmen, um die Rechte und Freiheiten sowie die berechtigten Interessen der betroffenen Person zu wahren, wozu mindestens das Recht auf Erwirkung des Eingreifens einer Person seitens des Verantwortlichen, auf Darlegung des eigenen Standpunkts und auf Anfechtung der Entscheidung gehört.

(4) Entscheidungen nach Absatz 2 dürfen nicht auf besonderen Kategorien personenbezogener Daten nach Artikel 9 Absatz 1 beruhen, sofern nicht Artikel 9 Absatz 2 Buchstabe a oder g gilt und angemessene Maßnahmen zum Schutz der Rechte und Freiheiten sowie der berechtigten Interessen der betroffenen Person getroffen wurden.

Inhaltsübersicht Rn.

I.	Allgemeines	1– 2
II.	Unzulässigkeit automatisierter Entscheidungsfindung (Abs. 1)	3–10
III.	Ausnahmen (Abs. 2)	11–18
IV.	Schutzmaßnahmen (Abs. 3)	19–23
V.	Besondere Kategorien personenbezogener Daten (Abs. 4)	24
VI.	Beschäftigtendatenschutz	25–26

I. Allgemeines

Die Regelung in **Art. 22** zielt darauf, die **Erstellung umfassender Persönlichkeitsbilder** zu **verhindern.**[1] Es soll vermieden werden, dass betroffene Personen Entscheidungen oder Maßnahmen unterworfen werden, die ausschließlich auf einer automatisierten Verarbeitung ihrer personenbezogenen Daten beruhen und die für sie rechtliche Wirkungen haben oder die sie in ähnlicher Weise erheblich beeinträchtigen (vgl. ErwGr 71 Satz 1). 1

Nach **Abs. 1** sollen betroffene Personen **keinen Entscheidungen unterworfen** werden, die ihnen gegenüber rechtliche Wirkung entfalten oder sie in ähnlicher Weise erheblich beeinträchtigen, die das **Resultat ausschließlich automatisierter Verarbeitungen** sind. Von diesem Verbot gibt es nach der Regelung in **Abs. 2 drei Ausnahmen**, bei deren Vorliegen automatisierte Entscheidungsfindungen zulässig sein können. Ist eine voll automatisierte Entscheidung für den Abschluss oder die Erfüllung eines Vertrages erforderlich oder liegt eine ausdrückliche Einwilligung betroffener Personen hierfür vor, müssen Verantwortliche nach **Abs. 3 angemessene Schutzvorkehrungen** zugunsten der Rechte und Freiheiten sowie der berechtigten Interessen der betroffenen Personen vorsehen. Durch **Abs. 4** wird festgeschrieben, dass 2

1 Vgl. DWWS-*Weichert*, Art. 22 Rn. 8.

nach Abs. 2 ausnahmsweise zulässige automatisierte Verarbeitungen sich im Regelfall nicht auf **besondere Kategorien personenbezogener Daten** gemäß Art. 9 Abs. 1 beziehen dürfen. Ausnahmen von diesem Verbot sind nur in bestimmten Fällen zulässig.

II. Unzulässigkeit automatisierter Entscheidungsfindung (Abs. 1)

3 **Abs. 1** begründet zugunsten betroffener Personen das Recht, **keiner ausschließlich automatisierten Verarbeitung** einschließlich eines Profilings mit dem Ziel einer Entscheidung oder Maßnahme **unterworfen zu werden**, die ihnen gegenüber eine rechtliche Wirkung entfaltet oder sie in ähnlicher Weise erheblich beeinträchtigt. Der Begriff der »**Entscheidung**« ist **weit zu fassen** und beinhaltet auch alle Arten von Maßnahmen, wie insbesondere die automatische Ablehnung eines Online-Kreditantrags oder einer Bewerbung im Rahmen eines **Online-Anstellungsverfahrens** (vgl. ErwGr 71). Von dieser Art der automatisierten Verarbeitung wird auch das in Art. 4 Nr. 4 definierte »**Profiling**« erfasst (vgl. Art. 4 Rn. 25).

4 Eine **Entscheidung auf Basis einer automatisierten Verarbeitung** liegt vor, wenn sie ohne jegliches menschliche Eingreifen getroffen wird (vgl. ErwGr 71). Vom Begriff erfasst sind jedoch nicht nur automatische Entscheidungsprozesse, sondern auch solche, bei denen Personen deren Ergebnisse vor deren Umsetzung zwar zur Kenntnis nehmen, diese aber nicht mehr durch ein Eingreifen beeinflussen (können).[2]

5 Nicht anwendbar ist die Regelung des Art. 22, wenn **menschliche Prüfungen** der automatisch generierten Ergebnisse erfolgen und wenn diese von den Prüfenden beeinflusst oder verändert werden können. Somit fallen insbesondere vorbereitende Verarbeitungen, etwa **Sprachanalyseverfahren**, die selbst zu keiner Entscheidung führen, **nicht in den Anwendungsbereich** von Abs. 1.[3]

6 Bezogen auf **Bewerbungsverfahren** ist somit dann keine Anwendung des Art. 22 gegeben, wenn vorliegende Bewerberdaten zwar durch ein geeignetes Programm in eine Reihenfolge gebracht werden, die tatsächliche Auswahl von einzuladenden oder einzustellenden Personen dann aber durch Vertreter des Arbeitgebers durchgeführt wird.[4] Anwendbar ist die Vorschrift hingegen, wenn derartige Prozesse ohne menschliches Zutun ablaufen, insbesondere dann, wenn KI-Anwendungen für die Personalauswahl verwendet werden.[5]

---

2 Vgl. DWWS-*Weichert*, Art. 22 Rn. 25.
3 Vgl. DWWS-*Weichert*, Art. 22 Rn. 25.
4 Vgl. Gola-*Schulz*, Art. 22 Rn. 13.
5 Allg. *Wedde*, Automatisierung, S. 15ff.

Entscheidend für den Wegfall der Anwendbarkeit der Regelung in Art. 22 ist, dass **menschliche Entscheidungsfindungen** eine **grundlegende Rolle** spielen. Bei einer Auswahl oder Entscheidung müssen damit Aspekte und Erwägungen zum Tragen kommen, die in dem vorher ablaufenden automatisierten Prozess keine Rolle gespielt haben. Art. 22 wird damit nicht schon dann außer Kraft gesetzt, wenn Menschen an der Entscheidungsfindung nur formal, nicht aber inhaltlich beteiligt sind.[6] Sie müssen vielmehr Entscheidungsprozesse mit eigenen Entscheidungskompetenzen und inhaltlichen Bewertungsspielräumen beeinflussen können.[7] Darauf, ob eine Entscheidung Außenwirkung entfaltet oder nach innen wirkt, kommt es i.R.v Art. 22 Abs. 1 nicht an.[8] 7

Die Regelung in Art. 22 Abs. 1 zielt nur auf Entscheidungen, die gegenüber betroffenen Personen eine rechtliche Wirkung entfalten (Buchst. a) oder durch die sie in ähnlicher Weise erheblich beeinträchtigt werden (Buchst. b). 8

Eine **rechtliche Wirkung** muss sich nicht auf ein Vertragsverhältnis als Ganzes beziehen, sondern kann sich in ihren Konsequenzen auf Teilaspekte beziehen. Handelt es sich beispielsweise um einen **Online-Kaufvertrag**, kann die rechtliche Wirkung die Beschränkung auf bestimmte Zahlungsformen sein (etwa nur Vorauszahlung oder Einzugsermächtigung). Es kann aber auch um die Bewilligung **öffentlicher Leistungen** oder um die **Bewilligung einer Zutrittsberechtigung** gehen.[9] Eine rechtliche Wirkung kann aber auch in einer nach dem AGG unzulässigen Diskriminierung bestehen.[10] 9

Unzulässig sind aus einer automatisierten Verarbeitung folgende Entscheidungen auch dann, wenn sie eine betroffene Person in ähnlicher Weise beeinträchtigen wie eine rechtliche Entscheidung. Nicht erfasst von diesem Tatbestand sind (positive) Begünstigungen.[11] Eine relevante erhebliche Beeinträchtigung kann beispielsweise vorliegen, wenn betroffenen Personen im Ergebnis eines Scoring-Verfahrens bestimmte Arbeitsplatz- oder Weiterbildungsangebote nicht gemacht werden.[12] Dies kann im Rahmen von **Beschäftigungsverhältnissen** beispielsweise der Fall sein, wenn ein Personalinformationssystem älteren Beschäftigten den Zugang zu bestimmten Online-Weiterbildungsangeboten nicht freischaltet. 10

---

6 Vgl. DWWS-*Weichert*, Art. 22 Rn. 25.
7 Vgl. Gola-*Schulz*, Art. 22 Rn. 16.
8 Vgl. DWWS-Weichert, Art. 22 Rn. 26a.
9 Vgl. DWWS-*Weichert*, Art. 22 Rn. 28.
10 Vgl. Gola-*Schulz*, Art. 22 Rn. 24.
11 Vgl. Gola-*Schulz*, Art. 22 Rn. 22.
12 Vgl. DWWS-*Weichert*, Art. 22 Rn. 30.

III. Ausnahmen (Abs. 2)

11 In **Abs. 2** finden sich in den **Buchst. a bis c drei Ausnahmen**, bei denen Entscheidungen auf der Basis automatisierter Verarbeitungen zulässig sind. Die Aufzählung ist **abschließend**.

12 Nach der Regelung in Abs. 2 **Buchst. a** kann eine auf einer automatisierten Verarbeitung personenbezogener Daten beruhende Entscheidung zulässig sein, wenn sie für den **Abschluss** oder die **Erfüllung eines Vertrages** zwischen betroffenen Personen und Verantwortlichen **erforderlich** ist. Die Feststellung der **Erforderlichkeit** muss im Rahmen einer Interessenabwägung erfolgen. Gegeben sein kann die Erforderlichkeit beispielsweise im »E-Commerce«-Bereich, wenn hier vor Vertragsabschluss oder -durchführung eine automatisierte Bonitäts- oder Liquiditätsprüfung erfolgen soll.[13]

13 Der Begriff der Erforderlichkeit ist **eng auszulegen**. Stehen einem Verantwortlichen außerhalb der automatisierten Entscheidungsfindung andere Möglichkeiten oder Methoden zur Verfügung, um ein angestrebtes Ziel zu erreichen, so muss auf diese zwingend zurückgegriffen werden.[14]

14 Bezogen auf **Beschäftigungsverhältnisse** und die diesen zugrundeliegenden Verträge kommt dieser Ausnahmetatbestand regelmäßig **nicht zur Anwendung**, da Verantwortlichen in ihrer Rolle als Arbeitgeber regelmäßig Formen der Entscheidungsfindung zur Verfügung stehen, die außerhalb voll automatisierter Abläufe stehen.

15 Der zweite Ausnahmetatbestand in Abs. 2 **Buchst. b** sieht vor, dass die EU oder einzelne Mitgliedsstaaten diese automatisierten Entscheidungsfindung durch **Rechtsvorschriften** vorsehen kann. Voraussetzung ist, dass die Rechtsvorschriften angemessene Maßnahmen zur Wahrung der Rechte und Freiheiten sowie der berechtigten Interessen der betroffenen Personen enthalten. In jedem Fall müssen Rechtsvorschriften der EU oder der Mitgliedsstaaten angemessene Maßnahmen zur Wahrung der Rechte und Freiheiten sowie der berechtigten Interessen der betroffenen Personen enthalten. Es gelten insoweit die gleichen Grundsätze wie in Abs. 3 (vgl. Rn. 19). Entsprechende nationale Vorschriften enthält das BDSG in den §§ 31 und 37.[15]

16 Eine auf einer automatisierten Verarbeitung beruhende Entscheidungsfindung kann schließlich nach Abs. 3 **Buchst. c** durch eine **ausdrückliche Einwilligung** einer betroffenen Person legitimiert werden. In dieser muss unzweifelhaft zum Ausdruck kommen, dass sie auch für automatisierte

13 Vgl. Ehmann/Selmayr-*Hladjk*, Art. 22 Rn. 11.

14 Vgl. *Artikel-29-Datenschutzgruppe*, Guidelines on Automated individual Decision – Making and Profiling for the purpose of Regulations 2016/67, WP 251, angenommen am 3. 10. 2017, überarbeitet am 6. 2. 2018, S. 13; Ehmann/Selmayr-*Hladjk*, Art. 22 Rn. 11.

15 Vgl. zutreffend DWWS-*Weichert*, Art. 37a; a. A. bezüglich § 31 BDSG SHS-*Scholz*, Art. 22 Rn. 45.

Verarbeitungen erteilt wird. Wird eine solche Einwilligung bezogen auf ein **Bewerbungsverfahren** oder auf ein laufendes **Beschäftigungsverhältnis** erteilt, müssen zudem die in **§ 26 Abs. 2 BDSG** enthaltenen Vorgaben zur Einwilligung beachtet werden.

Zulässig kann eine solche Einwilligung möglicherweise bezogen auf ein **Bewerbungsverfahren** sein, wenn betroffene Personen die notwendigen personenbezogenen Informationen einer größeren Zahl potenzieller Arbeitgeber zur Verfügung stellen wollen. Diese Legitimation endet jedoch, wenn Bewerber in den engeren Kreis potenzieller Beschäftigter aufgenommen werden, da Verantwortlichen in dieser Situation andere Möglichkeiten der Entscheidungsfindung wie insbesondere die persönliche Ansprache zur Verfügung stehen. 17

Im Rahmen **laufender Beschäftigungsverhältnisse** kommt die Einwilligung im Regelfall nicht in Betracht. Ausnahmen können hier etwa gelten, wenn Beschäftigte in einen »Talentpool« aufgenommen werden wollen, von dem sie wissen, dass innerhalb eines Unternehmens oder Konzerns anderen Vorgesetzten oder Abteilungen Hinweise auf vorhandene besondere Fähigkeiten gegeben werden können. 18

IV. Schutzmaßnahmen (Abs. 3)

Nach **Abs. 3** müssen Verantwortliche bezogen auf eine automatisierte Entscheidungsfindung nach den **Buchst. a und c angemessene Maßnahmen** treffen, um die **Rechte und Freiheiten** sowie die berechtigten Interessen der betroffenen Personen **zu wahren**. Dieser Teil von Abs. 3 entspricht inhaltlich einer Vorgabe, die auch in Abs. 2 Buchst. b enthalten ist. Aufgrund dieser Textidentität ist davon auszugehen, dass in allen Fällen des Abs. 2 die in Abs. 3 genannten Maßnahmen greifen, also das Recht auf Erwirkung des Eingreifens einer Person seitens des Verantwortlichen in den Entscheidungsprozess, auf Darlegung des eigenen Standpunkts der betroffenen Person sowie auf Anfechtung einer automatisch getroffenen Entscheidung. 19

Im Ergebnis muss zunächst einmal betroffenen Personen das Recht eingeräumt werden, vom Verantwortlichen die Umwandlung einer voll automatisch getroffenen Entscheidung in ein Verfahren verlangen zu können, in dem **Entscheidungen von Menschen getroffen** werden. Dieses Verfahren schützt betroffene Personen davor, vollends zum Gegenstand computerisierter Entscheidungen zu werden. 20

Weiterhin müssen Verantwortliche sicherstellen, dass betroffene Personen im **Prozess der automatisierten Entscheidungsfindung** die Möglichkeit haben, gegenüber einer so getroffenen Entscheidung oder Maßnahme ihren **eigenen Standpunkt darlegen zu können**. Im Verfahren muss die Möglichkeit bestehen, dass ein Verantwortlicher diesen Standpunkt auch berücksichtigen kann. 21

22 Schließlich müssen betroffene Personen die Möglichkeit einer **Anfechtung** automatisiert getroffener Entscheidungen haben. Im Ergebnis müssen von betroffenen Personen vorgebrachte Argumente vom Verantwortlichen bei der Entscheidungsfindung berücksichtigt werden können.[16]

23 Bezogen auf **Beschäftigungsverhältnisse** bedeutet dies insbesondere, dass Beschäftigten in den Fällen einer vollautomatisierten Entscheidungsfindung von Arbeitgebern jederzeit die Möglichkeit eingeräumt werden muss, diese durch reale Personen überprüfen zu lassen und hierbei auch eigene Standpunkte vorbringen zu können. Kommt es zu personellen Einzelmaßnahmen, stehen den in § 5 Abs. 1 BetrVG genannten Beschäftigten die hiergegen möglichen arbeitsrechtlichen Reaktionswege offen.

V. Besondere Kategorien personenbezogener Daten (Abs. 4)

24 Nach der Regelung in **Abs. 4** sollen Entscheidungen, die auf **automatisierten Verarbeitungen** beruhen, bezogen auf **besondere Kategorien** personenbezogener Daten **grundsätzlich nicht zulässig sein**. Von diesem Grundsatz beinhaltet die Regelung in Abs. 4 allerdings die **Ausnahme**, dass etwas anderes gelten soll, wenn diesbezüglich eine wirksame Einwilligung betroffener Personen vorliegt (Art. 9 Abs. 2 Buchst. a) oder eine Verarbeitung dieser Daten auf der Grundlage des Rechts der EU oder eines Mitgliedsstaats erfolgt (Art. 9 Abs. 2 Buchst. g). Auch in diesen Fällen müssen jedoch angemessene Maßnahmen zum Schutz der Rechte und Freiheiten sowie der berechtigten Interessen der betroffenen Personen getroffen werden (vgl. Abs. 3 Rn. 19).

VI. Beschäftigtendatenschutz

25 Bezogen auf **Beschäftigungsverhältnisse** kommen die durch Art. 22 eingeräumten Möglichkeiten automatisierter Einzelfallentscheidungen einschließlich eines Profilings nur ausnahmsweise in Betracht.[17] Innerhalb von **Bewerbungsverfahren** kann eine solche Möglichkeit in »Massen-Bewerbungsverfahren« bestehen. Sie endet aber im Regelfall, wenn es zu Kontakten zwischen den potenziellen Vertragspartnern kommt, da Verantwortliche von diesem Zeitpunkt an Möglichkeiten der Entscheidungsfindung außerhalb automatisierter Verfahren haben. Eine grundlegende Ausweitung der bestehenden Möglichkeiten automatisierter Entscheidungsfindungen kann in diesen Fällen auch nicht durch eine Einwilligung herbeigeführt werden, soweit diese aus dem durch § 26 Abs. 2 BDSG vorgegebenen Rahmen herausfällt.

---

16 Vgl. Ehmann/Selmayr-*Hladjk*, Art. 23 Rn. 15.

17 Vgl. hierzu allg. *Joos*, NZA 2020, 1216; *Wojak*, DuD 2018, 553.

Bezogen auf **laufende Beschäftigungsverhältnisse** kommt eine Entscheidungsfindung auf Basis automatisierter Verarbeitungen nur ausnahmsweise in Betracht, wenn hierfür eine **ausdrückliche** und **wirksame Einwilligung** der betroffenen Person gegeben ist. Dies kann bezogen auf ein »Talentmanagementsystem« der Fall sein, wenn den betroffenen Beschäftigten entsprechend der Vorgaben in § 12 Abs. 1 dargelegt wurde und klar ist, welche Verfahren hier ablaufen. Nicht einschlägig sind die in Art. 22 enthaltenen Ausnahmen hingegen, wenn in Personalinformationssystemen für die Beschäftigten nicht transparente und nachvollziehbare Prozesse ablaufen. 26

Abschnitt 5
Beschränkungen

Artikel 23 Beschränkungen

(1) Durch Rechtsvorschriften der Union oder der Mitgliedstaaten, denen der Verantwortliche oder der Auftragsverarbeiter unterliegt, können die Pflichten und Rechte gemäß den Artikeln 12 bis 22 und Artikel 34 sowie Artikel 5, insofern dessen Bestimmungen den in den Artikeln 12 bis 22 vorgesehenen Rechten und Pflichten entsprechen, im Wege von Gesetzgebungsmaßnahmen beschränkt werden, sofern eine solche Beschränkung den Wesensgehalt der Grundrechte und Grundfreiheiten achtet und in einer demokratischen Gesellschaft eine notwendige und verhältnismäßige Maßnahme darstellt, die Folgendes sicherstellt:

a) **die nationale Sicherheit;**
b) **die Landesverteidigung;**
c) **die öffentliche Sicherheit;**
d) **die Verhütung, Ermittlung, Aufdeckung oder Verfolgung von Straftaten oder die Strafvollstreckung, einschließlich des Schutzes vor und der Abwehr von Gefahren für die öffentliche Sicherheit;**
e) **den Schutz sonstiger wichtiger Ziele des allgemeinen öffentlichen Interesses der Union oder eines Mitgliedstaats, insbesondere eines wichtigen wirtschaftlichen oder finanziellen Interesses der Union oder eines Mitgliedstaats, etwa im Währungs-, Haushalts- und Steuerbereich sowie im Bereich der öffentlichen Gesundheit und der sozialen Sicherheit;**
f) **den Schutz der Unabhängigkeit der Justiz und den Schutz von Gerichtsverfahren;**
g) **die Verhütung, Aufdeckung, Ermittlung und Verfolgung von Verstößen gegen die berufsständischen Regeln reglementierter Berufe;**

h) Kontroll-, Überwachungs- und Ordnungsfunktionen, die dauernd oder zeitweise mit der Ausübung öffentlicher Gewalt für die unter den Buchstaben a bis e und g genannten Zwecke verbunden sind;
i) den Schutz der betroffenen Person oder der Rechte und Freiheiten anderer Personen;
j) die Durchsetzung zivilrechtlicher Ansprüche.

(2) Jede Gesetzgebungsmaßnahme im Sinne des Absatzes 1 muss insbesondere gegebenenfalls spezifische Vorschriften enthalten zumindest in Bezug auf
a) die Zwecke der Verarbeitung oder die Verarbeitungskategorien,
b) die Kategorien personenbezogener Daten,
c) den Umfang der vorgenommenen Beschränkungen,
d) die Garantien gegen Missbrauch oder unrechtmäßigen Zugang oder unrechtmäßige Übermittlung;
e) die Angaben zu dem Verantwortlichen oder den Kategorien von Verantwortlichen,
f) die jeweiligen Speicherfristen sowie die geltenden Garantien unter Berücksichtigung von Art, Umfang und Zwecken der Verarbeitung oder der Verarbeitungskategorien,
g) die Risiken für die Rechte und Freiheiten der betroffenen Personen und
h) das Recht der betroffenen Personen auf Unterrichtung über die Beschränkung, sofern dies nicht dem Zweck der Beschränkung abträglich ist.

1 Die Regelung in Art. 23 räumt der EU und den Mitgliedsstaaten unter den hier genannten Voraussetzungen die Möglichkeit ein, die **Pflichten und Rechte** gemäß der Art. 12 bis 22, 34 sowie 5 im Wege von Gesetzgebungsmaßnahmen zu **beschränken**. Voraussetzung derartiger Beschränkungen ist, dass der Wesensgehalt der Grundrechte und Grundfreiheiten geachtet wird und dass die Beschränkungen in einer demokratischen Gesellschaft eine notwendige und verhältnismäßige Maßnahme darstellen.

2 Eine **Umsetzung** dieser Möglichkeiten findet sich insbesondere in §§ 32 bis 37 BDSG. Darüber hinaus finden sich weitere Beschränkungen der Pflichten und Rechte, die sich auf die in Art. 89 geregelten Verarbeitungen beziehen, in §§ 27 Abs. 2, 28 Abs. 2 und 29 Abs. 1 BDSG.[1]

1 Vgl. Gola-*Gola*, Art. 23 Rn. 16.

Kapitel IV
Verantwortliche und Auftragsverarbeiter

Abschnitt 1
Allgemeine Pflichten

Artikel 24 Verantwortung des für die Verarbeitung Verantwortlichen

(1) Der Verantwortliche setzt unter Berücksichtigung der Art, des Umfangs, der Umstände und der Zwecke der Verarbeitung sowie der unterschiedlichen Eintrittswahrscheinlichkeit und Schwere der Risiken für die Rechte und Freiheiten natürlicher Personen geeignete technische und organisatorische Maßnahmen um, um sicherzustellen und den Nachweis dafür erbringen zu können, dass die Verarbeitung gemäß dieser Verordnung erfolgt. Diese Maßnahmen werden erforderlichenfalls überprüft und aktualisiert.
(2) Sofern dies in einem angemessenen Verhältnis zu den Verarbeitungstätigkeiten steht, müssen die Maßnahmen gemäß Absatz 1 die Anwendung geeigneter Datenschutzvorkehrungen durch den Verantwortlichen umfassen.
(3) Die Einhaltung der genehmigten Verhaltensregeln gemäß Artikel 40 oder eines genehmigten Zertifizierungsverfahrens gemäß Artikel 42 kann als Gesichtspunkt herangezogen werden, um die Erfüllung der Pflichten des Verantwortlichen nachzuweisen.

Inhaltsübersicht Rn.

I. Allgemeines 1– 2
II. Risiken und durchzuführende Maßnahmen (Abs. 1) 3–17
III. Geeignete Datenschutzvorkehrungen (Abs. 2) 18–19
IV. Nachweis durch Verhaltensregeln und Zertifizierungsverfahren (Abs. 3] 20
V. Hinweise für Betriebs- oder Personalräte 21–24

I. Allgemeines

Art. 24 ist eine »Generalnorm« bzw. »Generalklausel«, durch die Verant- 1
wortlichen die **zentrale Zuständigkeit** für die Sicherstellung einer gesetzeskonformen Verarbeitung zugewiesen wird. Der durch diese Vorschrift festgelegte Pflichtenkreis wird durch die Regelungen zu datenschutzfreundlichen Voreinstellung in Art. 25 und die Vorgaben zur Sicherheit der Verarbeitung personenbezogener Daten in Art. 32 ergänzt. Eine Präzisierung der Handlungspflichten von Verantwortlichen kann in diesem Zusammenhang auch aus der nach Art. 35 durchzuführenden Datenschutz-Folgenabschätzung resultieren. Bei der **Wahrnehmung ihrer Verpflichtungen**

werden die Verantwortlichen durch die nach Art. 37 Abs. 1 benannten **Datenschutzbeauftragten unterstützt**. Die Überwachung der Einhaltung einschlägiger Pflichten wird durch die zuständige **staatliche Aufsichtsbehörde** vorgenommen.

2 Die Regelung in Art. 24 beinhaltet insgesamt einen **risikobasierten Ansatz** des Datenschutzes, der Verantwortlichen unter Berücksichtigung der in **Abs. 1** genannten Faktoren einen Gestaltungsspielraum zuweist. Im verhältnismäßigen Rahmen sind sie nach **Abs. 2** verpflichtet, **geeignete Datenschutzvorkehrungen zu treffen**. Um nachweisen zu können, dass sie ihren gesetzlichen Pflichten nachkommen, können Verantwortliche nach **Abs. 3** die **Einhaltung genehmigter Verhaltensregeln** oder **Zertifizierungsverfahren** darlegen.

II. Risiken und durchzuführende Maßnahmen (Abs. 1)

3 **Verantwortlichen** weist **Abs. 1** eine **alleinige** und **vollständige Zuständigkeit** dafür zu, die **sichere Verarbeitung** personenbezogener Daten zu gewährleisten. Nach der Bestimmung in Abs. 1 **Satz 1** müssen sie deshalb geeignete technische und organisatorische Maßnahmen treffen, um dieses Ziel zu erreichen. Weiterhin müssen sie mit Blick auf ihre nach Art. 5 Abs. 2 bestehende allgemeine Verantwortlichkeit und die damit verbundene Nachweispflicht darlegen können, dass die in Art. 5 Abs. 1 enthaltenen Grundsätze umgesetzt werden. Die Verpflichtung von Verarbeitern beschränkt sich nicht nur auf angemessene Maßnahmen.

4 Der in der Vorschrift verwendete Begriff der »technischen und organisatorischen Maßnahmen« ist mit Blick auf den allgemeinen Schutzzweck der DSGVO **weit auszulegen**. Erfasst werden alle Maßnahmen, die Verantwortliche treffen müssen, um den gesetzlich vorgeschriebenen **Mindeststandard der Datensicherheit** zu erreichen. Es kann sich hierbei sowohl um technische Vorkehrungen wie auch um organisatorische Maßnahmen wie die Schulung und Anweisung eingesetzter Personen handeln.[1]

5 Als **technische Maßnahme** zur Herstellung des Schutzes vor unbefugten Zugriffen auf IT-Systeme kommt etwa die Vergabe sicherer Passwörter oder spezieller Chipkarten in Betracht. In diesen Bereich gehören auch Verschlüsselungsverfahren oder die Schaffung zugriffssicherer VPN-Verbindungen.

6 In den Bereich der **organisatorischen Maßnahmen** gehört etwa die standardmäßige Verankerung eines »Vier-Augen-Prinzips« oder die Protokollierung bestimmter sensibler Tätigkeiten (etwa im Bereich der Systemadministration). Bedeutsame organisatorische Maßnahmen sind auch die Daten-

1 Ähnlich Paal/Pauly-*Martini*, Art. 24 Rn. 20.

minimierung, die frühzeitige Pseudonymisierung sowie die Herstellung der Transparenz zugunsten des Betroffenen (vgl. ErwGr 78).

Wie die erforderlichen technischen und organisatorischen Maßnahmen im Detail ausgestaltet werden, bleibt den Verantwortlichen überlassen. Die Ausgestaltung muss sich an den Kriterien orientieren, die im ersten Halbsatz von Abs. 1 aufgezählt sind. Diese stehen gleichberechtigt nebeneinander und müssen **insgesamt Berücksichtigung finden.**[2] Die Liste ist **nicht abschließend.**[3] Besondere Risiken für Betroffene können beispielsweise auch daraus folgen, dass personenbezogene Daten, die sie betreffen, nicht kontrolliert werden können (vgl. ErwGr 75). Bei der vorzunehmenden Bewertung müssen alle in Art. 4 Nr. 2 genannten Verarbeitungsschritte berücksichtigt werden. Auch der Inhalt von Dateien ist für die vorzunehmende Feststellung relevant. 7

Bei der **Bewertung** geeigneter technischer und organisatorischer Maßnahmen muss die **Art der Verarbeitung** berücksichtigt werden. Relevant ist es insbesondere, ob eine manuelle oder elektronische Verarbeitung stattfindet. Darüber hinaus ist es von Bedeutung, ob personenbezogene Daten im schon räumlich geschützten Bereich einer Betriebsstätte stattfinden und mit dort fest installierten IT-Geräten vorgenommen werden oder ob geschützte Informationen auf mobilen Endgeräten außerhalb des Betriebs unterwegs, bei Kunden oder an heimischen Arbeitsplätzen verarbeitet werden. 8

Der **Umfang der Verarbeitung** steht für das Volumen der verarbeiteten Daten. Weiterhin zielt dieses Kriterium auf die Zahl der betroffenen Personen. Diesbezüglich ist davon auszugehen, dass bei einer großen Zahl auch ein höheres Risiko besteht (vgl. ErwGr 91 Satz 1). Nicht als umfangreich anzusehen sind Verarbeitungen durch einzelne Personen (etwa einen Rechtsanwalt), die sich lediglich auf einzelne Personen beziehen (vgl. ErwGr 91 Satz 4). 9

Für die Bewertung des Umfangs der Verarbeitung hat auch die **zeitliche Komponente** eine Bedeutung. Je länger der Zeitraum der Verarbeitung ist, desto mehr Auswirkungen auf Interessen, Grundrechte und Grundfreiheiten von Betroffenen kann es geben. Eine längere Verarbeitungsdauer macht damit größere Schutzstandards erforderlich. 10

Mit den **Umständen der Verarbeitung** werden alle tatsächlichen und rechtlichen Gegebenheiten einer Verarbeitung bezeichnet. Bei der Bewertung der Relevanz ist es bedeutsam, ob diese Umstände aus Sicht betroffener Personen absehbar und zu erwarten sind.[4] Aus Sicht von **Beschäftigten** leitet sich aus der Möglichkeit, dass ein Arbeitgeber einer Gewerkschaftsmitglied- 11

---

2 Vgl. Paal/Pauly-*Martini*, Art. 24 Rn. 26.

3 Vgl. Plath-*Plath*, Art. 24 Rn. 17.

4 Vgl. Gola-*Piltz*, Art. 24 Rn. 35.

schaft nicht positiv gegenübersteht, ein hohes Schutzbedürfnis bezüglich der Bekanntgabe dieser Information ab.

12 Zu berücksichtigen sind weiterhin die **Zwecke der Verarbeitung**. Da Verantwortliche diese zu Beginn der Verarbeitung selbst festlegen, können sie bereits zu diesem Zeitpunkt einschätzen, wie hoch die Risiken für betroffene Personen sind und welche technischen und organisatorischen Maßnahmen notwendig werden. Ein hoher Schutzstandard muss beispielsweise realisiert werden, wenn von Verantwortlichen Persönlichkeitsprofile erstellt werden sollen oder wenn besondere Kategorien personenbezogener Daten verarbeitet werden.[5] Die Durchführung nach Art. 6 Abs. 4 zulässiger **Zweckänderungen** kann zu einem Anpassungsbedarf bereits getroffener technischer und organisatorischer Maßnahmen führen. Unerheblich ist, ob die von einem Verantwortlichen verfolgten Zwecke eng oder weit gefasst sind.[6]

13 Die zu treffenden technischen und organisatorischen Maßnahmen müssen sich an der **Eintrittswahrscheinlichkeit von Risiken** für die Interessen, Grundrechte und Grundfreiheiten betroffener Personen orientieren. Verantwortliche müssen eine **umfassende Risikobeurteilung** vornehmen, deren Ergebnis Maßnahmen sind, die einer möglicherweise bestehenden Gefahr gerecht werden.[7] Herausragend zu schützen sind Verarbeitungen personenbezogener Daten, deren missbräuchliche Nutzung zu physischen, materiellen oder immateriellen Schädigungen der betroffenen Personen führen könnte (vgl. ErwGr 75 Satz 1).

14 Ein **weiterer Maßstab** für die Ausgestaltung von technischen und organisatorischen Schutzmaßnahmen ist die **Schwere der Risiken für die Rechte und Freiheiten** natürlicher Personen. Hierbei handelt es sich aus dem Blickwinkel der betroffenen Personen um eine Feststellung der Schwere von Risiken, denen sie infolge einer unzulässigen Verarbeitung ihrer personenbezogenen Daten ausgesetzt werden können. Dieses Kriterium zielt letztlich auf die Folgen einer möglichen Verletzung. So hat beispielsweise die unzulässige Bekanntgabe von Informationen über die exponierte weltanschauliche Positionierung für betroffene Personen ohne politische Ambitionen weitaus geringere Folgen als für Bewerber für hohe politische Ämter.

15 Die Feststellung, ob sich aus den für eine Bewertung heranzuziehenden Kriterien **Risiken für die Rechte und Freiheiten** natürlicher Personen ableiten, die besondere technische und organisatorische Maßnahmen erforderlich machen, ist bezogen auf den konkreten Fall im Rahmen einer **Verhältnismäßigkeitsprüfung** festzustellen. Diese muss die notwendigen Bewertungen aus objektiver Sicht treffen (vgl. ErwGr 76 Satz 2). Adäquate

---

5 Vgl. Gola-*Piltz*, Art. 24 Rn. 36.

6 A.A. Paal/Pauly-*Martini*, Art. 24 Rn. 35, nach dem es eine Beziehung zwischen Begrenzungen verfolgter Zwecke und der Risikobewertung gibt.

7 Vgl. Gola-*Piltz*, Art. 24 Rn. 22; SHS-*Petri*, Art. 24 Rn. 11.

technische und organisatorische Maßnahmen, die zu einem herausragend hohen Schutzniveau führen, müssen insbesondere dann getroffen werden, wenn unzulässige Verarbeitungen zu **Diskriminierungen**, **Identitätsdiebstahl** oder **Identitätsbetrug** führen können, wenn sie einen **finanziellen Verlust**, eine **Rufschädigung** oder den **Verlust der Vertraulichkeit** von personenbezogenen Daten zur Folge haben, die einem Berufsgeheimnis unterliegen, oder wenn andere erhebliche wirtschaftliche oder gesellschaftliche Nachteile eintreten können (vgl. ErwGr 75 Satz 1).

16 Verantwortliche sind nach der Regelung in Abs. 1 **Satz 2** verpflichtet, die von ihnen festgelegten technischen und organisatorischen Maßnahmen zu **überprüfen** und ggf. zu **aktualisieren**. Diese Verpflichtung kann nicht auf Datenschutzbeauftragte oder auf staatliche Aufsichtsbehörden verlagert werden.[8] Sind Prüfungen oder Aktualisierungen notwendig, kann auf sie nicht aus Kostengründen verzichtet werden. Ein entsprechender **Abwägungstatbestand**, der auf die Angemessenheit von Maßnahmen unter Berücksichtigung von Kosten abstellt, ist in der Vorschrift **nicht enthalten**.

17 Findet eine adäquate Überprüfung und Aktualisierung der Notwendigkeit von technischen und organisatorischen Maßnahmen nicht statt, stellt dies einen **Pflichtverstoß** dar, der eine Geldbuße nach Art. 83 auslösen kann.

III. Geeignete Datenschutzvorkehrungen (Abs. 2)

18 Zu den in **Abs. 2** genannten technischen und organisatorischen Maßnahmen gehört die **Anwendung geeigneter Datenschutzvorkehrungen** durch Verantwortliche. Der Begriff steht für die Summe aller strukturierten Vorgaben, die Verantwortliche für die Verarbeitung machen müssen, um ihren Verpflichtungen nach der DSGVO gerecht zu werden und um zugleich Verstöße gegen diese Verordnung zu vermeiden.[9] Verantwortliche sind damit verpflichtet, **strukturierte Datenschutzvorkehrungen zu planen** und im Rahmen von technischen und organisatorischen Maßnahmen auch in die Praxis umzusetzen.

19 Die Verpflichtung beschränkt sich auf Vorkehrungen, die in einem **angemessenen Verhältnis** zur Verarbeitungstätigkeit stehen. Damit handelt es sich um keine absolute Vorgabe. Die Eignung von Datenschutzvorkehrungen ist vielmehr im Rahmen einer **Verhältnismäßigkeitsprüfung** festzulegen.

---

8 Vgl. Taeger/Gabel-*Lang*, Art. 24 Rn. 68; SHS-*Petri*, Art. 24 Rn. 19.

9 Vgl. Paal/Pauly-*Martini*, Art. 24 Rn. 14.

IV. Nachweis durch Verhaltensregeln und Zertifizierungsverfahren (Abs. 3)

20 Die Regelung in **Abs. 3** bezweckt die **Stärkung von Selbstregulierungsverfahren** zum Thema Datenschutz durch Verantwortliche. Da die Einhaltung genehmigter Verhaltensregeln in diesem Sinne nur ein »Gesichtspunkt« ist, der für die Erfüllung der gesetzlichen Pflichten durch den Verantwortlichen spricht, leitet sich selbst aus der strikten Einhaltung von Verhaltensregeln oder Zertifizierungsverfahren für Verantwortliche keine Rechtssicherheit ab. Insoweit sind die Effekte dieser Regelung trotz des grundsätzlich positiv zu bewertenden Anknüpfens an Verhaltensregeln und Zertifizierungsverfahrens für die Praxis begrenzt.[10]

V. Hinweise für Betriebs- oder Personalräte

21 Betriebs- oder Personalräte können von Arbeitgebern verlangen, über die **Ergebnisse des** nach **Abs. 1** durchzuführenden **Überprüfungsprozesses** bezüglich zu treffender technischer und organisatorischer Maßnahmen nach allgemeinen kollektivrechtlichen Regeln informiert zu werden. Leiten sich aus dieser Information Hinweise auf das Bestehen von Mitbestimmungstatbeständen ab (etwa bezüglich möglicher Verhaltens- oder Leistungskontrollen durch technische Einrichtungen), muss das gesetzlich vorgeschriebene Mitbestimmungsverfahren vor deren Umsetzung durchgeführt werden und abgeschlossen sein.

22 Bezogen auf **geeignete Datenschutzvorkehrungen** gemäß **Abs. 2** bestehen **allgemeine Informationsrechte** von Betriebs- oder Personalräten. In diesem Rahmen sind ihnen auch die Kriterien mitzuteilen, die in eine durchzuführende Verhältnismäßigkeitsprüfung eingeflossen sind.

23 Werden im Sinne der Regelung in **Abs. 3 Verhaltensregelungen** geschaffen oder **Zertifizierungsverfahren** etabliert, müssen Arbeitgeber ebenfalls die **bestehenden Informations- und Mitbestimmungsrechte** von Betriebs- oder Personalräten **beachten**. Handelt es sich um allgemeine Verhaltensvorgaben für Beschäftigte, kommt aus Sicht von Betriebsräten beispielsweise das Mitbestimmungsrecht nach § 87 Abs. 1 Nr. 1 BetrVG bezüglich der Ordnung des Betriebs und des Verhaltens der Arbeitnehmer im Betrieb in Betracht. Einschlägig sein kann auch das in § 87 Abs. 1 Nr. 6 BetrVG enthaltene Mitbestimmungsrecht bezüglich der Einführung und Anwendung technischer Einrichtungen. Unabhängig von diesen Mitbestimmungsrechten können Betriebs- oder Personalräte darauf hinwirken, durch abgestimmte Verhaltensregelungen oder Zertifizierungsverfahren den Umgang mit per-

---

10 Ähnlich Kühling/Buchner-*Hartung*, Art. 24 Rn. 23.

sonenbezogenen Daten sicherer zu gestalten und einen höheren Schutzstandard zu gewährleisten.

Verarbeiten Betriebs- oder Personalräte bei der Durchführung ihrer gesetzlichen Aufgaben selbst **Beschäftigtendaten**, müssen sie die einschlägigen Datenschutzvorschriften eigenständig einhalten.[11] Diese Erkenntnis hat inzwischen Eingang in einschlägige kollektivrechtliche Regeln wie etwa § 79a BetrVG oder § 69 Satz 1 BPersVG gefunden. Obwohl diese Gremien nicht Verantwortliche im Sinne der Begriffsbestimmung in Art. 4 Nr. 7 DSGVO sind, müssen sie für ihren Bereich eigenständig die erforderlichen technischen und organisatorischen Maßnahmen zum Schutz personenbezogener Daten treffen. Dabei können sie auf Datenschutzkonzepte und Datenschutzmaßnahmen des Arbeitgebers zurückgreifen, wenn sie diese für geeignet halten. Um diese Aufgaben leisten zu können, müssen Betriebs- oder Personalräten die erforderlichen Sachmittel und ggf. personelle Ressourcen zur Verfügung gestellt werden. Darüber hinaus sind einschlägige Schulungs- und Weiterbildungsmaßnahmen zu diesem Thema erforderlich. 24

Artikel 25 Datenschutz durch Technikgestaltung und durch datenschutzfreundliche Voreinstellungen

(1) Unter Berücksichtigung des Stands der Technik, der Implementierungskosten und der Art, des Umfangs, der Umstände und der Zwecke der Verarbeitung sowie der unterschiedlichen Eintrittswahrscheinlichkeit und Schwere der mit der Verarbeitung verbundenen Risiken für die Rechte und Freiheiten natürlicher Personen trifft der Verantwortliche sowohl zum Zeitpunkt der Festlegung der Mittel für die Verarbeitung als auch zum Zeitpunkt der eigentlichen Verarbeitung geeignete technische und organisatorische Maßnahmen — wie z. B. Pseudonymisierung —, die dafür ausgelegt sind, die Datenschutzgrundsätze wie etwa Datenminimierung wirksam umzusetzen und die notwendigen Garantien in die Verarbeitung aufzunehmen, um den Anforderungen dieser Verordnung zu genügen und die Rechte der betroffenen Personen zu schützen.

(2) Der Verantwortliche trifft geeignete technische und organisatorische Maßnahmen, die sicherstellen, dass durch Voreinstellung nur personenbezogene Daten, deren Verarbeitung für den jeweiligen bestimmten Verarbeitungszweck erforderlich ist, verarbeitet werden. Diese Verpflichtung gilt für die Menge der erhobenen personenbezogenen Daten, den Umfang ihrer Verarbeitung, ihre Speicherfrist und ihre Zugänglichkeit. Solche Maßnahmen müssen insbesondere sicherstellen, dass per-

---

11 Vgl. allgemein *Kiesche*, PersR 4/20219, 15; *Steiner/Wedde*, CuA 12/2019, 13; *Thannheiser*, AiB 4/2019, 31; *ders.* PersR 4/2019, 8; *Wedde*, CuA 12/2019, 8; Wedde-*Steiner/Wedde*, Kap. G, Rn. 15ff.

sonenbezogene Daten durch Voreinstellungen nicht ohne Eingreifen der Person einer unbestimmten Zahl von natürlichen Personen zugänglich gemacht werden.

(3) Ein genehmigtes Zertifizierungsverfahren gemäß Artikel 42 kann als Faktor herangezogen werden, um die Erfüllung der in den Absätzen 1 und 2 des vorliegenden Artikels genannten Anforderungen nachzuweisen.

Inhaltsübersicht Rn.

I.	Allgemeines	1– 5
II.	Datenschutz durch Technikgestaltung (Abs. 1)	6–11
III.	Datenschutzfreundliche Voreinstellungen (Abs. 2)	12–18
IV.	Zertifizierungsverfahren (Abs. 3)	19
V.	Hinweise für Betriebs- oder Personalräte	20–22

I. Allgemeines

1 Die durch Art. 25 zulasten von Verantwortlichen geschaffenen Verpflichtungen gab es bisher im deutschen Datenschutzrecht nicht. Die Vorschrift beinhaltet insgesamt ein **Schutzkonzept**, das auf die Sicherstellung des Datenschutzes durch die Gestaltung der verwendeten Technik zielt. Zu den Strategien und Maßnahmen, die Verantwortliche umsetzen müssen, gehört einerseits **Datenschutz durch Technikgestaltung** (»Privacy by Design« oder auch »Data Protection by Design«) und andererseits die Nutzung **datenschutzfreundlicher Voreinstellungen** (»Privacy by Default« oder auch »Data Protection by Default«). In diesem Rahmen sind Verantwortliche verpflichtet, die Verarbeitung personenbezogener Daten generell zu minimieren bzw. vorhandene personenbezogene Informationen so schnell wie möglich zu pseudonymisieren (vgl. ErwGr 78). Um diese Anforderungen erfüllen zu können, müssen Verantwortliche die einzelnen Systeme analysieren.[1]

2 Die in Art. 25 benannten technischen und organisatorischen Maßnahmen zielen in erster Linie auf Vorkehrungen zur Datensicherheit, die in Art. 32 zulasten des Verantwortlichen verankert werden (vgl. Art. 32 Rn. 3 ff.). Darüber hinaus werden im Rahmen einer **weiten Auslegung** auch alle anderen möglichen Schutzvorkehrungen erfasst.[2] Beachten Verantwortliche die gesetzliche Verpflichtung zur Schaffung geeigneter technischer und organisatorischer Maßnahmen in diesem Sinne nicht, kann dies Schadensersatzansprüche betroffener Personen auslösen.

1 Vgl. Sydow-*Mantz*, Art. 25 Rn. 14.

2 Vgl. Paal/Pauly-*Martini*, Art. 25 Rn. 4.

Die in Art. 25 enthaltenen Vorgaben müssen insbesondere beachtet werden, wenn **IT-Systeme eingeführt werden.** Verantwortliche müssen im Rahmen ihrer Auswahlfreiheit sicherstellen, dass die Ausgestaltung dieser Systeme eine datenschutzkonforme Umsetzung notwendiger technischer und organisatorischer Maßnahmen zum Datenschutz ermöglicht. Lässt sich diese Vorgabe nicht realisieren, muss ggf. auf eine Einführung verzichtet oder eine datenschutzverträgliche Alternative gewählt werden. Entsprechendes gilt für Änderungen vorhandener IT-Systeme. 3

Auf Auftragsverarbeiter kommt die Regelung des Art. 25 **nicht unmittelbar** zur Anwendung. Eine **mittelbare Anwendung** folgt jedoch aus den Vorgaben in Art. 28, weil Verantwortliche danach nur solche Auftragnehmer auswählen dürfen, die im Bereich des technischen und organisatorischen Datenschutzes hinreichende Garantien bieten (vgl. Art. 28 Rn. 9). Keine Anwendung findet Art. 25 auf **Hersteller** oder **Anbieter von Produkten, Diensten oder Anwendungen**, mit denen personenbezogene Informationen verarbeitet werden.[3] 4

Die Vorschrift enthält in **Abs. 1** Vorgaben zu technischen und organisatorischen Maßnahmen, durch die **Datenschutz durch Technikgestaltung** sichergestellt werden kann. Hierzu gehört insbesondere die Datenminimierung. In **Abs. 2** werden die Verpflichtungen von Verantwortlichen ausgeführt und detailliert. Hierzu gehört insbesondere die Verankerung **datenschutzfreundlicher Voreinstellungen**. Durch **Abs. 3** wird festgestellt, dass **genehmigte Zertifizierungsverfahren** ein Faktor sind, mit dem die Erfüllung der nach Abs. 1 und 2 bestehenden Pflichten nachgewiesen werden kann. 5

II. Datenschutz durch Technikgestaltung (Abs. 1)

Nach **Abs. 1** sind Verantwortliche verpflichtet, **technische und organisatorische Maßnahmen ein-** und **umzusetzen**, in deren Folge die Verarbeitung personenbezogener Daten den gesetzlichen Vorgaben der DSGVO genügt (»Privacy by Design«). Weiterhin sind die **Rechte der Betroffenen** zu schützen. Insbesondere muss sichergestellt werden, dass die Grundsätze in Art. 5 Abs. 1 zugunsten von betroffenen Personen eingehalten werden.[4] Verantwortliche müssen die technischen und organisatorischen Maßnahmen treffen, die **geeignet sind,** um die Schutzziele zu erreichen, die in Art. 25 genannt sind. Die Maßnahmen müssen **frühestmöglich festgelegt** werden und auf jeden Fall mit Beginn der eigentlichen Verarbeitung greifen. Dies ist im Regelfall die erstmalige Anwendung von Hard- oder Software. Hierzu gehören auch Pilot- oder Testbetriebssituationen. 6

3 Vgl. Ehmann/Selmayr-*Baumgartner*, Art. 25 Rn. 6.

4 Vgl. Kühling/Buchner-*Hartung*, Art. 25 Rn. 14.

7 Die DSGVO lässt offen, welche technischen und organisatorischen Maßnahmen im Einzelfall zu treffen sind. Beispielhaft wird nur die **Pseudonymisierung** benannt. In jedem Fall müssen die in Art. 5 Abs. 1 enthaltenen Grundsätze Beachtung finden und nachweisbar umgesetzt werden.[5]

8 Bei der **Bewertung der Eignung** bestimmter technischer oder organisatorischer Maßnahmen zur Erreichung der in Art. 25 vorgegebenen Schutzziele erfolgt im Rahmen des risikobasierenden Ansatzes der DSGVO eine Abwägung durch den Verantwortlichen. Diesem steht ein **Bewertungs- und Ermessensspielraum** offen. Im Rahmen der damit möglichen Abwägung und Verhältnismäßigkeitsprüfung müssen mit Blick auf die Schutzziele der DSGVO die Betroffenenrechte im Vordergrund stehen und nicht die wirtschaftlichen Interessen des Verantwortlichen.

9 Als **erstes Bewertungskriterium**, das Eingang in den Abwägungsprozess finden muss, nennt Abs. 1 den **Stand der Technik**. Trotz der sich mit dieser Begriffswahl verbindenden Technik- und Entwicklungsoffenheit muss es sich um Technik handeln, die bereits zur Verfügung steht und deshalb auch tatsächlich und unmittelbar eingesetzt werden kann.[6]

10 Ein **weiteres Bewertungskriterium** sind die **Implementierungskosten** der einzusetzenden technischen und organisatorischen Maßnahmen. Hierzu gehören Aufwendungen, die im Zusammenhang mit der unmittelbaren Durchführung von Maßnahmen anfallen. Indirekte Kosten bleiben hingegen ebenso unberücksichtigt wie Folgekosten, die aus eingesetzten technischen und organisatorischen Maßnahmen resultieren.[7]

11 Als **letztes Bewertungskriterium** nennt Abs. 1 Art, Umfang, Umstände und Zweck der Verarbeitung sowie deren unterschiedliche Eintrittswahrscheinlichkeit und die Schwere der mit einer Verarbeitung verbundenen Risiken für Rechte und Freiheiten natürlicher Personen (vgl. wegen der Inhaltsgleichheit Art. 24 Rn. 7ff.). Relevant sind **alle Verarbeitungen** und nicht nur besonders risikoreiche.[8]

III. Datenschutzfreundliche Voreinstellungen (Abs. 2)

12 Die Regelung in **Abs. 2** zielt als für das deutsche Datenschutzrecht neue Konzeption darauf, Datenschutz bereits durch »**datenschutzfreundliche Voreinstellungen**« (»Privacy by Default«) sicherzustellen. Das grundlegende Ziel der Vorschrift ist, eine **datensparsame Verarbeitung** personenbezogener Daten durch automatisierte Voreinstellungen sicherzustellen oder

5 Vgl. DWWS-*Wedde*, Art. 25 Rn. 24ff.

6 Vgl. ähnlich Kühling/Buchner-*Hartung*, Art. 25 Rn. 21; enger Paal/Pauly-*Martini*, Art. 25 Rn. 39c »Allgemein anerkannte Regeln der Technik«.

7 Paal/Pauly-*Martini*, Art. 25 Rn. 36.

8 Kühling/Buchner-*Hartung*, Art. 25 Rn. 20; *Veil*, ZD 2015, 347.

zu unterstützen. Benutzte Produkte, Dienste oder Anwendungen müssen standardmäßig so eingestellt werden, dass stets so wenig Daten wie möglich erhoben und verarbeitet werden.[9]

Die Vorgabe zu datenschutzfreundlichen Voreinstellungen führt im Ergebnis dazu, dass **zweckfreie Vorratsdatenspeicherungen** im Regelfall **unzulässig** sind.[10] Damit muss beispielsweise die permanente Erfassung von Aufenthaltsorten oder Bewegungsmustern unterbleiben. 13

Durch die Regelung in Abs. 2 **Satz 2** werden die **Schutzziele** einer datenschutzfreundlichen Voreinstellung präzisiert. Die in Satz 2 enthaltene Aufzählung ist **abschließend** zu interpretieren. Allerdings sind die verwendeten Bewertungskriterien teilweise so weitgehend, dass im Ergebnis alle Formen und Möglichkeiten von Verarbeitungen erfasst werden.[11] 14

Die Verpflichtung zur Vornahme datenschutzfreundlicher Voreinstellungen bezieht sich auf die **Menge der verarbeiteten Daten**. Unter Beachtung des Grundsatzes der **Datenminimierung** in Art. 5 Abs. 1 Buchst. c müssen damit so wenig Daten wie möglich verarbeitet werden. Weiterhin muss der **Umfang der Datenverarbeitung** berücksichtigt werden (vgl. Art. 24 Rn. 9). Damit soll die Quantität wie auch die Qualität von Verarbeitungen eingeschränkt werden. 15

Durch geeignete Einstellungen müssen weiterhin die **Speicherfristen so kurz wie möglich** gehalten werden. Bei der Ausgestaltung von Systemen muss damit das in Art. 17 enthaltene »Recht auf Vergessen« bedacht werden.[12] 16

Schließlich muss die **Zugänglichkeit** Berücksichtigung finden. In der Praxis kann diese Vorgabe bei Verantwortlichen durch ein internes restriktives Rollen- und Berechtigungskonzept und hiermit verbundene wirksame technische Zugangssperren umgesetzt werden. 17

Durch die Regelung in Abs. 2 **Satz 3** soll insbesondere sichergestellt werden, dass die Zurverfügungstellung personenbezogener Daten an eine unbestimmte Zahl von natürlichen Personen **stets** einen **menschlichen Eingriff** und damit in der Praxis **eine Freigabe** voraussetzt. 18

IV. Zertifizierungsverfahren (Abs. 3)

Die Regelung in **Abs. 3** legt fest, dass **genehmigte Zertifizierungsverfahren** nach Art. 42 ein Faktor sein können, den Verantwortliche heranziehen kön- 19

9 Vgl. Ehmann/Selmayr-*Baumgartner*, Art. 25 Rn. 17; Kühling/Buchner-*Hartung*, Art. 24 Rn. 24.

10 Gola-*Nolte/Werkmeister*, Art. 25 Rn. 30; offener Paal/Pauly-*Martini*, Art. 25 Rn. 46b.

11 Vgl. Kühling/Buchner-*Hartung*, Art. 25 Rn. 27.

12 Vgl. Paal/Pauly-*Martini*, Art. 25 Rn. 51.

nen, um die Erfüllung ihrer Verpflichtungen nach den Abs. 1 und 2 nachzuweisen. Ein vorliegendes Zertifizierungsverfahren ändert den Charakter der Verpflichtung von Verantwortlichen indes nicht.

V. Hinweise für Betriebs- oder Personalräte

20 Verantwortliche sind als Arbeitgeber gegenüber Betriebs- oder Personalräten im Rahmen bestehender kollektivrechtlichen Informationsrechte verpflichtet, die **Kriterien** des durchgeführten Abwägungsprozesses und hieraus resultierende technische und organisatorische Maßnahmen **darzulegen**. Diese Information muss so früh wie möglich erfolgen. Beinhalten technische Maßnahmen die Möglichkeit von Verhaltens- oder Leistungskontrollen, sind die einschlägigen Mitbestimmungsrechte zu beachten.

21 Bezogen auf die einzelnen Kriterien, die Art. 25 beinhaltet, werden viele Betriebs- oder Personalräte fachlich nicht zu einer qualifizieren Bewertung in der Lage sein. Dies gilt insbesondere für den »Stand der Technik«. Dies macht in der Praxis die Hinzuziehung von externen Sachverständigen unumgänglich, deren Beauftragung sich nach einschlägigen Vorgaben richtet (etwa § 80 Abs. 3 BetrVG).

22 Verarbeiten Betriebs- oder Personalräte bei der Erledigung ihrer gesetzlichen Aufgaben selbst Beschäftigtendaten (vgl. hierzu allg. Art. 24 Rn. 24), müssen sie die in der Vorschrift enthaltenen Grundsätze des Datenschutzes durch Technikgestaltung und durch datenschutzfreundliche Voreinstellungen eigenständig berücksichtigen. Soweit sie bezüglich der eingesetzten Technik eigenständige Gestaltungsmöglichkeiten haben, muss beispielsweise auf Anwendungen zurückgegriffen werden, die verarbeitete Daten standardmäßig verschlüsseln (etwa Festplatten in verwendeten Notebooks).

Artikel 26 Gemeinsam Verantwortliche

(1) Legen zwei oder mehr Verantwortliche gemeinsam die Zwecke der und die Mittel zur Verarbeitung fest, so sind sie gemeinsam Verantwortliche. Sie legen in einer Vereinbarung in transparenter Form fest, wer von ihnen welche Verpflichtung gemäß dieser Verordnung erfüllt, insbesondere was die Wahrnehmung der Rechte der betroffenen Person angeht, und wer welchen Informationspflichten gemäß den Artikeln 13 und 14 nachkommt, sofern und soweit die jeweiligen Aufgaben der Verantwortlichen nicht durch Rechtsvorschriften der Union oder der Mitgliedstaaten, denen die Verantwortlichen unterliegen, festgelegt sind. In der Vereinbarung kann eine Anlaufstelle für die betroffenen Personen angegeben werden.

(2) Die Vereinbarung gemäß Absatz 1 muss die jeweiligen tatsächlichen Funktionen und Beziehungen der gemeinsam Verantwortlichen gegen-

über betroffenen Personen gebührend widerspiegeln. Das wesentliche der Vereinbarung wird der betroffenen Person zur Verfügung gestellt.
(3) Ungeachtet der Einzelheiten der Vereinbarung gemäß Absatz 1 kann die betroffene Person ihre Rechte im Rahmen dieser Verordnung bei und gegenüber jedem einzelnen der Verantwortlichen geltend machen.

Inhaltsübersicht Rn.

I.	Allgemeines	1– 2
II.	Gemeinsame Verantwortlichkeit (Abs. 1)	3–11
III.	Vereinbarungsinhalt und Zurverfügungstellung (Abs. 2)	12–13
IV.	Allgemeine Betroffenenrechte (Abs. 3)	14
V.	Beschäftigtendatenschutz	15–18
VI.	Handlungsmöglichkeiten von Betriebs- oder Personalräten	19–21

I. Allgemeines

Durch Art. 26 wird festgelegt, wann eine gleichwertige **gemeinsame Verantwortlichkeit** zwischen mehreren Verantwortlichen besteht. Bei den Verantwortlichen kann es sich um die in der Begriffsbestimmung des Art. 4 Nr. 7 genannten Personen, Behörden, Einrichtungen oder andere Stellen handeln. Die Regelung folgt dem Gedanken, dass es zum Schutz von Rechten und Freiheiten betroffener Personen sowie bezüglich der Verantwortung und Haftung von Verantwortlichen und Auftragnehmern einer klaren Zuteilung der Verantwortlichkeit durch die DSGVO bedarf (vgl. ErwGr 79). 1

In **Abs. 1** sind die **Voraussetzungen** für die Festlegungen einer gemeinsamen Verantwortlichkeit enthalten. Darüber hinaus wird hier festgelegt, dass gemeinsam Verantwortliche eine Vereinbarung schließen müssen. Durch **Abs. 2** wird festgelegt, dass die **abzuschließende Vereinbarung** die betroffenen Personen gegenüber bestehenden Funktionen und Beziehungen gebührend widerspiegeln muss. Bezüglich betroffener Personen legt **Abs. 3** fest, dass diese ihre **Rechte** gegenüber jedem einzelnen Verantwortlichen **geltend machen können**. 2

II. Gemeinsame Verantwortlichkeit (Abs. 1)

Abs. 1 **Satz 1** nennt als zwingende Bedingungen für das Bestehen einer gemeinsamen Verantwortlichkeit, dass zwei oder mehr Verantwortliche gemeinsam die **Zwecke und** die **Mittel zur Verarbeitung** festlegen. **Beide Voraussetzungen** müssen **erfüllt werden**. Damit fehlt eine gemeinsame Verantwortlichkeit beispielsweise, wenn die für die Verarbeitung verwendeten Mittel allein von einem Verantwortlichen festgelegt oder maßgeblich bestimmt werden. Dies ist etwa der Fall, wenn in einem Konzernunternehmen eine zentrale IT-Abteilung allen Tochterunternehmen vorgibt, welche Software zu verwenden ist, oder wenn die Beteiligung an einem Auswahl- 3 prozess für verwendete Software nur formalen Charakter ohne das tatsächliche Bestehen von Einflussmöglichkeiten hat. Anders ist die Situation, wenn innerhalb eines Konzerns alle Entscheidungen über die Ausgestaltung und Nutzung von unternehmensübergreifenden IT-Anwendungen in einer gemeinsamen Kommission einvernehmlich getroffen werden müssen. Mit Blick auf notwendige zentrale Entscheidungsstrukturen ist das Vorliegen einer gemeinsamen Verantwortlichkeit in größeren Konzernstrukturen oder Unternehmensgruppen in der Praxis eher unwahrscheinlich.

4 Die **notwendigen gemeinsamen Festlegungen** müssen **von mindestens zwei Verantwortlichen** getroffen werden. Aus der Begriffsbestimmung in Art. 4. Abs. 7 leitet sich ab, dass beide Verantwortliche jeweils auch eine datenschutzrechtliche Befugnis haben müssen, dieselben personenbezogenen Daten zu verarbeiten. Nur unter der Voraussetzung, dass bezogen auf jeden der Verantwortlichen einer der in Art. 6 Abs. 1 enthaltenen Erlaubnistatbestände erfüllt ist, kann denklogisch überhaupt eine gemeinsame Festlegung zulässiger Verarbeitungszwecke erfolgen. Diese Voraussetzung kann beispielsweise in der Reisebranche erfüllt sein, wenn Reisebüros, Hotels und Fluggesellschaften zur Abwicklung von Buchungsprozessen dasselbe technische System verwenden und hierzu Daten austauschen. Gleiches gilt, wenn Banken bei der Abwicklung von Finanztransaktionen mit Übermittlungsdiensten zusammenarbeiten. In beiden Fällen kann es zu einer gemeinsamen Festlegung von Zwecken und Mitteln kommen.[1]

5 Hat einer der beteiligten Verantwortlichen hingegen **keine datenschutzrechtliche Befugnis** zur Verarbeitung von Daten der anderen an einer Verarbeitung beteiligten Verantwortlichen, scheidet die Begründung bzw. die Feststellung einer gemeinsamen Verantwortlichkeit gem. Art. 26 schon deshalb aus, weil es dann auch keine gemeinsame Festlegung der Verarbeitungszwecke geben kann.[2] Diese kann nur ein Verantwortlicher bestimmen, der zur Verarbeitung datenschutzrechtlich auch befugt ist. Diesbezüglich ist zu bedenken, dass allein aus der Erteilung eines Auftrags nach Art. 28 kein berechtigtes Interesse für eine eigenständige Verarbeitung folgt (vgl. Art. 28 Rn. 5f.). Dies gilt besonders auch in Konzernstrukturen, wenn hier die einzelnen Konzernunternehmen untereinander zur Erledigung von Aufträgen durch umfassende Auftragsverhältnisse nach Art. 28 verbunden sind. Insbesondere lässt sich aus dem Erlaubnistatbestand in Art. 6 Abs. 1 Buchst. f für den Regelfall kein Erlaubnistatbestand ableiten, weil die Wahrung berechtigter Interessen eines Dritten nicht als allgemeiner Auffangtatbestand

1 *Artikel-29-Datenschutzgruppe*, WP 169, 1/2010, S. 24f.

2 Ähnlich i.E. Kühling/Buchner-*Hartung*, Art. 26 Rn. 15ff.; a.A. etwa Gola-*Piltz*, Art. 26 Rn. 8.

anzusehen ist, sondern als Ausnahmeregelung.[3] Dies gilt insbesondere, wenn es sich um eine unternehmensübergreifende Verarbeitung von Beschäftigtendaten handelt (vgl. Rn. 15).

Sind alle an einer gemeinsamen Verarbeitung beteiligten Verantwortlichen zum Umgang mit denselben personenbezogenen Daten legitimiert, müssen sie Festlegungen zu den verfolgten Zwecken und zu den eingesetzten Mitteln zusammen treffen. Eine gemeinsame Festlegung in diesem Sinne setzt nicht zwingend voraus, dass über alle Zwecke oder Mittel vollständiges Einvernehmen besteht. An der notwendigen Gemeinsamkeit fehlt es jedoch, wenn ein Verantwortlicher de facto alle notwendigen Festlegungen allein trifft oder treffen kann.[4] 6

Verfügt nur ein Verantwortlicher über die Berechtigung zur Verarbeitung von bestimmten personenbezogenen Daten, scheitert die Annahme einer gemeinsamen Verantwortlichkeit daran, dass in diesen Fällen **keine gemeinsame Entscheidung** über die Verarbeitungszwecke durch andere Verantwortliche erfolgen kann. Diese Vorgabe steht insbesondere einer gemeinsamen Verarbeitung von **Beschäftigtendaten** entgegen, die nach § 26 Abs. 1 Satz 1 BDSG für Zwecke der Begründung oder Durchführung eines Beschäftigungsverhältnisses erforderlich sind, weil diesbezüglich keine Verarbeitungsbefugnisse anderer Verantwortlicher bestehen (vgl. Rn. 15f.).[5] 7

Gemeinsam festgelegt werden müssen **einerseits die Zwecke** einer Verarbeitung. Mit Blick auf den Grundsatz der Zweckbestimmung in Art. 5 Abs. 1 Buchst. b setzt dies voraus, dass sich die Verantwortlichen bezüglich der Verarbeitung der für eindeutige und legitime Zwecke gemeinsam zu verwendenden Daten absprechen. Gegenstand der Festlegung ist insbesondere eine Verständigung darüber, auf welcher Rechtsgrundlage und mit welchen Zielen die Verarbeitung personenbezogener Daten gemeinsam erfolgen soll. Die Zwecke müssen mit Blick auf den Grundsatz in Art. 5 Abs. 1 Buchst. a rechtmäßig sein. 8

Andererseits müssen Verantwortliche zur Begründung einer gemeinsamen Verantwortlichkeit zusammen über die **Mittel** der Datenverarbeitung entscheiden. Hierzu gehört insbesondere eine gemeinsame Festlegung der verwendeten Hard- und Software sowie die Einstellung dieser Systeme, soweit dies möglich ist. Weiterhin beinhaltet die gemeinsame Festlegung der Mittel im Regelfall auch eine zusammen getroffene Entscheidung darüber, welche Hard- und Software sowie welche Einstellungen zur Anwendung kommen 9

3 Vgl. LAG Baden-Württemberg 25.2.2021 – 17 SA 37/20; v.d. Bussche/Voigt-*v.d. Bussche*, Kapitel 3 Teil 2 Rn. 52.

4 Vgl. SHS-*Petri*, Art. 26 Rn. 14; *Artikel-29-Datenschutzgruppe*, WP 169, 1/2010, S. 23.

5 Für die Notwendigkeit eines datenschutzrechtlichen Erlaubnistatbestands ausdrücklich Taeger/Gabel-*Lang*, Art. 26 Rn. 54.

sollen. Wird diese Entscheidung nur von einem Verantwortlichen getroffen oder haben andere Verantwortliche hier nur formale Festlegungsbefugnisse, spricht dies gegen eine gemeinsame Verantwortlichkeit.

10 Nach der Regelung in Abs. 1 **Satz 2** müssen gemeinsam Verantwortliche **in einer Vereinbarung festlegen**, wen welche Verpflichtungen nach der DSGVO treffen. Hierzu gehört insbesondere eine Feststellung dazu, wer die Wahrung der Rechte der betroffenen Personen sicherstellt. Die Vereinbarung muss nach dem Wortlaut der Vorschrift in **transparenter Form** erfolgen. Deshalb muss sie mit Blick auf die allgemeine Vorgabe in Art. 12 Abs. 1 Satz 1 in präziser, verständlicher und leicht zugänglicher Form sowie in einer klaren und einfachen Sprache abgefasst werden. Die Form der Vereinbarung ist in der DSGVO nicht zwingend vorgegeben. Mit Blick auf die in Art. 5 Abs. 2 verankerte Rechenschaftspflicht der Verantwortlichen ist davon auszugehen, dass diese nur durch eine Vereinbarung in schriftlicher Form entsprechend § 126 BGB oder in elektronischer Form nach § 126a BGB zu erfüllen ist.

11 Nach Abs. 1 **Satz 3** kann in der zu treffenden Vereinbarung eine **Anlaufstelle** für die betroffenen Personen angegeben werden. Erfolgt eine derartige Angabe, steht es Betroffenen aber weiterhin frei, sich mit einem Auskunfts- oder Löschungsersuchen auch an nicht angegebene Verantwortliche zu wenden. Insoweit stellt diese Regelung keine Einschränkung der Rechte der betroffenen Personen dar.

III. Vereinbarungsinhalt und Zurverfügungstellung (Abs. 2)

12 Nach Abs. 2 **Satz 1** muss die Vereinbarung widerspiegeln, in welcher Funktion und Beziehung ein gemeinsamer Verantwortlicher einer betroffenen Person gegenübertritt. Bezogen auf ein Reisebuchungssystem muss sie beispielsweise Aussagen dazu treffen, welche Vertragsbeziehungen die einzelnen Verantwortlichen im Rahmen einer Reisebuchung zu einem Kunden haben und welche Funktionen sie bei der Verarbeitung wahrnehmen. Mit Blick auf die allgemeinen Grundsätze in Art. 12 muss es für betroffene Personen erkennbar und verständlich werden, in welcher Form die einzelnen Verantwortlichen an der Verarbeitung beteiligt sind.[6] Damit müssen gemeinsame Verantwortliche auch »verdeckte« Verarbeitungsprozesse mitteilen, wenn betroffene Personen diese benötigen, um einschätzen zu können, was mit ihren Daten passiert.

13 Um betroffenen Personen eine Einschätzung der bestehenden Verarbeitungssituation zu ermöglichen, muss ihnen nach der Regelung in Abs. 2 **Satz 1** das **Wesentliche** der Vereinbarung **zur Verfügung gestellt werden**. Aus dem Wortlaut folgt eine »Bringschuld« der gemeinsam Verantwort-

6 Vgl. Gola-*Piltz*, Art. 26 Rn. 19.

lichen, in deren Rahmen sie ohne Anforderung durch betroffene Personen die notwendigen Informationen übermitteln müssen. Hierbei muss es sich nicht um die vollständigen Inhalte der zwischen den Verantwortlichen geschlossenen Vereinbarungen handeln, sondern nur um die Textpassagen, die notwendig sind, damit betroffene Personen einschätzen können, um welche Verarbeitungen es sich handelt und für welche Zwecke sie erfolgen. Hierbei müssen gemeinsame Verantwortliche mit Blick auf die Regelung in Art. 12 Abs. 1 eine (Text-)Form wählen, die ausgehend vom Kenntnisstand betroffener Personen diesen eine qualifizierte Einschätzung ermöglicht. Einbezogen werden müssen alle Informationen, die betroffene Personen benötigen, um ihre Rechte sachgerecht wahrnehmen zu können.[7]

IV. Allgemeine Betroffenenrechte (Abs. 3)

Die Reglung in **Abs. 3** stellt klar, dass betroffene Personen ungeachtet der Regelung in Abs. 1 ihre nach der DSGVO bestehenden **Rechte gegen jeden einzelnen Verantwortlichen geltend machen können**. Die Regelung dient lediglich der Klarstellung und vermeidet das Leerlaufen von Betroffenenrechten. 14

V. Beschäftigtendatenschutz

Nach § 26 Abs. 1 Satz 1 BDSG ist die Verarbeitung von Beschäftigtendaten nur im Rahmen einer bestehenden Erforderlichkeit erlaubt. Die Regelung des § 26 BDSG bewegt sich innerhalb des Regelungsspielraums, den Art. 88 DSGVO den Mitgliedsstaaten zur Regelung des Themas »Beschäftigtendatenschutz« eröffnet. Die Erforderlichkeit einer Verarbeitung von Beschäftigtendaten ist auf den **unmittelbaren Arbeitgeber** beschränkt. Dies gilt auch innerhalb einer Konzernstruktur, da es kein »datenschutzrechtliches Konzernprivileg« (vgl. Art. 88 Rn. 20ff.) und auch keinen »gemeinsamen Konzernarbeitgeber« gibt.[8] Dies steht im Regelfall der Begründung einer gemeinsamen Verarbeitung von Beschäftigtendaten entgegen. Die Verarbeitung durch andere Verantwortliche steht im Regelfall außerhalb der notwendigen Erforderlichkeit gem. § 26 Abs. 1 Satz 1 BDSG. 15

Eine Rechtsgrundlage für eine Verarbeitung von Beschäftigtendaten durch andere Verantwortliche als den jeweiligen Arbeitgeber lässt sich auch nicht aus Art. 6 Abs. 1 Buchst. f ableiten, da der dort genannten Wahrung berechtigter Interessen überwiegende Interessen, Grundrechte und Grundfreiheiten der Beschäftigten gegenüberstehen (vgl. Art. 6 Rn. 43ff.). In diesem Zusammenhang ist zu bedenken, dass es sich bei der Regelung in Art. 6 16

7 Vgl. DWWS-*Däubler*, Art. 26 Rn. 12.
8 Vgl. *Wedde*, CuA 6/2021, 8.

Abs. 1 Buchst. f um eine **Ausnahmeregelung** handelt, nicht aber um einen Auffangtatbestand für die Fälle, in denen ansonsten keine datenschutzrechtliche Verarbeitungsbefugnis besteht.[9]

17 Erfolgte eine gemeinsame Verarbeitung größerer Datenbestände durch mehrere Verantwortliche, müssen zur Sicherstellung des Beschäftigtendatenschutzes die anfallenden Daten für die einzelnen Verantwortlichen **getrennt verarbeitet** werden. Das bedeutet praktisch, dass im Rahmen von »Buchungskreisen« oder »Berechtigungen« nur die jeweiligen Verantwortlichen Zugriff auf die Daten ihrer Beschäftigten haben dürfen und dass übergreifende Zugriffe ausgeschlossen sind. Dies bezieht sich auch auf die administrative Ebene, auf der ebenfalls die notwendigen technischen und organisatorischen Maßnahmen getroffen werden müssen, um auszuschließen, dass auf diesem Weg unberechtigte Zugriffe auf Daten anderer Verantwortlicher erfolgen. Dies gilt auch, wenn die technische Verwaltung der Verarbeitung (beispielsweise im Rahmen einer Auftragsverarbeitung) durch externe Administratoren erfolgt. Bezogen auf diese muss dann ebenfalls sowohl vertraglich als auch technisch und organisatorisch festgelegt werden, dass übergreifende Zugriffe und Verarbeitungen auf Beschäftigtendaten ausgeschlossen bleiben.

18 Möglich ist eine gemeinsame Verantwortlichkeit und eine in diesem Rahmen stattfindende »arbeitgeberübergreifende« Verarbeitung von Beschäftigtendaten auf der Grundlage einer **freiwilligen Einwilligung** der betroffenen Personen nach Art. 6 Abs. 1 Buchst. a i. V. m. § 26 Abs. 2 BDSG. Voraussetzung ist, dass die Einwilligung sich auch auf diesen Tatbestand bezieht. Darüber hinaus ist diese Form der Verarbeitung auf der Grundlage einer **Kollektivvereinbarung** denkbar. So kann etwa durch eine Konzernbetriebsvereinbarung festgelegt werden, dass die Gehaltsabrechnung für alle Beschäftigten im Konzern durch ein Konzernunternehmen durchgeführt wird und die Abrechnung von Reisekosten durch ein anderes. Nutzen beide Unternehmen hierfür ein System und verfolgen sie den gemeinsamen Zweck der Auszahlung von Geldern an Beschäftigte, ist eine gemeinsame Verantwortlichkeit nicht undenkbar.

VI. Handlungsmöglichkeiten von Betriebs- oder Personalräten

19 Trägt ein Arbeitgeber das Bestehen einer gemeinsamen Verantwortlichkeit nach Art. 23 vor, können Betriebs- oder Personalräte die Einhaltung der in der Vorschrift genannten Vorgaben auf Basis ihrer allgemeinen Kontrollrechte prüfen. Die in Art. 26 verankerten Verpflichtungen der Verantwortlichen gehören zu den zugunsten von Beschäftigen geltenden Gesetzen, sodass deren Einhaltung etwa nach § 80 Abs. 1 Nr. 1 BetrVG von Betriebs-

---

9 Vgl. LAG Baden-Württemberg 25.2.2021 – 17 Sa 37/20.

räten überprüft werden muss. Um diese Kontrollpflicht wirksam ausüben zu können, müssen Betriebs- oder Personalräte insbesondere Einblick in die getroffenen Vereinbarungen nehmen können bzw. sind ihnen diese auf Nachfrage zur Verfügung zu stellen. Wurden entsprechende Vereinbarungen nur mündlich abgeschlossen, können Betriebs- oder Personalräte schon mit Blick auf die in Art. 5 Abs. 2 verankerte Rechenschaftspflicht von Arbeitgebern eine substantiierte Darlegung der Vertragsinhalte verlangen.

Erfolgt im Rahmen einer gemeinsamen Verantwortlichkeit die Verarbeitung 20
von Beschäftigtendaten, die zur Verhaltens- oder Leistungskontrolle geeignet sind, löst dies einschlägige Mitbestimmungsrechte von Betriebs- oder Personalräten aus (etwa nach § 87 Abs. 1 Nr. 6 BetrVG). Die Verarbeitungen dürfen dann erst nach Abschluss des Mitbestimmungsverfahrens und in dem dort ggf. kollektivrechtlich festgelegten Rahmen erfolgen. Regelungsanforderungen von Betriebs- oder Personalräten kann in diesen Fällen auch nicht das Argument entgegengehalten werden, dass die Verarbeitung vom jeweiligen Arbeitgeber oder Dienstherren nicht beeinflusst werden kann, weil entsprechende Dispositionen von anderen Verantwortlichen getroffen werden. Eine solche Unmöglichkeit der Beeinflussung durch einen einzelnen Verantwortlichen stünde sowohl juristisch wie auch denklogisch der Feststellung einer gemeinsamen Verantwortlichkeit nach Art. 26 entgegen, da diese ja nach der Vorgabe in Abs. 1 Satz 1 gerade von einer gemeinsamen Festlegungsmöglichkeit ausgeht.

Wird eine gemeinsame Verarbeitung durch Betriebs- oder Dienstverein- 21
barungen **kollektivrechtlich ermöglicht**, können die beteiligten Betriebs- oder Personalräte Ausgestaltungen verlangen, die ihnen die Einhaltung ihrer Rechte auch gegenüber anderen an der Verarbeitung beteiligten Verantwortlichen ermöglichen. Nur so können sie beispielsweise die ihnen gesetzlich obliegenden Überwachungs- und Kontrollpflichten einhalten. Sind Arbeitgeber hierzu nicht bereit, können entsprechend kollektivrechtliche Regelungen, durch die eine Verarbeitung erst datenschutzrechtlich legitimiert würde, vom Arbeitgeber beispielsweise nicht über eine Einigungsstelle erzwungen werden. Diesbezüglich gibt es keine einschlägigen Mitbestimmungstatbestände, die eine solche einseitige Durchsetzung ermöglichen würden.

Artikel 27 Vertreter von nicht in der Union niedergelassenen Verantwortlichen oder Auftragsverarbeitern

(1) In den Fällen gemäß Artikel 3 Absatz 2 benennt der Verantwortliche oder der Auftragsverarbeiter schriftlich einen Vertreter in der Union.

(2) Die Pflicht gemäß Absatz 1 des vorliegenden Artikels gilt nicht für

a) eine Verarbeitung, die gelegentlich erfolgt, nicht die umfangreiche Verarbeitung besonderer Datenkategorien im Sinne des Artikels 9 Absatz 1 oder die umfangreiche Verarbeitung von personenbezo-

genen Daten über strafrechtliche Verurteilungen und Straftaten im Sinne des Artikels 10 einschließt und unter Berücksichtigung der Art, der Umstände, des Umfangs und der Zwecke der Verarbeitung voraussichtlich nicht zu einem Risiko für die Rechte und Freiheiten natürlicher Personen führt, oder

b) Behörden oder öffentliche Stellen.

(3) Der Vertreter muss in einem der Mitgliedstaaten niedergelassen sein, in denen die betroffenen Personen, deren personenbezogene Daten im Zusammenhang mit den ihnen angebotenen Waren oder Dienstleistungen verarbeitet werden oder deren Verhalten beobachtet wird, sich befinden.

(4) Der Vertreter wird durch den Verantwortlichen oder den Auftragsverarbeiter beauftragt, zusätzlich zu diesem oder an seiner Stelle insbesondere für Aufsichtsbehörden und betroffene Personen bei sämtlichen Fragen im Zusammenhang mit der Verarbeitung zur Gewährleistung der Einhaltung dieser Verordnung als Anlaufstelle zu dienen.

(5) Die Benennung eines Vertreters durch den Verantwortlichen oder den Auftragsverarbeiter erfolgt unbeschadet etwaiger rechtlicher Schritte gegen den Verantwortlichen oder den Auftragsverarbeiter selbst.

1 Die Regelung bezieht sich inhaltlich auf das in Art. 3 Abs. 2 verankerte Marktortprinzip (vgl. Art. 3 Rn. 11ff.). Durch **Abs. 1** werden Verantwortliche, die in einem Drittland außerhalb der EU ansässig sind, verpflichtet, **innerhalb der Union** schriftlich einen **Vertreter** zu benennen. Gleiches gilt für Auftragsverarbeiter gemäß Art. 28. Als Vertreter in diesem Sinne kommt jede natürliche oder juristische Person in Betracht. Nicht als Vertreter benannt werden können Personen, die gleichzeitig für einen Verantwortlichen oder Auftragsverarbeiter als Datenschutzbeauftragter nach Art. 37 tätig sind, weil dies zu einer Kollision mit der gesetzlich verankerten Weisungsfreiheit und Unabhängigkeit führt.[1]

2 Die bestehende Verpflichtung zur Benennung eines Vertreters kann nach der **ersten Alternative** in **Abs. 2 Buchst. a** entfallen, wenn eine **Verarbeitung nur gelegentlich** erfolgt bzw. wenn sie keine umfangreiche Verarbeitung besonderer Datenkategorien nach Art. 5 Abs. 1 oder eine umfangreiche Verarbeitung über strafrechtliche Verurteilungen oder Straftaten von Personen i. S. v. Art. 10 einschließt. Die vorstehend genannten Voraussetzungen müssen insgesamt vorliegen.[2] Nach der **zweite Alternative** in **Abs. 2 Buchst. b** kann auf die Benennung eines Vertreters verzichtet werden, wenn eine Verarbeitung durch **Behörden** oder **öffentliche Stellen** erfolgt.

1 Vgl. Gola-*Piltz*, Art. 27 Rn. 6.
2 Vgl. DWWS-*Däubler*, Art. 27 Rn. 7; Kühling/Buchner-*Hartung*, Art. 27 Rn. 7; a. A. Gola-*Piltz*, Art. 27 Rn. 23.

Nach **Abs. 3** muss ein **benannter Vertreter** eine **Niederlassung in dem Mitgliedsstaat** haben, in dem personenbezogene Daten in Zusammenhang mit angebotenen Waren oder Dienstleistungen verarbeitet werden oder wo Beobachtungen des Verhaltens auf Grundlage dieser Daten stattfinden. 3

Die **Aufgaben des Vertreters** werden **in Abs. 4** benannt. Ein ihm vom Verantwortlichen oder vom Auftragsverarbeiter erteilter Auftrag muss die Möglichkeit der Beantwortung aller Fragen beinhalten, die Aufsichtsbehörden oder betroffene Personen an den Verantwortlichen oder Auftragsverarbeiter richten wollen. Er ist zudem mit dem Ziel der Gewährleistung der Einhaltung der Vorgaben der DSGVO als zentrale »Anlaufstelle« anzusehen. 4

Die **Benennung** eines Vertreters nach Abs. 1 **lässt die bestehenden datenschutzrechtlichen Verpflichtungen** von Verantwortlichen und Auftragsverarbeitern **unberührt**. Betroffenen Personen oder Aufsichtsbehörden bleiben rechtliche Schritte gegen Verantwortliche oder Auftragsverarbeiter unbenommen. Insoweit beeinflusst die Benennung eines Vertreters insbesondere die haftungsrechtliche Stellung von Verantwortlichen und Auftragsverarbeitern nicht.[3] 5

Artikel 28 Auftragsverarbeiter

(1) Erfolgt eine Verarbeitung im Auftrag eines Verantwortlichen, so arbeitet dieser nur mit Auftragsverarbeitern, die hinreichend Garantien dafür bieten, dass geeignete technische und organisatorische Maßnahmen so durchgeführt werden, dass die Verarbeitung im Einklang mit den Anforderungen dieser Verordnung erfolgt und den Schutz der Rechte der betroffenen Person gewährleistet.

(2) Der Auftragsverarbeiter nimmt keinen weiteren Auftragsverarbeiter ohne vorherige gesonderte oder allgemeine schriftliche Genehmigung des Verantwortlichen in Anspruch. Im Fall einer allgemeinen schriftlichen Genehmigung informiert der Auftragsverarbeiter den Verantwortlichen immer über jede beabsichtigte Änderung in Bezug auf die Hinzuziehung oder die Ersetzung anderer Auftragsverarbeiter, wodurch der Verantwortliche die Möglichkeit erhält, gegen derartige Änderungen Einspruch zu erheben.

(3) Die Verarbeitung durch einen Auftragsverarbeiter erfolgt auf der Grundlage eines Vertrags oder eines anderen Rechtsinstruments nach dem Unionsrecht oder dem Recht der Mitgliedstaaten, der bzw. das den Auftragsverarbeiter in Bezug auf den Verantwortlichen bindet und in dem Gegenstand und Dauer der Verarbeitung, Art und Zweck der Verarbeitung, die Art der personenbezogenen Daten, die Kategorien betroffener Personen und die Pflichten und Rechte des Verantwortlichen

3 Vgl. Kühling/Buchner-*Hartung*, Art. 28 Rn. 25.

festgelegt sind. Dieser Vertrag bzw. dieses andere Rechtsinstrument sieht insbesondere vor, dass der Auftragsverarbeiter

a) die personenbezogenen Daten nur auf dokumentierte Weisung des Verantwortlichen — auch in Bezug auf die Übermittlung personenbezogener Daten an ein Drittland oder eine internationale Organisation — verarbeitet, sofern er nicht durch das Recht der Union oder der Mitgliedstaaten, dem der Auftragsverarbeiter unterliegt, hierzu verpflichtet ist; in einem solchen Fall teilt der Auftragsverarbeiter dem Verantwortlichen diese rechtlichen Anforderungen vor der Verarbeitung mit, sofern das betreffende Recht eine solche Mitteilung nicht wegen eines wichtigen öffentlichen Interesses verbietet;
b) gewährleistet, dass sich die zur Verarbeitung der personenbezogenen Daten befugten Personen zur Vertraulichkeit verpflichtet haben oder einer angemessenen gesetzlichen Verschwiegenheitspflicht unterliegen;
c) alle gemäß Artikel 32 erforderlichen Maßnahmen ergreift;
d) die in den Absätzen 2 und 4 genannten Bedingungen für die Inanspruchnahme der Dienste eines weiteren Auftragsverarbeiters einhält;
e) angesichts der Art der Verarbeitung den Verantwortlichen nach Möglichkeit mit geeigneten technischen und organisatorischen Maßnahmen dabei unterstützt, seiner Pflicht zur Beantwortung von Anträgen auf Wahrnehmung der in Kapitel III genannten Rechte der betroffenen Person nachzukommen;
f) unter Berücksichtigung der Art der Verarbeitung und der ihm zur Verfügung stehenden Informationen den Verantwortlichen bei der Einhaltung der in den Artikeln 32 bis 36 genannten Pflichten unterstützt;
g) nach Abschluss der Erbringung der Verarbeitungsleistungen alle personenbezogenen Daten nach Wahl des Verantwortlichen entweder löscht oder zurückgibt und die vorhandenen Kopien löscht, sofern nicht nach dem Unionsrecht oder dem Recht der Mitgliedstaaten eine Verpflichtung zur Speicherung der personenbezogenen Daten besteht;
h) dem Verantwortlichen alle erforderlichen Informationen zum Nachweis der Einhaltung der in diesem Artikel niedergelegten Pflichten zur Verfügung stellt und Überprüfungen — einschließlich Inspektionen –, die vom Verantwortlichen oder einem anderen von diesem beauftragten Prüfer durchgeführt werden, ermöglicht und dazu beiträgt.

Mit Blick auf Unterabsatz 1 Buchstabe h informiert der Auftragsverarbeiter den Verantwortlichen unverzüglich, falls er der Auffassung ist, dass eine Weisung gegen diese Verordnung oder gegen andere Datenschutzbestimmungen der Union oder der Mitgliedstaaten verstößt.

(4) Nimmt der Auftragsverarbeiter die Dienste eines weiteren Auftragsverarbeiters in Anspruch, um bestimmte Verarbeitungstätigkeiten im Namen des Verantwortlichen auszuführen, so werden diesem weiteren Auftragsverarbeiter im Wege eines Vertrags oder eines anderen Rechtsinstruments nach dem Unionsrecht oder dem Recht des betreffenden Mitgliedstaats dieselben Datenschutzpflichten auferlegt, die in dem Vertrag oder anderen Rechtsinstrument zwischen dem Verantwortlichen und dem Auftragsverarbeiter gemäß Absatz 3 festgelegt sind, wobei insbesondere hinreichende Garantien dafür geboten werden muss, dass die geeigneten technischen und organisatorischen Maßnahmen so durchgeführt werden, dass die Verarbeitung entsprechend den Anforderungen dieser Verordnung erfolgt. Kommt der weitere Auftragsverarbeiter seinen Datenschutzpflichten nicht nach, so haftet der erste Auftragsverarbeiter gegenüber dem Verantwortlichen für die Einhaltung der Pflichten jenes anderen Auftragsverarbeiters.

(5) Die Einhaltung genehmigter Verhaltensregeln gemäß Artikel 40 oder eines genehmigten Zertifizierungsverfahrens gemäß Artikel 42 durch einen Auftragsverarbeiter kann als Faktor herangezogen werden, um hinreichende Garantien im Sinne der Absätze 1 und 4 des vorliegenden Artikels nachzuweisen.

(6) Unbeschadet eines individuellen Vertrags zwischen dem Verantwortlichen und dem Auftragsverarbeiter kann der Vertrag oder das andere Rechtsinstrument im Sinne der Absätze 3 und 4 des vorliegenden Artikels ganz oder teilweise auf den in den Absätzen 7 und 8 des vorliegenden Artikels genannten Standardvertragsklauseln beruhen, auch wenn diese Bestandteil einer dem Verantwortlichen oder dem Auftragsverarbeiter gemäß den Artikeln 42 und 43 erteilten Zertifizierung sind.

(7) Die Kommission kann im Einklang mit dem Prüfverfahren gemäß Artikel 93 Absatz 2 Standardvertragsklauseln zur Regelung der in den Absätzen 3 und 4 des vorliegenden Artikels genannten Fragen festlegen.

(8) Eine Aufsichtsbehörde kann im Einklang mit dem Kohärenzverfahren gemäß Artikel 63 Standardvertragsklauseln zur Regelung der in den Absätzen 3 und 4 des vorliegenden Artikels genannten Fragen festlegen.

(9) Der Vertrag oder das andere Rechtsinstrument im Sinne der Absätze 3 und 4 ist schriftlich abzufassen, was auch in einem elektronischen Format erfolgen kann.

(10) Unbeschadet der Artikel 82, 83 und 84 gilt ein Auftragsverarbeiter, der unter Verstoß gegen diese Verordnung die Zwecke und Mittel der

Verarbeitung bestimmt, in Bezug auf diese Verarbeitung als Verantwortlicher.

Inhaltsübersicht Rn.

I.	Allgemeines	1– 8
II.	Auswahl von Auftragsverarbeitern (Abs. 1)	9
III.	Mindestinhalt von Auftragsverträgen (Abs. 3)	10–32
	1. Mindestvoraussetzungen (Abs. 1 Satz 1)	11–19
	2. Mindestinhalte von Auftragsverträgen (Abs. 3 Satz 2)	20–30
	3. Anzeige rechtswidriger Weisungen (Abs. 3 Satz 3)	31–32
IV.	Unteraufträge (Abs. 2 und Abs. 4)	33–42
	1. Genehmigung (Abs. 2)	34–38
	2. Haftung der Unterauftragnehmer (Abs. 4)	39–42
V.	Genehmigte Verfahrensregeln und Zertifizierungsverfahren (Abs. 5)	43
VI.	Standardvertragsklauseln (Abs. 6 bis 8)	44–45
VII.	Schriftform (Abs. 9)	46–47
VIII.	Verantwortlichkeit bei Verstößen (Abs. 10)	48–49
IX.	Beschäftigtendatenschutz	50–52
X.	Hinweise für Betriebs- oder Personalräte	53–59

I. Allgemeines

1 Die Regelung bestimmt den datenschutzrechtlichen Rahmen, in dem Verantwortliche Auftragsverarbeiter mit der Durchführung von Verarbeitungsvorgängen beauftragen können. Die Vorschrift gleicht strukturell der in § 11 BDSG a. F. Die Auftragsverarbeitungen nach Art. 28 zeichnen sich dadurch aus, dass die datenschutzrechtliche Verantwortlichkeit beim Auftraggeber verbleibt, obwohl die tatsächliche Durchführung der Verarbeitung vom Auftragnehmer übernommen wird. Dieser ist an Anweisungen und Vorgaben des Auftraggebers gebunden. Dies gilt auch, wenn eine Verarbeitung im Auftrag innerhalb von Konzernstrukturen erfolgt und tatsächlich von einer Konzernleitung veranlasst wird (vgl. hierzu Rn. 55 sowie Art. 88 Rn. 20ff.).

2 Die Vorschrift ist textintensiv und schon deshalb schwer zu überschauen. Hinzu kommt, dass sie erst durch Rückgriff auf andere Regelungen der DSGVO verständlich wird. Hierzu gehören insbesondere die Definition zur »Verarbeitung« in Art. 4 Nr. 2, zum »Verantwortlichen« in Art. 4 Nr. 7, zum »Auftragsverarbeiter« in Art. 4 Nr. 8, zum »Empfänger« in Art. 4 Nr. 9 und zum »Dritten« in Art. 4 Nr. 10. Entsprechendes gilt für die in Art. 29 enthaltene Bindung von Auftragsverarbeitern an Weisungen der Verantwortlichen.

3 Die zehn Absätze des Art. 28 sind nicht logisch gegliedert und beziehen sich nur teilweise unmittelbar aufeinander:

- **Abs. 1** enthält allgemeine Vorgaben, die bei der **Auswahl von Auftragsverarbeitern** zu beachten sind.

- **Abs. 2** legt fest, unter welchen Voraussetzungen die **Erteilung von Unteraufträgen** durch Auftragsverarbeiter erfolgen kann.
- **Abs. 3** enthält die **Anforderungen**, die aus **datenschutzrechtlicher Sicht** an einen Auftrag zu stellen sind.
- **Abs. 4** legt unter Bezugnahme auf Abs. 2 fest, wann **Unterbeauftragungen zulässig** sind und welche **Haftungsregelungen** bestehen.
- **Abs. 5** legt unter Bezugnahme auf Abs. 1 fest, dass die Einhaltung **genehmigter Verhaltensregelungen** im Zertifizierungsverfahren eine hinreichende Garantie für geeignete technische und organisatorische Maßnahmen sein kann.
- **Abs. 6** verweist auf die Möglichkeit der Verwendung sogenannter **»Standardvertragsklauseln«**. Hierzu finden sich weitere Ausführungen in **Abs.** 7 und **Abs. 8.**
- **Abs. 9** begründet eine **Schriftform** für Auftragsverträge.
- **Abs. 10** enthält Festlegungen zur **Haftung**.

Mit Blick auf die komplizierte Struktur der Vorschrift fasst die folgende Kommentierung die einzelnen Absätze thematisch zusammen. Im folgenden Abschnitt II werden die **Regelungen zur Auswahl** und **Beauftragung von Auftragsverarbeitern** aus den Art. 1, 3 und 9 erläutert (Rn. 9ff.). Abschnitt III schließt sich mit Hinweisen zu den **Möglichkeiten der Vergabe an Unterauftragnehmer** gemäß der Abs. 2 und 4 an (vgl. Rn. 33ff.). Abschnitt IV enthält Hinweise zu **genehmigten Verhaltensregeln** und **Zertifizierungsverfahren** nach Abs. 5 (Rn. 43). Erläuterungen zu **Standardvertragsklauseln** nach den Abs. 6 und 8 enthält Abschnitt V (Rn. 44f.). Abschnitt IX (Rn. 46f.) befasst sich mit der notwendigen **Schriftform.** Abschnitt X (Rn. 46f.) enthält Ausführungen zum Umgang mit Verstößen von Auftragnehmern. 4

In Art. 28 findet sich (anders als in § 3 Abs. 8 BDSG a. F.) **keine datenschutzrechtliche Privilegierung** der Auftragsverarbeiter gegenüber den Verantwortlichen. Auftragsverarbeiter sind aber auch ohne eine solche Privilegierung befugt, in dem durch Art. 28 vorgegebenen Rahmen für Verantwortliche Verarbeitungen personenbezogener Daten durchzuführen. Die **Grenzen** ihrer Tätigkeit werden **einerseits** durch **Vorgaben des Verantwortlichen** gezogen und **andererseits** durch den durch Art. 6 Abs. 1 vorgegebenen Zulässigkeitsrahmen und die dort enthaltenen **Erlaubnistatbestände**. 5

Aufgrund der Bindungen an die Vorgaben des Verantwortlichen muss sich Auftragsverarbeitung nach Art. 28 auf die Erbringung von **»Hilfstätigkeiten«** beschränken, die sich aus den erteilten Weisungen ableiten. Der Begriff der »Hilfstätigkeiten« hat allerdings keine Aussagekraft bezüglich der Qualität und Inhalte der zu erbringenden Aufgaben. Er verdeutlicht nur, dass Auftragsverarbeiter keine eigene Entscheidungsbefugnis bezüglich der personenbezogenen Daten haben, sondern diese nur im Rahmen erteilter Weisungen des Verantwortlichen verarbeiten dürfen. 6

7 Verlässt ein Auftragnehmer den Rahmen zulässiger Verarbeitungen, gibt es hierfür in Art. 28 **keine datenschutzrechtliche Fundierung**. Eine Verarbeitung personenbezogener Daten setzt für diese Fälle eine eigenständige datenschutzrechtliche Erlaubnis voraus. Fehlt diese, ist die Verarbeitung unzulässig.

8 Die DSGVO enthält **keine Beschränkung** für **Auftragsverarbeitungen in Drittländern**. Voraussetzung hierfür ist allerdings, dass in einem Drittland ein Datenschutzniveau besteht, das dem innerhalb des Anwendungsbereichs der Verordnung entspricht. Dies muss der Verantwortliche sicherstellen.

II. Auswahl von Auftragsverarbeitern (Abs. 1)

9 Die **Voraussetzungen** für die Auftragsverarbeitung sind in **Abs. 1** benannt. Es dürfen nur Auftragsverarbeiter beauftragt werden, die eine **hinreichende Garantie** dafür bieten, dass eine sichere Verarbeitung erfolgt. Hierzu gehört insbesondere die Einhaltung der Vorgaben der DSGVO. Um diese Voraussetzungen sicherzustellen, müssen Verantwortliche Auftragsverarbeiter **sorgfältig auswählen**.[1] Es dürfen nur solche Auftragsverarbeiter beauftragt werden, für die Verantwortliche davon ausgehen können, dass sie über das **notwendige Fachwissen** verfügen, dass sie **zuverlässig sind** und dass sie **über Ressourcen verfügen**, die den Anforderungen der Verordnung gerecht werden (vgl. ErwGr 81). Auftragsverarbeiter müssen zudem hinreichende Garantien dafür bieten, dass sie den Schutz der von ihnen verarbeiteten personenbezogenen Daten durch geeignete technische und organisatorische Maßnahmen sicherstellen können. Zwar sind Verantwortliche nicht verpflichtet, entsprechende Kontrollen von Auftragsverarbeitern vor Aufnahme einer Verarbeitungstätigkeit durchzuführen.[2] Vergibt ein Verantwortlicher jedoch ohne vorherige Kontrollen der Auftragsverarbeiter Aufträge, setzt er sich dem Risiko von Geldbußen nach Art. 83 aus.

III. Mindestinhalt von Auftragsverträgen (Abs. 3)

10 In **Abs. 3** werden die **zentralen Voraussetzungen** und **Gestaltungsvorgaben** benannt, die es für die Durchführung von Auftragsverarbeitung gibt. In **Satz 1** werden zu vereinbarende Mindestvoraussetzungen für die Verarbeitung aufgeführt. Diese werden durch die **nicht abschließende** Aufzählung in **Satz 2** ausgefüllt. Durch **Satz 3** werden Auftragsverarbeiter verpflichtet, Verantwortliche unverzüglich zu informieren, dass Weisungen nicht datenschutzkonform sind.

---

1 Vgl. Kühling/Buchner-*Hartung*, Art. 28 Rn. 5.

2 Vgl. Auernhammer-*Thomale*, Art. 28 Rn. 25.

1. Mindestvoraussetzungen (Abs. 1 Satz 1)

Auftragsverarbeitung muss nach Abs. 1 **Satz 1** auf der Grundlage eines **Vertrags** oder eines **anderen Rechtsinstruments** erfolgen. Ein Vertrag muss zwischen Verantwortlichen und Auftragsverarbeiter nach Abs. 9 **schriftlich** vereinbart sein. Alternativ kommt Auftragsverarbeitung auf der Grundlage eines **Rechtsinstruments** in Betracht. Hierbei kann es sich um eine Verordnung, eine Richtlinie oder ein Gesetz handeln.[3] Der notwendige Vertrag muss **vor Beginn** einer Auftragsverarbeitung abgeschlossen sein. Er muss so abgefasst sein, dass Auftragsverarbeiter hierdurch an die vom Verantwortlichen erteilten Weisungen **gebunden werden**. 11

Der abzuschließende Vertrag muss **Regelungen zu den folgenden Einzelthemen** treffen: 12

Zum **Gegenstand der Verarbeitung** muss inhaltlich beschrieben werden, um welche Form der Datenverarbeitung es sich handelt. Dabei ist eine klare und abschließende Festschreibung erforderlich wie beispielsweise »Durchführung und Verwaltung von Reisebuchungen«. Nicht ausreichend ist hingegen eine nur allgemeine Beschreibung des Auftragsgegenstands, etwa »Durchführung des Bewerber-Managements«. 13

Zur **Dauer der Auftragsverarbeitung** muss insbesondere festgelegt werden, ob es sich um die einmalige, zeitlich befristete oder dauerhafte Übernahme von Aufgaben handelt. **Gibt es kein festgelegtes Enddatum**, muss mit Blick auf die Grundsätze in Art. 5 Abs. 1 vertraglich sichergestellt werden, dass Auftragsverarbeiter nur so lange auf personenbezogene Daten zugreifen können, wie dies für die Auftragserfüllung unumgänglich ist. 14

Zur **Art der Verarbeitung** muss **abschließend** festgeschrieben werden, welche Verarbeitungsvorgänge durchgeführt werden dürfen. Dabei müssen Begrenzungen, die sich insbesondere aus Betriebs- oder Dienstvereinbarungen ergeben können, Berücksichtigung finden. 15

Die zu treffenden Festlegungen zum **Zweck der Verarbeitung** müssen mit Blick auf den in Art. 5 Abs. 1 Buchst. b enthaltenen Grundsatz der Zweckbindung so **konkret wie möglich** benannt werden. Auftragsverarbeiter müssen hierdurch in die Lage versetzt werden, den Rahmen zulässiger Verarbeitungen klar zu erkennen. Dies schließt pauschale Vorgaben wie »Durchführung der gesamten IT-Administration« aus. Eine präzise Zweckfestlegung muss weiterhin erfolgen, wenn Auftragsverarbeitung innerhalb einer gemeinsamen Konzernstruktur stattfindet. Die festzulegenden Zwecke müssen ebenfalls Vorgaben in einschlägigen Betriebs- oder Dienstvereinbarungen wiedergeben. 16

Der Festlegung der **Art der personenbezogenen Daten** kommt datenschutzrechtlich eine zentrale Bedeutung zu. Verantwortliche müssen Auf- 17

3 Vgl. SJTK-*Kremer*, Art. 28 Rn. 88.

tragsverarbeitern insbesondere die Kategorien und Gruppen personenbezogener Daten vorgeben, deren Verwendung erlaubt ist. Sollen im Auftrag auch besondere Kategorien personenbezogener Daten i. S. v. Art. 9 verarbeitet werden, müssen die hierfür bestehenden Rechtsgrundlagen und die zulässigen Zwecke der Verarbeitung festgeschrieben werden.

18 Verantwortliche müssen die **Kategorien betroffener Personen** festlegen, deren personenbezogene Daten von Auftragsverarbeitern verwendet werden dürfen. Hierbei handelt es sich um eine **abstrakte Beschreibung** der Gruppen von Personen, die etwa auch in § 30 Abs. 1 Buchst. c zu finden ist.[4] Für Auftragsverarbeiter muss klar sein, um welche Kategorien bzw. Personengruppen es sich handelt.

19 Festzulegen sind schließlich die **Pflichten und Rechte**, die Verantwortliche gegenüber Auftragsverarbeitern haben. Diese Festschreibung muss die in Satz 2 der Vorschrift beispielhaft aufgezählten Mindestvorgaben berücksichtigen.

2. Mindestinhalte von Auftragsverträgen (Abs. 3 Satz 2)

20 In Abs. 3 **Satz 2** sind **Mindestinhalte** bzw. **Mindestanforderungen** aufgelistet, zu denen in Verträgen mit Auftragsverarbeitern Regelungen getroffen werden müssen. Die **Auflistung** ist **nicht abschließend**.

21 Nach Satz 2 **Buchst. a** muss in Vereinbarungen mit Auftragsverarbeitern festgelegt werden, dass Verarbeitungen personenbezogener Daten nur erfolgen dürfen, wenn es hierzu **dokumentierte Weisungen** des Verantwortlichen gibt. Für die vorgeschriebene **Dokumentation** der Weisungen gibt es **keine verbindliche Formvorschrift**.[5] Um der in Art. 5 Abs. 2 festgelegten Rechenschaftspflicht nachkommen zu können, müssen Verantwortliche die Weisungen in einer unveränderlichen und revisionssicheren Form erteilen, was sich in der Praxis nur durch schriftliche Festlegungen erreichen lässt.[6]

22 Außerhalb der Weisungen eines Verantwortlichen dürfen **Verarbeitungen durch Auftragsverarbeiter** nach der **zweiten** in Satz 2 **Buchst. a** genannten **Alternative ausnahmsweise** dann erfolgen, wenn Auftragsverarbeiter hierzu durch das **Recht der Union** oder eines **Mitgliedsstaates verpflichtet sind.** In einem solchen Fall muss der Auftragsverarbeiter das Bestehen einer rechtlichen Verpflichtung vor der Verarbeitung mitteilen, sofern ihm eine solche Mitteilung nicht wegen eines bestehenden wichtigen öffentlichen Interesses verboten ist. Sind Auftragsverarbeiter außerhalb der EU angesiedelt,

---

4 Vgl. Paal/Pauly-*Martini*, Art. 28 Rn. 33.

5 Vgl. Kühling/Buchner-*Hartung*, Art. 28 Rn. 69.

6 Vgl. Ehmann/Selmayr-*Bertermann*, Art. 28 Rn. 23, der Textform für ausreichend hält.

müssen Verantwortliche durch vertragliche Vereinbarungen sicherstellen, dass die Rechte betroffener Personen auch in diesen Fällen entsprechend gewahrt werden können. Dabei muss zugunsten der betroffenen Personen insbesondere eine **Rechtsweggarantie** gewährleistet sein, die unzulässige Zugriffe von Sicherheitsbehörden ausschließt.[7] Damit können sich beispielsweise Auftragsverarbeiter, die in den **USA** angesiedelt sind, nicht auf die Position zurückziehen, dass sie nach dortigem Recht zulässige Zugriffe von Sicherheitsbehörden Auftraggebern nicht mitteilen dürfen.

Durch den Auftragsvertrag muss gewährleistet werden, dass die zur Verarbeitung personenbezogener Daten befugten Personen durch gesonderte Vereinbarungen **zur Vertraulichkeit verpflichtet** werden, sofern sie nicht ohnehin angemessenen **gesetzlichen Verschwiegenheitspflichten** unterliegen. Auftragsverarbeiter dürfen nur Personen einsetzen, die eine entsprechende Verpflichtungserklärung abgegeben haben. Wie diese Erklärung ausgestaltet ist, lässt die Verordnung offen.[8] Die Verpflichtung zur Verschwiegenheit findet sich als **Weisungsgebundenheit** in Art. 32 Abs. 4 wieder (vgl. dort Rn. 14). **23**

Auftragsverarbeiter müssen nach Satz 2 **Buchst. c** vertraglich verpflichtet werden, alle in Art. 32 benannten technischen und organisatorischen Maßnahmen zu ergreifen, um die **Sicherheit der Verarbeitung** sicherzustellen. Verantwortliche müssen Auftragsverarbeiter verpflichten, alle erforderlichen Maßnahmen durchzuführen.[9] Konkrete Festlegungen zu den im Einzelfall erforderlichen technischen und organisatorischen Maßnahmen muss ein Auftragsvertrag allerdings nicht enthalten. **24**

Wollen Auftragsverarbeiter zur Erledigung von Arbeiten für Verantwortliche **Unterauftragnehmer** einsetzen, müssen die mit diesen geschlossenen »Unterverträge« nach Satz 2 **Buchst. d** die Vorgaben einhalten, die in den Abs. 2 und 4 benannt werden (vgl. Rn. 34ff.). Machen Verantwortliche Auftragsverarbeitern vertragliche Vorgaben zur Verarbeitung bzw. zu deren Begrenzung, müssen sich diese Vorgaben auch in den mit Unterauftragnehmern geschlossenen Verträgen wiederfinden. **25**

Die sprachlich schwer verständliche Regelung in Satz 2 **Buchst. e** beschreibt die **Verankerung einer Unterstützungspflicht** von Auftragnehmern gegenüber Verantwortlichen, damit diese die Wahrung der in den Art. 12 bis 23 festgeschriebenen Betroffenenrechte sicherstellen können. Hierzu gehört beispielsweise die im Text der Regelung exemplarisch genannte Beantwortung von Anträgen der betroffenen Personen. Die Unterstützungspflicht wird dadurch begrenzt, dass Auftragsverarbeiter nur »nach Möglichkeit« tätig werden müssen. In diesem Rahmen müssen sie aber alles tun, um dem **26**

---

7 Vgl. EuGH 16.7.2020 – C-311/18.

8 Vgl. Kühling/Buchner-*Hartung*, Art. 28 Rn. 17.

9 Vgl. Paal/Pauly-*Martini*, Art. 28 Rn. 45.

Verantwortlichen bei der Erfüllung seiner gegenüber betroffenen Personen bestehenden Verpflichtung zu unterstützen.

27 Nach Satz 2 **Buchst. f** müssen Auftragsverarbeiter ihre Auftraggeber bei der Einhaltung der gesetzlichen Pflichten unterstützen, die sich aus den Art. 32–36 ergeben. Hierbei handelt es sich insbesondere um die durchzuführenden technischen und organisatorischen Maßnahmen, aber auch um die Durchführung der Datenschutz-Folgenabschätzung nach Art. 35. Im Mittelpunkt der Unterstützungsleistung steht die Übermittlung der erforderlichen Informationen.

28 Nach Satz 2 **Buchst. g** muss in den Vertrag mit Auftragsverarbeitern eine Regelung dazu aufgenommen werden, was nach Beendigung eines Auftrags mit den personenbezogenen Daten passiert, die Gegenstand des Auftrags waren. Verantwortlichen steht ein Wahlrecht zu, ob eine Rückgabe oder Löschung erfolgen soll.[10] Bei der **Ausübung des Wahlrechts** müssen Verantwortliche insbesondere den Grundsatz der Datenminimierung in Art. 5 Abs. 1 Buchst. c beachten. Eine **Löschung** kann dann **unzulässig** sein, wenn nach dem Recht der EU oder eines Mitgliedsstaats eine **gesetzliche Verpflichtung** besteht, Daten in derartigen Fällen weiter vorzuhalten. Unabhängig hiervon müssen Verantwortliche durch die Ausgestaltung des Vertrags sicherstellen, dass ihnen Auftragsverarbeiter einen aktuellen Datensatz übergeben, bevor eine Löschung erfolgt. Zivilrechtliche Zurückbehaltungsrechte von Auftragsverarbeitern sollten für diesen Fall ebenfalls vertraglich ausgeschlossen werden.

29 Nach Satz 2 **Buchst. h** müssen im Auftragsvertrag **Informationsrechte** und die **Möglichkeit** von »Vor-Ort-Kontrollen« verankert werden. Auftragnehmer müssen insoweit vertraglich verpflichtet werden, dem Verantwortlichen alle Informationen zur Verfügung zu stellen, die dieser braucht, um die Einhaltung der dem Auftragsverarbeiter obliegenden Pflichten nach Art. 28 überprüfen zu können. Darüber hinaus muss geregelt werden, wie deren Einhaltung sowie die Situation bei der Verarbeitung von Daten durch den Verantwortlichen oder durch von ihm beauftragte Prüfer überprüft werden kann. Dies schließt sowohl tatsächliche wie elektronische Zugangsrechte zu den für die Verarbeitung genutzten Hard- und Software-Ressourcen ein. In der Praxis werden für diesen Zweck teilweise weitgehende Auditrechte verankert.

30 Die vertragliche Verankerung von Informationspflichten sowie von Prüfungsmöglichkeiten muss sich auch auf die nach Art. 37 Abs. 1 benannten Datenschutzbeauftragten beziehen. Diesen muss es möglich sein, bei der Ausübung ihrer gesetzlichen Pflichten auch Auftragsverarbeiter und von diesen beauftragte Subunternehmer ebenso so zu kontrollieren wie Verantwortliche selbst. Gleiches gilt für gesetzlich oder kollektivrechtlich begrün-

10 Vgl. Paal/Pauly-*Martini*, Art. 28 Rn. 50.

dete Informations- und Kontrollrechte von **Betriebs- oder Personalräten**. Auch diese müssen tatsächlich in der Lage sein zu kontrollieren, ob Auftragsverarbeitung im vertraglich fixierten Rahmen sowie unter Beachtung einschlägiger Vorgaben in Betriebs- oder Dienstvereinbarungen erfolgt.

3. Anzeige rechtswidriger Weisungen (Abs. 3 Satz 3)

Nach der Regelung in **Abs. 3 Satz 3** sind Auftragsverarbeiter verpflichtet, 31 **Verantwortliche unverzüglich zu informieren**, wenn sie der Auffassung sind, dass eine erteilte Verarbeitungsanweisung gegen einschlägige datenschutzrechtliche Vorgaben verstößt. Maßstab sind insbesondere die Vorschriften der DSGVO und des BDSG. Die **Anzeige** muss **unverzüglich** erfolgen, das heißt, ohne schuldhaftes Zögern. Nach der Information muss die weitere Verarbeitung, soweit sie nach Auffassung des Auftragsverarbeiters datenschutzwidrig ist, unterbrochen werden, bis eine Reaktion bzw. ausdrückliche Weisung des Verantwortlichen zur Fortsetzung erfolgt ist.[11]

Verstößt eine ausdrückliche Weisung zur Fortsetzung der Verarbeitung aus 32 Sicht eines Auftragsverarbeiters gegen einschlägige **Straftatbestände**, besteht ebenfalls keine Durchführungspflicht.[12] Führen Auftragsverarbeiter auf Weisung von Verantwortlichen Verarbeitungen durch, die einschlägige **datenschutzrechtliche Vorgaben** verletzten, haftet für eintretende Schäden allein der Verantwortliche. Etwas anderes gilt, wenn Auftragsverarbeiter selbst rechtswidrig gehandelt haben. Dann haften sie nach allgemeinen Grundsätzen.

IV. Unteraufträge (Abs. 2 und Abs. 4)

Die Regelungen für die **Vergabe von Unteraufträgen** durch Auftragsver- 33 arbeiter sind in **Abs. 2** und **Abs. 4** enthalten. Der verwendete Begriff der »weiteren Auftragsverarbeiter« ist identisch mit der im Folgenden verwendeten Bezeichnung »Unterauftragnehmer«.

1. Genehmigung (Abs. 2)

Die Regelung in **Abs. 2** lässt die Vergabe von Unteraufträgen durch Auftrags- 34 verarbeiter zu. Allerdings bedarf diese nach der ausdrücklichen Festlegung in **Satz 1** einer **vorherigen gesonderten oder allgemeinen schriftlichen Genehmigung** durch die Verantwortlichen. Die Genehmigung muss vor der Vergabe von Unteraufträgen vorliegen. Durch diese Vorgaben soll garantiert

11 Vgl. Ehmann/Selmayr-*Bertermann*, Art. 28 Rn. 30.

12 Vgl. zur entsprechenden Regelung im alten BDSG Gola-*Schomerus*, § 11 BDSG a.F., Rn. 25.

werden, dass innerhalb der gesamten »Auftragsverarbeitungskette« derselbe datenschutzrechtliche Standard besteht und dass gleiche datenschutzrechtliche Rahmenbedingungen gelten. Zugleich soll eine Umgehung datenschutzrechtlicher Vorgaben mittels Einschaltung Dritter verhindert werden.[13] Deshalb haben Auftragsverarbeiter und Unterauftragnehmer aus datenschutzrechtlicher Sicht dieselben Rechte und Pflichten. Gibt es bezüglich der Auftragsverarbeitung Einschränkungen oder Vorgaben, müssen diese sich auch in den Unteraufträgen wiederfinden.[14] Hierzu gehören auch spezifische Vorgaben zur Verarbeitung in **Betriebs- oder Dienstvereinbarungen**. Verantwortliche müssen diesbezüglich durch vertragliche Vereinbarungen mit Auftragnehmern sicherstellen, dass bestehende Verarbeitungsbeschränkungen eingehalten werden. Auf der kollektivrechtlichen Ebene kann dies beispielsweise der Ausschluss der Verarbeitung besonderer Kategorien personenbezogener Daten gemäß Art. 9 sein. Gleichzeitig müssen in der »Auftragsverarbeitungskette« Kontrollrechte für Datenschutzbeauftragte und für Betriebs- oder Personalräte verankert werden.

35 Der Vertrag zwischen Auftragsverarbeitern und Unterauftragnehmern muss schriftlich abgeschlossen werden. Vorgaben zur Schriftform enthält Abs. 9 (vgl. Rn. 46).

36 Für den **Abschluss von Unteraufträgen** gibt die Vorschrift **zwei Alternativen** vor. **Einerseits** kann der Verantwortliche im Vertrag mit dem Auftragnehmer vorsehen, dass jeweils eine **gesonderte Genehmigung** für die Einbindung eines Unterauftragnehmers erteilt werden muss. Diese muss sich auf bestimmte und eindeutig bezeichnete Unterauftragnehmer sowie auf bestimmte Zwecke der Verarbeitung beziehen.

37 Alternativ kann **andererseits** eine vorherige **allgemeine Genehmigung** des Verantwortlichen gegenüber dem Auftragnehmer erteilt werden. In diesem Fall hat der Auftragsverarbeiter größere Freiheiten bei der Ausgestaltung von Unterauftragsverhältnissen. Er muss dann aber nach der Regelung in **Abs. 2 Satz 2** den Verantwortlichen **über jede beabsichtigte Änderung informieren**. Das heißt, er muss dem Verantwortlichen vor einer Hinzuziehung oder Ersetzung von Unterauftragsverarbeitern mitteilen, dass diese beabsichtigt ist. Die Mitteilung muss **so rechtzeitig** erfolgen, dass der Verantwortliche seine in der Vorschrift verankerte Möglichkeit wahrnehmen kann, gegen die geplante Änderung Einspruch einzulegen. Auch die Erteilung einer allgemeinen Genehmigung muss in einer **Form** erfolgen, die sicherstellt, dass insbesondere die Rechte von Datenschutzbeauftragten und von Betriebs- oder Personalräten gewahrt werden. Die allgemeine Genehmigung muss in jedem Fall schriftlich erteilt werden, was aus der Nennung dieser Vorgabe in beiden Sätzen deutlich wird.

---

13 Vgl. Auernhammer-*Thomale*, Art. 28 Rn. 47.

14 Vgl. Kühling/Buchner-*Hartung*, Art. 28 Rn. 86.

Wie lang die »Unterauftragnehmerkette« sein kann, gibt die Vorschrift nicht vor. Damit sind **längere Vergabeketten nicht ausgeschlossen**. Allerdings erhöht sich in diesen Fällen die zu Lasten des eigentlichen Verantwortlichen bestehende Gefahr, mit Geldbußen belastet zu werden, wenn Kontrollpflichten nicht eingehalten werden und es deshalb zu Datenschutzverstößen kommt. 38

2. Haftung der Unterauftragnehmer (Abs. 4)

Durch **Abs. 4** werden Auftragnehmer innerhalb der von ihnen initiierten »Unterauftragskette« in eine **spezifische Haftung** genommen. Weiterhin benennt die Vorschrift **Verpflichtungen der Unterauftragnehmer** bezüglich Maßnahmen des technischen und organisatorischen Datenschutzes. 39

Nach Abs. 4 **Satz 1** müssen Auftragnehmer ihren Unterauftragnehmern per Vertrag oder mittels eines anderen Rechtsinstruments (vgl. Rn. 11) dieselben Datenschutzpflichten auferlegen, denen sie selbst in ihrem Vertragsverhältnis zum Verantwortlichen unterliegen. Dabei müssen insbesondere die in Abs. 3 aufgeführten Inhalte berücksichtigt werden. 40

Auftragsverarbeiter müssen im Verhältnis zu ihren Unterauftragnehmern sicherstellen, dass hinreichende Garantien dafür geboten werden, dass die Sicherheitsanforderungen für den Bereich des Datenschutzes durch geeignete technische und organisatorische Maßnahmen gewährleistet werden. 41

Nach **Satz 2** wird der **erste Auftragsverarbeiter** für Verstöße von Unterauftragnehmern gegen deren Datenschutzpflichten **in die Haftung** genommen. Diese Haftung besteht gegenüber dem Verantwortlichen, der den ersten Auftrag erteilt hat. Diese Haftungsverpflichtung ist **unbegrenzt**. Unabhängig hiervon haften Verantwortlicher und Auftragsverarbeiter gegenüber betroffenen Personen nach Art. 82 Abs. 4 gesamtschuldnerisch in voller Höhe (vgl. Art. 82 Rn. 9). 42

V. Genehmigte Verfahrensregeln und Zertifizierungsverfahren (Abs. 5)

Im Rahmen von Auftragsverhältnissen und erst recht in »Unterauftragsverarbeitungsketten« ist es in der Praxis schwierig, die Einhaltung datenschutzrechtlicher Vorgaben zu überprüfen. Dies gilt insbesondere für Formen des **Cloud-Computing**, das sich durch eine Kette von Unterverarbeitern auszeichnen kann. Um in dieser Situation beurteilen zu können, ob es hinreichende Garantien für ausreichende technische und organisatorische Maßnahmen zum Datenschutz gibt, kann nach **Abs. 5** die Einhaltung **genehmigter Verhaltensregeln** gem. Art. 40 oder von **genehmigten Zertifizierungsverfahren** gemäß Art. 42 als ein Faktor herangezogen werden, um das Vorhandensein hinreichender Garantien nachweisen zu können. 43

VI. Standardvertragsklauseln (Abs. 6 bis 8)

44 Durch die Regelungen in den **Abs. 6 bis 8** wird sogenannten **Standardvertragsklauseln** innerhalb der Ausgestaltung datenschutzrechtlicher Auftragsbeziehungen ein hoher Stellenwert zugewiesen. Bei den Standardvertragsklauseln handelt es sich um Textmuster, die von der Europäischen Kommission vorgegeben werden und deren Einhaltung das Vorhandensein datenschutzrechtlicher Mindestinhalte garantiert.[15] Hierzu gehören insbesondere die in Abs. 3 enthaltenen Vorgaben.[16]

45 Zuständig für den Abschluss wirksamer Verträge und damit auch für die zutreffende Anwendung von Standardvertragsklauseln sind die **Verantwortlichen**.

VII. Schriftform (Abs. 9)

46 Verträge müssen nach **Abs. 9** schriftlich abgefasst werden. Als **Schriftform** wird ein **elektronisches Format** anerkannt. Ob dieses »elektronische Format« identisch mit der »elektronischen Form« i. S. v. § 126a BGB ist oder ob die Textform i. S. v. § 126b BGB ausreicht, bleibt offen. **Im Zweifel** sollten Verantwortliche aber immer die **Schriftform** i. S. d. § 126a BGB und damit ein unterschriebenes Dokument wählen.

47 Als elektronisches Format kommt beispielsweise eine mit einer **digitalen elektronischen Signatur** versehene E-Mail in Betracht.[17] Möglich ist aber auch die Versendung eines »geschützten« PDF-Dokuments.

VIII. Verantwortlichkeit bei Verstößen (Abs. 10)

48 Durch **Abs. 10** wird festgelegt, dass **Auftragsverarbeiter**, die ohne rechtliche Befugnis Zwecke und Mittel von Verarbeitungen selbst bestimmen, bei **Verstößen wie ein Verantwortlicher behandelt** werden. Das hat zur Folge, dass sie in diesen Fällen statt des Verantwortlichen selbst haften und direkt mit Geldbußen belegt werden können.

49 Die Vorschrift kann **einschlägig** sein, wenn Auftragsverarbeiter beispielsweise **unberechtigte Zweckänderungen** durchführen oder wenn sie abweichend vom Auftrag eigenständige Verarbeitungen durchführen. Dies ist insbesondere der Fall, wenn Formen der Verarbeitung durchgeführt werden, die nach altem Recht als »Funktionsübertragung« zu qualifizieren waren, weil sie außerhalb der Auftragsverarbeitung standen. Insoweit sollten Auf-

---

15 Vgl. Durchführungsbeschluss der EU-Kommission vom 4.7.2021, ABl. L199/31 v. 7.6.2021, elektronisch abrufbar unter *https://eur-lex.europa.eu/legal-content/DE/TXT/PDF/?uri=CELEX:32021D0914&from=DE;* vgl. auch Art. 45 Rn. 4.

16 Vgl. Kühling/Buchner-*Hartung*, Art. 28 Rn. 91.

17 Vgl. Paal/Pauly-*Martini*, Art. 28 Rn. 75.

tragnehmer zur Vermeidung von Haftungsrisiken sicherstellen, dass es bei den von ihnen zu erfüllenden Aufträgen bei »Hilfstätigkeiten« im Rahmen von Weisungen des Verantwortlichen bleibt.

IX. Beschäftigtendatenschutz

Auch **Beschäftigtendaten** können im Rahmen von Auftragsverhältnissen verarbeitet werden. Für die Beschäftigten bleibt in diesen Fällen ihr Arbeitgeber, der als Verantwortlicher i. S. v. Art. 4 Nr. 7 zugleich für die Vergabe von Aufträgen nach Art. 28 zuständig ist, primärer Ansprechpartner. Die Möglichkeit der Vergabe von Aufträgen ist **nicht zu verwechseln mit anderweitigen Formen der Weitergabe** von Beschäftigtendaten an andere Verantwortliche, etwa unter Berufung auf die erforderliche Wahrnehmung berechtigter Interessen gemäß Art. 6 Abs. 1 f. Die datenschutzrechtliche Zulässigkeit eines solchen Vorgehens ist fraglich (vgl. hierzu Art. 6 Rn. 35 ff.). 50

Eine **unternehmensübergreifende Verarbeitung** von Beschäftigtendaten innerhalb von **Konzernstrukturen** setzt das **Vorhandensein einer klaren datenschutzrechtlichen Erlaubnis voraus.**[18] Mangels einschlägiger Erlaubnisnormen in Art. 6 Abs. 1 kann diese aufgrund des Fehlens eines Konzernprivilegs (vgl. Art. 88 Rn. 20 ff.) nur auf der Grundlage einer Einwilligung der einzelnen Beschäftigten erfolgen oder auf Basis einer entsprechenden Kollektivvereinbarung. 51

In **Kollektivvereinbarungen** können Vorgaben verankert werden, die nicht nur den Verantwortlichen selbst, sondern auch von ihm beauftragte Auftragnehmer mittelbar binden. Dies setzt voraus, dass entsprechende Inhalte einer Kollektivvereinbarung auch Eingang in die Auftragsverträge finden. Dies muss so detailliert erfolgen, dass Auftragsverarbeiter um die speziellen Anforderungen aus Kollektivvereinbarungen wissen und diese umsetzen können. 52

X. Hinweise für Betriebs- oder Personalräte

Betriebs- oder Personalräte haben zwar kein unmittelbares Mitbestimmungsrecht bezüglich des Inhalts von Auftragsverhältnissen. Sie können aber **einerseits** auf Basis ihrer allgemeinen Informations- und Kontrollrechte vom Arbeitgeber die **Vorlage der entsprechenden Aufträge** verlangen, um prüfen zu können, ob datenschutzrechtliche Schutzstandards eingehalten werden. Darüber hinaus leiten sich **andererseits** indirekte Einwirkungsmöglichkeiten aus einschlägigen Mitbestimmungsrechten ab wie insbesondere dem zur Regelung möglicher Verhaltens- oder Leistungskontrollen beim Einsatz technischer Systeme. Mit Blick darauf, dass 53

18 Vgl. allg. *Wedde*, CuA 6/2021, 8; enger *Conrad/Siara*, NZA 2021, 471.

das Mitbestimmungsverfahren bezüglich der Zulässigkeit von Verhaltens- oder Leistungskontrollen vor der Einführung der entsprechenden Systeme erfolgen muss, sind die Aufträge Betriebs- oder Personalräten **vor Beginn der Auftragsverarbeitung** vorzulegen.

54 Kommt es im Rahmen der Verhandlungen zu mitbestimmungspflichtigen Sachverhalten zur **Festlegung von Verarbeitungsbegrenzungen**, können Betriebs- oder Personalräte verlangen, dass diese nachweislich und nachvollziehbar **Eingang in Auftragsverträge finden**. Dies kann ggf. eine nachträgliche Revision bereits geschlossener Aufträge erforderlich machen. Insoweit sind Arbeitgeber gut beraten, Betriebs- oder Personalräte rechtzeitig zu informieren.

55 Im Rahmen bestehender Mitbestimmungsmöglichkeiten können Betriebs- oder Personalräte insbesondere fordern, dass die in Abs. 3 enthaltenen vertraglichen **Anforderungen an Auftragsverarbeiter** bezogen auf Beschäftigtendaten **durchgängig umgesetzt werden**. Sie müssen sich dabei nicht auf allgemeine Formulierungen verweisen lassen, in die Inhalte von Betriebs- oder Personalvereinbarungen nur »hineingedacht werden können«. Stattdessen können sie Vereinbarungen mit Auftragsverarbeitern einfordern, die sicherstellen, dass auch diese sich an einschlägige kollektivrechtliche Vereinbarungen halten. Dies gilt insbesondere dann, wenn innerhalb von Konzernstrukturen Aufträge an andere Konzernunternehmen vergeben werden. Hierbei muss sichergestellt werden, dass vonseiten der Konzernleitung keine unberechtigten Zugriffe auf Daten erfolgen, die innerhalb des Betriebs oder Unternehmens kollektivrechtlich ausgeschlossen wären.

56 Die vorstehend dargelegten Anforderungen gelten nicht nur bezogen auf Auftragsverarbeiter, sondern auch für **Unterauftragsverhältnisse**. Insoweit können Betriebs- oder Personalräte von Arbeitgebern verlangen, dass die Vergabe von Unteraufträgen an die Zustimmung des Verantwortlichen gebunden wird und nur dann erfolgt, wenn auch innerhalb einer »Unterauftragsvertragskette« durchgängig kollektivrechtliche Vorgaben berücksichtigt werden.

57 Betriebs- oder Personalräte können weiterhin versuchen, in einschlägigen kollektivrechtlichen Vereinbarungen ausdrücklich festzulegen, dass sie in die Informations- und Genehmigungsverfahren nach Abs. 2 und Kontrollmöglichkeiten nach Abs. 4 einbezogen werden, auch wenn es diesbezüglich keinen direkten Mitbestimmungstatbestand gibt. Auch ohne eine solche kollektivrechtliche Vereinbarung müssen Verantwortliche allerdings auch für Auftragnehmer und Unterauftragnehmer sicherstellen, dass Betriebs- oder Personalräte ihre gesetzlichen Kontroll- und Überwachungsbefugnisse diesen gegenüber wahrnehmen können. Betriebs- oder Personalräte müssen sich insoweit nicht darauf verweisen lassen, dass genehmigte Verhaltensregeln oder Zertifizierungsverfahren nach Abs. 5 vorliegen. Da diese nur ein Faktor sind, der auf die Einhaltung einschlägiger rechtlicher Vorgaben und insbesondere auch auf das Vorhandensein geeigneter technischer oder organisatorischer Maßnahmen hinweist, bestehen ihre Kontrollbefugnisse unabhängig hiervon fort.

Die relevanten Teile von Auftragsverträgen müssen Betriebs- oder Personalräten zur Erfüllung ihrer allgemeinen Informationsrechte von Verantwortlichen vorgelegt werden. Ausgenommen von der Informationspflicht sind ggf. die finanziellen Vereinbarungen. 58

Erfolgt die Vergabe an Auftragnehmer auf der **Grundlage von Standardvertragsklauseln** gemäß der Abs. 6 bis 8, können Betriebs- oder Personalräte deren **Vorlage verlangen**. Bei der Durchsicht sollten sie **prüfen**, ob der **Standardtext abgeändert** wurde. Darüber hinaus sind die in den Anlagen vorhandenen **Zweckfestlegungen** bedeutsam. Diese müssen den Vorgaben und Regelungen entsprechen, die in einer Kollektivvereinbarung vorhanden sind. Dies gilt insbesondere dann, wenn durch die Kollektivvereinbarung eine betriebs- oder unternehmensübergreifende Verarbeitung datenschutzrechtlich legitimiert wird. 59

Artikel 29 Verarbeitung unter der Aufsicht des Verantwortlichen oder des Auftragsverarbeiters

Der Auftragsverarbeiter und jede dem Verantwortlichen oder dem Auftragsverarbeiter unterstellte Person, die Zugang zu personenbezogenen Daten hat, dürfen diese Daten ausschließlich auf Weisung des Verantwortlichen verarbeiten, es sei denn, dass sie nach dem Unionsrecht oder dem Recht der Mitgliedstaaten zur Verarbeitung verpflichtet sind.

Inhaltsübersicht Rn.

I. Allgemeines . . . 1–2
II. Bindung an Weisungen . . . 3–5
III. Hinweise für Betriebs- oder Personalräte . . . 6

I. Allgemeines

Art. 29 legt fest, dass jede **Verarbeitung** personenbezogener Daten **ausschließlich auf Weisung** der Verantwortlichen erfolgen darf. Diese Verpflichtung gilt vorrangig für Personen, die für den Verantwortlichen arbeiten. Darüber hinaus gilt sie aber auch für die Beschäftigten von in seinem Auftrag tätigen Auftragsverarbeitern sowie alle Unterauftragnehmer. 1

Anders als die Vorgängerregelung in § 5 Satz 2 BDSG a. F. enthält Art. 29 **keine Vorgaben** zur **Verpflichtung** der von Auftragsverarbeitern beschäftigten Personen auf das **Datengeheimnis**. Eine entsprechende allgemeine Verpflichtung leitet sich aber zulasten von Auftragsverarbeitern aus Art. 28 Abs. 3 Buchst. b ab (vgl. Art. 28 Rn. 23). Zulasten von Verantwortlichen 2 selbst resultiert eine Notwendigkeit zur Verpflichtung der bei Ihnen beschäftigten Personen aus der Rechenschaftspflicht in Art. 5 Abs. 2.

II. Bindung an Weisungen

3 Nach Art. 29 müssen alle bei Verantwortlichen oder Auftragsverarbeitern beschäftigten Personen bezüglich der Verarbeitung personenbezogener Daten die **Weisungen befolgen**, die Verantwortliche erteilen. Sind die hierbei benannten Verarbeitungszwecke auslegbar, muss im Rahmen einer **engen Auslegung** die Interpretationsalternative gewählt werden, die den Schutz personenbezogener Daten am besten garantiert. Erteilte Weisungen müssen so konkret, eindeutig und abschließend wie nur möglich sein.

4 Die Weisungen von Verantwortlichen können **in beliebiger Form** erteilt werden. **Mündliche Weisungen** sind ebenso möglich wie eine Übermittlung von **Vorgaben per E-Mail**, in einem **Chat** oder über einen **Messenger-Dienst**. Mit Blick auf die Rechenschaftspflicht in Art. 5 Abs. 2 sollten Verantwortliche in jedem Fall eine Form der Weisung wählen, die **revisionssicher dokumentiert** ist.

5 **Abweichungen** von Weisungen sind nach dem letzten Halbsatz von Art. 29 nur zulässig, wenn es hierfür eine Verpflichtung aus dem Unionsrecht oder aus dem Recht der Mitgliedsstaaten gibt. Ansonsten besteht **eine absolute Bindung** an die Weisung des Verantwortlichen.

III. Hinweise für Betriebs- oder Personalräte

6 Betriebs- oder Personalräte können von Verantwortlichen auf Grundlage ihrer allgemeinen Informations- und Kontrollrechte den **Nachweis** über die **Abgabe von Verpflichtungserklärungen** verlangen. Dies beinhaltet auch die Vorlage entsprechender Informationen des Verantwortlichen selbst und seiner Auftragsverarbeiter. Soweit im Rahmen bestehender Mitbestimmungsrechte Regelungen zu einzelnen IT-Systemen abgeschlossen werden, können hier Vorgaben zur Verankerung entsprechender Vertraulichkeitserklärungen vorgesehen werden. Dies gilt auch, wenn eine entsprechende Verarbeitung durch Auftragnehmer erfolgt.

Artikel 30 Verzeichnis von Verarbeitungstätigkeiten

(1) Jeder Verantwortliche und gegebenenfalls sein Vertreter führen ein Verzeichnis aller Verarbeitungstätigkeiten, die ihrer Zuständigkeit unterliegen. Dieses Verzeichnis enthält sämtliche folgenden Angaben:

a) den Namen und die Kontaktdaten des Verantwortlichen und gegebenenfalls des gemeinsam mit ihm Verantwortlichen, des Vertreters des Verantwortlichen sowie eines etwaigen Datenschutzbeauftragten;

b) die Zwecke der Verarbeitung;
c) eine Beschreibung der Kategorien betroffener Personen und der Kategorien personenbezogener Daten;
d) die Kategorien von Empfängern, gegenüber denen die personenbezogenen Daten offengelegt worden sind oder noch offengelegt werden, einschließlich Empfänger in Drittländern oder internationalen Organisationen;
e) gegebenenfalls Übermittlungen von personenbezogenen Daten an ein Drittland oder an eine internationale Organisation, einschließlich der Angabe des betreffenden Drittlands oder der betreffenden internationalen Organisation, sowie bei den in Artikel 49 Absatz 1 Unterabsatz 2 genannten Datenübermittlungen die Dokumentierung geeigneter Garantien;
f) wenn möglich, die vorgesehenen Fristen für die Löschung der verschiedenen Datenkategorien;
g) wenn möglich, eine allgemeine Beschreibung der technischen und organisatorischen Maßnahmen gemäß Artikel 32 Absatz 1.

(2) Jeder Auftragsverarbeiter und gegebenenfalls sein Vertreter führen ein Verzeichnis zu allen Kategorien von im Auftrag eines Verantwortlichen durchgeführten Tätigkeiten der Verarbeitung, das Folgendes enthält:

a) den Namen und die Kontaktdaten des Auftragsverarbeiters oder der Auftragsverarbeiter und jedes Verantwortlichen, in dessen Auftrag der Auftragsverarbeiter tätig ist, sowie gegebenenfalls des Vertreters des Verantwortlichen oder des Auftragsverarbeiters und eines etwaigen Datenschutzbeauftragten;
b) die Kategorien von Verarbeitungen, die im Auftrag jedes Verantwortlichen durchgeführt werden;
c) gegebenenfalls Übermittlungen von personenbezogenen Daten an ein Drittland oder an eine internationale Organisation, einschließlich der Angabe des betreffenden Drittlands oder der betreffenden internationalen Organisation, sowie bei den in Artikel 49 Absatz 1 Unterabsatz 2 genannten Datenübermittlungen die Dokumentierung geeigneter Garantien;
d) wenn möglich, eine allgemeine Beschreibung der technischen und organisatorischen Maßnahmen gemäß Artikel 32 Absatz 1.

(3) Das in den Absätzen 1 und 2 genannte Verzeichnis ist schriftlich zu führen, was auch in einem elektronischen Format erfolgen kann.

(4) Der Verantwortliche oder der Auftragsverarbeiter sowie gegebenenfalls der Vertreter des Verantwortlichen oder des Auftragsverarbeiters stellen der Aufsichtsbehörde das Verzeichnis auf Anfrage zur Verfügung.

(5) Die in den Absätzen 1 und 2 genannten Pflichten gelten nicht für Unternehmen oder Einrichtungen, die weniger als 250 Mitarbeiter beschäftigen, es sei denn, die von ihnen vorgenommene Verarbeitung birgt ein Risiko für die Rechte und Freiheiten der betroffenen Personen, die Verarbeitung erfolgt nicht nur gelegentlich oder es erfolgt eine Verarbeitung besonderer Datenkategorien gemäß Artikel 9 Absatz 1 bzw. die Verarbeitung von personenbezogenen Daten über strafrechtliche Verurteilungen und Straftaten im Sinne des Artikels 10.

Inhaltsübersicht

		Rn.
I.	Allgemeines	1– 2
II.	Pflicht der Verantwortlichen (Abs. 1)	3– 9
III.	Pflicht des Auftragsverarbeiters (Abs. 2)	10–15
IV.	Schriftformerfordernis und Zurverfügungstellung (Abs. 3 und 4)	16–17
V.	Ausnahmeregeln (Abs. 5)	18
VI.	Hinweise für Betriebs- oder Personalräte	19–20

I. Allgemeines

1 Durch **Art. 30** werden Verantwortliche und Auftragsverarbeiter verpflichtet, ein **Verzeichnis über ihre Verarbeitungstätigkeiten** in **schriftlicher Form** zu führen. Dieses muss den zuständigen Aufsichtsbehörden auf deren Anfrage zur Verfügung gestellt werden. Ein Verstoß gegen die Verpflichtung zum Führen dieses Verzeichnisses kann nach Art. 83 Abs. 1 Buchst. a mit einer Geldbuße belegt werden.

2 Die Regelung in Art. 30 benennt in **Abs. 1 Angaben**, die **zwingend** in einem Verzeichnis von Verarbeitungstätigkeiten enthalten sein müssen. In **Abs. 2** werden entsprechende **Festlegungen für Auftragsverarbeitungen** vorgegeben. Durch **Abs. 3** wird die **Form** des Verzeichnisses bestimmt und durch **Abs. 4** eine Verpflichtung, dieses den zuständigen Aufsichtsbehörden auf **Anfrage** zur Verfügung zu stellen. In **Abs. 5** wird eine **Ausnahme** von der Verpflichtung zur Führung des Verzeichnisses für Unternehmen und Einrichtungen mit **weniger als 250 Mitarbeitern** festgelegt.

II. Pflicht der Verantwortlichen (Abs. 1)

3 Durch **Abs. 1** werden Verantwortliche verpflichtet, für alle Verarbeitungen in ihrem Zuständigkeitsbereich ein **Verzeichnis aller Verarbeitungstätigkeiten** zu führen. Die in den Sätzen 1 und 2 der Regelung gewählten Formulierungen verdeutlichen, dass dieses **vollständig, aussagekräftig und aktuell** sein muss.[1] Die in Abs. 1 Buchst. a bis g genannten **Angaben müssen in jedem Verzeichnis** enthalten sein.

1 Vgl. SHS-*Petri*, Art. 30 Rn. 13.

Nach Abs. 1 **Buchst. a** müssen **Namen** und **Kontaktdaten des Verantwortlichen** benannt werden sowie ggf. entsprechende Informationen über einen benannten **Datenschutzbeauftragten**. Im Regelfall ist dies die Postanschrift des Verantwortlichen bzw. des Datenschutzbeauftragten.[2] Ziel dieser Angaben ist die eindeutige Identifizierung. Sie kann durch weitere Hinweise wie etwa eine E-Mail- oder Web-Adresse sowie durch Kommunikationsdaten ergänzt werden. **4**

Nach Abs. 1 **Buchst. b** muss das Verzeichnis alle in Art. 4 Nr. 2 aufgeführten **Varianten der Verarbeitung** benennen, die vom Verantwortlichen geplant sind oder durchgeführt werden. Für jede der Verarbeitungstätigkeiten muss ein konkreter Zweck möglichst präzise und aussagekräftig benannt werden.[3] Die jeweiligen Zwecke müssen zum Zeitpunkt der Erhebung personenbezogener Daten gegeben sein (vgl. ErwGr 39 Satz 6). Abstrakt formulierte Benennung der Zwecke wie »Personalverwaltung«, »Controlling« oder »Dokumentation« erfüllen die Vorgaben einer konkreten Zweckbenennung nicht. **5**

Nach Abs. 1 **Buchst. c** müssen die **Kategorien betroffener Personen** sowie die der personenbezogenen Daten **benannt werden**, die verarbeitet werden. Kategorie von Empfängern sind beispielsweise die Beschäftigten. Zu den Kategorien von personenbezogenen Daten gehören etwa Informationen über den Gesundheitszustand oder die Religionszugehörigkeit von Personen. Eine abstrakte Bezeichnung der Kategorien wie etwa »Profildaten« oder »Adressdaten« ist nicht ausreichend. Es muss vielmehr vom Verantwortlichen verdeutlicht werden, welche Daten tatsächlich verarbeitet werden und welche Personen von dieser Verarbeitung betroffen sind. **6**

Nach Abs. 1 **Buchst. d** müssen die **Gruppen von Empfängern** dargelegt werden, denen von Verantwortlichen der Zugriff auf personenbezogene Daten durch Offenlegung ermöglicht wird. Hierzu gehören insbesondere auch Empfänger in Drittländern und internationalen Organisationen. Eine Definition der Empfänger findet sich in Art. 4 Nr. 9 (vgl. dort Rn. 47ff.). **7**

Nach Abs. 1 **Buchst. e** müssen auch **Empfänger benannt werden**, die in einem **Drittland** oder in **internationalen Organisationen** angesiedelt sind. Dies muss aus dem Verzeichnis ausdrücklich hervorgehen.

Nach Abs. 1 **Buchst. f** müssen **vorgesehene Löschfristen** im Verzeichnis von Verarbeitungstätigkeiten benannt werden. Diese Vorgabe ist **für alle Verarbeitungen zwingend**. Zugunsten von Verantwortlichen folgt aus der im Text enthaltenen Einschränkung »wenn möglich«, dass die Nennung auf einen ungefähren Zeitpunkt beschränkt werden kann, wenn ein genauer Zeitpunkt nicht genannt werden kann. Bezogen auf gesetzliche Löschfristen muss das Datum des Ablaufs in jedem Fall benannt werden, auch wenn **8**

2 Vgl. Kühling/Buchner-*Hartung*, Art. 30 Rn. 17.

3 Vgl. SHS-*Petri*, Art. 30 Rn. 22.

dieser sich aus allgemeinen Fristvorgaben ergibt, die etwa in den § 187ff. BGB enthalten sind.

9 Nach Abs. 1 **Buchst. g** müssen **allgemeine Beschreibungen** der **technischen und organisatorischen Maßnahmen** im Verzeichnis von Verarbeitungstätigkeiten enthalten sein. Auch diese Angabe steht unter dem Vorbehalt »wenn möglich«. Diese Einschränkung ist ohne nachhaltige praktische Relevanz, da Verantwortliche nach Art. 32 zur Vornahme entsprechender Maßnahmen verpflichtet sind (vgl. Art. 32 Rn. 3ff.) und diese deshalb auch beschreiben können müssen.[4]

III. Pflicht des Auftragsverarbeiters (Abs. 2)

10 Durch **Abs. 2** werden **Auftragsverarbeiter verpflichtet**, ein **Verzeichnis von Verarbeitungstätigkeiten** mit speziellen Angaben zu führen. Die Unterscheidung zu den Vorgaben in Abs. 1 folgt aus der besonderen Situation von Auftragsverarbeitern. Diese Pflicht trifft neben Auftragsverarbeitern selbst auch deren Subunternehmer entsprechend.

11 In Abs. 2 werden **vier Angaben** benannt, die von Auftragsverarbeitern immer gemacht werden müssen.

12 Nach Abs. 2 **Buchst. a** müssen Auftragsverarbeiter (ebenso wie Verantwortliche) **Namen** und **Kontaktdaten** benennen sowie ggf. die entsprechenden Angaben über einen Vertreter und über einen bestellten Datenschutzbeauftragten (vgl. Rn. 4).

13 Nach Abs. 2 **Buchst. b** müssen Auftragsverarbeiter lediglich **die Kategorie** der von ihnen im Auftrag verarbeiteten Daten **benennen**, nicht aber zugleich auch die der betroffenen Personen. Diese Informationen lassen sich aber aus den Angaben ableiten, die Verantwortliche selbst nach Abs. 1 Buchst. c machen müssen.

14 Erfolgt eine Übermittlung personenbezogener Daten an ein **Drittland** oder an eine **internationale Organisation**, müssen nach Abs. 2 **Buchst. c** auch Angaben hierzu in das Verzeichnis von Verarbeitungstätigkeiten aufgenommen werden.

15 Nach Abs. 2 **Buchst. d** müssen Auftragsverarbeiter (ebenso wie Verantwortliche) eine **allgemeine Beschreibung** von **technischen und organisatorischen Maßnahmen** in das Verzeichnis aufnehmen (vgl. Rn. 9).

IV. Schriftformerfordernis und Zurverfügungstellung (Abs. 3 und 4)

16 Nach **Abs. 3** müssen Verzeichnisse von Verarbeitungstätigkeiten von Verantwortlichen oder Auftragsverarbeitern **schriftlich** geführt werden. Die Vorschrift lässt allerdings ausdrücklich ein **elektronisches Format** zu. Ver-

---

4 Vgl. Kühlung/Buchner-*Hartung*, Art. 30 Rn. 24.

antwortliche und Auftragsverarbeiter müssen in jedem Fall die Revisionssicherheit dieser Verzeichnisführung sicherstellen.

17 Nach **Abs. 4** muss das geführte Verzeichnis den zuständigen Aufsichtsbehörden auf deren Anfrage zur Verfügung gestellt werden. Führen **Betriebs- oder Personalräte** für ihren Zuständigkeitsbereich eigene Verzeichnisse von Verarbeitungstätigkeiten, so können sie diese auf einer Anfrage der Aufsichtsbehörde direkt an diese weiterleiten und müssen nicht den »Dienstweg« über ihren Arbeitgeber wählen.

V. Ausnahmeregeln (Abs. 5)

18 Durch die **Ausnahme**, die in **Abs. 5** für **kleinere Unternehmen** oder Einrichtungen mit **weniger als 250 Mitarbeitern** statuiert ist, werden diese nicht grundsätzlich von der Verpflichtung zur Führung eines Verzeichnisses freigestellt. Die **Freistellung** besteht nur, **wenn keine** der in der Vorschrift **genannten Bedingungen** erfüllt ist. Birgt eine durchgeführte Verarbeitung Risiken für Rechte und Freiheiten betroffener Personen, erfolgt sie nicht nur gelegentlich oder werden besondere Kategorien personenbezogener Daten gemäß Art. 9 Abs. 1 oder Informationen über strafrechtliche Verurteilungen i. S. v. Art. 10 verarbeitet, müssen auch in Unternehmen und Einrichtungen mit weniger als 250 Mitarbeitern Verzeichnisse geführt werden.

VI. Hinweise für Betriebs- oder Personalräte

19 Die Verpflichtung zur **Führung von Verzeichnissen** über die Verarbeitungstätigkeiten trifft im Rahmen ihrer kollektivrechtlichen Zuständigkeit auch Betriebs- oder Personalräte. Beispielsweise ist der Arbeitgeber zwar nach § 79a Satz 2 BetrVG auch für die Datenverarbeitung durch Betriebsräte verantwortlich. Durch Satz 1 dieser Vorschrift werden Betriebsräte aber verpflichtet, die Vorschriften des Datenschutzes eigenständig einzuhalten. Dies führt auch zu einer Verpflichtung zur Führung eines Verzeichnisses von Verarbeitungstätigkeiten. Dieses muss auf Anfragen der zuständigen Aufsichtsbehörde zur Verfügung gestellt werden, nicht aber dem Arbeitgeber selbst.

20 Für Personalräte enthalten die entsprechenden Personalvertretungsgesetze auf Bundes- und Landesebene zu diesem Themenfeld differenzierte Regelungen.

Artikel 31 Zusammenarbeit mit der Aufsichtsbehörde

Der Verantwortliche und der Auftragsverarbeiter und gegebenenfalls deren Vertreter arbeiten auf Anfrage mit der Aufsichtsbehörde bei der Erfüllung ihrer Aufgaben zusammen.

1 Durch die Vorschrift werden **Verantwortliche** und **Auftragsverarbeiter** verpflichtet, mit **staatlichen Aufsichtsbehörden** bei der Erfüllung der diesen obliegenden Aufgaben **zusammenzuarbeiten**. Eine Verweigerung der Zusammenarbeit kann nach Art. 83 Abs. 1 Buchst. f eine Geldbuße auslösen. Teil der Verpflichtung ist die Zurverfügungstellung des Verzeichnisses von Verarbeitungstätigkeiten gemäß Art. 30 Abs. 4. Weiterhin gehört hierzu auch die in Art. 33 Abs. 1 festgeschriebene Meldung von Verletzungen des Schutzes personenbezogener Daten. Betriebs- oder Personalräte unterfallen dieser Verpflichtung in ihrem kollektivrechtlich bestimmten Zuständigkeitsbereich.

2 Die bußgeldbewehrte Zusammenarbeitsverpflichtung wird durch eine Anfrage der Aufsichtsbehörden ausgelöst. Diese Anfrage bedarf keines besonderen Anlasses.[1]

Abschnitt 2
Sicherheit personenbezogener Daten

Artikel 32 Sicherheit der Verarbeitung

(1) Unter Berücksichtigung des Stands der Technik, der Implementierungskosten und der Art, des Umfangs, der Umstände und der Zwecke der Verarbeitung sowie der unterschiedlichen Eintrittswahrscheinlichkeit und Schwere des Risikos für die Rechte und Freiheiten natürlicher Personen treffen der Verantwortliche und der Auftragsverarbeiter geeignete technische und organisatorische Maßnahmen, um ein dem Risiko angemessenes Schutzniveau zu gewährleisten; diese Maßnahmen schließen gegebenenfalls unter anderem Folgendes ein:

a) die Pseudonymisierung und Verschlüsselung personenbezogener Daten;

b) die Fähigkeit, die Vertraulichkeit, Integrität, Verfügbarkeit und Belastbarkeit der Systeme und Dienste im Zusammenhang mit der Verarbeitung auf Dauer sicherzustellen;

c) die Fähigkeit, die Verfügbarkeit der personenbezogenen Daten und den Zugang zu ihnen bei einem physischen oder technischen Zwischenfall rasch wiederherzustellen;

d) ein Verfahren zur regelmäßigen Überprüfung, Bewertung und Evaluierung der Wirksamkeit der technischen und organisatorischen Maßnahmen zur Gewährleistung der Sicherheit der Verarbeitung.

---

1 Vgl. SHS-*Polenz*, Art. 31 Rn. 9.

(2) Bei der Beurteilung des angemessenen Schutzniveaus sind insbesondere die Risiken zu berücksichtigen, die mit der Verarbeitung verbunden sind, insbesondere durch — ob unbeabsichtigt oder unrechtmäßig — Vernichtung, Verlust, Veränderung oder unbefugte Offenlegung von beziehungsweise unbefugten Zugang zu personenbezogenen Daten, die übermittelt, gespeichert oder auf andere Weise verarbeitet wurden.
(3) Die Einhaltung genehmigter Verhaltensregeln gemäß Artikel 40 oder eines genehmigten Zertifizierungsverfahrens gemäß Artikel 42 kann als Faktor herangezogen werden, um die Erfüllung der in Absatz 1 des vorliegenden Artikels genannten Anforderungen nachzuweisen.
(4) Der Verantwortliche und der Auftragsverarbeiter unternehmen Schritte, um sicherzustellen, dass ihnen unterstellte natürliche Personen, die Zugang zu personenbezogenen Daten haben, diese nur auf Anweisung des Verantwortlichen verarbeiten, es sei denn, sie sind nach dem Recht der Union oder der Mitgliedstaaten zur Verarbeitung verpflichtet.

Inhaltsübersicht Rn.

I. Allgemeines ... 1– 2
II. Technische und organisatorische Maßnahmen (Abs. 1) ... 3–10
III. Beurteilung der Angemessenheit (Abs. 2) ... 11–12
IV. Genehmigte Verfahrensregeln oder Zertifizierungsverfahren (Abs. 3) 13
V. Weisungsgebundene Verarbeitung (Abs. 4) ... 14–16
VI. Beschäftigtendatenschutz ... 17
VII. Handlungsmöglichkeiten von Betriebs- oder Personalräten ... 18–25

I. Allgemeines

Die Regelung in **Art. 32** enthält allgemeine Vorgaben zur Sicherstellung des technischen Datenschutzes, die für alle Verarbeitungssituationen gelten. Auch wenn der Begriff nicht verwendet wird, geht es hierbei um die technische und organisatorische »**Datensicherheit**«. Die Vorschrift steht in einem engen Bezug zu den Meldepflichten nach Art. 33, den Verpflichtungen zur Benachrichtigung von betroffenen Personen im Falle von Datenschutzverletzungen in Art. 34 und der Datenschutz-Folgenabschätzung in Art. 35. 1

Die Vorschrift enthält in **Abs. 1** eine **beispielhafte Aufzählung** von **acht Kriterien**, die bei der Ausgestaltung von technischen und organisatorischen Maßnahmen der Datensicherheit von Verantwortlichen oder Auftragsverarbeitern beachtet werden müssen. In **Abs. 2** finden sich Vorgaben für die **Beurteilung der Angemessenheit** des geschaffenen **Schutzniveaus**. In **Abs. 3** wird klargestellt, dass die **Einhaltung von Verfahrensregeln** nach Art. 40 oder von **genehmigten Zertifizierungsverfahren** nach Art. 42 auf die Erfüllung der in Abs. 1 genannten Anforderungen hinweist. Durch **Abs. 4** werden Verantwortliche und Auftragsverarbeiter verpflichtet, bezo- 2 gen auf die ihnen unterstellten natürlichen Personen die **Einhaltung von Weisungen** und einschlägigen Gesetzen sicherzustellen.

II. Technische und organisatorische Maßnahmen (Abs. 1)

3 Durch die Regelung in **Abs. 1 Satz 1** werden **Verantwortliche** und **Auftragsverarbeiter** verpflichtet, unter Berücksichtigung der Technik, der Implementierungskosten und der Art, des Umfangs, der Umstände und der Zwecke der Verarbeitung (vgl. zu diesen Begrifflichkeiten auch Art. 24 Rn. 8ff.) geeignete technische und organisatorische Maßnahmen zu schaffen, um die Sicherheit der Verarbeitung zu gewährleisten. Hierbei können sie insbesondere auf die in den Buchst. a bis g genannten Maßnahmen zurückgreifen.

4 Es müssen nur **geeignete Maßnahmen** ergriffen werden. Aus dieser Vorgabe leitet sich allerdings nicht ab, dass insbesondere die Kosten von technischen und organisatorischen Maßnahmen deren Umsetzung beschränken oder ausschließen. Unabhängig hiervon müssen Verantwortliche oder Auftragsverarbeiter bewerten, in welchem Verhältnis Risiko und Kosten stehen. Sind **Risiken hoch**, müssen auch **kostenträchtige Maßnahmen** getroffen werden. Damit werden Verantwortliche oder Auftragsverarbeiter durch den Hinweis auf »geeignete Maßnahmen« nur vor unbegrenzt hohen Kosten geschützt, nicht aber vor hohen Aufwendungen, sofern hierdurch große Risiken für personenbezogene Daten ausgeschlossen werden können.[1] Darüber hinaus sind **Betriebskosten**, die aufgrund getroffenen technischen und organisatorischen Datensicherheitsmaßnahmen anfallen, ebenfalls von Verantwortlichen oder Auftragsverarbeitern zu tragen.

5 Vom **weit auszulegenden** Begriff der **technischen und organisatorischen Maßnahmen** werden alle Vorkehrungen erfasst, durch die Risiken bezüglich der Verarbeitung personenbezogener Daten ausgeschlossen oder minimiert werden können bzw. die Sicherheit der Verarbeitung erhöht wird. Wie diese konkret ausgestaltet werden, obliegt der Einschätzung der Verantwortlichen bzw. der Auftragsverarbeiter.

6 Zu den in Abs. 1 beispielhaft genannten Maßnahmen zählen nach **Buchst. a** die **Pseudonymisierung** und **Verschlüsselung**. Der Begriff der Pseudonymisierung ist in Art. 4 Nr. 5 definiert (vgl. dort Rn. 28). Der in der DSGVO nicht definierte Begriff der **Verschlüsselung** steht allgemein für technische Verfahren, bei denen Informationen unter Anwendung eines »Schlüssels« in eine »Geheimschrift« umgewandelt werden.[2] Vom Begriff erfasst werden alle Formen kryptografischer Verfahren.

---

1 Vgl. Ehmann/Selmayer-*Hladjk*, Art. 32 Rn. 5.; a. A. Plath-*Grages*, Art. 32 Rn. 2.
2 Vgl. ähnlich Kühling/Buchner-*Jandt*, Art. 32 Rn. 19.

7 Nach Abs. 1 **Buchst. b** sollen durch technische und organisatorische Maßnahmen die Fähigkeit, die Vertraulichkeit, Integrität, Verfügbarkeit und Belastbarkeit von Systemen und Diensten bezüglich der Verarbeitung personenbezogener Daten **dauerhaft sichergestellt werden**. Ziel dieser Vorgabe ist die Herstellung eines störungsfreien und dauerhaften Betriebs von Systemen oder Diensten und dessen Garantie.

8 Der in der Vorschrift verwendete Begriff der **Fähigkeit** steht dafür, dass bestimmte Verarbeitungsprozesse dauerhaft und störungsfrei durchgeführt werden können.[3] Durch die Sicherstellung der **Vertraulichkeit** soll der Schutz vor der unbefugten Preisgabe oder Kenntnisnahme personenbezogener Daten sichergestellt werden. Der Begriff der **Integrität** steht für die inhaltliche Korrektheit von Daten, für deren Vollständigkeit sowie für einen Schutz vor unbefugten Veränderungen. Die **Verfügbarkeit** soll personenbezogenen Daten vor zufälligen Zerstörungen oder Verlusten schützen. Um Störungen durch übermäßig hohe Inanspruchnahme von Systemen zu vermeiden, sollen weiterhin Maßnahmen zum Schutz der **Belastbarkeit** von Systemen getroffen werden. Durch alle genannten Maßnahmen soll die **sichere Verarbeitung** personenbezogener Daten **auf Dauer garantiert** werden.

9 Durch die Vorgabe in Abs. 1 **Buchst. c** soll eine **rasche Wiederherstellung** der Verfügbarkeit garantiert werden, wenn es zu Systemausfällen bei Störungen kommt. Die Vorschrift zielt auf alle **physischen** oder **technischen Zwischenfälle oder Vorfälle,** durch die die Verfügbarkeit bzw. Verarbeitungsfähigkeit von personenbezogenen Daten eingeschränkt wird. Hierzu zählen beispielsweise Störungen wie Stromausfälle oder Brände. Um dieses Schutzziel zu erreichen, ist insbesondere ein **umfassendes Notfallkonzept** erforderlich.

10 Nach Abs. 1 **Buchst. d** müssen Verantwortliche und Auftragsverarbeiter durch **regelmäßige Überprüfung**, **Bewertung** und **Evolution** die Wirksamkeit der getroffenen technischen und organisatorischen Maßnahmen sicherstellen.

III. Beurteilung der Angemessenheit (Abs. 2)

11 Nach **Abs. 2** sind bei der Beurteilung, ob ein angemessenes Schutzniveau besteht, die in der Vorschrift **beispielhaft aufgezählten** Risiken **herausragend zu berücksichtigen**. Die **Verpflichtungen**, die sich aus Abs. 2 zulasten von Verantwortlichen und Auftragsverarbeitern ableiten, sind **umfassend**. Die hieraus folgende Notwendigkeit zur Beurteilung von Risiken beinhalten auch die Möglichkeit zufälliger Vernichtungen personenbezogener Daten

3 Vgl. Gola-*Piltz*, Art. 32 Rn. 30.

wie Vorkehrungen gegen neue Angriffsvarianten durch externe Personen.[4] Die sich aus Art. 32 Abs. 2 ableitenden Vorgaben müssen von Verantwortlichen und Auftragsverarbeitern **zwingend beachtet werden**. Es liegt also nicht nur eine bloße Bewertungsoption vor.

12 Um die Vorgaben aus Abs. 2 zu erfüllen, müssen Verantwortliche und Auftragsverarbeiter im Regelfall eine **umfassende Analyse bestehender Risiken** vornehmen. In der Praxis müssen dafür Schutzbedarfsfeststellungen und laufende Risikobewertungen erfolgen. Dabei muss auch fahrlässiges oder vorsätzliches Handeln von Internen oder Externen ebenso berücksichtigt werden wie die Möglichkeit fahrlässiger oder gezielt unbefugter Zugriffe auf vorhandene personenbezogene Daten.[5] Darüber hinaus müssen auch schädigende Ereignisse wie etwa Stromausfälle, Überschwemmungen, extreme Temperatursituationen oder Brände berücksichtigt werden. Das von Verantwortlichen oder Auftragnehmern zu schaffende **Schutzniveau muss angemessen sein**. Was angemessen ist, bestimmen diese zwar selbst. Sind Schutzmaßnahmen unangemessen, drohen jedoch einerseits Geldbußen und andererseits Schadensersatzansprüche von betroffenen Personen.

IV. Genehmigte Verfahrensregeln oder Zertifizierungsverfahren (Abs. 3)

13 Nach **Abs. 3** ist die **Einhaltung genehmigter Verfahrensregeln** nach Art. 40 oder **genehmigter Zertifizierungsverfahren** nach Art. 42 ein Faktor, der darauf hinweist, dass die in Abs. 1 enthaltenen Anforderungen erfüllt werden. Damit können diese Verhaltensregelungen und Verfahren als Nachweis herangezogen werden. Sie reichen jedoch für sich nicht aus, um die Erfüllung nachzuweisen.

V. Weisungsgebundene Verarbeitung (Abs. 4)

14 Der Regelung in **Abs. 4** kommt bezogen auf die **Anweisung und Verpflichtung** von bei Verantwortlichen und Auftragsverarbeitern beschäftigten Personen eine große Bedeutung zu. Diese müssen für ihre Beschäftigten sicherstellen, dass nur weisungsgebundene Verarbeitungen erfolgen. Diese Vorgabe zielt nicht nur auf abhängig Beschäftigte (insbesondere Arbeitnehmer), sondern auf alle Personen, denen Verantwortliche oder Auftragsverarbeiter rechtlich oder tatsächlich verbindliche Weisungen erteilen können.[6] Der **Anwendungsbereich** der Vorschrift ist **weit gefasst** und schließt nur Wei-

---

4 Vgl. Gola-*Piltz*, Art. 32 Rn. 42.

5 Vgl. ähnlich Ehmann/Selmayer-*Hladjk*, Art. 32 Rn. 11.

6 Vgl. Gola-*Piltz*, Art. 32 Rn. 51 bezüglich einer rechtlichen Weisungsmöglichkeit.

sungen an juristische Personen aus. Für diese ist allerdings im Regelfall Art. 28 als Regel zur Auftragsverarbeitung einschlägig.

Einen **Zugang** haben natürliche Personen auf personenbezogene Daten, wenn sie in irgendeiner Form auf diese zugreifen oder mit diesen umgehen können. Der Begriff ist insoweit **weit auszulegen**. 15

Die **notwendigen Weisungen** können **Arbeitgeber** als Verantwortliche im Rahmen ihres **Direktionsrechts** erteilen. Beschäftigte müssen die Vorgaben ihrer Arbeitgeber vollumfänglich einhalten, soweit sie arbeitsrechtlich legitimiert sind. 16

VI. Beschäftigtendatenschutz

Werden Weisungen an **Beschäftigte** erteilt, die mit der Verarbeitung personenbezogener Daten befasst sind, müssen Verantwortliche und Auftragsverarbeiter deren Einhaltung überwachen. Dabei müssen aber Rechte dieser Beschäftigten uneingeschränkt berücksichtigt werden. Dies **schließt** beispielsweise **heimliche Kontrollen** oder **Totalkontrollen aus**. Mit Blick auf das **Transparenzgebot** in Art. 5 Abs. 1 Buchst. a sowie in den Art. 12 ff. müssen Verantwortliche und Auftragsverarbeiter in ihrer Eigenschaft als Arbeitgeber ihren Beschäftigten gegenüber offenlegen, welche Kontrollmaßnahmen erfolgen. 17

VII. Handlungsmöglichkeiten von Betriebs- oder Personalräten

Die in Art. 32 benannten Maßnahmen zur **Sicherstellung des technischen und organisatorischen Datenschutzes** sind als Maßnahme zur Sicherung der durch die DSGVO geschützten Interessen, Grundrechte und Grundfreiheiten natürlicher Personen aus Sicht von Betriebs- oder Personalräten **uneingeschränkt zu begrüßen**. Aus Sicht von Beschäftigten wie aus der von Betriebs- oder Personalräten ist eine umfassende Umsetzung der Vorgaben, die Art. 32 enthält, in der Praxis aber oft mit dem Problem verbunden, dass sich aus getroffenen technischen und organisatorischen Maßnahmen zur Datensicherheit Informationen ableiten, mit denen sich das Verhalten und die Leistung von Beschäftigten kontrollieren lassen. Hohe Sicherheitsstandards können damit in die Persönlichkeitsrechte der betroffenen Beschäftigten eingreifen. Vor diesem Hintergrund kommt gesetzlichen Mitwirkungs- und Mitbestimmungsrechten von Betriebs- oder Personalräten eine große Bedeutung zu. 18

Die in der DSGVO sowie in nationalen datenschutzrechtlichen Regelungen wie insbesondere dem BDSG enthaltenen Vorgaben zum Schutz personenbezogener Daten wirken auch bezogen auf Beschäftigte als **Schutzgesetze**. Damit gehört es zu der Aufgabe von Betriebs- und Personalräten, deren Einhaltung zu überwachen. Entsprechende Vorgaben für Betriebsräte finden 19 sich in § 80 Abs. 1 Nr. 1 BetrVG. Entsprechende Vorgaben für Personalräte gibt es auch auf Bundes- und Landesebene, etwa in § 62 Abs. 1 Nr. 2 BPersVG. Das Überwachungsrecht besteht **gleichermaßen bezogen auf automatisierte** wie auf **nicht-automatisierte Dateien.**

20 Um dieses Recht ausüben zu können, müssen Arbeitgeber Betriebs- oder Personalräte über alle einschlägigen Sachverhalte informieren. Hierzu gehören auch die Ergebnisse der nach Art. 32 Abs. 1 Buchst. d durchzuführenden regelmäßigen Überprüfung, Bewertung und Evaluierung der Wirksamkeit der getroffenen technischen und organisatorischen Maßnahmen.

21 Unter Hinweis auf **Abs. 1 Buchst. a** können Betriebs- und Personalräte von Arbeitgebern beispielsweise Maßnahmen verlangen, die **Zugriffsmöglichkeiten** auf personenbezogene Daten von Beschäftigten auf ein unbedingt erforderliches Maß begrenzen. Sie können aus **dieser Vorschrift** die Forderung ableiten, Beschäftigtendaten durch umfassende **Pseudonymisierungs-** oder **Verschlüsselungskonzepte** gegen unbefugten Zugriff zu schützen, etwa durch standardmäßige Installationen von entsprechender Software auf den Endgeräten.[7] Unter Hinweis auf **Abs. 1 Buchst. b** können zur Sicherstellung der Vertraulichkeit **abschließende Berechtigungskonzepte** gefordert werden, die Zugriffsmöglichkeiten auf ein unbedingt erforderliches Maß begrenzen und die nur von Personen genutzt werden können, die entsprechende Informationen für die Durchführung von Aufgaben zwingend benötigen. In Ausfüllung der Vorgaben zur Verfügbarkeit in **Abs. 1 Buchst. c** können Betriebs- oder Personalräte verlangen, dass Arbeitgeber allgemeine und individuelle Möglichkeiten schaffen, die eine **Weiterarbeit nach technischen Problemen oder Ausfällen** jederzeit ermöglichen. Dies gilt auch, falls Beschäftigte im Homeoffice tätig sind. Führen Arbeitgeber Verfahren zur regelmäßigen Überprüfung, Bewertung und Evaluierung der Wirksamkeit getroffener technischer und organisatorischer Maßnahmen durch, können Betriebs- oder Personalräte deren Ergebnisse zur Kenntnis einfordern.

22 Die meisten der von Arbeitgebern getroffenen **technischen und organisatorischen Maßnahmen** zur Sicherstellung der Datensicherheit **erfassen auch Beschäftigtendaten**. Damit wird beispielsweise das Mitbestimmungsrecht in § 87 Abs. 1 Nr. 6 BetrVG ausgelöst, das zur Anwendung kommt, wenn technische Einrichtungen zur Überwachung von Verhalten oder Leistung von Beschäftigten bestimmt sind. Auf dieser Grundlage können Betriebs- oder Dienstvereinbarungen getroffen werden, die Verarbeitungen von Beschäftigtendaten außerhalb der unmittelbaren Zwecke der Datensicherheit ausschließen oder begrenzen.

23 Maßnahmen zur Herstellung der technischen oder organisatorischen Datensicherheit können weitere Mitbestimmungsrechte auslösen. Im Bereich des

7 Vgl. schon *Wedde*, AiB 2003, 290.

Betriebsverfassungsrechts erfüllen beispielsweise **automatische Zugangskontrollsysteme** auf der Basis von Ausweiskarten, die von Beschäftigten sichtbar getragen werden müssen, den in § 87 Abs. 1 Nr. 1 BetrVG enthaltenen Tatbestand der Ordnung im Betrieb.[8] Erfolgen aus Sicherheitsgründen bauliche Maßnahmen wie etwa die vollständige räumliche Verlagerung einer EDV-Abteilung und der dort tätigen Beschäftigten, kann diese eine **Betriebsänderung** gemäß § 90 Abs. 1 BetrVG sein. Gleiches kann gelten, wenn einzelne Arbeitsplätze aus Gründen des technischen und organisatorischen Datenschutzes baulich verändert werden, etwa durch Verkleinerung von Fenstern, das Einsetzen von mattiertem Glas oder das Ziehen von Schutzwänden in Räumen.[9]

Um ihre kollektivrechtlichen Mitwirkungs- und Mitbestimmungsmöglich- 24
keiten wahrnehmen zu können, haben Betriebsräte ein **Zugangsrecht** zu allen betrieblichen Arbeitsplätzen.[10] Dieses steht grundsätzlich auch Personalräten zu, ist aber nach den einschlägigen Personalvertretungsgesetzen teilweise vom Einvernehmen der Dienststellenleitungen abhängig.

Legt ein Arbeitgeber als Verantwortlicher für den Fall einer Datenpanne per 25
Arbeitsanweisung an die Beschäftigten ein Meldeverfahren zur Feststellung und Behebung der Verletzung einschlägiger Datenschutzvorgaben fest und resultiert daraus für einzelne Beschäftigte die Verpflichtung, während des folgenden Prozesses kurzfristig erreichbar zu sein, unterliegt dies der Mitbestimmung von Betriebs- oder Personalräten (etwa nach § 87 Abs. 1 Nr. 1 BetrVG).[11]

Artikel 33 Meldung von Verletzungen des Schutzes personenbezogener Daten an die Aufsichtsbehörde

(1) Im Falle einer Verletzung des Schutzes personenbezogener Daten meldet der Verantwortliche unverzüglich und möglichst binnen 72 Stunden, nachdem ihm die Verletzung bekannt wurde, diese der gemäß Artikel 55 zuständigen Aufsichtsbehörde, es sei denn, dass die Verletzung des Schutzes personenbezogener Daten voraussichtlich nicht zu einem Risiko für die Rechte und Freiheiten natürlicher Personen führt. Erfolgt die Meldung an die Aufsichtsbehörde nicht binnen 72 Stunden, so ist ihr eine Begründung für die Verzögerung beizufügen.

---

8 Vgl. DKW-*Klebe*, § 87 BetrVG Rn. 50f.; a. A. BAG 10.4.1984 – 1 ABR 69/82.
9 Vgl. DKW-*Klebe*/Wankil, § 90 BetrVG Rn. 7ff.
10 Vgl. DKW-*Buschmann*, § 80 BetrVG Rn. 14ff.
11 LAG Schleswig-Holstein 6.8.2019 – 2 TaBV 9/19; zu Meldepflichten der Beschäftigten *Müllmann/Volkamer*, ZD 2021, 8.

(2) Wenn dem Auftragsverarbeiter eine Verletzung des Schutzes personenbezogener Daten bekannt wird, meldet er diese dem Verantwortlichen unverzüglich.

(3) Die Meldung gemäß Absatz 1 enthält zumindest folgende Informationen:

a) eine Beschreibung der Art der Verletzung des Schutzes personenbezogener Daten, soweit möglich mit Angabe der Kategorien und der ungefähren Zahl der betroffenen Personen, der betroffenen Kategorien und der ungefähren Zahl der betroffenen personenbezogenen Datensätze;

b) den Namen und die Kontaktdaten des Datenschutzbeauftragten oder einer sonstigen Anlaufstelle für weitere Informationen;

c) eine Beschreibung der wahrscheinlichen Folgen der Verletzung des Schutzes personenbezogener Daten;

d) eine Beschreibung der von dem Verantwortlichen ergriffenen oder vorgeschlagenen Maßnahmen zur Behebung der Verletzung des Schutzes personenbezogener Daten und gegebenenfalls Maßnahmen zur Abmilderung ihrer möglichen nachteiligen Auswirkungen.

(4) Wenn und soweit die Informationen nicht zur gleichen Zeit bereitgestellt werden können, kann der Verantwortliche diese Informationen ohne unangemessene weitere Verzögerung schrittweise zur Verfügung stellen.

(5) Der Verantwortliche dokumentiert Verletzungen des Schutzes personenbezogener Daten einschließlich aller im Zusammenhang mit der Verletzung des Schutzes personenbezogener Daten stehenden Fakten, ihrer Auswirkungen und der ergriffenen Abhilfemaßnahmen. Diese Dokumentation muss der Aufsichtsbehörde die Überprüfung der Einhaltung der Bestimmungen dieses Artikels ermöglichen.

Inhaltsübersicht Rn.

I. Allgemeines 1– 2
II. Meldepflicht (Abs. 1) 3– 9
III. Auftragsverarbeiter (Abs. 2) 10
IV. Inhalt der Meldung (Abs. 3) 11–15
V. Nachreichung von Informationen (Abs. 4) 16
VI. Dokumentationspflicht (Abs. 5) 17

I. Allgemeines

1 **Art. 33** regelt zusammen mit der Pflicht zur Benachrichtigung in Art. 34 die **Meldepflichten** von Verantwortlichen gegenüber staatlichen Aufsichtsbehörden und betroffenen Personen im Fall von Schutzverletzungen. Die Meldepflichten gehen davon aus, dass eine Verletzung des Schutzes personenbezogener Daten für die betroffenen Personen physische, materielle

oder immaterielle Schäden nach sich ziehen kann. Deshalb sollen Verantwortliche, die eine Verletzung des Schutzes personenbezogener Daten in ihrem Zuständigkeitsbereich erkennen, nach Art. 33 die **staatlichen Aufsichtsbehörden hiervon unverzüglich informieren**. Die Information muss in diesem Sinne spätestens 72 Stunden nach dem Bekanntwerden der Verletzung erfolgen. Die Meldung kann nur dann unterbleiben, wenn die Verletzung des Schutzes personenbezogener Daten voraussichtlich nicht zu einem Risiko für Rechte und Freiheiten natürlicher Personen führt.

Verstöße gegen die Meldepflicht in Art. 33 können nach Art. 83 Abs. 4 Buchst. a mit Geldbußen belegt werden. 2

II. Meldepflicht (Abs. 1)

Die **Meldepflicht** in **Abs. 1** trifft den **Verantwortlichen**.[1] Dies gilt auch, wenn eine Datenschutzverletzung bei einem Auftragsverarbeiter stattgefunden hat (vgl. Rn. 10). Die Meldung muss an die zuständige Aufsichtsbehörde erfolgen. Unabhängig von dieser Regelung müssen Verantwortliche im Fall einer Datenpanne den zuständigen Betriebs- oder Personalrat **unterrichten**. Bezogen auf Betriebsräte leitet sich diese Verpflichtung aus § 80 Abs. 1 Nr. 1 und Abs. 2 BetrVG ab. Darüber hinaus muss auch ein bestehender **Wirtschaftsausschuss** unterrichtet werden.[2] 3

Die **Meldepflicht** setzt eine **Verletzung des Schutzes personenbezogener Daten** voraus. Wie diese stattgefunden hat, ist unerheblich. Insoweit unterliegt sowohl ein erfolgreicher Zugriff unbefugter Dritter (»Hacker«) als auch eine Verletzung des Datenschutzes aufgrund technischer Fehler oder eines fahrlässigen oder vorsätzlichen Handelns von Beschäftigten im IT-Bereich der Meldepflicht. 4

Auf die **Art** der betroffenen personenbezogenen Daten kommt es nicht an. Die Meldepflicht besteht damit nicht nur bei besonderen Kategorien personenbezogener Daten i. S. v. Art. 9. Geht es um diese, ist allerdings im Regelfall davon auszugehen, dass Risiken für Rechte und Freiheiten natürlicher Personen bestehen, sodass in diesen Fällen immer eine Meldung erfolgen muss. 5

Die Meldepflicht setzt ein, sobald dem Verantwortlichen die **Verletzung bekannt** wird. Gegebenenfalls muss er die zunächst gemachte Meldung durch weitere Erkenntnisse an die zuständige Aufsichtsbehörde ergänzen. 6

Da das Gesetz kein »hohes Risiko« voraussetzt, wird die Meldepflicht in allen anderen Fällen bereits dann ausgelöst, wenn möglicherweise ein Risiko besteht, ohne dass es darauf ankommt, wie groß dieses ist. Es kommt mit Blick 7

1 Vgl. allg. *Wenzel/Wybitul*, ZD 2019, 290.

2 Vgl. *Fuhlrott*, NZA 2019, 650 f.

auf den Verhältnismäßigkeitsgrundsatz aber auch nicht jedes nur geringfügigere Risiko in Bezug auf Eintrittswahrscheinlichkeit und Schadenshöhe in Betracht.[3] Kriterien für die Messung des Risikos lassen sich aus den Vorgaben ableiten, die in Art. 24 Abs. 1 Satz 1, 25 Abs. 1, 32 Abs. 1 und 35 enthalten sind. Ein hohes Risiko für betroffene Personen besteht beispielsweise, wenn unzulässiges Profiling stattfindet (Art. 22), wenn eine umfangreiche Verarbeitung besondere Kategorien personenbezogener Daten i. S. v. Art. 9 Abs. 1 erfolgt oder wenn eine systematische umfangreiche Überwachung öffentlicher Bereiche stattfindet. **Keine Meldepflicht** besteht, wenn die Verletzung des Datenschutzes **voraussichtlich nicht zu einem Risiko** für die Rechte und Freiheiten natürlicher Personen führen wird.

8 Die **Risikobewertung** erfolgt auf **Grundlage einer Prognose**. In diesem Rahmen müssen Verantwortliche eine Wahrscheinlichkeitsbewertung über die Folgen des erkannten Datenschutzverstoßes anstellen.

9 Die **Form der Meldung** ist in Art. 33 nicht festgelegt. Mit Blick auf die Verpflichtung zur unverzüglichen Meldung, die möglichst innerhalb von 72 Stunden erfolgen muss, ist die elektronische Textform zu empfehlen.[4] Es ist aber auch eine mündliche Mitteilung per Telefon oder die Nutzung anderer elektronischer Kommunikationswege denkbar.

III. Auftragsverarbeiter (Abs. 2)

10 Findet ein **Datenschutzverstoß** bei einem **Auftragsverarbeiter** statt, muss dieser sich zunächst an den Verantwortlichen wenden. Der Verantwortliche hat einerseits die Pflicht, im Rahmen seiner Aufsicht über den Auftragsverarbeiter sicherzustellen, dass ihm dort stattfindende Verstöße gemeldet werden. Andererseits muss er nach einer entsprechenden Mitteilung durch seinen Auftragsverarbeiter seinen Informationspflichten gegenüber der zuständigen Aufsichtsbehörde nachkommen.

IV. Inhalt der Meldung (Abs. 3)

11 In der nach **Abs. 3** zu erstellenden **Meldung** soll der Aufsichtsbehörde insbesondere mitgeteilt werden, ob personenbezogene Daten durch **geeignete technische Sicherheitsvorkehrungen geschützt waren**, durch die die Wahrscheinlichkeit eines Identitätsbetrugs oder anderer Formen des Datenmissbrauchs wirksam verringert werden (vgl. ErwGr 88). Diese Vorgabe verdeutlicht die Zielrichtung, die die Meldung nach Abs. 3 hat. Sie muss mindestens die in Abs. 2 Buchst. a bis g genannten Informationen enthalten.

3 Vgl. Paal/Pauly-*Martini*, Art. 33 Rn. 22.

4 Vgl. Paal/Pauly-*Martini*, Art. 33 Rn. 29.

Verantwortlichen steht es darüber hinaus frei, der zuständigen Aufsichtsbehörde weitere Hinweise zu geben, wenn sie diese für notwendig hält. Die Meldepflicht wird **nicht dadurch begrenzt**, dass Verantwortliche sich auf **Geheimhaltungspflichten** berufen oder auf **Betriebs- und Geschäftsgeheimnisse.**[5]

Nach Abs. 3 **Buchst. a** muss die **Meldung** eine Beschreibung der **Art der Verletzung** des Datenschutzes enthalten. Dabei müssen, soweit dies möglich ist, detaillierte Angaben zu Art und Zahl der betroffenen Personen sowie der betroffenen Datensätze gemacht werden. Verantwortliche müssen in diesem Rahmen mitteilen, was sie selbst wissen. Die Verpflichtung geht allerdings nicht so weit, dass sämtliche Details über Sicherheitslücken oder erforderliche Angriffe gemacht werden. Diese sind ggf. auf eine Anfrage der Aufsichtsbehörde nachzureichen. Verantwortliche können sich bezüglich der Meldung auch nicht auf entstehende Kosten berufen. 12

Nach Abs. 3 **Buchst. b** muss die Meldung **Namen** und **Kontaktdaten** des **Datenschutzbeauftragten** sowie einer sonstigen Anlaufstelle für weitere Informationen enthalten. Kontaktdaten sind neben einer Anschrift insbesondere Kommunikationsdaten, wie E-Mail oder Telefonnummern. 13

Nach Abs. 3 **Buchst. c** müssen Verantwortliche in der Meldung eine Beschreibung der **wahrscheinlichen Folgen** aufführen. Auf Basis dieser Kenntnis kann die Aufsichtsbehörde ggf. weitere Maßnahmen vorgeben. 14

Nach Abs. 3 **Buchst. d** müssen in der Meldung weiterhin die **bereits ergriffenen** oder **vorgeschlagenen Maßnahmen** zur Verletzung des Schutzes personenbezogener Daten aufgeführt werden. Ist die Verletzung nicht mehr auszuschließen, müssen ggf. Maßnahmen zur Abmilderung nachteiliger Auswirkungen für die betroffenen Personen benannt werden. 15

V. Nachreichung von Informationen (Abs. 4)

Wenn Verantwortliche nicht in der Lage sind, in der ersten Meldung alle **Informationen** aufzuführen, die es über die Verletzung gibt, sind sie nach in der Regelung in **Abs. 4** verpflichtet, diese **unverzüglich nachzureichen**. Ziel dieser Vorgabe ist, dass die Aufsichtsbehörde umfassend über alle Sachverhalte informiert wird. Im Ergebnis sollen durch diese Informationsvorgabe mögliche Schäden von Betroffenen abgewendet werden. 16

VI. Dokumentationspflicht (Abs. 5)

Verantwortliche sind nach der Regelung in **Abs. 5** verpflichtet, die erfolgte **Verletzung des Datenschutzes umfassend** zu **dokumentieren**. Dies 17

5 Vgl. Kühling/Buchner-*Jandt*, Art. 33 Rn. 21.

beinhaltet alle relevanten Fakten, Auswirkungen getroffener Abhilfemaßnahmen. Auf der Grundlage dieser Dokumentation wird es Verantwortlichen u.a. möglich, zukünftige Wiederholungen entsprechender Vorfälle auszuschließen.

Artikel 34 Benachrichtigung der von einer Verletzung des Schutzes personenbezogener Daten betroffenen Person

(1) Hat die Verletzung des Schutzes personenbezogener Daten voraussichtlich ein hohes Risiko für die persönlichen Rechte und Freiheiten natürlicher Personen zur Folge, so benachrichtigt der Verantwortliche die betroffene Person unverzüglich von der Verletzung.

(2) Die in Absatz 1 genannte Benachrichtigung der betroffenen Person beschreibt in klarer und einfacher Sprache die Art der Verletzung des Schutzes personenbezogener Daten und enthält zumindest die in Artikel 33 Absatz 3 Buchstaben b, c und d genannten Informationen und Maßnahmen.

(3) Die Benachrichtigung der betroffenen Person gemäß Absatz 1 ist nicht erforderlich, wenn eine der folgenden Bedingungen erfüllt ist:

a) der Verantwortliche hat geeignete technische und organisatorische Sicherheitsvorkehrungen getroffen und diese Vorkehrungen wurden auf die von der Verletzung betroffenen personenbezogenen Daten angewandt, insbesondere solche, durch die die personenbezogenen Daten für alle Personen, die nicht zum Zugang zu den personenbezogenen Daten befugt sind, unzugänglich gemacht werden, etwa durch Verschlüsselung;

b) der Verantwortliche hat durch nachfolgende Maßnahmen sichergestellt, dass das hohe Risiko für die Rechte und Freiheiten der betroffenen Personen gemäß Absatz 1 aller Wahrscheinlichkeit nach nicht mehr besteht;

c) die Benachrichtigung wäre mit einem unverhältnismäßigen Aufwand verbunden. In diesem Fall hat stattdessen eine öffentliche Bekanntmachung oder eine ähnliche Maßnahme zu erfolgen, durch die die betroffenen Personen vergleichbar wirksam informiert werden.

(4) Wenn der Verantwortliche die betroffene Person nicht bereits über die Verletzung des Schutzes personenbezogener Daten benachrichtigt hat, kann die Aufsichtsbehörde unter Berücksichtigung der Wahrscheinlichkeit, mit der die Verletzung des Schutzes personenbezogener Daten zu einem hohen Risiko führt, von dem Verantwortlichen verlangen, dies nachzuholen, oder sie kann mit einem Beschluss feststellen, dass bestimmte der in Absatz 3 genannten Voraussetzungen erfüllt sind.

Inhaltsübersicht

		Rn.
I.	Allgemeines	1– 2
II.	Benachrichtigungspflicht (Abs. 1)	3– 4
III.	Form und Inhalt der Benachrichtigung (Abs. 2)	5– 7
IV.	Ausnahmen (Abs. 3)	8–11
V.	Aufsichtsbehörde (Abs. 4)	12
VI.	Hinweise für Betriebs- oder Personalräte	13

I. Allgemeines

Durch die Regelung in Art. 34 wird parallel zur **Verpflichtung** einer Meldung an die Aufsichtsbehörde in Art. 33 für Verantwortliche die Vorgabe festgeschrieben, die **betroffenen Personen** von einer sie betreffenden Datenschutzverletzung zu **informieren**. Durch diese Informationen sollen diese in die Lage versetzt werden, eigene Schutzmaßnahmen zu ergreifen. Darüber hinaus können sie auf dieser Grundlage prüfen, ob sie rechtlich gegen den Verantwortlichen vorgehen wollen und können. 1

Die Regelung enthält in **Abs. 1** eine **allgemeine Verpflichtung** zur Information betroffener Personen. Durch **Abs. 2** wird vorgegeben, wie die Benachrichtigung an betroffene Personen **inhaltlich** und **formal** auszugestalten ist. In **Abs. 3** sind **Ausnahmen** von der Benachrichtigungspflicht benannt. In **Abs. 4** wird geregelt, dass die Aufsichtsbehörden von Verantwortlichen verlangen können, die **Benachrichtigung** der betroffenen Personen **nachzuholen**, wenn diese nicht erfolgt ist. 2

II. Benachrichtigungspflicht (Abs. 1)

Durch **Abs. 1** wird **der Verantwortliche verpflichtet**, betroffene Personen zu informieren. Dies gilt auch, wenn **Verletzungen bei Auftragnehmern** vorgefallen sind. Die **Benachrichtigungspflicht** setzt anders als i.R.v. Art. 33 Abs. 1 nur ein, wenn zulasten von betroffenen Personen **voraussichtlich ein hohes Risiko besteht**. Die Eingriffsschwelle entspricht der, die auch für die Durchführung einer Datenschutz-Folgeabschätzung nach Art. 35 Abs. 1 Satz 1 besteht. Die Schaffung dieser »Informationsschwelle« soll auch vermeiden, dass betroffene Personen durch Hinweise auf »kleinere Vorfälle« unnötig beunruhigt werden. Ein **relevantes hohes Risiko** liegt **in der Regel** vor, wenn Datenschutzverletzungen für betroffene Personen zu Diskriminierungen führen können oder wenn die Gefahr von Identitätsdiebstahl, Betrug oder finanziellen Schäden besteht. Auch mögliche Verletzungen von Berufsgeheimnissen oder eine Offenlegung von Daten aus dem Intimbereich löst die Informationspflicht aus.[1] 3

---

1 Vgl. ähnlich Auernhammer-*Schreibauer*, Art. 24 Rn. 12; Plath-*Grages*, Art. 34 Rn. 2.

4 Das Vorliegen eines **hohen Risikos** muss der Verantwortliche im Rahmen einer Prognose feststellen. Insoweit hängt es vom Ergebnis einer Prüfung ab, ob er die Information durchführen muss. Ist dies der Fall, müssen Benachrichtigungen der betroffenen Personen **so rasch wie** nach allgemeinem Ermessen **möglich** erfolgen. Im Regelfall soll dies in Absprache mit der zuständigen Aufsichtsbehörde und der von dieser möglicherweise erteilten Hinweise erfolgen (vgl. ErwGr 86 Satz 3 und 4). Ausgelöst wird die Verpflichtung zur Benachrichtigung nicht bereits durch die Kenntniserlangung über eine Verletzung selbst, sondern erst dann, wenn die erforderliche Prognose zu dem Ergebnis eines vorliegenden hohen Risikos führt.

III. Form und Inhalt der Benachrichtigung (Abs. 2)

5 Durch **Abs. 2** werden Verantwortliche verpflichtet, betroffenen Personen eine **Mitteilung in einfacher und klarer Sprache** zu machen. Die Benachrichtigung soll eine Beschreibung der Art der Verletzung des Schutzes personenbezogener Daten enthalten sowie eine Empfehlung an betroffene Personen, wie sie drohende Verletzungen und daraus folgende nachteilige Auswirkungen für sie mindern können (vgl. ErwGr 86 Satz 2).

6 Die **Information** muss **an alle Personen** gegeben werden, denen eine **Verletzung droht**. Inhaltlich muss dabei über die Art der Verletzung der Daten informiert werden. Die Vorschrift verweist insoweit auf die Vorgaben in Art. 33 Abs. 3 Buchst. b bis d (vgl. dort Rn. 11 ff.).

7 Eine **bestimmte Form** der Benachrichtigung ist **nicht vorgeschrieben**. Schon aus Dokumentationsgründen empfiehlt sich aus Sicht von Verantwortlichen allerdings eine Text- oder Schriftform. In dringenden Fällen kann parallel dazu auch eine direkte Ansprache erfolgen. Ist eine große Zahl von Personen betroffen, kommt auch die Nutzung öffentlicher Informationskanäle in Betracht.

IV. Ausnahmen (Abs. 3)

8 In **Abs. 3** ist ein **abschließender Katalog von Ausnahmen** enthalten, bei deren Vorliegen die Benachrichtigung der betroffenen Person nicht erforderlich ist.

9 Durch Abs. 3 **Buchst. a** wird festgelegt, dass die **Benachrichtigungspflicht entfällt**, wenn Verantwortliche geeignete technische und organisatorische Sicherheitsvorkehrungen getroffen haben, um die Verletzung des Schutzes betroffener personenbezogener Daten zu vermeiden. Dies ist etwa der Fall, wenn vorhandene externe Zugangsmöglichkeiten gesperrt werden, um die Verwendung erbeuteter Zugangsdaten zu vermeiden. Auch eine sichere Verschlüsselung der Daten kann ein ausreichender Schutz davor sein, dass Unbefugte darauf zugreifen können.

Nach Abs. 3 **Buchst. b** kann eine Benachrichtigung unterbleiben, wenn Verantwortliche durch nachfolgende Maßnahmen sicherstellen, dass ein hohes Risiko für Rechte und Freiheiten der betroffenen Personen nicht mehr gegeben ist. Eine solche Maßnahme kann beispielsweise nach einem Identitätsdiebstahl die Vergabe neuer Kennungen und Passworte sein. Die Ausnahmeregelung kommt allerdings nicht zur Anwendung, wenn ein Schaden bereits eingetreten ist. 10

Durch die Ausnahmeregelung in Abs. 3 **Buchst. c** werden Verantwortliche **von der Informationsverpflichtung freigestellt**, wenn diese für sie mit einem **unverhältnismäßigen Aufwand** verbunden wäre. Dies kann etwa der Fall sein, wenn eine unbestimmt große Zahl von Personen von einem Datenschutzverstoß betroffen sein könnte. In diesen Fällen kann die individuelle Benachrichtigung durch eine öffentliche Bekanntmachung oder eine vergleichbare Maßnahme ersetzt werden. 11

V. Aufsichtsbehörde (Abs. 4)

Durch **Abs. 4** werden Aufsichtsbehörden ermächtigt, Verantwortliche zu verpflichten, eine Benachrichtigung der betroffenen Personen vorzunehmen, wenn diese noch nicht erfolgt ist. Dabei können sie den Inhalt entsprechender Benachrichtigungen i.S.v. Art. 58 Abs. 2 Buchst. e vorgeben. Eine entsprechende Weisung einer Aufsichtsbehörde kann nicht nur erfolgen, wenn gar keine Benachrichtigung erfolgt ist, sondern auch dann, wenn eine erfolgte Benachrichtigung rechtlichen Anforderungen nicht genügt.[2] 12

VI. Hinweise für Betriebs- oder Personalräte

Erfolgen Datenschutzverletzungen zu Lasten von Beschäftigten, sind Betriebs- oder Personalräte hierüber mit Blick auf ihre allgemeinen kollektivrechtlichen Kontrollaufgaben vom Arbeitgeber zu **informieren**. Die Information schließt Hinweise auf die stattgefundenen Ereignisse sowie auf die Form der Information der Beschäftigten ein. 13

2 Vgl. ähnlich Paal/Pauly-*Martini*, Art. 34 Rn. 56.

Abschnitt 3
Datenschutz-Folgenabschätzung und vorherige Konsultation

Artikel 35 Datenschutz-Folgenabschätzung

(1) Hat eine Form der Verarbeitung, insbesondere bei Verwendung neuer Technologien, aufgrund der Art, des Umfangs, der Umstände und der Zwecke der Verarbeitung voraussichtlich ein hohes Risiko für die Rechte und Freiheiten natürlicher Personen zur Folge, so führt der Verantwortliche vorab eine Abschätzung der Folgen der vorgesehenen Verarbeitungsvorgänge für den Schutz personenbezogener Daten durch. Für die Untersuchung mehrerer ähnlicher Verarbeitungsvorgänge mit ähnlich hohen Risiken kann eine einzige Abschätzung vorgenommen werden.

(2) Der Verantwortliche holt bei der Durchführung einer Datenschutz-Folgenabschätzung den Rat des Datenschutzbeauftragten, sofern ein solcher benannt wurde, ein.

(3) Eine Datenschutz-Folgenabschätzung gemäß Absatz 1 ist insbesondere in folgenden Fällen erforderlich:

a) systematische und umfassende Bewertung persönlicher Aspekte natürlicher Personen, die sich auf automatisierte Verarbeitung einschließlich Profiling gründet und die ihrerseits als Grundlage für Entscheidungen dient, die Rechtswirkung gegenüber natürlichen Personen entfalten oder diese in ähnlich erheblicher Weise beeinträchtigen;

b) umfangreiche Verarbeitung besonderer Kategorien von personenbezogenen Daten gemäß Artikel 9 Absatz 1 oder von personenbezogenen Daten über strafrechtliche Verurteilungen und Straftaten gemäß Artikel 10 oder

c) systematische umfangreiche Überwachung öffentlich zugänglicher Bereiche.

(4) Die Aufsichtsbehörde erstellt eine Liste der Verarbeitungsvorgänge, für die gemäß Absatz 1 eine Datenschutz-Folgenabschätzung durchzuführen ist, und veröffentlicht diese. Die Aufsichtsbehörde übermittelt diese Listen dem in Artikel 68 genannten Ausschuss.

(5) Die Aufsichtsbehörde kann des Weiteren eine Liste der Arten von Verarbeitungsvorgängen erstellen und veröffentlichen, für die keine Datenschutz-Folgenabschätzung erforderlich ist. Die Aufsichtsbehörde übermittelt diese Listen dem Ausschuss.

(6) Vor Festlegung der in den Absätzen 4 und 5 genannten Listen wendet die zuständige Aufsichtsbehörde das Kohärenzverfahren gemäß Artikel 63 an, wenn solche Listen Verarbeitungstätigkeiten umfassen, die mit dem Angebot von Waren oder Dienstleistungen für betroffene Personen

oder der Beobachtung des Verhaltens dieser Personen in mehreren Mitgliedstaaten im Zusammenhang stehen oder die den freien Verkehr personenbezogener Daten innerhalb der Union erheblich beeinträchtigen könnten.

(7) Die Folgenabschätzung enthält zumindest Folgendes:

a) eine systematische Beschreibung der geplanten Verarbeitungsvorgänge und der Zwecke der Verarbeitung, gegebenenfalls einschließlich der von dem Verantwortlichen verfolgten berechtigten Interessen;
b) eine Bewertung der Notwendigkeit und Verhältnismäßigkeit der Verarbeitungsvorgänge in Bezug auf den Zweck;
c) eine Bewertung der Risiken für die Rechte und Freiheiten der betroffenen Personen gemäß Absatz 1 und
d) die zur Bewältigung der Risiken geplanten Abhilfemaßnahmen, einschließlich Garantien, Sicherheitsvorkehrungen und Verfahren, durch die der Schutz personenbezogener Daten sichergestellt und der Nachweis dafür erbracht wird, dass diese Verordnung eingehalten wird, wobei den Rechten und berechtigten Interessen der betroffenen Personen und sonstiger Betroffener Rechnung getragen wird.

(8) Die Einhaltung genehmigter Verhaltensregeln gemäß Artikel 40 durch die zuständigen Verantwortlichen oder die zuständigen Auftragsverarbeiter ist bei der Beurteilung der Auswirkungen der von diesen durchgeführten Verarbeitungsvorgänge, insbesondere für die Zwecke einer Datenschutz-Folgenabschätzung, gebührend zu berücksichtigen.

(9) Der Verantwortliche holt gegebenenfalls den Standpunkt der betroffenen Personen oder ihrer Vertreter zu der beabsichtigten Verarbeitung unbeschadet des Schutzes gewerblicher oder öffentlicher Interessen oder der Sicherheit der Verarbeitungsvorgänge ein.

(10) Falls die Verarbeitung gemäß Artikel 6 Absatz 1 Buchstabe c oder e auf einer Rechtsgrundlage im Unionsrecht oder im Recht des Mitgliedstaats, dem der Verantwortliche unterliegt, beruht und falls diese Rechtsvorschriften den konkreten Verarbeitungsvorgang oder die konkreten Verarbeitungsvorgänge regeln und bereits im Rahmen der allgemeinen Folgenabschätzung im Zusammenhang mit dem Erlass dieser Rechtsgrundlage eine Datenschutz-Folgenabschätzung erfolgte, gelten die Absätze 1 bis 7 nur, wenn es nach dem Ermessen der Mitgliedstaaten erforderlich ist, vor den betreffenden Verarbeitungstätigkeiten eine solche Folgenabschätzung durchzuführen.

(11) Erforderlichenfalls führt der Verantwortliche eine Überprüfung durch, um zu bewerten, ob die Verarbeitung gemäß der Datenschutz-Folgenabschätzung durchgeführt wird; dies gilt zumindest, wenn hinsichtlich des mit den Verarbeitungsvorgängen verbundenen Risikos Änderungen eingetreten sind.

Inhaltsübersicht Rn.

I. Allgemeines 1– 2
II. Notwendigkeit (Abs. 1) 3–13
1. Voraussetzungen (Abs. 1 Satz 1) 4–12
2. Voraussetzungen (Abs. 1 Satz 1) 13
III. Rat des Datenschutzbeauftragten (Abs. 2) 14–16
IV. Erforderliche Datenschutz-Folgenabschätzung (Abs. 3) 17–20
V. Positivliste (Abs. 4) 21
VI. Negativliste (Abs. 5) 22
VII. Kohärenzverfahren bezüglich Positiv- oder Negativlisten (Abs. 6) 23
VIII. Mindestinhalte (Abs. 7) 24–31
1. Systematische Beschreibung der geplanten Verarbeitung (Abs. 7 Buchst. a) 25–27
2. Notwendigkeit und Verhältnismäßigkeit (Abs. 7 Buchst. b) 28–29
3. Risikobewertung (Abs. 7 Buchst. c) 30
4. Geplante Abhilfemaßnahmen (Abs. 7 Buchst. d) 31
IX. Einhaltung genehmigter Verfahrensregelung (Abs. 8) 32
X. Standpunkt der betroffenen Personen (Abs. 9) 33–34
XI. Ausnahme (Abs. 10) 35
XII. Pflicht zur Überprüfung (Abs. 11) 36
XIII. Beschäftigtendatenschutz 37–38
XIV. Rechte von Betriebs- oder Personalräten 39–42

I. Allgemeines

1 Die durch Art. 35 geregelte Datenschutz-Folgenabschätzung soll ein **datenschutzrechtliches Frühwarnsystem** schaffen, das darauf zielt, dass Verantwortliche bestehende oder mögliche Risiken für personenbezogene Daten schon **vor Beginn einer Verarbeitung** identifizieren und in der Folge ausschließen bzw. minimieren können.[1] Die Datenschutz-Folgenabschätzung zielt darauf, drohende **hohe Risiken** zu erkennen, nicht aber jedes Risiko.

2 Die Vorschrift enthält **unterschiedliche Regelungsaspekte**. In **Abs. 1** finden sich **grundsätzliche Vorgaben** für die Datenschutz-Folgenabschätzung. Durch **Abs. 2** wird die beratende **Einbeziehung des Datenschutzbeauftragten** vorgegeben. Eine **beispielhafte Benennung von Fällen**, in denen eine Datenschutz-Folgenabschätzung durchgeführt werden muss, enthält **Abs. 3**. Um das Verfahren insgesamt zu vereinfachen, gibt **Abs. 4** den staatlichen Aufsichtsbehörden die Aufgabe, eine **Liste von Fällen** zu erarbeiten, in denen Datenschutz-Folgenabschätzungen regelmäßig durchgeführt werden müssen. Weiterhin enthält **Abs. 5** die Option, dass in einer weiteren Liste von den staatlichen Aufsichtsbehörden Verarbeitungsvorgänge benannt werden können, bei denen eine Datenschutz-Folgenabschätzung **explizit nicht erforderlich ist**. Das durch **Abs. 6** festgelegte **Kohärenzverfahren** soll sicher-

1 Vgl. *Friedewald/Obersteller/Nebel/Bieker/Rost*, S. 34; Ehmann/Selmayr-*Baumgartner*, Art. 35 Rn. 4.

stellen, dass in allen Mitgliedsstaaten einheitliche Standards gegeben sind. Zur Ausgestaltung von Datenschutz-Folgenabschätzungen enthält **Abs. 7** eine beispielhafte Aufzählung von **Mindestinhalten**. Sofern es **genehmigte Verhaltensregeln** gibt, müssen diese nach **Abs. 8** von Verantwortlichen bei der Beurteilung von geplanten Verarbeitungen gebührend berücksichtigt werden. Für **Betriebs- oder Personalräte** bedeutsam ist die Regelung in **Abs. 9**, durch die Verantwortliche verpflichtet werden, den Standpunkt betroffener Personen oder ihrer Vertreter einzuholen. Ausnahmen von der Verpflichtung zur Durchführung einer Datenschutz-Folgenabschätzung finden sich in **Abs. 10**. Durch **Abs. 11** wird vorgegeben, wann die Überprüfung einer durchgeführten Datenschutz-Folgenabschätzung erfolgen muss bzw. wann sie erneut durchzuführen ist.

II. Notwendigkeit (Abs. 1)

3 Zu den in **Abs. 1** enthaltenen grundsätzlichen Vorgaben für die **Durchführung** einer Datenschutz-Folgenabschätzung gehört insbesondere die hier beschriebene **Auslöseschwelle**. Datenschutz-Folgenabschätzungen müssen **vorab** durchgeführt werden, das heißt vor Beginn der beabsichtigten Verarbeitung bzw. der Vergabe an Auftragsverarbeiter.

1. Voraussetzungen (Abs. 1 Satz 1)

4 Die **Voraussetzungen** für die Notwendigkeit einer **Datenschutz-Folgenabschätzung** werden in Abs. 1 **Satz 1** genannt. Der in der DSGVO nicht definierte Begriff der »Datenschutz-Folgenabschätzung« bezieht sich auf alle negativen Folgen, die aus der Verarbeitung personenbezogener Daten resultieren können.[2] Der Begriff ist **weit gefasst** und umfasst alle elektronischen und manuellen Verarbeitungsvorgänge. Ausdrücklich genannt wird hier die **Verwendung neuer Technologien**. Gemeint sind alle neuen technischen Anwendungen, Verfahren, Dienste usw., mit denen personenbezogene Daten verarbeitet werden können. Die durchzuführende Abschätzung soll die Folgen der vorgesehenen Verarbeitungsvorgänge für den Schutz personenbezogener Daten bewerten. Relevante **Gefahren** sind beispielsweise mögliche unberechtigte oder unbeabsichtigte Vernichtungen, Verluste, Veränderungen oder unbefugte Offenlegungen personenbezogener Daten, insbesondere dann, wenn diese zu physischen, materiellen oder immateriellen Schäden führen können (vgl. ErwGr 83 Satz 3).

5 Zur Durchführung einer Datenschutz-Folgenabschätzung ist der **Verantwortliche selbst** verpflichtet. Anders als bei derjenigen nach § 5d Abs. 5 BDSG a. F. kann diese Verpflichtung nicht auf einen Datenschutzbeauftrag-

2 Gola-*Nolte/Werkmeister*, Art. 35 Rn. 12.

ten übertragen werden, da dieser Verantwortlichen nach Abs. 2 der Vorschrift als »Ratgeber« zur Verfügung steht. Datenschutzbeauftragte haben damit nur eine Unterstützungsfunktion, können aber nicht zur Erstellung einer Datenschutz-Folgenabschätzung herangezogen werden.[3] Eine solche Heranziehung würde zu einer unzulässigen »In-Sich-Beratung« bzw. einer »Selbstkontrolle« des Datenschutzbeauftragten führen. Werden Datenschutzbeauftragte trotz dieser klaren gesetzlichen Vorgabe aufgefordert, Datenschutz-Folgenabschätzungen durchzuführen, sollten sie die Übernahme dieser Aufgabe unter Hinweis auf die klare gesetzliche Regelung zur Zuständigkeit schon mit Blick auf ansonsten möglicherweise entstehende Haftungsrisiken vermeiden.

6 Entziehen sich Verantwortliche jeder gesetzlichen Verpflichtung zur Durchführung einer Datenschutz-Folgenabschätzung, kann dies nach Art. 83 Abs. 4 Buchst. a eine **Geldbuße** nach sich ziehen.

7 Die **Verpflichtung** zur Datenschutz-Folgenabschätzung **trifft nur Verantwortliche, nicht** aber **Auftragsverarbeiter**. Dies resultiert daraus, dass die Datenschutz-Folgenabschätzung immer vor Beginn einer Verarbeitung durchgeführt werden muss. Dabei muss auch die Situation bei potenziellen Auftragsverarbeitern mit einbezogen werden.

8 Die **Verpflichtung** zur Durchführung einer Datenschutz-Folgenabschätzung **besteht nur dann**, wenn mit einer Verarbeitung voraussichtlich ein **hohes Risiko** zulasten betroffener Personen verbunden ist. Relevant sind alle denkbaren Gefährdungen wie etwa das Risiko, dass eine Verarbeitung zu physischen, materiellen oder immateriellen Schäden für betroffene Personen führen kann. Ein hohes Risiko besteht insbesondere dann, wenn Verarbeitungen zu einer Diskriminierung, einem Identitätsdiebstahl, einem finanziellen Verlust, einer Rufschädigung, einem Verlust der Vertraulichkeit von personenbezogenen Daten, die einem Berufsgeheimnis unterliegen, zu einer unbefugten Aufhebung der Pseudonymisierung oder zu anderen erheblichen wirtschaftlichen oder gesellschaftlichen Nachteilen führen können. Gleiches gilt, wenn betroffene Personen durch eine Verarbeitung um ihre Rechte und Freiheiten gebracht werden können oder wenn sie behindert werden, die sie betreffenden personenbezogenen Daten zu kontrollieren. Hohe Risiken können auch auftreten, wenn besondere Kategorien personenbezogener Daten gemäß Art. 9 Abs. 1 verarbeitet werden (vgl. ErwGr 75 Satz 1).

9 Einschlägig sind in jedem Fall nur **hohe Risiken**. Eine Definition der diesbezüglich zu beachtenden Risikoschwelle enthält die DSGVO nicht. Der Begriff ist aber mit Blick auf den angestrebten Schutz der Betroffenen zu ihren Gunsten **weit auszulegen**. **Anhaltspunkte** für das Vorliegen eines

---

3 Vgl. SHS-*Karg*, Art. 35 Rn. 67f.; Sydow-*Schwendemann*, Art. 35 Rn. 6; a. A. Auernhammer-*Raum*, Art. 35 Rn. 11 und 22.

hohen Risikos können aus den **Fallbeispielen** in Abs. 3 abgeleitet werden. Eine Datenschutz-Folgenabschätzung muss in einem Betrieb beispielsweise dann durchgeführt werden, wenn in Papierform geführte Personalakten in ein elektronisches Personalaktensystem überführt werden, das gesteigerte Auswertungsmöglichkeiten bietet, oder wenn innerhalb eines Konzerns unternehmensübergreifend auf dieses Personalaktensystem zugegriffen werden kann.

Ob ein **relevantes hohes Risiko vorliegt**, müssen Verantwortliche im Rah- 10
men einer **ganzheitlichen Betrachtung** der Gefährdungssituation bewerten. Die Bewertung muss ausgehend von den betroffenen Personen erfolgen. Die Interessen der Verantwortlichen sind hingegen in diesem Zusammenhang nachrangig.

Eine Datenschutz-Folgenabschätzung muss durchgeführt werden, wenn ein 11
erkennbares hohes Risiko **voraussichtlich gegeben ist**. Dies ist der Fall, wenn sich sein Vorhandensein mit einer feststellbaren Gewissheit abzeichnet. Die Prognose muss sich insoweit auf die spezifische Eintrittswahrscheinlichkeit beziehen (vgl. ErwGr 90 Satz 1). Ein erkennbares hohes Risiko ist bereits dann gegeben, wenn Teile einer Verarbeitung zu besonderen Gefährdungen für Rechte und Freiheiten betroffener Personen führen können. Es muss sich somit nicht auf die gesamte Verarbeitung beziehen.

Zur Feststellung, ob ein hohes Risiko voraussichtlich eintritt, soll auf die 12
Bewertungsfaktoren, Art, Umfang, Umstände und Zweck der Verarbeitung zurückgegriffen werden. Diese Begriffe entsprechen den in Art. 24 Abs. 1 enthaltenen (vgl. dort Rn. 7ff.).

2. Voraussetzungen (Abs. 1 Satz 1)

Nach Abs. 1 **Satz 2** können Verantwortliche zu mehreren ähnlichen Ver- 13
arbeitungsvorgängen, bei denen sich vergleichbare hohe Risiken ergeben, eine **gemeinsame Datenschutz-Folgenabschätzung** durchführen. Diese gemeinsame Durchführung setzt voraus, dass für die zu bewertenden Verarbeitungen eine einheitliche Verantwortung besteht. Damit ist beispielsweise innerhalb von Konzernstrukturen die unternehmensübergreifende Durchführung von Datenschutz-Folgenabschätzungen für in den Einzelunternehmen stattfindende Verarbeitung nicht möglich. In diesen Fällen besteht mangels eines »Konzernprivilegs« eine separate datenschutzrechtliche Verantwortlichkeit.

III. Rat des Datenschutzbeauftragten (Abs. 2)

Nach **Abs. 2** müssen Verantwortliche den **Rat** eines bestellten Datenschutz- 14
beauftragten **einholen**. Diese Vorgabe ist **zwingend**. Ein Verzicht hierauf

kann nach Art. 83 Abs. 4 Buchst. a zur Verhängung einer **Geldbuße** führen.[4]

15 Die **Einbindung des Datenschutzbeauftragten** sollte **vor Beginn der Verarbeitung** erfolgen. Dies schließt eine nachträgliche Überprüfung einer vorgenommenen Datenschutz-Folgenabschätzung durch Datenschutzbeauftragte allerdings nicht aus.[5] Ratsam ist allerdings eine sehr **frühzeitige Einbindung**, da diese Verantwortlichen die Möglichkeit der Einbeziehung der datenschutzrechtlichen Fachkunde ermöglicht. Von einem Datenschutzbeauftragten erteilte Ratschläge können dann noch in die weitere Gestaltung des Verarbeitungsprozesses aufgenommen werden.

16 Eine **zeitliche Vorgabe** zur Erteilung des Rats durch Datenschutzbeauftragte enthält das Gesetz nicht. Diese müssen sich aber nach pflichtgemäßem Ermessen mit dem Vorgang in einem adäquaten Zeitraum befassen. Wird dabei ein Rat erteilt, der Veränderungen des geplanten Verarbeitungsprozesses nach sich ziehen würde, müssen Verantwortliche diesem nicht folgen. Damit haben Datenschutzbeauftragte auf der Grundlage von Abs. 2 nur **begrenzte Einwirkungsmöglichkeiten**, die sich im Ergebnis als relativ schwach darstellen.[6] Sie können darüber hinaus allerdings auf ihre allgemeinen Befugnisse in Art. 39 zurückgreifen.

IV. Erforderliche Datenschutz-Folgenabschätzung (Abs. 3)

17 In **Abs. 3** werden **beispielhaft drei Fälle** genannt, in denen eine Datenschutz-Folgenabschätzung **zwingend** erforderlich ist.

18 Nach der **ersten Fallgestaltung** in Abs. 3 **Buchst. a** muss eine Datenschutz-Folgenabschätzung erfolgen, wenn Verantwortliche eine **systematische und umfassende Bewertung persönlicher Aspekte** natürlicher Personen durchführen wollen, die sich auf automatische Verarbeitungen einschließlich eines Profiling gründen und die als Grundlage für Entscheidungen gegenüber betroffenen Personen eine Rechtswirkung entfalten oder für diese zu erheblichen Beeinträchtigungen führen können. Neben allen Formen des »Profiling« kommen auch Prognosen zum künftigen Verhalten von betroffenen Personen im Rahmen von Verfahren aus dem Bereich der »Predictive Analytics« oder des »Mining the Social Graph« in Betracht.[7] Gleiches gilt für Verfahren des »Scoring« mit dem Ziel der Bonitätsprüfung.[8]

19 Nach der Fallkonstellation in Abs. 3 **Buchst. b** muss eine Datenschutz-Folgenabschätzung durchgeführt werden, wenn eine **Verarbeitung beson-**

4 Vgl. Ehmann/Selmayr-*Baumgartner*, Art. 35 Rn. 32.
5 Vgl. Gola-*Nolte/Werkmeister*, Art. 35 Rn. 59.
6 Vgl. Kühling/Buchner-*Jandt*, Art. 35 Rn. 18.
7 Vgl. Wedde-*Höller/Wedde*, S. 337.
8 Vgl. Ehmann/Selmayr-*Baumgartner*, Art. 35 Rn. 35.

derer Kategorien personenbezogener Daten nach Art. 9 Abs. 1 oder von personenbezogenen Informationen über **strafrechtliche Verurteilungen** gemäß Art. 10 verarbeitet werden sollen. Voraussetzung ist zudem, dass die **Verarbeitung** jeweils **umfangreich** ist. Sie ist damit für Einzelfälle nicht durchzuführen.

Die Fallkonstellation des Abs. 3 **Buchst. c** verlangt eine Datenschutz-Folgeabschätzung, wenn **systematisch** und **umfangreich Überwachungen öffentlich zugänglicher Bereiche** erfolgen sollen. Dies ist insbesondere der Fall, wenn weiträumige Überwachungen mittels **Videokameras** geplant sind. Die Vorschrift ist **weit auszulegen.** Ausgeschlossen bleiben nur zufällige oder nicht systematisch geplante Überwachungen öffentlich zugänglicher Räume. Hierzu gehören nicht nur öffentliche Plätze oder Straßen, sondern auch private Räumlichkeiten, die der Öffentlichkeit zugänglich sind, wie etwa Kaufhäuser, Bahnhöfe oder Flughäfen.[9] 20

V. Positivliste (Abs. 4)

Nach **Abs. 4** sollen die zuständigen staatlichen Aufsichtsbehörden eine **Positivliste** für Verarbeitungsvorgänge erstellen, bei deren Durchführung eine Datenschutz-Folgenabschätzung erfolgen muss. Eine Liste hat auf europäischer Ebene die »Artikel-29-Datenschutzgruppe« vorgelegt.[10] Auch von der Datenschutzkonferenz gibt es entsprechende Hinweise.[11] 21

VI. Negativliste (Abs. 5)

Nach **Abs. 5** können die zuständigen staatlichen Aufsichtsbehörden eine **Negativliste** von Verarbeitungsvorgängen erstellen und veröffentlichen, bei deren Vorliegen die Durchführung einer Datenschutz-Folgenabschätzung für nicht erforderlich gehalten wird. Die Aufnahme in eine Negativliste setzt voraus, dass ein hohes Risiko zulasten von betroffenen Personen sich nicht oder mit an Sicherheit grenzender Wahrscheinlichkeit nicht realisieren kann. 22

---

9 Vgl. Auernhammer-*Raum*, Art. 35 Rn. 32.

10 »Leitlinien zur Datenschutz-Folgenabschätzung (DSFA) und Beantwortung der Frage, ob eine Verarbeitung im Sinne der Verordnung 2016/679 wahrscheinlich ein hohes Risiko mit sich bringt« vom 4.4.2017, zuletzt überarbeitet am 4.10.2017, elektronisch abrufbar unter *https://www.datenschutzkonferenz-online.de/wp29-leitlinien.html.*

11 Vgl. die Hinweise auf der Internet-Seite des Bundesbeauftragten für Datenschutz und Informationsfreiheit, elektronisch abrufbar *unter https://www.bfdi.bund.de/SharedDocs/Downloads/DE/Muster/Liste_VerarbeitungsvorgaengeDSK.html.*

VII. Kohärenzverfahren bezüglich Positiv- oder Negativlisten (Abs. 6)

23 Vor der Aufnahme bestimmter Verarbeitungen in eine Positiv- oder Negativliste muss die zuständige Aufsichtsbehörde nach **Abs. 6** das in Art. 63 ff. vorgegebene **Kohärenzverfahren** durchführen, wenn Verarbeitungen erfasst werden, die das Angebot von Waren und Dienstleistungen oder die Beobachtung des Verhaltens betroffener Personen in mehreren Mitgliedsstaaten betreffen oder durch die der freie Verkehr personenbezogener Daten innerhalb der Union erheblich beeinträchtigt werden könnte. Der zuständige Europäische Datenschutzausschuss muss nach Art. 64 Abs. 1 eine **Stellungnahme** zu den geplanten Listeneinträgen abgeben.

VIII. Mindestinhalte (Abs. 7)

24 Durch **Abs. 7** werden Verantwortlichen **Mindestinhalte benannt**, die eine Datenschutz-Folgenabschätzung haben müssen. Die Berücksichtigung der in Abs. 7 Buchst. a bis g **nicht abschließend** enthaltenen Bewertungsschritte ist für Verantwortliche **zwingend**.[12] Den Verantwortlichen wird durch Abs. 7 kein bestimmtes Verfahren vorgegeben. Ausgehend von der Systematik der Vorschrift steht am Anfang einer Datenschutz-Folgenabschätzung aber im Regelfall die strukturierte Beschreibung der geplanten Verarbeitung personenbezogener Daten (Abs. 7 Buchst. a). Hieran schließt sich die Bewertung ihrer Notwendigkeit und Verhältnismäßigkeit in Bezug auf den Zweck an (Abs. 7 Buchst. b) sowie die Bewertung der Risiken für Rechte und Freiheiten der betroffenen Personen gemäß Abs. 1 (Abs. 7 Buchst. c) an. Die Abhilfemaßnahmen (Abs. 7 Buchst. d) sind Ergebnis der im Rahmen der Datenschutz-Folgenabschätzung gewonnen Erkenntnisse.

1. Systematische Beschreibung der geplanten Verarbeitung (Abs. 7 Buchst. a)

25 Nach der Vorgabe in Abs. 7 **Buchst. a** muss in einer Datenschutz-Folgenabschätzung eine **systematische Beschreibung** des geplanten Verarbeitungsvorgangs sowie des Zwecks der Verarbeitung enthalten sein. Diese Beschreibung setzt voraus, dass die geplante Verarbeitung einschließlich ihrer technischen und organisatorischen Rahmenbedingungen **so konkret benannt wird, wie** dies **möglich** ist. Zur Erreichung dieses Ziels muss beispielsweise eine präzise und vollständige Beschreibung der eingesetzten Hard- und Software sowie der genutzten Dienste und Netze erfolgen. **Schnittstellen** einschließlich der darüber übermittelten Informationen müssen ebenso

12 Vgl. Ehmann/Selmayr-*Baumgartner*, Art. 35 Rn. 49.

genannt werden wie beabsichtigte Auswertungen, vorgesehene Rollen- und Berechtigungskonzepte sowie Löschkonzepte.[13]

Bei der Bewertung der **Zwecke der Verarbeitung** muss im Rahmen einer Datenschutz-Folgenabschätzung insbesondere geprüft werden, ob sich die geplante Verarbeitung mit den festgelegten Zwecken deckt. Hierbei müssen auch in Zukunft zu erwartende Zweckänderungen berücksichtigt werden. **26**

Bei der Bewertung müssen auch die vom Verantwortlichen verfolgten berechtigten Interessen berücksichtigt werden. Dieser Prüfschritt bezieht sich sowohl auf den Erlaubnistatbestand in Art. 6 Abs. 1 Buchst. f als auch auf die weiteren in diesem Artikel enthaltenen Erlaubnistatbestände. Im Ergebnis müssen im Rahmen einer durchzuführenden Interessenabwägung **immer** überwiegende Interessen oder Grundrechte und Grundfreiheiten betroffener Personen berücksichtigt werden, die einer Verarbeitung entgegenstehen. Bezogen auf **Beschäftigungsverhältnisse** bedeutet dies, dass die Verarbeitung personenbezogener Daten von Beschäftigten unterbleiben muss, wenn sie außerhalb der durch § 26 Abs. 1 Satz 1 BDSG beschriebenen Erforderlichkeit steht. Gleiches gilt, wenn die Grundsätze in Art. 5 Abs. 1 erkennbar nicht erfüllt sind. **27**

2. Notwendigkeit und Verhältnismäßigkeit (Abs. 7 Buchst. b)

Nach Abs. 7 **Buchst. b** muss eine Bewertung der **Notwendigkeit und Verhältnismäßigkeit** der Verarbeitung personenbezogener Daten **bezogen auf ihren Zweck** erfolgen. Diese besteht, wenn Verantwortliche eine zu leistende Aufgabe nur so und nicht auf einem anderen Weg vollständig oder in rechtmäßiger Weise erfüllen können.[14] Die Bewertung des Vorliegens einer Notwendigkeit muss insbesondere unter Beachtung des Grundsatzes der Datenminimierung in Art. 5 Abs. 1 Buchst. c erfolgen. Verantwortliche müssen die Verfahren einsetzen, die mit dem geringsten Eingriff in Interessen, Grundrechte und Grundfreiheiten natürlicher Personen verbunden und insoweit das mildeste Mittel sind.[15] Bezogen auf **Beschäftigungsverhältnisse** steht diese Vorgabe einer **zweckfreien Vorratsdatenspeicherung** personenbezogener Daten ebenso entgegen wie deren Auswertung mittels »**KI**-« oder »**Big-Data-Anwendung**«. **28**

Die **Verhältnismäßigkeit**, die neben der Notwendigkeit von Verarbeitungsvorgängen bezogen auf den Zweck bestehen muss, macht eine Abwägung **29**

---

13 Vgl. ähnlich Auernhammer-*Raum*, Art. 35 Rn. 42; Sydow-*Schwendemann*, Art. 35 Rn. 24.

14 Vgl. Kühling/Buchner-*Jandt*, Art. 35 Rn. 40.

15 Vgl. ähnlich Auernhammer-*Raum*, Art. 35 Rn. 43; Kühling/Buchner-*Jandt*, Art. 35 Rn. 40.

der zumeist unterschiedlichen Interessen von Verantwortlichen und betroffenen Personen unumgänglich. Diese muss bezogen auf den konkreten Einzelfall vorgenommen werden. Bezogen auf Beschäftigungsverhältnisse muss hierbei insbesondere bewertet werden, ob eine Erforderlichkeit i. S. v. Art. 88 i. V. m. § 26 Abs. 1 Satz 1 BDSG gegeben ist.

3. Risikobewertung (Abs. 7 Buchst. c)

30 Nach Abs. 7 **Buchst. c** muss eine Datenschutz-Folgenabschätzung die **Bewertung der Risiken** für Rechte und Freiheiten der betroffenen Personen nach den Vorgaben in Abs. 1 beinhalten. In die Datenschutz-Folgenabschätzung müssen damit alle dort genannten Kriterien (vgl. Rn. 4ff.) im Rahmen einer **weiten Auslegung** einbezogen werden. Berücksichtigt werden müssen beispielsweise interne oder externe Angriffe auf personenbezogene Daten ebenso wie die Möglichkeit eines fahrlässigen oder vorsätzlichen Handelns. Weiter müssen auch die von Verantwortlichen getroffenen technischen und organisatorischen Maßnahmen in eine Datenschutz-Folgenabschätzung einbezogen werden.

4. Geplante Abhilfemaßnahmen (Abs. 7 Buchst. d)

31 Auf der Grundlage der identifizierten hohen Risiken müssen nach der Regelung in **Abs. 7 Buchst. d** Verantwortliche die **geplanten Abhilfemaßnahmen** bewerten. Darüber hinaus muss ein Nachweis dafür erbracht werden, dass die DSGVO eingehalten und dabei den Rechten und berechtigten Interessen betroffener Personen und sonstiger Betroffener Rechnung getragen wird. Das Spektrum denkbarer **Abhilfemaßnahmen**, die Gegenstand einer Planung von Verantwortlichen sein können, ist **weit gefasst**. Es umfasst die notwendigen technischen und organisatorischen Schutzmaßnahmen ebenso wie Maßnahmen des Qualitätsmanagements oder durchzuführende Audits.

IX. Einhaltung genehmigter Verfahrensregelung (Abs. 8)

32 Befolgen Verantwortliche **genehmigte Verhaltensregeln** gemäß Art. 40, so ist dieser Sachverhalt nach **Abs. 8** bei der Beurteilung von durchgeführten Verarbeitungsvorgängen im Rahmen einer Datenschutz-Folgenabschätzung gebührend zu berücksichtigen. Diese Vorschrift zielt auf das Konzept der **Selbstregulierung**, das die DSGVO beinhaltet.[16]

16 Vgl. Kühling/Buchner-*Jandt*, Art. 35 Rn. 52.

X. Standpunkt der betroffenen Personen (Abs. 9)

Nach **Abs. 9** soll der **Standpunkt der betroffenen Personen** vom Verantwortlichen eingeholt werden. Die Regelung zielt auf den **Selbstdatenschutz** und soll die Transparenz der Datenverarbeitung stärken.[17] Die Verwendung des Wortes »soll« verdeutlicht, dass Verantwortliche in diesem Punkt einen **Ermessensspielraum** haben. Die Einholung des Standpunktes kann nur dann unterbleiben, wenn das Vorgehen für die Verantwortlichen mit einem **unzumutbar hohen Aufwand** verbunden ist oder wenn die Einbeziehung der betroffenen Personen das Risiko einer Verarbeitung noch erhöhen würde.[18] Die Einholung des Standpunktes muss hingegen erfolgen, wenn die Zahl betroffener Personen überschaubar ist. 33

Scheidet die Adressierung einer Anfrage an die betroffenen Personen aus, müssen Verantwortliche alternativ den Standpunkt von **Vertretern der betroffenen Personen** einholen. Damit wird die Berücksichtigung der Interessen der Betroffenen sichergestellt. Im **betrieblichen Rahmen** sind **Betriebs- oder Personalräte** als demokratische Interessenvertretungen der Beschäftigten in diesem Zusammenhang der **Ansprechpartner** für Verantwortliche. Ihre Einbeziehung in das Verfahren der Datenschutz-Folgenabschätzung steht neben gesetzlichen Mitwirkungs- und Mitbestimmungsrechten. 34

XI. Ausnahme (Abs. 10)

In **Abs. 10** ist eine **enge Ausnahme** von der gesetzlichen Verpflichtung zur Durchführung einer Datenschutz-Folgenabschätzung enthalten.[19] Diese ist im Rahmen der Erlaubnistatbestände in Art. 6 Abs. 1 Buchst. c und e dann nicht notwendig, wenn Mitgliedsstaaten diese nicht für erforderlich halten. Voraussetzung ist, dass es eine entsprechende Rechtsgrundlage für die geplante Verarbeitung auf Ebene der EU oder in einem Mitgliedsstaat gibt. Damit sollen doppelte Folgeabschätzungen vermieden werden.[20] 35

XII. Pflicht zur Überprüfung (Abs. 11)

Nach der Regelung in **Abs. 11** muss erforderlichenfalls eine **Überprüfung** durchgeführt werden, ob die Verarbeitung den Vorgaben in einer Datenschutz-Folgenabschätzung entspricht. Die Regelung zielt darauf, die **Rechtskonformität der Verarbeitung** insbesondere dann sicherzustellen, wenn diese mit hohen Risiken für betroffene Personen verbunden ist. Die Er- 36

17 Vgl. Schaffland/Wiltfang-*Schaffland/Holthaus*, Art. 35 Rn. 24.
18 Vgl. ähnlich Ehmann/Selmayr-*Baumgartner*, Art. 35 Rn. 71.
19 Vgl. Ehmann/Selmayr-*Baumgartner*, Art. 35 Rn. 73.
20 Vgl. Ehmann/Selmayr-*Baumgartner*, Art. 35 Rn. 74.

forderlichkeit kann beispielsweise gegeben sein, wenn eine neue Software-Version eingeführt wird oder wenn sich die Sicherheitssituation durch neue Hardware oder Übertragungsnetze ändert.[21]

XIII. Beschäftigtendatenschutz

37 Bezogen auf Beschäftigungsverhältnisse muss im Rahmen einer Datenschutz-Folgenabschätzung mit Blick auf Art. 35 Abs. 3 Buchst. d insbesondere bewertet werden, wie der Arbeitgeber mit besonders geschützten personenbezogenen Informationen über **strafrechtliche Verurteilungen** oder **Straftaten** umgeht. Dabei ist zunächst zu prüfen, ob eine Verarbeitung dieser Informationen nach § 26 Abs. 1 Satz 1 BDSG überhaupt erforderlich ist. Insoweit setzt der geplante Umgang mit derartigen Informationen immer eine Datenschutz-Folgenabschätzung voraus.

38 Unabhängig hiervon müssen Datenschutz-Folgenabschätzungen bezogen auf **Beschäftigtendaten** beispielsweise stattfinden, wenn Arbeitgeber für Compliance-Zwecke oder aufgrund (vermeintlicher) rechtlicher Verpflichtungen im Bereich der Terrorbekämpfung flächendeckend Datenabgleiche mit sogenannten »Antiterrorlisten« durchführen wollen.[22]

XIV. Rechte von Betriebs- oder Personalräten

39 Betriebs- oder Personalräte haben bezogen auf Datenschutz-Folgenabschätzungen die allgemeinen kollektivrechtlichen **Informationsrechte**. Nach § 80 Abs. 1 Nr. 1 BetrVG muss ein Arbeitgeber beispielsweise Betriebsräte rechtzeitig und umfassend darüber informieren, dass eine Datenschutz-Folgenabschätzung geplant ist. Weiterhin muss über die Ergebnisse einer durchgeführten Abschätzung informiert werden. Diese Information muss die hieraus resultierenden technischen oder organisatorischen Maßnahmen beinhalten, die ein Verantwortlicher trifft. Soweit sich die Datenschutz-Folgenabschätzung auf die Verarbeitung von Beschäftigtendaten bezieht, haben die zuständigen Betriebs- oder Personalräte einen Anspruch darauf, dass ihnen diese Informationen zur Verfügung gestellt werden.

40 Betrifft die Datenschutz-Folgenabschätzung eine **neue technische Anlage** oder **die Veränderung einer bestehenden**, ist bezogen auf Betriebsräte weiterhin deren Informationsrecht nach § 90 Abs. 1 Nr. 2 BetrVG einschlägig. Damit müssen Arbeitgeber vor Durchführung der Maßnahme alle relevanten Unterlagen vorab vorlegen.

41 Sollen im Ergebnis einer Datenschutz-Folgenabschätzung hohe Risiken für Rechte und Freiheiten von Beschäftigten durch technische Maßnahmen aus-

21 Ähnlich Kühling/Buchner-*Jandt*, Art. 35 Rn. 60.
22 Vgl. ähnlich Gola-*Nolte/Werkmeister*, Art. 35 Rn. 14.

geschlossen werden, ist im Regelfall das **Mitbestimmungsrecht bezüglich Verhaltens- oder Leistungskontrollen** einschlägig, das für Betriebsräte in § 87 Abs. 1 Nr. 6 BetrVG enthalten ist.

Gewählte Betriebs- oder Personalräte sind als demokratisch legitimierte Interessenvertretungen der **zentrale Ansprechpartner** der Verantwortlichen i. S. v. Art. 35 Abs. 9.[23] Deshalb sind sie von Arbeitgebern um ihren Standpunkt zu einer beabsichtigten Verarbeitung zu bitten, die für die betroffenen Personen mit einem hohen Risiko verbunden ist. Das insoweit bestehende Beratungsrecht steht neben den einschlägigen Mitwirkungsrechten im BetrVG bzw. den einzelnen Personalvertretungsgesetzen. Erfolgt eine Datenschutz-Folgenabschätzung, können Betriebs- oder Personalräte in diesem Rahmen zu allen datenschutzrechtlichen Fragestellungen Stellung nehmen. 42

Artikel 36 Vorherige Konsultation

(1) Der Verantwortliche konsultiert vor der Verarbeitung die Aufsichtsbehörde, wenn aus einer Datenschutz-Folgenabschätzung gemäß Artikel 35 hervorgeht, dass die Verarbeitung ein hohes Risiko zur Folge hätte, sofern der Verantwortliche keine Maßnahmen zur Eindämmung des Risikos trifft.

(2) Falls die Aufsichtsbehörde der Auffassung ist, dass die geplante Verarbeitung gemäß Absatz 1 nicht im Einklang mit dieser Verordnung stünde, insbesondere weil der Verantwortliche das Risiko nicht ausreichend ermittelt oder nicht ausreichend eingedämmt hat, unterbreitet sie dem Verantwortlichen und gegebenenfalls dem Auftragsverarbeiter innerhalb eines Zeitraums von bis zu acht Wochen nach Erhalt des Ersuchens um Konsultation entsprechende schriftliche Empfehlungen und kann ihre in Artikel 58 genannten Befugnisse ausüben. Diese Frist kann unter Berücksichtigung der Komplexität der geplanten Verarbeitung um sechs Wochen verlängert werden. Die Aufsichtsbehörde unterrichtet den Verantwortlichen oder gegebenenfalls den Auftragsverarbeiter über eine solche Fristverlängerung innerhalb eines Monats nach Eingang des Antrags auf Konsultation zusammen mit den Gründen für die Verzögerung. Diese Fristen können ausgesetzt werden, bis die Aufsichtsbehörde die für die Zwecke der Konsultation angeforderten Informationen erhalten hat.

(3) Der Verantwortliche stellt der Aufsichtsbehörde bei einer Konsultation gemäß Absatz 1 folgende Informationen zur Verfügung:

a) gegebenenfalls Angaben zu den jeweiligen Zuständigkeiten des Verantwortlichen, der gemeinsam Verantwortlichen und der an der Ver-

23 Ebenso SHS-*Karg*, Art. 35 Rn. 70.

arbeitung beteiligten Auftragsverarbeiter, insbesondere bei einer Verarbeitung innerhalb einer Gruppe von Unternehmen;

b) die Zwecke und die Mittel der beabsichtigten Verarbeitung;

c) die zum Schutz der Rechte und Freiheiten der betroffenen Personen gemäß dieser Verordnung vorgesehenen Maßnahmen und Garantien;

d) gegebenenfalls die Kontaktdaten des Datenschutzbeauftragten;

e) die Datenschutz-Folgenabschätzung gemäß Artikel 35 und

f) alle sonstigen von der Aufsichtsbehörde angeforderten Informationen.

(4) Die Mitgliedstaaten konsultieren die Aufsichtsbehörde bei der Ausarbeitung eines Vorschlags für von einem nationalen Parlament zu erlassende Gesetzgebungsmaßnahmen oder von auf solchen Gesetzgebungsmaßnahmen basierenden Regelungsmaßnahmen, die die Verarbeitung betreffen.

(5) Ungeachtet des Absatzes 1 können Verantwortliche durch das Recht der Mitgliedstaaten verpflichtet werden, bei der Verarbeitung zur Erfüllung einer im öffentlichen Interesse liegenden Aufgabe, einschließlich der Verarbeitung zu Zwecken der sozialen Sicherheit und der öffentlichen Gesundheit, die Aufsichtsbehörde zu konsultieren und deren vorherige Genehmigung einzuholen.

Inhaltsübersicht Rn.

I. Überblick 1–4
II. Hinweise für Betriebs- oder Personalräte 5–6

I. Überblick

1 Führt eine Datenschutz-Folgenabschätzung zu der Feststellung, dass eine Verarbeitung ein hohes Risiko für die Rechte und Freiheiten der betroffenen Personen zur Folge hätte, muss nach der Regelung in **Abs. 1 vorab** eine **Konsultation** der zuständigen staatlichen **Aufsichtsbehörde** erfolgen. Ziel ist die Abgabe einer Empfehlung der Aufsichtsbehörde mit dem Ziel, bestehende hohe Risiken auszuschließen oder einzudämmen. Die Konsultation muss vor der Verarbeitung erfolgen, d. h., bevor sie erstmals begonnen wird (vgl. ErwGr 94, letzter Halbsatz). Die Verarbeitung kann erst stattfinden, wenn die Prüfung durch die Aufsichtsbehörde abgeschlossen ist.

2 Nach **Abs. 3 Buchst. a bis e** sind Verantwortliche verpflichtet, der zuständigen Aufsichtsbehörde die dort aufgeführten Informationen vorzulegen. Die übermittelten Unterlagen müssen vollständig und aussagekräftig sein.[1] Nach der Regelung in **Abs. 3 Buchst. f** kann die Aufsichtsbehörde bei Verantwortlichen darüber hinaus weitere Informationen anfordern.

1 Ehmann/Selmayr-*Baumgartner*, Art. 36 Rn. 17.

Auf Grundlage der vorgelegten Informationen kann die Aufsichtsbehörde **schriftliche Empfehlungen** aussprechen. Diese können **Hinweise zur notwendigen Ausgestaltung** von technischen oder organisatorischen Maßnahmen enthalten, durch die das bestehende hohe Risiko reduziert werden kann. Aufgrund des Verweises auf die Befugnis in Art. 58 können Aufsichtsbehörden aber auch verbindliche Weisungen oder Verbote bestimmter Verarbeitungen aussprechen. Diese Regelung stellt für die Praxis einen faktischen Genehmigungsvorbehalt der Aufsichtsbehörden dar.[2] 3

Die **Empfehlungen** der Aufsichtsbehörde müssen innerhalb eines Zeitraums von **einem Monat** erfolgen. Diese Frist kann von der Aufsichtsbehörde auf insgesamt **acht Wochen verlängert** werden. Dabei müssen die Gründe für die Verzögerung benannt werden. 4

II. Hinweise für Betriebs- oder Personalräte

Die Durchführung des in Art. 36 festgelegten **Konsultationsverfahren** ist eine **Rechtspflicht des Arbeitgebers** in seiner Eigenschaft als **Verantwortlicher.** Sollen Beschäftigtendaten verarbeitet werden, müssen Betriebs- oder Personalräte die Einhaltung dieser Vorgabe kontrollieren. Deshalb sind etwa Betriebsräte nach § 80 Abs. 2 BetrVG rechtzeitig und umfassend über die vom Arbeitgeber geplante Einschaltung einer Aufsichtsbehörde zu informieren. Sie müssen die Rechtskonformität des Arbeitgeberhandels nach § 80 Abs. 1 Nr. 1 BetrVG kontrollieren, da die DSGVO eine zugunsten der Beschäftigten geltende Schutzregelung ist. 5

Die Frist für die Mitteilung einer Empfehlung durch eine Aufsichtsbehörde an Verantwortliche wirkt sich auf den zeitlichen Ablauf des Mitbestimmungsverfahrens aus. Betriebs- oder Personalräte können ihre gesetzlichen Mitwirkungs- und Mitbestimmungsrechte erst dann umfassend wahrnehmen, wenn sie Kenntnis von der Position der Aufsichtsbehörde haben. Insoweit kann Arbeitgebern nur angeraten werden, die betrieblichen Interessenvertretungen so früh wie möglich einzubinden, um Verzögerungen bei der Einführung von Verarbeitungen mittels technischer Systeme zu vermeiden. 6

2 *BMH*, Art. 36 Rn. 34.

Abschnitt 4
Datenschutzbeauftragter

Artikel 37 Benennung eines Datenschutzbeauftragten

(1) Der Verantwortliche und der Auftragsverarbeiter benennen auf jeden Fall einen Datenschutzbeauftragten, wenn

a) die Verarbeitung von einer Behörde oder öffentlichen Stelle durchgeführt wird, mit Ausnahme von Gerichten, soweit sie im Rahmen ihrer justiziellen Tätigkeit handeln,

b) die Kerntätigkeit des Verantwortlichen oder des Auftragsverarbeiters in der Durchführung von Verarbeitungsvorgängen besteht, welche aufgrund ihrer Art, ihres Umfangs und/oder ihrer Zwecke eine umfangreiche regelmäßige und systematische Überwachung von betroffenen Personen erforderlich machen, oder

c) die Kerntätigkeit des Verantwortlichen oder des Auftragsverarbeiters in der umfangreichen Verarbeitung besonderer Kategorien von Daten gemäß Artikel 9 oder von personenbezogenen Daten über strafrechtliche Verurteilungen und Straftaten gemäß Artikel 10 besteht.

(2) Eine Unternehmensgruppe darf einen gemeinsamen Datenschutzbeauftragten ernennen, sofern von jeder Niederlassung aus der Datenschutzbeauftragte leicht erreicht werden kann.

(3) Falls es sich bei dem Verantwortlichen oder dem Auftragsverarbeiter um eine Behörde oder öffentliche Stelle handelt, kann für mehrere solcher Behörden oder Stellen unter Berücksichtigung ihrer Organisationsstruktur und ihrer Größe ein gemeinsamer Datenschutzbeauftragter benannt werden.

(4) In anderen als den in Absatz 1 genannten Fällen können der Verantwortliche oder der Auftragsverarbeiter oder Verbände und andere Vereinigungen, die Kategorien von Verantwortlichen oder Auftragsverarbeitern vertreten, einen Datenschutzbeauftragten benennen; falls dies nach dem Recht der Union oder der Mitgliedstaaten vorgeschrieben ist, müssen sie einen solchen benennen. Der Datenschutzbeauftragte kann für derartige Verbände und andere Vereinigungen, die Verantwortliche oder Auftragsverarbeiter vertreten, handeln.

(5) Der Datenschutzbeauftragte wird auf der Grundlage seiner beruflichen Qualifikation und insbesondere des Fachwissens benannt, das er auf dem Gebiet des Datenschutzrechts und der Datenschutzpraxis besitzt, sowie auf der Grundlage seiner Fähigkeit zur Erfüllung der in Artikel 39 genannten Aufgaben.

(6) Der Datenschutzbeauftragte kann Beschäftigter des Verantwortlichen oder des Auftragsverarbeiters sein oder seine Aufgaben auf der Grundlage eines Dienstleistungsvertrags erfüllen.
(7) Der Verantwortliche oder der Auftragsverarbeiter veröffentlicht die Kontaktdaten des Datenschutzbeauftragten und teilt diese Daten der Aufsichtsbehörde mit.

Inhaltsübersicht

		Rn.
I.	Allgemeines	1– 3
II.	Benennungspflicht (Abs. 1)	4– 8
III.	Gemeinsame Datenschutzbeauftragte (Abs. 2 und 3)	9–11
IV.	Freiwillige Benennung und nationale Gestaltungsspielräume (Abs. 4)	12–14
V.	Qualifikation des Datenschutzbeauftragten (Abs. 5)	15–17
VI.	Interner oder externer Datenschutzbeauftragter (Abs. 6)	18–19
VII.	Kontaktdaten (Abs. 7)	20
VIII.	Hinweise für Betriebs- oder Personalräte	21–22

I. Allgemeines

Die im **4. Abschnitt** von Kapitel VI enthaltenen Regelungen zum Thema »Datenschutzbeauftragter« zielen auf die **Stärkung** der **Selbstkontrolle** und des **Selbstdatenschutzes** im öffentlichen wie im nicht-öffentlichen Bereich.[1] Durch die Regelung in **Abs. 1** wird die **Verpflichtung zur Benennung** eines Datenschutzbeauftragten, die in Deutschland bereits im »alten« BDSG Standard war, nunmehr europaweit verankert.[2] Sowohl interne wie auch externe Datenschutzbeauftragte müsse die ihnen obliegenden Pflichten und Aufgaben in vollständiger Unabhängigkeit vom Verantwortlichen bzw. vom Auftragsverarbeiter ausüben können (vgl. ErwGr 97, letzter Satz). 1

Die Artikel 37 bis 39 zum Thema »Datenschutzbeauftragte« sind logisch strukturiert. In **Art. 37** werden Einzelfragen der **Benennung** von Datenschutzbeauftragten geregelt. Hieran schließen sich in **Art. 38** Festlegungen zur **Stellung** des Datenschutzbeauftragten an. Dessen **Aufgaben** werden in **Art. 39** beschrieben. Die Inhalte dieser drei Artikel finden sich für Datenschutzbeauftragte in der Bundesverwaltung in den §§ 5 bis 7 BDSG wieder. Entsprechende Ausführungen enthalten auch die Landesdatenschutzgesetze, die für die Landesverwaltungen der einzelnen Bundesländer einschlägig sind. Nach § 38 Abs. 2 BDSG kommt ein Teil der Regelungen in § 6 BDSG für Datenschutzbeauftragte im nicht-öffentlichen Bereich zur Anwendung. 2

Art. 37 enthält in **Abs. 1** eine **europaweite Verpflichtung** zur **Benennung eines Datenschutzbeauftragten** für die dort in Buchst. a bis c benannten 3

1 Vgl. Gola-*Klug*, Art. 37 Rn. 1.
2 Vgl. Ehmann/Selmayr-*Heberlein*, Art. 37 Rn. 1.

Fälle. Durch **Abs. 2** wird für Unternehmensgruppen die Möglichkeit der Benennung eines **gemeinsamen Datenschutzbeauftragten** begründet. Eine entsprechende **übergreifende Struktur** wird durch die Regelung in **Abs. 3** auch für den **öffentlichen Bereich** zugelassen. Etwas versteckt sieht **Abs. 4** neben der Möglichkeit einer **freiwilligen Bestellung** von Datenschutzbeauftragten in einer **Öffnungsklausel** ausdrücklich Gestaltungsspielräume für nationale Gesetzgeber vor. Durch **Abs. 5** wird das Vorhandensein von **Fachwissen** als Voraussetzung der Benennung festgeschrieben. **Abs. 6** ermöglicht die Bestellung **interner oder externer Datenschutzbeauftragter**. Durch **Abs. 7** werden Verantwortliche oder Auftraggeber zur **Veröffentlichung der Kontaktdaten** verpflichtet.

II. Benennungspflicht (Abs. 1)

4 Die Benennung nach **Abs. 1** muss sich auf eine bestimmte Person beziehen, die vom Verantwortlichen konkret und nachvollziehbar benannt werden muss.[3] Die Vorschrift schreibt europaweit für **drei Fälle** die **Benennung** eines Datenschutzbeauftragten **zwingend** vor.[4] Darüber hinaus ermöglicht die Regelung in Abs. 4 den Mitgliedsstaaten, weitere zwingende Vorgaben zur Benennung von Datenschutzbeauftragten zu machen (vgl. Rn. 13ff.).

5 Eine **generelle Verpflichtung** zur Benennung eines Datenschutzbeauftragten gibt es nach Abs. 1 **Buchst. a** für alle Verarbeitungen personenbezogener Daten durch **Behörden oder öffentliche Stellen**.[5] Auf die Zahl der Beschäftigten von Behörden oder öffentlichen Stellen kommt es deshalb bezüglich der Pflicht zur Benennung eines Datenschutzbeauftragten nicht an. **Ausnahmen** von dieser Verpflichtung bestehen für **Gerichte** und andere vergleichbar **unabhängige Justizbehörden**. Für die dort stattfindenden Verarbeitungen personenbezogener Daten können die Mitgliedsstaaten separate Festlegungen treffen (vgl. ErwGr 20, letzter Satz). Durch diese Ausnahme soll die **Unabhängigkeit der Justiz** sichergestellt werden.[6]

6 Nach der Regelung in Abs. 1 **Buchst. b** muss ein Datenschutzbeauftragter im **nicht-öffentlichen Bereich benannt** werden, wenn die **Kerntätigkeit** einer Verarbeitung in der Durchführung von Verarbeitungsvorgängen besteht, die eine umfangreiche **regelmäßige** und **systematische Überwachung** von betroffenen Personen erforderlich macht. Angesprochen sind hier insbesondere Marktforschungsunternehmen, Auskunfteien, Adresshändler, Detekteien oder auch »Headhunter«, wenn diese entsprechende Beobach-

---

3 Vgl. LAG Niedersachsen 9.6.2020 – 9 Sa 608/19.

4 Ausführlich Wedde-*Wedde*, Kap. E, Rn. 9ff.

5 Vgl. allg. *Köppen*, CuA 3/2021, 24; *Schierbaum*, PersR 3/2020, 30.

6 Gola-*Klug*, Art. 37 Rn. 6.

tungen durchführen.[7] **Ausgenommen** bleiben Betriebe und Unternehmen, die lediglich Beschäftigtendaten zur Abwicklung des Vertragsverhältnisses verarbeiten.

Nach Abs. 1 **Buchst. c** muss weiterhin ein Datenschutzbeauftragter benannt 7
werden, wenn die **Kerntätigkeit** eines Verantwortlichen oder eines Auftragsverarbeiters in der **umfangreichen Verarbeitung** von in Art. 9 aufgeführten **besonderen Kategorien personenbezogener Daten** besteht oder von Informationen über **strafrechtliche Verurteilungen und Straftaten** gemäß **Art. 10**. Eine Benennungspflicht nach dieser Vorschrift besteht insbesondere für die Verarbeitung von Patientendaten durch eine größere ärztliche Gemeinschaftspraxis oder ein Krankenhaus sowie für Kranken- oder Lebensversicherungen.[8] Entsprechendes kann in größeren Anwaltskanzleien gelten, wenn dort im Zusammenhang mit Mandaten, die durch Art. 9 und 10 herausragend geschützt sind, Daten verarbeitet werden.

Die Regelung soll mangels einer **umfangreichen Verarbeitung** nicht zur 8
Anwendung kommen, wenn die Daten in »**Ein-Personen-Betrieben**« verarbeitet werden, etwa durch allein tätige Rechtsanwälte, Ärzte oder andere Angehörige von Gesundheitsberufen.[9] Ob eine Benennungspflicht in mittleren und größeren Unternehmen bereits dadurch ausgelöst wird, dass über Beschäftigte Gesundheitsdaten oder Informationen zur Religionszugehörigkeit verarbeitet werden, ist umstritten.[10]

III. Gemeinsame Datenschutzbeauftragte (Abs. 2 und 3)

Die Regelungen in den **Abs. 2 und 3** folgen der im nicht-öffentlichen Be- 9
reich in größeren Konzernstrukturen schon vor Inkrafttreten der DSGVO zu findenden Praxis, nach der für die Kontrolle des Datenschutzes »**Konzerndatenschutzbeauftragte**« benannt wurden, die für alle Einzelunternehmen zuständig waren. Dafür erfolgten vor Inkrafttreten der DSGVO jeweils Einzelfallbenennungen in den einzelnen Unternehmen. Im Bereich des **öffentlichen Dienstes** waren derartige übergreifende Benennungen teilweise durch datenschutzrechtliche Vorgaben möglich, in anderen Fällen aber auch ausdrücklich unzulässig. Im **nicht-öffentlichen Bereich** ist nunmehr nach **Abs. 2** die Benennung eines gemeinsamen Datenschutzbeauftragten für eine **Unternehmensgruppe** ausdrücklich zulässig. Der Begriff der »Unternehmensgruppe« ist in Art. 4 Nr. 19 definiert.

---

7 Vgl. Ehmann/Selmayr-*Heberlein*, Art. 37 Rn. 25; Paal/Pauly-*Paal*, Art. 37 Rn. 8.

8 Vgl. Kühling/Buchner-*Bergt*, Art. 37 Rn. 24.

9 Vgl. ErwGr 91 Satz 4; Ehmann/Selmayr-*Heberlein*, Art. 37 Rn. 27.

10 Vgl. hierzu etwa DWWS-*Däubler*, Art. 37 Rn. 9 oder Kühling/Buchner-*Bergt*, Art. 37 Rn. 1, die für eine Benennungspflicht sind; a. A. Ehmann/Selmayr-*Heberlein*, Art. 37 Rn. 27.

10 Die Benennung eines gemeinsamen Datenschutzbeauftragten setzt nach Abs. 2 voraus, dass dieser von jeder Niederlassung, für die er zuständig ist, **leicht erreicht werden kann**. Diese Erreichbarkeit lässt sich in vielen Fällen durch die Nutzung von elektronischen Kommunikationswegen herstellen, sofern diese die **Vertraulichkeit der Kommunikation** grundsätzlich gewährleisten, d. h. auch gegenüber den mit umfassenden Rechten ausgestatteten Administratoren. Darüber hinaus muss ein gemeinsamer Datenschutzbeauftragter aber auch in der Lage sein, seine gesetzlichen Aufgaben vor Ort in den einzelnen Niederlassungen erledigen zu können.[11] Umgekehrt müssen betroffene Personen die Möglichkeit haben, den gemeinsamen Datenschutzbeauftragten an seinem zentralen Dienstort persönlich aufsuchen zu können, um vertrauliche Themen besprechen zu können. Zumutbar ist in beide Richtungen im Regelfall jeweils der Aufwand einer Tagesreise mit üblichen Verkehrsmitteln wie Pkw, Bus, Bahn oder Flugzeug.[12]

11 Die Benennung eines gemeinsamen Datenschutzbeauftragten im **öffentlichen Bereich** steht nach **Abs. 3** auch **Behörden oder öffentlichen Stellen** offen. Die Zulässigkeit einer solchen Benennung leitet sich aus der Organisationsstruktur und der Größe der Behörde ab. Damit kann auf der Ebene einer Ober- oder Mittelbehörde ein Datenschutzbeauftragter benannt werden, der auch für die nachgeordneten Behörden zuständig ist.[13]

IV. Freiwillige Benennung und nationale Gestaltungsspielräume (Abs. 4)

12 Die Regelung in **Abs. 4** bezieht sich auf **zwei** unterschiedliche **Sachverhalte**.

13 **Einerseits** wird hier festgelegt, dass eine **freiwillige Benennung** von Datenschutzbeauftragten in den nicht in Abs. 1 genannten Fällen durch Verantwortliche oder Auftragsverarbeiter weiterhin möglich ist.[14] Auf freiwilliger Ebene benannte Datenschutzbeauftragte haben dieselbe Rechte wie die nach Abs. 1 eingesetzten Personen.[15]

14 **Andererseits** eröffnet die Vorschrift der EU oder den Mitgliedsstaaten einen Spielraum für Regelungen, durch die Verantwortliche oder Auftragnehmer auch über die in Abs. 1 genannten Fälle hinaus zur Benennung eines Datenschutzbeauftragten verpflichtet werden. Entsprechende Regelungen finden

---

11 Ebenso etwa Ehmann/Selmayr-*Heberlein*, Art. 37 Rn. 30; Kühling/Buchner-*Bergt*, Art. 37 Rn. 28.

12 Vgl. Paal/Pauly-*Paal*, Art. 37 Rn. 10.

13 Vgl. Ehmann/Selmayr-*Heberlein*, Art. 37 Rn. 31.

14 Allg. zur freiwilligen Benennung Wedde-*Wedde*, Kap. E, Rn. 22 ff

15 Vgl. Kühling/Buchner-*Bergt*, Art. 37 Rn. 26; Paal/Pauly-*Paal*, Art. 37 Rn. 12.

sich für den öffentlichen Bereich in §§ 5 bis 7 BDSG und für den nichtöffentlichen Bereich in § 38 BDSG.[16]

V. Qualifikation des Datenschutzbeauftragten (Abs. 5)

In **Abs. 5** wird die **fachliche Qualifikation** benannt, über die ein Daten- 15
schutzbeauftragter verfügen muss, um die in Art. 39 genannten Aufgaben erfüllen zu können.[17] Erwähnt wird insbesondere das **Fachwissen** auf dem Gebiet des Datenschutzrechts und der Datenschutzpraxis. Weiterhin wird festgeschrieben, dass die **Fähigkeit** zur Erfüllung der in Art. 39 genannten Aufgaben vorliegen muss.

Keinen ausdrücklichen Eingang in die DSGVO hat die noch in § 4f Abs. 2 16
Satz 1 BDSG a. F. genannte »**Zuverlässigkeit**« gefunden. Dennoch bestehen die allgemeinen Anforderungen an die persönliche Zuverlässigkeit und Integrität von Datenschutzbeauftragten auch ohne diese Nennung fort. Beispielsweise steht eine einschlägige Vorstrafe etwa wegen Betrug oder Falschaussage der Benennung ebenso entgegen wie eine Verurteilung wegen schwerer Vermögensdelikte der Übernahme einer Tätigkeit als Bankkassierer oder schwere Verkehrsdelikte der Arbeit als Kraftfahrer.[18] Ebenso scheiden Personen mit Führungs- oder Leitungsfunktionen aus, etwa der Leiter einer EDV-, Rechts- oder Personalabteilung oder Personen, die als Systemadministratoren für den Betrieb von IT-Systemen verantwortlich sind.[19]

Die Regelung in Abs. 5 zielt darauf, dass Personen, die zu Datenschutzbeauftragten benannt werden sollen, fachlich und persönlich in der Lage sein müssen, die in Art. 39 genannten Aufgaben zu erfüllen. Neben profunden Kenntnissen des Europäischen und des nationalen Datenschutzrechts gehört hierzu auch ein Wissen um technische und organisatorische Maßnahmen sowie die Fähigkeit, vermittelnd in diesem Bereich tätig zu werden.[20]

Verfügen Personen **nicht** über die erforderlichen **beruflichen Qualifika-** 17
tionen oder **fehlt** ihnen das notwendige **Fachwissen**, können sie die Tätigkeit eines Datenschutzbeauftragten nicht ausfüllen. Werden sie trotzdem benannt, kommt dies im Ergebnis einer »**Nichtbenennung**« gleich. Hieraus können zulasten der Verantwortlichen oder Auftragsverarbeiter Geldbußen nach Art. 83 folgen.

---

16 Vgl. insgesamt Wedde-*Wedde*, S. 314f.
17 Vgl. hierzu allg. *Stumper*, CuA 1/2020, 28, Wedde-*Wedde*, Kap. E, Rn. 43ff.
18 Vgl. ausführlich Wedde-*Wedde*, S. 324ff.
19 Vgl. DWWS-*Däubler*, Art. 37 Rn. 19.
20 Ähnlich Gola-*Klug*, Art. 37 Rn. 18.

VI. Interner oder externer Datenschutzbeauftragter (Abs. 6)

18 Nach der Regelung in **Abs. 6** können Datenschutzbeauftragte sowohl in einem Beschäftigungsverhältnis zum Verantwortlichen oder Auftragsverarbeiter stehen als auch auf der Basis eines Dienstleistungsvertrags tätig werden.[21] Damit ist sowohl die Benennung **interner Personen** als auch die **Beschäftigung externer** als Datenschutzbeauftragter möglich. Über das zeitliche Volumen der Tätigkeit sagt die Vorschrift nichts aus. In Abhängigkeit von den bestehenden datenschutzrechtlichen Anforderungen sowie der Größe des Verantwortlichen oder Auftragsverarbeiters kommt damit eine Beschäftigung in Teil- oder Vollzeit in Betracht.

19 Benannt werden können **nur natürliche Personen**. Dies folgt bereits daraus, dass auf das persönliche Fachwissen sowie die persönliche Qualifikation abgestellt wird. Die Benennung juristischer Personen als externer Datenschutzbeauftragter scheidet damit aus.[22]

VII. Kontaktdaten (Abs. 7)

20 Nach der Regelung in **Abs. 7** müssen Verantwortliche oder Auftragsverarbeiter die **Kontaktdaten** des Datenschutzbeauftragten veröffentlichen und der Aufsichtsbehörde mitteilen. Die **Veröffentlichung** muss so erfolgen, dass alle betroffenen Personen wissen, an wen sie sich wenden können. Neben klassischen Informationswegen wie dem Aushang an einem Schwarzen Brett kommen insbesondere elektronische Publikationen in Betracht. Entsprechendes gilt für die Mitteilung an die Aufsichtsbehörde, die mit Blick auf Beweispflichten in jedem Fall schriftlich oder in Textform erfolgen sollte.

VIII. Hinweise für Betriebs- oder Personalräte

21 Ein gesetzliches Mitbestimmungsrecht für Betriebs- oder Personalräte bei der Benennung von Datenschutzbeauftragten gibt es nicht.[23] Soll die Benennung einer bereits beschäftigten Person erfolgen, ist dies im Regelfall mit personellen Einzelmaßnahmen wie einer **Einstellung** oder einer **Versetzung** verbunden. Betriebs- oder Personalräte können diesbezüglich von ihren allgemeinen Widerspruchsrechten Gebrauch machen, die etwa in § 99 BetrVG oder in § 78 BPersVG enthalten sind.[24] Die Bestellung interner Be-

21 Vgl. Wedde-*Wedde*, Kap. E, Rn. 36.

22 Vgl. Ehmann/Selmayr-*Heberlein*, Art. 37 Rn. 43; Kühling/Buchner-*Bergt*, Art. 37 Rn. 36.

23 Vgl. Wedde-*Wedde*, Kap. E, Rn. 29.

24 Vgl. allg. *Köppen*, CuA 5/2021, 31; *ders.*, CuA 3/2021, 24 für den öffentlichen Bereich; *Schierbaum*, PersR 3/2020, 30.

schäftigter zu Datenschutzbeauftragten ist in aller Regel mit einer Versetzung verbunden. Bei einer Neueinstellung gelten die gleichen Grundsätze wie für die erstmalige Beschäftigung anderer Personen auch.

Fehlen einer für eine Benennung in Aussicht genommenen Person die notwendigen fachlichen oder persönlichen Voraussetzungen, kann dieser Sachverhalt zum Gegenstand eines Widerspruchs gemacht werden. Gleiches gilt, wenn einer Person aufgrund bekannter Vorstrafen die für die Tätigkeit als Datenschutzbeauftragter notwendige Zuverlässigkeit fehlt. 22

Artikel 38 Stellung des Datenschutzbeauftragten

(1) Der Verantwortliche und der Auftragsverarbeiter stellen sicher, dass der Datenschutzbeauftragte ordnungsgemäß und frühzeitig in alle mit dem Schutz personenbezogener Daten zusammenhängenden Fragen eingebunden wird.

(2) Der Verantwortliche und der Auftragsverarbeiter unterstützen den Datenschutzbeauftragten bei der Erfüllung seiner Aufgaben gemäß Artikel 39, indem sie die für die Erfüllung dieser Aufgaben erforderlichen Ressourcen und den Zugang zu personenbezogenen Daten und Verarbeitungsvorgängen sowie die zur Erhaltung seines Fachwissens erforderlichen Ressourcen zur Verfügung stellen.

(3) Der Verantwortliche und der Auftragsverarbeiter stellen sicher, dass der Datenschutzbeauftragte bei der Erfüllung seiner Aufgaben keine Anweisungen bezüglich der Ausübung dieser Aufgaben erhält. Der Datenschutzbeauftragte darf von dem Verantwortlichen oder dem Auftragsverarbeiter wegen der Erfüllung seiner Aufgaben nicht abberufen oder benachteiligt werden. Der Datenschutzbeauftragte berichtet unmittelbar der höchsten Managementebene des Verantwortlichen oder des Auftragsverarbeiters.

(4) Betroffene Personen können den Datenschutzbeauftragten zu allen mit der Verarbeitung ihrer personenbezogenen Daten und mit der Wahrnehmung ihrer Rechte gemäß dieser Verordnung im Zusammenhang stehenden Fragen zu Rate ziehen.

(5) Der Datenschutzbeauftragte ist nach dem Recht der Union oder der Mitgliedstaaten bei der Erfüllung seiner Aufgaben an die Wahrung der Geheimhaltung oder der Vertraulichkeit gebunden.

(6) Der Datenschutzbeauftragte kann andere Aufgaben und Pflichten wahrnehmen. Der Verantwortliche oder der Auftragsverarbeiter stellt sicher, dass derartige Aufgaben und Pflichten nicht zu einem Interessenkonflikt führen.

Inhaltsübersicht

		Rn.
I.	Allgemeines	1– 3
II.	Einbindung (Abs. 1)	4– 5
III.	Unterstützungspflicht (Abs. 2)	6– 9
IV.	Weisungsfreiheit, Nachteilschutz und Einbindung (Abs. 3)	10–13
V.	Ansprechpartner für betroffene Personen (Abs. 4)	14
VI.	Verschwiegenheitspflicht (Abs. 5)	15–16
VII.	Voll- oder Teilzeittätigkeit, Interessenskonflikte (Abs. 6)	17
VIII.	Beschäftigtendatenschutz	18–20
IX.	Hinweise für Betriebs- oder Personalräte	21–22

I. Allgemeines

1 Durch Art. 38 wird **einerseits** die **Positionierung** des Datenschutzbeauftragten in einem Betrieb oder in einer Behörde **festgelegt**. **Andererseits** werden die **organisatorischen** und **formalen Rahmenbedingungen** für seine Tätigkeit benannt. Die Regelung in Art. 38 bildet die **Grundlage** für die in Art. 39 beschriebene **Aufgabenerledigung** durch Datenschutzbeauftragte.

2 Die Regelungen in Art. 38 richten sich gleichermaßen an **Verantwortliche** und **Auftragsverarbeiter**. Diese werden jeweils durch **Abs. 1** verpflichtet, Datenschutzbeauftragte ordnungsgemäß und frühzeitig in alle einschlägigen Themen **einzubinden**. Nach **Abs. 2** müssen sie Datenschutzbeauftragte **unterstützen**, ihnen die erforderlichen **Ressourcen** und **Daten** zur Verfügung zu stellen, auch soweit dies zur Erhaltung des Fachwissens erforderlich ist. Durch **Abs. 3** wird die **Weisungsfreiheit** garantiert sowie ein **Schutz** vor Abberufung geschaffen. Durch **Abs. 4** wird der **Zugang** betroffener Personen zum Datenschutzbeauftragten sichergestellt. Die Regelung in **Abs. 5** enthält Vorgaben zur **Vertraulichkeit**. Aus **Abs. 6** leitet sich ab, dass Datenschutzbeauftragte sowohl in **Voll**- wie in **Teilzeit** tätig werden können. Im Falle einer Teilzeittätigkeit müssen Interessenkonflikte vermieden werden.

3 Die Regelungen in Art. 38 finden sich teilweise wort- oder inhaltsgleich bezogen auf Datenschutzbeauftragte im öffentlichen Bereich in § 6 BDSG wieder (vgl. dort Rn. 3ff.). Teilweise sind die genannten Regelungen gemäß § 38 Abs. 2 BDSG auch für den nicht-öffentlichen Bereich anwendbar.

II. Einbindung (Abs. 1)

4 Nach **Abs. 1** müssen Verantwortliche und Auftragsverarbeiter Datenschutzbeauftragte **ordnungsgemäß** und **frühzeitig** in alle mit dem Datenschutz zusammenhängenden Fragen **einbinden**. Was genau unter diesem Begriffspaar zu verstehen ist, lässt die DSGVO zwar offen. Mit Blick auf die Aufgabenzuweisung in Art. 39 auf der einen und vergleichbare Regelungen zur Einbindung von Betriebsräten auf der anderen Seite (vgl. etwa die »rechtzei-

tige« Einbindung von Betriebsräten nach § 80 Abs. 2 Satz 1 BetrVG) ist aber davon auszugehen, dass die Einbindung so früh und umfassend erfolgen muss, dass Datenschutzbeauftragte ihre gesetzlichen Aufgaben wahrnehmen können.[1]

Für Verantwortliche und Auftragsverarbeiter hat eine frühzeitige Einbindung den **Vorteil**, dass Datenschutzbeauftragte auf **einschlägige Probleme hinweisen** und **Vorschläge** zu deren **Lösung** machen können. Sie ermöglicht es beispielsweise, den durch Art. 25 vorgegebenen Datenschutz durch Technikgestaltung und durch datenschutzfreundliche Voreinstellungen umzusetzen.[2] Insoweit bringt die gesetzeskonforme Einbindung Verantwortlichen und Auftraggebern zahlreiche Vorteile. 5

III. Unterstützungspflicht (Abs. 2)

Die in **Abs. 2** enthaltene **Unterstützungspflicht**, die zulasten von Verant- 6
wortlichen und Auftragsverarbeitern besteht, zielt darauf, Datenschutzbeauftragten die Erfüllung ihrer Aufgaben zu ermöglichen. Sie hat **zwei Komponenten**.

Einerseits soll Datenschutzbeauftragten der **Zugang** zu personenbezogenen 7
Daten und zu Verarbeitungsvorgängen eingeräumt werden. Praktisch beinhaltet dies ein Zutrittsrecht zu allen Bereichen oder Räumen, in denen Datenverarbeitung erfolgt.[3] Darüber hinaus müssen Datenschutzbeauftragten alle für die Bewertung datenschutzrechtlicher Themen relevanten Unterlagen vorgelegt und alle einschlägigen Informationen erteilt werden.

Andererseits müssen Datenschutzbeauftragten die für die Erfüllung ihrer 8
Aufgaben und für die Erhaltung ihres Fachwissens erforderlichen **Ressourcen** zur Verfügung gestellt werden. Hierbei handelt es sich insbesondere um **sachliche Mittel**, zu denen Materialien des allgemeinen **Bürobedarfs** ebenso gehören wie geschützte **Räumlichkeiten** oder **Fachliteratur**.[4] Es gelten strukturell die gleichen Grundsätze, die für Betriebsräte aus § 40 Abs. 2 BetrVG folgen.[5] Zu den erforderlichen Ressourcen kann insbesondere in größeren Betrieben auch das notwendige Hilfspersonal des Datenschutzbeauftragten gehören.

Erforderlich sind auch die für den **Erhalt des Fachwissens** von Datenschutz- 9
beauftragten erforderlichen Ressourcen. Diese Regelung zielt insbesondere auf die **Fortbildung** und soll es Datenschutzbeauftragten ermöglichen, ihr Wissen auf aktuellem Stand zu halten. Bezüglich der Erforderlichkeit

1 Vgl. Paal/Pauly-*Paal*, Art. 38 Rn. 4.
2 Vgl. Auernhammer-*Raum*, Art. 38 Rn. 4.
3 Vgl. Kühling/Buchner-*Bergt*, Art. 38 Rn. 19; Paal/Pauly-*Paal*, Art. 38 Rn. 7.
4 Vgl. *Schierbaum*, PersR 4/2020, 35.
5 Vgl. DKW-*Wedde*, § 40 BetrVG, Rn. 116*ff.*

kann auf die Grundsätze zurückgegriffen werden, die es für Schulungsmaßnahmen gibt, die Betriebsräte nach § 37 Abs. 6 BetrVG beanspruchen können.

IV. Weisungsfreiheit, Nachteilschutz und Einbindung (Abs. 3)

10 Durch **Abs. 3** soll die **unabhängige Aufgabenerfüllung** der Datenschutzbeauftragten **sichergestellt werden**. Um dieses Ziel zu erreichen, enthält die Regelung **drei Vorgaben**:

11 Nach Abs. 1 **Satz 1** müssen Verantwortliche und Auftragsverarbeiter **organisatorisch sicherstellen**, dass Datenschutzbeauftragte bezüglich der inhaltlichen Erfüllung ihrer Aufgaben **keine Anweisungen** erhalten. In diesem Rahmen muss jede inhaltliche Beeinflussung ausgeschlossen werden.[6] Diese Vorgabe gilt sowohl bezüglich interner wie auch externer Datenschutzbeauftragter. Die bestehende **Weisungsfreiheit** schließt beispielsweise auch die Aufforderung aus, bestimmte Prüfaufträge durchzuführen.[7]

12 Nach Abs. 1 **Satz 2** können Datenschutzbeauftragte wegen der Erfüllung ihrer Aufgaben **nicht abberufen werden.**[8] Weiterhin dürfen sie deswegen **nicht benachteiligt werden**. Die Regelung entspricht weitgehend der in § 4f Abs. 3 Satz 2 BDSG a. F. Dieser Schutz schließt allerdings in der Praxis nicht aus, dass eine Abberufung aus anderen Gründen erfolgt. Problematisch ist auch, dass befristet benannte Datenschutzbeauftragte damit rechnen müssen, dass nach Ablauf ihrer Amtszeit keine Anschlussbenennung erfolgt. Insoweit ist der Schutz der Datenschutzbeauftragten tatsächlich deutlich schwächer ausgestaltet als der, den etwa Betriebsräte haben.

13 Nach Abs. 1 **Satz 3** berichten Datenschutzbeauftragte **unmittelbar an die höchste Management-Ebene**. Sie können nicht auf den Dienstweg verwiesen werden und haben einen Anspruch darauf, von der höchsten Leitungsebene gehört zu werden. Dies schließt nicht aus, dass Datenschutzbeauftragte einer Abteilung in einem Betrieb oder in einer Behörde zugeordnet werden. Um einen wirksamen Datenschutz sicherzustellen, empfiehlt es sich, Datenschutzbeauftragte unmittelbar einem Vorstandsbereich bzw. der Behördenleitung zuzuordnen, um damit die Autorität dieser Instanz zu stärken.[9]

---

6 Vgl. DWWS-*Däubler*, Art. 38 Rn. 12.

7 Vgl. Kühling/Buchner-*Bergt*, Art. 38 Rn. 27.

8 Vgl. zur Abberufung eines Datenschutzbeauftragten, der zugleich Betriebsratsvorsitzender ist, den Vorlagebeschluss des BAG vom 27.4.2021 – 9 AZR 383/19 (A) an den EuGH; allg. *Köppen*, CuA 10/2021, 32.

9 Vgl. ähnlich Kühling/Buchner-*Bergt*, Art. 38 Rn. 26.

V. Ansprechpartner für betroffene Personen (Abs. 4)

Nach **Abs. 4** können sich **betroffene Personen** jederzeit an den Datenschutzbeauftragten wenden. Auch wenn dies im Gesetz nicht genannt ist, ist der Datenschutzbeauftragte im Ergebnis dieses Rechts verpflichtet, sich mit den Anliegen der Betroffenen auch zu befassen. Sind diese berechtigt, muss er im datenschutzrechtlichen Rahmen für Abhilfe sorgen.[10] Inhaltlich kann es sowohl um **Beschwerden** oder Eingaben von betroffenen Personen gehen als auch um die Bitte um Beratung.[11] 14

VI. Verschwiegenheitspflicht (Abs. 5)

Nach **Abs. 5** sind Datenschutzbeauftragte bei der Erfüllung ihrer Aufgaben zur Wahrung der **Geheimhaltung** und der **Vertraulichkeit** verpflichtet. Bezogen auf die nach Abs. 4 möglichen Kontaktaufnahmen betroffener Personen gilt diese Verschwiegenheitspflicht ebenfalls und ausdrücklich. Datenschutzbeauftragte dürfen deshalb beispielsweise Verantwortlichen oder Auftragnehmern von Eingaben oder Vorträgen nur berichten, wenn sie hierzu ausdrücklich berechtigt sind bzw. mit Sicherheit keine Rückschlüsse auf einzelne Personen gezogen werden können. Dies leitet sich im nationalen Recht aus § 6 Abs. 5 i. V. m. § 38 Abs. 2 BDSG für Datenschutzbeauftragte im öffentlichen wie im nicht-öffentlichen Bereich ab. 15

Bezogen auf Betriebsräte bezieht sich die von Datenschutzbeauftragten **zu wahrende Vertraulichkeit** nach der Neuregelung in § 97a Satz 3 BetrVG insbesondere auf Informationen, die Rückschlüsse auf den **Meinungsbildungsprozess des Betriebsrats** zulassen.[12] 16

VII. Voll- oder Teilzeittätigkeit, Interessenskonflikte (Abs. 6)

Durch **Abs. 6** wird es Verantwortlichen und Auftragsverarbeitern ermöglicht, Datenschutzbeauftragte nur im Rahmen einer **Teilzeittätigkeit** zu benennen. Erfolgt eine solche Teilzeitbenennung, müssen Verantwortliche und Auftragsverarbeiter sicherstellen, dass es zu **keiner Interessenkollision** mit anderen Aufgaben kommt. Dies schließt beispielsweise die Betrauung des Leiters einer Rechts- oder Compliance-Abteilung mit der Aufgabe eines Datenschutzbeauftragten ebenso aus wie die Benennung von Leitungsfunktionen aus dem IT, dem Marketing oder dem Personalbereich sowie eines Geschäftsführers.[13] 17

---

10 Vgl. Paal/Pauly-*Paal*, Art. 38 Rn. 12.

11 Vgl. Kühling/Buchner-*Bergt*, Art. 38 Rn. 37.

12 Vgl. zur Verschwiegenheitspflicht DKW-*Buschmann*, § 97a BetrVG Rn. 21.

13 Vgl. Ehmann/Selmayr-*Heberlein*, Art. 38 Rn. 22 ff.

Mitglieder eines Betriebs- oder Personalrats können jedenfalls dann benannt werden, wenn sie innerhalb ihrer Gremien keine Leitungsfunktionen wahrnehmen oder in exponierter Position (etwa als Vorsitzender eines IT-Ausschusses) mit der Wertung von Datenschutzfragen aus Betriebs- bzw. Personalratssicht betraut sind.[14]

VIII. Beschäftigtendatenschutz

18 Die allgemeinen Vorgaben in Art. 38 gelten auch für **Beschäftigtendaten**. Damit ist es Beschäftigten unbenommen, sich unmittelbar an den Datenschutzbeauftragten zu wenden. Ein »**Dienstweg**« ist dabei **nicht einzuhalten**. Dies kann insbesondere im öffentlichen Dienst bedeutsam sein, wenn Beschäftigte dort **unmittelbar** den zuständigen Datenschutzbeauftragten direkt ansprechen.

19 Datenschutzbeauftragte sind nach Abs. 5 i. V. m. § 6 Abs. 5 BDSG verpflichtet, über Ansprachen durch Beschäftigte gegenüber dem Arbeitgeber **strikte Vertraulichkeit** zu wahren. Sie müssen deshalb beispielsweise auf die Mitteilung von Sachverhalten an Arbeitgeber verzichten, wenn dieser hieraus Rückschlüsse auf einzelne Beschäftigte ziehen könnte. Etwas anderes gilt nur, wenn die Beschäftigten eine Verwendung von Informationen, die Rückschlüsse auf sie zulassen können, **ausdrücklich autorisiert** haben.

20 Haben Beschäftigte Zweifel an der Wahrung der Vertraulichkeit, steht es ihnen frei, sich unmittelbar an die **staatliche Aufsichtsbehörde** zu wenden. Auch diese wird bei einer betrieblichen Intervention darauf achten müssen, dass die Beschäftigten, die eine Ansprache vorgenommen haben, nicht identifiziert werden können.

IX. Hinweise für Betriebs- oder Personalräte

21 Betriebs- oder Personalräte können sich ebenfalls an zuständige Datenschutzbeauftragte wenden, um von diesen Hinweise zu erhalten, Ratschläge einzuholen oder um datenschutzrechtliche Sachverhalte im Rahmen bestehender Beteiligungsrechte zu diskutieren. Ist für eine solche Ansprache Vertraulichkeit vereinbart, muss der Datenschutzbeauftragte diese aufgrund seiner Verpflichtung zur Neutralität wahren.

22 Betriebs- oder Personalräte können Datenschutzbeauftragte darüber hinaus um **offizielle Stellungnahmen** zu datenschutzrechtlichen Sachverhalten bitten, soweit diese bestehende Beteiligungsrechte betreffen. Sie können diese beispielsweise zur Grundlage einer Regelung von mitbestimmungs-

---

14 Vgl. Wedde-*Wedde*, S. 326; Kühling/Buchner-*Bergt*, Art. 38 Rn. 18; DKW-*Buschmann*, § 97a BetrVG Rn. 19.

pflichtigen technischen Einrichtungen machen. Ein Zwang oder eine Verpflichtung für ein solches Vorgehen besteht indes nicht.

Artikel 39 Aufgaben des Datenschutzbeauftragten

(1) Dem Datenschutzbeauftragten obliegen zumindest folgende Aufgaben:

a) Unterrichtung und Beratung des Verantwortlichen oder des Auftragsverarbeiters und der Beschäftigten, die Verarbeitungen durchführen, hinsichtlich ihrer Pflichten nach dieser Verordnung sowie nach sonstigen Datenschutzvorschriften der Union bzw. der Mitgliedstaaten;

b) Überwachung der Einhaltung dieser Verordnung, anderer Datenschutzvorschriften der Union bzw. der Mitgliedstaaten sowie der Strategien des Verantwortlichen oder des Auftragsverarbeiters für den Schutz personenbezogener Daten einschließlich der Zuweisung von Zuständigkeiten, der Sensibilisierung und Schulung der an den Verarbeitungsvorgängen beteiligten Mitarbeiter und der diesbezüglichen Überprüfungen;

c) Beratung — auf Anfrage — im Zusammenhang mit der Datenschutz-Folgenabschätzung und Überwachung ihrer Durchführung gemäß Artikel 35;

d) Zusammenarbeit mit der Aufsichtsbehörde;

e) Tätigkeit als Anlaufstelle für die Aufsichtsbehörde in mit der Verarbeitung zusammenhängenden Fragen, einschließlich der vorherigen Konsultation gemäß Artikel 36, und gegebenenfalls Beratung zu allen sonstigen Fragen.

(2) Der Datenschutzbeauftragte trägt bei der Erfüllung seiner Aufgaben dem mit den Verarbeitungsvorgängen verbundenen Risiko gebührend Rechnung, wobei er die Art, den Umfang, die Umstände und die Zwecke der Verarbeitung berücksichtigt.

Art. 39 beinhaltet in einer **beispielhaften Aufzählung** Aufgaben, die dem 1
Datenschutzbeauftragten obliegen. Wie er diese durchführt, kann er im Rahmen seiner Weisungsfreiheit selbst entscheiden.

Nach Abs. 1 **Buchst. a** gehört zu den Aufgaben von Datenschutzbeauf- 2
tragten die **Unterrichtung** und **Beratung** von Verantwortlichen, Auftragsverarbeitern und Beschäftigten, die Verarbeitungen durchführen, bezüglich ihrer datenschutzrechtlichen Verpflichtungen. Diese Unterrichtungs- und Beratungspflicht beschränkt sich nicht nur auf die DSGVO bzw. das BDSG, sondern bezieht sich auf **alle einschlägigen datenschutzrechtlichen Vorgaben**. Bezüglich der Beschäftigten sind Datenschutzbeauftragte einerseits verpflichtet, diese ausdrücklich hinsichtlich einer gesetzeskonformen Verar-

beitung personenbezogener Daten zu unterrichten und zu beraten. Darüber hinaus obliegt Datenschutzbeauftragten auch eine Unterrichtung über den zugunsten der Beschäftigten selbst geltenden Datenschutz. Datenschutzbeauftragte sind somit auch für den Bereich des Beschäftigtendatenschutzes umfassend zuständig. Bezüglich der Unterrichtung von Beschäftigten sind allerdings einschlägige Beteiligungsrechte von **Betriebs- oder Personalräten** zu beachten, etwa nach §§ 96–98 BetrVG.

3 Durch die Regelung in Abs. 1 **Buchst. b** wird Datenschutzbeauftragten die Aufgabe zugewiesen, die **Einhaltung** aller **einschlägigen Datenschutzvorschriften** auf europäischer und nationaler Ebene zu **überwachen**. Die Ausgestaltung der Überwachung obliegt den Datenschutzbeauftragten im Rahmen ihrer durch Art. 38 Abs. 3 gesicherten Unabhängigkeit (vgl. dort Rn. 10ff.) eigenständig und in eigener Verantwortung.

4 Die in Abs. 1 **Buchst. c** enthaltene Verpflichtung zur **Beratung** bezüglich einer **Datenschutz-Folgenabschätzung** korrespondiert mit der in Art. 35 Abs. 2 enthaltenen Vorgabe, dass Verantwortliche zu diesem Thema den Rat von Datenschutzbeauftragten einholen sollen (vgl. Art. 35 Rn. 14ff.). Für die Durchführung der Datenschutz-Folgenabschätzung selbst sind Datenschutzbeauftragte schon mit Blick auf diese Ratgeberfunktion nicht zuständig.[1]

5 Zu den Aufgaben von Datenschutzbeauftragten gehört nach Abs. 1 **Buchst. d** die **Zusammenarbeit** mit den zuständigen **Aufsichtsbehörden**. Dies beinhaltet insbesondere die Ansprache von Aufsichtsbehörden, wenn es datenschutzrechtliche Fragestellungen beim Verantwortlichen oder bei Auftragnehmern gibt. Wie Datenschutzbeauftragte die Zusammenarbeit konkret ausgestalten, obliegt im Rahmen ihrer Weisungsfreiheit ihnen selbst.

6 In der Umkehrung sind Datenschutzbeauftragte nach der Regelung in Abs. 1 **Buchst. e** für die Aufsichtsbehörden die **erste Anlaufstelle** für die Klärung von Fragen, die mit der Verarbeitung personenbezogener Daten zusammenhängen. Hierzu gehört auch eine notwendige vorherige Konsultation gemäß § 36 sowie die Beratung aller anderen offenen Fragen.

7 Nach der allgemeinen Vorgabe des **Abs. 2** müssen sich Datenschutzbeauftragte bei der Erfüllung ihrer Aufgaben an den mit Verarbeitungsvorgängen **verbundenen Risiken** orientieren. Dabei müssen sie Art, Umfang, Umstände und Zwecke der Verarbeitung berücksichtigen. Dies bedeutet praktisch, dass sie trotz Weisungsfreiheit die Verarbeitung besonders berücksichtigen müssen, die mit großen Risiken für die betroffenen Personen verbunden ist, etwa die Verarbeitung von besonderen Kategorien personenbezogener Daten.

---

1 Vgl. Kühling/Buchner-*Bergt*, Art. 39 Rn. 16; vgl. auch Art. 35 Rn. 5.

Abschnitt 5
Verhaltensregeln und Zertifizierung

Artikel 40 Verhaltensregeln

(1) Die Mitgliedstaaten, die Aufsichtsbehörden, der Ausschuss und die Kommission fördern die Ausarbeitung von Verhaltensregeln, die nach Maßgabe der Besonderheiten der einzelnen Verarbeitungsbereiche und der besonderen Bedürfnisse von Kleinstunternehmen sowie kleinen und mittleren Unternehmen zur ordnungsgemäßen Anwendung dieser Verordnung beitragen sollen.

(2) Verbände und andere Vereinigungen, die Kategorien von Verantwortlichen oder Auftragsverarbeitern vertreten, können Verhaltensregeln ausarbeiten oder ändern oder erweitern, mit denen die Anwendung dieser Verordnung beispielsweise zu dem Folgenden präzisiert wird:

a) faire und transparente Verarbeitung;
b) die berechtigten Interessen des Verantwortlichen in bestimmten Zusammenhängen;
c) Erhebung personenbezogener Daten;
d) Pseudonymisierung personenbezogener Daten;
e) Unterrichtung der Öffentlichkeit und der betroffenen Personen;
f) Ausübung der Rechte betroffener Personen;
g) Unterrichtung und Schutz von Kindern und Art und Weise, in der die Einwilligung des Trägers der elterlichen Verantwortung für das Kind einzuholen ist;
h) die Maßnahmen und Verfahren gemäß den Artikeln 24 und 25 und die Maßnahmen für die Sicherheit der Verarbeitung gemäß Artikel 32;
i) die Meldung von Verletzungen des Schutzes personenbezogener Daten an Aufsichtsbehörden und die Benachrichtigung der betroffenen Person von solchen Verletzungen des Schutzes personenbezogener Daten;
j) die Übermittlung personenbezogener Daten an Drittländer oder an internationale Organisationen oder
k) außergerichtliche Verfahren und sonstige Streitbeilegungsverfahren zur Beilegung von Streitigkeiten zwischen Verantwortlichen und betroffenen Personen im Zusammenhang mit der Verarbeitung, unbeschadet der Rechte betroffener Personen gemäß den Artikeln 77 und 79.

(3) Zusätzlich zur Einhaltung durch die unter diese Verordnung fallenden Verantwortlichen oder Auftragsverarbeiter können Verhaltensregeln, die gemäß Absatz 5 des vorliegenden Artikels genehmigt wurden und gemäß Absatz 9 des vorliegenden Artikels allgemeine Gültigkeit be-

sitzen, auch von Verantwortlichen oder Auftragsverarbeitern, die gemäß Artikel 3 nicht unter diese Verordnung fallen, eingehalten werden, um geeignete Garantien im Rahmen der Übermittlung personenbezogener Daten an Drittländer oder internationale Organisationen nach Maßgabe des Artikels 46 Absatz 2 Buchstabe e zu bieten. Diese Verantwortlichen oder Auftragsverarbeiter gehen mittels vertraglicher oder sonstiger rechtlich bindender Instrumente die verbindliche und durchsetzbare Verpflichtung ein, die geeigneten Garantien anzuwenden, auch im Hinblick auf die Rechte der betroffenen Personen.

(4) Die Verhaltensregeln gemäß Absatz 2 des vorliegenden Artikels müssen Verfahren vorsehen, die es der in Artikel 41 Absatz 1 genannten Stelle ermöglichen, die obligatorische Überwachung der Einhaltung ihrer Bestimmungen durch die Verantwortlichen oder die Auftragsverarbeiter, die sich zur Anwendung der Verhaltensregeln verpflichten, vorzunehmen, unbeschadet der Aufgaben und Befugnisse der Aufsichtsbehörde, die nach Artikel 55 oder 56 zuständig ist.

(5) Verbände und andere Vereinigungen gemäß Absatz 2 des vorliegenden Artikels, die beabsichtigen, Verhaltensregeln auszuarbeiten oder bestehende Verhaltensregeln zu ändern oder zu erweitern, legen den Entwurf der Verhaltensregeln bzw. den Entwurf zu deren Änderung oder Erweiterung der Aufsichtsbehörde vor, die nach Artikel 55 zuständig ist. Die Aufsichtsbehörde gibt eine Stellungnahme darüber ab, ob der Entwurf der Verhaltensregeln bzw. der Entwurf zu deren Änderung oder Erweiterung mit dieser Verordnung vereinbar ist und genehmigt diesen Entwurf der Verhaltensregeln bzw. den Entwurf zu deren Änderung oder Erweiterung, wenn sie der Auffassung ist, dass er ausreichende geeignete Garantien bietet.

(6) Wird durch die Stellungnahme nach Absatz 5 der Entwurf der Verhaltensregeln bzw. der Entwurf zu deren Änderung oder Erweiterung genehmigt und beziehen sich die betreffenden Verhaltensregeln nicht auf Verarbeitungstätigkeiten in mehreren Mitgliedstaaten, so nimmt die Aufsichtsbehörde die Verhaltensregeln in ein Verzeichnis auf und veröffentlicht sie.

(7) Bezieht sich der Entwurf der Verhaltensregeln auf Verarbeitungstätigkeiten in mehreren Mitgliedstaaten, so legt die nach Artikel 55 zuständige Aufsichtsbehörde — bevor sie den Entwurf der Verhaltensregeln bzw. den Entwurf zu deren Änderung oder Erweiterung genehmigt — ihn nach dem Verfahren gemäß Artikel 63 dem Ausschuss vor, der zu der Frage Stellung nimmt, ob der Entwurf der Verhaltensregeln bzw. der Entwurf zu deren Änderung oder Erweiterung mit dieser Verordnung vereinbar ist oder — im Fall nach Absatz 3 dieses Artikels — geeignete Garantien vorsieht.

(8) Wird durch die Stellungnahme nach Absatz 7 bestätigt, dass der Entwurf der Verhaltensregeln bzw. der Entwurf zu deren Änderung oder Erweiterung mit dieser Verordnung vereinbar ist oder — im Fall nach Absatz 3 — geeignete Garantien vorsieht, so übermittelt der Ausschuss seine Stellungnahme der Kommission.
(9) Die Kommission kann im Wege von Durchführungsrechtsakten beschließen, dass die ihr gemäß Absatz 8 übermittelten genehmigten Verhaltensregeln bzw. deren genehmigte Änderung oder Erweiterung allgemeine Gültigkeit in der Union besitzen. Diese Durchführungsrechtsakte werden gemäß dem Prüfverfahren nach Artikel 93 Absatz 2 erlassen.
(10) Die Kommission trägt dafür Sorge, dass die genehmigten Verhaltensregeln, denen gemäß Absatz 9 allgemeine Gültigkeit zuerkannt wurde, in geeigneter Weise veröffentlicht werden.
(11) Der Ausschuss nimmt alle genehmigten Verhaltensregeln bzw. deren genehmigte Änderungen oder Erweiterungen in ein Register auf und veröffentlicht sie in geeigneter Weise.

Artikel 41 Überwachung der genehmigten Verhaltensregeln

(1) Unbeschadet der Aufgaben und Befugnisse der zuständigen Aufsichtsbehörde gemäß den Artikeln 57 und 58 kann die Überwachung der Einhaltung von Verhaltensregeln gemäß Artikel 40 von einer Stelle durchgeführt werden, die über das geeignete Fachwissen hinsichtlich des Gegenstands der Verhaltensregeln verfügt und die von der zuständigen Aufsichtsbehörde zu diesem Zweck akkreditiert wurde.
(2) Eine Stelle gemäß Absatz 1 kann zum Zwecke der Überwachung der Einhaltung von Verhaltensregeln akkreditiert werden, wenn sie
a) ihre Unabhängigkeit und ihr Fachwissen hinsichtlich des Gegenstands der Verhaltensregeln zur Zufriedenheit der zuständigen Aufsichtsbehörde nachgewiesen hat;
b) Verfahren festgelegt hat, die es ihr ermöglichen, zu bewerten, ob Verantwortliche und Auftragsverarbeiter die Verhaltensregeln anwenden können, die Einhaltung der Verhaltensregeln durch die Verantwortlichen und Auftragsverarbeiter zu überwachen und die Anwendung der Verhaltensregeln regelmäßig zu überprüfen;
c) Verfahren und Strukturen festgelegt hat, mit denen sie Beschwerden über Verletzungen der Verhaltensregeln oder über die Art und Weise, in der die Verhaltensregeln von dem Verantwortlichen oder dem Auftragsverarbeiter angewendet werden oder wurden, nachgeht und diese Verfahren und Strukturen für betroffene Personen und die Öffentlichkeit transparent macht, und

d) zur Zufriedenheit der zuständigen Aufsichtsbehörde nachgewiesen hat, dass ihre Aufgaben und Pflichten nicht zu einem Interessenkonflikt führen.

(3) Die zuständige Aufsichtsbehörde übermittelt den Entwurf der Anforderungen an die Akkreditierung einer Stelle nach Absatz 1 gemäß dem Kohärenzverfahren nach Artikel 63 an den Ausschuss.

(4) Unbeschadet der Aufgaben und Befugnisse der zuständigen Aufsichtsbehörde und der Bestimmungen des Kapitels VIII ergreift eine Stelle gemäß Absatz 1 vorbehaltlich geeigneter Garantien im Falle einer Verletzung der Verhaltensregeln durch einen Verantwortlichen oder einen Auftragsverarbeiter geeignete Maßnahmen, einschließlich eines vorläufigen oder endgültigen Ausschlusses des Verantwortlichen oder Auftragsverarbeiters von den Verhaltensregeln. Sie unterrichtet die zuständige Aufsichtsbehörde über solche Maßnahmen und deren Begründung.

(5) Die zuständige Aufsichtsbehörde widerruft die Akkreditierung einer Stelle gemäß Absatz 1, wenn die Anforderungen an ihre Akkreditierung nicht oder nicht mehr erfüllt sind oder wenn die Stelle Maßnahmen ergreift, die nicht mit dieser Verordnung vereinbar sind.

(6) Dieser Artikel gilt nicht für die Verarbeitung durch Behörden oder öffentliche Stellen.

Artikel 42 Zertifizierung

(1) Die Mitgliedstaaten, die Aufsichtsbehörden, der Ausschuss und die Kommission fördern insbesondere auf Unionsebene die Einführung von datenschutzspezifischen Zertifizierungsverfahren sowie von Datenschutzsiegeln und -prüfzeichen, die dazu dienen, nachzuweisen, dass diese Verordnung bei Verarbeitungsvorgängen von Verantwortlichen oder Auftragsverarbeitern eingehalten wird. Den besonderen Bedürfnissen von Kleinstunternehmen sowie kleinen und mittleren Unternehmen wird Rechnung getragen.

(2) Zusätzlich zur Einhaltung durch die unter diese Verordnung fallenden Verantwortlichen oder Auftragsverarbeiter können auch datenschutzspezifische Zertifizierungsverfahren, Siegel oder Prüfzeichen, die gemäß Absatz 5 des vorliegenden Artikels genehmigt worden sind, vorgesehen werden, um nachzuweisen, dass die Verantwortlichen oder Auftragsverarbeiter, die gemäß Artikel 3 nicht unter diese Verordnung fallen, im Rahmen der Übermittlung personenbezogener Daten an Drittländer oder internationale Organisationen nach Maßgabe von Artikel 46 Absatz 2 Buchstabe f geeignete Garantien bieten. Diese Verantwortlichen oder Auftragsverarbeiter gehen mittels vertraglicher oder sonstiger rechtlich bindender Instrumente die verbindliche und durchsetz-

bare Verpflichtung ein, diese geeigneten Garantien anzuwenden, auch im Hinblick auf die Rechte der betroffenen Personen.
(3) Die Zertifizierung muss freiwillig und über ein transparentes Verfahren zugänglich sein.
(4) Eine Zertifizierung gemäß diesem Artikel mindert nicht die Verantwortung des Verantwortlichen oder des Auftragsverarbeiters für die Einhaltung dieser Verordnung und berührt nicht die Aufgaben und Befugnisse der Aufsichtsbehörden, die gemäß Artikel 55 oder 56 zuständig sind.
(5) Eine Zertifizierung nach diesem Artikel wird durch die Zertifizierungsstellen nach Artikel 43 oder durch die zuständige Aufsichtsbehörde anhand der von dieser zuständigen Aufsichtsbehörde gemäß Artikel 58 Absatz 3 oder — gemäß Artikel 63 — durch den Ausschuss genehmigten Kriterien erteilt. Werden die Kriterien vom Ausschuss genehmigt, kann dies zu einer gemeinsamen Zertifizierung, dem Europäischen Datenschutzsiegel, führen.
(6) Der Verantwortliche oder der Auftragsverarbeiter, der die von ihm durchgeführte Verarbeitung dem Zertifizierungsverfahren unterwirft, stellt der Zertifizierungsstelle nach Artikel 43 oder gegebenenfalls der zuständigen Aufsichtsbehörde alle für die Durchführung des Zertifizierungsverfahrens erforderlichen Informationen zur Verfügung und gewährt ihr den in diesem Zusammenhang erforderlichen Zugang zu seinen Verarbeitungstätigkeiten.
(7) Die Zertifizierung wird einem Verantwortlichen oder einem Auftragsverarbeiter für eine Höchstdauer von drei Jahren erteilt und kann unter denselben Bedingungen verlängert werden, sofern die einschlägigen Kriterien weiterhin erfüllt werden. Die Zertifizierung wird gegebenenfalls durch die Zertifizierungsstellen nach Artikel 43 oder durch die zuständige Aufsichtsbehörde widerrufen, wenn die Kriterien für die Zertifizierung nicht oder nicht mehr erfüllt werden.
(8) Der Ausschuss nimmt alle Zertifizierungsverfahren und Datenschutzsiegel und -prüfzeichen in ein Register auf und veröffentlicht sie in geeigneter Weise.

Artikel 43 Zertifizierungsstellen

(1) Unbeschadet der Aufgaben und Befugnisse der zuständigen Aufsichtsbehörde gemäß den Artikeln 57 und 58 erteilen oder verlängern Zertifizierungsstellen, die über das geeignete Fachwissen hinsichtlich des Datenschutzes verfügen, nach Unterrichtung der Aufsichtsbehörde — damit diese erforderlichenfalls von ihren Befugnissen gemäß Artikel 58 Absatz 2 Buchstabe h Gebrauch machen kann — die Zertifizierung. Die

Mitgliedstaaten stellen sicher, dass diese Zertifizierungsstellen von einer oder beiden der folgenden Stellen akkreditiert werden:

a) der gemäß Artikel 55 oder 56 zuständigen Aufsichtsbehörde;

b) der nationalen Akkreditierungsstelle, die gemäß der Verordnung (EG) Nr. 765/2008 des Europäischen Parlaments und des Rates[1] im Einklang mit EN-ISO/IEC 17065/2012 und mit den zusätzlichen von der gemäß Artikel 55 oder 56 zuständigen Aufsichtsbehörde festgelegten Anforderungen benannt wurde.

(2) Zertifizierungsstellen nach Absatz 1 dürfen nur dann gemäß dem genannten Absatz akkreditiert werden, wenn sie

a) ihre Unabhängigkeit und ihr Fachwissen hinsichtlich des Gegenstands der Zertifizierung zur Zufriedenheit der zuständigen Aufsichtsbehörde nachgewiesen haben;

b) sich verpflichtet haben, die Kriterien nach Artikel 42 Absatz 5, die von der gemäß Artikel 55 oder 56 zuständigen Aufsichtsbehörde oder — gemäß Artikel 63 — von dem Ausschuss genehmigt wurden, einzuhalten;

c) Verfahren für die Erteilung, die regelmäßige Überprüfung und den Widerruf der Datenschutzzertifizierung sowie der Datenschutzsiegel und -prüfzeichen festgelegt haben;

d) Verfahren und Strukturen festgelegt haben, mit denen sie Beschwerden über Verletzungen der Zertifizierung oder die Art und Weise, in der die Zertifizierung von dem Verantwortlichen oder dem Auftragsverarbeiter umgesetzt wird oder wurde, nachgehen und diese Verfahren und Strukturen für betroffene Personen und die Öffentlichkeit transparent machen, und

e) zur Zufriedenheit der zuständigen Aufsichtsbehörde nachgewiesen haben, dass ihre Aufgaben und Pflichten nicht zu einem Interessenkonflikt führen.

(3) Die Akkreditierung von Zertifizierungsstellen nach den Absätzen 1 und 2 erfolgt anhand der Anforderungen, die von der gemäß Artikel 55 oder 56 zuständigen Aufsichtsbehörde oder — gemäß Artikel 63 — von dem Ausschuss genehmigt wurden. Im Fall einer Akkreditierung nach Absatz 1 Buchstabe b des vorliegenden Artikels ergänzen diese Anforderungen diejenigen, die in der Verordnung (EG) Nr. 765/2008 und in den technischen Vorschriften, in denen die Methoden und Verfahren der Zertifizierungsstellen beschrieben werden, vorgesehen sind.

---

1 Verordnung (EG) Nr. 765/2008 des Europäischen Parlaments und des Rates vom 9. Juli 2008 über die Vorschriften für die Akkreditierung und Marktüberwachung im Zusammenhang mit der Vermarktung von Produkten und zur Aufhebung der Verordnung (EWG) Nr. 339/93 des Rates (ABl. L 218 vom 13.8.2008, S. 30).

(4) Die Zertifizierungsstellen nach Absatz 1 sind unbeschadet der Verantwortung, die der Verantwortliche oder der Auftragsverarbeiter für die Einhaltung dieser Verordnung hat, für die angemessene Bewertung, die der Zertifizierung oder dem Widerruf einer Zertifizierung zugrunde liegt, verantwortlich. Die Akkreditierung wird für eine Höchstdauer von fünf Jahren erteilt und kann unter denselben Bedingungen verlängert werden, sofern die Zertifizierungsstelle die Anforderungen dieses Artikels erfüllt.
(5) Die Zertifizierungsstellen nach Absatz 1 teilen den zuständigen Aufsichtsbehörden die Gründe für die Erteilung oder den Widerruf der beantragten Zertifizierung mit.
(6) Die Anforderungen nach Absatz 3 des vorliegenden Artikels und die Kriterien nach Artikel 42 Absatz 5 werden von der Aufsichtsbehörde in leicht zugänglicher Form veröffentlicht. Die Aufsichtsbehörden übermitteln diese Anforderungen und Kriterien auch dem Ausschuss.
(7) Unbeschadet des Kapitels VIII widerruft die zuständige Aufsichtsbehörde oder die nationale Akkreditierungsstelle die Akkreditierung einer Zertifizierungsstelle nach Absatz 1, wenn die Voraussetzungen für die Akkreditierung nicht oder nicht mehr erfüllt sind oder wenn eine Zertifizierungsstelle Maßnahmen ergreift, die nicht mit dieser Verordnung vereinbar sind.
(8) Der Kommission wird die Befugnis übertragen, gemäß Artikel 92 delegierte Rechtsakte zu erlassen, um die Anforderungen festzulegen, die für die in Artikel 42 Absatz 1 genannten datenschutzspezifischen Zertifizierungsverfahren zu berücksichtigen sind.
(9) Die Kommission kann Durchführungsrechtsakte erlassen, mit denen technische Standards für Zertifizierungsverfahren und Datenschutzsiegel und -prüfzeichen sowie Mechanismen zur Förderung und Anerkennung dieser Zertifizierungsverfahren und Datenschutzsiegel und -prüfzeichen festgelegt werden. Diese Durchführungsrechtsakte werden gemäß dem in Artikel 93 Absatz 2 genannten Prüfverfahren erlassen.

Kapitel V
Übermittlungen personenbezogener Daten an Drittländer oder an internationale Organisationen

Artikel 44 Allgemeine Grundsätze der Datenübermittlung

Jedwede Übermittlung personenbezogener Daten, die bereits verarbeitet werden oder nach ihrer Übermittlung an ein Drittland oder eine internationale Organisation verarbeitet werden sollen, ist nur zulässig, wenn der

Verantwortliche und der Auftragsverarbeiter die in diesem Kapitel niedergelegten Bedingungen einhalten und auch die sonstigen Bestimmungen dieser Verordnung eingehalten werden; dies gilt auch für die etwaige Weiterübermittlung personenbezogener Daten aus dem betreffenden Drittland oder der betreffenden internationalen Organisation an ein anderes Drittland oder eine andere internationale Organisation. Alle Bestimmungen dieses Kapitels sind anzuwenden, um sicherzustellen, dass das durch diese Verordnung gewährleistete Schutzniveau für natürliche Personen nicht untergraben wird.

Inhaltsübersicht Rn.

		Rn.
I.	Allgemeines	1– 3
II.	Allgemeine Grundsätze	4– 6
III.	Beschäftigtendatenschutz	7–11
IV.	Hinweise für Betriebs- oder Personalräte	12–14

I. Allgemeines

1 Die in **Art. 45 bis 50** des **Kapitels V** enthaltenen Vorschriften beschreiben die **Zulässigkeitsvoraussetzungen** für eine Übermittlung sowie für anschließend stattfindende Verarbeitung von personenbezogenen Daten aus dem Anwendungsbereich der DSGVO in **Drittländer** oder an internationale Organisationen (»**Drittlandtransfer**«).[1] Hierfür werden in Art. 44 **allgemeine Grundsätze** benannt, die bei dieser Form der Verarbeitung immer zu beachten sind.

2 Durch die Regelungen in Art. 45 bis 50 werden **Verantwortliche** i. S. v. Art. 4 Nr. 7 und **Auftragsverarbeiter** i. S. v. Art. 4 Nr. 8 **verpflichtet**. Diese müssen gegenüber allen Personen, die in Drittländern oder bei internationalen Organisationen personenbezogene Daten verarbeiten, die Einhaltung aller relevanten Datenschutzregeln sicherstellen.

3 Durch die Regelungen in Kapitel V soll weiterhin zugunsten der betroffenen Personen sichergestellt werden, dass deren **Rechte** nach der DSGVO **gewahrt bleiben**, wenn Übermittlungen oder Verarbeitungen außerhalb des unmittelbaren räumlichen Anwendungsbereichs der Verordnung erfolgen, etwa aufgrund der Vergabe von Aufträgen an Stellen in Drittländern. Dieses Schutzziel besteht uneingeschränkt auch bezogen auf die Verarbeitung von Beschäftigtendaten innerhalb von weltweit angelegten Konzernstrukturen.

1 Vgl. allg. *Wedde*, CuA 2/2021, 8.

II. Allgemeine Grundsätze

Durch **Satz 1** der Vorschrift wird für jede Form der Übermittlung in Drittländer oder an internationale Organisationen sowie für dort anschließend stattfindende **Verarbeitungen** festgelegt, dass diese **nur zulässig** sind, wenn dabei sowohl die in Kapitel V enthaltenen einschlägigen Vorgaben als auch die sonstigen anwendbaren Bestimmungen der DSGVO gewährleistet werden. Der Begriff »**Drittland**« steht für alle Staaten, die nicht Mitglieder der Europäischen Union sind. Dies gilt auch für Staaten wie Island, Liechtenstein oder Norwegen, die zum Europäischen Wirtschaftsraum (EWR) gehören, da dort die DSGVO nicht zur Anwendung kommt.[2] 4

Durch Satz 1 wird ein **zweistufiges Prüfprinzip** begründet, nach dem Verantwortliche oder Auftragsverarbeiter vor einer Übermittlung in ein Drittland prüfen müssen, ob sich deren Zulässigkeit aus einer Vorschrift in Kapitel V ableiten lässt. Nur wenn dies der Fall ist, kommt überhaupt eine Übermittlung in Betracht. Ihre Durchführung setzt allerdings voraus, dass einer der in Art. 6 Abs. 1 enthaltenen Erlaubnistatbestände erfüllt ist. Handelt es sich um **Beschäftigtendaten**, muss weiterhin die **Erforderlichkeit** für die Verarbeitung nach § 26 Abs. 1 Satz 1 BDSG gegeben sein.[3] 5

Durch **Satz 2** wird verdeutlicht, dass die Regelungen in Kapitel V insgesamt darauf zielen zu verhindern, dass der durch die DSGVO europaweit geschaffene Schutzrahmen durch die Übermittlung in Drittländer oder an internationale Organisationen nicht untergraben wird. Ziel ist damit offenkundig die **Schaffung eines »virtuellen Schutzrahmens«**, in dem das europäische Datenschutzniveau unabhängig von den Grenzen des räumlichen Anwendungsbereichs der DSGVO gewährleistet wird. Um dieses Ziel zu erreichen, ist die Übermittlung in Drittländer und an internationale Organisationen sowie eine dort anschließend stattfindende Verarbeitung nur unter **strikter Einhaltung** der **DSGVO** zulässig (vgl. ErwGr 101). Diese Vorgabe bezieht sich auf die **gesamte »Verarbeitungskette«** und damit auch auf weitere Übermittlungen, die aus einem Drittland oder von einer internationalen Organisation aus stattfinden. 6

III. Beschäftigtendatenschutz

Übermittlungen und anschließende Verarbeitungen von **Beschäftigtendaten** in Drittländern oder durch internationale Organisationen reduzieren in der Praxis die Handlungs- und Durchsetzungsmöglichkeiten, die Betroffenen zur Verfügung stehen. Dies gilt insbesondere in Konzernstrukturen, in denen die Konzernleitung sowie die Unternehmen, bei denen die Ver- 7

2 Vgl. Ehmann/Selmayr-*Zerdick*, Art. 44 Rn. 10.

3 Vgl. DWWS-*Däubler*, Art. 44 Rn. 10.

arbeitung von Beschäftigtendaten erfolgen, außerhalb der EU angesiedelt sind. Derartigen gesellschaftsrechtlichen Konstruktionen steht die Situation gegenüber, dass Beschäftigte nur zu ihrem Arbeitgeber in einem arbeitsrechtlichen Vertrags- und Abhängigkeitsverhältnis stehen, auch wenn dieser als Unternehmen in eine Konzernstruktur mit übergreifenden gesellschaftsrechtlichen Weisungsmöglichkeiten eingegliedert ist. Zu anderen Konzernunternehmen, die auf Veranlassung des Arbeitgebers oder einer Konzernzentrale Beschäftigtendaten erhalten, haben die betroffenen Personen keine unmittelbare Rechtsbeziehung. Deshalb können sie ihre datenschutzrechtlichen Ansprüche primär nur gegen den jeweiligen »eigenen« Arbeitgeber durchzusetzen. Für ein direktes Vorgehen gegen andere Verarbeiter innerhalb der Konzernstrukturen stehen ihnen hingegen nur begrenzte rechtliche Möglichkeiten zur Verfügung.

8 Diese Situation ändert allerdings nichts an den zu Lasten des unmittelbaren **Arbeitgebers** bestehenden und aus seiner Rolle als Verantwortlicher resultierenden **datenschutzrechtlichen Pflichten** gegenüber seinen Beschäftigten. Diese bestehen auch innerhalb weltweit gegebener Konzernstrukturen uneingeschränkt. Hieraus resultiert beispielsweise die Verpflichtung von Arbeitgebern, auch in den Fällen einer Übermittlung in Drittländer die in Art. 5 Abs. 1 enthaltenen Grundsätze einzuhalten. Sie müssen deshalb auch in diesen Fällen beispielsweise für eine Rechtmäßigkeit der Verarbeitung sowie für eine klare Zweckbindung sorgen. Darüber hinaus muss beispielsweise zur Wahrung der Speicherbegrenzung die Möglichkeit zur Datenlöschung durchgängig gewährleistet werden.

9 Arbeitgeber sind auch dafür verantwortlich, dass Verarbeitungen ausschließlich erfolgen, wenn es hierfür eine datenschutzrechtliche Rechtfertigung nach Art. 6 Abs. 1 gibt und wenn eine Erforderlichkeit nach § 26 Abs. 1 Satz 1 BDSG gegeben ist.

10 Mit Blick auf die in Kapitel III enthaltenen individuellen **Rechte der betroffenen Personen** müssen Arbeitgeber auch sicherstellen, dass diese auch nach einer Übermittlung in Drittländer oder an internationale Organisationen weiter garantiert werden können. Dies setzt nach Art. 12 insbesondere die transparente Information der Beschäftigten voraus. Die Absicht, Daten aus der EU heraus in andere Staaten zu übermitteln, muss Beschäftigten nach Art. 13 bereits bei der Erhebung mitgeteilt werden, wenn zu diesem Zeitpunkt eine entsprechende Übermittlung bereits absehbar ist. Arbeitgeber müssen als Verantwortliche weiterhin sicherstellen, dass Beschäftigte auch gegenüber Verarbeitern in Drittländern oder internationalen Organisationen ihr Auskunftsrecht nach Art. 15 sowie ihr Recht auf Berichtigung und Löschung nach Art. 16, 17 sicherstellen können. Auch das Recht auf Datenübertragbarkeit nach Art. 20 muss in diesem Rahmen gewährleistet werden.

Kommen Arbeitgeber ihren einschlägigen datenschutzrechtlichen Pflichten nicht nach, kann dies nach Art. 83 Abs. 5c die Verhängung von Geldbußen zur Folge haben. 11

IV. Hinweise für Betriebs- oder Personalräte

Das aus Art. 44 resultierende **zweistufige Prüfverfahren** gehört zu den zugunsten von Beschäftigten wirkenden gesetzlichen Regelungen, deren **Einhaltung** von Betriebs- oder Personalräten **zu kontrollieren** ist (etwa nach § 80 Abs. 1 Nr. 1 BetrVG). Deshalb können sie von Arbeitgebern die Darlegung verlangen, auf welcher rechtlichen Grundlage eine Übermittlung in ein Drittland oder an eine internationale Organisation erfolgt. Hieran anschließend müssen Arbeitgeber ihnen weiterhin darlegen, welcher datenschutzrechtliche Erlaubnistatbestand eine grundsätzlich zulässige Übermittlung in ein Drittland oder an eine internationale Organisation rechtfertigt. 12

Hierbei ist zu beachten, dass die **Erforderlichkeit** der Verarbeitung für die Entscheidung über die Begründung eines Beschäftigungsverhältnisses, für dessen Durchführung oder für notwendige Verarbeitungen nach dessen Beendigung sich jeweils nur auf den Arbeitgeber selbst bezieht, mit dem Beschäftigte einen Vertrag abgeschlossen haben, nicht aber auf andere Unternehmen innerhalb einer Konzernstruktur. Dies schließt zwar die Vergabe von Aufträgen nach Art. 28 an andere Konzernunternehmen oder an Verarbeiter außerhalb des Konzerns nicht aus, wohl aber eigenständige Verarbeitungen durch andere Konzernunternehmen außerhalb eines Auftragsverhältnisses. Diese Situation resultiert aus dem Fehlen eines »datenschutzrechtlichen Konzernprivilegs« (vgl. Art. 88 Rn. 20ff.). 13

Bestehen bezüglich einer **geplanten Übermittlung** und **anschließenden Verarbeitung** in einem **Drittland** oder durch eine internationale Organisation **Mitbestimmungsrechte** von Betriebs- oder Personalräten (etwa nach § 87 Abs. 1 Nr. 6 BetrVG bezüglich der Einführung und Anwendung technischer Einrichtungen, mit denen Beschäftigte kontrolliert werden können), ist die Erfüllung der in Kapitel V genannten Voraussetzungen eine **zwingende Bedingung** dafür, dass eine entsprechende **Verarbeitung** von Beschäftigtendaten **überhaupt erfolgen kann**. Insoweit können Betriebs- oder Personalräte vom Arbeitgeber die Darlegung verlangen, wie die datenschutzrechtliche Berechtigung ausgestaltet wird. Hierzu gehört auch die **Vorlage** der **entsprechenden Aufträge** oder anderer **vertraglicher Vereinbarungen**. Ist diese Voraussetzung erfüllt, besteht materiell-rechtlich das Mitbestimmungsrecht uneingeschränkt. Betriebs- oder Personalräte können deshalb von Arbeitgebern beispielsweise auch die Ermöglichung der ihnen nach den anwendbaren kollektivrechtlichen Regelungen zustehenden Kontrollbefugnisse verlangen. 14

Artikel 45 Datenübermittlung auf der Grundlage eines Angemessenheitsbeschlusses

(1) Eine Übermittlung personenbezogener Daten an ein Drittland oder eine internationale Organisation darf vorgenommen werden, wenn die Kommission beschlossen hat, dass das betreffende Drittland, ein Gebiet oder ein oder mehrere spezifische Sektoren in diesem Drittland oder die betreffende internationale Organisation ein angemessenes Schutzniveau bietet. Eine solche Datenübermittlung bedarf keiner besonderen Genehmigung.

(2) Bei der Prüfung der Angemessenheit des gebotenen Schutzniveaus berücksichtigt die Kommission insbesondere das Folgende:

a) die Rechtsstaatlichkeit, die Achtung der Menschenrechte und Grundfreiheiten, die in dem betreffenden Land bzw. bei der betreffenden internationalen Organisation geltenden einschlägigen Rechtsvorschriften sowohl allgemeiner als auch sektoraler Art — auch in Bezug auf öffentliche Sicherheit, Verteidigung, nationale Sicherheit und Strafrecht sowie Zugang der Behörden zu personenbezogenen Daten — sowie die Anwendung dieser Rechtsvorschriften, Datenschutzvorschriften, Berufsregeln und Sicherheitsvorschriften einschließlich der Vorschriften für die Weiterübermittlung personenbezogener Daten an ein anderes Drittland bzw. eine andere internationale Organisation, die Rechtsprechung sowie wirksame und durchsetzbare Rechte der betroffenen Person und wirksame verwaltungsrechtliche und gerichtliche Rechtsbehelfe für betroffene Personen, deren personenbezogene Daten übermittelt werden,

b) die Existenz und die wirksame Funktionsweise einer oder mehrerer unabhängiger Aufsichtsbehörden in dem betreffenden Drittland oder denen eine internationale Organisation untersteht und die für die Einhaltung und Durchsetzung der Datenschutzvorschriften, einschließlich angemessener Durchsetzungsbefugnisse, für die Unterstützung und Beratung der betroffenen Personen bei der Ausübung ihrer Rechte und für die Zusammenarbeit mit den Aufsichtsbehörden der Mitgliedstaaten zuständig sind, und

c) die von dem betreffenden Drittland bzw. der betreffenden internationalen Organisation eingegangenen internationalen Verpflichtungen oder andere Verpflichtungen, die sich aus rechtsverbindlichen Übereinkünften oder Instrumenten sowie aus der Teilnahme des Drittlands oder der internationalen Organisation an multilateralen oder regionalen Systemen insbesondere in Bezug auf den Schutz personenbezogener Daten ergeben.

(3) Nach der Beurteilung der Angemessenheit des Schutzniveaus kann die Kommission im Wege eines Durchführungsrechtsaktes beschließen,

dass ein Drittland, ein Gebiet oder ein oder mehrere spezifische Sektoren in einem Drittland oder eine internationale Organisation ein angemessenes Schutzniveau im Sinne des Absatzes 2 des vorliegenden Artikels bieten. In dem Durchführungsrechtsakt ist ein Mechanismus für eine regelmäßige Überprüfung, die mindestens alle vier Jahre erfolgt, vorzusehen, bei der allen maßgeblichen Entwicklungen in dem Drittland oder bei der internationalen Organisation Rechnung getragen wird. Im Durchführungsrechtsakt werden der territoriale und der sektorale Anwendungsbereich sowie gegebenenfalls die in Absatz 2 Buchstabe b des vorliegenden Artikels genannte Aufsichtsbehörde bzw. genannten Aufsichtsbehörden angegeben. Der Durchführungsrechtsakt wird gemäß dem in Artikel 93 Absatz 2 genannten Prüfverfahren erlassen.

(4) Die Kommission überwacht fortlaufend die Entwicklungen in Drittländern und bei internationalen Organisationen, die die Wirkungsweise der nach Absatz 3 des vorliegenden Artikels erlassenen Beschlüsse und der nach Artikel 25 Absatz 6 der Richtlinie 95/46/EG erlassenen Feststellungen beeinträchtigen könnten.

(5) Die Kommission widerruft, ändert oder setzt die in Absatz 3 des vorliegenden Artikels genannten Beschlüsse im Wege von Durchführungsrechtsakten aus, soweit dies nötig ist und ohne rückwirkende Kraft, soweit entsprechende Informationen — insbesondere im Anschluss an die in Absatz 3 des vorliegenden Artikels genannte Überprüfung — dahingehend vorliegen, dass ein Drittland, ein Gebiet oder ein oder mehrere spezifischer Sektor in einem Drittland oder eine internationale Organisation kein angemessenes Schutzniveau im Sinne des Absatzes 2 des vorliegenden Artikels mehr gewährleistet. Diese Durchführungsrechtsakte werden gemäß dem Prüfverfahren nach Artikel 93 Absatz 2 erlassen.

In hinreichend begründeten Fällen äußerster Dringlichkeit erlässt die Kommission gemäß dem in Artikel 93 Absatz 3 genannten Verfahren sofort geltende Durchführungsrechtsakte.

(6) Die Kommission nimmt Beratungen mit dem betreffenden Drittland bzw. der betreffenden internationalen Organisation auf, um Abhilfe für die Situation zu schaffen, die zu dem gemäß Absatz 5 erlassenen Beschluss geführt hat.

(7) Übermittlungen personenbezogener Daten an das betreffende Drittland, das Gebiet oder einen oder mehrere spezifische Sektoren in diesem Drittland oder an die betreffende internationale Organisation gemäß den Artikeln 46 bis 49 werden durch einen Beschluss nach Absatz 5 des vorliegenden Artikels nicht berührt.

(8) Die Kommission veröffentlicht im Amtsblatt der Europäischen Union und auf ihrer Website eine Liste aller Drittländer beziehungsweise Gebiete und spezifischen Sektoren in einem Drittland und aller internationalen Organisationen, für die sie durch Beschluss festgestellt hat,

dass sie ein angemessenes Schutzniveau gewährleisten bzw. nicht mehr gewährleisten.

(9) Von der Kommission auf der Grundlage von Artikel 25 Absatz 6 der Richtlinie 95/46/EG erlassene Feststellungen bleiben so lange in Kraft, bis sie durch einen nach dem Prüfverfahren gemäß den Absätzen 3 oder 5 des vorliegenden Artikels erlassenen Beschluss der Kommission geändert, ersetzt oder aufgehoben werden.

1 Nach der Regelung in **Abs. 1 Satz 1** ist die Übermittlung personenbezogener Daten in Drittländer oder an internationale Organisationen dann zulässig, wenn ein **Angemessenheitsbeschluss** der Europäischen Kommission vorliegt. Diesen gibt es **aktuell** für Andorra, Argentinien, Kanada (nur im kommerziellen Bereich), die Färöer-Inseln, Guernsey, Israel, Isle of Man, Japan, Jersey, Neuseeland, Schweiz, Uruguay und Vereinigtes Königreich.[1] Darüber hinaus wurde im Juli 2021 ein Verfahren zum Erlass eines Angemessenheitsbeschlusses für Südkorea eingeleitet. Gibt es einen Angemessenheitsbeschluss, bedürfen Datenübermittlungen nach **Abs. 1 Satz 2** keiner besonderen Genehmigung.

2 Vorgaben zur Prüfung des Angemessenheitsniveaus durch die EU-Kommission enthält **Abs. 2**. Das Beschlussverfahren selbst und Vorgaben für eine regelmäßige Überprüfung sind in den **Abs. 3 und 4** enthalten. Nach **Abs. 5** können die getroffenen Beschlüsse widerrufen oder geändert werden. Nach **Abs. 6** ist die Kommission verpflichtet, beim Auftreten von Problemen, die zu einem Widerruf führen könnten, mit den betreffenden Drittländern oder Organisationen Kontakt aufzunehmen. Durch die Regelungen in **Abs. 7** wird verdeutlicht, dass auch nach einem Widerruf zulässige Übermittlungen nach den Art. 46 bis 49 weiter möglich bleiben. Die Kommission veröffentlicht die Namen der Länder, für die es einen Angemessenheitsbeschluss gibt, nach **Abs. 8**. Die Geltungsdauer von Angemessenheitsbeschlüssen wird durch **Abs. 9** vorgegeben.

3 Für die **USA** gibt es **keinen Angemessenheitsbeschluss**. In der Vergangenheit gab es zwischen der EU und den USA zwei Versuche, durch die Datenübermittlungen aus der EU in die USA datenschutzrechtlich legitimiert werden sollten: Das »**Safe-Harbour-Abkommen**« aus dem Jahre 2000 und der »**EU-US-Privacy-Shield**« aus dem Jahre 2016. Beide Abkommen wurden jedoch vom Europäischen Gerichtshof in Urteilen für unwirksam erklärt.[2] Begründet wurden beide Entscheidungen insbesondere damit, dass es in den

---

1 Vgl. zum aktuellen Stand der Angemessenheitsbeschlüsse *https://ec.europa.eu/info/law/law-topic/data-protection/international-dimension-data-protection/adequacy-decisions_de.*

2 Vgl. EuGH 6.10.2015 – C-362/14 zu »Safe Harbour« und 16.7.2020 – C-311/18 zum »Privacy Shield«.

USA umfassende Zugriffsmöglichkeiten auf personenbezogene Daten für Sicherheitsbehörden gibt und dass den betroffenen Personen aus der Europäischen Union dagegen in den USA kein wirksamer Rechtsschutz zur Verfügung steht.[3]

Um den Datentransfer in die USA nach den Entscheidungen des EuGH weiterhin möglich zu machen, hat die EU-Kommission inzwischen **neue Standardvertragsklauseln** geschaffen, die insbesondere vorsehen, dass betroffenen Personen im Drittland durchsetzbare Rechte und wirksame Rechtsbehelfe zur Verfügung stehen müssen.[4] 4

Auch nach der Entscheidung der EU-Kommission über neue Standardvertragsklauseln bleibt es bezogen auf Übermittlungen in die USA bei dem grundsätzlichen Problem, dass die dortige Gesetzeslage bezüglich möglicher Zugriffe von Sicherheitsbehörden auf Daten von EU-Bürgern im Widerspruch zu einschlägigen Regelungen der DSGVO steht. Dies gilt beispielsweise für die **Transparenz der Datenverarbeitung**, aber auch für die Notwendigkeit einer Rechtsgrundlage nach europäischem Recht. Vor diesem Hintergrund steht zu erwarten, dass es zu weiteren Befassungen des EuGH mit diesem Thema kommen wird. 5

Diese Situation sollte Betriebs- oder Personalräte nicht davon abhalten, im Rahmen von Mitbestimmungsverfahren von Arbeitgebern einzufordern, dass Beschäftigtendaten ausschließlich in Ländern verarbeitet werden, die eine uneingeschränkte Garantie für die Einhaltung der europäischen Datenschutzregeln geben. Hierzu gehören die USA auch weiterhin nicht, da beispielsweise heimliche Zugriffe von US-Sicherheitsbehörden, über die auch Firmen, die zur Herausgabe gezwungen werden, den betroffenen Personen keine Auskunft geben dürfen, weiterhin zulässig sein werden. 6

Artikel 46 Datenübermittlung vorbehaltlich geeigneter Garantien

(1) Falls kein Beschluss nach Artikel 45 Absatz 3 vorliegt, darf ein Verantwortlicher oder ein Auftragsverarbeiter personenbezogene Daten an ein Drittland oder eine internationale Organisation nur übermitteln, sofern der Verantwortliche oder der Auftragsverarbeiter geeignete Garantien vorgesehen hat und sofern den betroffenen Personen durchsetzbare Rechte und wirksame Rechtsbehelfe zur Verfügung stehen.

(2) Die in Absatz 1 genannten geeigneten Garantien können, ohne dass hierzu eine besondere Genehmigung einer Aufsichtsbehörde erforderlich wäre, bestehen in

---

3 Vgl. etwa *Ruchhöft/Kiesche*, AiB 11/2020, 26; *Wedde*, CuA 9/2020, 31;

4 Vgl. Durchführungsbeschluss der EU-Kommission v. 4.6.2021, ABl. EU L199/31 v. 7.6.2021, elektronisch abrufbar unter *https://eur-lex.europa.eu/legal-content/DE/TXT/PDF/?uri=CELEX:32021D0914&from=DE.*

a) einem rechtlich bindenden und durchsetzbaren Dokument zwischen den Behörden oder öffentlichen Stellen,
b) verbindlichen internen Datenschutzvorschriften gemäß Artikel 47,
c) Standarddatenschutzklauseln, die von der Kommission gemäß dem Prüfverfahren nach Artikel 93 Absatz 2 erlassen werden,
d) von einer Aufsichtsbehörde angenommenen Standarddatenschutzklauseln, die von der Kommission gemäß dem Prüfverfahren nach Artikel 93 Absatz 2 genehmigt wurden,
e) genehmigten Verhaltensregeln gemäß Artikel 40 zusammen mit rechtsverbindlichen und durchsetzbaren Verpflichtungen des Verantwortlichen oder des Auftragsverarbeiters in dem Drittland zur Anwendung der geeigneten Garantien, einschließlich in Bezug auf die Rechte der betroffenen Personen, oder
f) einem genehmigten Zertifizierungsmechanismus gemäß Artikel 42 zusammen mit rechtsverbindlichen und durchsetzbaren Verpflichtungen des Verantwortlichen oder des Auftragsverarbeiters in dem Drittland zur Anwendung der geeigneten Garantien, einschließlich in Bezug auf die Rechte der betroffenen Personen.

(3) Vorbehaltlich der Genehmigung durch die zuständige Aufsichtsbehörde können die geeigneten Garantien gemäß Absatz 1 auch insbesondere bestehen in
a) Vertragsklauseln, die zwischen dem Verantwortlichen oder dem Auftragsverarbeiter und dem Verantwortlichen, dem Auftragsverarbeiter oder dem Empfänger der personenbezogenen Daten im Drittland oder der internationalen Organisation vereinbart wurden, oder
b) Bestimmungen, die in Verwaltungsvereinbarungen zwischen Behörden oder öffentlichen Stellen aufzunehmen sind und durchsetzbare und wirksame Rechte für die betroffenen Personen einschließen.

(4) Die Aufsichtsbehörde wendet das Kohärenzverfahren nach Artikel 63 an, wenn ein Fall gemäß Absatz 3 des vorliegenden Artikels vorliegt.

(5) Von einem Mitgliedstaat oder einer Aufsichtsbehörde auf der Grundlage von Artikel 26 Absatz 2 der Richtlinie 95/46/EG erteilte Genehmigungen bleiben so lange gültig, bis sie erforderlichenfalls von dieser Aufsichtsbehörde geändert, ersetzt oder aufgehoben werden. Von der Kommission auf der Grundlage von Artikel 26 Absatz 4 der Richtlinie 95/46/EG erlassene Feststellungen bleiben so lange in Kraft, bis sie erforderlichenfalls mit einem nach Absatz 2 des vorliegenden Artikels erlassenen Beschluss der Kommission geändert, ersetzt oder aufgehoben werden.

1 Soll eine Übermittlung in Drittländer erfolgen, für die es keinen Angemessenheitsbeschluss der EU-Kommission nach Art. 45 Abs. 3 gibt, kann diese

nach **Art. 46** dennoch erfolgen, wenn Verantwortliche oder Auftragsverarbeiter geeignete Garantien dafür vorsehen, dass die Vorgaben der DSGVO eingehalten und damit die Interessen, Grundrechte und Grundfreiheiten der betroffenen Personen geschützt werden.

Durch die in **Abs. 1** genannten »**geeigneten Garantien**« soll im Ergebnis der **mangelhafte Datenschutz** in einem Drittland oder bei einer internationalen Organisation **ausgeglichen werden.**[1] Die Einhaltung der geeigneten Garantien müssen die Verantwortlichen bzw. die Auftragsverarbeiter sicherstellen. 2

Mögliche **Formen geeigneter Garantien** werden in **Abs. 2** genannt. Sind diese gegeben, bedarf es keiner gesonderten Garantie der Aufsichtsbehörden mehr. Zwischen Behörden leiten sich geeignete Garantien nach Abs. 2 **Buchst. a** aus rechtlich bindenden, durchsetzbaren Dokumenten ab, die den Umgang mit personenbezogenen Daten regeln. Bei den in Abs. 2 **Buchst. b** genannten **internen Datenschutzvorschriften** handelt es sich um die in Art. 47 beschriebenen Regelungen. 3

Die in Abs. 2 **Buchst. c** genannten **Standarddatenschutzklauseln** entsprechen den sogenannten »Standardvertragsklauseln« (vgl. Art. 45 Rn. 4). Neben diesen von der EU-Kommission beschlossenen Klauseln können die einzelnen staatlichen Aufsichtsbehörden nach Abs. 2 **Buchst. d weitere Standardvertragsklauseln** formulieren, die allerdings im Rahmen des Prüfverfahrens nach Art. 93 Abs. 2 genehmigt werden müssen. 4

Nach Abs. 2 **Buchst. e** können auch **Verhaltensregeln** nach Art. 40 eine geeignete Garantie für die Übermittlung in Drittländer sein. Gleiches gilt nach Abs. 2 **Buchst. f** auch für genehmigte Zertifizierungsverfahren nach Art. 42. 5

Die **Abs. 3 bis 5** werden nicht kommentiert. 6

Artikel 47 Verbindliche interne Datenschutzvorschriften

(1) Die zuständige Aufsichtsbehörde genehmigt gemäß dem Kohärenzverfahren nach Artikel 63 verbindliche interne Datenschutzvorschriften, sofern diese

a) rechtlich bindend sind, für alle betreffenden Mitglieder der Unternehmensgruppe oder einer Gruppe von Unternehmen, die eine gemeinsame Wirtschaftstätigkeit ausüben, gelten und von diesen Mitgliedern durchgesetzt werden, und dies auch für ihre Beschäftigten gilt,

b) den betroffenen Personen ausdrücklich durchsetzbare Rechte in Bezug auf die Verarbeitung ihrer personenbezogenen Daten übertragen und

---

1 Vgl. Auernhammer-*Hladjk*, Art. 46 Rn. 3.

c) die in Absatz 2 festgelegten Anforderungen erfüllen.

(2) Die verbindlichen internen Datenschutzvorschriften nach Absatz 1 enthalten mindestens folgende Angaben:

a) Struktur und Kontaktdaten der Unternehmensgruppe oder Gruppe von Unternehmen, die eine gemeinsame Wirtschaftstätigkeit ausüben, und jedes ihrer Mitglieder;
b) die betreffenden Datenübermittlungen oder Reihen von Datenübermittlungen einschließlich der betreffenden Arten personenbezogener Daten, Art und Zweck der Datenverarbeitung, Art der betroffenen Personen und das betreffende Drittland beziehungsweise die betreffenden Drittländer;
c) interne und externe Rechtsverbindlichkeit der betreffenden internen Datenschutzvorschriften;
d) die Anwendung der allgemeinen Datenschutzgrundsätze, insbesondere Zweckbindung, Datenminimierung, begrenzte Speicherfristen, Datenqualität, Datenschutz durch Technikgestaltung und durch datenschutzfreundliche Voreinstellungen, Rechtsgrundlage für die Verarbeitung, Verarbeitung besonderer Kategorien von personenbezogenen Daten, Maßnahmen zur Sicherstellung der Datensicherheit und Anforderungen für die Weiterübermittlung an nicht an diese internen Datenschutzvorschriften gebundene Stellen;
e) die Rechte der betroffenen Personen in Bezug auf die Verarbeitung und die diesen offenstehenden Mittel zur Wahrnehmung dieser Rechte einschließlich des Rechts, nicht einer ausschließlich auf einer automatisierten Verarbeitung — einschließlich Profiling — beruhenden Entscheidung nach Artikel 22 unterworfen zu werden sowie des in Artikel 79 niedergelegten Rechts auf Beschwerde bei der zuständigen Aufsichtsbehörde beziehungsweise auf Einlegung eines Rechtsbehelfs bei den zuständigen Gerichten der Mitgliedstaaten und im Falle einer Verletzung der verbindlichen internen Datenschutzvorschriften Wiedergutmachung und gegebenenfalls Schadenersatz zu erhalten;
f) die von dem in einem Mitgliedstaat niedergelassenen Verantwortlichen oder Auftragsverarbeiter übernommene Haftung für etwaige Verstöße eines nicht in der Union niedergelassenen betreffenden Mitglieds der Unternehmensgruppe gegen die verbindlichen internen Datenschutzvorschriften; der Verantwortliche oder der Auftragsverarbeiter ist nur dann teilweise oder vollständig von dieser Haftung befreit, wenn er nachweist, dass der Umstand, durch den der Schaden eingetreten ist, dem betreffenden Mitglied nicht zur Last gelegt werden kann;
g) die Art und Weise, wie die betroffenen Personen über die Bestimmungen der Artikel 13 und 14 hinaus über die verbindlichen inter-

nen Datenschutzvorschriften und insbesondere über die unter den Buchstaben d, e und f dieses Absatzes genannten Aspekte informiert werden;

h) die Aufgaben jedes gemäß Artikel 37 benannten Datenschutzbeauftragten oder jeder anderen Person oder Einrichtung, die mit der Überwachung der Einhaltung der verbindlichen internen Datenschutzvorschriften in der Unternehmensgruppe oder Gruppe von Unternehmen, die eine gemeinsame Wirtschaftstätigkeit ausüben, sowie mit der Überwachung der Schulungsmaßnahmen und dem Umgang mit Beschwerden befasst ist;

i) die Beschwerdeverfahren;

j) die innerhalb der Unternehmensgruppe oder Gruppe von Unternehmen, die eine gemeinsame Wirtschaftstätigkeit ausüben, bestehenden Verfahren zur Überprüfung der Einhaltung der verbindlichen internen Datenschutzvorschriften. Derartige Verfahren beinhalten Datenschutzüberprüfungen und Verfahren zur Gewährleistung von Abhilfemaßnahmen zum Schutz der Rechte der betroffenen Person. Die Ergebnisse derartiger Überprüfungen sollten der in Buchstabe h genannten Person oder Einrichtung sowie dem Verwaltungsrat des herrschenden Unternehmens einer Unternehmensgruppe oder der Gruppe von Unternehmen, die eine gemeinsame Wirtschaftstätigkeit ausüben, mitgeteilt werden und sollten der zuständigen Aufsichtsbehörde auf Anfrage zur Verfügung gestellt werden;

k) die Verfahren für die Meldung und Erfassung von Änderungen der Vorschriften und ihre Meldung an die Aufsichtsbehörde;

l) die Verfahren für die Zusammenarbeit mit der Aufsichtsbehörde, die die Befolgung der Vorschriften durch sämtliche Mitglieder der Unternehmensgruppe oder Gruppe von Unternehmen, die eine gemeinsame Wirtschaftstätigkeit ausüben, gewährleisten, insbesondere durch Offenlegung der Ergebnisse von Überprüfungen der unter Buchstabe j genannten Maßnahmen gegenüber der Aufsichtsbehörde;

m) die Meldeverfahren zur Unterrichtung der zuständigen Aufsichtsbehörde über jegliche für ein Mitglied der Unternehmensgruppe oder Gruppe von Unternehmen, die eine gemeinsame Wirtschaftstätigkeit ausüben, in einem Drittland geltenden rechtlichen Bestimmungen, die sich nachteilig auf die Garantien auswirken könnten, die die verbindlichen internen Datenschutzvorschriften bieten, und

n) geeignete Datenschutzschulungen für Personal mit ständigem oder regelmäßigem Zugang zu personenbezogenen Daten.

(3) Die Kommission kann das Format und die Verfahren für den Informationsaustausch über verbindliche interne Datenschutzvorschriften im Sinne des vorliegenden Artikels zwischen Verantwortlichen, Auftrags-

verarbeitern und Aufsichtsbehörden festlegen. Diese Durchführungsrechtsakte werden gemäß dem Prüfverfahren nach Artikel 93 Absatz 2 erlassen.

1 Die Regelungen zu verbindlichen internen Datenschutzvorschriften ermöglicht es nach **Abs. 1 Buchst. a** den in Art. 4 Nr. 18 definierten Unternehmensgruppen sowie Gruppen von Unternehmen, die eine gemeinsame Wirtschaftstätigkeit ausüben, **verbindliche interne Datenschutzvorschriften** zu schaffen. Diese bedürfen zu ihrer Wirksamkeit einer Genehmigung durch die zuständige Aufsichtsbehörde. Voraussetzung ist nach **Abs. 1 Buchst. b**, dass den betroffenen Personen (und damit insbesondere auch den Beschäftigten) in den internen Datenschutzvorschriften ausdrücklich durchsetzbare Rechte in Bezug auf die Verarbeitung ihrer personenbezogenen Daten übertragen werden. Weiterhin müssen die internen Datenschutzvorschriften nach **Abs. 1 Buchst. c** die in Abs. 2 der Vorschrift genannten Anforderungen erfüllen.

2 In den 14 Buchstaben des **Abs. 2** finden sich zahlreiche Vorgaben, die in einer verbindlichen internen Datenschutzvorschrift enthalten sein müssen. Durch die Vorgabe in **Abs. 2 Buchst. e** wird insbesondere darauf verwiesen, dass Angaben zu den Rechten der betroffenen Personen in Bezug auf die Verarbeitung ihrer Daten enthalten sein müssen. Verbindliche Anforderungen an die Ausgestaltung dieser Vorgaben enthält die Regelung allerdings nicht.

3 Liegt eine **Genehmigung** der zuständigen Aufsichtsbehörde nach **Abs. 1 Satz 1** vor, rechtfertigt diese eine Datenübermittlung in Drittländer. **Betriebs- oder Personalräten** bleibt es allerdings unbenommen, im Rahmen bestehender Mitbestimmungsrechte Beschränkungen oder den Ausschluss von Übermittlungsmöglichkeiten in Drittländer zu verlangen, wenn diesbezüglich die Wahrung von Rechten der Beschäftigten oder die Einhaltung kollektivrechtlicher Vereinbarungen nicht zu gewährleisten ist. Dies gilt insbesondere für Verarbeitungen von Beschäftigtendaten in den **USA**, soweit sich dort Zugriffe von Sicherheitsbehörden nicht ausschließen lassen, die nach europäischem Recht unzulässig wären.[1]

Artikel 48 Nach dem Unionsrecht nicht zulässige Übermittlung oder Offenlegung

Jegliches Urteil eines Gerichts eines Drittlands und jegliche Entscheidung einer Verwaltungsbehörde eines Drittlands, mit denen von einem Verantwortlichen oder einem Auftragsverarbeiter die Übermittlung oder Offenlegung personenbezogener Daten verlangt wird, dürfen unbeschadet

1 Vgl. zur US-spezifischen Situation Art. 45 Rn. 3ff.

anderer Gründe für die Übermittlung gemäß diesem Kapitel jedenfalls nur dann anerkannt oder vollstreckbar werden, wenn sie auf eine in Kraft befindliche internationale Übereinkunft wie etwa ein Rechtshilfeabkommen zwischen dem ersuchenden Drittland und der Union oder einem Mitgliedstaat gestützt sind.

Durch die Vorschrift wird klargestellt, dass Datenübermittlungen in Drittländer, die durch ein **Urteil eines dortigen Gerichts** oder durch eine entsprechende **Entscheidung einer dortigen Verwaltungsbehörde** verlangt werden, nur erfolgen dürfen, wenn es hierfür eine internationale Übereinkunft oder ein Rechtshilfeabkommen zwischen der EU oder einem Mitgliedsstaat auf der einen und dem Drittland auf der anderen Seite gibt. Diese Regelung steht damit insbesondere Forderungen US-amerikanischer Gerichte entgegen, die sich in einzelnen Entscheidungen über europäisches Datenschutzrecht stellen.[1] Die Regelung in Art. 48 stärkt die Rechtsposition von Verantwortlichen und Auftragsverarbeitern in derartigen Situationen.

Artikel 49 Ausnahmen für bestimmte Fälle

(1) Falls weder ein Angemessenheitsbeschluss nach Artikel 45 Absatz 3 vorliegt noch geeignete Garantien nach Artikel 46, einschließlich verbindlicher interner Datenschutzvorschriften, bestehen, ist eine Übermittlung oder eine Reihe von Übermittlungen personenbezogener Daten an ein Drittland oder an eine internationale Organisation nur unter einer der folgenden Bedingungen zulässig:

a) **die betroffene Person hat in die vorgeschlagene Datenübermittlung ausdrücklich eingewilligt, nachdem sie über die für sie bestehenden möglichen Risiken derartiger Datenübermittlungen ohne Vorliegen eines Angemessenheitsbeschlusses und ohne geeignete Garantien unterrichtet wurde,**
b) **die Übermittlung ist für die Erfüllung eines Vertrags zwischen der betroffenen Person und dem Verantwortlichen oder zur Durchführung von vorvertraglichen Maßnahmen auf Antrag der betroffenen Person erforderlich,**
c) **die Übermittlung ist zum Abschluss oder zur Erfüllung eines im Interesse der betroffenen Person von dem Verantwortlichen mit einer anderen natürlichen oder juristischen Person geschlossenen Vertrags erforderlich,**
d) **die Übermittlung ist aus wichtigen Gründen des öffentlichen Interesses notwendig,**

1 Vgl. hierzu DWWS-*Däubler*, Art. 48 Rn. 1.

e) die Übermittlung ist zur Geltendmachung, Ausübung oder Verteidigung von Rechtsansprüchen erforderlich,
f) die Übermittlung ist zum Schutz lebenswichtiger Interessen der betroffenen Person oder anderer Personen erforderlich, sofern die betroffene Person aus physischen oder rechtlichen Gründen außerstande ist, ihre Einwilligung zu geben,
g) die Übermittlung erfolgt aus einem Register, das gemäß dem Recht der Union oder der Mitgliedstaaten zur Information der Öffentlichkeit bestimmt ist und entweder der gesamten Öffentlichkeit oder allen Personen, die ein berechtigtes Interesse nachweisen können, zur Einsichtnahme offensteht, aber nur soweit die im Recht der Union oder der Mitgliedstaaten festgelegten Voraussetzungen für die Einsichtnahme im Einzelfall gegeben sind.

Falls die Übermittlung nicht auf eine Bestimmung der Artikel 45 oder 46 — einschließlich der verbindlichen internen Datenschutzvorschriften — gestützt werden könnte und keine der Ausnahmen für einen bestimmten Fall gemäß dem ersten Unterabsatz anwendbar ist, darf eine Übermittlung an ein Drittland oder eine internationale Organisation nur dann erfolgen, wenn die Übermittlung nicht wiederholt erfolgt, nur eine begrenzte Zahl von betroffenen Personen betrifft, für die Wahrung der zwingenden berechtigten Interessen des Verantwortlichen erforderlich ist, sofern die Interessen oder die Rechte und Freiheiten der betroffenen Person nicht überwiegen, und der Verantwortliche alle Umstände der Datenübermittlung beurteilt und auf der Grundlage dieser Beurteilung geeignete Garantien in Bezug auf den Schutz personenbezogener Daten vorgesehen hat. Der Verantwortliche setzt die Aufsichtsbehörde von der Übermittlung in Kenntnis. Der Verantwortliche unterrichtet die betroffene Person über die Übermittlung und seine zwingenden berechtigten Interessen; dies erfolgt zusätzlich zu den der betroffenen Person nach den Artikeln 13 und 14 mitgeteilten Informationen.

(2) Datenübermittlungen gemäß Absatz 1 Unterabsatz 1 Buchstabe g dürfen nicht die Gesamtheit oder ganze Kategorien der im Register enthaltenen personenbezogenen Daten umfassen. Wenn das Register der Einsichtnahme durch Personen mit berechtigtem Interesse dient, darf die Übermittlung nur auf Anfrage dieser Personen oder nur dann erfolgen, wenn diese Personen die Adressaten der Übermittlung sind.

(3) Absatz 1 Unterabsatz 1 Buchstaben a, b und c und sowie Absatz 1 Unterabsatz 2 gelten nicht für Tätigkeiten, die Behörden in Ausübung ihrer hoheitlichen Befugnisse durchführen.

(4) Das öffentliche Interesse im Sinne des Absatzes 1 Unterabsatz 1 Buchstabe d muss im Unionsrecht oder im Recht des Mitgliedstaats, dem der Verantwortliche unterliegt, anerkannt sein.

(5) Liegt kein Angemessenheitsbeschluss vor, so können im Unionsrecht oder im Recht der Mitgliedstaaten aus wichtigen Gründen des öffentlichen Interesses ausdrücklich Beschränkungen der Übermittlung bestimmter Kategorien von personenbezogenen Daten an Drittländer oder internationale Organisationen vorgesehen werden. Die Mitgliedstaaten teilen der Kommission derartige Bestimmungen mit.
(6) Der Verantwortliche oder der Auftragsverarbeiter erfasst die von ihm vorgenommene Beurteilung sowie die angemessenen Garantien im Sinne des Absatzes 1 Unterabsatz 2 des vorliegenden Artikels in der Dokumentation gemäß Artikel 30.

Abs. 1 nennt Fälle, in denen eine Datenübermittlung in Drittländer oder 1
an internationale Organisationen auch dann erfolgen kann, wenn die in **Art. 45 bis 47** enthaltenen **Tatbestände** nicht erfüllt sind. Die Voraussetzungen hierfür sind in einer **abschließenden Aufzählung** in sieben Buchstaben enthalten.

Die in **Abs. 1 Buchst. a** genannte **Einwilligung** ist ebenso wie die im fol- 2
genden **Buchst. b** enthaltene **Erfüllung eines Vertrags** oder die **Durchführung vorvertraglicher Maßnahmen** deckungsgleich mit den Erlaubnistatbeständen in Art. 6 Abs. 1 Buchst. a und b. Hieran knüpft auch die in Abs. 1 **Buchst. c** enthaltene **Übermittlung** von personenbezogenen Daten zum Abschluss oder zur Erfüllung eines Vertrags an, die im Interesse der betroffenen Person liegt. Im Regelfall müssen diese Verträge mit einem Vorteil für die Betroffenen verbunden sein.

Die in Abs. 1 **Buchst. d** genannte Übermittlung aus **wichtigen Gründen** des 3
öffentlichen Interesses betrifft den Datenaustausch zwischen **staatlichen Stellen**. Damit ist dieser Tatbestand **im nicht-öffentlichen Bereich nicht einschlägig**, da beispielsweise für die Durchführung von Compliance-Maßnahmen kein »wichtiges öffentliches Interesse« im nicht-öffentlichen Bereich vorliegt.[1]

Eine **Übermittlung** in ein Drittland oder an eine internationale Organisa- 4
tion ist nach Abs. 1 **Buchst. e** für die Geltendmachung, Ausführung oder Verteidigung von Rechtsansprüchen **erforderlich**. Diese Regelung entspricht der in Art. 9 Abs. 2 Buchst. f bzw. in Art. 17 Abs. 3 Buchst. e. Die Zulässigkeit der Übermittlung zum Schutz lebenswichtiger Interessen der Betroffenen oder einer anderen Person in Abs. 1 **Buchst. f** entspricht dem Erlaubnistatbestand in Art. 6 Abs. 1d.

Die Regelung in Abs. 1 **Buchst. g** bezieht sich auf **Register**, deren Ziel die 5
Information der Öffentlichkeit über bestimmte Sachverhalte ist. Hierzu gehören beispielsweise Handelsregister oder Grundbuchämter.

---

1 Vgl. DWWS-*Däubler*, Art. 49 Rn. 10.

6 Ist **keine** der in Abs. 1 Satz 1 genannten **Ausnahmeregelungen einschlägig**, kann eine **Übermittlung dennoch** erfolgen, wenn die in **Abs. 1 Satz 2** genannten **Voraussetzungen erfüllt** sind. Hierzu gehören die Einmaligkeit des Vorgangs, eine nur begrenzte Zahl von Betroffenen sowie die Erforderlichkeit der Übermittlung zur Wahrung zwingender berechtigter Interessen des Verantwortlichen. Weiterhin muss immer eine **Abwägung** mit den Interessen, Rechten und Freiheiten der betroffenen Personen stattfinden. Überwiegen diese, muss eine Übermittlung unterbleiben. Zudem müssen geeignete Garantien vorliegen, die Aufsichtsbehörde muss von der Übermittlung informiert werden und die betroffenen Personen müssen über die Übermittlung und die zwingenden berechtigten Interessen des Verantwortlichen (zusätzlich zu den nach Art. 13 und 14 mitgeteilten Informationen) unterrichtet werden.

7 Insgesamt stellen die in Abs. 1 Satz 2 enthaltenen detaillierten Voraussetzungen eine **hohe Hürde** dar. Dies wird insbesondere in Bezug auf **Beschäftigtendaten** dazu führen, dass deren Übermittlung auf der Grundlage von Art. 49 Abs. 1 Satz 2 bereits an der fehlenden Erforderlichkeit i. S. v. § 26 Abs. 1 Satz 1 BDSG scheitert.

Artikel 50 Internationale Zusammenarbeit zum Schutz personenbezogener Daten

In Bezug auf Drittländer und internationale Organisationen treffen die Kommission und die Aufsichtsbehörden geeignete Maßnahmen zur

a) Entwicklung von Mechanismen der internationalen Zusammenarbeit, durch die die wirksame Durchsetzung von Rechtsvorschriften zum Schutz personenbezogener Daten erleichtert wird,

b) gegenseitigen Leistung internationaler Amtshilfe bei der Durchsetzung von Rechtsvorschriften zum Schutz personenbezogener Daten, unter anderem durch Meldungen, Beschwerdeverweisungen, Amtshilfe bei Untersuchungen und Informationsaustausch, sofern geeignete Garantien für den Schutz personenbezogener Daten und anderer Grundrechte und Grundfreiheiten bestehen,

c) Einbindung maßgeblicher Interessenträger in Diskussionen und Tätigkeiten, die zum Ausbau der internationalen Zusammenarbeit bei der Durchsetzung von Rechtsvorschriften zum Schutz personenbezogener Daten dienen,

d) Förderung des Austauschs und der Dokumentation von Rechtsvorschriften und Praktiken zum Schutz personenbezogener Daten einschließlich Zuständigkeitskonflikten mit Drittländern.

Die Regelung in **Art. 50** verpflichtet die **EU-Kommission** und die **Aufsichtsbehörden** im Bereich des Datenschutzes, eine wirksame Umsetzung des Datenschutzes in Drittländern oder durch internationale Organisationen auch dadurch sicherzustellen, dass eine Zusammenarbeit mit diesen erfolgt. Dazu sollen die in den vier Buchstaben der Vorschrift genannten geeigneten Maßnahmen getroffen werden.

Kapitel VI
Unabhängige Aufsichtsbehörden

Abschnitt 1
Unabhängigkeit

Artikel 51 Aufsichtsbehörde

(1) Jeder Mitgliedstaat sieht vor, dass eine oder mehrere unabhängige Behörden für die Überwachung der Anwendung dieser Verordnung zuständig sind, damit die Grundrechte und Grundfreiheiten natürlicher Personen bei der Verarbeitung geschützt werden und der freie Verkehr personenbezogener Daten in der Union erleichtert wird (im Folgenden »Aufsichtsbehörde«).
(2) Jede Aufsichtsbehörde leistet einen Beitrag zur einheitlichen Anwendung dieser Verordnung in der gesamten Union. Zu diesem Zweck arbeiten die Aufsichtsbehörden untereinander sowie mit der Kommission gemäß Kapitel VII zusammen.
(3) Gibt es in einem Mitgliedstaat mehr als eine Aufsichtsbehörde, so bestimmt dieser Mitgliedstaat die Aufsichtsbehörde, die diese Behörden im Ausschuss vertritt, und führt ein Verfahren ein, mit dem sichergestellt wird, dass die anderen Behörden die Regeln für das Kohärenzverfahren nach Artikel 63 einhalten.
(4) Jeder Mitgliedstaat teilt der Kommission bis spätestens 25. Mai 2018 die Rechtsvorschriften, die er aufgrund dieses Kapitels erlässt, sowie unverzüglich alle folgenden Änderungen dieser Vorschriften mit.

Artikel 52 Unabhängigkeit

(1) Jede Aufsichtsbehörde handelt bei der Erfüllung ihrer Aufgaben und bei der Ausübung ihrer Befugnisse gemäß dieser Verordnung völlig unabhängig.
(2) Das Mitglied oder die Mitglieder jeder Aufsichtsbehörde unterliegen bei der Erfüllung ihrer Aufgaben und der Ausübung ihrer Befugnisse gemäß dieser Verordnung weder direkter noch indirekter Beeinflussung

von außen und ersuchen weder um Weisung noch nehmen sie Weisungen entgegen.

(3) Das Mitglied oder die Mitglieder der Aufsichtsbehörde sehen von allen mit den Aufgaben ihres Amtes nicht zu vereinbarenden Handlungen ab und üben während ihrer Amtszeit keine andere mit ihrem Amt nicht zu vereinbarende entgeltliche oder unentgeltliche Tätigkeit aus.

(4) Jeder Mitgliedstaat stellt sicher, dass jede Aufsichtsbehörde mit den personellen, technischen und finanziellen Ressourcen, Räumlichkeiten und Infrastrukturen ausgestattet wird, die sie benötigt, um ihre Aufgaben und Befugnisse auch im Rahmen der Amtshilfe, Zusammenarbeit und Mitwirkung im Ausschuss effektiv wahrnehmen zu können.

(5) Jeder Mitgliedstaat stellt sicher, dass jede Aufsichtsbehörde ihr eigenes Personal auswählt und hat, das ausschließlich der Leitung des Mitglieds oder der Mitglieder der betreffenden Aufsichtsbehörde untersteht.

(6) Jeder Mitgliedstaat stellt sicher, dass jede Aufsichtsbehörde einer Finanzkontrolle unterliegt, die ihre Unabhängigkeit nicht beeinträchtigt und dass sie über eigene, öffentliche, jährliche Haushaltspläne verfügt, die Teil des gesamten Staatshaushalts oder nationalen Haushalts sein können.

Artikel 53 Allgemeine Bedingungen für die Mitglieder der Aufsichtsbehörde

(1) Die Mitgliedstaaten sehen vor, dass jedes Mitglied ihrer Aufsichtsbehörden im Wege eines transparenten Verfahrens ernannt wird, und zwar

- **vom Parlament,**
- **von der Regierung,**
- **vom Staatsoberhaupt oder**
- **von einer unabhängigen Stelle, die nach dem Recht des Mitgliedstaats mit der Ernennung betraut wird.**

(2) Jedes Mitglied muss über die für die Erfüllung seiner Aufgaben und Ausübung seiner Befugnisse erforderliche Qualifikation, Erfahrung und Sachkunde insbesondere im Bereich des Schutzes personenbezogener Daten verfügen.

(3) Das Amt eines Mitglieds endet mit Ablauf der Amtszeit, mit seinem Rücktritt oder verpflichtender Versetzung in den Ruhestand gemäß dem Recht des betroffenen Mitgliedstaats.

(4) Ein Mitglied wird seines Amtes nur enthoben, wenn es eine schwere Verfehlung begangen hat oder die Voraussetzungen für die Wahrnehmung seiner Aufgaben nicht mehr erfüllt.

Artikel 54 Errichtung der Aufsichtsbehörde

(1) Jeder Mitgliedstaat sieht durch Rechtsvorschriften Folgendes vor:
a) die Errichtung jeder Aufsichtsbehörde;
b) die erforderlichen Qualifikationen und sonstigen Voraussetzungen für die Ernennung zum Mitglied jeder Aufsichtsbehörde;
c) die Vorschriften und Verfahren für die Ernennung des Mitglieds oder der Mitglieder jeder Aufsichtsbehörde;
d) die Amtszeit des Mitglieds oder der Mitglieder jeder Aufsichtsbehörde von mindestens vier Jahren; dies gilt nicht für die erste Amtszeit nach 24. Mai 2016, die für einen Teil der Mitglieder kürzer sein kann, wenn eine zeitlich versetzte Ernennung zur Wahrung der Unabhängigkeit der Aufsichtsbehörde notwendig ist;
e) die Frage, ob und — wenn ja — wie oft das Mitglied oder die Mitglieder jeder Aufsichtsbehörde wiederernannt werden können;
f) die Bedingungen im Hinblick auf die Pflichten des Mitglieds oder der Mitglieder und der Bediensteten jeder Aufsichtsbehörde, die Verbote von Handlungen, beruflichen Tätigkeiten und Vergütungen während und nach der Amtszeit, die mit diesen Pflichten unvereinbar sind, und die Regeln für die Beendigung des Beschäftigungsverhältnisses.

(2) Das Mitglied oder die Mitglieder und die Bediensteten jeder Aufsichtsbehörde sind gemäß dem Unionsrecht oder dem Recht der Mitgliedstaaten sowohl während ihrer Amts- beziehungsweise Dienstzeit als auch nach deren Beendigung verpflichtet, über alle vertraulichen Informationen, die ihnen bei der Wahrnehmung ihrer Aufgaben oder der Ausübung ihrer Befugnisse bekannt geworden sind, Verschwiegenheit zu wahren. Während dieser Amts- beziehungsweise Dienstzeit gilt diese Verschwiegenheitspflicht insbesondere für die von natürlichen Personen gemeldeten Verstößen gegen diese Verordnung.

Abschnitt 2
Zuständigkeit, Aufgaben und Befugnisse

Artikel 55 Zuständigkeit

(1) Jede Aufsichtsbehörde ist für die Erfüllung der Aufgaben und die Ausübung der Befugnisse, die ihr mit dieser Verordnung übertragen wurden, im Hoheitsgebiet ihres eigenen Mitgliedstaats zuständig.

(2) Erfolgt die Verarbeitung durch Behörden oder private Stellen auf der Grundlage von Artikel 6 Absatz 1 Buchstabe c oder e, so ist die Aufsichts-

behörde des betroffenen Mitgliedstaats zuständig. In diesem Fall findet Artikel 56 keine Anwendung.
(3) Die Aufsichtsbehörden sind nicht zuständig für die Aufsicht über die von Gerichten im Rahmen ihrer justiziellen Tätigkeit vorgenommenen Verarbeitungen.

Artikel 56 Zuständigkeit der federführenden Aufsichtsbehörde

(1) Unbeschadet des Artikels 55 ist die Aufsichtsbehörde der Hauptniederlassung oder der einzigen Niederlassung des Verantwortlichen oder des Auftragsverarbeiters gemäß dem Verfahren nach Artikel 60 die zuständige federführende Aufsichtsbehörde für die von diesem Verantwortlichen oder diesem Auftragsverarbeiter durchgeführte grenzüberschreitende Verarbeitung.
(2) Abweichend von Absatz 1 ist jede Aufsichtsbehörde dafür zuständig, sich mit einer bei ihr eingereichten Beschwerde oder einem etwaigen Verstoß gegen diese Verordnung zu befassen, wenn der Gegenstand nur mit einer Niederlassung in ihrem Mitgliedstaat zusammenhängt oder betroffene Personen nur ihres Mitgliedstaats erheblich beeinträchtigt.
(3) In den in Absatz 2 des vorliegenden Artikels genannten Fällen unterrichtet die Aufsichtsbehörde unverzüglich die federführende Aufsichtsbehörde über diese Angelegenheit. Innerhalb einer Frist von drei Wochen nach der Unterrichtung entscheidet die federführende Aufsichtsbehörde, ob sie sich mit dem Fall gemäß dem Verfahren nach Artikel 60 befasst oder nicht, wobei sie berücksichtigt, ob der Verantwortliche oder der Auftragsverarbeiter in dem Mitgliedstaat, dessen Aufsichtsbehörde sie unterrichtet hat, eine Niederlassung hat oder nicht.
(4) Entscheidet die federführende Aufsichtsbehörde, sich mit dem Fall zu befassen, so findet das Verfahren nach Artikel 60 Anwendung. Die Aufsichtsbehörde, die die federführende Aufsichtsbehörde unterrichtet hat, kann dieser einen Beschlussentwurf vorlegen. Die federführende Aufsichtsbehörde trägt diesem Entwurf bei der Ausarbeitung des Beschlussentwurfs nach Artikel 60 Absatz 3 weitestgehend Rechnung.
(5) Entscheidet die federführende Aufsichtsbehörde, sich mit dem Fall nicht selbst zu befassen, so befasst die Aufsichtsbehörde, die die federführende Aufsichtsbehörde unterrichtet hat, sich mit dem Fall gemäß den Artikeln 61 und 62.
(6) Die federführende Aufsichtsbehörde ist der einzige Ansprechpartner der Verantwortlichen oder der Auftragsverarbeiter für Fragen der von diesem Verantwortlichen oder diesem Auftragsverarbeiter durchgeführten grenzüberschreitenden Verarbeitung.

Artikel 57 Aufgaben

(1) Unbeschadet anderer in dieser Verordnung dargelegter Aufgaben muss jede Aufsichtsbehörde in ihrem Hoheitsgebiet

a) die Anwendung dieser Verordnung überwachen und durchsetzen;
b) die Öffentlichkeit für die Risiken, Vorschriften, Garantien und Rechte im Zusammenhang mit der Verarbeitung sensibilisieren und sie darüber aufklären. Besondere Beachtung finden dabei spezifische Maßnahmen für Kinder;
c) im Einklang mit dem Recht des Mitgliedsstaats das nationale Parlament, die Regierung und andere Einrichtungen und Gremien über legislative und administrative Maßnahmen zum Schutz der Rechte und Freiheiten natürlicher Personen in Bezug auf die Verarbeitung beraten;
d) die Verantwortlichen und die Auftragsverarbeiter für die ihnen aus dieser Verordnung entstehenden Pflichten sensibilisieren;
e) auf Anfrage jeder betroffenen Person Informationen über die Ausübung ihrer Rechte aufgrund dieser Verordnung zur Verfügung stellen und gegebenenfalls zu diesem Zweck mit den Aufsichtsbehörden in anderen Mitgliedstaaten zusammenarbeiten;
f) sich mit Beschwerden einer betroffenen Person oder Beschwerden einer Stelle, einer Organisation oder eines Verbandes gemäß Artikel 80 befassen, den Gegenstand der Beschwerde in angemessenem Umfang untersuchen und den Beschwerdeführer innerhalb einer angemessenen Frist über den Fortgang und das Ergebnis der Untersuchung unterrichten, insbesondere, wenn eine weitere Untersuchung oder Koordinierung mit einer anderen Aufsichtsbehörde notwendig ist;
g) mit anderen Aufsichtsbehörden zusammenarbeiten, auch durch Informationsaustausch, und ihnen Amtshilfe leisten, um die einheitliche Anwendung und Durchsetzung dieser Verordnung zu gewährleisten;
h) Untersuchungen über die Anwendung dieser Verordnung durchführen, auch auf der Grundlage von Informationen einer anderen Aufsichtsbehörde oder einer anderen Behörde;
i) maßgebliche Entwicklungen verfolgen, soweit sie sich auf den Schutz personenbezogener Daten auswirken, insbesondere die Entwicklung der Informations- und Kommunikationstechnologie und der Geschäftspraktiken;
j) Standardvertragsklauseln im Sinne des Artikels 28 Absatz 8 und des Artikels 46 Absatz 2 Buchstabe d festlegen;

k) eine Liste der Verarbeitungsarten erstellen und führen, für die gemäß Artikel 35 Absatz 4 eine Datenschutz-Folgenabschätzung durchzuführen ist;
l) Beratung in Bezug auf die in Artikel 36 Absatz 2 genannten Verarbeitungsvorgänge leisten;
m) die Ausarbeitung von Verhaltensregeln gemäß Artikel 40 Absatz 1 fördern und zu diesen Verhaltensregeln, die ausreichende Garantien im Sinne des Artikels 40 Absatz 5 bieten müssen, Stellungnahmen abgeben und sie billigen;
n) die Einführung von Datenschutzzertifizierungsmechanismen und von Datenschutzsiegeln und -prüfzeichen nach Artikel 42 Absatz 1 anregen und Zertifizierungskriterien nach Artikel 42 Absatz 5 billigen;
o) gegebenenfalls die nach Artikel 42 Absatz 7 erteilten Zertifizierungen regelmäßig überprüfen;
p) die Anforderungen an die Akkreditierung einer Stelle für die Überwachung der Einhaltung der Verhaltensregeln gemäß Artikel 41 und einer Zertifizierungsstelle gemäß Artikel 43 abfassen und veröffentlichen;
q) die Akkreditierung einer Stelle für die Überwachung der Einhaltung der Verhaltensregeln gemäß Artikel 41 und einer Zertifizierungsstelle gemäß Artikel 43 vornehmen;
r) Vertragsklauseln und Bestimmungen im Sinne des Artikels 46 Absatz 3 genehmigen;
s) verbindliche interne Vorschriften gemäß Artikel 47 genehmigen;
t) Beiträge zur Tätigkeit des Ausschusses leisten;
u) interne Verzeichnisse über Verstöße gegen diese Verordnung und gemäß Artikel 58 Absatz 2 ergriffene Maßnahmen und
v) jede sonstige Aufgabe im Zusammenhang mit dem Schutz personenbezogener Daten erfüllen.

(2) Jede Aufsichtsbehörde erleichtert das Einreichen von in Absatz 1 Buchstabe f genannten Beschwerden durch Maßnahmen wie etwa die Bereitstellung eines Beschwerdeformulars, das auch elektronisch ausgefüllt werden kann, ohne dass andere Kommunikationsmittel ausgeschlossen werden.

(3) Die Erfüllung der Aufgaben jeder Aufsichtsbehörde ist für die betroffene Person und gegebenenfalls für den Datenschutzbeauftragten unentgeltlich.

(4) Bei offenkundig unbegründeten oder — insbesondere im Fall von häufiger Wiederholung — exzessiven Anfragen kann die Aufsichtsbehörde eine angemessene Gebühr auf der Grundlage der Verwaltungskosten verlangen oder sich weigern, aufgrund der Anfrage tätig zu werden. In

diesem Fall trägt die Aufsichtsbehörde die Beweislast für den offenkundig unbegründeten oder exzessiven Charakter der Anfrage.

Artikel 58 Befugnisse

(1) Jede Aufsichtsbehörde verfügt über sämtliche folgenden Untersuchungsbefugnisse, die es ihr gestatten,

a) den Verantwortlichen, den Auftragsverarbeiter und gegebenenfalls den Vertreter des Verantwortlichen oder des Auftragsverarbeiters anzuweisen, alle Informationen bereitzustellen, die für die Erfüllung ihrer Aufgaben erforderlich sind,
b) Untersuchungen in Form von Datenschutzüberprüfungen durchzuführen,
c) eine Überprüfung der nach Artikel 42 Absatz 7 erteilten Zertifizierungen durchzuführen,
d) den Verantwortlichen oder den Auftragsverarbeiter auf einen vermeintlichen Verstoß gegen diese Verordnung hinzuweisen,
e) von dem Verantwortlichen und dem Auftragsverarbeiter Zugang zu allen personenbezogenen Daten und Informationen, die zur Erfüllung ihrer Aufgaben notwendig sind, zu erhalten,
f) gemäß dem Verfahrensrecht der Union oder dem Verfahrensrecht des Mitgliedstaats Zugang zu den Räumlichkeiten, einschließlich aller Datenverarbeitungsanlagen und -geräte, des Verantwortlichen und des Auftragsverarbeiters zu erhalten.

(2) Jede Aufsichtsbehörde verfügt über sämtliche folgenden Abhilfebefugnisse, die es ihr gestatten,

a) einen Verantwortlichen oder einen Auftragsverarbeiter zu warnen, dass beabsichtigte Verarbeitungsvorgänge voraussichtlich gegen diese Verordnung verstoßen,
b) einen Verantwortlichen oder einen Auftragsverarbeiter zu verwarnen, wenn er mit Verarbeitungsvorgängen gegen diese Verordnung verstoßen hat,
c) den Verantwortlichen oder den Auftragsverarbeiter anzuweisen, den Anträgen der betroffenen Person auf Ausübung der ihr nach dieser Verordnung zustehenden Rechte zu entsprechen,
d) den Verantwortlichen oder den Auftragsverarbeiter anzuweisen, Verarbeitungsvorgänge gegebenenfalls auf bestimmte Weise und innerhalb eines bestimmten Zeitraums in Einklang mit dieser Verordnung zu bringen,
e) den Verantwortlichen anzuweisen, die von einer Verletzung des Schutzes personenbezogener Daten betroffene Person entsprechend zu benachrichtigen,

f) eine vorübergehende oder endgültige Beschränkung der Verarbeitung, einschließlich eines Verbots, zu verhängen,
g) die Berichtigung oder Löschung von personenbezogenen Daten oder die Einschränkung der Verarbeitung gemäß den Artikeln 16, 17 und 18 und die Unterrichtung der Empfänger, an die diese personenbezogenen Daten gemäß Artikel 17 Absatz 2 und Artikel 19 offengelegt wurden, über solche Maßnahmen anzuordnen,
h) eine Zertifizierung zu widerrufen oder die Zertifizierungsstelle anzuweisen, eine gemäß den Artikel 42 und 43 erteilte Zertifizierung zu widerrufen, oder die Zertifizierungsstelle anzuweisen, keine Zertifizierung zu erteilen, wenn die Voraussetzungen für die Zertifizierung nicht oder nicht mehr erfüllt werden,
i) eine Geldbuße gemäß Artikel 83 zu verhängen, zusätzlich zu oder anstelle von in diesem Absatz genannten Maßnahmen, je nach den Umständen des Einzelfalls,
j) die Aussetzung der Übermittlung von Daten an einen Empfänger in einem Drittland oder an eine internationale Organisation anzuordnen.

(3) Jede Aufsichtsbehörde verfügt über sämtliche folgenden Genehmigungsbefugnisse und beratenden Befugnisse, die es ihr gestatten,
a) gemäß dem Verfahren der vorherigen Konsultation nach Artikel 36 den Verantwortlichen zu beraten,
b) zu allen Fragen, die im Zusammenhang mit dem Schutz personenbezogener Daten stehen, von sich aus oder auf Anfrage Stellungnahmen an das nationale Parlament, die Regierung des Mitgliedstaats oder im Einklang mit dem Recht des Mitgliedstaats an sonstige Einrichtungen und Stellen sowie an die Öffentlichkeit zu richten,
c) die Verarbeitung gemäß Artikel 36 Absatz 5 zu genehmigen, falls im Recht des Mitgliedstaats eine derartige vorherige Genehmigung verlangt wird,
d) eine Stellungnahme abzugeben und Entwürfe von Verhaltensregeln gemäß Artikel 40 Absatz 5 zu billigen,
e) Zertifizierungsstellen gemäß Artikel 43 zu akkreditieren,
f) im Einklang mit Artikel 42 Absatz 5 Zertifizierungen zu erteilen und Kriterien für die Zertifizierung zu billigen,
g) Standarddatenschutzklauseln nach Artikel 28 Absatz 8 und Artikel 46 Absatz 2 Buchstabe d festzulegen,
h) Vertragsklauseln gemäß Artikel 46 Absatz 3 Buchstabe a zu genehmigen,
i) Verwaltungsvereinbarungen gemäß Artikel 46 Absatz 3 Buchstabe b zu genehmigen
j) verbindliche interne Vorschriften gemäß Artikel 47 zu genehmigen.

(4) Die Ausübung der der Aufsichtsbehörde gemäß diesem Artikel übertragenen Befugnisse erfolgt vorbehaltlich geeigneter Garantien einschließlich wirksamer gerichtlicher Rechtsbehelfe und ordnungsgemäßer Verfahren gemäß dem Unionsrecht und dem Recht des Mitgliedstaats im Einklang mit der Charta.
(5) Jeder Mitgliedstaat sieht durch Rechtsvorschriften vor, dass seine Aufsichtsbehörde befugt ist, Verstöße gegen diese Verordnung den Justizbehörden zur Kenntnis zu bringen und gegebenenfalls die Einleitung eines gerichtlichen Verfahrens zu betreiben oder sich sonst daran zu beteiligen, um die Bestimmungen dieser Verordnung durchzusetzen.
(6) Jeder Mitgliedstaat kann durch Rechtsvorschriften vorsehen, dass seine Aufsichtsbehörde neben den in den Absätzen 1, 2 und 3 aufgeführten Befugnissen über zusätzliche Befugnisse verfügt. Die Ausübung dieser Befugnisse darf nicht die effektive Durchführung des Kapitels VII beeinträchtigen.

Artikel 59 Tätigkeitsbericht

Jede Aufsichtsbehörde erstellt einen Jahresbericht über ihre Tätigkeit, der eine Liste der Arten der gemeldeten Verstöße und der Arten der getroffenen Maßnahmen nach Artikel 58 Absatz 2 enthalten kann. Diese Berichte werden dem nationalen Parlament, der Regierung und anderen nach dem Recht der Mitgliedstaaten bestimmten Behörden übermittelt. Sie werden der Öffentlichkeit, der Kommission und dem Ausschuss zugänglich gemacht.

Kapitel VII
Zusammenarbeit und Kohärenz

Abschnitt 1
Zusammenarbeit

Artikel 60 Zusammenarbeit zwischen der federführenden Aufsichtsbehörde und den anderen betroffenen Aufsichtsbehörden

(1) Die federführende Aufsichtsbehörde arbeitet mit den anderen betroffenen Aufsichtsbehörden im Einklang mit diesem Artikel zusammen und bemüht sich dabei, einen Konsens zu erzielen. Die federführende Aufsichtsbehörde und die betroffenen Aufsichtsbehörden tauschen untereinander alle zweckdienlichen Informationen aus.

(2) Die federführende Aufsichtsbehörde kann jederzeit andere betroffene Aufsichtsbehörden um Amtshilfe gemäß Artikel 61 ersuchen und gemeinsame Maßnahmen gemäß Artikel 62 durchführen, insbesondere zur Durchführung von Untersuchungen oder zur Überwachung der Umsetzung einer Maßnahme in Bezug auf einen Verantwortlichen oder einen Auftragsverarbeiter, der in einem anderen Mitgliedstaat niedergelassen ist.

(3) Die federführende Aufsichtsbehörde übermittelt den anderen betroffenen Aufsichtsbehörden unverzüglich die zweckdienlichen Informationen zu der Angelegenheit. Sie legt den anderen betroffenen Aufsichtsbehörden unverzüglich einen Beschlussentwurf zur Stellungnahme vor und trägt deren Standpunkten gebührend Rechnung.

(4) Legt eine der anderen betroffenen Aufsichtsbehörden innerhalb von vier Wochen, nachdem sie gemäß Absatz 3 des vorliegenden Artikels konsultiert wurde, gegen diesen Beschlussentwurf einen maßgeblichen und begründeten Einspruch ein und schließt sich die federführende Aufsichtsbehörde dem maßgeblichen und begründeten Einspruch nicht an oder ist der Ansicht, dass der Einspruch nicht maßgeblich oder nicht begründet ist, so leitet die federführende Aufsichtsbehörde das Kohärenzverfahren gemäß Artikel 63 für die Angelegenheit ein.

(5) Beabsichtigt die federführende Aufsichtsbehörde, sich dem maßgeblichen und begründeten Einspruch anzuschließen, so legt sie den anderen betroffenen Aufsichtsbehörden einen überarbeiteten Beschlussentwurf zur Stellungnahme vor. Der überarbeitete Beschlussentwurf wird innerhalb von zwei Wochen dem Verfahren nach Absatz 4 unterzogen.

(6) Legt keine der anderen betroffenen Aufsichtsbehörden Einspruch gegen den Beschlussentwurf ein, der von der federführenden Aufsichtsbehörde innerhalb der in den Absätzen 4 und 5 festgelegten Frist vorgelegt wurde, so gelten die federführende Aufsichtsbehörde und die betroffenen Aufsichtsbehörden als mit dem Beschlussentwurf einverstanden und sind an ihn gebunden.

(7) Die federführende Aufsichtsbehörde erlässt den Beschluss und teilt ihn der Hauptniederlassung oder der einzigen Niederlassung des Verantwortlichen oder gegebenenfalls des Auftragsverarbeiters mit und setzt die anderen betroffenen Aufsichtsbehörden und den Ausschuss von dem betreffenden Beschluss einschließlich einer Zusammenfassung der maßgeblichen Fakten und Gründe in Kenntnis. Die Aufsichtsbehörde, bei der eine Beschwerde eingereicht worden ist, unterrichtet den Beschwerdeführer über den Beschluss.

(8) Wird eine Beschwerde abgelehnt oder abgewiesen, so erlässt die Aufsichtsbehörde, bei der die Beschwerde eingereicht wurde, abweichend von Absatz 7 den Beschluss, teilt ihn dem Beschwerdeführer mit und setzt den Verantwortlichen in Kenntnis.

(9) Sind sich die federführende Aufsichtsbehörde und die betreffenden Aufsichtsbehörden darüber einig, Teile der Beschwerde abzulehnen oder abzuweisen und bezüglich anderer Teile dieser Beschwerde tätig zu werden, so wird in dieser Angelegenheit für jeden dieser Teile ein eigener Beschluss erlassen. Die federführende Aufsichtsbehörde erlässt den Beschluss für den Teil, der das Tätigwerden in Bezug auf den Verantwortlichen betrifft, teilt ihn der Hauptniederlassung oder einzigen Niederlassung des Verantwortlichen oder des Auftragsverarbeiters im Hoheitsgebiet ihres Mitgliedstaats mit und setzt den Beschwerdeführer hiervon in Kenntnis, während die für den Beschwerdeführer zuständige Aufsichtsbehörde den Beschluss für den Teil erlässt, der die Ablehnung oder Abweisung dieser Beschwerde betrifft, und ihn diesem Beschwerdeführer mitteilt und den Verantwortlichen oder den Auftragsverarbeiter hiervon in Kenntnis setzt.
(10) Nach der Unterrichtung über den Beschluss der federführenden Aufsichtsbehörde gemäß den Absätzen 7 und 9 ergreift der Verantwortliche oder der Auftragsverarbeiter die erforderlichen Maßnahmen, um die Verarbeitungstätigkeiten all seiner Niederlassungen in der Union mit dem Beschluss in Einklang zu bringen. Der Verantwortliche oder der Auftragsverarbeiter teilt der federführenden Aufsichtsbehörde die Maßnahmen mit, die zur Einhaltung des Beschlusses ergriffen wurden; diese wiederum unterrichtet die anderen betroffenen Aufsichtsbehörden.
(11) Hat — in Ausnahmefällen — eine betroffene Aufsichtsbehörde Grund zu der Annahme, dass zum Schutz der Interessen betroffener Personen dringender Handlungsbedarf besteht, so kommt das Dringlichkeitsverfahren nach Artikel 66 zur Anwendung.
(12) Die federführende Aufsichtsbehörde und die anderen betroffenen Aufsichtsbehörden übermitteln einander die nach diesem Artikel geforderten Informationen auf elektronischem Wege unter Verwendung eines standardisierten Formats.

Artikel 61 Gegenseitige Amtshilfe

(1) Die Aufsichtsbehörden übermitteln einander maßgebliche Informationen und gewähren einander Amtshilfe, um diese Verordnung einheitlich durchzuführen und anzuwenden, und treffen Vorkehrungen für eine wirksame Zusammenarbeit. Die Amtshilfe bezieht sich insbesondere auf Auskunftsersuchen und aufsichtsbezogene Maßnahmen, beispielsweise Ersuchen um vorherige Genehmigungen und eine vorherige Konsultation, um Vornahme von Nachprüfungen und Untersuchungen.
(2) Jede Aufsichtsbehörde ergreift alle geeigneten Maßnahmen, um einem Ersuchen einer anderen Aufsichtsbehörde unverzüglich und spätestens innerhalb eines Monats nach Eingang des Ersuchens nachzu-

kommen. Dazu kann insbesondere auch die Übermittlung maßgeblicher Informationen über die Durchführung einer Untersuchung gehören.

(3) Amtshilfeersuchen enthalten alle erforderlichen Informationen, einschließlich Zweck und Begründung des Ersuchens. Die übermittelten Informationen werden ausschließlich für den Zweck verwendet, für den sie angefordert wurden.

(4) Die ersuchte Aufsichtsbehörde lehnt das Ersuchen nur ab, wenn

a) sie für den Gegenstand des Ersuchens oder für die Maßnahmen, die sie durchführen soll, nicht zuständig ist oder

b) ein Eingehen auf das Ersuchen gegen diese Verordnung verstoßen würde oder gegen das Unionsrecht oder das Recht der Mitgliedstaaten, dem die Aufsichtsbehörde, bei der das Ersuchen eingeht, unterliegt.

(5) Die ersuchte Aufsichtsbehörde informiert die ersuchende Aufsichtsbehörde über die Ergebnisse oder gegebenenfalls über den Fortgang der Maßnahmen, die getroffen wurden, um dem Ersuchen nachzukommen. Die ersuchte Aufsichtsbehörde erläutert gemäß Absatz 4 die Gründe für die Ablehnung des Ersuchens.

(6) Die ersuchten Aufsichtsbehörden übermitteln die Informationen, um die von einer anderen Aufsichtsbehörde ersucht wurde, in der Regel auf elektronischem Wege unter Verwendung eines standardisierten Formats.

(7) Ersuchte Aufsichtsbehörden verlangen für Maßnahmen, die sie aufgrund eines Amtshilfeersuchens getroffen haben, keine Gebühren. Die Aufsichtsbehörden können untereinander Regeln vereinbaren, um einander in Ausnahmefällen besondere aufgrund der Amtshilfe entstandene Ausgaben zu erstatten.

(8) Erteilt eine ersuchte Aufsichtsbehörde nicht binnen eines Monats nach Eingang des Ersuchens einer anderen Aufsichtsbehörde die Informationen gemäß Absatz 5, so kann die ersuchende Aufsichtsbehörde eine einstweilige Maßnahme im Hoheitsgebiet ihres Mitgliedstaats gemäß Artikel 55 Absatz 1 ergreifen. In diesem Fall wird von einem dringenden Handlungsbedarf gemäß Artikel 66 Absatz 1 ausgegangen, der einen im Dringlichkeitsverfahren angenommenen verbindlichen Beschluss des Ausschuss gemäß Artikel 66 Absatz 2 erforderlich macht.

(9) Die Kommission kann im Wege von Durchführungsrechtsakten Form und Verfahren der Amtshilfe nach diesem Artikel und die Ausgestaltung des elektronischen Informationsaustauschs zwischen den Aufsichtsbehörden sowie zwischen den Aufsichtsbehörden und dem Ausschuss, insbesondere das in Absatz 6 des vorliegenden Artikels genannte standardisierte Format, festlegen. Diese Durchführungsrechtsakte werden gemäß dem in Artikel 93 Absatz 2 genannten Prüfverfahren erlassen.

Artikel 62 Gemeinsame Maßnahmen der Aufsichtsbehörden

(1) Die Aufsichtsbehörden führen gegebenenfalls gemeinsame Maßnahmen einschließlich gemeinsamer Untersuchungen und gemeinsamer Durchsetzungsmaßnahmen durch, an denen Mitglieder oder Bedienstete der Aufsichtsbehörden anderer Mitgliedstaaten teilnehmen.

(2) Verfügt der Verantwortliche oder der Auftragsverarbeiter über Niederlassungen in mehreren Mitgliedstaaten oder werden die Verarbeitungsvorgänge voraussichtlich auf eine bedeutende Zahl betroffener Personen in mehr als einem Mitgliedstaat erhebliche Auswirkungen haben, ist die Aufsichtsbehörde jedes dieser Mitgliedstaaten berechtigt, an den gemeinsamen Maßnahmen teilzunehmen. Die gemäß Artikel 56 Absatz 1 oder Absatz 4 zuständige Aufsichtsbehörde lädt die Aufsichtsbehörde jedes dieser Mitgliedstaaten zur Teilnahme an den gemeinsamen Maßnahmen ein und antwortet unverzüglich auf das Ersuchen einer Aufsichtsbehörde um Teilnahme.

(3) Eine Aufsichtsbehörde kann gemäß dem Recht des Mitgliedstaats und mit Genehmigung der unterstützenden Aufsichtsbehörde den an den gemeinsamen Maßnahmen beteiligten Mitgliedern oder Bediensteten der unterstützenden Aufsichtsbehörde Befugnisse einschließlich Untersuchungsbefugnisse übertragen oder, soweit dies nach dem Recht des Mitgliedstaats der einladenden Aufsichtsbehörde zulässig ist, den Mitgliedern oder Bediensteten der unterstützenden Aufsichtsbehörde gestatten, ihre Untersuchungsbefugnisse nach dem Recht des Mitgliedstaats der unterstützenden Aufsichtsbehörde auszuüben. Diese Untersuchungsbefugnisse können nur unter der Leitung und in Gegenwart der Mitglieder oder Bediensteten der einladenden Aufsichtsbehörde ausgeübt werden. Die Mitglieder oder Bediensteten der unterstützenden Aufsichtsbehörde unterliegen dem Recht des Mitgliedstaats der einladenden Aufsichtsbehörde.

(4) Sind gemäß Absatz 1 Bedienstete einer unterstützenden Aufsichtsbehörde in einem anderen Mitgliedstaat im Einsatz, so übernimmt der Mitgliedstaat der einladenden Aufsichtsbehörde nach Maßgabe des Rechts des Mitgliedstaats, in dessen Hoheitsgebiet der Einsatz erfolgt, die Verantwortung für ihr Handeln, einschließlich der Haftung für alle von ihnen bei ihrem Einsatz verursachten Schäden.

(5) Der Mitgliedstaat, in dessen Hoheitsgebiet der Schaden verursacht wurde, ersetzt diesen Schaden so, wie er ihn ersetzen müsste, wenn seine eigenen Bediensteten ihn verursacht hätten. Der Mitgliedstaat der unterstützenden Aufsichtsbehörde, deren Bedienstete im Hoheitsgebiet eines anderen Mitgliedstaats einer Person Schaden zugefügt haben, erstattet diesem anderen Mitgliedstaat den Gesamtbetrag des Schadenersatzes, den dieser an die Berechtigten geleistet hat.

(6) Unbeschadet der Ausübung seiner Rechte gegenüber Dritten und mit Ausnahme des Absatzes 5 verzichtet jeder Mitgliedstaat in dem Fall des Absatzes 1 darauf, den in Absatz 4 genannten Betrag des erlittenen Schadens anderen Mitgliedstaaten gegenüber geltend zu machen.
(7) Ist eine gemeinsame Maßnahme geplant und kommt eine Aufsichtsbehörde binnen eines Monats nicht der Verpflichtung nach Absatz 2 Satz 2 des vorliegenden Artikels nach, so können die anderen Aufsichtsbehörden eine einstweilige Maßnahme im Hoheitsgebiet ihres Mitgliedstaats gemäß Artikel 55 ergreifen. In diesem Fall wird von einem dringenden Handlungsbedarf gemäß Artikel 66 Absatz 1 ausgegangen, der eine im Dringlichkeitsverfahren angenommene Stellungnahme oder einen im Dringlichkeitsverfahren angenommenen verbindlichen Beschluss des Ausschusses gemäß Artikel 66 Absatz 2 erforderlich macht.

Abschnitt 2
Kohärenz

Artikel 63 Kohärenzverfahren

Um zur einheitlichen Anwendung dieser Verordnung in der gesamten Union beizutragen, arbeiten die Aufsichtsbehörden im Rahmen des in diesem Abschnitt beschriebenen Kohärenzverfahrens untereinander und gegebenenfalls mit der Kommission zusammen.

Artikel 64 Stellungnahme des Ausschusses

(1) Der Ausschuss gibt eine Stellungnahme ab, wenn die zuständige Aufsichtsbehörde beabsichtigt, eine der nachstehenden Maßnahmen zu erlassen. Zu diesem Zweck übermittelt die zuständige Aufsichtsbehörde dem Ausschuss den Entwurf des Beschlusses, wenn dieser
a) der Annahme einer Liste der Verarbeitungsvorgänge dient, die der Anforderung einer Datenschutz-Folgenabschätzung gemäß Artikel 35 Absatz 4 unterliegen,
b) eine Angelegenheit gemäß Artikel 40 Absatz 7 und damit die Frage betrifft, ob ein Entwurf von Verhaltensregeln oder eine Änderung oder Ergänzung von Verhaltensregeln mit dieser Verordnung in Einklang steht,
c) der Billigung der Anforderungen an die Akkreditierung einer Stelle nach Artikel 41 Absatz 3, einer Zertifizierungsstelle nach Artikel 43 Absatz 3 oder der Kriterien für die Zertifizierung gemäß Artikel 42 Absatz 5 dient,

d) der Festlegung von Standard-Datenschutzklauseln gemäß Artikel 46 Absatz 2 Buchstabe d und Artikel 28 Absatz 8 dient,
e) der Genehmigung von Vertragsklauseln gemäß Artikels 46 Absatz 3 Buchstabe a dient, oder
f) der Annahme verbindlicher interner Vorschriften im Sinne von Artikel 47 dient.

(2) Jede Aufsichtsbehörde, der Vorsitz des Ausschuss oder die Kommission können beantragen, dass eine Angelegenheit mit allgemeiner Geltung oder mit Auswirkungen in mehr als einem Mitgliedstaat vom Ausschuss geprüft wird, um eine Stellungnahme zu erhalten, insbesondere wenn eine zuständige Aufsichtsbehörde den Verpflichtungen zur Amtshilfe gemäß Artikel 61 oder zu gemeinsamen Maßnahmen gemäß Artikel 62 nicht nachkommt.

(3) In den in den Absätzen 1 und 2 genannten Fällen gibt der Ausschuss eine Stellungnahme zu der Angelegenheit ab, die ihm vorgelegt wurde, sofern er nicht bereits eine Stellungnahme zu derselben Angelegenheit abgegeben hat. Diese Stellungnahme wird binnen acht Wochen mit der einfachen Mehrheit der Mitglieder des Ausschusses angenommen. Diese Frist kann unter Berücksichtigung der Komplexität der Angelegenheit um weitere sechs Wochen verlängert werden. Was den in Absatz 1 genannten Beschlussentwurf angeht, der gemäß Absatz 5 den Mitgliedern des Ausschusses übermittelt wird, so wird angenommen, dass ein Mitglied, das innerhalb einer vom Vorsitz angegebenen angemessenen Frist keine Einwände erhoben hat, dem Beschlussentwurf zustimmt.

(4) Die Aufsichtsbehörden und die Kommission übermitteln unverzüglich dem Ausschuss auf elektronischem Wege unter Verwendung eines standardisierten Formats alle zweckdienlichen Informationen, einschließlich — je nach Fall — einer kurzen Darstellung des Sachverhalts, des Beschlussentwurfs, der Gründe, warum eine solche Maßnahme ergriffen werden muss, und der Standpunkte anderer betroffener Aufsichtsbehörden.

(5) Der Vorsitz des Ausschusses unterrichtet unverzüglich auf elektronischem Wege
a) unter Verwendung eines standardisierten Formats die Mitglieder des Ausschusses und die Kommission über alle zweckdienlichen Informationen, die ihm zugegangen sind. Soweit erforderlich stellt das Sekretariat des Ausschusses Übersetzungen der zweckdienlichen Informationen zur Verfügung und
b) je nach Fall die in den Absätzen 1 und 2 genannte Aufsichtsbehörde und die Kommission über die Stellungnahme und veröffentlicht sie.

(6) Die in Absatz 1 genannte zuständige Aufsichtsbehörde nimmt den in Absatz 1 genannten Beschlussentwurf nicht vor Ablauf der in Absatz 3 genannten Frist an.

(7) Die in Absatz 1 genannte zuständige Aufsichtsbehörde trägt der Stellungnahme des Ausschusses weitestgehend Rechnung und teilt dessen Vorsitz binnen zwei Wochen nach Eingang der Stellungnahme auf elektronischem Wege unter Verwendung eines standardisierten Formats mit, ob sie den Beschlussentwurf beibehalten oder ändern wird; gegebenenfalls übermittelt sie den geänderten Beschlussentwurf.

(8) Teilt die in Absatz 1 genannte zuständige Aufsichtsbehörde dem Vorsitz des Ausschusses innerhalb der Frist nach Absatz 7 des vorliegenden Artikels unter Angabe der maßgeblichen Gründe mit, dass sie beabsichtigt, der Stellungnahme des Ausschusses insgesamt oder teilweise nicht zu folgen, so gilt Artikel 65 Absatz 1.

Artikel 65 Streitbeilegung durch den Ausschuss

(1) Um die ordnungsgemäße und einheitliche Anwendung dieser Verordnung in Einzelfällen sicherzustellen, erlässt der Ausschuss in den folgenden Fällen einen verbindlichen Beschluss:

a) wenn eine betroffene Aufsichtsbehörde in einem Fall nach Artikel 60 Absatz 4 einen maßgeblichen und begründeten Einspruch gegen einen Beschlussentwurf der federführenden Aufsichtsbehörde eingelegt hat und sich die federführende Aufsichtsbehörde dem Einspruch nicht angeschlossen hat oder den Einspruch als nicht maßgeblich oder nicht begründet abgelehnt hat. Der verbindliche Beschluss betrifft alle Angelegenheiten, die Gegenstand des maßgeblichen und begründeten Einspruchs sind, insbesondere die Frage, ob ein Verstoß gegen diese Verordnung vorliegt,

b) wenn es widersprüchliche Standpunkte dazu gibt, welche der betroffenen Aufsichtsbehörden für die Hauptniederlassung zuständig ist,

c) wenn eine zuständige Aufsichtsbehörde in den in Artikel 64 Absatz 1 genannten Fällen keine Stellungnahme des Ausschusses einholt oder der Stellungnahme des Ausschusses gemäß Artikel 64 nicht folgt. In diesem Fall kann jede betroffene Aufsichtsbehörde oder die Kommission die Angelegenheit dem Ausschuss vorlegen.

(2) Der in Absatz 1 genannte Beschluss wird innerhalb eines Monats nach der Befassung mit der Angelegenheit mit einer Mehrheit von zwei Dritteln der Mitglieder des Ausschusses angenommen. Diese Frist kann wegen der Komplexität der Angelegenheit um einen weiteren Monat verlängert werden. Der in Absatz 1 genannte Beschluss wird begründet und

an die federführende Aufsichtsbehörde und alle betroffenen Aufsichtsbehörden übermittelt und ist für diese verbindlich.

(3) War der Ausschuss nicht in der Lage, innerhalb der in Absatz 2 genannten Fristen einen Beschluss anzunehmen, so nimmt er seinen Beschluss innerhalb von zwei Wochen nach Ablauf des in Absatz 2 genannten zweiten Monats mit einfacher Mehrheit der Mitglieder des Ausschusses an. Bei Stimmengleichheit zwischen den Mitgliedern des Ausschusses gibt die Stimme des Vorsitzes den Ausschlag.

(4) Die betroffenen Aufsichtsbehörden nehmen vor Ablauf der in den Absätzen 2 und 3 genannten Fristen keinen Beschluss über die dem Ausschuss vorgelegte Angelegenheit an.

(5) Der Vorsitz des Ausschusses unterrichtet die betroffenen Aufsichtsbehörden unverzüglich über den in Absatz 1 genannten Beschluss. Er setzt die Kommission hiervon in Kenntnis. Der Beschluss wird unverzüglich auf der Website des Ausschusses veröffentlicht, nachdem die Aufsichtsbehörde den in Absatz 6 genannten endgültigen Beschluss mitgeteilt hat.

(6) Die federführende Aufsichtsbehörde oder gegebenenfalls die Aufsichtsbehörde, bei der die Beschwerde eingereicht wurde, trifft den endgültigen Beschluss auf der Grundlage des in Absatz 1 des vorliegenden Artikels genannten Beschlusses unverzüglich und spätestens einen Monat, nachdem der Europäische Datenschutzausschuss seinen Beschluss mitgeteilt hat. Die federführende Aufsichtsbehörde oder gegebenenfalls die Aufsichtsbehörde, bei der die Beschwerde eingereicht wurde, setzt den Ausschuss von dem Zeitpunkt, zu dem ihr endgültiger Beschluss dem Verantwortlichen oder dem Auftragsverarbeiter bzw. der betroffenen Person mitgeteilt wird, in Kenntnis. Der endgültige Beschluss der betroffenen Aufsichtsbehörden wird gemäß Artikel 60 Absätze 7, 8 und 9 angenommen. Im endgültigen Beschluss wird auf den in Absatz 1 genannten Beschluss verwiesen und festgelegt, dass der in Absatz 1 des vorliegenden Artikels genannte Beschluss gemäß Absatz 5 auf der Website des Ausschusses veröffentlicht wird. Dem endgültigen Beschluss wird der in Absatz 1 des vorliegenden _Artikels genannte Beschluss beigefügt.

Artikel 66 Dringlichkeitsverfahren

(1) Unter außergewöhnlichen Umständen kann eine betroffene Aufsichtsbehörde abweichend vom Kohärenzverfahren nach Artikel 63, 64 und 65 oder dem Verfahren nach Artikel 60 sofort einstweilige Maßnahmen mit festgelegter Geltungsdauer von höchstens drei Monaten treffen, die in ihrem Hoheitsgebiet rechtliche Wirkung entfalten sollen, wenn sie zu der Auffassung gelangt, dass dringender Handlungsbedarf besteht, um Rechte und Freiheiten von betroffenen Personen zu schützen. Die

Aufsichtsbehörde setzt die anderen betroffenen Aufsichtsbehörden, den Ausschuss und die Kommission unverzüglich von diesen Maßnahmen und den Gründen für deren Erlass in Kenntnis.

(2) Hat eine Aufsichtsbehörde eine Maßnahme nach Absatz 1 ergriffen und ist sie der Auffassung, dass dringend endgültige Maßnahmen erlassen werden müssen, kann sie unter Angabe von Gründen im Dringlichkeitsverfahren um eine Stellungnahme oder einen verbindlichen Beschluss des Ausschusses ersuchen.

(3) Jede Aufsichtsbehörde kann unter Angabe von Gründen, auch für den dringenden Handlungsbedarf, im Dringlichkeitsverfahren um eine Stellungnahme oder gegebenenfalls einen verbindlichen Beschluss des Ausschusses ersuchen, wenn eine zuständige Aufsichtsbehörde trotz dringenden Handlungsbedarfs keine geeignete Maßnahme getroffen hat, um die Rechte und Freiheiten von betroffenen Personen zu schützen.

(4) Abweichend von Artikel 64 Absatz 3 und Artikel 65 Absatz 2 wird eine Stellungnahme oder ein verbindlicher Beschluss im Dringlichkeitsverfahren nach den Absätzen 2 und 3 binnen zwei Wochen mit einfacher Mehrheit der Mitglieder des Ausschusses angenommen.

Artikel 67 Informationsaustausch

Die Kommission kann Durchführungsrechtsakte von allgemeiner Tragweite zur Festlegung der Ausgestaltung des elektronischen Informationsaustauschs zwischen den Aufsichtsbehörden sowie zwischen den Aufsichtsbehörden und dem Ausschuss, insbesondere des standardisierten Formats nach Artikel 64, erlassen.

Diese Durchführungsrechtsakte werden gemäß dem Prüfverfahren nach Artikel 93 Absatz 2 erlassen.

Abschnitt 3
Europäischer Datenschutzausschu s s

Artikel 68 Europäischer Datenschutzausschuss

(1) Der Europäische Datenschutzausschuss (im Folgenden »Ausschuss«) wird als Einrichtung der Union mit eigener Rechtspersönlichkeit eingerichtet.

(2) Der Ausschuss wird von seinem Vorsitz vertreten.

(3) Der Ausschuss besteht aus dem Leiter einer Aufsichtsbehörde jedes Mitgliedstaats und dem Europäischen Datenschutzbeauftragten oder ihren jeweiligen Vertretern.

(4) Ist in einem Mitgliedstaat mehr als eine Aufsichtsbehörde für die Überwachung der Anwendung der nach Maßgabe dieser Verordnung erlassenen Vorschriften zuständig, so wird im Einklang mit den Rechtsvorschriften dieses Mitgliedstaats ein gemeinsamer Vertreter benannt.
(5) Die Kommission ist berechtigt, ohne Stimmrecht an den Tätigkeiten und Sitzungen des Ausschusses teilzunehmen. Die Kommission benennt einen Vertreter. Der Vorsitz des Ausschusses unterrichtet die Kommission über die Tätigkeiten des Ausschusses.
(6) In den in Artikel 65 genannten Fällen ist der Europäische Datenschutzbeauftragte nur bei Beschlüssen stimmberechtigt, die Grundsätze und Vorschriften betreffen, die für die Organe, Einrichtungen, Ämter und Agenturen der Union gelten und inhaltlich den Grundsätzen und Vorschriften dieser Verordnung entsprechen.

Artikel 69 Unabhängigkeit

(1) Der Ausschuss handelt bei der Erfüllung seiner Aufgaben oder in Ausübung seiner Befugnisse gemäß den Artikeln 70 und 71 unabhängig.
(2) Unbeschadet der Ersuchen der Kommission gemäß Artikel 70 Absätze 1 und 2 ersucht der Ausschuss bei der Erfüllung seiner Aufgaben oder in Ausübung seiner Befugnisse weder um Weisung noch nimmt er Weisungen entgegen.

Artikel 70 Aufgaben des Ausschusses

(1) Der Ausschuss stellt die einheitliche Anwendung dieser Verordnung sicher. Hierzu nimmt der Ausschuss von sich aus oder gegebenenfalls auf Ersuchen der Kommission insbesondere folgende Tätigkeiten wahr:
a) Überwachung und Sicherstellung der ordnungsgemäßen Anwendung dieser Verordnung in den in den Artikeln 64 und 65 genannten Fällen unbeschadet der Aufgaben der nationalen Aufsichtsbehörden;
b) Beratung der Kommission in allen Fragen, die im Zusammenhang mit dem Schutz personenbezogener Daten in der Union stehen, einschließlich etwaiger Vorschläge zur Änderung dieser Verordnung;
c) Beratung der Kommission über das Format und die Verfahren für den Austausch von Informationen zwischen den Verantwortlichen, den Auftragsverarbeitern und den Aufsichtsbehörden in Bezug auf verbindliche interne Datenschutzvorschriften;
d) Bereitstellung von Leitlinien, Empfehlungen und bewährten Verfahren zu Verfahren für die Löschung gemäß Artikel 17 Absatz 2 von Links zu personenbezogenen Daten oder Kopien oder Replikationen

dieser Daten aus öffentlich zugänglichen Kommunikationsdiensten;

e) Prüfung — von sich aus, auf Antrag eines seiner Mitglieder oder auf Ersuchen der Kommission — von die Anwendung dieser Verordnung betreffenden Fragen und Bereitstellung von Leitlinien, Empfehlungen und bewährten Verfahren zwecks Sicherstellung einer einheitlichen Anwendung dieser Verordnung;

f) Bereitstellung von Leitlinien, Empfehlungen und bewährten Verfahren gemäß Buchstabe e des vorliegenden Absatzes zur näheren Bestimmung der Kriterien und Bedingungen für die auf Profiling beruhenden Entscheidungen gemäß Artikel 22 Absatz 2;

g) Bereitstellung von Leitlinien, Empfehlungen und bewährten Verfahren gemäß Buchstabe e des vorliegenden Absatzes für die Feststellung von Verletzungen des Schutzes personenbezogener Daten und die Festlegung der Unverzüglichkeit im Sinne des Artikels 33 Absätze 1 und 2, und zu den spezifischen Umständen, unter denen der Verantwortliche oder der Auftragsverarbeiter die Verletzung des Schutzes personenbezogener Daten zu melden hat;

h) Bereitstellung von Leitlinien, Empfehlungen und bewährten Verfahren gemäß Buchstabe e des vorliegenden Absatzes zu den Umständen, unter denen eine Verletzung des Schutzes personenbezogener Daten voraussichtlich ein hohes Risiko für die Rechte und Freiheiten natürlicher Personen im Sinne des Artikels 34 Absatz 1 zur Folge hat;

i) Bereitstellung von Leitlinien, Empfehlungen und bewährten Verfahren gemäß Buchstabe e des vorliegenden Absatzes zur näheren Bestimmung der in Artikel 47 aufgeführten Kriterien und Anforderungen für die Übermittlungen personenbezogener Daten, die auf verbindlichen internen Datenschutzvorschriften von Verantwortlichen oder Auftragsverarbeitern beruhen, und der dort aufgeführten weiteren erforderlichen Anforderungen zum Schutz personenbezogener Daten der betroffenen Personen;

j) Bereitstellung von Leitlinien, Empfehlungen und bewährten Verfahren gemäß Buchstabe e des vorliegenden Absatzes zur näheren Bestimmung der Kriterien und Bedingungen für die Übermittlungen personenbezogener Daten gemäß Artikel 49 Absatz 1;

k) Ausarbeitung von Leitlinien für die Aufsichtsbehörden in Bezug auf die Anwendung von Maßnahmen nach Artikel 58 Absätze 1, 2 und 3 und die Festsetzung von Geldbußen gemäß Artikel 83;

l) Überprüfung der praktischen Anwendung der Leitlinien, Empfehlungen und bewährten Verfahren;

m) Bereitstellung von Leitlinien, Empfehlungen und bewährten Verfahren gemäß Buchstabe e des vorliegenden Absatzes zur Festlegung gemeinsamer Verfahren für die von natürlichen Personen vorgenommene Meldung von Verstößen gegen diese Verordnung gemäß Artikel 54 Absatz 2;

n) Förderung der Ausarbeitung von Verhaltensregeln und der Einrichtung von datenschutzspezifischen Zertifizierungsverfahren sowie Datenschutzsiegeln und -prüfzeichen gemäß den Artikeln 40 und 42;

o) Genehmigung der Zertifizierungskriterien gemäß Artikel 42 Absatz 5 und Führung eines öffentlichen Registers der Zertifizierungsverfahren sowie von Datenschutzsiegeln und -prüfzeichen gemäß Artikel 42 Absatz 8 und der in Drittländern niedergelassenen zertifizierten Verantwortlichen oder Auftragsverarbeiter gemäß Artikel 42 Absatz 7;

p) Genehmigung der in Artikel 43 Absatz 3 genannten Anforderungen im Hinblick auf die Akkreditierung von Zertifizierungsstellen gemäß Artikel 43;

q) Abgabe einer Stellungnahme für die Kommission zu den Zertifizierungsanforderungen gemäß Artikel 43 Absatz 8;

r) Abgabe einer Stellungnahme für die Kommission zu den Bildsymbolen gemäß Artikel 12 Absatz 7;

s) Abgabe einer Stellungnahme für die Kommission zur Beurteilung der Angemessenheit des in einem Drittland oder einer internationalen Organisation gebotenen Schutzniveaus einschließlich zur Beurteilung der Frage, ob das Drittland, das Gebiet, ein oder mehrere spezifische Sektoren in diesem Drittland oder eine internationale Organisation kein angemessenes Schutzniveau mehr gewährleistet. Zu diesem Zweck gibt die Kommission dem Ausschuss alle erforderlichen Unterlagen, darunter den Schriftwechsel mit der Regierung des Drittlands, dem Gebiet oder spezifischen Sektor oder der internationalen Organisation;

t) Abgabe von Stellungnahmen im Kohärenzverfahren gemäß Artikel 64 Absatz 1 zu Beschlussentwürfen von Aufsichtsbehörden, zu Angelegenheiten, die nach Artikel 64 Absatz 2 vorgelegt wurden und um Erlass verbindlicher Beschlüsse gemäß Artikel 65, einschließlich der in Artikel 66 genannten Fälle;

u) Förderung der Zusammenarbeit und eines wirksamen bilateralen und multilateralen Austauschs von Informationen und bewährten Verfahren zwischen den Aufsichtsbehörden;

v) Förderung von Schulungsprogrammen und Erleichterung des Personalaustausches zwischen Aufsichtsbehörden sowie gegebenenfalls mit Aufsichtsbehörden von Drittländern oder mit internationalen Organisationen;

w) Förderung des Austausches von Fachwissen und von Dokumentationen über Datenschutzvorschriften und -praxis mit Datenschutzaufsichtsbehörden in aller Welt;
x) Abgabe von Stellungnahmen zu den auf Unionsebene erarbeiteten Verhaltensregeln gemäß Artikel 40 Absatz 9 und
y) Führung eines öffentlich zugänglichen elektronischen Registers der Beschlüsse der Aufsichtsbehörden und Gerichte in Bezug auf Fragen, die im Rahmen des Kohärenzverfahrens behandelt wurden.

(2) Die Kommission kann, wenn sie den Ausschuss um Rat ersucht, unter Berücksichtigung der Dringlichkeit des Sachverhalts eine Frist angeben.

(3) Der Ausschuss leitet seine Stellungnahmen, Leitlinien, Empfehlungen und bewährten Verfahren an die Kommission und an den in Artikel 93 genannten Ausschuss weiter und veröffentlicht sie.

(4) Der Ausschuss konsultiert gegebenenfalls interessierte Kreise und gibt ihnen Gelegenheit, innerhalb einer angemessenen Frist Stellung zu nehmen. Unbeschadet des Artikels 76 macht der Ausschuss die Ergebnisse der Konsultation der Öffentlichkeit zugänglich.

Artikel 71 Berichterstattung

(1) Der Ausschuss erstellt einen Jahresbericht über den Schutz natürlicher Personen bei der Verarbeitung in der Union und gegebenenfalls in Drittländern und internationalen Organisationen. Der Bericht wird veröffentlicht und dem Europäischen Parlament, dem Rat und der Kommission übermittelt.

(2) Der Jahresbericht enthält eine Überprüfung der praktischen Anwendung der in Artikel 70 Absatz 1 Buchstabe l genannten Leitlinien, Empfehlungen und bewährten Verfahren sowie der in Artikel 65 genannten verbindlichen Beschlüsse.

Artikel 72 Verfahrensweise

(1) Sofern in dieser Verordnung nichts anderes bestimmt ist, fasst der Ausschuss seine Beschlüsse mit einfacher Mehrheit seiner Mitglieder.

(2) Der Ausschuss gibt sich mit einer Mehrheit von zwei Dritteln seiner Mitglieder eine Geschäftsordnung und legt seine Arbeitsweise fest.

Artikel 73 Vorsitz

(1) Der Ausschuss wählt aus dem Kreis seiner Mitglieder mit einfacher Mehrheit einen Vorsitzenden und zwei stellvertretende Vorsitzende.

(2) Die Amtszeit des Vorsitzenden und seiner beiden Stellvertreter beträgt fünf Jahre; ihre einmalige Wiederwahl ist zulässig.

Artikel 74 Aufgaben des Vorsitzes

(1) Der Vorsitz hat folgende Aufgaben:
a) Einberufung der Sitzungen des Ausschusses und Erstellung der Tagesordnungen,
b) Übermittlung der Beschlüsse des Ausschusses nach Artikel 65 an die federführende Aufsichtsbehörde und die betroffenen Aufsichtsbehörden,
c) Sicherstellung einer rechtzeitigen Ausführung der Aufgaben des Ausschusses, insbesondere der Aufgaben im Zusammenhang mit dem Kohärenzverfahren nach Artikel 63.

(2) Der Ausschuss legt die Aufteilung der Aufgaben zwischen dem Vorsitzenden und dessen Stellvertretern in seiner Geschäftsordnung fest.

Artikel 75 Sekretariat

(1) Der Ausschuss wird von einem Sekretariat unterstützt, das von dem Europäischen Datenschutzbeauftragten bereitgestellt wird.

(2) Das Sekretariat führt seine Aufgaben ausschließlich auf Anweisung des Vorsitzes des Ausschusses aus.

(3) Das Personal des Europäischen Datenschutzbeauftragten, das an der Wahrnehmung der dem Ausschuss gemäß dieser Verordnung übertragenen Aufgaben beteiligt ist, unterliegt anderen Berichtspflichten als das Personal, das an der Wahrnehmung der dem Europäischen Datenschutzbeauftragten übertragenen Aufgaben beteiligt ist.

(4) Soweit angebracht, erstellen und veröffentlichen der Ausschuss und der Europäische Datenschutzbeauftragte eine Vereinbarung zur Anwendung des vorliegenden Artikels, in der die Bedingungen ihrer Zusammenarbeit festgelegt sind und die für das Personal des Europäischen Datenschutzbeauftragten gilt, das an der Wahrnehmung der dem Ausschuss gemäß dieser Verordnung übertragenen Aufgaben beteiligt ist.

(5) Das Sekretariat leistet dem Ausschuss analytische, administrative und logistische Unterstützung.

(6) Das Sekretariat ist insbesondere verantwortlich für
a) das Tagesgeschäft des Ausschusses,
b) die Kommunikation zwischen den Mitgliedern des Ausschusses, seinem Vorsitz und der Kommission,
c) die Kommunikation mit anderen Organen und mit der Öffentlichkeit,

d) den Rückgriff auf elektronische Mittel für die interne und die externe Kommunikation,
e) die Übersetzung sachdienlicher Informationen,
f) die Vor- und Nachbereitung der Sitzungen des Ausschusses,
g) die Vorbereitung, Abfassung und Veröffentlichung von Stellungnahmen, von Beschlüssen über die Beilegung von Streitigkeiten zwischen Aufsichtsbehörden und von sonstigen vom Ausschuss angenommenen Dokumenten.

Artikel 76 Vertraulichkeit

(1) Die Beratungen des Ausschusses sind gemäß seiner Geschäftsordnung vertraulich, wenn der Ausschuss dies für erforderlich hält.
(2) Der Zugang zu Dokumenten, die Mitgliedern des Ausschusses, Sachverständigen und Vertretern von Dritten vorgelegt werden, wird durch die Verordnung (EG) Nr. 1049/2001 des Europäischen Parlaments und des Rates[1] geregelt.

Kapitel VIII
Rechtsbehelfe, Haftung und Sanktionen

Artikel 77 Recht auf Beschwerde bei einer Aufsichtsbehörde

(1) Jede betroffene Person hat unbeschadet eines anderweitigen verwaltungsrechtlichen oder gerichtlichen Rechtsbehelfs das Recht auf Beschwerde bei einer Aufsichtsbehörde, insbesondere in dem Mitgliedstaat ihres gewöhnlichen Aufenthaltsorts, ihres Arbeitsplatzes oder des Orts des mutmaßlichen Verstoßes, wenn die betroffene Person der Ansicht ist, dass die Verarbeitung der sie betreffenden personenbezogenen Daten gegen diese Verordnung verstößt.
(2) Die Aufsichtsbehörde, bei der die Beschwerde eingereicht wurde, unterrichtet den Beschwerdeführer über den Stand und die Ergebnisse der Beschwerde einschließlich der Möglichkeit eines gerichtlichen Rechtsbehelfs nach Artikel 78.

---

1 Verordnung (EG) Nr. 1049/2001 des Europäischen Parlaments und des Rates vom 30. Mai 2001 über den Zugang der Öffentlichkeit zu Dokumenten des Europäischen Parlaments, des Rates und der Kommission (ABl. L 145 vom 31. 5. 2001, S. 43).

Durch **Abs. 1** wird allen betroffenen Personen das **Recht** eingeräumt, sich **an eine Aufsichtsbehörde zu wenden**, wenn sie der Auffassung sind, dass die Verarbeitung von sie betreffenden personenbezogenen Daten gegen die DSGVO verstößt. Das Recht besteht unabhängig davon, dass spezifische verwaltungsrechtliche oder gerichtliche Handlungsmöglichkeiten bestehen. Betroffene Personen können sich an jede staatliche Aufsichtsbehörde für Datenschutz wenden. Die angesprochene Aufsichtsbehörde muss eine Eingabe der betroffenen Person behandeln.[2] 1

Das **Recht auf Beschwerde** steht auch **Beschäftigten** uneingeschränkt zu. Sie können es unabhängig von betrieblichen Zuständigkeiten oder Vorgaben und ohne Beachtung eines Dienstwegs wahrnehmen. 2

Nach **Abs. 2** müssen die Beschwerdeführer von der Aufsichtsbehörde, an die sie sich gewandt haben, über den Fortgang des Verfahrens sowie über mögliche gerichtliche Rechtsbehelfe nach Art. 78 unterrichtet werden. 3

Artikel 78 Recht auf wirksamen gerichtlichen Rechtsbehelf gegen eine Aufsichtsbehörde

(1) Jede natürliche oder juristische Person hat unbeschadet eines anderweitigen verwaltungsrechtlichen oder außergerichtlichen Rechtsbehelfs das Recht auf einen wirksamen gerichtlichen Rechtsbehelf gegen einen sie betreffenden rechtsverbindlichen Beschluss einer Aufsichtsbehörde.

(2) Jede betroffene Person hat unbeschadet eines anderweitigen verwaltungsrechtlichen oder außergerichtlichen Rechtbehelfs das Recht auf einen wirksamen gerichtlichen Rechtsbehelf, wenn die nach den Artikeln 55 und 56 zuständige Aufsichtsbehörde sich nicht mit einer Beschwerde befasst oder die betroffene Person nicht innerhalb von drei Monaten über den Stand oder das Ergebnis der gemäß Artikel 77 erhobenen Beschwerde in Kenntnis gesetzt hat.

(3) Für Verfahren gegen eine Aufsichtsbehörde sind die Gerichte des Mitgliedstaats zuständig, in dem die Aufsichtsbehörde ihren Sitz hat.

(4) Kommt es zu einem Verfahren gegen den Beschluss einer Aufsichtsbehörde, dem eine Stellungnahme oder ein Beschluss des Ausschusses im Rahmen des Kohärenzverfahrens vorangegangen ist, so leitet die Aufsichtsbehörde diese Stellungnahme oder diesen Beschluss dem Gericht zu.

Treffen Aufsichtsbehörden im Bereich des Datenschutzes Entscheidungen zu Lasten von natürlichen oder juristischen Personen, haben diese nach **Abs. 1** das Recht auf einen **wirksamen gerichtlichen Rechtsbehelf**. Dies ist nach **Abs. 2** insbesondere dann der Fall, wenn sich eine zuständige **Aufsichts-**

2 Vgl. DWWS-*Sommer*, Art. 77 Rn. 4ff.

behörde mit einer Beschwerde **nicht befasst** oder wenn sie **nicht innerhalb von drei Monaten** über den Stand der Prüfung oder ein Ergebnis informiert hat. Zuständig sind nach **Abs. 3** die **Gerichte des Mitgliedsstaats**, in dem die Aufsichtsbehörde angesiedelt ist. Nach **Abs. 4** muss die Aufsichtsbehörde **Entscheidungen** aus einem einschlägigen **Kohärenzverfahren** an das zuständige Gericht **weiterleiten.**

Artikel 79 Recht auf wirksamen gerichtlichen Rechtsbehelf gegen Verantwortliche oder Auftragsverarbeiter

(1) Jede betroffene Person hat unbeschadet eines verfügbaren verwaltungsrechtlichen oder außergerichtlichen Rechtsbehelfs einschließlich des Rechts auf Beschwerde bei einer Aufsichtsbehörde gemäß Artikel 77 das Recht auf einen wirksamen gerichtlichen Rechtsbehelf, wenn sie der Ansicht ist, dass die ihr aufgrund dieser Verordnung zustehenden Rechte infolge einer nicht im Einklang mit dieser Verordnung stehenden Verarbeitung ihrer personenbezogenen Daten verletzt wurden.

(2) Für Klagen gegen einen Verantwortlichen oder gegen einen Auftragsverarbeiter sind die Gerichte des Mitgliedstaats zuständig, in dem der Verantwortliche oder der Auftragsverarbeiter eine Niederlassung hat. Wahlweise können solche Klagen auch bei den Gerichten des Mitgliedstaats erhoben werden, in dem die betroffene Person ihren gewöhnlichen Aufenthaltsort hat, es sei denn, es handelt sich bei dem Verantwortlichen oder dem Auftragsverarbeiter um eine Behörde eines Mitgliedstaats, die in Ausübung ihrer hoheitlichen Befugnisse tätig geworden ist.

1 **Abs. 1** räumt betroffenen Personen die Möglichkeit ein, gegen eine Verarbeitung ihrer personenbezogenen Daten, die nicht im Einklang mit der DSGVO steht, **gerichtlich gegen Verantwortliche** oder **Auftragsverarbeiter vorzugehen**. Der durch das deutsche Recht vorgegebene Rechtsweg ist zu beachten. Beschäftigte müssen entsprechende Klagen deshalb beim zuständigen Arbeitsgericht einreichen.

2 Außerhalb der **national vorgegebenen Rechtswege** bestimmt sich die Möglichkeit für **Klagen** im **internationalen** Bereich nach **Abs. 2**. Betroffenen Personen steht sowohl die Klage am Niederlassungsort als auch an ihrem eigenen gewöhnlichen Aufenthaltsort offen. Damit wäre es beispielsweise Beschäftigten möglich, gegen ein ausländisches Konzernunternehmen eine Klage bei einem Gericht an ihrem Aufenthaltsort einzureichen oder am Ort der Konzernzentrale.

Artikel 80 Vertretung von betroffenen Personen

(1) Die betroffene Person hat das Recht, eine Einrichtung, Organisationen oder Vereinigung ohne Gewinnerzielungsabsicht, die ordnungsgemäß nach dem Recht eines Mitgliedstaats gegründet ist, deren satzungsmäßige Ziele im öffentlichem Interesse liegen und die im Bereich des Schutzes der Rechte und Freiheiten von betroffenen Personen in Bezug auf den Schutz ihrer personenbezogenen Daten tätig ist, zu beauftragen, in ihrem Namen eine Beschwerde einzureichen, in ihrem Namen die in den Artikeln 77, 78 und 79 genannten Rechte wahrzunehmen und das Recht auf Schadensersatz gemäß Artikel 82 in Anspruch zu nehmen, sofern dieses im Recht der Mitgliedstaaten vorgesehen ist.

(2) Die Mitgliedstaaten können vorsehen, dass jede der in Absatz 1 des vorliegenden Artikels genannten Einrichtungen, Organisationen oder Vereinigungen unabhängig von einem Auftrag der betroffenen Person in diesem Mitgliedstaat das Recht hat, bei der gemäß Artikel 77 zuständigen Aufsichtsbehörde eine Beschwerde einzulegen und die in den Artikeln 78 und 79 aufgeführten Rechte in Anspruch zu nehmen, wenn ihres Erachtens die Rechte einer betroffenen Person gemäß dieser Verordnung infolge einer Verarbeitung verletzt worden sind.

Abs. 1 begründet für den Bereich des Datenschutzrechts die Möglichkeit einer **kollektiven Interessenvertretung**, wie sie bereits im Umweltrecht und in Bereichen des Verbraucherrechts verankert ist.[1] Betroffene Personen haben nach dieser Vorschrift das Recht, Einrichtungen, Organisationen oder Vereinigungen ohne Gewinnerzielungsabsicht, die im Datenschutzbereich tätig sind, damit zu beauftragen, in ihrem Namen tätig zu werden. Bei den genannten Einrichtungen, Organisationen oder Vereinigungen kann es sich beispielsweise um im Bereich des Datenschutzes tätige Vereine handeln, aber auch um Verbraucherschutzverbände, Datenschutzstiftungen oder Gewerkschaften.[2] 1

Betroffene Personen haben das Recht, geeigneten Organisationen in einer Art **Prozessstandschaft** die Befugnis zu übertragen, in ihrem Namen die in Art. 77–79 genannten Rechte wahrzunehmen sowie Schadensersatzansprüche gem. Art. 82 geltend zu machen.[3] In diesem Rahmen kann die beauftragte Stelle das weitere Vorgehen selbst bestimmen.[4] 2

1 Vgl. DWWS-*Weichert*, Art. 80 Rn. 1.

2 Vgl. ähnlich Auernhammer-*von Lewinski*, Art. 80 Rn. 6.

3 Vgl. Kühling/Buchner-*Bergt*, Art. 80 Rn. 10; *Schantz*, NJW 2016, 1847; DWWS-*Weichert*, Art. 80 Rn. 6; a. A. bezüglich der Prozessstandschaft Gola-*Werkmeister*, Art. 80 Rn. 8.

4 Vgl. DWWS-*Weichert*, Art. 80 Rn. 6.

3 Neben der Beauftragung durch betroffene Personen beinhaltet die Vorschrift in **Abs. 2** die Möglichkeit, in den Mitgliedsstaaten Regelungen zu einem **selbständigen Verbandsklagerecht** bzw. **Verbandsbeschwerderecht** zu eröffnen. Diesbezüglich findet sich eine allgemeine Klagebefugnis, auf die ggf. zurückgegriffen werden kann, bereits in § 2 Abs. 2 Nr. 11 UKlaG.

Artikel 81 Aussetzung des Verfahrens

(1) Erhält ein zuständiges Gericht in einem Mitgliedstaat Kenntnis von einem Verfahren zu demselben Gegenstand in Bezug auf die Verarbeitung durch denselben Verantwortlichen oder Auftragsverarbeiter, das vor einem Gericht in einem anderen Mitgliedstaat anhängig ist, so nimmt es mit diesem Gericht Kontakt auf, um sich zu vergewissern, dass ein solches Verfahren existiert.
(2) Ist ein Verfahren zu demselben Gegenstand in Bezug auf die Verarbeitung durch denselben Verantwortlichen oder Auftragsverarbeiter vor einem Gericht in einem anderen Mitgliedstaat anhängig, so kann jedes später angerufene zuständige Gericht das bei ihm anhängige Verfahren aussetzen.
(3) Sind diese Verfahren in erster Instanz anhängig, so kann sich jedes später angerufene Gericht auf Antrag einer Partei auch für unzuständig erklären, wenn das zuerst angerufene Gericht für die betreffenden Klagen zuständig ist und die Verbindung der Klagen nach seinem Recht zulässig ist.

1 Die Regelung kommt zur Anwendung, wenn vor Gerichten in verschiedenen Mitgliedsstaaten parallele Verfahren zur Verarbeitung durch denselben Verantwortlichen oder Auftragsverarbeiter geführt werden. Vor diesem Hintergrund sollen unterschiedliche Entscheidungen zum selben Sachverhalt vermieden werden.[5]

2 Durch **Abs. 1** werden die beteiligten Gerichte verpflichtet, in derartigen Fällen **Kontakt** zueinander aufzunehmen. Erhält ein Gericht Kenntnis von einem parallelen Verfahren zum selben Gegenstand, kann es nach **Abs. 2** das **Verfahren aussetzen**, bis das zuerst mit einem Fall befasste entschieden hat. Einem später angerufenen Gericht räumt **Abs. 3** die Möglichkeit ein, sich für **unzuständig zu erklären**.

Artikel 82 Haftung und Recht auf Schadensersatz

(1) Jede Person, der wegen eines Verstoßes gegen diese Verordnung ein materieller oder immaterieller Schaden entstanden ist, hat Anspruch auf

5 Vgl. DWWS-*Sommer*, Art. 81 Rn. 1.

Schadenersatz gegen den Verantwortlichen oder gegen den Auftragsverarbeiter.

(2) Jeder an einer Verarbeitung beteiligte Verantwortliche haftet für den Schaden, der durch eine nicht dieser Verordnung entsprechende Verarbeitung verursacht wurde. Ein Auftragsverarbeiter haftet für den durch eine Verarbeitung verursachten Schaden nur dann, wenn er seinen speziell den Auftragsverarbeitern auferlegten Pflichten aus dieser Verordnung nicht nachgekommen ist oder unter Nichtbeachtung der rechtmäßig erteilten Anweisungen des für die Datenverarbeitung Verantwortlichen oder gegen diese Anweisungen gehandelt hat.

(3) Der Verantwortliche oder der Auftragsverarbeiter wird von der Haftung gemäß Absatz 2 befreit, wenn er nachweist, dass er in keinerlei Hinsicht für den Umstand, durch den der Schaden eingetreten ist, verantwortlich ist.

(4) Ist mehr als ein Verantwortlicher oder mehr als ein Auftragsverarbeiter bzw. sowohl ein Verantwortlicher als auch ein Auftragsverarbeiter an derselben Verarbeitung beteiligt und sind sie gemäß den Absätzen 2 und 3 für einen durch die Verarbeitung verursachten Schaden verantwortlich, so haftet jeder Verantwortliche oder jeder Auftragsverarbeiter für den gesamten Schaden, damit ein wirksamer Schadensersatz für die betroffene Person sichergestellt ist.

(5) Hat ein Verantwortlicher oder Auftragsverarbeiter gemäß Absatz 4 vollständigen Schadenersatz für den erlittenen Schaden gezahlt, so ist dieser Verantwortliche oder Auftragsverarbeiter berechtigt, von den übrigen an derselben Verarbeitung beteiligten für die Datenverarbeitung Verantwortlichen oder Auftragsverarbeitern den Teil des Schadenersatzes zurückzufordern, der unter den in Absatz 2 festgelegten Bedingungen ihrem Anteil an der Verantwortung für den Schaden entspricht.

(6) Mit Gerichtsverfahren zur Inanspruchnahme des Rechts auf Schadenersatz sind die Gerichte zu befassen, die nach den in Artikel 79 Absatz 2 genannten Rechtsvorschriften des Mitgliedstaats zuständig sind.

Inhaltsübersicht Rn.

I.	Allgemeines	1
II.	Anspruchsberechtigte (Abs. 1)	2– 5
III.	Ersatzpflichtige (Abs. 2)	6– 7
IV.	Haftungsbefreiung (Abs. 3)	8
V.	Gesamtschuldnerische Haftung und interner Ausgleich (Abs. 4 und 5)	9
VI.	Gerichtsstand (Abs. 6)	10
VII.	Beschäftigtendatenschutz	11–12

I. Allgemeines

1 Die Regelung zur Haftung in **Abs. 1** geht über den Rahmen hinaus, den §§ 7 und 8 BDSG a. F. vorgaben. Einen spezifischen **datenschutzrechtlichen Haftungsanspruch** haben hiernach Personen, denen wegen eines Verstoßes gegen die DSGVO ein materieller oder immaterieller Schaden entstanden ist. Durch **Abs. 2** wird festgelegt, dass sowohl **Verantwortliche** wie auch **Auftragsverarbeiter** zum **Schadensersatz** verpflichtet sein können. Sie werden nach **Abs. 3** von der **Haftung befreit**, wenn sie nachweisen können, dass sie nicht verantwortlich sind. In **Abs. 4** wird eine **gesamtschuldnerische Haftung** festgeschrieben und in **Abs. 5** eine **Ausgleichspflicht** im Innenverhältnis zwischen verschiedenen Verantwortlichen und Auftragsverarbeitern. Der **Rechtsweg** für die Durchsetzung von Schadenersatz kann nach **Abs. 6** von den Mitgliedsstaaten festgelegt werden.

II. Anspruchsberechtigte (Abs. 1)

2 Der **Ersatzanspruch** steht nach **Abs. 1** jeder Person zu, der aufgrund eines Verstoßes gegen die DSGVO ein **Schaden entstanden ist**. Dieser Anspruch richtet sich gegen Verantwortliche oder gegen Auftragsverarbeiter. Er steht nur natürlichen Personen zu.[1] Betroffene Personen können einen Ausgleich sowohl für materielle als auch immaterielle Schäden fordern.

3 **Materielle Schäden** können betroffenen Personen beispielsweise durch eine datenschutzrechtlich **unzulässige Übermittlung von Gesundheitsdaten** an einen potenziellen Arbeitgeber entstehen, in deren Folge eine beabsichtigte Beschäftigung aufgrund von Vorerkrankungen nicht in Betracht kommt. Gleiches könnte gelten, wenn wegen der datenschutzrechtlich **unzulässigen Information** eines Arbeitgebers über die **Gewerkschaftszugehörigkeit** von Bewerbern ein Beschäftigungsverhältnis in der Probezeit gekündigt wird.

4 Bedeutender ist der Schadensersatzanspruch für **immaterielle Schäden**. Für die Begründung dieses Anspruchs kommt es nicht darauf an, ob Verstöße von Verantwortlichen oder Auftragsverarbeitern eine Erheblichkeitsschwelle erreicht haben.[2] Ein immaterieller Schaden kann etwa in einer Verletzung des Persönlichkeitsrechts aufgrund exzessiver Kameraüberwachung bestehen.[3] Ein immaterieller Schaden kann auch durch eine **unzulässige**

---

1 Vgl. Auernhammer-*Eßer*, Art. 82 Rn. 4; offener DWWS-*Däubler*, Art. 82 Rn. 4, der Ansprüche juristischer Personen nicht vollständig ausschließt.

2 Vgl. LAG Niedersachsen 22. 10. 2021 – 16 Sa 761/20.

3 Vgl. ArbG Frankfurt 8. 11. 2013 – 22 Ca 9428/12, ZD 2014, 633, das einem Arbeitnehmer in einem solchen Fall ein Schmerzensgeld in Höhe von EUR 3500 zugesprochen hat.

Observation eines Beschäftigten entstehen.[4] Ein immaterieller Nachteil, der als Schadensersatz geltend gemacht werden kann, folgt auch aus der Anfertigung heimlicher Videoaufnahmen durch einen Privatdetektiv.[5]

Im **Streitfall** muss eine betroffene Person allerdings nachweisen, dass eine **Kausalität** zwischen dem entstanden materiellen oder immateriellen Schaden und einer von einem Verantwortlichen oder Auftragsverarbeiter zu vertretenden, nach der DSGVO unzulässigen Verarbeitung besteht.[6] 5

III. Ersatzpflichtige (Abs. 2)

Der Anspruch von betroffenen Personen kann sich nach **Abs. 2 nur** gegen **Verantwortliche** oder gegen **Auftragsverarbeiter** richten, die eine unzulässige Verarbeitung personenbezogener Daten durchgeführt haben. **Keine eigenständige Ausgleichsverpflichtung** haben hingegen etwa Datenschutzbeauftragte, Vorgesetzte oder Betriebs- bzw. Personalräte. Verantwortlichen oder Auftragsverarbeitern wird jedoch ein schuldhaftes Verhalten von Mitarbeitern nach allgemeinen zivilrechtlichen Regeln zugerechnet. 6

Die Haftung der **Auftragsverarbeiter** wird durch **Abs. 2 Satz 2** auf die Fälle **begrenzt**, in denen sie die vom Auftraggeber erteilten Anweisungen nicht beachten oder gegen die speziellen Pflichten verstoßen, die die DSGVO Auftragsverarbeitern auferlegt. 7

IV. Haftungsbefreiung (Abs. 3)

Betroffene Personen, die Schadensersatzansprüche geltend machen, müssen nach **Abs. 3** lediglich nach den Grundsätzen des **Anscheinsbeweises** darlegen, dass Verantwortliche oder Auftragsverarbeiter gegen Vorgaben der DSGVO verstoßen haben. Dabei müssen sie darlegen, welcher Schaden ihnen entstanden ist.[7] Da sie keinen Einblick in die konkreten Datenverarbeitungsprozesse haben, müssen die betroffenen Personen in einem Verfahren darüber hinaus keinen detaillierten Sachvortrag machen, um einen substantiierten Nachweis führen zu können.[8] **Verantwortliche** oder **Auftragsverarbeiter** können sich von der aus Abs. 2 folgenden Haftung **nur befreien**, wenn sie **nachweisen** können, dass sie **in keinerlei Hinsicht** für den Schadenseintritt **verantwortlich sind**. Sie tragen damit eine **uneingeschränkte Beweislast** dafür, dass sie einschlägige Vorgaben der DSGVO 8

---

4 Vgl. ArbG Gelsenkirchen 21.2.2017 – 5 Ca 1708/16, AuR 2017, 217.

5 Vgl. BAG 19.2.2015 – 8 AZR 1007/13, NZA 2015, 994.

6 Vgl. LAG Baden-Württemberg 25.2.2021 – 17 Sa 37/20.

7 OLG Bremen 16.7.2021 – 1 W 18/21.

8 Vgl. Auernhammer-*Eßer*, Art. 82 Rn. 10.

zum Schutz von personenbezogenen Daten eingehalten haben. Hierzu gehören insbesondere die in Art. 5 Abs. 1 verankerten Grundsätze, darüber hinaus aber auch alle anderen dem Schutz von personenbezogenen Daten dienenden Vorschriften in der DSGVO. Damit kommt beispielsweise der Rechenschaftspflicht nach Art. 5 Abs. 2 in einem Schadensersatzverfahren eine herausragende Bedeutung zu. Kann der Beweis für eine in keinerlei Hinsicht bestehende Verantwortlichkeit nicht erbracht werden, besteht die Schadensersatzpflicht von Verantwortlichen oder Auftragsverarbeitern uneingeschränkt.

V. Gesamtschuldnerische Haftung und interner Ausgleich (Abs. 4 und 5)

9 Um die Schadensersatzansprüche von betroffenen Personen sicherzustellen, enthält **Abs. 4** zugunsten der betroffenen Personen die Möglichkeit, im Rahmen einer **gesamtschuldnerischen Haftung** jeden einzelnen der an einer Verarbeitung beteiligten Verantwortlichen oder Auftragsverarbeiter für den **gesamten Schaden** in Anspruch zu nehmen. Betroffene Personen können damit beispielsweise den verantwortlichen Auftragsverarbeiter auswählen, dessen Gerichtsstand in Deutschland bzw. innerhalb der EU angesiedelt ist.

Kommt es zu einer **gesamtschuldnerischen Inanspruchnahme** einzelner Verantwortlicher oder Auftragsverarbeiter, kann nach der Regelung in **Abs. 5** derjenige, der für einen Schaden vollständig gezahlt hat, entsprechende Anteile bei den Mitverantwortlichen zurückverlangen.

VI. Gerichtsstand (Abs. 6)

10 Die Regelungen in **Abs. 6** beziehen sich auf **Rechtsvorschriften** zum Gerichtsverfahren in den **Mitgliedsstaaten**. Unter Beachtung von Art. 79 Abs. 2 können betroffene Personen einen Schadensersatzanspruch am Ort der Niederlassung des Unternehmens oder am eigenen Aufenthaltsort geltend machen.[9]

VII. Beschäftigtendatenschutz

11 Der **Schadensersatzanspruch** nach Art. 82 steht auch **Beschäftigten** zu, wenn ihr Arbeitgeber in seiner Eigenschaft als Verantwortlicher nach Art. 4 Nr. 7 ihnen einen materiellen oder immateriellen Schaden zufügt. Dies kann beispielsweise bei **datenschutzrechtlich unzulässigen Überwachungsmaßnahmen** der Fall sein, aber auch bei einer unberechtigten Weitergaben von

9 Vgl. ausführlich Plath-*Becker*, Art. 82 Rn. 8.

Daten innerhalb von Konzernstrukturen. Der Schadensersatzanspruch kann während eines **laufenden Beschäftigungsverhältnisses** geltend gemacht werden, aber auch bei oder **nach** dessen **Beendigung**. Dies eröffnet Beschäftigten insbesondere im Rahmen eines **Kündigungsschutzprozesses** die Möglichkeit, auf Datenschutzverstöße zu reagieren, die zur Beendigung des Beschäftigungsverhältnisses geführt haben. Hat beispielsweise ein Arbeitgeber durch eine datenschutzwidrige heimliche Überwachung per Videokamera oder durch unzulässige Vorratsdatenspeicherungen Argumente gesammelt, die er für die Aussprache einer Kündigung genutzt hat, können Beschäftigte durch die Geltendmachung eines Schadensersatzanspruchs das Fehlen eines Sachvortragsverwertungsverbots zumindest teilweise kompensieren.

Erste arbeitsgerichtliche Entscheidungen zeichnen noch kein klares Bild zu 12
bestehenden Schadensersatzforderungen. Ein Anspruch von Beschäftigten auf einen immateriellen Schadensersatz soll beispielsweise bestehen, wenn ein Arbeitgeber Informationen über sie nach Ende des Beschäftigungsverhältnisses weiter im Internet zur Verfügung stellt[10] oder wenn er einem berechtigten Auskunftsersuchen von Beschäftigten nach sechs Monaten noch nicht nachgekommen ist.[11] Ein immaterieller Schadensersatzanspruch fehlt, wenn ein Arbeitgeber Beschäftigtendaten nur im Probebetrieb verarbeitet, um einen späteren Produktivbetrieb vorzubereiten.[12]

Artikel 83 Allgemeine Bedingungen für die Verhängung von Geldbußen

(1) Jede Aufsichtsbehörde stellt sicher, dass die Verhängung von Geldbußen gemäß diesem Artikel für Verstöße gegen diese Verordnung gemäß den Absätzen 4, 5 und 6 in jedem Einzelfall wirksam, verhältnismäßig und abschreckend ist.

(2) Geldbußen werden je nach den Umständen des Einzelfalls zusätzlich zu oder anstelle von Maßnahmen nach Artikel 58 Absatz 2 Buchstaben a bis h und j verhängt. Bei der Entscheidung über die Verhängung einer Geldbuße und über deren Betrag wird in jedem Einzelfall Folgendes gebührend berücksichtigt:

a) Art, Schwere und Dauer des Verstoßes unter Berücksichtigung der Art, des Umfangs oder des Zwecks der betreffenden Verarbeitung

10 LAG Köln 14.9.2020 – 2 Sa 358/20, das den Betrag von EUR 300 aus der ersten Instanz bestätigt hat.

11 LAG Hamm 11.5.2021 – 6 Sa 1260/20, das einem Beschäftigten EUR 1000 zugesprochen hat; vgl. auch ArbG Düsseldorf 5.3.2020 – 9 Ca 6557/18 (n.rkr.), das in einem vergleichbaren Fall einen Betrag von EUR 5000 ausgeurteilt hat.

12 LAG Baden-Württemberg 25.2.2021 – 17 Sa 37/20.

sowie der Zahl der von der Verarbeitung betroffenen Personen und des Ausmaßes des von ihnen erlittenen Schadens;

b) Vorsätzlichkeit oder Fahrlässigkeit des Verstoßes;

c) jegliche von dem Verantwortlichen oder dem Auftragsverarbeiter getroffenen Maßnahmen zur Minderung des den betroffenen Personen entstandenen Schadens;

d) Grad der Verantwortung des Verantwortlichen oder des Auftragsverarbeiters unter Berücksichtigung der von ihnen gemäß den Artikeln 25 und 32 getroffenen technischen und organisatorischen Maßnahmen;

e) etwaige einschlägige frühere Verstöße des Verantwortlichen oder des Auftragsverarbeiters;

f) Umfang der Zusammenarbeit mit der Aufsichtsbehörde, um dem Verstoß abzuhelfen und seine möglichen nachteiligen Auswirkungen zu mindern;

g) Kategorien personenbezogener Daten, die von dem Verstoß betroffen sind;

h) Art und Weise, wie der Verstoß der Aufsichtsbehörde bekannt wurde, insbesondere ob und gegebenenfalls in welchem Umfang der Verantwortliche oder der Auftragsverarbeiter den Verstoß mitgeteilt hat;

i) Einhaltung der nach Artikel 58 Absatz 2 früher gegen den für den betreffenden Verantwortlichen oder Auftragsverarbeiter in Bezug auf denselben Gegenstand angeordneten Maßnahmen, wenn solche Maßnahmen angeordnet wurden;

j) Einhaltung von genehmigten Verhaltensregeln nach Artikel 40 oder genehmigten Zertifizierungsverfahren nach Artikel 42 und

k) jegliche anderen erschwerenden oder mildernden Umstände im jeweiligen Fall, wie unmittelbar oder mittelbar durch den Verstoß erlangte finanzielle Vorteile oder vermiedene Verluste.

(3) Verstößt ein Verantwortlicher oder ein Auftragsverarbeiter bei gleichen oder miteinander verbundenen Verarbeitungsvorgängen vorsätzlich oder fahrlässig gegen mehrere Bestimmungen dieser Verordnung, so übersteigt der Gesamtbetrag der Geldbuße nicht den Betrag für den schwerwiegendsten Verstoß.

(4) Bei Verstößen gegen die folgenden Bestimmungen werden im Einklang mit Absatz 2 Geldbußen von bis zu 10 000 000 EUR oder im Fall eines Unternehmens von bis zu 2 % seines gesamten weltweit erzielten Jahresumsatzes des vorangegangenen Geschäftsjahrs verhängt, je nachdem, welcher der Beträge höher ist:

a) die Pflichten der Verantwortlichen und der Auftragsverarbeiter gemäß den Artikeln 8, 11, 25 bis 39, 42 und 43;

b) die Pflichten der Zertifizierungsstelle gemäß den Artikeln 42 und 43;
c) die Pflichten der Überwachungsstelle gemäß Artikel 41 Absatz 4.

(5) Bei Verstößen gegen die folgenden Bestimmungen werden im Einklang mit Absatz 2 Geldbußen von bis zu 20 000 000 EUR oder im Fall eines Unternehmens von bis zu 4 % seines gesamten weltweit erzielten Jahresumsatzes des vorangegangenen Geschäftsjahrs verhängt, je nachdem, welcher der Beträge höher ist:

a) die Grundsätze für die Verarbeitung, einschließlich der Bedingungen für die Einwilligung, gemäß den Artikeln 5, 6, 7 und 9;
b) die Rechte der betroffenen Person gemäß den Artikeln 12 bis 22;
c) die Übermittlung personenbezogener Daten an einen Empfänger in einem Drittland oder an eine internationale Organisation gemäß den Artikeln 44 bis 49;
d) alle Pflichten gemäß den Rechtsvorschriften der Mitgliedstaaten, die im Rahmen des Kapitels IX erlassen wurden;
e) Nichtbefolgung einer Anweisung oder einer vorübergehenden oder endgültigen Beschränkung oder Aussetzung der Datenübermittlung durch die Aufsichtsbehörde gemäß Artikel 58 Absatz 2 oder Nichtgewährung des Zugangs unter Verstoß gegen Artikel 58 Absatz 1.

(6) Bei Nichtbefolgung einer Anweisung der Aufsichtsbehörde gemäß Artikel 58 Absatz 2 werden im Einklang mit Absatz 2 des vorliegenden Artikels Geldbußen von bis zu 20 000 000 EUR oder im Fall eines Unternehmens von bis zu 4 % seines gesamten weltweit erzielten Jahresumsatzes des vorangegangenen Geschäftsjahrs verhängt, je nachdem, welcher der Beträge höher ist.

(7) Unbeschadet der Abhilfebefugnisse der Aufsichtsbehörden gemäß Artikel 58 Absatz 2 kann jeder Mitgliedstaat Vorschriften dafür festlegen, ob und in welchem Umfang gegen Behörden und öffentliche Stellen, die in dem betreffenden Mitgliedstaat niedergelassen sind, Geldbußen verhängt werden können.

(8) Die Ausübung der eigenen Befugnisse durch eine Aufsichtsbehörde gemäß diesem Artikel muss angemessenen Verfahrensgarantien gemäß dem Unionsrecht und dem Recht der Mitgliedstaaten, einschließlich wirksamer gerichtlicher Rechtsbehelfe und ordnungsgemäßer Verfahren, unterliegen.

(9) Sieht die Rechtsordnung eines Mitgliedstaats keine Geldbußen vor, kann dieser Artikel so angewandt werden, dass die Geldbuße von der zuständigen Aufsichtsbehörde in die Wege geleitet und von den zuständigen nationalen Gerichten verhängt wird, wobei sicherzustellen ist, dass diese Rechtsbehelfe wirksam sind und die gleiche Wirkung wie die von Aufsichtsbehörden verhängten Geldbußen haben. In jeden Fall müssen die verhängten Geldbußen wirksam, verhältnismäßig und abschreckend

sein. Die betreffenden Mitgliedstaaten teilen der Kommission bis zum 25. Mai 2018 die Rechtsvorschriften mit, die sie aufgrund dieses Absatzes erlassen, sowie unverzüglich alle späteren Änderungsgesetze oder Änderungen dieser Vorschriften.

1 **Art. 83** regelt die **Verhängung von Geldbußen** gegen Verantwortliche und Auftragsverarbeiter, die in Betracht kommt, wenn Verstöße gegen die Vorgaben der DSGVO erfolgen. Eine Regelung zur Umsetzung in das nationale Recht enthält § 41 BDSG (vgl. dort Rn. 2f.). Geldbußen können nach Abs. 4 und 5 bis zu einer Höhe von EUR 10 Mio. und in besonderen Fällen von EUR 20 Mio. verhängt werden. Im Fall von Unternehmen können Geldbußen in Höhe von 2 % bzw. 4 % des weltweit erzielten Vorjahresumsatzes verhängt werden.

2 Die Höhe möglicher Geldbußen zielt darauf, die Einhaltung der DSGVO zu gewährleisten.[1] Verhängte Geldbußen müssen nach **Abs. 1** zwar **verhältnismäßig** sein, gleichzeitig sollen sie aber in jedem Einzelfall **wirksam** und **abschreckend** sein. Dies verdeutlicht, dass bei der Festsetzung der Höhe der **Abschreckungseffekt eindeutig im Vordergrund** steht.

3 In **Abs. 2** werden Tatbestände benannt, die eine Geldbuße auslösen können. Bei der Entscheidung über die Verhängung einer Geldbuße und über deren Höhe müssen die in Abs. 2 **Buchst. a bis k** enthaltenen Aspekte gebührend berücksichtig werden. **Abs. 3** enthält eine Regelung zur Festsetzung von **Geldbußen** für den Fall, dass ein Verantwortlicher **gegen mehrere Bestimmungen** der DSGVO **verstößt.** In **Abs. 4 bis 6** sind **Vorgaben zur Höhe** von Geldbußen enthalten. Durch **Abs. 7** wird den **Mitgliedsstaaten** eine **Regelungsbefugnis** bezüglich der Verhängung von Geldbußen eingeräumt. **Art. 8** verpflichtet die Mitgliedsstaaten zur Festlegung von **Verfahrensgarantien** bezüglich der Ausübung von Befugnissen der staatlichen Aufsichtsbehörden. Gibt es in der Rechtsordnung von Mitgliedsstaaten keine Regelungen zu Geldbußen, kann deren Verhängung nach Maßgabe von **Abs. 9** durch **staatliche Aufsichtsbehörden** in die Wege geleitet werden.

Artikel 84 Sanktionen

(1) Die Mitgliedstaaten legen die Vorschriften über andere Sanktionen für Verstöße gegen diese Verordnung — insbesondere für Verstöße, die keiner Geldbuße gemäß Artikel 83 unterliegen — fest und treffen alle zu deren Anwendung erforderlichen Maßnahmen. Diese Sanktionen müssen wirksam, verhältnismäßig und abschreckend sein.

---

1 Vgl. DWWS-*Sommer*, Art. 83 Rn. 2.

(2) Jeder Mitgliedstaat teilt der Kommission bis zum 25. Mai 2018 die Rechtsvorschriften, die er aufgrund von Absatz 1 erlässt, sowie unverzüglich alle späteren Änderungen dieser Vorschriften mit.

Durch **Abs. 1** wird den Mitgliedsstaaten die Möglichkeit eröffnet, **weitere Sanktionen** für Verstöße gegen die DSGVO vorzusehen. Von dieser Möglichkeit wurde in §§ 42, 43 BDSG Gebrauch gemacht. 1

Die Mitgliedsstaaten müssen nach **Abs. 2** der **EU-Kommission mitteilen**, welche Regelungen sie gem. Abs. 1 geschaffen haben. Mitteilungspflichtig sind weiterhin Änderungen dieser Regelungen. 2

Kapitel IX
Vorschriften für besondere Verarbeitungssituationen

Artikel 85 Verarbeitung und Freiheit der Meinungsäußerung und Informationsfreiheit

(1) Die Mitgliedstaaten bringen durch Rechtsvorschriften das Recht auf den Schutz personenbezogener Daten gemäß dieser Verordnung mit dem Recht auf freie Meinungsäußerung und Informationsfreiheit, einschließlich der Verarbeitung zu journalistischen Zwecken und zu wissenschaftlichen, künstlerischen oder literarischen Zwecken, in Einklang.

(2) Für die Verarbeitung, die zu journalistischen Zwecken oder zu wissenschaftlichen, künstlerischen oder literarischen Zwecken erfolgt, sehen die Mitgliedstaaten Abweichungen oder Ausnahmen von Kapitel II (Grundsätze), Kapitel III (Rechte der betroffenen Person), Kapitel IV (Verantwortlicher und Auftragsverarbeiter), Kapitel V (Übermittlung personenbezogener Daten an Drittländer oder an internationale Organisationen), Kapitel VI (Unabhängige Aufsichtsbehörden), Kapitel VII (Zusammenarbeit und Kohärenz) und Kapitel IX (Vorschriften für besondere Verarbeitungssituationen) vor, wenn dies erforderlich ist, um das Recht auf Schutz der personenbezogenen Daten mit der Freiheit der Meinungsäußerung und der Informationsfreiheit in Einklang zu bringen.

(3) Jeder Mitgliedstaat teilt der Kommission die Rechtsvorschriften, die er aufgrund von Absatz 2 erlassen hat, sowie unverzüglich alle späteren Änderungsgesetze oder Änderungen dieser Vorschriften mit.

Artikel 86 Verarbeitung und Zugang der Öffentlichkeit zu amtlichen Dokumenten

Personenbezogene Daten in amtlichen Dokumenten, die sich im Besitz einer Behörde oder einer öffentlichen Einrichtung oder einer privaten Einrichtung zur Erfüllung einer im öffentlichen Interesse liegenden Aufgabe befinden, können von der Behörde oder der Einrichtung gemäß dem Unionsrecht oder dem Recht des Mitgliedstaats, dem die Behörde oder Einrichtung unterliegt, offengelegt werden, um den Zugang der Öffentlichkeit zu amtlichen Dokumenten mit dem Recht auf Schutz personenbezogener Daten gemäß dieser Verordnung in Einklang zu bringen.

Artikel 87 Verarbeitung der nationalen Kennziffer

Die Mitgliedstaaten können näher bestimmen, unter welchen spezifischen Bedingungen eine nationale Kennziffer oder andere Kennzeichen von allgemeiner Bedeutung Gegenstand einer Verarbeitung sein dürfen. In diesem Fall darf die nationale Kennziffer oder das andere Kennzeichen von allgemeiner Bedeutung nur unter Wahrung geeigneter Garantien für die Rechte und Freiheiten der betroffenen Person gemäß dieser Verordnung verwendet werden.

Artikel 88 Datenverarbeitung im Beschäftigungskontext

(1) Die Mitgliedstaaten können durch Rechtsvorschriften oder durch Kollektivvereinbarungen spezifischere Vorschriften zur Gewährleistung des Schutzes der Rechte und Freiheiten hinsichtlich der Verarbeitung personenbezogener Beschäftigtendaten im Beschäftigungskontext, insbesondere für Zwecke der Einstellung, der Erfüllung des Arbeitsvertrags einschließlich der Erfüllung von durch Rechtsvorschriften oder durch Kollektivvereinbarungen festgelegten Pflichten, des Managements, der Planung und der Organisation der Arbeit, der Gleichheit und Diversität am Arbeitsplatz, der Gesundheit und Sicherheit am Arbeitsplatz, des Schutzes des Eigentums der Arbeitgeber oder der Kunden sowie für Zwecke der Inanspruchnahme der mit der Beschäftigung zusammenhängenden individuellen oder kollektiven Rechte und Leistungen und für Zwecke der Beendigung des Beschäftigungsverhältnisses vorsehen.

(2) Diese Vorschriften umfassen geeignete und besondere Maßnahmen zur Wahrung der menschlichen Würde, der berechtigten Interessen und der Grundrechte der betroffenen Person, insbesondere im Hinblick auf die Transparenz der Verarbeitung, die Übermittlung personenbezogener Daten innerhalb einer Unternehmensgruppe oder einer Gruppe von Un-

ternehmen, die eine gemeinsame Wirtschaftstätigkeit ausüben, und die Überwachungssysteme am Arbeitsplatz.
(3) Jeder Mitgliedstaat teilt der Kommission bis zum 25. Mai 2018 die Rechtsvorschriften, die er aufgrund von Absatz 1 erlässt, sowie unverzüglich alle späteren Änderungen dieser Vorschriften mit.

Inhaltsübersicht Rn.

I. Allgemeines 1– 2
II. Regelungen in den Mitgliedsstaaten (Abs. 1) 3– 7
III. Angemessene und besondere Maßnahmen zum Beschäftigtendatenschutz (Abs. 2) 8–27
1. Transparenz der Verarbeitung 17–19
2. Unternehmensübergreifende Verarbeitungen von Beschäftigtendaten in Konzernen 20–23
3. Überwachungssysteme am Arbeitsplatz 24–27
IV. Information der Kommission (Abs. 3) 28
V. Hinweise für Betriebs- oder Personalräte 29–31

I. Allgemeines

Durch die Vorschrift wird den Mitgliedsstaaten die Möglichkeit eröffnet, **spezifische Regelungen** zur **Datenverarbeitung im Beschäftigungskontext** durch eigene gesetzliche Vorschriften (»im nationalen Recht«) sowie durch Tarifverträge, Betriebsvereinbarungen oder Dienstvereinbarungen (»Kollektivvereinbarungen«) zu schaffen. In Deutschland wurde auf dieser Grundlage § 26 BDSG in das neue Datenschutzrecht aufgenommen.[1] Weitgehend zu § 26 BDSG inhaltsgleiche Vorschriften finden sich in den verschiedenen Landesdatenschutzgesetzen. 1

Die Vorschrift enthält in **Abs. 1** zugunsten der Mitgliedsstaaten eine **Öffnungsklausel** für die Ausgestaltung des Beschäftigtendatenschutzes durch Rechtsvorschriften oder Kollektivvereinbarungen. Zur Ausfüllung dieser Möglichkeit finden sich in **Abs. 2 beispielhafte Vorgaben**. Soweit Regelungen in den Mitgliedsstaaten erfolgen, müssen diese nach den Vorgaben in **Abs. 3** der EU-Kommission **mitgeteilt werden**. 2

II. Regelungen in den Mitgliedsstaaten (Abs. 1)

Durch **Abs. 1** wird den **Mitgliedsstaaten** die **Möglichkeit eröffnet**, den Bereich des Beschäftigtendatenschutzes durch Rechtsvorschriften oder Kollektivvereinbarungen im Rahmen der Vorgaben der DSGVO zu regeln. 3

Der Begriff »**Rechtsvorschriften**« steht für alle Vorgaben zum Beschäftigtendatenschutz, die normative Wirkung haben, mithin also insbesondere für 4

1 Vgl. *Schierbaum*, CuA 3/2020, 25.

Gesetze.[2] Zu den ebenfalls genannten »**Kollektivvereinbarungen**« gehören insbesondere **Betriebs**- und **Dienstvereinbarungen**. Weiterhin kommen auch Tarifverträge sowie **Vereinbarungen zwischen Sprecherausschüssen** und Unternehmensleitungen als Kollektivvereinbarungen in Betracht. **Nicht einschlägig** sind hingegen die **Regelungsabreden** zwischen Betriebsrat und Arbeitgeber, da diese nicht unmittelbar Rechte für Arbeitnehmer begründen.[3]

5 Die Regelung in Art. 88 bezieht sich nach ihrem Wortlaut nicht nur auf »Arbeitnehmer«, sondern auf »**Beschäftigte**«. Damit ist nicht vom Arbeitnehmerbegriff des deutschen Rechts auszugehen, sondern von dem europarechtlich **weiter gefassten** Begriff des »Beschäftigten«. Diese Ausweitung des Begriffs findet ihren Niederschlag in der in § 26 Abs. 8 BDSG getroffenen Definition (vgl. § 26 BDSG Rn. 124ff.). Trotz der vorzunehmenden autonomen Auslegung von Art. 88 ist zur Feststellung des persönlichen Anwendungsbereichs des Beschäftigtendatenschutzes von der Definition in § 26 Abs. 8 BDSG auszugehen.[4]

6 Der den Mitgliedsstaaten eröffnete Regelungsrahmen bezüglich der Datenverarbeitung im Beschäftigungskontext bezieht sich nach der **beispielhaften Aufzählung** in Abs. 1 insbesondere auf **Zwecke** der Einstellung und der **Erfüllung** des Arbeitsvertrags. Damit ist neben der **Durchführung des Beschäftigungsverhältnisses** während der aktiven Vertragsphase sowohl die **Bewerbungsphase** als auch die Datenverarbeitung nach **Beendigung** eines Arbeitsverhältnisses vom Anwendungsbereich des Art. 88 erfasst.

7 Den Mitgliedsstaaten obliegt die Möglichkeit, **alle Aspekte** des Beschäftigungskontextes durch Rechtsvorschriften oder durch Kollektivvereinbarungen bezogen auf den Beschäftigtendatenschutz zu gestalten. Beispielhaft werden neben der Einstellung und der Erfüllung des Arbeitsvertrages in der Vorschrift weitere Zwecke aufgezählt, die die Mitgliedsstaaten im Rahmen der DSGVO autonom regeln können. Hierzu gehören

- Zwecke des Managements, der Planung und der Organisation der Arbeit, der Gleichheit und Diversität am Arbeitsplatz, der Gesundheit und Sicherheit am Arbeitsplatz, des Schutzes des Eigentums der Arbeitgeber und der Kunden sowie
- Zwecke der Inanspruchnahme der mit der Beschäftigung zusammenhängenden individuellen oder kollektiven Rechte und Leistungen und Zwecke der Beendigung des Beschäftigungsverhältnisses.

---

2 Vgl. Paal/Pauly-*Pauly*, Art. 88 Rn. 5; SHS-*Seifert*, Art. 88 Rn. 25.

3 Vgl. Sydow-*Tiedemann*, Art. 88 Rn. 9.

4 Vgl. ähnlich Kühling/Buchner-*Maschmann*, Art. 88 Rn. 8; Gola-*Pötters*, Art. 88 Rn. 12.

III. Angemessene und besondere Maßnahmen zum Beschäftigtendatenschutz (Abs. 2)

8 In **Abs. 2** sind **Mindestanforderungen** benannt, die Rechtsvorschriften oder Kollektivvereinbarungen gemäß Abs. 1 erfüllen müssen, wenn sie Regelungen zum Beschäftigtendatenschutz treffen. Hierzu müssen nach den Vorgaben in der **ersten Satzhälfte** von **Abs. 2** geeignete und besondere Maßnahmen zur **Wahrung der menschlichen Würde, der berechtigten Interessen** und der **Grundrechte** betroffener Personen gehören.

9 Diese Maßnahmen müssen nach der beispielhaften Aufzählung in der **zweiten Satzhälfte** von **Abs. 2** insbesondere im Hinblick auf die Transparenz der Verarbeitung erfolgen, aber auch bezüglich der Übermittlung personenbezogener Daten innerhalb einer Unternehmensgruppe oder einer Gruppe von Unternehmen oder bezüglich eingesetzter Überwachungssysteme am Arbeitsplatz.

10 Praktisch bedeutet dies, dass sich die nach Abs. 2 zu treffenden Maßnahmen sowohl **in allen spezifischen Rechtsvorschriften** wiederfinden müssen als auch in **einschlägigen Kollektivvereinbarungen.**[5] Ist diese Voraussetzung nicht erfüllt und sind die spezifischen Rechtsvorschriften oder Kollektivvereinbarungen die ausschließliche datenschutzrechtliche Grundlage für eine Verarbeitung von Beschäftigtendaten, muss diese mangels einer wirksamen datenschutzrechtlichen Erlaubnisnorm unterbleiben.

11 In **spezifischen Vorschriften** der Mitgliedsstaaten zum Beschäftigtendatenschutz bzw. in entsprechenden Kollektivvereinbarungen müssen geeignete und besondere **Schutzmaßnahmen** enthalten sein. Der in Abs. 2 verwendete Begriff der »**Maßnahmen**« ist in der DSGVO nicht definiert. Mit Blick auf die zu schützende menschliche Würde sowie die Interessen und Grundrechte der betroffenen Personen ist der Begriff der »Maßnahmen« **weit auszulegen**. Neben technischen und organisatorischen Maßnahmen zum Schutz personenbezogener Daten nach Art. 32 kommen auch alle übrigen tatsächlichen und rechtlichen Maßnahmen in Betracht.

12 Die eingesetzten Maßnahmen müssen **geeignet** sein. Der Verweis auf die Eignung verdeutlicht, dass die zu treffenden Maßnahmen unter dem **Vorbehalt einer Verhältnismäßigkeit** stehen. Erforderlich sind in deren Ergebnis alle Maßnahmen, die in einem geeigneten Verhältnis zum angestrebten Schutzzweck stehen. Die durchzuführende Verhältnismäßigkeitsprüfung ändert aber nichts daran, dass Verantwortliche oder Auftragsverarbeiter mit dem Ziel der Wahrung der Rechte von Beschäftigten herausragende Anstrengungen unternehmen müssen, um deren menschliche Würde, berechtigte Interessen und Grundrechte zu schützen. Um diesem Schutzziel gerecht zu werden, müssen Arbeitgeber als Verantwortliche sowie von diesen beauf-

---

5 Vgl. Ehmann/Selmayr-*Selk*, Art. 88 Rn. 189.

tragte Auftragsverarbeiter auch berücksichtigen, dass eine **übermäßige Verarbeitung** von Beschäftigtendaten im Ergebnis einer Verhältnismäßigkeit **nicht zulässig sein kann.**[6] Dies setzt beispielsweise der zweckfreien Speicherung von Beschäftigtendaten im Rahmen von »KI-Konzepten« oder einer »Vorratsdatenspeicherung« deutliche Grenzen. Beschäftigtendaten dürfen auch in diesem Rahmen nur unter Beachtung und Wahrung der Grundsätze in Art. 5 Abs. 1 verarbeitet werden. Dies macht es beispielsweise mit Blick auf den Transparenzgrundsatz in Art. 5 Abs. 1 Buchst. a und unter Beachtung des Zweckbindungsgrundsatzes in Art. 5 Abs. 1 Buchst. b notwendig, dass für alle Beschäftigte derartige Verarbeitungen vom Moment der Datenerhebung an klar erkennbar sind und dass der Arbeitgeber hierfür über eine eindeutige Rechtsgrundlage verfügt.

13 Mit Blick darauf, dass es bei der vorzunehmenden Verhältnismäßigkeitsprüfung zum Schutz personenbezogener Daten der Beschäftigten geht, sind **einschlägige Grundrechtspositionen** von **Arbeitgebern** wie etwa die Eigentumsgarantie in Art. 14 GG **nicht vorrangig** zu berücksichtigen.[7] Zugunsten der Arbeitgeber ist lediglich der durch die DSGVO gewährleistete freie Datenverkehr als Prüfkriterium relevant.

14 Abs. 2 enthält **drei Schutzziele**, auf die geeignete und besondere Maßnahmen abstellen müssen: die **menschliche Würde**, die **berechtigten Interessen** und die **Grundrechte der betroffenen Personen**. Der Begriff der »berechtigten Interessen« findet sich im anderen Kontext auch in Art. 6 Abs. 1 Buchst. f wieder. Dort erfasst er nicht nur rechtliche, sondern auch wirtschaftliche und ideelle Interessen (vgl. Art. 6 Rn. 40). Die **weite Auslegung**, die Art. 6 zugunsten der Verarbeitungsinteressen von Verantwortlichen oder Dritten beinhaltet, prägt auch die Bewertung der oft gegenteiligen berechtigten Interessen, Grundrechte und Grundfreiheiten der betroffenen Personen. Mithin ist der Begriff im Rahmen von Art. 88 Abs. 2 **zugunsten der Beschäftigten weit auszulegen**.

15 Eine solche weite Auslegung der Schutzziele in Abs. 2 wird der Tatsache gerecht, dass in Beschäftigungsverhältnissen regelmäßig eine **Disparität** zwischen den Handlungsmöglichkeiten von Arbeitgebern und von Beschäftigten besteht. Dies ist einer der Gründe, warum Arbeitgeber als Verantwortliche verpflichtet sind, nach **Abs. 2** zum Schutz der Beschäftigten geeignete und besondere Maßnahmen zu treffen, die über die in Art. 5 Abs. 1 enthaltenen Grundsätze deutlich hinausgehen.[8] Zum Schutz von Bewerbern kommt beispielsweise die **Begrenzung des Fragerechts** der Arbeitgeber in Betracht. Bezogen auf laufende Beschäftigungsverhältnisse schützen Regelungen zum Ausschluss ungeeigneter oder heimlicher Kontrollen oder

---

6 Vgl. Kühling/Buchner-*Maschmann*, Art. 88 Rn. 44.
7 Vgl. ähnlich Ehmann/Selmayr-*Selk*, Art. 88 Rn. 141.
8 Ähnlich Kühling/Buchner-*Maschmann*, Art. 88 Rn. 45.

Lokalisierungen die Rechte der Beschäftigten ebenso wie die Vermeidung der Erstellung umfassender Bewegungsprofile oder das Verbot dauerhafter Überwachungen.[9] Auch die **Vermeidung jeglicher technischen Kontrollmaßnahmen** in Sanitär-, Umkleide-, Pausen- oder Schlafräumen sind Maßnahmen, die Arbeitgeber zur Wahrung der Würde, der berechtigten Interessen der Grundrechte von Beschäftigten treffen müssen.[10]

In der **zweiten Satzhälfte** von Abs. 2 werden **beispielhaft** (»insbesondere«) 16
drei Zielrichtungen für angemessene und besondere Maßnahmen benannt: Die Transparenz der Verarbeitung, die Übermittlung personenbezogener Daten innerhalb einer Unternehmensgruppe oder einer Gruppe von Unternehmen, die eine gemeinsame Wirtschaftstätigkeit ausüben und die Überwachungssysteme am Arbeitsplatz.

1. Transparenz der Verarbeitung

Die **Transparenz der Verarbeitung** gehört zu den vom Arbeitgeber nach 17
Art. 5 Abs. 1 Buchst. a zu beachtenden **allgemein Grundsätzen** der Datenverarbeitung. Der so begründete allgemeine Transparenzgrundsatz findet sich in den Regelungen der Art. 12 ff. als prägende allgemeine Vorgabe wieder. Bezogen auf Beschäftigungsverhältnisse verpflichtet der Grundsatz der Transparenz Arbeitgeber als Verantwortliche dazu, Beschäftigte über durchgeführte Verarbeitungen und deren Zwecke in präziser, transparenter, verständlicher und leicht zugänglicher Form zu informieren und hierbei eine klare und einfache Sprache zu gebrauchen.

Die datenschutzrechtliche Transparenzvorgabe soll es **Beschäftigten** er- 18
möglichen, erkennen zu können, ob, von wem und für welche Zwecke ihre personenbezogenen Daten im Zusammenhang mit dem Beschäftigungsverhältnis verarbeitet werden (vgl. ErwGr 58 Satz 3). Dies gilt auch, wenn auf Veranlassung von Arbeitgebern Auftragsverarbeitungen stattfinden oder wenn datenschutzrechtlich zulässige Übermittlung an andere Verantwortliche erfolgt.

Transparenz muss auch gegeben sein, wenn innerhalb von **Konzernstruk-** 19
turen zulässigerweise eine unternehmensübergreifende Verarbeitung von Beschäftigtendaten stattfindet. Es muss für Beschäftigte insbesondere erkennbar sein, auf welcher Rechtsgrundlage ihre Daten übermittelt und für welche Zwecke sie durch andere Konzernunternehmen weiterverarbeitet werden können.

---

9 Vgl. BT-Drs. 18/11325, S. 97.

10 Vgl. Kühling/Buchner-*Maschmann*, Art. 88 Rn. 45.

2. Unternehmensübergreifende Verarbeitungen von Beschäftigtendaten in Konzernen

20 Nach dem **zweiten** in Abs. 2 genannten **Themenfeld** müssen Arbeitgeber als Verantwortliche über die Wahrung der Transparenz hinaus geeignete und besondere Maßnahmen treffen, wenn innerhalb von Unternehmensgruppen oder einer Gruppe von Unternehmen die Übermittlung personenbezogener Daten erfolgt. Gemeint ist insbesondere die unternehmensübergreifende Verarbeitung von Beschäftigtendaten in Konzernstrukturen, etwa zur Gehaltsabrechnung durch ein hierauf spezialisiertes Konzernunternehmen.[11]

21 Die DSGVO schließt zwar unternehmensübergreifende Verarbeitungen innerhalb von Konzernen nicht grundsätzlich aus. Hierzu heißt es in ErwGr 48 Satz 1, dass Verantwortliche, die Teil einer Unternehmensgruppe oder einer Gruppe von Einrichtungen sind, ein berechtigtes Interesse daran haben können, personenbezogene Daten innerhalb der Unternehmensgruppe für interne Verwaltungszwecke zu übermitteln. Das **bedeutet aber nicht**, dass eine unternehmensübergreifende Übermittlung innerhalb eines Konzerns **ohne explizite Erlaubnisnorm erfolgen kann**. Ein solcher Erlaubnistatbestand lässt sich auch nicht aus der Erforderlichkeit zur Wahrung eines berechtigten Interesses gemäß Art. 6 Abs. 1 Buchst. f ableiten, da diesem bezogen auf Arbeitsverhältnisse schutzwürdige Interessen, Grundrechte und Grundfreiheiten von Beschäftigten entgegenstehen (vgl. hierzu Art. 6 Rn. 43).

22 Die in ErwGr 48 enthaltene allgemeine Aussage zur bloßen Möglichkeit einer konzernweiten Verarbeitung personenbezogener Daten schafft im Ergebnis **kein automatisches »Konzernprivileg«**, durch das die Verarbeitung von Beschäftigtendaten über die Unternehmensgrenzen hinweg zulässig wäre. Vielmehr weist ErwGr 48 nur allgemein darauf hin, dass eine solche **Möglichkeit** im Einzelfall **bestehen kann**, wenn es dafür einen eindeutigen datenschutzrechtlichen Erlaubnistatbestand gibt.[12] Dies gilt auch bezogen auf Beschäftigtendaten, für die sich indes weder in der DSGVO noch im BDSG ein einschlägiger Erlaubnistatbestand findet. Der deutsche Gesetzgeber hat bisher darauf verzichtet, in das BDSG ein ausdrückliches Konzernprivilegs aufzunehmen.

23 Möglich ist die **Begründung** unternehmensübergreifender Verarbeitungsmöglichkeiten von Beschäftigtendaten insbesondere durch eine **Betriebsvereinbarung**. Mangels einschlägiger Mitbestimmungsrechte kann eine solche Betriebsvereinbarung allerdings **nur freiwillig** abgeschlossen werden oder aber bezogen auf (mitbestimmungspflichtige) IT-Systeme. In einer

---

11 Vgl. *Wedde*, CuA 6/2021, 8.

12 Ähnlich *Körner*, NZA 2019, 1389, 1395.

Einigungsstelle erzwingbar sind allgemeine kollektivrechtliche Regelungen, die ein Konzernprivileg begründen, hingegen nicht.

3. Überwachungssysteme am Arbeitsplatz

Als **drittes Themenfeld** benennt Abs. 2 geeignete und besondere Maßnahmen im **Hinblick auf Überwachungssysteme am Arbeitsplatz**. Die Aufnahme dieses Themas verdeutlicht, dass alle Formen von Überwachungssystemen am Arbeitsplatz aus datenschutzrechtlicher Sicht für die Rechte von Beschäftigten ein besonderes Risiko darstellen.[13] 24

Der verwendete Begriff der »Überwachungssysteme« ist in diesem Zusammenhang schon mit Blick auf die nach Art. 1 Abs. 2 herausragend zu schützenden Grundrechte und Grundfreiheiten der Beschäftigten (vgl. Art. 1 Rn. 4ff.) **weit auszulegen.** Er erfasst alle systematisch durchgeführten Beobachtungen des Arbeitsverhaltens, aus denen Verarbeitungen personenbezogener Daten resultieren. 25

Handelt es sich um **technische Überwachungen**, sind die in Abs. 2 genannten Überwachungssysteme praktisch deckungsgleich mit den in § 87 Abs. 1 Nr. 6 BetrVG oder in § 80 Abs. 1 Nr. 21 BPersVG enthaltenen »**technischen Einrichtungen**, die dazu bestimmt sind, das Verhalten oder die Leistung der Arbeitnehmer zu überwachen«. Für die Feststellung des Vorhandenseins einer technischen Einrichtung reicht es mithin aus, dass eine technische Einrichtung objektiv geeignet ist, Beschäftigte zu überwachen. Ausgehend von dieser Begrifflichkeit ist der Anwendungsbereich von Art. 88 Abs. 2 **weit zu fassen**. Nicht erfasst werden nur solche technischen Systeme, die eine Überwachung nicht eigenständig bewirken können (etwa eine Stoppuhr oder eine Videokamera ohne Aufzeichnungsfunktion).[14] Hingegen ist die Regelung immer einschlägig, wenn etwa Systeme zur Zugangs- und Ausweiskontrolle, Ortungs- und Trackingsysteme, DLP-Systeme, »Spy-Ware«-Videoüberwachungssysteme usw. eingesetzt werden.[15] 26

Arbeitgeber als Verantwortliche sind damit **immer verpflichtet**, bezogen auf Überwachungssysteme am Arbeitsplatz angemessene und besondere Maßnahmen zum Schutz der Rechte ihrer Beschäftigten durchzuführen. Dabei müssen sie insbesondere die in Art. 5 Abs. 1 enthaltenen Grundsätze berücksichtigen und deshalb insbesondere auf Datenminimierung und Speicherbegrenzung hinwirken. 27

---

13 Vgl. Sydow-*Tiedemann*, Art. 88 Rn. 22.

14 Vgl. zur Stoppuhr BAG 8.11.1994.

15 Vgl. Paal/Pauly-*Pauly*, Art. 88 Rn. 13; Sydow-*Tiedemann*, Art. 88 Rn. 22.

IV. Information der Kommission (Abs. 3)

28 Durch diese Vorschrift werden Mitgliedsstaaten verpflichtet, der EU-Kommission bis zum 25. 5. 2018 und in der Folge wiederum bei allen späteren Änderungen mitzuteilen, welche Rechtsvorschriften sie auf Grundlage von Art. 88 erlassen haben.

V. Hinweise für Betriebs- oder Personalräte

29 Die vom Arbeitgeber als Verantwortlichem nach **Art. 88 Abs. 1 und 2** durchzuführenden angemessenen besonderen Maßnahmen überschneiden sich in vielen Bereichen mit den Aufgaben und Pflichten, die Betriebs- oder Personalräten bezogen auf die Wahrung von Persönlichkeitsrechten der Beschäftigten durch einschlägige kollektivrechtliche Vorschriften im BetrVG bzw. in den jeweiligen Personalvertretungsgesetzen zugewiesen werden. Einschlägig ist hierbei insbesondere die allgemeine Vorgabe des § 75 Abs. 2 BetrVG, die Arbeitgeber und Betriebsrat gemeinsam verpflichtet, die freie Entfaltung der Persönlichkeit aller im Betrieb beschäftigten Arbeitnehmer zu schützen und zu fördern.

30 Betriebs- oder Personalräte haben allerdings zu Fragen des Datenschutzes nach der DSGVO und dem BDSG **kein gesetzliches Mitbestimmungsrecht**. Damit ist die Möglichkeit der Schaffung von kollektivrechtlichen Regelungen zum Beschäftigtendatenschutz durch entsprechende Rahmenbetriebsvereinbarungen nur auf freiwilliger Ebene möglich. Erzwingbare Mitbestimmungsrechte gibt es nur mittelbar etwa bezüglich der Einführung und Anwendung technischer Einrichtungen, die zu Verhaltens- oder Leistungskontrollen bestimmt sind (vgl. § 87 Abs. 1 Nr. 6 BetrVG oder § 80 Abs. 1 Nr. 21 BPersVG). Bei der Ausgestaltung dieser Systeme können Betriebs- oder Personalräte vom Arbeitgeber eine Darlegung dazu verlangen, wie die in Art. 5 Abs. 1 enthaltenen Grundsätze umgesetzt werden. Besonders bedeutsam sind hierbei insbesondere die zu beachtende enge Zweckbindung, die Datenminimierung oder die Speicherbegrenzung.

31 Über alle geeigneten und besonderen Maßnahmen, die Arbeitgeber zur Umsetzung ihrer Verpflichtung nach Abs. 2 vorsehen und durchführen, sind Betriebs- oder Personalräte nach den einschlägigen kollektivrechtlichen Regelungen zu **informieren**. Die so gegebenen Informationen müssen jeweils rechtzeitig erfolgen und umfassend sein. Da die Mitbestimmung Wirksamkeitsvoraussetzung ist, dürfen entsprechende Maßnahmen, die von Mitbestimmungsrechten erfasst werden, erst erfolgen, wenn über durchzuführende geeignete besondere Maßnahmen Einvernehmen hergestellt worden ist.

Artikel 89 Garantien und Ausnahme in Bezug auf die Verarbeitung zu im öffentlichen Interesse liegenden Archivzwecken, zu wissenschaftlichen oder historischen Forschungszwecken und zu statistischen Zwecken

(1) Die Verarbeitung zu im öffentlichen Interesse liegenden Archivzwecken, zu wissenschaftlichen oder historischen Forschungszwecken oder zu statistischen Zwecken unterliegt geeigneten Garantien für die Rechte und Freiheiten der betroffenen Person gemäß dieser Verordnung. Mit diesen Garantien wird sichergestellt, dass technische und organisatorische Maßnahmen bestehen, mit denen insbesondere die Achtung des Grundsatzes der Datenminimierung gewährleistet wird. Zu diesen Maßnahmen kann die Pseudonymisierung gehören, sofern es möglich ist, diese Zwecke auf diese Weise zu erfüllen. In allen Fällen, in denen diese Zwecke durch die Weiterverarbeitung, bei der die Identifizierung von betroffenen Personen nicht oder nicht mehr möglich ist, erfüllt werden können, werden diese Zwecke auf diese Weise erfüllt.
(2) Werden personenbezogene Daten zu wissenschaftlichen oder historischen Forschungszwecken oder zu statistischen Zwecken verarbeitet, können vorbehaltlich der Bedingungen und Garantien gemäß Absatz 1 des vorliegenden Artikels im Unionsrecht oder im Recht der Mitgliedstaaten insoweit Ausnahmen von den Rechten gemäß der Artikel 15, 16, 18 und 21 vorgesehen werden, als diese Rechte voraussichtlich die Verwirklichung der spezifischen Zwecke unmöglich machen oder ernsthaft beeinträchtigen und solche Ausnahmen für die Erfüllung dieser Zwecke notwendig sind.
(3) Werden personenbezogene Daten für im öffentlichen Interesse liegende Archivzwecke verarbeitet, können vorbehaltlich der Bedingungen und Garantien gemäß Absatz 1 des vorliegenden Artikels im Unionsrecht oder im Recht der Mitgliedstaaten insoweit Ausnahmen von den Rechten gemäß der Artikel 15, 16, 18, 19, 20 und 21 vorgesehen werden, als diese Rechte voraussichtlich die Verwirklichung der spezifischen Zwecke unmöglich machen oder ernsthaft beeinträchtigen und solche Ausnahmen für die Erfüllung dieser Zwecke notwendig sind.
(4) Dient die in den Absätzen 2 und 3 genannte Verarbeitung gleichzeitig einem anderen Zweck, gelten die Ausnahmen nur für die Verarbeitung zu den in diesen Absätzen genannten Zwecken.

Die Vorschrift enthält in ihren vier Absätzen **Vorgaben zum Datenschutz,** 1
die nur zur Anwendung kommen, wenn personenbezogene Daten für Zwecke der Forschung, der Statistik und des Archivwesens verarbeitet wer-

den. Sie stellt selbst **keinen datenschutzrechtlichen Erlaubnistatbestand** dar.[1]

2 Sollen für die in **Abs. 1 Satz 1** genannten Archivzwecke personenbezogene Daten verarbeitet werden, muss es **geeignete Garantien** geben, durch die die Rechte und Freiheiten der betroffenen Personen nach der DSGVO geschützt werden. Hierzu gehören nach der Regelung in Satz 2 insbesondere technische und organisatorische Maßnahmen wie etwa die Pseudonymisierung von Daten.

3 In den **Abs. 2 und 3** sind **Öffnungsklauseln** enthalten, durch die die Rechte betroffener Personen dann eingeschränkt werden, wenn hierdurch die Verwirklichung der Forschungszwecke unmöglich gemacht oder ernsthaft beeinträchtigt würde. Mit Blick auf den durch Art. 1 Abs. 2 vorgegebenen Schutz der Interessen, Grundrechte und Grundfreiheiten betroffener Personen sind die Ausnahmen in jedem Fall **eng auszulegen**.

4 Durch **Abs. 4** wird klargestellt, dass die Privilegierung für Archivzwecke oder für wissenschaftliche oder historische Forschungszwecke nur für **relevante Einzeldaten** gilt und nicht für die Datenverarbeitung insgesamt.

Artikel 90 Geheimhaltungspflichten

(1) Die Mitgliedstaaten können die Befugnisse der Aufsichtsbehörden im Sinne des Artikels 58 Absatz 1 Buchstaben e und f gegenüber den Verantwortlichen oder den Auftragsverarbeitern, die nach Unionsrecht oder dem Recht der Mitgliedstaaten oder nach einer von den zuständigen nationalen Stellen erlassenen Verpflichtung dem Berufsgeheimnis oder einer gleichwertigen Geheimhaltungspflicht unterliegen, regeln, soweit dies notwendig und verhältnismäßig ist, um das Recht auf Schutz der personenbezogenen Daten mit der Pflicht zur Geheimhaltung in Einklang zu bringen. Diese Vorschriften gelten nur in Bezug auf personenbezogene Daten, die der Verantwortliche oder der Auftragsverarbeiter bei einer Tätigkeit erlangt oder erhoben hat, die einer solchen Geheimhaltungspflicht unterliegt.

(2) Jeder Mitgliedstaat teilt der Kommission bis zum 25. Mai 2018 die Vorschriften mit, die er aufgrund von Absatz 1 erlässt, und setzt sie unverzüglich von allen weiteren Änderungen dieser Vorschriften in Kenntnis.

Die Vorschrift räumt den Mitgliedsstaaten in **Abs. 1** die Möglichkeit ein, staatlichen Aufsichtsbehörden auch bezogen auf besonders geschützte Berufsgeheimnisse Kontrollbefugnisse einzuräumen. Werden in Mitgliedsstaaten entsprechende Regelungen erlassen, müssen diese nach **Abs. 2** der

1 Vgl. DWWS-*Weichert*, Art. 89 Rn. 1.

Kommission mitgeteilt werden. Gleiches gilt für später stattfindende Änderungen.

Artikel 91 Bestehende Datenschutzvorschriften von Kirchen und religiösen Vereinigungen oder Gemeinschaften

(1) Wendet eine Kirche oder eine religiöse Vereinigung oder Gemeinschaft in einem Mitgliedstaat zum Zeitpunkt des Inkrafttretens dieser Verordnung umfassende Regeln zum Schutz natürlicher Personen bei der Verarbeitung an, so dürfen diese Regeln weiter angewandt werden, sofern sie mit dieser Verordnung in Einklang gebracht werden.
(2) Kirchen und religiöse Vereinigungen oder Gemeinschaften, die gemäß Absatz 1 umfassende Datenschutzregeln anwenden, unterliegen der Aufsicht durch eine unabhängige Aufsichtsbehörde, die spezifischer Art sein kann, sofern sie die in Kapitel VI niedergelegten Bedingungen erfüllt.

Die Vorschrift beinhaltet bezogen auf Kirchen und religiöse Vereinigungen oder Gemeinschaften einen Bestandsschutz bezüglich bestehender Datenschutzvorschriften. Soweit es diese zum Inkrafttreten der DSGVO gab und wenn diese im Einklang mit der Verordnung stehen, dürfen sie nach **Abs. 1** weiter angewandt werden. **Abs. 2** enthält Vorgaben zur Ausgestaltung der Aufsicht durch eine unabhängige Aufsichtsbehörde.

Kapitel X
Delegierte Rechtsakte und Durchführungsrechtsakte

Artikel 92 Ausübung der Befugnisübertragung

(1) Die Befugnis zum Erlass delegierter Rechtsakte wird der Kommission unter den in diesem Artikel festgelegten Bedingungen übertragen.
(2) Die Befugnis zum Erlass delegierter Rechtsakte gemäß Artikel 12 Absatz 8 und Artikel 43 Absatz 8 wird der Kommission auf unbestimmte Zeit ab dem 24. Mai 2016 übertragen.
(3) Die Befugnisübertragung gemäß Artikel 12 Absatz 8 und Artikel 43 Absatz 8 kann vom Europäischen Parlament oder vom Rat jederzeit widerrufen werden. Der Beschluss über den Widerruf beendet die Übertragung der in diesem Beschluss angegebenen Befugnis. Er wird am Tag nach seiner Veröffentlichung im Amtsblatt der Europäischen Union oder zu einem im Beschluss über den Widerruf angegebenen späteren Zeit-

punkt wirksam. Die Gültigkeit von delegierten Rechtsakten, die bereits in Kraft sind, wird von dem Beschluss über den Widerruf nicht berührt.
(4) Sobald die Kommission einen delegierten Rechtsakt erlässt, übermittelt sie ihn gleichzeitig dem Europäischen Parlament und dem Rat.
(5) Ein delegierter Rechtsakt, der gemäß Artikel 12 Absatz 8 und Artikel 43 Absatz 8 erlassen wurde, tritt nur in Kraft, wenn weder das Europäische Parlament noch der Rat innerhalb einer Frist von drei Monaten nach Übermittlung dieses Rechtsakts an das Europäische Parlament und den Rat Einwände erhoben haben oder wenn vor Ablauf dieser Frist das Europäische Parlament und der Rat beide der Kommission mitgeteilt haben, dass sie keine Einwände erheben werden. Auf Veranlassung des Europäischen Parlaments oder des Rates wird diese Frist um drei Monate verlängert.

Artikel 93 Ausschussverfahren

(1) Die Kommission wird von einem Ausschuss unterstützt. Dieser Ausschuss ist ein Ausschuss im Sinne der Verordnung (EU) Nr. 182/2011.
(2) Wird auf diesen Absatz Bezug genommen, so gilt Artikel 5 der Verordnung (EU) Nr. 182/2011.
(3) Wird auf diesen Absatz Bezug genommen, so gilt Artikel 8 der Verordnung (EU) Nr. 182/2011 in Verbindung mit deren Artikel 5.

Kapitel XI
Schlussbestimmungen

Artikel 94 Aufhebung der Richtlinie 95/46/EG

(1) Die Richtlinie 95/46/EG wird mit Wirkung vom 25. Mai 2018 aufgehoben.
(2) Verweise auf die aufgehobene Richtlinie gelten als Verweise auf die vorliegende Verordnung. Verweise auf die durch Artikel 29 der Richtlinie 95/46/EG eingesetzte Gruppe für den Schutz von Personen bei der Verarbeitung personenbezogener Daten gelten als Verweise auf den kraft dieser Verordnung errichteten Europäischen Datenschutzausschuss.

Artikel 95 Verhältnis zur Richtlinie 2002/58/EG

Diese Verordnung erlegt natürlichen oder juristischen Personen in Bezug auf die Verarbeitung in Verbindung mit der Bereitstellung öffentlich zugänglicher elektronischer Kommunikationsdienste in öffentlichen

Kommunikationsnetzen in der Union keine zusätzlichen Pflichten auf, soweit sie besonderen in der Richtlinie 2002/58/EG festgelegten Pflichten unterliegen, die dasselbe Ziel verfolgen.

Artikel 96 Verhältnis zu bereits geschlossenen Übereinkünften

Internationale Übereinkünfte, die die Übermittlung personenbezogener Daten an Drittländer oder internationale Organisationen mit sich bringen, die von den Mitgliedstaaten vor dem 24. Mai 2016 abgeschlossen wurden und die im Einklang mit dem vor diesem Tag geltenden Unionsrecht stehen, bleiben in Kraft, bis sie geändert, ersetzt oder gekündigt werden.

Artikel 97 Berichte der Kommission

(1) Bis zum 25. Mai 2020 und danach alle vier Jahre legt die Kommission dem Europäischen Parlament und dem Rat einen Bericht über die Bewertung und Überprüfung dieser Verordnung vor. Die Berichte werden öffentlich gemacht.

(2) Im Rahmen der Bewertungen und Überprüfungen nach Absatz 1 prüft die Kommission insbesondere die Anwendung und die Wirkungsweise

a) des Kapitels V über die Übermittlung personenbezogener Daten an Drittländer oder an internationale Organisationen insbesondere im Hinblick auf die gemäß Artikel 45 Absatz 3 der vorliegenden Verordnung erlassenen Beschlüsse sowie die gemäß Artikel 25 Absatz 6 der Richtlinie 95/46/EG erlassenen Feststellungen,

b) des Kapitels VII über Zusammenarbeit und Kohärenz.

(3) Für den in Absatz 1 genannten Zweck kann die Kommission Informationen von den Mitgliedstaaten und den Aufsichtsbehörden anfordern.

(4) Bei den in den Absätzen 1 und 2 genannten Bewertungen und Überprüfungen berücksichtigt die Kommission die Standpunkte und Feststellungen des Europäischen Parlaments, des Rates und anderer einschlägiger Stellen oder Quellen.

(5) Die Kommission legt erforderlichenfalls geeignete Vorschläge zur Änderung dieser Verordnung vor und berücksichtigt dabei insbesondere die Entwicklungen in der Informationstechnologie und die Fortschritte in der Informationsgesellschaft.

Artikel 98 Überprüfung anderer Rechtsakte der Union zum Datenschutz

Die Kommission legt gegebenenfalls Gesetzgebungsvorschläge zur Änderung anderer Rechtsakte der Union zum Schutz personenbezogener Daten vor, damit ein einheitlicher und kohärenter Schutz natürlicher Personen bei der Verarbeitung sichergestellt wird. Dies betrifft insbesondere die Vorschriften zum Schutz natürlicher Personen bei der Verarbeitung solcher Daten durch die Organe, Einrichtungen, Ämter und Agenturen der Union und zum freien Verkehr solcher Daten.

Artikel 99 Inkrafttreten und Anwendung

(1) Diese Verordnung tritt am zwanzigsten Tag nach ihrer Veröffentlichung im Amtsblatt der Europäischen Union in Kraft.
(2) Sie gilt ab dem 25. Mai 2018.
Diese Verordnung ist in allen ihren Teilen verbindlich und gilt unmittelbar in jedem Mitgliedstaat.

C. Bundesdatenschutzgesetz (BDSG)[1] Kommentierung

Teil 1 Gemeinsame Bestimmungen

Kapitel 1 Anwendungsbereich und Begriffsbestimmungen

§ 1 Anwendungsbereich des Gesetzes

(1) Dieses Gesetz gilt für die Verarbeitung personenbezogener Daten durch

1. öffentliche Stellen des Bundes,
2. öffentliche Stellen der Länder, soweit der Datenschutz nicht durch Landesgesetz geregelt ist und soweit sie
   a) Bundesrecht ausführen oder
   b) als Organe der Rechtspflege tätig werden und es sich nicht um Verwaltungsangelegenheiten handelt.

Für nichtöffentliche Stellen gilt dieses Gesetz für die ganz oder teilweise automatisierte Verarbeitung personenbezogener Daten sowie die nicht automatisierte Verarbeitung personenbezogener Daten, die in einem Dateisystem gespeichert sind oder gespeichert werden sollen, es sei denn, die Verarbeitung durch natürliche Personen erfolgt zur Ausübung ausschließlich persönlicher oder familiärer Tätigkeiten.

(2) Andere Rechtsvorschriften des Bundes über den Datenschutz gehen den Vorschriften dieses Gesetzes vor. Regeln sie einen Sachverhalt, für den dieses Gesetz gilt, nicht oder nicht abschließend, finden die Vorschriften dieses Gesetzes Anwendung. Die Verpflichtung zur Wahrung gesetzlicher Geheimhaltungspflichten oder von Berufs- oder besonderen Amtsgeheimnissen, die nicht auf gesetzlichen Vorschriften beruhen, bleibt unberührt.

---

1 Bundesdatenschutzgesetz vom 30. Juni 2017 (BGBl. I S. 2097), das durch Artikel 10 des Gesetzes vom 23. Juni 2021 (BGBl. I S. 1858) geändert worden ist.

(3) Die Vorschriften dieses Gesetzes gehen denen des Verwaltungsverfahrensgesetzes vor, soweit bei der Ermittlung des Sachverhalts personenbezogene Daten verarbeitet werden.

(4) Dieses Gesetz findet Anwendung auf öffentliche Stellen. Auf nichtöffentliche Stellen findet es Anwendung, sofern

1. der Verantwortliche oder Auftragsverarbeiter personenbezogene Daten im Inland verarbeitet,
2. die Verarbeitung personenbezogener Daten im Rahmen der Tätigkeiten einer inländischen Niederlassung des Verantwortlichen oder Auftragsverarbeiters erfolgt oder
3. der Verantwortliche oder Auftragsverarbeiter zwar keine Niederlassung in einem Mitgliedstaat der Europäischen Union oder in einem anderen Vertragsstaat des Abkommens über den Europäischen Wirtschaftsraum hat, er aber in den Anwendungsbereich der Verordnung (EU) 2016/679 des Europäischen Parlaments und des Rates vom 27. April 2016 zum Schutz natürlicher Personen bei der Verarbeitung personenbezogener Daten, zum freien Datenverkehr und zur Aufhebung der Richtlinie 95/46/EG (Datenschutz-Grundverordnung) (ABl. L 119 vom 4.5.2016, S. 1; L 314 vom 22.11.2016, S. 72; L 127 vom 23.5.2018, S. 2) in der jeweils geltenden Fassung fällt.

Sofern dieses Gesetz nicht gemäß Satz 2 Anwendung findet, gelten für den Verantwortlichen oder Auftragsverarbeiter nur die §§ 8 bis 21, 39 bis 44.

(5) Die Vorschriften dieses Gesetzes finden keine Anwendung, soweit das Recht der Europäischen Union, im Besonderen die Verordnung (EU) 2016/679 in der jeweils geltenden Fassung, unmittelbar gilt.

(6) Bei Verarbeitungen zu Zwecken gemäß Artikel 2 der Verordnung (EU) 2016/679 stehen die Vertragsstaaten des Abkommens über den Europäischen Wirtschaftsraum den Mitgliedstaaten der Europäischen Union gleich. Andere Staaten gelten insoweit als Drittstaaten.

(7) Bei Verarbeitungen zu Zwecken gemäß Artikel 1 Absatz 1 der Richtlinie (EU) 2016/680 des Europäischen Parlaments und des Rates vom 27. April 2016 zum Schutz natürlicher Personen bei der Verarbeitung personenbezogener Daten durch die zuständigen Behörden zum Zwecke der Verhütung, Ermittlung, Aufdeckung oder Verfolgung von Straftaten oder der Strafvollstreckung sowie zum freien Datenverkehr und zur Aufhebung des Rahmenbeschlusses 2008/977/JI des Rates (ABl. L 119 vom 4.5.2016, S. 89) stehen die bei der Umsetzung, Anwendung und Entwicklung des Schengen-Besitzstands assoziierten Staaten den Mitgliedstaaten der Europäischen Union gleich. Andere Staaten gelten insoweit als Drittstaaten.

(8) Für Verarbeitungen personenbezogener Daten durch öffentliche Stellen im Rahmen von nicht in die Anwendungsbereiche der Verord-

nung (EU) 2016/679 und der Richtlinie (EU) 2016/680 fallenden Tätigkeiten finden die Verordnung (EU) 2016/679 und die Teile 1 und 2 dieses Gesetzes entsprechend Anwendung, soweit nicht in diesem Gesetz oder einem anderen Gesetz Abweichendes geregelt ist.

Inhaltsübersicht Rn.

I.	Allgemeines	1– 2
II.	Anwendbarkeit im öffentlichen und im nichtöffentlichen Bereich (Abs. 1)	3– 7
III.	Gesetzesvorrang (Abs. 2 und 3)	8–10
IV.	Räumlicher Anwendungsbereich (Abs. 4)	11–14
V.	Europarechtliche Vorgaben (Abs. 5 bis 7)	15
VI.	Entsprechende Anwendbarkeit (Abs. 8)	16
VII.	Beschäftigtendatenschutz	17

I. Allgemeines

Durch **§ 1** wird der **Anwendungsbereich** des BDSG festgelegt. Die Vorschrift entspricht inhaltlich in Teilen der Vorgängerfassung des § 1 BDSG a. F. Die Neuregelung wiederholt teilweise Sachverhalte aus der DSGVO. So sind beispielsweise die Vorgaben zur Anwendbarkeit auf nicht automatisierte Verarbeitungen in Abs. 1 Satz 2 weitgehend textgleich bereits in Art. 2 Abs. 1 DSGVO enthalten. Diese Wiederholung sichert die Anwendbarkeit der Regelungen auf die in § 45 genannten öffentlichen Stellen, die personenbezogene Daten für Zwecke der Verhütung, Ermittlung, Aufdeckung, Verfolgung oder Ahndung von Straftaten oder Ordnungswidrigkeiten verarbeiten, und verstößt somit nicht gegen das Zitierverbot. 1

Nach **Abs. 1** gilt das BDSG für **öffentliche Stellen des Bundes** sowie für alle **nichtöffentlichen Stellen**, insbesondere für alle privatrechtlichen Verantwortlichen. Weiterhin werden nach **Abs. 1 Satz 1 Nr. 2** auch die **öffentlichen Stellen der Länder** erfasst, wenn es dort keine entsprechenden datenschutzrechtlichen Regelungen gibt. Durch **Abs. 2** und **Abs. 3** wird das Verhältnis der Vorschriften des Gesetzes zu **spezialgesetzlichen Datenschutzregeln** festgeschrieben. **Abs. 4** enthält Regelungen zum **räumlichen Geltungsbereich** und führt die hierzu in Art. 3 DSGVO enthaltenen Regelungen teilweise weiter aus. Die Regelungen in **Abs. 5** bis **Abs. 7** enthalten Vorgaben zur **Umsetzung der DSGVO** und berücksichtigen deren unmittelbare Geltung innerhalb der Mitgliedsstaaten. Die Regelung in **Abs. 8** gilt nur für **öffentliche Stellen**, soweit die Verarbeitung außerhalb des Anwendungsbereichs der DSGVO oder der DSRl-Jl erfolgt. 2

II. Anwendbarkeit im öffentlichen und im nichtöffentlichen Bereich (Abs. 1)

3 Durch **Abs. 1** wird der **sachliche Anwendungsbereich** des BDSG festgelegt und insbesondere gegenüber den Regelungen zur Anwendbarkeit der DSGVO in deren **Art. 3 und 4** differenziert.

4 Die Regelungen des BDSG gelten nach Abs. 1 **Satz 1 Nr. 1 uneingeschränkt** für alle **öffentlichen Stellen des Bundes**, das heißt insbesondere für alle Bundesbehörden. Darüber hinaus gilt das BDSG nach Abs. 1 **Satz 1 Nr. 2** für alle **öffentlichen Stellen der Länder**, wenn diese Bundesrecht ausführen oder als Organe der Rechtspflege außerhalb von Verwaltungsangelegenheiten tätig werden. Die Anwendbarkeit des BDSG setzt in diesen Fällen allerdings voraus, dass Datenschutz **nicht durch** entsprechende **Landesgesetze geregelt** ist. Inzwischen sind alle Datenschutzgesetze der Länder an die neuen Vorgaben der DSGVO angepasst worden, sodass die Anwendbarkeit dieser Sonderregelung nicht gegeben ist. Dies gilt auch für spezifische Regelungen zum **Beschäftigtendatenschutz**, die in § 26 enthalten sind. Hierzu weitgehend textgleiche Regelungen finden sich in den Landesdatenschutzgesetzen wieder, etwa in § 23 HDSIG.

5 Bezogen auf öffentliche Stellen nach Abs. 1 Satz 1 kommt das BDSG für **alle Formen** der Verarbeitung personenbezogener Daten zur Anwendung. Demgegenüber steht die Anwendbarkeit für **nichtöffentliche Stellen** nach Abs. 1 **Satz 2** unter dem Vorbehalt, dass es sich entweder um eine **automatisierte Verarbeitung** personenbezogener Daten handelt oder um eine **nichtautomatisierte Verarbeitung** entsprechender Informationen, die in einem Dateisystem gespeichert sind oder gespeichert werden sollen. Die Regelung in Abs. 1 Satz 2 nimmt insoweit **textgleich Vorgaben** aus Art. 2 Abs. 1, Abs. 2c DSGVO auf (vgl. Art. 2 DSGVO, Rn. 2ff.).

6 Die in Abs. 1 Satz 2 genannten »nichtöffentlichen Stellen« sind **Verantwortliche** im Sinne der Begriffsbestimmung des Art. 4 Nr. 7 DSGVO. In Betrieben aus dem nichtöffentlichen Bereich sowie in staatlichen Behörden sind die Verantwortlichen nach Art. 4 Nr. 7 DSGVO regelmäßig identisch mit Arbeitgebern bzw. mit Dienststellenleitungen.

7 Nach Abs. 1 **Satz 2 letzter Halbs.** kommt das **Gesetz nicht** zur Anwendung, wenn eine Verarbeitung durch natürliche Personen **ausschließlich** zur **Ausübung persönlicher oder familiärer Tätigkeiten** erfolgt. Diese »**Haushaltsausnahme**« ist textgleich in Art. 2 Abs. 2 Buchst. c DSGVO enthalten und kommt nur bezogen auf solche Daten zur Anwendung, die im persönlichen oder familiären Bereich verarbeitet werden und dabei **keinerlei Bezug** zu einer durch Art. 6 Abs. 1 DSGVO legitimierten Verarbeitung und damit insbesondere auch nicht **zu Beschäftigungsverhältnissen** haben (vgl. Art. 2 DSGVO, Rn. 18ff.).

III. Gesetzesvorrang (Abs. 2 und 3)

Durch **Abs. 2** wird geregelt, in welchem **Verhältnis** die Vorschriften des BDSG zu datenschutzrechtlichen Vorgaben in anderen Gesetzen stehen. Ausgehend vom Charakter des BDSG als »**Auffanggesetz**« wird durch Abs. 2 festgelegt, dass einschlägige andere Datenschutzvorschriften des Bundes denen des BDSG vorgehen.[2] Dieser Vorrang gilt aufgrund der Verwendung des Wortes »Rechtsvorschriften des Bundes« nicht nur für Bundesgesetze, sondern auch für Rechtsverordnungen oder Satzungen des Bundes.[3] Spezifische Datenschutzregelungen für **Betriebsräte** finden sich beispielsweise in § 79a BetrVG. Diese Regelung ist allerdings keine eigenständige Rechtsvorschrift über den Datenschutz i. S. v. Abs. 2 Satz 1 und genießt keinen Vorrang, weil sie lediglich einen klarstellenden Charakter hat. 8

Durch **Abs. 2 Satz 3** wird verdeutlicht, dass die Verpflichtung zur **Wahrung gesetzlicher Geheimhaltungspflichten** oder von **Berufs**- oder **besonderen Amtsgeheimnissen** durch das BDSG unberührt bleibt. Damit besteht beispielsweise die **Betriebsräten** nach § 79 BetrVG auferlegte Geheimhaltungspflicht unabhängig von den Regelungen des BDSG. 9

Abs. 3 stellt klar, dass im Bereich der **Bundesverwaltung** bei der Durchführung gesetzlich zulässiger **Sachermittlungen** das BDSG zu beachten ist, wenn dabei personenbezogene Daten verarbeitet werden. 10

IV. Räumlicher Anwendungsbereich (Abs. 4)

Abs. 4 bestimmt den **räumlichen Anwendungsbereich** des Gesetzes. Die Inhalte überschneiden sich teilweise mit den in Abs. 1 enthaltenen Regelungen. **Satz 1** stellt klar, dass das BDSG bei einer Verarbeitung von personenbezogenen Daten durch öffentliche Stellen **unabhängig von dem Ort** anwendbar ist, an dem sie stattfindet. Das Gesetz gilt damit nicht nur für die Verarbeitung von personenbezogenen Daten durch Bundesbehörden im Inland, sondern kommt insbesondere auch zur Anwendung, wenn Erhebungen und Verarbeitungen personenbezogener Daten durch **Botschaften** oder **Konsulate** durchgeführt werden.[4] 11

Für **nichtöffentliche Stellen** ist nach Abs. 4 **Satz 2 Nr. 1** die Anwendbarkeit des BDSG immer gegeben, wenn die **Verarbeitung im Inland** erfolgt. Dabei ist es unerheblich, ob der Verantwortliche selbst Daten verarbeitet oder ob diese Verarbeitung von einem Auftragsverarbeiter nach Art. 28 DSGVO übernommen wird. 12

2 Vgl. Gola/Heckmann-*Gola/Reif*, § 1 Rn. 11.
3 Vgl. DWWS-*Weichert*, § 1 Rn. 10.
4 Vgl. DWWS-*Weichert*, § 1 Rn. 17a.

13 Die Regelung in Abs. 4 **Satz 2 Nr. 3** nimmt das in Art. 3 Abs. 2 DSGVO enthaltene **Marktortprinzip** auf (vgl. Art. 3 DSGVO, Rn. 11 ff.). Nach diesem kommen die datenschutzrechtlichen Schutzregelungen auch dann zur Anwendung, wenn personenbezogene Daten aus dem Inland von Verantwortlichen oder Auftragsverarbeitern verarbeitet werden, die **keine Niederlassung** in der **EU** oder im **Bereich des EWR** haben. Durch diese Regelung soll sichergestellt werden, dass der Schutz personenbezogener Daten auch dann gewährleistet wird, wenn Verantwortliche oder Auftragsverarbeiter irgendwo auf der Welt tätig sind, dabei aber personenbezogene Daten in Deutschland erheben und außerhalb des Schutzraums der DSGVO und des BDSG weiterverarbeiten.

14 Ist **keiner der** in Abs. 4 Satz 2 **genannten Tatbestände** für eine Verarbeitung **einschlägig**, so gelten nach der Regelung in Abs. 4 **Satz 3** die Vorschriften des BDSG zu Aufsichtsbehörden, zu Datenschutzbeauftragten, zur Akkreditierung sowie zu Straf- und Bußgeldverfahren weiter, die in §§ 8 bis 21 sowie 39 bis 44 enthalten sind.

V. Europarechtliche Vorgaben (Abs. 5 bis 7)

15 Durch **Abs. 5** wird klargestellt, dass zwingendes europäisches Recht, wie es in der DSGVO enthalten ist, **Vorrang** gegenüber dem BDSG hat. **Abs. 6 und** 7 regeln, welche Staaten außerhalb der EU aus datenschutzrechtlicher Sicht den Mitgliedsstaaten **gleichgestellt** werden bzw. welche Staaten demgegenüber als **Drittstaaten** anzusehen sind.

VI. Entsprechende Anwendbarkeit (Abs. 8)

16 Durch **Abs. 8** wird **ausschließlich** für **öffentliche Stellen** festgelegt, dass die Vorgaben der DSGVO und der Teile 1 und 2 dieses Gesetzes in jedem Fall auch auf Verarbeitungen personenbezogener Daten zur Anwendung kommen, die außerhalb des Anwendungsbereichs der DSGVO oder der DSRl-Jl erfolgen. Insoweit soll auch für diese Ausnahmefälle ein umfassender Schutz gewährleistet werden.

VII. Beschäftigtendatenschutz

17 Bezogen auf die Verarbeitung von **Beschäftigtendaten** durch nichtöffentliche Stellen wird die in **Abs. 1 Satz 2** enthaltene **Begrenzung** auf bestimmte Verarbeitungsformen (insbesondere in Dateisystemen) durch § 26 Abs. 7 **aufgehoben**. Damit wird jegliche Verarbeitung von Beschäftigtendaten von den einschlägigen Regeln des Gesetzes erfasst (vgl. § 26 Rn. 122). Das Gesetz ist somit im Rahmen von Beschäftigtenverhältnissen sowohl im öffentlichen

wie im nichtöffentlichen Bereich unbeschränkt anwendbar, ohne dass es auf die Art der Verarbeitung ankommt.

§ 2 Begriffsbestimmung

(1) Öffentliche Stellen des Bundes sind die Behörden, die Organe der Rechtspflege und andere öffentlich-rechtlich organisierte Einrichtungen des Bundes, der bundesunmittelbaren Körperschaften, der Anstalten und Stiftungen des öffentlichen Rechts sowie deren Vereinigungen ungeachtet ihrer Rechtsform.
(2) Öffentliche Stellen der Länder sind die Behörden, die Organe der Rechtspflege und andere öffentlich-rechtlich organisierte Einrichtungen eines Landes, einer Gemeinde, eines Gemeindeverbandes oder sonstiger der Aufsicht des Landes unterstehender juristischer Personen des öffentlichen Rechts sowie deren Vereinigungen ungeachtet ihrer Rechtsform.
(3) Vereinigungen des privaten Rechts von öffentlichen Stellen des Bundes und der Länder, die Aufgaben der öffentlichen Verwaltung wahrnehmen, gelten ungeachtet der Beteiligung nichtöffentlicher Stellen als öffentliche Stellen des Bundes, wenn
1. **sie über den Bereich eines Landes hinaus tätig werden oder**
2. **dem Bund die absolute Mehrheit der Anteile gehört oder die absolute Mehrheit der Stimmen zusteht.**

Andernfalls gelten sie als öffentliche Stellen der Länder.
(4) Nichtöffentliche Stellen sind natürliche und juristische Personen, Gesellschaften und andere Personenvereinigungen des privaten Rechts, soweit sie nicht unter die Absätze 1 bis 3 fallen. Nimmt eine nichtöffentliche Stelle hoheitliche Aufgaben der öffentlichen Verwaltung wahr, ist sie insoweit öffentliche Stelle im Sinne dieses Gesetzes.
(5) Öffentliche Stellen des Bundes gelten als nichtöffentliche Stellen im Sinne dieses Gesetzes, soweit sie als öffentlich-rechtliche Unternehmen am Wettbewerb teilnehmen. Als nichtöffentliche Stellen im Sinne dieses Gesetzes gelten auch öffentliche Stellen der Länder, soweit sie als öffentlich-rechtliche Unternehmen am Wettbewerb teilnehmen, Bundesrecht ausführen und der Datenschutz nicht durch Landesgesetz geregelt ist.

Die Begriffsbestimmungen in den fünf Absätzen der Vorschrift enthalten 1
über die allgemeingültigen Definitionen in Art. 4 DSGVO hinaus **ergänzende Definitionen**, die nur für dieses Gesetz unmittelbar anwendbar sind. In **Abs. 1 bis 3** erfolgt eine **Benennung** verschiedener **öffentlicher Stellen** des Bundes und der Länder. In **Abs. 4** sind die **nichtöffentlichen Stellen** definiert, die im Regelfall privatrechtlich organisiert sind. Auf die Rechtsform einer nichtöffentlichen Stelle kommt es für die Erfassung durch Abs. 4 nicht

an.[1] Eine Anwendbarkeit der für öffentliche Stellen geltenden Regelungen auf Verantwortliche aus dem nichtöffentlichen Bereich ist nach **Abs. 4 Satz 2 ausnahmsweise** gegeben, wenn **hoheitliche Aufgaben** der öffentlichen Verwaltung von nichtöffentlichen Stellen als sog. »**Beliehene**« wahrgenommen werden. Dies kann etwa bei einem **technischen Überwachungsverein** der Fall sein.[2]

2 Zu den nichtöffentlichen Stellen i. S. d. **Abs. 4** gehören in Abgrenzung von Abs. 1 und 3 alle Verantwortlichen und Auftragsverarbeiter, die nicht als öffentliche Stellen im Sinne der vorstehenden Abs. 1 bis 3 anzusehen sind. Handelt es sich dabei um juristische Personen, ist die Rechtsform unerheblich. **Nicht erfasst** sind **Konzerne**, da diesen aus gesellschaftsrechtlicher Sicht die notwendige rechtlich-organisatorische Einheit fehlt und sie deshalb als Konzern nicht als »Verantwortliche« im Sinne der Begriffsbestimmung in Art. 4 Nr. 7 DSGVO zu qualifizieren sind. Damit wird die nach **Abs. 4** zulässige Verarbeitung personenbezogener Daten auf die **Unternehmensebene** begrenzt.[3]

3 Nach **Abs. 4** kommt das BDSG auch zur Anwendung, wenn personenbezogene Daten außerhalb gesellschaftsrechtlicher Strukturen durch einzelne **natürliche Personen** verarbeitet werden. Eine **Ausnahme** besteht gem. § 1 Satz 2 letzter Halbs. hier lediglich, wenn die Verarbeitung ausschließlich zur Ausübung persönlicher oder familiärer Tätigkeiten dient (vgl. Art. 2 DSGVO, Rn. 14ff.).

Kapitel 2
Rechtsgrundlagen der Verarbeitung personenbezogener Daten

§ 3 Verarbeitung personenbezogener Daten durch öffentliche Stellen

Die Verarbeitung personenbezogener Daten durch eine öffentliche Stelle ist zulässig, wenn sie zur Erfüllung der in der Zuständigkeit des Verantwortlichen liegenden Aufgabe oder in Ausübung öffentlicher Gewalt, die dem Verantwortlichen übertragen wurde, erforderlich ist.

---

1 Vgl. Plath-*Schreiber*, § 2 Rn. 16.
2 Vgl. Gola/Heckmann-*Schulz*, § 2 Rn. 26.
3 Vgl. ähnlich DWWS-*Weichert*, § 2 Rn. 16.

§ 4 Videoüberwachung öffentlich zugänglicher Räume

(1) Die Beobachtung öffentlich zugänglicher Räume mit optisch-elektronischen Einrichtungen (Videoüberwachung) ist nur zulässig, soweit sie
1. zur Aufgabenerfüllung öffentlicher Stellen,
2. zur Wahrnehmung des Hausrechts oder
3. zur Wahrnehmung berechtigter Interessen für konkret festgelegte Zwecke

erforderlich ist und keine Anhaltspunkte bestehen, dass schutzwürdige Interessen der betroffenen Personen überwiegen. Bei der Videoüberwachung von
1. öffentlich zugänglichen großflächigen Anlagen, wie insbesondere Sport-, Versammlungs- und Vergnügungsstätten, Einkaufszentren oder Parkplätzen, oder
2. Fahrzeugen und öffentlich zugänglichen großflächigen Einrichtungen des öffentlichen Schienen-, Schiffs- und Busverkehrs

gilt der Schutz von Leben, Gesundheit oder Freiheit von dort aufhältigen Personen als ein besonders wichtiges Interesse.

(2) Der Umstand der Beobachtung und der Name und die Kontaktdaten des Verantwortlichen sind durch geeignete Maßnahmen zum frühestmöglichen Zeitpunkt erkennbar zu machen.

(3) Die Speicherung oder Verwendung von nach Absatz 1 erhobenen Daten ist zulässig, wenn sie zum Erreichen des verfolgten Zwecks erforderlich ist und keine Anhaltspunkte bestehen, dass schutzwürdige Interessen der betroffenen Personen überwiegen. Absatz 1 Satz 2 gilt entsprechend. Für einen anderen Zweck dürfen sie nur weiterverarbeitet werden, soweit dies zur Abwehr von Gefahren für die staatliche und öffentliche Sicherheit sowie zur Verfolgung von Straftaten erforderlich ist.

(4) Werden durch Videoüberwachung erhobene Daten einer bestimmten Person zugeordnet, so besteht die Pflicht zur Information der betroffenen Person über die Verarbeitung gemäß den Artikeln 13 und 14 der Verordnung (EU) 2016/679. § 32 gilt entsprechend.

(5) Die Daten sind unverzüglich zu löschen, wenn sie zur Erreichung des Zwecks nicht mehr erforderlich sind oder schutzwürdige Interessen der betroffenen Personen einer weiteren Speicherung entgegenstehen.

Inhaltsübersicht Rn.

I. Allgemeines 1– 6
II. Voraussetzungen zulässiger Videoüberwachung (Abs. 1 Satz 1) 7–22
1. Beobachtungen 8–11
2. Beobachtung öffentlich zugänglicher Räume 12–15
3. Zulässige Beobachtungszwecke 16–22

III. Besonders wichtige Interessen für eine Videoüberwachung (Abs. 1 Satz 2) 23–26
IV. Anzeigepflichten der Verantwortlichen (Abs. 2) 27–28
V. Speicherung, Verwendung und Zweckänderung (Abs. 3) 29–31
VI. Benachrichtigung (Abs. 4) 32
VII. Löschung (Abs. 5) 33–34
VIII. Beschäftigtendatenschutz 35–37
IX. Rechte von Betriebs- oder Personalräten 38–40

I. Allgemeines

1 Die Vorschrift regelt und begrenzt die **Beobachtung öffentlich zugänglicher Räume** durch **optisch-elektronische Einrichtungen**. Darüber hinaus kommt sie für die Beobachtung **öffentlich zugänglicher Fahrzeuge** und **Einrichtungen des Schienen-**, **Schiffs-** und **Busverkehrs** zur Anwendung, soweit die Vorgaben in § 4 Abs. 1 Satz 2 erfüllt sind. Der sperrige Begriff der »optisch-elektronischen Einrichtungen« steht für die verschiedensten Formen der **Videoüberwachung**. Vorrangig geht es um die unterschiedlichen Ausprägungen **digitaler Videotechnik**. Hierzu gehören nicht nur fest installierte Kameras, sondern auch »Webcams«, Drohnen oder sogenannte »Dashcams«. Eingeschlossen sind auch alle Formen digitaler Aufzeichnungsmöglichkeiten. Weiterhin gehören Anwendungen aus dem Bereich »**analoger Videotechnik**« zu den hier geregelten optisch-elektronischen Einrichtungen. Insoweit ist der Begriff der »optisch-elektronischen Einrichtungen« **weit auszulegen**.

2 Dieser **Begriff** ist **technikneutral** und stellt nicht auf eine bestimmte Technik ab. Dies macht auch der Klammerverweis im Gesetzestext auf »Videoüberwachung« deutlich. Damit kommen Kameras jeglicher Art und ohne Rücksicht auf die verwendete Technik in Betracht.[1] Voraussetzung für die Einordnung als »Videoüberwachung« ist, dass eine Technik oder ein Gerät für Beobachtungen genutzt werden kann. Unerheblich ist es dabei, ob eine Überwachung mit einer fest installierten, einer beweglichen oder einer mobilen Kamera erfolgt und wie deren Aufnahmemöglichkeiten technisch gestaltet sind. Digitale Kamerasysteme werden ebenso erfasst wie analoge. Auch von Kameraattrappen geht ein Überwachungsdruck aus,[2] weshalb auch hier ein gesetzeskonformer Hinweis erfolgen muss, es sei denn, für betroffene Personen ist klar erkennbar, dass diese Geräte nicht funktionsfähig sind.

---

1 Vgl. Kühling/Buchner-*Kühling/Raab*, Art. 2 DSGVO, Rn. 15; SHS-*Scholz*, Art. 6 DSGVO, Anhang 1 Rn. 34.

2 Vgl. OVG Rheinland-Pfalz 25.6.2021 – 10 A 10302/21, das im Ergebnis aber feststellt, dass eine abgeschaltete Kamera außerhalb des Anwendungsbereichs der DSGVO steht.

3 Für alle Beobachtungen mit optisch-elektronischen Einrichtungen ist die Vorschrift die **zentrale datenschutzrechtliche Grundlage**, soweit hierbei personenbezogene Daten erfasst werden. Insoweit trägt sie dem informationellen Selbstbestimmungsrecht der betroffenen Personen Rechnung.[3]

4 Ziel der Regelung war eigentlich eine **restriktive Überwachungspraxis** bei der Beobachtung öffentlich zugänglicher Räume, die unter Wahrung der unterschiedlichen Interessen der betroffenen Personen und potenzieller Anwender erfolgen soll.[4] Dieser restriktive Charakter wurde allerdings insbesondere durch das »Videoüberwachungsverbesserungsgesetz«[5] aufgehoben, durch das die Zulässigkeit von Überwachungsmöglichkeiten für bestimmte Bereiche ausgeweitet wurde.

5 **Abs. 1 Satz 1** enthält die **allgemeinen Zulässigkeitsvoraussetzungen** für die Beobachtung **öffentlich zugänglicher Räume** mittels Videotechnik. In **Abs. 1 Satz 2** wird festgelegt, wann vom Vorliegen eines **besonders wichtigen Interesses** auszugehen ist, das ohne Durchführung einer Verhältnismäßigkeitsprüfung eine Videoüberwachung in bestimmten Bereichen oder Einrichtungen legitimiert.

6 Durch **Abs. 2** werden Verantwortliche verpflichtet, das Stattfinden einer Videoüberwachung **kenntlich zu machen**. In **Abs. 3** wird festgelegt, wann die Daten einer Videoüberwachung **gespeichert** oder **verwendet** werden bzw. wann eine Verarbeitung für andere Zwecke zulässig ist. Erfolgt eine **Zuordnung** von Videodaten **zu bestimmten Personen**, müssen Verantwortliche diese nach **Abs. 4 informieren**. Ist der Zweck einer Videoüberwachung erreicht, müssen nicht mehr erforderliche Daten nach **Abs. 5 unverzüglich gelöscht werden**.

II. Voraussetzungen zulässiger Videoüberwachung (Abs. 1 Satz 1)

7 In **Abs. 1 Satz 1** werden die Voraussetzungen für eine Beobachtung öffentlicher Räume mittels optisch-elektronischer Einrichtungen (Videoüberwachung) **abschließend benannt**.

1. Beobachtungen

8 Durch § 4 wird die **Zulässigkeit der Beobachtung** öffentlich zugänglicher Räume geregelt. Dazu, was unter »Beobachtung« zu verstehen ist, enthält weder das BDSG noch die DSGVO eine Begriffsbestimmung. Allerdings ist aufgrund der weiten Definition des Begriffs der »Verarbeitung« in Art. 4 Nr. 2 DSGVO davon auszugehen, dass die »Beobachtung« hiervon erfasst ist.

---

3 Vgl. BT-Drs. 14/4329, 38.

4 Vgl. BT-Drs. 14/5793, S. 61.

5 Vgl. BGBl. I vom 4.5.2017, S. 968.

Der Begriff ist vor diesem Hintergrund und ausgehend vom Schutzziel der Norm **weit auszulegen**. Eine »Beobachtung« i. S. v. **Abs. 1** ist bereits gegeben, wenn dazu eine **bloße Möglichkeit** besteht.[6] Unerheblich für die Feststellung einer Beobachtung ist es, ob die von einer Kamera aufgenommenen Videobilder nur angeschaut werden oder ob zugleich eine Aufnahme und Speicherung erfolgt. Eine Beobachtung erfolgt beispielsweise über Kameras und Videomonitore an Bahnsteigen, mittels derer sich Lokführer einen Überblick über das Schließen der Türen verschaffen. Gleiches gilt für Videokameras im öffentlichen Raum wie insbesondere für sogenannte »Dome-Kameras«, die eine Rundumsicht ermöglichen,[7] aber auch für »Dashcams« in privaten Kraftfahrzeugen.[8] Eine einschlägige Beobachtung kann aber auch mit Webcams in Notebooks oder Tablets erfolgen, wenn Personen von öffentlichen Orten aus an dienstlichen Videokonferenzen teilnehmen und dabei im Hintergrund andere Personen erkennbar sind.

9 Des Weiteren kann eine Beobachtung öffentlich zugänglicher Räume auch durch Webcams erfolgen, die etwa zu Werbezwecken Zugangsbereiche von Ferienanlagen im Internet anzeigen.[9] Beobachtung im Sinne der Vorschrift ist auch der Einsatz von Kameras in **Drohnen** oder die Aufstellung sogenannter »**Wildkameras**« in Jagdrevieren.[10]

10 Mit Blick auf die Interessen der Benutzer öffentlicher Bereiche ist der Einsatz von sogenannten »**Bodycams**« jedenfalls dann kritisch zu bewerten, wenn nichtöffentliche Stellen oder Personen dafür verantwortlich sind.[11] Etwas anderes kann ausnahmsweise gelten, wenn Bodycams ausschließlich der **Eigensicherung** von Sicherheitspersonal dienen, etwa auf Bahnhöfen, und wenn diese Geräte nur in persönlichen Gefahrensituationen und für aufgenommene Personen klar erkennbar (etwa durch Lichtsignale) eingeschaltet werden.[12]

11 **Keine Beobachtung** i. S. v. Abs. 1 soll gegeben sein, wenn eine **einmalige Aufnahme** öffentlicher Räume, Gebäude oder Straßenzüge mit dem Ziel digitaler Kartierungen erfolgt.[13] Lassen sich allerdings aufgenommene Wohnungen oder Gebäude bestimmten Personen zuordnen, können diese ein Löschungsrecht nach Art. 17 DSGVO einschließlich des »Rechts auf Vergessenwerden« geltend machen und durchsetzen.

---

6 Vgl. Gola/Heckmann-*Starneker*, § 4 Rn. 29f.

7 Vgl. SHS-*Scholz*, Art. 6 DSGVO, Anhang 1 Rn. 14.

8 Vgl. zur ausnahmsweisen Zulässigkeit BGH 15. 5. 2018 – VI ZR 233/17.

9 VG Schwerin 18. 6. 2015 – 6 B 1637/15 SN.

10 Vgl. Gola/Heckmann-*Starneker*, § 4 Rn. 18ff.

11 Vgl. BMH, § 6b BDSG a. F., Rn. 7c; allg. *Lachenmann*, DuD 2018, 777.

12 Vgl. SHS-*Scholz*, Art. 6 DSGVO, Anhang 1 Rn. 6; zu rechtskonformen Ausgestaltungen *Koelle/Brück/Cobus/Heuten/Boll*, DuD 2017, 152.

13 Vgl. Gola/Heckmann-*Starneker*, § 4 Rn. 28; Auernhammer-*Onstein*, § 4 Rn. 22.

2. Beobachtung öffentlich zugänglicher Räume

Durch **Abs. 1** wird **ausschließlich** die **Beobachtung öffentlich zugä licher Räume** geregelt. Der Begriff der »öffentlichen Räume« im Si dieser Vorschrift erfasst vorrangig umbaute Flächen oder Gebäude dazu bestimmt sind, von allen Personen oder von festgelegten Personengruppen betreten werden zu können.[14] Hierzu gehören beispielsweise Ausstellungsräume von Museen, Verkaufsräume oder Schalterhallen, aber auch Tankstellen, Biergärten, Parkhäuser, Internet-Cafés oder Geldautomaten.[15] Erfasst werden weiterhin Eingangsbereiche, Foyers, Treppenaufgänge oder Fahrstuhlzugänge zu Bürogebäuden, solange diese ohne Zugangsausweise erreicht werden können.

Der Anwendungsbereich der Vorschrift wird faktisch für die in Abs. 1 **Satz 2** 13
benannten Fälle, für die vom Vorliegen eines besonders wichtigen Interesses ausgegangen werden kann, deutlich ausgeweitet (vgl. Rn. 23ff.).

Der **Begriff** der »**öffentlich zugänglichen Räume**« ist **weit zu fassen**. Maß- 14
geblich für die Anwendbarkeit von Abs. 1 ist, dass Betroffene einer Videoüberwachung im öffentlichen Bereich nicht ausweichen können. Damit kommt die Regelung auch auf umgrenzte Plätze und Bereiche außerhalb von Gebäuden zur Anwendung, etwa öffentliche Parks, Straßen oder Fußgängerzonen.[16] Nicht einbezogen werden hingegen Räume, die nur für einen bestimmten oder abschließend definierten Personenkreis zugänglich sind.[17] Entscheidend ist, dass die Nichtöffentlichkeit durch Verbotsschilder oder durch den Kontext der Umgebung klar erkennbar ist.[18] Nicht öffentlich zugängliche Räume sind beispielsweise Büros oder Produktionsbereiche in Betrieben oder Unternehmen. Die Vorschrift findet damit **keine Anwendung** auf **Arbeitsplätze in nicht öffentlich zugänglichen Bereichen** von Betrieben oder Dienststellen. Der Gesetzgeber hat hierzu ausdrücklich festgestellt, dass für diese Situationen besondere Vorschriften erforderlich sind, die beispielsweise im Rahmen eines Beschäftigtendatenschutzgesetzes geschaffen werden sollen.[19] Eine Videoüberwachung an Arbeitsplätzen, die in nicht öffentlich zugänglichen Bereichen ohne Publikumsverkehr angesiedelt sind, kann deshalb mit § 4 nicht legitimiert werden.

Auf **Videoüberwachungssysteme**, die im **privaten Umfeld** installiert sind 15
(etwa an einem Wohnungseingang), kommt die Vorschrift **nicht** zur An-

---

14 Vgl. Auernhammer-*Onstein*, § 4 Rn. 14f.; SHS-*Scholz*, Art. 6 DSGVO, Anhang 1 Rn. 56.

15 BT-Drs. 14/4329, 38; weitere Beispiele bei BMH, § 6b BDSG a.F., Rn. 25ff.

16 Vgl. SHS-*Scholz*, Art. 6 DSGVO, Anhang 1 Rn. 58; *Weichert*, DuD 2000, 66.

17 BT-Drs. 14/4329, 38.

18 Vgl. BMH, § 6b BDSG a.F.; SHS-*Scholz*, Art. 6 DSGVO, Anhang 1 Rn. 57.

19 BT-Drs. 14/4329, 38; allgemein zur Videoüberwachung im Beschäftigungsverhältnis § 26 Rn. 66ff.

wendung. Dieser Einsatz von Videoüberwachungssystemen muss aber gegenüber Dritten deutlich erkennbar gemacht werden, die sich berechtigt im Aufnahmebereich der Kamera aufhalten können. Dies gilt beispielsweise bei der Kameraüberwachung eines privaten Hauseingangs bezogen auf Briefträger, die einen direkt an der Haustür gelegenen Briefkasten erreichen müssen, oder aber für in Fahrzeuge integrierte Videoüberwachungssysteme, wenn diese in der Lage sind, Personen im Fahrzeugumfeld aufzunehmen. Etwas anderes kann gelten, wenn eine private Wohnung auch beruflich genutzt wird (etwa ein »Wohnbüro« von Rechtsanwälten oder Steuerberatern). In diesem Fall kommt die Vorschrift auf den Teil der Wohnung zur Anwendung, der für Dritte zugänglich ist. Entsprechendes gilt bei einer teilgewerblichen Nutzung einer Wohnung.[20]

3. Zulässige Beobachtungszwecke

16 In **Abs. 1 Satz 1** sind in einer **abschließenden Aufzählung drei alternative Zwecke** festgeschrieben, bei deren Vorliegen eine Videoüberwachung durchgeführt werden darf. Allerdings steht auch in diesen drei Fällen die Zulässigkeit ihrer Durchführung immer unter der Bedingung, dass sie **einerseits erforderlich** ist (vgl. Rn. 20) und dass **andererseits** eine **Interessenabwägung** zu dem Ergebnis geführt hat, dass sie erfolgen kann (vgl. Rn. 21).

17 Nach Abs. 1 **Satz 1 Nr. 1** darf eine Videoüberwachung erfolgen, wenn sie zur **Aufgabenerfüllung öffentlicher Stellen** gehört. Eine vergleichbare Regelung für nichtöffentliche Stellen gibt es nicht. In Betracht kommen beispielsweise Videoüberwachungen zur Eigensicherung der Gebäude oder Anlagen von Bundesbehörden. Einschlägig können aber auch Überwachungsmaßnahmen zum **Schutz** von **Einrichtungen der öffentlichen Hand** sein, etwa die Beobachtung von Deich- oder Brückenanlagen.[21]

18 Nach Abs. 1 **Satz 1 Nr. 2** kann eine Videoüberwachung zur **Wahrnehmung des Hausrechts** stattfinden. Dieser Erlaubnistatbestand gilt für öffentliche wie für nichtöffentliche Stellen. Das Hausrecht öffentlicher Stellen leitet sich insbesondere aus **öffentlich-rechtlichen Verwaltungsvorschriften** ab. Für den nichtöffentlichen Bereich folgt das Hausrecht aus **zivilrechtlichen Abwehransprüchen** von Eigentümern oder Besitzern (vgl. etwa §§ 859ff., 904 oder 1004 BGB). Eine Videoüberwachung in Wahrnehmung des Hausrechts kann sowohl **präventiven Zwecken** dienen, etwa der Vermeidung von Diebstählen, als auch als **repressives Mittel** zur Verfolgung von Tätern verwendet werden.[22] In allen Fällen muss die Videoüberwachung so ausgestaltet

20 Vgl. Plath-*Becker*, § 4 Rn. 9; SHS-*Scholz*, Art. 6 DSGVO, Anhang 1 Rn. 61.
21 Vgl. Auernhammer-*Onstein*, § 4 Rn. 25.
22 Vgl. SHS-*Scholz*, Art. 6 DSGVO, Anlage 1 Rn. 700.

werden, dass Rechte betroffener Personen, die von ihr erfasst werden, so gering wie möglich betroffen werden. Unzulässig ist damit beispielsweise die Videoüberwachung einer Wohnanlage, die jede Person erfasst, die das Gebäude betritt oder verlässt.[23]

Eine Videoüberwachung ist nach Abs. 1 **Satz 1 Nr. 3** zur **Wahrnehmung berechtigter Interessen** zulässig, wenn sie für **konkret festgelegte Zwecke** erfolgt. Da dieser Überwachung der Erlaubnistatbestand in Art. 6 Abs. 1f DSGVO zugrunde liegt, kann diese Regelung mit Blick auf Art. 6 Abs. 1 Satz 2 DSGVO nur für die Videoüberwachung im nichtöffentlichen Bereich zur Anwendung kommen. Sie ist in jedem Fall nur zulässig, wenn sie zur **Wahrung berechtigter Interessen** erfolgt. Mit Blick auf die Grundsätze in Art. 5 Abs. 1 DSGVO müssen die verfolgten Zwecke im Voraus vollständig festgelegt werden.[24] Die Festlegung muss in **verbindlicher** und mit Blick auf die Verpflichtung von Verantwortlichen nach Art. 5 Abs. 2 DSGVO in **abschließend dokumentierter** Form erfolgen. Allgemeine Umschreibungen der Verarbeitungszwecke wie etwa »zur Gefahrenabwehr« sind regelmäßig nicht ausreichend. 19

Die Erfüllung eines der drei in Abs. 1 **Satz 1** genannten Tatbestände setzt jeweils voraus, dass die Videoüberwachung zur Erreichung der genannten Zwecke **erforderlich** ist. Verantwortlichen darf zur Erreichung des angestrebten Zwecks kein milderes und ebenfalls geeignetes Mittel zur Verfügung stehen.[25] Die **Bewertung** der Erforderlichkeit muss von einem **objektiven Standpunkt** aus erfolgen. **Heimliche Videoüberwachungen scheiden** vor diesem Hintergrund bereits deshalb **aus**, weil sie in jedem Fall nicht das mildeste denkbare Mittel sind. Bei der Beurteilung der Erforderlichkeit müssen zudem die allgemeinen datenschutzrechtlichen Grundsätze in Art. 5 Abs. 1 DSGVO berücksichtigt werden, zu denen neben der Zweckbindung in Abs. 1 Buchst. b auch die Datenminimierung in Abs. 1 Buchst. c und die Speicherbegrenzung in Abs. 1 Buchst. e gehören. 20

Voraussetzung für die Durchführung einer Videoüberwachung ist nach der Vorgabe in Abs. 1 **Satz 1 letzter Halbsatz**, dass es keine **überwiegenden schutzwürdigen Interessen** der betroffenen Personen gibt. Damit ist eine **Verhältnismäßigkeitsprüfung** durchzuführen. Ein bedeutsames Bewertungskriterium hierfür ist aus Sicht der von einer Videoüberwachung erfassten Personen deren Recht auf informationelle Selbstbestimmung.[26] In der Regel überwiegen die schutzwürdigen Interessen betroffener Personen nur 21

23 Vgl. KG Berlin 26.6.2002, DuD 2002, 633.

24 Vgl. Plath-*Becker*, § 4 Rn. 18; Gola/Heckmann-*Starneker*, § 4 Rn. 41f.

25 Vgl. grundlegend BAG 29.6.2004 – 1 ABR 21/03 und BAG 14.12.2004 – 1 ABR 34/03.

26 Vgl. SHS-*Scholz*, Art. 6 DSGVO, Anlage 1 Rn. 92.

dann nicht, wenn sie nicht direkt identifiziert werden können, etwa weil die Qualität der Aufzeichnungen dies nicht möglich macht oder wenn Gesichter gezielt »verpixelt« werden. Etwas anderes gilt, wenn Videoüberwachungssysteme zum Einsatz kommen, die auf der Basis einer biometrischen Personenerkennung die Identifikation einzelner Menschen ermöglichen.

22 Dafür, dass eine Beobachtung wegen überwiegender schutzwürdiger Interessen unzulässig ist, reicht es aus, wenn hierfür belegbare Tatsachen **substantiiert vorgetragen** werden. Eine **gerichtsfeste Beweisführung** ist hingegen **nicht erforderlich**.[27] Von einem Überwiegen individueller Interessen ist beispielsweise auszugehen, wenn Besucher einer Toilette, eines Präservativautomaten, eines Zigarettenautomaten, eines Ärztehauses oder einer Wohnanlage gefilmt werden. Entsprechendes gilt, wenn in einer Wohnung alle privaten Parkplätze einer Wohnanlage über ein hausinternes Kabelfernsehnetz beobachtet werden können.[28] Die Abwägung muss sich auf den konkreten Einzelfall beziehen. Im Ergebnis unzulässig sind hiernach dauerhafte oder umfassende Überwachungsmaßnahmen, denen betroffene Personen nicht ausweichen können.

III. Besonders wichtige Interessen für eine Videoüberwachung (Abs. 1 Satz 2)

23 Durch **Abs. 1 Satz 2** werden die Möglichkeiten der Videoüberwachung für bestimmte Bereiche ausgeweitet, die der Gesetzgeber für besonders gefährdet hält. Dabei handelt es sich nach Satz 1 **Nr. 1** um öffentlich zugängliche großflächige Anlagen und nach Satz 1 **Nr. 2** um öffentlich zugängliche großflächige Einrichtungen des öffentlichen Schienen-, Schiffs- und Busverkehrs und um die hier eingesetzten Fahrzeuge.

24 Ist eine der in Abs. 1 Satz 2 genannten Voraussetzungen erfüllt, kann vom **Vorliegen eines besonders wichtigen Interesses** ausgegangen werden, das herausragend zu berücksichtigen ist. Dieses macht aber eine **Interessenabwägung nicht** vollständig **entbehrlich**. Im Gegenteil müssen Verantwortliche sie mit Blick auf die schützenden Rechte von betroffenen Personen vornehmen. Das festzustellende besondere wichtige Interesse von Verantwortlichen überstrahlt insoweit zu schützende Persönlichkeitsrechte von betroffenen Personen in keinem Fall automatisch. Um in dieser Situation die Interessen, Grundrechte und Grundfreiheiten aller von einer Videoüberwachung betroffenen Personen angemessen zu berücksichtigen, ist eine **enge Auslegung** der Vorschrift angebracht, die sich insbesondere auf die genannten Anwendungsbereiche beziehen muss.

---

27 Vgl. SHS-*Scholz*, Art. 6 DSGVO, Anlage 1 Rn. 93.

28 Ähnlich Plath-*Becker*, § 4 Rn. 25a.

Abs. 1 **Satz 1 Nr. 1** bezieht sich auf alle **öffentlich zugänglichen großflächigen Anlagen**, die von jedermann oder einem großen Kreis von Personen betreten werden können. Hierzu gehören Bereiche innerhalb und außerhalb umbauter Flächen. Um von Abs. 1 Satz Nr. 1 erfasst zu werden, müssen Anlagen **großflächig** sein und damit eine bestimmte Mindestgröße haben. Nicht erfasst werden damit Anlagen, die nur einer kleinen Anzahl von Personen Platz bieten wie etwa der Raum vor einem Frankfurter Wasserhäuschen. Hinzu kommt, dass die zu schützenden öffentlichen Anlagen einen hohen Publikumsverkehr aufweisen müssen.[29] Anwendbar ist die Vorschrift nach ihrem Wortlaut auf Sport-, Versammlungs- und Vergnügungsstätten, Einkaufszentren und Parkräume, die einen entsprechenden Publikumsverkehr haben.[30] Darüber hinaus werden Publikumsmessen, Volksfeste oder Weihnachtsmärkte ebenso erfasst wie öffentliche Hallen, Opernhäuser, Theater oder Großzelte. Der Begriff der »Sportstätten« steht sowohl für geschlossene wie offene Stadien oder vergleichbare Veranstaltungsorte.[31] 25

Abs. 1 **Satz 2 Nr. 2** unterstellt das Bestehen eines besonders wichtigen Interesses für die genannten **Fahrzeuge** und **öffentlich zugängliche großflächige Einrichtungen** des öffentlichen **Schienen-**, **Schiffs- und Busverkehrs** wie etwa Busbahnhöfe. Vom Anwendungsbereich der Vorschrift werden insbesondere größere Bahn- und Busbahnhöfe oder Häfen sowie Umsteigepunkte von U- oder S-Bahnen erfasst. Hinzu kommen alle öffentlich zugänglichen Fahrzeuge des Personennahverkehrs. Ausgeschlossen bleiben kleine Bahnhöfe oder Haltepunkte mit geringer Frequentierung sowie Verkehrsbetriebe, die von Verantwortlichen aus dem öffentlich-rechtlichen Bereich unterhalb der Bundesebene betrieben werden.[32] In jedem Fall setzt eine Überwachung voraus, dass die Fahrzeuge der Einrichtungen von einer **größeren Anzahl von Personen** benutzt werden. Dies kann mit Blick auf die nach Art. 5 Abs. 1 Buchst. c DSGVO zu beachtende Datenminimierung dazu führen, dass die Videoüberwachung außerhalb der Hauptnutzungszeiten ausgeschaltet werden muss, es sei denn, es gibt dafür eine eigenständige datenschutzrechtliche Grundlage. **Nicht erfasst** sind etwa Busse im **Werksverkehr**, für bestimmte Personengruppen **gecharterte Schienenfahrzeuge** oder **private Zubringerschiffe** von Hafenbetrieben. **Ausgenommen** bleiben auch **Luftfahrzeuge** aller Art, für die allerdings spezifische Vorgaben gelten wie etwa im LuftSIG. 26

---

29 Vgl. BT-Drs. 18/10941, 10, 13.

30 BT-Drs. 18/10941, 10.

31 Vgl. Gola/Heckmann-*Starneker*, § 4 Rn. 50; Auernhammer-*Onstein*, § 4 Rn. 14.

32 BT-Drs. 18/10941, 10.

IV. Anzeigepflichten der Verantwortlichen (Abs. 2)

27 Nach **Abs. 2** müssen Verantwortliche zum frühestmöglichen Zeitpunkt **erkennbar** machen, dass in öffentlich zugänglichen Räumen, Einrichtungen, Bereichen oder in Fahrzeugen eine zulässige **Videoüberwachung** stattfindet. Der Umstand der Beobachtung muss zusammen mit **Namen** und **Kontaktdaten** der Verantwortlichen durch geeignete Maßnahmen erkennbar gemacht werden. Dies kann im Regelfall durch Anbringen eines gut sichtbaren Schildes erfolgen, das den Umstand der Beobachtung, den beobachteten Raum sowie Informationen zum Verantwortlichen enthält. Die alternative Verwendung von **Piktogrammen** ist ebenfalls möglich, wenn diese ergänzend Informationen zum Verantwortlichen darstellen. Werden Räume oder Plätze üblicherweise von internationalem Publikum frequentiert, müssen die Hinweise ggf. in mehreren Sprachen erfolgen.

28 Es ist nicht erforderlich, dass alle verwendeten Kameras auf den ersten Blick **erkennbar** sind. Betroffenen Personen muss es aber möglich sein, sich der stattfindenden Videoüberwachung zu entziehen, um persönliche Verrichtungen durchführen zu können.

V. Speicherung, Verwendung und Zweckänderung (Abs. 3)

29 Werden Videobilder nicht nur »flüchtig« auf Monitoren angezeigt, sondern **aufgenommen** und damit **dauerhaft gespeichert**, müssen die in **Abs. 3** genannten Voraussetzungen erfüllt sein. Ansonsten ist die Aufnahme unzulässig. Die Begriffe Speicherung und Verwendung sind Bestandteile der in Art. 4 Nr. 2 DSGVO definierte »Verarbeitung«.[33] Eine Speicherung und Verwendung auf der Grundlage von Abs. 3 darf nur in dem durch Abs. 1 festgelegten Rahmen erfolgen (vgl. Rn. 12ff.). Ihre Zulässigkeit setzt nach Abs. 3 **Satz 1** voraus, dass es keine Anhaltspunkte dafür gibt, dass schutzwürdige Interessen der Betroffenen die Verarbeitungsinteressen der Verantwortlichen überwiegen. Die Regelung ist abschließend, was etwa den Rückgriff auf berechtigte Interessen nach Art. 6 Abs. 1 Buchst. f DSGVO ausschließt. **Anhaltspunkte** sind **mehr als bloße Vermutungen**, zugleich aber weniger als bewiesene Tatsachen. Gegen eine Speicherung und Verwendung von Videodaten spricht beispielsweise, dass hierauf Patienten eines Arztes oder Bewohner eines Hauses zu erkennen sind. Etwas anderes kann gelten, wenn Informationen aus einer Videoüberwachung zur Gebäudesicherung am Wochenende gespeichert werden und wenn deren Löschung zu Wochenbeginn erst nach der Feststellung erfolgt, dass alle Zugänge zum Gebäude unversehrt sind.

33 Vgl. hierzu BT-Drs. 18/11325, 81 bezogen auf den Begriff »Verwendung«.

Abs. 3 **Satz 2** stellt die Berücksichtigung des in Abs. 1 Satz 2 genannten besonders wichtigen Interesses bei der Interessenabwägung sicher. 30

Durch Abs. 3 **Satz 3** wird die Zulässigkeit von Zweckänderungen gegenüber den allgemeinen datenschutzrechtlichen Regelungen in Art. 6 Abs. 4 DSGVO begrenzt. Sie kommen nach der **ersten Alternative** in Satz 2 in Betracht, wenn sie zur **Abwehr von Gefahren** für die **staatliche oder öffentliche Sicherheit** erforderlich sind. Nach der **zweiten Alternative** in Satz 2 kommt eine **Zweckänderung** zudem in Betracht, wenn eine Weiterverarbeitung zur **Verfolgung von Straftaten** erforderlich ist. Dies kann beispielsweise der Fall sein, wenn der Betreiber eines Einkaufszentrums als Verantwortlicher dort gemachte Videoaufnahmen mit dem Ziel an Polizeibehörden übermittelt, Hinweise auf einen Einbruch in einem Laden und auf mögliche Täter erlangen zu können. Dies setzt jedoch voraus, dass es keine anderen Möglichkeiten zur Ermittlung der Täter gibt, die weniger in Persönlichkeitsrechte ebenfalls gefilmter Kunden eingreifen, die mit der Straftat offenkundig nichts zu tun haben. 31

VI. Benachrichtigung (Abs. 4)

Nach **Abs. 4** müssen Verantwortliche, wenn sie die durch eine Videoüberwachung erhobenen personenbezogenen Informationen einer bestimmten Person zuordnen wollen, diese nach Art. 13 und 14 DSGVO **informieren**. Dieser Vorschrift kommt eine besondere Bedeutung zu, wenn eine Zuordnung von Ereignissen zu Personen (etwa mittels einer Software zur biometrischen Identifikation von Personen) möglich ist. Durch die Information würde betroffenen Personen die Möglichkeit gegeben, sich gegen eine aus ihrer Sicht unzulässige Verarbeitung zur Wehr zu setzen. Allerdings wird der Regelungsgehalt dieser Vorschrift dadurch entwertet, dass die in § 32 enthaltenen umfassenden Ausnahmetatbestände in Bezug genommen werden. Dies lässt befürchten, dass die Information der betroffenen Personen in der Praxis eher die Ausnahme als die Regel darstellen wird. 32

VII. Löschung (Abs. 5)

Nach der **ersten Alternative** in **Abs. 5** sind personenbezogene Daten aus Videoüberwachungssystemen **unverzüglich zu löschen**, wenn sie nicht mehr erforderlich sind oder wenn ihnen schutzwürdige Interessen der Betroffenen entgegenstehen. Eine unverzügliche Löschung muss ohne schuldhaftes Zögern erfolgen, sobald sie Verantwortlichen möglich ist. Das Ende der Erforderlichkeit muss von einem objektiven Standpunkt aus bewertet werden. Erfolgt beispielsweise die Videokontrolle in einer auch am Wochenende zugänglichen Ladenstraße, so sind die vorhandenen Aufzeichnungen zu Beginn der nächsten Arbeitswoche spätestens dann zu löschen, wenn 33 feststeht, dass es am Wochenende an Geschäften keine Sachbeschädigungen gegeben hat bzw. dass keine Einbrüche erfolgt sind.

34 Nach der **zweiten Alternative** in Abs. 5, die unabhängig von der ersten ist (»oder«), muss eine Löschung **immer** dann **erfolgen**, wenn **schutzwürdige Interessen** betroffener Personen einer weiteren Speicherung entgegenstehen. Dies kann beispielsweise der Fall sein, wenn ein Patient geltend macht, dass er beim Betreten einer Arztpraxis gefilmt wurde und dass daraus ein Eingriff in seine schutzwürdigen Interessen resultiert.

VIII. Beschäftigtendatenschutz

35 Die Regelung des § 4 beschränkt sich auf die **Beobachtung öffentlich zugänglicher Räume**. Im Bereich des Beschäftigtendatenschutzes werden hiervon nur solche Beschäftigte erfasst, die in diesen Bereichen tätig sind, etwa im **Einzelhandel** oder bei **Verkehrsbetrieben. Ungeregelt** ist hingegen die Frage, welche Formen der **Videoüberwachung** in **nichtöffentlichen Betriebsstätten** zulässig sind (vgl. hierzu § 26 Rn. 66ff.).[34] Der Gesetzgeber in Deutschland ist diesbezüglich der Vorgabe in Art. 88 Abs. 2 DSGVO nicht nachgekommen, für Überwachungssysteme am Arbeitsplatz angemessene und besondere Maßnahmen zu treffen (vgl. Art. 88 DSGVO, Rn. 24). Unabhängig vom Fehlen einer Regelung für nichtöffentliche Bereiche ist für alle Formen der Videoüberwachung, die Beschäftigte treffen, davon auszugehen, dass die entsprechenden Systeme mit Blick auf die geschützten Persönlichkeitsrechte der Beschäftigten **nicht heimlich** installiert und betrieben werden dürfen. Deshalb müssen beispielsweise in einem Kaufhaus die dort angebrachten Videokameras den Beschäftigten bekannt sein. Grundsätzlich unzulässig sind Videoüberwachungen, die in den Bereich der persönlichen und privaten Lebensgestaltung von Beschäftigten eingreifen, etwa entsprechende Kontrollen von Sanitär-, Umkleide-, Pausen- oder Schlafräumen. Dort sind offene wie heimliche Überwachungen in jedem Fall unzulässig.

36 Müssen Beschäftigte in Bereichen oder Räumen arbeiten, die einer Videoüberwachung nach § 4 unterliegen, muss durch die Ausgestaltung der verwendeten Videosysteme sichergestellt werden, dass **kein permanenter** oder **unzulässiger Überwachungsdruck** entsteht.[35] Es müssen für die Beschäftigten beispielsweise **kontrollfreie Bereiche** verbleiben, in denen sie sich ungefilmt die Kleidung richten oder die Nase putzen können. Etwas anderes kann gelten, wenn es sich um Bereiche oder Räume handelt, für die es ein besonderes Gefährdungspotenzial gibt, wie etwa die Kassenbereiche einer Bank oder den Bereich des Spirituosenverkaufs in einem Supermarkt. Arbeitgeber müssen für derartige Situationen durch organisatorische Maß-

34 Vgl. allgemein *Frowein*, CuA 4/19, 25; *Schierbaum*, PersR 10/2019, 38.

35 Vgl. allg. BAG 28.3.2019 – 8 AZR 421/17 zum BDSG a. F.

nahmen sicherstellen, dass die Persönlichkeitsrechte der Betroffenen nicht unzulässig beeinträchtigt werden, etwa durch Einstellungen von Videokameras, die Beschäftigte nur von hinten erfassen, oder durch Verfahren, bei denen Auswertungen nur nach tatsächlichen Vorfällen erfolgen. Gibt es Alternativen zur Videoüberwachung, die weniger in Interessen, Grundrechte und Grundfreiheiten betroffener Beschäftigter eingreifen, müssen diese zur Anwendung kommen.

Werden unzulässige Videoüberwachungen durchgeführt, haben Beschäftig- 37
te einen individualrechtlich einklagbaren **Unterlassungsanspruch**. Darüber hinaus können sie ihre Arbeitsleistung zurückbehalten.

IX. Rechte von Betriebs- oder Personalräten

Werden im Betrieb oder in der Dienststelle Videoüberwachungssysteme 38
eingeführt oder geändert, löst dies regelmäßig die Mitbestimmungsrechte bezüglich technischer Einrichtungen aus, die zur Verhaltens- und Leistungskontrolle bestimmt sind (vgl. § 87 Abs. 1 Nr. 6 BetrVG oder § 80 Abs. 1 Nr. 21 BPersVG).[36] Sind **Beschäftigte** in **öffentlich zugänglichen Bereichen tätig** und sollen hier Videoüberwachungen zur Wahrung des Haurechts oder zur Wahrnehmung berechtigter Interessen erfolgen, können Betriebs- oder Personalräte von Arbeitgebern die Einhaltung der Vorgaben des § 4 verlangen. In diesem Rahmen können sie insbesondere verdeckten oder **heimlich angebrachten Kameras** unter Hinweis auf die zwingenden Vorgaben zur Kennzeichnung in § 4 Abs. 2 **entgegentreten**.

Einschlägige Mitbestimmungsrechte bezüglich der Bestimmung zur Ver- 39
haltens- oder Leistungskontrolle sollen beim Einsatz von **Attrappen nicht** gegeben sein.[37] Auch in diesen Fällen bestehen jedoch die allgemeinen kollektivrechtlichen Informationsansprüche von Betriebs- oder Personalräten (etwa nach § 80 Abs. 1 BetrVG oder nach § 66 Abs. 1 BPersVG).

Kommt es im mitbestimmten Bereich zu einer Anrufung der Einigungs- 40
stelle, darf deren Spruch nicht hinter den gesetzlichen Mindeststandards zurückbleiben, die sich aus der DSGVO sowie aus den Vorschriften des BDSG zum Thema Videoüberwachung ableiten.

---

36 Vgl. ausführlich DKW-*Klebe*, § 87 Rn. 162ff.; *Greve*, AiB 7–8/2020, 37.

37 Vgl. LAG Mecklenburg-Vorpommern 12.11.2014 – 3TaBV 5/14, NZA 2015, 765.

Kapitel 3
Datenschutzbeauftragte öffentlicher Stellen

§ 5 Benennung

(1) Öffentliche Stellen benennen eine Datenschutzbeauftragte oder einen Datenschutzbeauftragten. Dies gilt auch für öffentliche Stellen nach § 2 Absatz 5, die am Wettbewerb teilnehmen.

(2) Für mehrere öffentliche Stellen kann unter Berücksichtigung ihrer Organisationsstruktur und ihrer Größe eine gemeinsame Datenschutzbeauftragte oder ein gemeinsamer Datenschutzbeauftragter benannt werden.

(3) Die oder der Datenschutzbeauftragte wird auf der Grundlage ihrer oder seiner beruflichen Qualifikation und insbesondere ihres oder seines Fachwissens benannt, das sie oder er auf dem Gebiet des Datenschutzrechts und der Datenschutzpraxis besitzt, sowie auf der Grundlage ihrer oder seiner Fähigkeit zur Erfüllung der in § 7 genannten Aufgaben.

(4) Die oder der Datenschutzbeauftragte kann Beschäftigte oder Beschäftigter der öffentlichen Stelle sein oder ihre oder seine Aufgaben auf der Grundlage eines Dienstleistungsvertrags erfüllen.

(5) Die öffentliche Stelle veröffentlicht die Kontaktdaten der oder des Datenschutzbeauftragten und teilt diese Daten der oder dem Bundesbeauftragten für den Datenschutz und die Informationsfreiheit mit.

1 Die Vorschrift gibt im Wesentlichen die Bestimmungen in Art. 37 DSGVO wieder. Sie erweitert deren Wirkung so auf den Anwendungsbereich der DSRl-Jl und schafft außerdem einheitliche Regelungen für Bereiche außerhalb des Anwendungsbereichs des Unionsrechts wie etwa staatliche Sicherheitsdienste.[1] Insoweit liegt kein Verstoß gegen das sogenannte »Zitier- oder Wiederholungsverbot« vor.[2]

2 Die Regelung in **Abs. 1** zur **Benennung** von Datenschutzbeauftragten übernimmt den Regelungsgehalt von Art. 37 Abs. 1 Buchst. a DSGVO. Die redaktionelle Beschränkung auf »öffentliche Stellen« schafft keinen unterschiedlichen Anwendungsbereich. Zu den öffentlichen Stellen gehören auch die in § 2 Abs. 5 genannten öffentlichen Unternehmen, die am Wettbewerb teilnehmen.

3 Die Regelung in **Abs. 2** zur Benennung eines **gemeinsamen Datenschutzbeauftragten** entspricht der Regelung in Art. 37 Abs. 3 DSGVO (vgl. dort Rn. 9ff.). Die Möglichkeit einer gemeinsamen Benennung besteht somit auch für die Bereiche Polizei und Justiz.

---

1 Vgl. BR-Drs. 110/17, 77.

2 Vgl. Gola/Heckmann-*Gola*, § 5 Rn. 5.

Die fachlichen Voraussetzungen, über die Datenschutzbeauftragte verfügen müssen, um benannt zu werden, sind in **Abs. 3** enthalten. Sie entsprechen inhaltlich den Vorgaben in Art. 37 Abs. 5 DSGVO (vgl. dort Rn. 15ff.). 4

Durch **Abs. 4** wird auch für den öffentlichen Bereich die Möglichkeit der Benennung **externer Datenschutzbeauftragter** eröffnet. Der Regelungsgehalt entspricht dem in Art. 37 Abs. 6 DSGVO (vgl. dort Rn. 18ff.). 5

In **Abs. 5** ist die Pflicht zur **Veröffentlichung der Kontaktdaten** festgelegt. Diese Regelung folgt Art. 37 Abs. 7 DSGVO (vgl. dort Rn. 20). 6

§ 6 Stellung

(1) Die öffentliche Stelle stellt sicher, dass die oder der Datenschutzbeauftragte ordnungsgemäß und frühzeitig in alle mit dem Schutz personenbezogener Daten zusammenhängenden Fragen eingebunden wird.

(2) Die öffentliche Stelle unterstützt die Datenschutzbeauftragte oder den Datenschutzbeauftragten bei der Erfüllung ihrer oder seiner Aufgaben gemäß § 7, indem sie die für die Erfüllung dieser Aufgaben erforderlichen Ressourcen und den Zugang zu personenbezogenen Daten und Verarbeitungsvorgängen sowie die zur Erhaltung ihres oder seines Fachwissens erforderlichen Ressourcen zur Verfügung stellt.

(3) Die öffentliche Stelle stellt sicher, dass die oder der Datenschutzbeauftragte bei der Erfüllung ihrer oder seiner Aufgaben keine Anweisungen bezüglich der Ausübung dieser Aufgaben erhält. Die oder der Datenschutzbeauftragte berichtet unmittelbar der höchsten Leitungsebene der öffentlichen Stelle. Die oder der Datenschutzbeauftragte darf von der öffentlichen Stelle wegen der Erfüllung ihrer oder seiner Aufgaben nicht abberufen oder benachteiligt werden.

(4) Die Abberufung der oder des Datenschutzbeauftragten ist nur in entsprechender Anwendung des § 626 des Bürgerlichen Gesetzbuchs zulässig. Die Kündigung des Arbeitsverhältnisses ist unzulässig, es sei denn, dass Tatsachen vorliegen, welche die öffentliche Stelle zur Kündigung aus wichtigem Grund ohne Einhaltung einer Kündigungsfrist berechtigen. Nach dem Ende der Tätigkeit als Datenschutzbeauftragte oder als Datenschutzbeauftragter ist die Kündigung des Arbeitsverhältnisses innerhalb eines Jahres unzulässig, es sei denn, dass die öffentliche Stelle zur Kündigung aus wichtigem Grund ohne Einhaltung einer Kündigungsfrist berechtigt ist.

(5) Betroffene Personen können die Datenschutzbeauftragte oder den Datenschutzbeauftragten zu allen mit der Verarbeitung ihrer personenbezogenen Daten und mit der Wahrnehmung ihrer Rechte gemäß der Verordnung (EU) 2016/679, diesem Gesetz sowie anderen Rechtsvorschriften über den Datenschutz im Zusammenhang stehenden Fragen zu

Rate ziehen. Die oder der Datenschutzbeauftragte ist zur Verschwiegenheit über die Identität der betroffenen Person sowie über Umstände, die Rückschlüsse auf die betroffene Person zulassen, verpflichtet, soweit sie oder er nicht davon durch die betroffene Person befreit wird.

(6) Wenn die oder der Datenschutzbeauftragte bei ihrer oder seiner Tätigkeit Kenntnis von Daten erhält, für die der Leitung oder einer bei der öffentlichen Stelle beschäftigten Person aus beruflichen Gründen ein Zeugnisverweigerungsrecht zusteht, steht dieses Recht auch der oder dem Datenschutzbeauftragten und den ihr oder ihm unterstellten Beschäftigten zu. Über die Ausübung dieses Rechts entscheidet die Person, der das Zeugnisverweigerungsrecht aus beruflichen Gründen zusteht, es sei denn, dass diese Entscheidung in absehbarer Zeit nicht herbeigeführt werden kann. Soweit das Zeugnisverweigerungsrecht der oder des Datenschutzbeauftragten reicht, unterliegen ihre oder seine Akten und andere Dokumente einem Beschlagnahmeverbot.

Inhaltsübersicht Rn.

I. Allgemeines 1– 2
II. Übernahme von Regelungen aus der DSGVO (Abs. 1 bis 3) 3– 4
III. Abberufung und Kündigungsschutz (Abs. 4) 5– 9
IV. Anrufungsrecht und Pflicht zur Verschwiegenheit (Abs. 5) 10–11
V. Zeugnisverweigerungsrecht und Beschlagnahmeverbot (Abs. 6) 12–13

I. Allgemeines

1 Die Übernahme der in Art. 38 Abs. 1 bis 3 DSGVO enthaltenen Vorgaben stellt für den deutschen Rechtsraum die Anwendbarkeit der DSGVO im Bereich der DSRl-Jl sowie für andere, nicht vom europäischen Recht erfasste nationale Regelungen sicher. Die entsprechenden Regelungen finden sich in **Abs. 1 bis 3** dieser Vorschrift.

2 Nicht in der DSGVO enthalten sind die in **Abs. 4** formulierten Festlegungen zum **Kündigungsschutz** für Datenschutzbeauftragte. Die Regelung in **Abs. 5 Satz 1** entspricht der in Art. 38 Abs. 4 DSGVO. Durch **Abs. 5 Satz 2** erfolgt eine besondere **Verpflichtung zur Verschwiegenheit** für Datenschutzbeauftragte, die die allgemeine und umfassende Verschwiegenheitspflicht nach Art. 38 Abs. 5 DSGVO ergänzt.[1] **Abs. 6** räumt den Datenschutzbeauftragten ein **Zeugnisverweigerungsrecht** ein.

1 Vgl. zur umfassenden Verschwiegenheitspflicht nach Art. 38 Abs. 5 DSGVO Kühling/Buchner-*Bergt*, § 6 Rn. 17 und Art. 38 DSGVO, Rn. 38ff.

II. Übernahme von Regelungen aus der DSGVO (Abs. 1 bis 3)

3 Durch die Regelung in **Abs. 1** wird sichergestellt, dass Datenschutzbeauftragte von Verantwortlichen ordnungsgemäß und frühzeitig in alle einschlägigen Themen **eingebunden** werden. Die Regelung entspricht der in Art. 38 Abs. 1 DSGVO (vgl. die dortige Kommentierung in Rn. 4ff.). Nach **Abs. 2** müssen Verantwortliche im öffentlichen Bereich die Datenschutzbeauftragten bei der Erfüllung der gesetzlichen Aufgaben mit **sachlichen** und **personellen Mitteln** unterstützen und die zur Erhaltung des Fachwissens erforderlichen Ressourcen zur Verfügung stellen. Die Regelung entspricht der in Art. 38 Abs. 2 DSGVO (vgl. die dortige Kommentierung in Rn. 8).

4 Verantwortliche aus dem öffentlichen Bereich müssen nach **Abs. 3** die **Weisungsfreiheit** von Datenschutzbeauftragten sicherstellen. Die Regelung entspricht der in Art. 38 Abs. 3 DSGVO (vgl. die dortige Kommentierung in Rn. 10ff.).

III. Abberufung und Kündigungsschutz (Abs. 4)

5 Durch die Regelung in **Abs. 4** wird ein **absoluter Schutz vor Abberufungen** oder **Kündigungen** von Datenschutzbeauftragten geschaffen, von dem nur dann eine Ausnahme besteht, wenn Arbeitgebern eine fristlose **Kündigung aus wichtigem Grund** nach § 626 BGB möglich ist.[2] Dies ist der Fall, wenn Tatsachen vorliegen, die einem Arbeitgeber unter Berücksichtigung aller Umstände des Einzelfalls und unter Abwägung der gegenseitigen Interessen die Fortsetzung eines Beschäftigungsverhältnisses bis zum Ablauf der regulären Kündigungsfrist unzumutbar machen. In allen anderen Fällen ist eine Abberufung von Datenschutzbeauftragten ebenso ausgeschlossen wie die Kündigung des zugrundeliegenden Beschäftigungsverhältnisses. Diese Regel gilt sowohl für interne als auch für externe Datenschutzbeauftragte und kann einzelvertraglich nicht ausgeschlossen werden.[3]

6 Als wichtiger Grund i. S. v. § 626 BGB kommt bezogen auf die Tätigkeit von Datenschutzbeauftragten eine **dauerhafte Verletzung offenkundiger Kontrollpflichten** ebenso in Betracht wie ein **Geheimnisverrat**.[4] Darüber hinaus können auch schwere Verletzungen arbeitsvertraglicher Pflichten ein wichtiger Grund i. S. v. § 626 BGB sein, wenn diese das Vertrauen in die Tätigkeit des Datenschutzbeauftragten infrage stellen, wie etwa die Unter-

---

2 Vgl. hierzu den Vorlagebeschluss des BAG 27.4.2021 – 9 AZR 383/19 (A) zur Wirksamkeit dieser Regelung; allg. *Köppen*, CuA 10/2021, 32.

3 Kühling/Buchner-*Bergt*, § 6 Rn. 10, jeweils zutreffend auf die Nichtigkeit derartiger Vertragsklauseln nach § 134 BGB.

4 Vgl. zur entsprechenden Regelung in § 4f Abs. 3 Satz 4 BDSG a. F. BAG 23.3.2011 – 10 AZR 562/09, NZA 2011, 1036; Kühling/Buchner-*Bergt*, § 6 Rn. 10.

schlagung des Eigentums von Kolleginnen oder Kollegen sowie von höheren Geldbeträgen.[5]

7 **Kein wichtiger Grund** i. S. v. § 626 BGB liegt hingegen vor, wenn Verantwortliche Datenschutzbeauftragte austauschen wollen, weil sie etwa den Ersatz eines internen durch einen externen Datenschutzbeauftragten anstreben. Gleiches gilt, wenn sie mit fachlichen Leistungen unzufrieden sind, obwohl man bestehende Defizite durch Schulungsmaßnahmen beheben könnte. Die Mitgliedschaft in einem Betriebs- oder Personalrat gilt ebenfalls nicht als wichtiger Grund für eine Abberufung.[6]

8 **Gründe**, die **außerhalb des Arbeitsverhältnisses** stehen, kommen als Anlass für eine Kündigung nach § 626 BGB im Regelfall **nicht** in Betracht. Eine Ausnahme kann allenfalls dann gelten, wenn diese die Befähigung zur Durchführung der Tätigkeit von Datenschutzbeauftragten in einer Weise infrage stellen, die die Fortsetzung der Tätigkeit unzumutbar macht. Dies kann beispielsweise der Fall sein, wenn eine Verurteilung wegen Betrugs, Banküberfalls oder eidlicher Falschaussage erfolgt ist, die aus Sicht des Verantwortlichen eine weitere Tätigkeit als Datenschutzbeauftragter unzumutbar machen.

9 Der Abberufungsschutz wird in **Abs. 4 Satz 2 und 3** durch einen außerhalb von § 626 BGB bestehenden, absoluten Kündigungsschutz ergänzt. Dieser Kündigungsschutz besteht nach Abs. 4 Satz 3 nach **Ende der Amtszeit** für **ein Jahr** fort.

IV. Anrufungsrecht und Pflicht zur Verschwiegenheit (Abs. 5)

10 Die Regelung in **Abs. 5 Satz 1** zum individuellen Anrufungsrecht der Datenschutzbeauftragten durch betroffene Personen entspricht der in Art. 38 Abs. 4 DSGVO (vgl. die dortige Kommentierung in Rn. 14).

11 Nach **Abs. 5 Satz 2** dieser Vorschrift sind Datenschutzbeauftragte zur **Verschwiegenheit** über die Identität betroffener Personen verpflichtet. Dies gilt auch für Informationen oder Umstände, aus denen sich Rückschlüsse auf betroffene Personen ziehen lassen. Von der Verschwiegenheitspflicht können sie von den betroffenen Personen befreit werden. Diese Regelung ist im Rahmen der allgemeinen Verschwiegenheitspflicht nach Art. 38 Abs. 5 DSGVO zu verstehen (vgl. die dortige Kommentierung in Rn. 15). Dies folgt aus der allgemeinen Regelung in § 1 Abs. 8, durch die der entsprechende Teil der DSGVO für entsprechend anwendbar erklärt wird.[7] Damit unterfallen

---

5 Vgl. DWWS-*Däubler*, § 6 Rn. 8; ähnlich LAG Mecklenburg-Vorpommern 25.2.2020 – 5 Sa 108/19, das allerdings die Abberufung im konkreten Fall für unzulässig hielt; Sächsisches LAG 19.8.2019 – 9 Sa 268/18.

6 Sächsisches LAG a. a. O.

7 Vgl. Plath-*v.d. Bussche*, § 6 Rn. 22.

Datenschutzbeauftragte einer **umfassenden Geheimhaltungs-** und **Verschwiegenheitspflicht** bezüglich aller personenbezogener Informationen, die ihnen im Rahmen ihrer Tätigkeit bekannt werden. Diese kann, bezogen auf betroffene Personen, nur von diesen selbst aufgehoben werden.

V. Zeugnisverweigerungsrecht und Beschlagnahmeverbot (Abs. 6)

Die Vorschrift stellt durch **Abs. 6 Satz 1** für Verantwortliche aus dem **öffentlichen Bereich** sicher, dass von ihnen benannte Datenschutzbeauftragte von einem **Zeugnisverweigerungsrecht** erfasst werden, das im öffentlichen Bereich für dort tätige Personen bestehen kann. Damit wird ein Schutz vor Ausforschung durch Befragung von Datenschutzbeauftragten geschaffen. Das Zeugnisverweigerungsrecht gilt auch für Beschäftigte von Datenschutzbeauftragten. 12

Ergänzt wird das Zeugnisverweigerungsrecht durch das in **Abs. 6 Satz 2** genannte **Beschlagnahmeverbot**, durch das sichergestellt wird, dass das bestehende Zeugnisverweigerungsrecht nicht durch Rückgriff auf verschriftlichte oder elektronisch vorliegende Unterlagen unterlaufen werden kann. 13

§ 7 Aufgaben

(1) Der oder dem Datenschutzbeauftragten obliegen neben den in der Verordnung (EU) 2016/679 genannten Aufgaben zumindest folgende Aufgaben:

1. **Unterrichtung und Beratung der öffentlichen Stelle und der Beschäftigten, die Verarbeitungen durchführen, hinsichtlich ihrer Pflichten nach diesem Gesetz und sonstigen Vorschriften über den Datenschutz, einschließlich der zur Umsetzung der Richtlinie (EU) 2016/680 erlassenen Rechtsvorschriften;**
2. **Überwachung der Einhaltung dieses Gesetzes und sonstiger Vorschriften über den Datenschutz, einschließlich der zur Umsetzung der Richtlinie (EU) 2016/680 erlassenen Rechtsvorschriften, sowie der Strategien der öffentlichen Stelle für den Schutz personenbezogener Daten, einschließlich der Zuweisung von Zuständigkeiten, der Sensibilisierung und der Schulung der an den Verarbeitungsvorgängen beteiligten Beschäftigten und der diesbezüglichen Überprüfungen;**
3. **Beratung im Zusammenhang mit der Datenschutz-Folgenabschätzung und Überwachung ihrer Durchführung gemäß § 67 dieses Gesetzes;**
4. **Zusammenarbeit mit der Aufsichtsbehörde;**
5. **Tätigkeit als Anlaufstelle für die Aufsichtsbehörde in mit der Verarbeitung zusammenhängenden Fragen, einschließlich der vorhe-**

rigen Konsultation gemäß § 69 dieses Gesetzes, und gegebenenfalls Beratung zu allen sonstigen Fragen.

Im Fall einer oder eines bei einem Gericht bestellten Datenschutzbeauftragten beziehen sich diese Aufgaben nicht auf das Handeln des Gerichts im Rahmen seiner justiziellen Tätigkeit.

(2) Die oder der Datenschutzbeauftragte kann andere Aufgaben und Pflichten wahrnehmen. Die öffentliche Stelle stellt sicher, dass derartige Aufgaben und Pflichten nicht zu einem Interessenkonflikt führen.

(3) Die oder der Datenschutzbeauftragte trägt bei der Erfüllung ihrer oder seiner Aufgaben dem mit den Verarbeitungsvorgängen verbundenen Risiko gebührend Rechnung, wobei sie oder er die Art, den Umfang, die Umstände und die Zwecke der Verarbeitung berücksichtigt.

1 Die Vorschrift kommt unmittelbar nur auf die **Aufgaben** zur Anwendung, die von **Datenschutzbeauftragten öffentlicher Stellen** wahrgenommen werden. Letztlich handelt es sich um eine redaktionelle Klarstellung, da Datenschutzbeauftragte aus diesem Bereich in Art. 38 DSGVO nicht explizit benannt werden. Die Aufnahme in das BDSG erstreckt die hier wiederholten Regelungen der DSGVO auf den **Anwendungsbereich der DSRl-JI** und bezieht insoweit die Bereiche **Polizei** und **Justiz** ebenso ein wie **Verwaltungstätigkeiten**, die **nicht dem Unionsrecht unterliegen**.[1] Von der durch Art. 6 Abs. 2 DSGVO eröffneten Möglichkeit, bezüglich der Aufgaben von Datenschutzbeauftragten im öffentlichen Bereich spezifische Vorschriften zu schaffen, hat der Gesetzgeber ersichtlich keinen Gebrauch gemacht.

2 Die Regelung in **Abs. 1 Satz 1** übernimmt die Inhalte von Art. 39 Abs. 1 DSGVO. **Abs. 1 Satz 2** schließt für Datenschutzbeauftragte bei Gerichten den Bereich der **justiziellen Tätigkeiten** aus. **Abs. 2** zielt auf die **Verhinderung von Interessenkonflikten** und entspricht inhaltlich Art. 38 Abs. 6 DSGVO. In **Abs. 3** findet sich der **risikobasierte Ansatz** wieder, den Art. 39 Abs. 2 DSGVO vorgibt. Durch die Nennung im BDSG wird dieser Ansatz auf alle öffentlichen Stellen erstreckt, auch wenn sie nicht unmittelbar vom Anwendungsbereich der DSGVO erfasst werden.

1 BT-Drs. 18/11325, 82.

Kapitel 4
Die oder der Bundesbeauftragte für den Datenschutz und die Informationsfreiheit

§ 8 Errichtung

(1) Die oder der Bundesbeauftragte für den Datenschutz und die Informationsfreiheit (Bundesbeauftragte) ist eine oberste Bundesbehörde. Der Dienstsitz ist Bonn.
(2) Die Beamtinnen und Beamten der oder des Bundesbeauftragten sind Beamtinnen und Beamte des Bundes.
(3) Die oder der Bundesbeauftragte kann Aufgaben der Personalverwaltung und Personalwirtschaft auf andere Stellen des Bundes übertragen, soweit hierdurch die Unabhängigkeit der oder des Bundesbeauftragten nicht beeinträchtigt wird. Diesen Stellen dürfen personenbezogene Daten der Beschäftigten übermittelt werden, soweit deren Kenntnis zur Erfüllung der übertragenen Aufgaben erforderlich ist.

Durch die Regelungen in **Kapitel 4** werden die Vorschriften, die die oder 1
den BfDI betreffen und die bereits in §§ 21 bis 26 BDSG a. F. enthalten waren, weitgehend inhaltlich unverändert in das neue BDSG übernommen. Textlich sind diese Vorschriften bei der Übernahme an die Vorgaben der DSGVO und der DSRl-Jl angepasst worden.

Die Regelung in **§ 8** bestimmt die Vorgaben zur **Errichtung** des BfDI oder, 2
anders gesagt, zu seiner Stellung und Position sowie zum Dienstsitz.

§ 9 Zuständigkeit

(1) Die oder der Bundesbeauftragte ist zuständig für die Aufsicht über die öffentlichen Stellen des Bundes, auch soweit sie als öffentlich-rechtliche Unternehmen am Wettbewerb teilnehmen, sowie über Unternehmen, soweit diese für die geschäftsmäßige Erbringung von Telekommunikationsdienstleistungen Daten von natürlichen oder juristischen Personen verarbeiten und sich die Zuständigkeit nicht bereits aus § 27 des Telekommunikation-Telemedien-Datenschutz-Gesetzes ergibt. Die Vorschriften dieses Kapitels gelten auch für Auftragsverarbeiter, soweit sie nichtöffentliche Stellen sind, bei denen dem Bund die Mehrheit der Anteile gehört oder die Mehrheit der Stimmen zusteht und der Auftraggeber eine öffentliche Stelle des Bundes ist.
(2) Die oder der Bundesbeauftragte ist nicht zuständig für die Aufsicht über die von den Bundesgerichten im Rahmen ihrer justiziellen Tätigkeit vorgenommenen Verarbeitungen.

Inhaltsübersicht Rn.

I. Allgemeines 1
II. Öffentliche Stellen des Bundes (Abs. 1) 2–3
III. Gerichte (Abs. 2) 4

I. Allgemeines

1 Die Zuständigkeit der oder des BfDI beschränkt sich in Abgrenzung zu den Zuständigkeiten der Bundesländer auf die Ebene der Bundesverwaltung. In diesem Rahmen ist sie oder er auch für die Überwachung der Einhaltung datenschutzrechtlicher Vorgaben zuständig.

II. Öffentliche Stellen des Bundes (Abs. 1)

2 Die Zuständigkeit der oder des BfDI besteht für alle öffentlichen Stellen des Bundes, auch wenn sie nicht vom Anwendungsbereich des Unionsrechts erfasst werden.[1] Erfasst werden auch Stellen des Bundes, die als öffentlich-rechtliche Unternehmen am Wettbewerb i. S. v. § 2 Abs. 1 teilnehmen.

3 Die Kontrollbefugnisse der oder des BfDI erstrecken sich auch auf die personenbezogenen Daten, die durch öffentliche Stellen des Bundes verarbeitet werden. Damit werden auch **Beschäftigtendaten** von der Zuständigkeit der oder des BfDI erfasst. Damit kann durch eine entsprechende Kontrolltätigkeit für die Rechtskonformität von Verarbeitungen gesorgt werden, soweit Beschäftigte bei öffentlichen Stellen des Bundes tätig sind.

III. Gerichte (Abs. 2)

4 Nach dem ausdrücklichen Wortlaut in **Abs. 2** besteht keine Zuständigkeit von BfDI für die unmittelbare Tätigkeit der Justiz, wohl aber für das Verwaltungshandeln von Gerichten. Durch diese Regelung soll die **Unabhängigkeit der Gerichte** gesichert werden.

§ 10 Unabhängigkeit

(1) Die oder der Bundesbeauftragte handelt bei der Erfüllung ihrer oder seiner Aufgaben und bei der Ausübung ihrer oder seiner Befugnisse völlig unabhängig. Sie oder er unterliegt weder direkter noch indirekter Beeinflussung von außen und ersucht weder um Weisung noch nimmt sie oder er Weisungen entgegen.

1 Vgl. DWWS-*Weichert*, § 9 Rn. 5.

(2) Die oder der Bundesbeauftragte unterliegt der Rechnungsprüfung durch den Bundesrechnungshof, soweit hierdurch ihre oder seine Unabhängigkeit nicht beeinträchtigt wird.

Die oder der BfDI ist nach **Abs. 1** bei der Aufgabenerfüllung und bei der Ausübung der gesetzlichen Befugnisse **völlig unabhängig**. Die Regelung entspricht der in Art. 52 Abs. 1 DSGVO. 1

Sie oder er unterliegt nach **Abs. 2** der **Rechnungsprüfung** durch den Bundesrechnungshof, soweit hierdurch ihre bzw. seine notwendige Unabhängigkeit nicht beeinträchtigt wird. 2

§ 11 Ernennung und Amtszeit

(1) Der Deutsche Bundestag wählt ohne Aussprache auf Vorschlag der Bundesregierung die Bundesbeauftragte oder den Bundesbeauftragten mit mehr als der Hälfte der gesetzlichen Zahl seiner Mitglieder. Die oder der Gewählte ist von der Bundespräsidentin oder dem Bundespräsidenten zu ernennen. Die oder der Bundesbeauftragte muss bei ihrer oder seiner Wahl das 35. Lebensjahr vollendet haben. Sie oder er muss über die für die Erfüllung ihrer oder seiner Aufgaben und Ausübung ihrer oder seiner Befugnisse erforderliche Qualifikation, Erfahrung und Sachkunde insbesondere im Bereich des Schutzes personenbezogener Daten verfügen. Insbesondere muss die oder der Bundesbeauftragte über durch einschlägige Berufserfahrung erworbene Kenntnisse des Datenschutzrechts verfügen und die Befähigung zum Richteramt oder höheren Verwaltungsdienst haben.
(2) Die oder der Bundesbeauftragte leistet vor der Bundespräsidentin oder dem Bundespräsidenten folgenden Eid: »Ich schwöre, dass ich meine Kraft dem Wohle des deutschen Volkes widmen, seinen Nutzen mehren, Schaden von ihm wenden, das Grundgesetz und die Gesetze des Bundes wahren und verteidigen, meine Pflichten gewissenhaft erfüllen und Gerechtigkeit gegen jedermann üben werde. So wahr mir Gott helfe.« Der Eid kann auch ohne religiöse Beteuerung geleistet werden.
(3) Die Amtszeit der oder des Bundesbeauftragten beträgt fünf Jahre. Einmalige Wiederwahl ist zulässig.

In der Vorschrift sind die Regeln zur Wahl und Ernennung der oder des BfDI enthalten. Darüber hinaus enthält **Abs. 1** Vorgaben zum Mindestalter und zur fachlichen Qualifikation. Neben der Eidesform in **Abs. 2** wird in **Abs. 3** die Amtszeit auf **fünf Jahre** festgelegt, wobei einmalige Wiederwahl zulässig ist.

§ 12 Amtsverhältnis

(1) Die oder der Bundesbeauftragte steht nach Maßgabe dieses Gesetzes zum Bund in einem öffentlich-rechtlichen Amtsverhältnis.

(2) Das Amtsverhältnis beginnt mit der Aushändigung der Ernennungsurkunde. Es endet mit dem Ablauf der Amtszeit oder mit dem Rücktritt. Die Bundespräsidentin oder der Bundespräsident enthebt auf Vorschlag der Präsidentin oder des Präsidenten des Bundestages die Bundesbeauftragte ihres oder den Bundesbeauftragten seines Amtes, wenn die oder der Bundesbeauftragte eine schwere Verfehlung begangen hat oder die Voraussetzungen für die Wahrnehmung ihrer oder seiner Aufgaben nicht mehr erfüllt. Im Fall der Beendigung des Amtsverhältnisses oder der Amtsenthebung erhält die oder der Bundesbeauftragte eine von der Bundespräsidentin oder dem Bundespräsidenten vollzogene Urkunde. Eine Amtsenthebung wird mit der Aushändigung der Urkunde wirksam. Endet das Amtsverhältnis mit Ablauf der Amtszeit, ist die oder der Bundesbeauftragte verpflichtet, auf Ersuchen der Präsidentin oder des Präsidenten des Bundestages die Geschäfte bis zur Ernennung einer Nachfolgerin oder eines Nachfolgers für die Dauer von höchstens sechs Monaten weiterzuführen.

(3) Die Leitende Beamtin oder der Leitende Beamte nimmt die Rechte der oder des Bundesbeauftragten wahr, wenn die oder der Bundesbeauftragte an der Ausübung ihres oder seines Amtes verhindert ist oder wenn ihr oder sein Amtsverhältnis endet und sie oder er nicht zur Weiterführung der Geschäfte verpflichtet ist. § 10 Absatz 1 ist entsprechend anzuwenden.

(4) Die oder der Bundesbeauftragte erhält vom Beginn des Kalendermonats an, in dem das Amtsverhältnis beginnt, bis zum Schluss des Kalendermonats, in dem das Amtsverhältnis endet, im Fall des Absatzes 2 Satz 6 bis zum Ende des Monats, in dem die Geschäftsführung endet, Amtsbezüge in Höhe der Besoldungsgruppe B 11 sowie den Familienzuschlag entsprechend Anlage V des Bundesbesoldungsgesetzes. Das Bundesreisekostengesetz und das Bundesumzugskostengesetz sind entsprechend anzuwenden. Im Übrigen sind § 12 Absatz 6 sowie die §§ 13 bis 20 und 21a Absatz 5 des Bundesministergesetzes mit den Maßgaben anzuwenden, dass an die Stelle der vierjährigen Amtszeit in § 15 Absatz 1 des Bundesministergesetzes eine Amtszeit von fünf Jahren tritt. Abweichend von Satz 3 in Verbindung mit den §§ 15 bis 17 und 21a Absatz 5 des Bundesministergesetzes berechnet sich das Ruhegehalt der oder des Bundesbeauftragten unter Hinzurechnung der Amtszeit als ruhegehaltsfähige Dienstzeit in entsprechender Anwendung des Beamtenversorgungsgesetzes, wenn dies günstiger ist und die oder der Bundesbeauftragte sich unmittelbar vor ihrer oder seiner Wahl zur oder zum

Bundesbeauftragten als Beamtin oder Beamter oder als Richterin oder Richter mindestens in dem letzten gewöhnlich vor Erreichen der Besoldungsgruppe B 11 zu durchlaufenden Amt befunden hat.

Die Regelung enthält die **formalen Vorgaben** zum Amtsverhältnis, etwa Beginn und Ende der Amtszeit, oder zur Vertretung und Versorgung.

§ 13 Rechte und Pflichten

(1) Die oder der Bundesbeauftragte sieht von allen mit den Aufgaben ihres oder seines Amtes nicht zu vereinbarenden Handlungen ab und übt während ihrer oder seiner Amtszeit keine andere mit ihrem oder seinem Amt nicht zu vereinbarende entgeltliche oder unentgeltliche Tätigkeit aus. Insbesondere darf die oder der Bundesbeauftragte neben ihrem oder seinem Amt kein anderes besoldetes Amt, kein Gewerbe und keinen Beruf ausüben und weder der Leitung oder dem Aufsichtsrat oder Verwaltungsrat eines auf Erwerb gerichteten Unternehmens noch einer Regierung oder einer gesetzgebenden Körperschaft des Bundes oder eines Landes angehören. Sie oder er darf nicht gegen Entgelt außergerichtliche Gutachten abgeben.

(2) Die oder der Bundesbeauftragte hat der Präsidentin oder dem Präsidenten des Bundestages Mitteilung über Geschenke zu machen, die sie oder er in Bezug auf das Amt erhält. Die Präsidentin oder der Präsident des Bundestages entscheidet über die Verwendung der Geschenke. Sie oder er kann Verfahrensvorschriften erlassen.

(3) Die oder der Bundesbeauftragte ist berechtigt, über Personen, die ihr oder ihm in ihrer oder seiner Eigenschaft als Bundesbeauftragte oder Bundesbeauftragter Tatsachen anvertraut haben, sowie über diese Tatsachen selbst das Zeugnis zu verweigern. Dies gilt auch für die Mitarbeiterinnen und Mitarbeiter der oder des Bundesbeauftragten mit der Maßgabe, dass über die Ausübung dieses Rechts die oder der Bundesbeauftragte entscheidet. Soweit das Zeugnisverweigerungsrecht der oder des Bundesbeauftragten reicht, darf die Vorlegung oder Auslieferung von Akten oder anderen Dokumenten von ihr oder ihm nicht gefordert werden.

(4) Die oder der Bundesbeauftragte ist, auch nach Beendigung ihres oder seines Amtsverhältnisses, verpflichtet, über die ihr oder ihm amtlich bekanntgewordenen Angelegenheiten Verschwiegenheit zu bewahren. Dies gilt nicht für Mitteilungen im dienstlichen Verkehr oder über Tatsachen, die offenkundig sind oder ihrer Bedeutung nach keiner Geheimhaltung bedürfen. Die oder der Bundesbeauftragte entscheidet nach pflichtgemäßem Ermessen, ob und inwieweit sie oder er über solche Angelegenheiten vor Gericht oder außergerichtlich aussagt oder Erklärun-

gen abgibt; wenn sie oder er nicht mehr im Amt ist, ist die Genehmigung der oder des amtierenden Bundesbeauftragten erforderlich. Unberührt bleibt die gesetzlich begründete Pflicht, Straftaten anzuzeigen und bei einer Gefährdung der freiheitlichen demokratischen Grundordnung für deren Erhaltung einzutreten. Für die Bundesbeauftragte oder den Bundesbeauftragten und ihre oder seine Mitarbeiterinnen und Mitarbeiter gelten die §§ 93, 97 und 105 Absatz 1, § 111 Absatz 5 in Verbindung mit § 105 Absatz 1 sowie § 116 Absatz 1 der Abgabenordnung nicht. Satz 5 findet keine Anwendung, soweit die Finanzbehörden die Kenntnis für die Durchführung eines Verfahrens wegen einer Steuerstraftat sowie eines damit zusammenhängenden Steuerverfahrens benötigen, an deren Verfolgung ein zwingendes öffentliches Interesse besteht, oder soweit es sich um vorsätzlich falsche Angaben der oder des Auskunftspflichtigen oder der für sie oder ihn tätigen Personen handelt. Stellt die oder der Bundesbeauftragte einen Datenschutzverstoß fest, ist sie oder er befugt, diesen anzuzeigen und die betroffene Person hierüber zu informieren.

(5) Die oder der Bundesbeauftragte darf als Zeugin oder Zeuge aussagen, es sei denn, die Aussage würde

1. **dem Wohl des Bundes oder eines Landes Nachteile bereiten, insbesondere Nachteile für die Sicherheit der Bundesrepublik Deutschland oder ihre Beziehungen zu anderen Staaten, oder**
2. **Grundrechte verletzen.**

Betrifft die Aussage laufende oder abgeschlossene Vorgänge, die dem Kernbereich exekutiver Eigenverantwortung der Bundesregierung zuzurechnen sind oder sein könnten, darf die oder der Bundesbeauftragte nur im Benehmen mit der Bundesregierung aussagen. § 28 des Bundesverfassungsgerichtsgesetzes bleibt unberührt.

(6) Die Absätze 3 und 4 Satz 5 bis 7 gelten entsprechend für die öffentlichen Stellen, die für die Kontrolle der Einhaltung der Vorschriften über den Datenschutz in den Ländern zuständig sind.

1 Die Regelung enthält umfassende Vorgaben zur Ausgestaltung der Tätigkeit der oder des BfDI. In **Abs. 1** werden mit dem Amt nicht zu vereinbarende, bezahlte oder unbezahlte Tätigkeiten verboten. Hieran schließt in **Abs. 2** ein Verbot der **Geschenkannahme** an. Durch **Abs. 3** wird der oder dem BfDI ein umfassendes **Zeugnisverweigerungsrecht** eingeräumt. Hieran schließt sich in **Abs. 4** eine spezifische **Verschwiegenheitspflicht** sowie in **Abs. 5** ein Recht auf **Aussageverweigerung** an.

2 Die Regelungen in Abs. 3 und Abs. 4 Satz 5 bis 7 gelten nach der Vorgabe in **Abs. 6** entsprechend für die Datenschutzaufsichtsbehörden der Bundesländer.

§ 14 Aufgaben

(1) Die oder der Bundesbeauftragte hat neben den in der Verordnung (EU) 2016/679 genannten Aufgaben die Aufgaben,

1. die Anwendung dieses Gesetzes und sonstiger Vorschriften über den Datenschutz, einschließlich der zur Umsetzung der Richtlinie (EU) 2016/680 erlassenen Rechtsvorschriften, zu überwachen und durchzusetzen,
2. die Öffentlichkeit für die Risiken, Vorschriften, Garantien und Rechte im Zusammenhang mit der Verarbeitung personenbezogener Daten zu sensibilisieren und sie darüber aufzuklären, wobei spezifische Maßnahmen für Kinder besondere Beachtung finden,
3. den Deutschen Bundestag und den Bundesrat, die Bundesregierung und andere Einrichtungen und Gremien über legislative und administrative Maßnahmen zum Schutz der Rechte und Freiheiten natürlicher Personen in Bezug auf die Verarbeitung personenbezogener Daten zu beraten,
4. die Verantwortlichen und die Auftragsverarbeiter für die ihnen aus diesem Gesetz und sonstigen Vorschriften über den Datenschutz, einschließlich den zur Umsetzung der Richtlinie (EU) 2016/680 erlassenen Rechtsvorschriften, entstehenden Pflichten zu sensibilisieren,
5. auf Anfrage jeder betroffenen Person Informationen über die Ausübung ihrer Rechte aufgrund dieses Gesetzes und sonstiger Vorschriften über den Datenschutz, einschließlich der zur Umsetzung der Richtlinie (EU) 2016/680 erlassenen Rechtsvorschriften, zur Verfügung zu stellen und gegebenenfalls zu diesem Zweck mit den Aufsichtsbehörden in anderen Mitgliedstaaten zusammenzuarbeiten,
6. sich mit Beschwerden einer betroffenen Person oder Beschwerden einer Stelle, einer Organisation oder eines Verbandes gemäß Artikel 55 der Richtlinie (EU) 2016/680 zu befassen, den Gegenstand der Beschwerde in angemessenem Umfang zu untersuchen und den Beschwerdeführer innerhalb einer angemessenen Frist über den Fortgang und das Ergebnis der Untersuchung zu unterrichten, insbesondere, wenn eine weitere Untersuchung oder Koordinierung mit einer anderen Aufsichtsbehörde notwendig ist,
7. mit anderen Aufsichtsbehörden zusammenzuarbeiten, auch durch Informationsaustausch, und ihnen Amtshilfe zu leisten, um die einheitliche Anwendung und Durchsetzung dieses Gesetzes und sonstiger Vorschriften über den Datenschutz, einschließlich der zur Umsetzung der Richtlinie (EU) 2016/680 erlassenen Rechtsvorschriften, zu gewährleisten,

8. Untersuchungen über die Anwendung dieses Gesetzes und sonstiger Vorschriften über den Datenschutz, einschließlich der zur Umsetzung der Richtlinie (EU) 2016/680 erlassenen Rechtsvorschriften, durchzuführen, auch auf der Grundlage von Informationen einer anderen Aufsichtsbehörde oder einer anderen Behörde,

9. maßgebliche Entwicklungen zu verfolgen, soweit sie sich auf den Schutz personenbezogener Daten auswirken, insbesondere die Entwicklung der Informations- und Kommunikationstechnologie und der Geschäftspraktiken,

10. Beratung in Bezug auf die in § 69 genannten Verarbeitungsvorgänge zu leisten und

11. Beiträge zur Tätigkeit des Europäischen Datenschutzausschusses zu leisten.

Im Anwendungsbereich der Richtlinie (EU) 2016/680 nimmt die oder der Bundesbeauftragte zudem die Aufgabe nach § 60 wahr.

(2) Zur Erfüllung der in Absatz 1 Satz 1 Nummer 3 genannten Aufgabe kann die oder der Bundesbeauftragte zu allen Fragen, die im Zusammenhang mit dem Schutz personenbezogener Daten stehen, von sich aus oder auf Anfrage Stellungnahmen an den Deutschen Bundestag oder einen seiner Ausschüsse, den Bundesrat, die Bundesregierung, sonstige Einrichtungen und Stellen sowie an die Öffentlichkeit richten. Auf Ersuchen des Deutschen Bundestages, eines seiner Ausschüsse oder der Bundesregierung geht die oder der Bundesbeauftragte ferner Hinweisen auf Angelegenheiten und Vorgänge des Datenschutzes bei den öffentlichen Stellen des Bundes nach.

(3) Die oder der Bundesbeauftragte erleichtert das Einreichen der in Absatz 1 Satz 1 Nummer 6 genannten Beschwerden durch Maßnahmen wie etwa die Bereitstellung eines Beschwerdeformulars, das auch elektronisch ausgefüllt werden kann, ohne dass andere Kommunikationsmittel ausgeschlossen werden.

(4) Die Erfüllung der Aufgaben der oder des Bundesbeauftragten ist für die betroffene Person unentgeltlich. Bei offenkundig unbegründeten oder, insbesondere im Fall von häufiger Wiederholung, exzessiven Anfragen kann die oder der Bundesbeauftragte eine angemessene Gebühr auf der Grundlage der Verwaltungskosten verlangen oder sich weigern, aufgrund der Anfrage tätig zu werden. In diesem Fall trägt die oder der Bundesbeauftragte die Beweislast für den offenkundig unbegründeten oder exzessiven Charakter der Anfrage.

Durch die Vorschrift werden die in Art. 57 DSGVO genannten Aufgaben der staatlichen Aufsichtsbehörden unter Beachtung entsprechender Vorgaben in der DSRl-Jl festgelegt. Im Ergebnis werden damit die in Art. 57 DSGVO genannten Aufgaben, bezogen auf die oder den BfDI, auf alle staatlichen

Stellen erstreckt, unabhängig davon, ob sie unter das Unionsrecht fallen oder nicht.

§ 15 Tätigkeitsbericht

Die oder der Bundesbeauftragte erstellt einen Jahresbericht über ihre oder seine Tätigkeit, der eine Liste der Arten der gemeldeten Verstöße und der Arten der getroffenen Maßnahmen, einschließlich der verhängten Sanktionen und der Maßnahmen nach Artikel 58 Absatz 2 der Verordnung (EU) 2016/679, enthalten kann. Die oder der Bundesbeauftragte übermittelt den Bericht dem Deutschen Bundestag, dem Bundesrat und der Bundesregierung und macht ihn der Öffentlichkeit, der Europäischen Kommission und dem Europäischen Datenschutzausschuss zugänglich.

Durch die Vorschrift wird die oder der BfDI verpflichtet, jährlich einen Tätigkeitsbericht vorzulegen. Dieser ist den in Satz 2 genannten Empfängern zu übermitteln. Darüber hinaus wird er regelmäßig der Öffentlichkeit zur Verfügung gestellt.

§ 16 Befugnisse

(1) Die oder der Bundesbeauftragte nimmt im Anwendungsbereich der Verordnung (EU) 2016/679 die Befugnisse gemäß Artikel 58 der Verordnung (EU) 2016/679 wahr. Kommt die oder der Bundesbeauftragte zu dem Ergebnis, dass Verstöße gegen die Vorschriften über den Datenschutz oder sonstige Mängel bei der Verarbeitung personenbezogener Daten vorliegen, teilt sie oder er dies der zuständigen Rechts- oder Fachaufsichtsbehörde mit und gibt dieser vor der Ausübung der Befugnisse des Artikels 58 Absatz 2 Buchstabe b bis g, i und j der Verordnung (EU) 2016/679 gegenüber dem Verantwortlichen Gelegenheit zur Stellungnahme innerhalb einer angemessenen Frist. Von der Einräumung der Gelegenheit zur Stellungnahme kann abgesehen werden, wenn eine sofortige Entscheidung wegen Gefahr im Verzug oder im öffentlichen Interesse notwendig erscheint oder ihr ein zwingendes öffentliches Interesse entgegensteht. Die Stellungnahme soll auch eine Darstellung der Maßnahmen enthalten, die aufgrund der Mitteilung der oder des Bundesbeauftragten getroffen worden sind.

(2) Stellt die oder der Bundesbeauftragte bei Datenverarbeitungen durch öffentliche Stellen des Bundes zu Zwecken außerhalb des Anwendungsbereichs der Verordnung (EU) 2016/679 Verstöße gegen die Vorschriften dieses Gesetzes oder gegen andere Vorschriften über den Datenschutz oder sonstige Mängel bei der Verarbeitung oder Nutzung personenbe-

zogener Daten fest, so beanstandet sie oder er dies gegenüber der zuständigen obersten Bundesbehörde und fordert diese zur Stellungnahme innerhalb einer von ihr oder ihm zu bestimmenden Frist auf. Die oder der Bundesbeauftragte kann von einer Beanstandung absehen oder auf eine Stellungnahme verzichten, insbesondere wenn es sich um unerhebliche oder inzwischen beseitigte Mängel handelt. Die Stellungnahme soll auch eine Darstellung der Maßnahmen enthalten, die aufgrund der Beanstandung der oder des Bundesbeauftragten getroffen worden sind. Die oder der Bundesbeauftragte kann den Verantwortlichen auch davor warnen, dass beabsichtigte Verarbeitungsvorgänge voraussichtlich gegen in diesem Gesetz enthaltene und andere auf die jeweilige Datenverarbeitung anzuwendende Vorschriften über den Datenschutz verstoßen.

(3) Die Befugnisse der oder des Bundesbeauftragten erstrecken sich auch auf

1. **von ihrer oder seiner Aufsicht unterliegenden Stellen erlangte personenbezogene Daten über den Inhalt und die näheren Umstände des Brief-, Post- und Fernmeldeverkehrs und**
2. **personenbezogene Daten, die einem besonderen Amtsgeheimnis, insbesondere dem Steuergeheimnis nach § 30 der Abgabenordnung, unterliegen.**

Das Grundrecht des Brief-, Post- und Fernmeldegeheimnisses des Artikels 10 des Grundgesetzes wird insoweit eingeschränkt.

(4) Die öffentlichen Stellen des Bundes sind verpflichtet, der oder dem Bundesbeauftragten und ihren oder seinen Beauftragten

1. **jederzeit Zugang zu den Grundstücken und Diensträumen, einschließlich aller Datenverarbeitungsanlagen und -geräte, sowie zu allen personenbezogenen Daten und Informationen, die zur Erfüllung ihrer oder seiner Aufgaben notwendig sind, zu gewähren und**
2. **alle Informationen, die für die Erfüllung ihrer oder seiner Aufgaben erforderlich sind, bereitzustellen.**

Für nichtöffentliche Stellen besteht die Verpflichtung des Satzes 1 Nummer 1 nur während der üblichen Betriebs- und Geschäftszeiten.

(5) Die oder der Bundesbeauftragte wirkt auf die Zusammenarbeit mit den öffentlichen Stellen, die für die Kontrolle der Einhaltung der Vorschriften über den Datenschutz in den Ländern zuständig sind, sowie mit den Aufsichtsbehörden nach § 40 hin. § 40 Absatz 3 Satz 1 zweiter Halbsatz gilt entsprechend.

1 Durch die Vorschrift werden die Befugnisse der oder des BfDI geregelt. **Abs. 1** verweist auf die Befugnisse im **Bereich der DSGVO**. Vorliegende Verstöße werden in diesem Rahmen der zuständigen Rechts- oder Fachaufsichtsbehörde mitgeteilt. Diesen soll eine angemessene Frist zur Stellungnahme eingeräumt werden.

In **Abs. 2** werden Befugnisse festgeschrieben, die bezogen auf **Verstöße außerhalb des Anwendungsbereichs** der **DSGVO** bestehen. Diese können gegenüber der zuständigen obersten Bundesbehörde beanstandet werden, verbunden mit einer Stellungnahmefrist. 2

In **Abs. 3** werden Befugnisse der oder des BfDI für Bereiche beschrieben, die einer spezifischen Geheimhaltungspflicht unterliegen, etwa das **Post- oder Fernmeldegeheimnis**. 3

In **Abs. 4** wird die **Mitwirkungspflicht** der öffentlichen Stellen des Bundes beschrieben. Insbesondere müssen diese der oder dem BfDI oder seinen Beauftragten Zugang zu Grundstücken und Räumen gewähren und ihnen alle Informationen bereitstellen, die für die Erfüllung ihrer Aufgaben notwendig sind. 4

In **Abs. 5** ist der oder dem BfDI eine **Zusammenarbeitspflicht** mit den Aufsichtsbehörden der Länder für den öffentlichen und nichtöffentlichen Bereich vorgegeben. 5

Kapitel 5
Vertretung im Europäischen Datenschutzausschuss, zentrale Anlaufstelle, Zusammenarbeit der Aufsichtsbehörden des Bundes und der Länder in Angelegenheiten der Europäischen Union

§ 17 Vertretung im Europäischen Datenschutzausschuss, zentrale Anlaufstelle

(1) Gemeinsamer Vertreter im Europäischen Datenschutzausschuss und zentrale Anlaufstelle ist die oder der Bundesbeauftragte (gemeinsamer Vertreter). Als Stellvertreterin oder Stellvertreter des gemeinsamen Vertreters wählt der Bundesrat eine Leiterin oder einen Leiter der Aufsichtsbehörde eines Landes (Stellvertreter). Die Wahl erfolgt für fünf Jahre. Mit dem Ausscheiden aus dem Amt als Leiterin oder Leiter der Aufsichtsbehörde eines Landes endet zugleich die Funktion als Stellvertreter. Wiederwahl ist zulässig.

(2) Der gemeinsame Vertreter überträgt in Angelegenheiten, die die Wahrnehmung einer Aufgabe betreffen, für welche die Länder allein das Recht zur Gesetzgebung haben, oder welche die Einrichtung oder das Verfahren von Landesbehörden betreffen, dem Stellvertreter auf dessen Verlangen die Verhandlungsführung und das Stimmrecht im Europäischen Datenschutzausschuss.

§ 18 Verfahren der Zusammenarbeit der Aufsichtsbehörden des Bundes und der Länder

(1) Die oder der Bundesbeauftragte und die Aufsichtsbehörden der Länder (Aufsichtsbehörden des Bundes und der Länder) arbeiten in Angelegenheiten der Europäischen Union mit dem Ziel einer einheitlichen Anwendung der Verordnung (EU) 2016/679 und der Richtlinie (EU) 2016/680 zusammen. Vor der Übermittlung eines gemeinsamen Standpunktes an die Aufsichtsbehörden der anderen Mitgliedstaaten, die Europäische Kommission oder den Europäischen Datenschutzausschuss geben sich die Aufsichtsbehörden des Bundes und der Länder frühzeitig Gelegenheit zur Stellungnahme. Zu diesem Zweck tauschen sie untereinander alle zweckdienlichen Informationen aus. Die Aufsichtsbehörden des Bundes und der Länder beteiligen die nach den Artikeln 85 und 91 der Verordnung (EU) 2016/679 eingerichteten spezifischen Aufsichtsbehörden, sofern diese von der Angelegenheit betroffen sind.

(2) Soweit die Aufsichtsbehörden des Bundes und der Länder kein Einvernehmen über den gemeinsamen Standpunkt erzielen, legen die federführende Behörde oder in Ermangelung einer solchen der gemeinsame Vertreter und sein Stellvertreter einen Vorschlag für einen gemeinsamen Standpunkt vor. Einigen sich der gemeinsame Vertreter und sein Stellvertreter nicht auf einen Vorschlag für einen gemeinsamen Standpunkt, legt in Angelegenheiten, die die Wahrnehmung von Aufgaben betreffen, für welche die Länder allein das Recht der Gesetzgebung haben, oder welche die Einrichtung oder das Verfahren von Landesbehörden betreffen, der Stellvertreter den Vorschlag für einen gemeinsamen Standpunkt fest. In den übrigen Fällen fehlenden Einvernehmens nach Satz 2 legt der gemeinsame Vertreter den Standpunkt fest. Der nach den Sätzen 1 bis 3 vorgeschlagene Standpunkt ist den Verhandlungen zu Grunde zu legen, wenn nicht die Aufsichtsbehörden von Bund und Ländern einen anderen Standpunkt mit einfacher Mehrheit beschließen. Der Bund und jedes Land haben jeweils eine Stimme. Enthaltungen werden nicht gezählt.

(3) Der gemeinsame Vertreter und dessen Stellvertreter sind an den gemeinsamen Standpunkt nach den Absätzen 1 und 2 gebunden und legen unter Beachtung dieses Standpunktes einvernehmlich die jeweilige Verhandlungsführung fest. Sollte ein Einvernehmen nicht erreicht werden, entscheidet in den in § 18 Absatz 2 Satz 2 genannten Angelegenheiten der Stellvertreter über die weitere Verhandlungsführung. In den übrigen Fällen gibt die Stimme des gemeinsamen Vertreters den Ausschlag.

§ 19 Zuständigkeiten

(1) Federführende Aufsichtsbehörde eines Landes im Verfahren der Zusammenarbeit und Kohärenz nach Kapitel VII der Verordnung (EU) 2016/679 ist die Aufsichtsbehörde des Landes, in dem der Verantwortliche oder der Auftragsverarbeiter seine Hauptniederlassung im Sinne des Artikels 4 Nummer 16 der Verordnung (EU) 2016/679 oder seine einzige Niederlassung in der Europäischen Union im Sinne des Artikels 56 Absatz 1 der Verordnung (EU) 2016/679 hat. Im Zuständigkeitsbereich der oder des Bundesbeauftragten gilt Artikel 56 Absatz 1 in Verbindung mit Artikel 4 Nummer 16 der Verordnung (EU) 2016/679 entsprechend. Besteht über die Federführung kein Einvernehmen, findet für die Festlegung der federführenden Aufsichtsbehörde das Verfahren des § 18 Absatz 2 entsprechende Anwendung.
(2) Die Aufsichtsbehörde, bei der eine betroffene Person Beschwerde eingereicht hat, gibt die Beschwerde an die federführende Aufsichtsbehörde nach Absatz 1, in Ermangelung einer solchen an die Aufsichtsbehörde eines Landes ab, in dem der Verantwortliche oder der Auftragsverarbeiter eine Niederlassung hat. Wird eine Beschwerde bei einer sachlich unzuständigen Aufsichtsbehörde eingereicht, gibt diese, sofern eine Abgabe nach Satz 1 nicht in Betracht kommt, die Beschwerde an die Aufsichtsbehörde am Wohnsitz des Beschwerdeführers ab. Die empfangende Aufsichtsbehörde gilt als die Aufsichtsbehörde nach Maßgabe des Kapitels VII der Verordnung (EU) 2016/679, bei der die Beschwerde eingereicht worden ist, und kommt den Verpflichtungen aus Artikel 60 Absatz 7 bis 9 und Artikel 65 Absatz 6 der Verordnung (EU) 2016/679 nach. Im Zuständigkeitsbereich der oder des Bundesbeauftragten gibt die Aufsichtsbehörde, bei der eine Beschwerde eingereicht wurde, diese, sofern eine Abgabe nach Absatz 1 nicht in Betracht kommt, an den Bundesbeauftragten oder die Bundesbeauftragte ab.

Kapitel 6
Rechtsbehelfe

§ 20 Gerichtlicher Rechtsschutz

(1) Für Streitigkeiten zwischen einer natürlichen oder einer juristischen Person und einer Aufsichtsbehörde des Bundes oder eines Landes über Rechte gemäß Artikel 78 Absatz 1 und 2 der Verordnung (EU) 2016/679 sowie § 61 ist der Verwaltungsrechtsweg gegeben. Satz 1 gilt nicht für Bußgeldverfahren.

(2) Die Verwaltungsgerichtsordnung ist nach Maßgabe der Absätze 3 bis 7 anzuwenden.
(3) Für Verfahren nach Absatz 1 Satz 1 ist das Verwaltungsgericht örtlich zuständig, in dessen Bezirk die Aufsichtsbehörde ihren Sitz hat.
(4) In Verfahren nach Absatz 1 Satz 1 ist die Aufsichtsbehörde beteiligungsfähig.
(5) Beteiligte eines Verfahrens nach Absatz 1 Satz 1 sind
1. die natürliche oder juristische Person als Klägerin oder Antragstellerin und
2. die Aufsichtsbehörde als Beklagte oder Antragsgegnerin.
§ 63 Nummer 3 und 4 der Verwaltungsgerichtsordnung bleibt unberührt.
(6) Ein Vorverfahren findet nicht statt.
(7) Die Aufsichtsbehörde darf gegenüber einer Behörde oder deren Rechtsträger nicht die sofortige Vollziehung gemäß § 80 Absatz 2 Satz 1 Nummer 4 der Verwaltungsgerichtsordnung anordnen.

§ 21 Antrag der Aufsichtsbehörde auf gerichtliche Entscheidung bei angenommener Rechtswidrigkeit eines Beschlusses der Europäischen Kommission

(1) Hält eine Aufsichtsbehörde einen Angemessenheitsbeschluss der Europäischen Kommission, einen Beschluss über die Anerkennung von Standardschutzklauseln oder über die Allgemeingültigkeit von genehmigten Verhaltensregeln, auf dessen Gültigkeit es für eine Entscheidung der Aufsichtsbehörde ankommt, für rechtswidrig, so hat die Aufsichtsbehörde ihr Verfahren auszusetzen und einen Antrag auf gerichtliche Entscheidung zu stellen.
(2) Für Verfahren nach Absatz 1 ist der Verwaltungsrechtsweg gegeben. Die Verwaltungsgerichtsordnung ist nach Maßgabe der Absätze 3 bis 6 anzuwenden.
(3) Über einen Antrag der Aufsichtsbehörde nach Absatz 1 entscheidet im ersten und letzten Rechtszug das Bundesverwaltungsgericht.
(4) In Verfahren nach Absatz 1 ist die Aufsichtsbehörde beteiligungsfähig. An einem Verfahren nach Absatz 1 ist die Aufsichtsbehörde als Antragstellerin beteiligt; § 63 Nummer 3 und 4 der Verwaltungsgerichtsordnung bleibt unberührt. Das Bundesverwaltungsgericht kann der Europäischen Kommission Gelegenheit zur Äußerung binnen einer zu bestimmenden Frist geben.
(5) Ist ein Verfahren zur Überprüfung der Gültigkeit eines Beschlusses der Europäischen Kommission nach Absatz 1 bei dem Gerichtshof der Europäischen Union anhängig, so kann das Bundesverwaltungsgericht

anordnen, dass die Verhandlung bis zur Erledigung des Verfahrens vor dem Gerichtshof der Europäischen Union auszusetzen sei.

(6) In Verfahren nach Absatz 1 ist § 47 Absatz 5 Satz 1 und Absatz 6 der Verwaltungsgerichtsordnung entsprechend anzuwenden. Kommt das Bundesverwaltungsgericht zu der Überzeugung, dass der Beschluss der Europäischen Kommission nach Absatz 1 gültig ist, so stellt es dies in seiner Entscheidung fest. Andernfalls legt es die Frage nach der Gültigkeit des Beschlusses gemäß Artikel 267 des Vertrags über die Arbeitsweise der Europäischen Union dem Gerichtshof der Europäischen Union zur Entscheidung vor.

Teil 2 Durchführungsbestimmungen für Verarbeitungen zu Zwecken gemäß Artikel 2 der Verordnung (EU) 2016/679

Kapitel 1
Rechtsgrundlagen der Verarbeitung personenbezogener Daten

Abschnitt 1
Verarbeitung besonderer Kategorien personenbezogener Daten und Verarbeitung zu anderen Zwecken

§ 22 Verarbeitung besonderer Kategorien personenbezogener Daten

(1) Abweichend von Artikel 9 Absatz 1 der Verordnung (EU) 2016/679 ist die Verarbeitung besonderer Kategorien personenbezogener Daten im Sinne des Artikels 9 Absatz 1 der Verordnung (EU) 2016/679 zulässig

1. durch öffentliche und nichtöffentliche Stellen, wenn sie
   a) erforderlich ist, um die aus dem Recht der sozialen Sicherheit und des Sozialschutzes erwachsenden Rechte auszuüben und den diesbezüglichen Pflichten nachzukommen,
   b) zum Zweck der Gesundheitsvorsorge, für die Beurteilung der Arbeitsfähigkeit des Beschäftigten, für die medizinische Diagnostik, die Versorgung oder Behandlung im Gesundheits- oder Sozialbereich oder für die Verwaltung von Systemen und Diensten im Gesundheits- und Sozialbereich oder aufgrund eines Vertrags der betroffenen Person mit einem Angehörigen eines Gesundheitsberufs erforderlich ist und diese Daten von ärztlichem Personal oder durch sonstige Personen, die einer entsprechenden Geheimhaltungspflicht unterliegen, oder unter deren Verantwortung verarbeitet werden,
   c) aus Gründen des öffentlichen Interesses im Bereich der öffentlichen Gesundheit, wie des Schutzes vor schwerwiegenden grenzüberschreitenden Gesundheitsgefahren oder zur Gewährleistung hoher Qualitäts- und Sicherheitsstandards bei der Gesundheitsversorgung und bei Arzneimitteln und Medizinprodukten erforderlich ist; ergänzend zu den in Absatz 2 genannten Maßnahmen sind insbesondere die berufsrechtlichen und strafrechtlichen

Vorgaben zur Wahrung des Berufsgeheimnisses einzuhalten, oder
   d) aus Gründen eines erheblichen öffentlichen Interesses zwingend erforderlich ist,
2. durch öffentliche Stellen, wenn sie
   a) zur Abwehr einer erheblichen Gefahr für die öffentliche Sicherheit erforderlich ist,
   b) zur Abwehr erheblicher Nachteile für das Gemeinwohl oder zur Wahrung erheblicher Belange des Gemeinwohls zwingend erforderlich ist oder
   c) aus zwingenden Gründen der Verteidigung oder der Erfüllung über- oder zwischenstaatlicher Verpflichtungen einer öffentlichen Stelle des Bundes auf dem Gebiet der Krisenbewältigung oder Konfliktverhinderung oder für humanitäre Maßnahmen erforderlich ist

und soweit die Interessen des Verantwortlichen an der Datenverarbeitung in den Fällen der Nummer 1 Buchstabe d und der Nummer 2 die Interessen der betroffenen Person überwiegen.

(2) In den Fällen des Absatzes 1 sind angemessene und spezifische Maßnahmen zur Wahrung der Interessen der betroffenen Person vorzusehen. Unter Berücksichtigung des Stands der Technik, der Implementierungskosten und der Art, des Umfangs, der Umstände und der Zwecke der Verarbeitung sowie der unterschiedlichen Eintrittswahrscheinlichkeit und Schwere der mit der Verarbeitung verbundenen Risiken für die Rechte und Freiheiten natürlicher Personen können dazu insbesondere gehören:

1. technisch organisatorische Maßnahmen, um sicherzustellen, dass die Verarbeitung gemäß der Verordnung (EU) 2016/679 erfolgt,
2. Maßnahmen, die gewährleisten, dass nachträglich überprüft und festgestellt werden kann, ob und von wem personenbezogene Daten eingegeben, verändert oder entfernt worden sind,
3. Sensibilisierung der an Verarbeitungsvorgängen Beteiligten,
4. Benennung einer oder eines Datenschutzbeauftragten,
5. Beschränkung des Zugangs zu den personenbezogenen Daten innerhalb der verantwortlichen Stelle und von Auftragsverarbeitern,
6. Pseudonymisierung personenbezogener Daten,
7. Verschlüsselung personenbezogener Daten,
8. Sicherstellung der Fähigkeit, Vertraulichkeit, Integrität, Verfügbarkeit und Belastbarkeit der Systeme und Dienste im Zusammenhang mit der Verarbeitung personenbezogener Daten, einschließlich der Fähigkeit, die Verfügbarkeit und den Zugang bei einem physischen oder technischen Zwischenfall rasch wiederherzustellen,

9. **zur Gewährleistung der Sicherheit der Verarbeitung die Einrichtung eines Verfahrens zur regelmäßigen Überprüfung, Bewertung und Evaluierung der Wirksamkeit der technischen und organisatorischen Maßnahmen oder**
10. **spezifische Verfahrensregelungen, die im Fall einer Übermittlung oder Verarbeitung für andere Zwecke die Einhaltung der Vorgaben dieses Gesetzes sowie der Verordnung (EU) 2016/679 sicherstellen.**

Inhaltsübersicht

		Rn.
I.	Allgemeines	1
II.	Erlaubnistatbestände (Abs. 1)	2– 8
III.	Angemessene und spezifische Schutzmaßnahmen (Abs. 2)	9–10

I. Allgemeines

1 Die Regelung nutzt den Spielraum, den die Öffnungsklausel in Art. 9 Abs. 2j DSGVO den Mitgliedsstaaten für die Verarbeitung besonderer Kategorien personenbezogener Daten einräumt. Durch die in **Abs. 1** enthaltene **Liste von Ausnahmen** wird der nach Art. 9 Abs. 2 DSGVO ohnehin schon weit gefasste Rahmen (vgl. dort Rn. 6ff.) für die Verarbeitung besonderer Kategorien personenbezogener Daten nochmals **deutlich ausgeweitet**. Dies gilt insbesondere für die Verarbeitung durch private Stellen. Die in Abs. 1 **Nr. 1** enthaltenen Ausnahmetatbestände gelten gleichermaßen für **öffentliche** wie für **nichtöffentliche Stellen**. Hingegen kommen die in Abs. 1 **Nr. 2** benannten Ausnahmen nach dem Wortlaut ausdrücklich nur für **öffentliche Stellen** zur Anwendung. Finden Verarbeitungen von besonderen Kategorien personenbezogener Daten statt, müssen die Verantwortlichen nach **Abs. 2** **angemessene** und **spezifische Maßnahmen** zur Sicherung der Interessen Betroffener vorsehen.

II. Erlaubnistatbestände (Abs. 1)

2 Das in Art. 9 Abs. 1 DSGVO enthaltene Verbot der Verarbeitung besonderer Kategorien wird schon in Art. 9 Abs. 2 DSGVO durch zahlreiche Ausnahmen durchbrochen. Einzelne davon sehen Regelungen der Mitgliedsstaaten ausdrücklich vor, wenn es dafür eine datenschutzrechtliche Verarbeitungsgrundlage nach Art. 6 Abs. 1 DSGVO gibt. Durch **Abs. 1** wird in einer **abschließenden Aufzählung** festgelegt, unter welchen Voraussetzungen über die in Art. 9 Abs. 2 DSGVO genannten Ausnahmetatbestände hinaus weitere Verarbeitungen besonderer Kategorien personenbezogener Daten zulässig sein können. Damit besteht insgesamt ein weiter und unbestimmter Rahmen für Ausnahmen vom Verarbeitungsverbot in Art. 9 Abs. 1 DSGVO.

Hinzu kommt, dass für Beschäftigungsverhältnisse die Regelung in § 26 Abs. 3 zu beachten ist, die teilweise inhaltsgleich zu Art. 9 Abs. 2d DSGVO ist (vgl. § 26 Rn. 111 ff.).

Nach Abs. 1 **Nr. 1 Buchst. a** kann die Verarbeitung besonderer Kategorien personenbezogener Daten im Bereich der **sozialen Sicherheit** und des **Sozialschutzes** erforderlich sein. Diese Regelung weist eine große Schnittmenge zu der in Art. 9 Abs. 2 Buchst. b DSGVO auf (vgl. dort Rn. 37 ff.). Vor diesem Hintergrund ist nicht klar, welchen spezifischen Regelungsgehalt die Vorschrift im Rahmen des BDSG begründen soll. Insoweit bleibt die Bedeutung dieser Vorschrift offen. 3

Die Verarbeitung besonderer Kategorien personenbezogener Daten ist nach Abs. 1 **Nr. 1 Buchst. b** im **Gesundheitsbereich** zulässig. Die Vorschrift gibt im Wesentlichen Inhalte aus Art. 9 Abs. 2h DSGVO wieder (vgl. dort Rn. 67 ff.). Zudem wird die Verarbeitung von Gesundheitsdaten auf der Grundlage eines **Vertrags** ermöglicht. Hierbei handelt es sich um einen **Behandlungsvertrag** nach §§ 630a ff. BGB. 4

Die Regelung in Abs. 1 **Nr. 1 Buchst. c** setzt die Vorgabe aus Art. 9 Abs. 2 Buchst. i DSGVO zur Verarbeitung von besonderen Kategorien personenbezogener Daten im **öffentlichen Gesundheitswesen** um. Für die Praxis ist nicht erkennbar, welcher spezifische Regelungsgehalt dieser Vorschrift gegenüber der entsprechenden der DSGVO zukommt. 5

Die in Abs. 1 **Nr. 1 Buchst. d** enthaltene Regelung zur Verarbeitung besonderer Kategorien personenbezogener Daten bei Vorliegen eines **erheblichen öffentlichen Interesses** und einer **zwingenden Erforderlichkeit** soll insbesondere dann gegeben sein, wenn biometrische Daten mit dem Ziel einer eindeutigen Identifikation von Personen verarbeitet werden sollen.[1] Die im Gesetzestext genannte Voraussetzung, dass eine Verarbeitung »zwingend erforderlich« ist, steht im Widerspruch zum Grundsatz der Zweckbindung in Art. 5 Abs. 1 Buchst. b DSGVO (vgl. dort Rn. 24 ff.). 6

Abs. 1 Nr. 2 ist nur für **Verantwortliche** aus dem **öffentlichen Bereich** relevant. Besondere Kategorien personenbezogener Daten könnten in den in Nr. 2 genannten drei Fällen verarbeitet werden. Auch bei deren Vorliegen ist nach Art. 9 Abs. 2g DSGVO immer eine **Interessenabwägung** vorzunehmen. 7

Für den Bereich des **Beschäftigtendatenschutzes** sind die genannten Tatbestände der Abwehr einer erheblichen Gefahr für die öffentliche Sicherheit, der Abwehr erheblicher Nachteile für das Gemeinwohl, der Wahrung erheblicher Belange des Gemeinwohls oder zwingender Gründe der Verteidigung oder der Erfüllung über- oder zwischenstaatlicher Verpflichtungen nicht von Bedeutung. 8

---

1 Vgl. BT-Drs. 18/11325, 95; ebenso Kühling/Buchner-*Weichert*, § 22 Rn. 21.

III. Angemessene und spezifische Schutzmaßnahmen (Abs. 2)

9 Durch **Abs. 2** werden alle Verantwortlichen aus dem öffentlichen wie aus dem nichtöffentlichen Bereich verpflichtet, **mindestens** die in dieser Vorschrift genannten, angemessenen und spezifischen Maßnahmen zur **Wahrung der Interessen betroffener Personen** vorzusehen. Wiederholt werden beispielhaft (»insbesondere«) die in anderen Vorschriften, etwa in Art. 24ff. DSGVO, benannten technischen und organisatorischen Maßnahmen. Auch wenn die Regelung in Abs. 2 Verantwortliche und Auftragsverarbeiter nicht ausdrücklich verpflichtet, die hier genannten Maßnahmen zu treffen, so leitet sich eine entsprechende Vorgabe auch für diese Fälle bereits aus Art. 32 DSGVO ab (vgl. dort Rn. 3ff.).

10 Die sich aus § 22 Abs. 2 ableitende Verpflichtung trifft **Verantwortliche** und **Auftragsverarbeiter** unterschiedslos.

§ 23 Verarbeitung zu anderen Zwecken durch öffentliche Stellen

(1) Die Verarbeitung personenbezogener Daten zu einem anderen Zweck als zu demjenigen, zu dem die Daten erhoben wurden, durch öffentliche Stellen im Rahmen ihrer Aufgabenerfüllung ist zulässig, wenn

1. **offensichtlich ist, dass sie im Interesse der betroffenen Person liegt und kein Grund zu der Annahme besteht, dass sie in Kenntnis des anderen Zwecks ihre Einwilligung verweigern würde,**
2. **Angaben der betroffenen Person überprüft werden müssen, weil tatsächliche Anhaltspunkte für deren Unrichtigkeit bestehen,**
3. **sie zur Abwehr erheblicher Nachteile für das Gemeinwohl oder einer Gefahr für die öffentliche Sicherheit, die Verteidigung oder die nationale Sicherheit, zur Wahrung erheblicher Belange des Gemeinwohls oder zur Sicherung des Steuer- und Zollaufkommens erforderlich ist,**
4. **sie zur Verfolgung von Straftaten oder Ordnungswidrigkeiten, zur Vollstreckung oder zum Vollzug von Strafen oder Maßnahmen im Sinne des § 11 Absatz 1 Nummer 8 des Strafgesetzbuchs oder von Erziehungsmaßregeln oder Zuchtmitteln im Sinne des Jugendgerichtsgesetzes oder zur Vollstreckung von Geldbußen erforderlich ist,**
5. **sie zur Abwehr einer schwerwiegenden Beeinträchtigung der Rechte einer anderen Person erforderlich ist oder**
6. **sie der Wahrnehmung von Aufsichts- und Kontrollbefugnissen, der Rechnungsprüfung oder der Durchführung von Organisationsuntersuchungen des Verantwortlichen dient; dies gilt auch für die Verarbeitung zu Ausbildungs- und Prüfungszwecken durch den Verant-**

wortlichen, soweit schutzwürdige Interessen der betroffenen Person dem nicht entgegenstehen.

(2) Die Verarbeitung besonderer Kategorien personenbezogener Daten im Sinne des Artikels 9 Absatz 1 der Verordnung (EU) 2016/679 zu einem anderen Zweck als zu demjenigen, zu dem die Daten erhoben wurden, ist zulässig, wenn die Voraussetzungen des Absatzes 1 und ein Ausnahmetatbestand nach Artikel 9 Absatz 2 der Verordnung (EU) 2016/679 oder nach § 22 vorliegen.

Inhaltsübersicht Rn.

I. Allgemeines ... 1
II. Zulässige Zweckänderung (Abs. 1) ... 2–7
III. Zweckänderungen bei der Verarbeitung besonderer Kategorien personenbezogener Daten (Abs. 2) ... 8

I. Allgemeines

Die meisten der in **Abs. 1** enthaltenen Tatbestände waren **wortgleich** in § 14 Abs. 2 BDSG a. F. enthalten. Durch **Abs. 2** wird die Verarbeitung besonderer Kategorien personenbezogener Daten an das Vorliegen **allgemeiner Ausnahmetatbestände** gebunden. Die Vorschriften in beiden Absätzen gelten **nur für Zweckänderungen** der Verarbeitung personenbezogener Daten im **öffentlichen Bereich.** 1

II. Zulässige Zweckänderung (Abs. 1)

In **Abs. 1** findet sich eine **abschließende Aufzählung** von **sechs Ausnahmetatbeständen**, bei deren Erfüllung im öffentlichen Bereich Zweckänderungen zulässig sind. Durch diese Vorschrift werden eigenständige und inhaltlich **relativ offene Erlaubnisregelungen** für Zweckänderungen geschaffen. Mit Blick auf die allgemeinen Grundsätze in Art. 5 Abs. 1 DSGVO sind diese Erlaubnisregelungen trotz ihrer Offenheit **eng auszulegen.**[1] 2

Nach Abs. 1 **Nr. 1** kann eine **Zweckänderung zulässig** sein, wenn sie offensichtlich im **Interesse der betroffenen Personen** liegt. Dies ist der Fall, wenn ein entsprechendes Interesse für Verantwortliche ohne Weiteres zu erkennen ist.[2] Die Befugnis zur Zweckänderung wird im zweiten Halbsatz durch die Vorgabe **beschränkt**, dass kein Grund für die Annahme besteht, dass betroffene Personen ihre Einwilligung verweigern würden, wenn sie von der 3

1 Ähnlich Gola/Heckmann-*Heckmann/Scheurer*, § 23 Rn. 6.
2 Vgl. Auernhammer-*Eßer*, § 23 Rn. 12.

Zweckänderung wüssten. Damit sind Zweckänderungen, die Nachteile für betroffene Personen mit sich bringen würden, immer ausgeschlossen.[3]

4 Durch Abs. 1 **Nr. 2** wird es öffentlichen Stellen ermöglicht, **Angaben** von betroffenen Personen **zu überprüfen**. Diese Überprüfung darf allerdings nur erfolgen, wenn es **tatsächlich Anhaltspunkte** für die **Unrichtigkeit** von Angaben gibt, etwa weil Personen selbst unterschiedliche Angaben gemacht haben. Eine »Überprüfung auf Verdacht« ist damit immer ausgeschlossen.

5 Nach Abs. 1 **Nr. 3** sind zweckändernde Verarbeitungen beim Vorliegen der dort genannten, **herausragenden öffentlichen Interessen** zulässig, etwa zur Abwehr erheblicher Nachteile für das Gemeinwohl oder von Gefahren für die öffentliche Sicherheit. Der Tatbestand wird nur in seltenen Ausnahmen erfüllt sein, etwa im Sicherheitsbereich. Insoweit ist er **eng auszulegen**.

6 Nach Abs. 1 **Nr. 4** können Zweckänderungen insbesondere zur **Verfolgung von Straftaten** und **Ordnungswidrigkeiten** zulässig sein. Diese Vorschrift ist nur einschlägig, soweit es keine fachspezifischen Vorschriften gibt (etwa in der StPO).

7 Nach Abs. 1 **Nr. 5** können Zweckänderungen zulässig sein, wenn sich nur dadurch die **Abwehr einer schwerwiegenden Beeinträchtigung** der **Rechte anderer Personen** sicherstellen lässt. Die Bedrohung für andere Personen muss so groß sein, dass das Recht auf informationelle Selbstbestimmung der von der Zweckänderung betroffenen Personen zurückstehen kann. Die theoretische Möglichkeit einer Beeinträchtigung allein reicht nicht aus.[4]
Nach Abs. 1 **Nr. 6** können Zweckänderungen bei Verantwortlichen aus dem **öffentlichen Bereich** erfolgen, wenn sie der Wahrnehmung von **Aufsichts- und Kontrollbefugnissen**, der **Rechnungsprüfung** oder der Durchführung von **Organisationsuntersuchungen** des Verantwortlichen dienen. Weiterhin sind sie für **Ausbildungs- und Prüfungszwecken** bei den jeweiligen Verantwortlichen zulässig, soweit dieser Verarbeitung keine **schutzwürdigen Interessen** der betroffenen Person entgegenstehen.

III. Zweckänderungen bei der Verarbeitung besonderer Kategorien personenbezogener Daten (Abs. 2)

8 Durch die Regelung in **Abs. 2** wird für jede Zweckänderung bei der Verarbeitung von Daten durch öffentliche Stellen klargestellt, dass neben den Voraussetzungen in **Abs. 1** immer (»und«) auch ein **Ausnahmetatbestand** nach Art. 9 Abs. 2 DSGVO oder nach § 22 vorliegen muss.[5] Dies kann etwa der Fall sein, wenn neben einer Gefahr für die öffentliche Sicherheit i. S. v.

3 Zutreffend Gola/Heckmann-*Heckmann/Scheurer*, § 23 Rn. 9.
4 Vgl. Gola/Heckmann-*Heckmann/Scheurer*, § 23 Rn. 23ff.
5 BT-Drs. 18/11325, 94.

Nr. 3 auch schwere, grenzüberschreitende Gesundheitsgefahren i. S. v. § 22 Abs. 1 Nr. 2 Buchst. c gegeben sind.

§ 24 Verarbeitung zu anderen Zwecken durch nichtöffentliche Stellen

(1) Die Verarbeitung personenbezogener Daten zu einem anderen Zweck als zu demjenigen, zu dem die Daten erhoben wurden, durch nichtöffentliche Stellen ist zulässig, wenn

1. sie zur Abwehr von Gefahren für die staatliche oder öffentliche Sicherheit oder zur Verfolgung von Straftaten erforderlich ist oder

2. sie zur Geltendmachung, Ausübung oder Verteidigung zivilrechtlicher Ansprüche erforderlich ist,

sofern nicht die Interessen der betroffenen Person an dem Ausschluss der Verarbeitung überwiegen.

(2) Die Verarbeitung besonderer Kategorien personenbezogener Daten im Sinne des Artikels 9 Absatz 1 der Verordnung (EU) 2016/679 zu einem anderen Zweck als zu demjenigen, zu dem die Daten erhoben wurden, ist zulässig, wenn die Voraussetzungen des Absatzes 1 und ein Ausnahmetatbestand nach Artikel 9 Absatz 2 der Verordnung (EU) 2016/679 oder nach § 22 vorliegen.

Inhaltsübersicht Rn.

I. Allgemeines 1
II. Zulässige Zweckänderung (Abs. 1) 2–5
III. Zweckänderungen bezüglich besonderer Kategorien personenbezogener Daten (Abs. 2) 6

I. Allgemeines

1 In der Vorschrift werden Tatbestände benannt, die im Ergebnis gegenüber der Regelung in Art. 6 Abs. 4 DSGVO zu einer deutlichen **Ausweitung der Möglichkeiten** von **Zweckänderungen** führen. Die genannten Zweckänderungen sind nur zulässig, wenn es **keine überwiegenden Interessen** der betroffenen Personen am Ausschluss einer Zweckänderung gibt.

II. Zulässige Zweckänderung (Abs. 1)

2 In **Abs. 1** werden in einer **abschließenden Aufzählung** zwei Tatbestände benannt, bei deren Vorliegen Zweckänderungen zulässig sind. Allerdings steht diese Zulässigkeit nach der Vorgabe im letzten Halbsatz der Vorschrift unter dem Vorbehalt, dass **keine überwiegenden Interessen der Betroffenen** am Ausschluss der Verarbeitung gegeben sind. Damit müssen Verantwortliche

immer eine Interessenabwägung zwischen ihrem Interesse an einer Zweckänderung nach Abs. 1 und den Interessen der betroffenen Personen vornehmen.

3 Handelt es sich um **Beschäftigte**, müssen sich Zweckänderungen zudem im Rahmen der durch § 26 Abs. 1 Satz 1 vorgegebenen Erforderlichkeit bewegen (vgl. § 26 Rn. 7 ff.). Soweit dabei **Beteiligungsrechte** von Betriebs- oder Personalräten betroffen sind, müssen diese Gremien vom für den Datenschutz verantwortlichen Arbeitgeber rechtzeitig und umfassend von einer beabsichtigten Verarbeitung für andere Zwecke informiert werden.

4 Nach der **ersten Alternative** in Abs. 1 **Nr. 1** kann eine zweckändernde Verarbeitung zur **Abwehr von Gefahren** für die staatliche oder öffentliche Sicherheit oder zur **Verfolgung von Straftaten** erforderlich sein. Ein Rückgriff auf diese Vorschrift ist nur zulässig, wenn es keine anderen spezialgesetzlichen Vorschriften gibt, etwa in der StPO. Damit kommt es durch die hier zugelassenen Zweckänderungen insbesondere nicht zu einer Auswertung der Befugnisse von Staatsanwaltschaften oder Polizeibehörden.

5 Nach der **zweiten Alternative** in **Abs. 1 Nr. 2** können zweckändernde Verarbeitungen durch Verantwortliche erfolgen, wenn diese zur Geltendmachung, Ausübung oder Verteidigung **zivilrechtlicher Ansprüche** erforderlich sind. Außerhalb des zivilrechtlichen Bereichs leitet sich aus der Vorschrift damit kein Anspruch auf Zweckänderungen ab.

III. Zweckänderungen bezüglich besonderer Kategorien personenbezogener Daten (Abs. 2)

6 Die Regelung zur Zweckänderung besonderer Kategorien personenbezogener Daten in **Abs. 2** ist textgleich mit der in § 23 Abs. 2.

§ 25 Datenübermittlung durch öffentliche Stellen

(1) Die Übermittlung personenbezogener Daten durch öffentliche Stellen an öffentliche Stellen ist zulässig, wenn sie zur Erfüllung der in der Zuständigkeit der übermittelnden Stelle oder des Dritten, an den die Daten übermittelt werden, liegenden Aufgaben erforderlich ist und die Voraussetzungen vorliegen, die eine Verarbeitung nach § 23 zulassen würden. Der Dritte, an den die Daten übermittelt werden, darf diese nur für den Zweck verarbeiten, zu dessen Erfüllung sie ihm übermittelt werden. Eine Verarbeitung für andere Zwecke ist unter den Voraussetzungen des § 23 zulässig.

(2) Die Übermittlung personenbezogener Daten durch öffentliche Stellen an nichtöffentliche Stellen ist zulässig, wenn

1. sie zur Erfüllung der in der Zuständigkeit der übermittelnden Stelle liegenden Aufgaben erforderlich ist und die Voraussetzungen vorliegen, die eine Verarbeitung nach § 23 zulassen würden,
2. der Dritte, an den die Daten übermittelt werden, ein berechtigtes Interesse an der Kenntnis der zu übermittelnden Daten glaubhaft darlegt und die betroffene Person kein schutzwürdiges Interesse an dem Ausschluss der Übermittlung hat oder
3. es zur Geltendmachung, Ausübung oder Verteidigung rechtlicher Ansprüche erforderlich ist

und der Dritte sich gegenüber der übermittelnden öffentlichen Stelle verpflichtet hat, die Daten nur für den Zweck zu verarbeiten, zu dessen Erfüllung sie ihm übermittelt werden. Eine Verarbeitung für andere Zwecke ist zulässig, wenn eine Übermittlung nach Satz 1 zulässig wäre und die übermittelnde Stelle zugestimmt hat.

(3) Die Übermittlung besonderer Kategorien personenbezogener Daten im Sinne des Artikels 9 Absatz 1 der Verordnung (EU) 2016/679 ist zulässig, wenn die Voraussetzungen des Absatzes 1 oder 2 und ein Ausnahmetatbestand nach Artikel 9 Absatz 2 der Verordnung (EU) 2016/679 oder nach § 22 vorliegen.

Inhaltsübersicht

		Rn.
I.	Allgemeines	1
II.	Übermittlung an öffentliche Stellen (Abs. 1)	2– 4
III.	Übermittlung an nichtöffentliche Stellen (Abs. 2)	5–11

I. Allgemeines

Durch die Vorschrift wird die Übermittlung von personenbezogenen Daten zwischen öffentlichen Stellen und von öffentlichen Stellen an nichtöffentliche Stellen für bestimmte Fälle geregelt. Die Regelung in **Abs. 1** ist ausschließlich für die **Übermittlung zwischen öffentlichen Stellen** anwendbar. Die **Übermittlung an nichtöffentliche Stellen** wird durch **Abs. 2** ermöglicht. 1

II. Übermittlung an öffentliche Stellen (Abs. 1)

Die Übermittlung von personenbezogenen Daten zwischen öffentlichen Stellen ist nach Abs. 1 **Satz 1** nur im Rahmen der **bestehenden Zuständigkeiten** zulässig. Weiterhin ist Voraussetzung, dass die Übermittlung für die von öffentlichen Stellen ausgeführten Aufgaben erforderlich ist. Die **Erforderlichkeit** bezieht sich nur auf **gesetzliche Aufgaben**. Soweit Übermittlungen innerhalb von öffentlichen Stellen des Bundes erfolgen, ist vom funktionalen Behördenbegriff auszugehen. In diesem Rahmen müssen 2

Übermittlungen von einer Fachabteilung an die andere wie Übermittlungen an Dritte bewertet werden.[1] Es gelten insoweit dieselben Voraussetzungen wie bei Übermittlungen zwischen den verschiedenen Unternehmen eines Konzerns (vgl. Art. 88 DSGVO, Rn. 22 ff.).

3 Das Vorliegen der **Erforderlichkeit** ist im Rahmen einer Verhältnismäßigkeitsprüfung **eng auszulegen**. Es reicht nicht, dass die Übermittlung für die Erfüllung von Aufgaben öffentlicher Stellen nur geeignet oder zweckmäßig ist. Vielmehr muss ohne sie die Wahrnehmung gesetzlicher Aufgaben **nicht möglich** sein.[2]

4 Nach Durchführung einer Übermittlung **besteht** bei der empfangenden Stelle nach Abs. 1 **Satz 2** die ursprünglich gegebene **Zweckbindung fort**, die mittels **enger Auslegung** festzustellen ist.

III. Übermittlung an nichtöffentliche Stellen (Abs. 2)

5 Eine Übermittlung personenbezogener Daten durch öffentliche Stellen an nichtöffentliche ist nur in den **drei in Abs. 2 abschließend genannten Fällen** zulässig.

6 Nach der Regelung in Abs. 2 **Satz 1 Nr. 1** ist die Übermittlung an nichtöffentliche Stellen zulässig, wenn sie zu den **Aufgaben einer öffentlichen Stelle** gehört. Dies kann beispielsweise der Fall sein, wenn ein Gesundheitsamt an einen Arbeitgeber auf Basis eines einschlägigen gesetzlichen Erlaubnistatbestands Informationen zu potenziell mit einer ansteckenden Krankheit infizierten Beschäftigten gibt.

7 Nach Abs. 2 **Satz 1 Nr. 2** kann eine Übermittlung zulässig sein, wenn Dritte aus dem nichtöffentlichen Bereich ein **berechtigtes Interesse** an der Kenntnis bestimmter personenbezogener Daten **glaubhaft darlegen**. Da diese Übermittlungsmöglichkeit weit in das informationelle Selbstbestimmungsrecht der einzelnen Bürger eingreift, ist dieser Tatbestand **eng auszulegen**.

8 Die Vorgaben an die **glaubhafte Darlegung** eines berechtigten Interesses sind **relativ gering**. Eine Übermittlung personenbezogener Daten an nichtöffentliche Stellen muss allerdings unterbleiben, wenn die betroffenen Personen **ein schutzwürdiges Interesse** am Ausschluss der Übermittlung haben. Dieses Interesse ist unter Beachtung des Rechts auf informationelle Selbstbestimmung betroffener Personen **weit zu fassen**. Es reicht ein einfacher und in sich plausibler Vortrag der betroffenen Personen. Ist ein vorrangiges schutzwürdiges Interesse gegeben, muss eine Datenübermittlung generell unterbleiben. Damit ist beispielsweise eine Weitergabe von Meldedaten Strafgefangener an nichtöffentliche Stellen ebenso unzulässig wie die

1 Vgl. Auernhammer-*Eßer*, § 25 Rn. 11; Gola/Heckmann-*Sandfuchs*, § 25 Rn. 6.
2 Vgl. Plath-*Plath*, § 25 Rn. 5.

Bekanntgabe der Notenlisten von Studierenden im Internet durch hierauf spezialisierte Unternehmen. Zulässig kann hingegen die Einzelabfrage von Melderegisterdaten durch nichtöffentliche Stellen oder Personen sein.

Nach Abs. 2 **Satz 1 Nr. 3** kann eine Übermittlung personenbezogener Daten aus dem öffentlichen Bereich an nichtöffentliche Stellen zulässig sein, wenn diese Informationen für die Geltendmachung, Ausübung oder Verteidigung **rechtlicher Ansprüche** erforderlich sind. Im Regelfall kann dies nur der Fall sein, wenn ohne die Übermittlung die Durchsetzung bestehender Rechtsansprüche unmöglich ist.[3] Der Erlaubnistatbestand ist **eng auszulegen**. Insbesondere müssen die Ansprüche dem nichtöffentlichen Empfänger selbst datenschutzrechtlich zustehen. **9**

Erfolgt eine Übermittlung im Rahmen der in Satz 1 benannten Tatbestände, besteht nach **Abs. 2 Satz 2** in allen Fällen die ursprüngliche **datenschutzrechtliche Zweckbindung fort**. Eine Verarbeitung für andere Zwecke setzt voraus, dass die Übermittlung selbst nach Abs. 1 Satz 1 zulässig ist und dass die öffentliche Stelle ihr zugestimmt hat. Die Dokumentation der Zustimmung sollte nach Möglichkeit in schriftlicher Form oder in einer anderen revisionssicheren Variante erfolgen. **10**

IV. Verarbeitung besonderer Kategorien personenbezogener Daten (Abs. 3)

In **Abs. 3** werden Voraussetzungen für die Übermittlung besonderer Kategorien personenbezogener Daten benannt. Die Regelung ist textgleich mit der in § 23 Abs. 2. **11**

Abschnitt 2
Besondere Verarbeitungssituationen

§ 26 Datenverarbeitung für Zwecke des Beschäftigungsverhältnisses

(1) Personenbezogene Daten von Beschäftigten dürfen für Zwecke des Beschäftigungsverhältnisses verarbeitet werden, wenn dies für die Entscheidung über die Begründung eines Beschäftigungsverhältnisses oder nach Begründung des Beschäftigungsverhältnisses für dessen Durchführung oder Beendigung oder zur Ausübung oder Erfüllung der sich aus einem Gesetz oder einem Tarifvertrag, einer Betriebs- oder Dienstvereinbarung (Kollektivvereinbarung) ergebenden Rechte und Pflichten der

3 Vgl. ebenso Auernhammer-*Eßer*, § 25 Rn. 39.

Interessenvertretung der Beschäftigten erforderlich ist. Zur Aufdeckung von Straftaten dürfen personenbezogene Daten von Beschäftigten nur dann verarbeitet werden, wenn zu dokumentierende tatsächliche Anhaltspunkte den Verdacht begründen, dass die betroffene Person im Beschäftigungsverhältnis eine Straftat begangen hat, die Verarbeitung zur Aufdeckung erforderlich ist und das schutzwürdige Interesse der oder des Beschäftigten an dem Ausschluss der Verarbeitung nicht überwiegt, insbesondere Art und Ausmaß im Hinblick auf den Anlass nicht unverhältnismäßig sind.

(2) Erfolgt die Verarbeitung personenbezogener Daten von Beschäftigten auf der Grundlage einer Einwilligung, so sind für die Beurteilung der Freiwilligkeit der Einwilligung insbesondere die im Beschäftigungsverhältnis bestehende Abhängigkeit der beschäftigten Person sowie die Umstände, unter denen die Einwilligung erteilt worden ist, zu berücksichtigen. Freiwilligkeit kann insbesondere vorliegen, wenn für die beschäftigte Person ein rechtlicher oder wirtschaftlicher Vorteil erreicht wird oder Arbeitgeber und beschäftigte Person gleichgelagerte Interessen verfolgen. Die Einwilligung hat schriftlich oder elektronisch zu erfolgen, soweit nicht wegen besonderer Umstände eine andere Form angemessen ist. Der Arbeitgeber hat die beschäftigte Person über den Zweck der Datenverarbeitung und über ihr Widerrufsrecht nach Artikel 7 Absatz 3 der Verordnung (EU) 2016/679 in Textform aufzuklären.

(3) Abweichend von Artikel 9 Absatz 1 der Verordnung (EU) 2016/679 ist die Verarbeitung besonderer Kategorien personenbezogener Daten im Sinne des Artikels 9 Absatz 1 der Verordnung (EU) 2016/679 für Zwecke des Beschäftigungsverhältnisses zulässig, wenn sie zur Ausübung von Rechten oder zur Erfüllung rechtlicher Pflichten aus dem Arbeitsrecht, dem Recht der sozialen Sicherheit und des Sozialschutzes erforderlich ist und kein Grund zu der Annahme besteht, dass das schutzwürdige Interesse der betroffenen Person an dem Ausschluss der Verarbeitung überwiegt. Absatz 2 gilt auch für die Einwilligung in die Verarbeitung besonderer Kategorien personenbezogener Daten; die Einwilligung muss sich dabei ausdrücklich auf diese Daten beziehen. § 22 Absatz 2 gilt entsprechend.

(4) Die Verarbeitung personenbezogener Daten, einschließlich besonderer Kategorien personenbezogener Daten von Beschäftigten für Zwecke des Beschäftigungsverhältnisses, ist auf der Grundlage von Kollektivvereinbarungen zulässig. Dabei haben die Verhandlungspartner Artikel 88 Absatz 2 der Verordnung (EU) 2016/679 zu beachten.

(5) Der Verantwortliche muss geeignete Maßnahmen ergreifen, um sicherzustellen, dass insbesondere die in Artikel 5 der Verordnung (EU) 2016/679 dargelegten Grundsätze für die Verarbeitung personenbezogener Daten eingehalten werden.

(6) Die Beteiligungsrechte der Interessenvertretungen der Beschäftigten bleiben unberührt.

(7) Die Absätze 1 bis 6 sind auch anzuwenden, wenn personenbezogene Daten, einschließlich besonderer Kategorien personenbezogener Daten, von Beschäftigten verarbeitet werden, ohne dass sie in einem Dateisystem gespeichert sind oder gespeichert werden sollen.

(8) Beschäftigte im Sinne dieses Gesetzes sind:

1. **Arbeitnehmerinnen und Arbeitnehmer, einschließlich der Leiharbeitnehmerinnen und Leiharbeitnehmer im Verhältnis zum Entleiher,**
2. **zu ihrer Berufsbildung Beschäftigte,**
3. **Teilnehmerinnen und Teilnehmer an Leistungen zur Teilhabe am Arbeitsleben sowie an Abklärungen der beruflichen Eignung oder Arbeitserprobung (Rehabilitandinnen und Rehabilitanden),**
4. **in anerkannten Werkstätten für behinderte Menschen Beschäftigte,**
5. **Freiwillige, die einen Dienst nach dem Jugendfreiwilligendienstegesetz oder dem Bundesfreiwilligendienstgesetz leisten,**
6. **Personen, die wegen ihrer wirtschaftlichen Unselbständigkeit als arbeitnehmerähnliche Personen anzusehen sind; zu diesen gehören auch die in Heimarbeit Beschäftigten und die ihnen Gleichgestellten,**
7. **Beamtinnen und Beamte des Bundes, Richterinnen und Richter des Bundes, Soldatinnen und Soldaten sowie Zivildienstleistende.**

Bewerberinnen und Bewerber für ein Beschäftigungsverhältnis sowie Personen, deren Beschäftigungsverhältnis beendet ist, gelten als Beschäftigte.

Inhaltsübersicht Rn.

I. Allgemeines ... 1– 5
II. Erforderlichkeit der Verarbeitung für Zwecke der Begründung, Durchführung oder Beendigung von Beschäftigungsverhältnissen (Abs. 1 Satz 1) ... 6– 97
  1. Erforderlichkeit der Verarbeitung von Beschäftigtendaten (Abs. 1 Satz 1) ... 7– 15
  2. Bewerbungsphase der Beschäftigungsverhältnisse (Abs. 1 Satz 1 – erste Alternative) ... 16– 43
    a. Zulässige Fragen ... 24– 28
    b. Unzulässige Fragen und Datenerhebungen ... 29– 34
    c. Untersuchungen und Tests ... 35– 39
    d. Erfolglose Bewerbung ... 40– 43
  3. Durchführung von Beschäftigungsverhältnissen (Abs. 1 Satz 1 – zweite Alternative) ... 44– 60
    a. Stammdaten ... 45– 49
    b. Arbeitsverhalten ... 50– 51

c. Gesundheitsdaten 52– 58
d. Biometrische Daten 59– 60
4. Technische Überwachungsmaßnahmen 61– 92
a. Bild- oder Videoerfassung bzw. Videoaufnahmen 66– 72
b. Spracherkennung 73– 74
c. KI-Systeme 75– 77
d. RFID 78– 80
e. GPS- und Mobiltelefonortung 81– 82
f. Telefon-, E-Mail- und Internet-/Intranetnutzung 83– 91
g. Datenverarbeitung durch Testkäufer und Detektive 92
5. Datenverarbeitung nach Beendigung von Beschäftigungsverhältnissen (Abs. 1 Satz 1 – dritte Alternative) 93– 94
6. Ausübung oder Erfüllung gesetzlicher oder kollektivrechtlicher Rechte und Pflichten (Abs. 1 Satz 1, 2. Halbs.) 95– 97
III. Aufdeckung von Straftaten (Abs. 1 Satz 2) 98–103
IV. Einwilligung der Beschäftigten (Abs. 2) 104–110
V. Besondere Kategorien personenbezogener Beschäftigtendaten (Abs. 3) 111–117
VI. Verarbeitung auf der Grundlage von Kollektivverträgen (Abs. 4) 118–119
VII. Sicherstellung des gesetzlichen Datenschutzes (Abs. 5) 120
VIII. Beteiligungsrechte der Interessenvertretung (Abs. 6) 121
IX. Umfassende Anwendbarkeit (Abs. 7) 122–123
X. Beschäftigte (Abs. 8) 124–126
XI. Beschäftigtendatenschutz 127–130
XII. Hinweise für Betriebs- und Personalräte 131–140

I. Allgemeines

1 In Art. 88 DSGVO finden sich zum Thema »Datenverarbeitung im Beschäftigtenkontext« auf einem relativ hohen Abstraktionsniveau nur allgemeine Vorgaben einschließlich nicht abschließender Hinweise zu notwendigen bzw. möglichen Regelungen (vgl. Art. 88 DSGVO, Rn. 8ff.). Die sich damit für die Mitgliedsstaaten eröffnenden Regelungsmöglichkeiten hat der deutsche Gesetzgeber nur halbherzig genutzt, indem er die Inhalte des bereits 2009 in das BDSG eingefügten § 32 Abs. 1 BDSG a. F. mit einer Ergänzung in Satz 1 als Regelung zur »Datenverarbeitung für Zwecke des Beschäftigungsverhältnisses« in § 26 Abs. 1 überführt hat. Die textliche Übernahme weist darauf hin, dass auch die Regelung in § 26 Abs. 1 Satz 1 (ebenso wie schon § 32 Abs. 1 Satz 1 BDSG a. F.) die Vorgaben der Rechtsprechung zum Beschäftigtendatenschutz zur Grundlage des Umgangs mit personenbezogenen Daten in diesem Bereich macht.[1] Darüber hinaus finden sich im neuen § 26 weitere bekannte Regelungen wie etwa die Definition der Beschäftigten in Abs. 8, die textlich weitgehend der in § 3 Abs. 8 BDSG a. F. enthaltenen Definition entspricht.

1 Vgl. BT-Drs. 16/13657, 35.

2 Die Vorläuferregelung zu § 26 in § 32 Abs. 1 BDSG a. F. wurde vom Gesetzgeber im Jahr 2009 nach der Aufdeckung schwerer Datenschutzverstöße in den Unternehmen Bahn, Telekom und Lidl in das Gesetz eingefügt. Die gesetzliche Regelung war schon damals mit der Zielsetzung verbunden, die aktuelle Rechtsprechung, insbesondere des BAG, abzubilden.[2]

3 § 26 folgt, wie die Datenschutzregelungen in der DSGVO und dem BDSG insgesamt, dem Prinzip eines »**Verbotsgesetzes mit Erlaubnisvorbehalt**«. Damit sind nur solche Verarbeitungen von Beschäftigtendaten erlaubt, für die Arbeitgeber als datenschutzrechtlich Verantwortliche auf einen datenschutzrechtlichen Erlaubnistatbestand zurückgreifen können.[3] Soweit § 26 nicht abweichende spezifische Regelungen für die Verarbeitung von Beschäftigtendaten enthält, kommen im Übrigen alle einschlägigen Vorschriften der DSGVO und des BDSG zur Anwendung. Hierzu gehören insbesondere die in Art. 5 Abs. 1 DSGVO genannten Grundsätze, die für die Verarbeitung von Beschäftigtendaten ebenso prägend sind wie für den Umgang mit anderen personenbezogenen Informationen.

4 § 26 Abs. 1 enthält in **Satz 1** generelle Vorgaben zur **Erforderlichkeit** der Verarbeitung von Beschäftigtendaten. Gegenüber der Vorfassung in § 32 Abs. 1 Satz 1 BDSG a. F. enthält der Gesetzestext nunmehr einen ausdrücklichen Hinweis auf die Erforderlichkeit der Verarbeitung von Beschäftigtendaten für die Ausübung oder Erfüllung von Rechten und Pflichten von Interessenvertretung der Beschäftigten, die sich aus Gesetzen, Tarifverträgen sowie aus Kollektivvereinbarungen ergeben. Hieran schließt sich in Abs. 1 **Satz 2** inhaltlich identisch die aus § 32 Abs. 1 Satz 2 BDSG a. F. übernommene **Spezialregelung** zur Zulässigkeit der Verarbeitung von Beschäftigtendaten beim Vorliegen eines Verdachts auf eine Straftat an.

5 In **Abs. 2** finden sich neue Regelungen zur Erteilung einer **freiwilligen Einwilligung** durch Beschäftigte. Hieran schließen sich in **Abs. 3** in **Abweichung** vom **generellen Verbot** der Verarbeitung besonderer Kategorien personenbezogener Daten in Art. 9 Abs. 1 DSGVO für bestimmte Fälle Erlaubnistatbestände für die ausnahmsweise Verarbeitung dieser Daten an. Mit **Abs. 4** wird die Vorgabe aus Art. 88 Abs. 1 Satz 1 erster Halbs. DSGVO in das BDSG übernommen, nach der **Kollektivvereinbarungen** eine Grundlage für die Verarbeitung aller Arten personenbezogener Daten sein können. **Abs. 5** betont, dass die in Art. 5 Abs. 1 DSGVO enthaltenen **Grundsätze** von Verantwortlichen auch für die Verarbeitung personenbezogener Daten von Beschäftigten eingehalten werden müssen. Durch **Abs. 6** wird klargestellt, dass **Beteiligungsrechte der Interessenvertretung** von Beschäftigten von Regelungen im BDSG **unberührt** bleiben. **Abs. 7** legt fest, dass die Regelung zum Beschäftigtendatenschutz in Abs. 1 bis 6 auch für Beschäftigtendaten

---

2 Vgl. BT-Drs. 16/13657, 20.

3 Vgl. ebenso Gola/Heckmann-*Gola*, § 26 Rn. 3.

zur Anwendung kommen, die **außerhalb von Dateisystemen** verarbeitet oder gespeichert werden. In **Abs. 8** ist eine **datenschutzspezifische Definition** der »**Beschäftigten**« enthalten.

II. Erforderlichkeit der Verarbeitung für Zwecke der Begründung, Durchführung oder Beendigung von Beschäftigungsverhältnissen (Abs. 1 Satz 1)

6 **Abs. 1 Satz 1** enthält in seinem ersten Halbsatz die Regelung, dass **Beschäftigtendaten** für Zwecke des Beschäftigungsverhältnisses verarbeitet werden dürfen, wenn dies für die Entscheidung über einen Vertragsschluss, für die Durchführung oder für die Abwicklung nach Beendigung eines Beschäftigungsverhältnisses **erforderlich** ist. Dieser Teil der Vorschrift wurde weitgehend textidentisch aus § 32 Abs. 1 Satz 1 BDSG a. F. übernommen. Neu ist die Formulierung im zweiten Halbsatz, nach der die Verarbeitung von Beschäftigtendaten auch zur Ausübung oder Erfüllung der Rechte und Pflichten von Interessenvertretungen erforderlich ist, soweit sich diese aus Gesetzen, Tarifverträgen oder aus Betriebs- oder Dienstvereinbarungen ableiten (vgl. Rn. 95ff.).

1. Erforderlichkeit der Verarbeitung von Beschäftigtendaten (Abs. 1 Satz 1)

7 Die Verarbeitung von Beschäftigtendaten setzt nach der grundsätzlichen Vorgabe in Abs. 1 **Satz 1** voraus, dass der Umgang hiermit für Zwecke des Beschäftigungsverhältnisses **erforderlich** ist. In diesem Rahmen muss die Verarbeitung von Beschäftigtendaten für die vom Arbeitgeber beabsichtigte **Zweckerreichung** auch **geeignet** sein. Wird für eine offene Stelle etwa neben einem Hochschulstudium langjährige Berufserfahrung vorausgesetzt, können zwar Abschlusszeugnisse der Hochschulausbildung sowie Arbeitszeugnisse vorheriger Arbeitgeber für die Auswahlentscheidung eines neuen Arbeitgebers erforderlich und geeignet sein, nicht aber die allgemeinen Schulzeugnisse von Bewerberinnen oder Bewerbern.

8 Bei der Feststellung der Erforderlichkeit ist mit Blick auf die zu schützenden Interessen, Grundrechte und Grundfreiheiten von Beschäftigten und auf ihre zugleich bestehende Abhängigkeit von einem Arbeitgeber und die sich hieraus zu ihren Lasten ableitenden Druck- und Zwangssituationen von einer **engen Auslegung** des Begriffs auszugehen.[4] Die hieraus folgende Begrenzung der Erforderlichkeit entspricht im arbeitsrechtlichen Kontext der,

---

4 Ähnlich im Ergebnis Gola/Heckmann-*Gola*, § 26 Rn. 16 und SHS-*Seifert*, Art. 88 DSGVO, Rn. 57, die jeweils nur die mildeste geeignete Eingriffsoption für zulässig halten; Taeger/Gabel-*Zöll*, § 26 Rn. 23, nach dessen Auffassung nicht

die auch in anderen Gesetzen zur Anwendung kommt. So ist etwa im Bereich des BetrVG bezogen auf die Teilnahme von Betriebsratsmitgliedern an Schulungs- und Bildungsveranstaltungen nach § 37 Abs. 6 BetrVG, auf den Kosten- und Sachaufwand der Betriebsratsarbeit nach § 40 Abs. 2 BetrVG oder auf die Hinzuziehung von Sachverständigen nach § 80 Abs. 3 BetrVG bezüglich der Erforderlichkeit jeweils von engen Auslegungsspielräumen zu Lasten der Möglichkeiten von Betriebsräten auszugehen.

Das Vorliegen der für eine Verarbeitung von Beschäftigtendaten notwen- 9
digen Erforderlichkeit ist im Rahmen einer **Verhältnismäßigkeitsprüfung** anhand einer **Interessenabwägung** festzustellen. Bei dieser sind die unterschiedlichen Grundrechtspositionen von Beschäftigten und von Arbeitgebern gegeneinander abzuwägen. Ziel dieser Abwägung ist es, die Interessen von Arbeitgebern an der Verarbeitung von Beschäftigtendaten und die Persönlichkeitsrechte von Beschäftigten im Rahmen einer **praktischen Konkordanz** zu einem schonenden Ausgleich zu bringen, in dessen Rahmen die Interessen beider Seiten möglichst weitgehend berücksichtigt werden.[5] Der Begriff der »praktischen Konkordanz« steht in diesem Kontext im Ergebnis für Einschränkungen der Persönlichkeitsrechte von Beschäftigten auf der einen und der Eigentumsrechte von Arbeitgebern auf der anderen Seite, die notwendig sind, um der jeweils anderen Partei die Ausübung ihrer Grundrechte weiterhin zu ermöglichen. Es muss eine Gestaltung erreicht werden, bei denen die jeweiligen Grundrechte in Rücksichtnahme auf anderweitige Rechtspositionen so weit wie möglich wirken können.

Die Feststellung der Erforderlichkeit ist somit im Einzelfall Ergebnis einer 10
Verhältnismäßigkeitsprüfung, in der eine Abwägung der gegenseitigen Grundrechtspositionen erfolgen muss. **Einschränkungen der Grundrechte** von Beschäftigten sind in diesem Rahmen, bezogen auf Beschäftigungsverhältnisse, nur zulässig, wenn sie **geeignet**, **erforderlich** und **angemessen** sind.[6]

Die **Eignung** einer Maßnahme ist nur gegeben, wenn Arbeitgeber nur hier- 11
durch den angestrebten und legitimen Zweck erreichen können. So kann beispielsweise durch die Vorlage und Kopie einer Fahrerlaubnis sichergestellt werden, dass Berufskraftfahrer über die für die Ausübung dieser Tätigkeit notwendigen Voraussetzungen verfügen.

Die **Erforderlichkeit** ist nur gegeben, wenn Arbeitgebern **keine alternati-** 12
ven Möglichkeiten zur Verfügung stehen, mit denen einerseits der angestrebte Zweck ebenfalls erreicht werden kann und die andererseits nicht oder weniger weit in Persönlichkeitsrechte der Beschäftigten eingreifen. Dies ist

---

tiefer eingegriffen werden darf als notwendig; a. A. ErfK-*Franzen*, § 26 Rn. 9, der den Begriff ausdrücklich nicht eng versteht.

5 BT-Drs. 18/11325, 97.

6 Vgl. BAG 20.10.2016 – 2 AZR 395/15; BAG 7.5.2019 – 1 ABR 53/17.

beispielsweise der Fall, wenn ein Zugangskontrollsystem statt mit einer biometrischen Iriserkennung genauso sicher mit einer Chipkarte nebst PIN-Nummer betrieben werden kann.

13 Bei der Prüfung der **Angemessenheit** ist zu bewerten, ob **schutzwürdige Interessen** der Beschäftigten bestehen und ob diese die **Verarbeitungsinteressen** des Arbeitgebers **überwiegen**. Ist ein Überwiegen feststellbar, dürfen Verarbeitungen nicht durchgeführt werden. Eine Angemessenheit kann beispielsweise fehlen, wenn Arbeitgeber die Einladung zu einem Bewerbungsgespräch an die Erteilung einer Einwilligung zur Durchführung eines Drogentests oder zur Absolvierung eines allgemeinen Intelligenztests knüpfen. Angemessen kann hingegen die Durchführung einer ärztlichen Einstellungsuntersuchung zu Arbeitsbeginn sein, wenn für die Tätigkeit bestimmte gesundheitliche Mindeststandards Voraussetzung sind.

14 Ergibt die Verhältnismäßigkeitsprüfung, dass durchzuführende Verarbeitungen nicht geeignet, erforderlich und angemessen sind, insbesondere weil zur Erreichung des angestrebten Zwecks Maßnahmen zur Verfügung stehen, die weniger weit in Persönlichkeitsrechte der Beschäftigten eingreifen, dürfen sie **nicht stattfinden.**[7] Die nach Abs. 1 Satz 1 notwendige Erforderlichkeit fehlt beispielsweise für die Testphase eines cloudbasierten Personalinformationsmanagementsystems, das später konzernweit eingeführt werden soll.[8]

15 Bei der Prüfung der Verhältnismäßigkeit und der hierbei durchzuführenden Interessenabwägung müssen zugunsten der Beschäftigten die **allgemeinen datenschutzrechtlichen Grundsätze** in Art. 5 Abs. 1 DSGVO herausragend beachtet werden. Damit muss bei der Feststellung des Vorliegens einer Erforderlichkeit insbesondere geprüft werden, ob die geplanten Verarbeitungen von Beschäftigtendaten die **Transparenzvorgaben** sowie die Vorgaben zur **Zweckbindung** in § 5 Abs. 1 Buchst. a und b DSGVO erfüllen. Darüber hinaus müssen sie dem Grundsatz der **Datenminimierung** in Art. 5 Abs. 1 Buchst. c DSGVO gerecht werden, was insbesondere jede Form der zweckfreien Vorratsdatenspeicherung ausschließt. Zusammengenommen stehen diese Grundsätze aber auch der pauschalen Durchführung von Gesundheitstests oder von psychologischen Untersuchungen bzw. Intelligenztests entgegen, die in Bewerbungsverfahren oder im Rahmen bestehender Beschäftigtenverhältnisse durchgeführt werden.

---

7 Vgl. Gola/Heckmann-*Gola*, § 26 Rn. 16.

8 Vgl. LAG Baden-Württemberg 25. 2. 2021 – 17 Sa 37/20.

2. Bewerbungsphase der Beschäftigungsverhältnisse (Abs. 1 Satz 1 – erste Alternative)

Die Regelung im **ersten Halbsatz** von Abs. 1 **Satz 1** bezieht sich in ihrer **16**
ersten Alternative auf die Verarbeitung von Beschäftigtendaten für Zwecke der Entscheidung über die **Begründung eines Beschäftigungsverhältnisses**. Gemeint ist damit das **Bewerbungsverfahren** vor dem möglichen Abschluss eines Beschäftigungsvertrags. In dieser Phase findet regelmäßig die erste Erhebung von personenbezogenen Daten bei Bewerberinnen oder Bewerbern statt. Diese kann einerseits nach Aufforderung durch Arbeitgeber erfolgen, die neue Beschäftigte suchen. Andererseits kann sie aber auf Initiative von Bewerberinnen oder Bewerbern stattfinden, die sich eigenständig an potenzielle Arbeitgeber wenden und diesen personenbezogene Daten übermitteln.

Die **Datenverarbeitung in der Bewerbungsphase** zielt aus Sicht von poten- **17**
ziellen Arbeitgebern darauf, von Bewerberinnen oder Bewerbern möglichst viele Informationen zu erhalten, um auf dieser Basis die bestmöglichen neuen Beschäftigten finden zu können. Demgegenüber haben Bewerberinnen und Bewerber regelmäßig ein Interesse daran, potenziellen Arbeitgebern nur solche Informationen mitzuteilen, die aus ihrer Sicht für einen erfolgreichen Lauf des Bewerbungsverfahrens hilfreich sind und die sie in einem guten Licht erscheinen lassen. Demgegenüber wollen sie regelmäßig nicht, dass negative Informationen über sie bekannt werden, die es bezogen auf ihre beruflichen oder persönlichen Fähigkeiten gibt und die einer erfolgreichen Bewerbung entgegenstehen könnten.

Unter Beachtung der allgemeinen Grundsätze zur Feststellung der Erforder- **18**
lichkeit muss in dieser von gegensätzlichen Interessen geprägten Situation ein **fairer Ausgleich** erfolgen. Nach der Rechtsprechung dürfen potenzielle Arbeitgeber in der Bewerbungsphase deshalb nur solche personenbezogenen Daten erheben und verarbeiten, an deren **Kenntnis** sie ein **berechtigtes, billigenswertes** und **schutzwürdiges Interesse** haben.[9]

Werden in diesem Rahmen **zulässige** und **erforderliche Fragen** gestellt, **19**
müssen Bewerberinnen und Bewerber diese **wahrheitsgemäß beantworten**. Eine falsche Beantwortung zulässiger und erforderlicher Fragen berechtigt Arbeitgeber nach § 123 Abs. 1 BGB dazu, einen bereits geschlossenen Vertrag wegen arglistiger Täuschung anzufechten. Das setzt allerdings voraus, dass die Täuschung für den Abschluss des Arbeitsvertrags ursächlich war.[10]

9 Vgl. zur strittigen Rspr. grundlegend BAG 5.12.1957 – 1 AZR 594/56; zur aktuellen Rspr. vgl. beispielsweise BAG 7.7.2011 – 2 AZR 396/10; BAG 6.9.2012 – 2 AZR 270/11; BAG 12.6.2019 – 7 AZR 477/17; allg. *Däubler*, PersR 3/2021, 16.

10 Vgl. BAG 7.7.2011 – 2 AZR 396/10.

20 Die **Anfechtung** ist hingegen **nicht zulässig**, wenn Arbeitgeber **Fragen** stellen, die i. S. v. § 26 Abs. 1 **nicht erforderlich** sind. In diesen Fällen berechtigt die falsche Beantwortung durch Bewerberinnen oder Bewerber ebenso wie das Verschweigen von nicht erforderlichen Informationen Arbeitgeber nicht zur Auflösung eines geschlossenen Vertrags. Insoweit steht Bewerberinnen und Bewerbern bezogen auf unberechtigte Informationserhebung durch Arbeitgeber ein »Recht auf Lüge« zu, das Arbeitgeber weder zur Anfechtung des Arbeitsvertrags wegen arglistiger Täuschung noch nach § 119 Abs. 2 BGB wegen eines Irrtums berechtigt.[11] Stellen Arbeitgeber unberechtigte Fragen, die einen **Diskriminierungstatbestand** i. S. v. § 1 AGG erfüllen, kann Bewerberinnen oder Bewerbern darüber hinaus ein Schadensersatzanspruch zustehen.

21 Die von der Rechtsprechung gezogenen **Grenzen des Fragerechts** bezüglich unzulässiger Fragen können von Bewerberinnen oder Bewerbern auch **nicht durch** eine **Einwilligung erweitert** werden, da es diesbezüglich grundlegende Zweifel an der nach Art. 7 DSGVO notwendigen Freiwilligkeit gibt.[12]

22 Auch für die Bewerbungsphase gilt der **Grundsatz der Direkterhebung** der vom Arbeitgeber für erforderlich gehaltenen Informationen bei Bewerberinnen oder Bewerbern. Diese Vorgabe ist zwar – anders als noch in § 4 Abs. 2 BDSG a. F. – nicht ausdrücklich in der DSGVO und im BDSG enthalten. Die Datenerhebung bei anderen Personen oder Stellen würde aber dem in Art. 5 Abs. 1 Buchst. a DSGVO enthaltenden Grundsatz einer Verarbeitung nach Treu und Glauben widersprechen, wenn Arbeitgeber für erforderlich gehaltene, personenbezogene Daten nicht bei dem Beschäftigten selbst, sondern (möglicherweise von diesem unbemerkt) bei anderen Personen oder Stellen erheben würden.[13] Zudem stellt die Direkterhebung, bezogen auf die zu schützenden Persönlichkeitsrechte, immer das **mildere Mittel** der Verarbeitung dar, weshalb dieser Form auch ohne ausdrückliche Nennung im Gesetz in der Bewerbungsphase der Vorrang zu geben ist.

23 Teilen Bewerberinnen oder Bewerber von sich aus **Informationen** mit, die für die **Auswahlentscheidung** über die Besetzung einer Stelle datenschutzrechtlich **nicht erforderlich** sind, dürfen diese von potenziellen Arbeitgebern mangels Vorliegens einer datenschutzrechtlichen Erlaubnisnorm nicht verarbeitet werden.[14] Die Übermittlung dieser Informationen stellt keine Einwilligung in die Verarbeitung von Daten dar, die für die Durchführung des Bewerbungsverfahrens nicht erforderlich sind. Arbeitgeber können sich diesbezüglich auch nicht auf den Standpunkt stellen, dass mit der Übersendung eine **konkludente Einwilligung** in die Verarbeitung erfolgt ist, weil

---

11 Vgl. DWWS-*Däubler*, § 26 Rn. 47.

12 Vgl. Plath-*Stamer/Kuhnke*, § 26 Rn. 24.

13 Vgl. Gola/Heckmann-*Gola*, § 26 Rn. 21.

14 Vgl. Plath-*Stamer/Kuhnke*, § 26 Rn. 25; DWWS-*Däubler*, § 26 Rn. 50.

dem die Notwendigkeit einer schriftlichen oder elektronischen Erteilung in § 26 Abs. 2 im Regelfall entgegensteht und weil es an besonderen Umständen fehlt, nach denen eine andere Form der Einwilligung angemessen sein könnte. Hinzu kommt, dass nach dem **Grundsatz der Speicherbegrenzung** in Art. 5 Abs. 1 Buchst. e DSGVO eine Verarbeitung nur so lange erfolgen darf, wie Daten erforderlich sind. Bei nicht für die Durchführung von Bewerbungsverfahren benötigten Informationen fallen Erhebung und Wegfall der Erforderlichkeit zeitlich unmittelbar zusammen, weshalb die entsprechenden Daten von potenziellen Arbeitgebern unverzüglich zu löschen sind. Der Grundsatz der Speicherbegrenzung steht einer Verarbeitung von Informationen zudem entgegen, wenn es hierfür im Ergebnis einer Verhältnismäßigkeitsprüfung keine Erforderlichkeit zugunsten des Arbeitgebers gibt.

a. Zulässige Fragen

Arbeitgeber können im Rahmen eines Bewerbungsverfahrens von Bewer- **24**
berinnen und Bewerbern erforderliche Daten erheben. Hierzu gehören insbesondere:

- **Kontakt- und Stammdaten** wie Name, Anschrift und Kommunikationsdaten (Telefon, E-Mail oder andere Kommunikationswege). Im Regelfall **nicht erforderlich** sind in dieser Phase weitergehende Informationen wie etwa Geburtsname, Geburtsort, Familienstand oder Nationalität.
- Informationen über **Ausbildung** und **berufliche Qualifikation** sowie Berufserfahrungen, soweit diese für die zu besetzende Stelle relevant sind. In diesem Zusammenhang kann auch nach Zeugnissen gefragt und deren Vorlage erbeten werden. **Nicht erforderlich** sind hingegen Zeugnisse aus anderweitigen Tätigkeiten oder Informationen über lange zurückliegende Beschäftigungen. Gleiches gilt bei einer längeren Berufserfahrung für Abschlussnoten der berufsqualifizierenden Ausbildung.
- Arbeitgeber dürfen von Bewerberinnen oder Bewerbern deren **zeitliche** oder **räumliche Verfügbarkeit** bezüglich der auszuübenden Tätigkeit erfragen. Dies gilt insbesondere, wenn sich diese mit längeren Dienstreisen, Versetzungen oder mit Auslandstätigkeiten verbinden kann. Unzulässig ist hingegen eine Frage nach dem Bestehen persönlicher oder emotionaler Bindungen an den aktuellen Wohnort.
- Informationen zur **Gesundheit**, wenn sich Tätigkeiten diesbezüglich mit spezifischen gesundheitlichen Anforderungen verbinden, etwa die Fähigkeit, als Möbelpacker größere Lasten heben zu können.[15] Die Frage nach dem **Impfstatus** von Beschäftigten ist nur zulässig, wenn es hierfür einerseits eine gesetzliche Grundlage gibt, und wenn Arbeitgeber ande-

15 Vgl. allgemein *Weichert*, CuA 1/2021, 11.

rerseits den mit dieser Frage angestrebten Schutz der Beschäftigten oder anderer Personen nicht mit milderen Mitteln erreichen können.

25 Nach dem **bisherigen Verdienst** darf **im Regelfall nicht** gefragt werden. Etwas anderes gilt einerseits, wenn Bewerberinnen oder Bewerber diesen als »Mindestvergütung« einfordern.[16] **Ausnahmen** hiervon können nur bestehen, wenn es sich um herausragende Positionen handelt oder um solche, in denen Beschäftigte regelmäßig mit hohen Geld- oder Wertsummen umgehen müssen.

26 Nach **Vorstrafen** darf nur gefragt werden, wenn diese bezogen auf die angebotene Tätigkeit **einschlägig** sind. Dies kann etwa bei Berufskraftfahrern bezüglich Verurteilungen wegen Verkehrsstraftaten der Fall sein oder bei Kassierern wegen Verurteilungen nach Vermögensdelikten. Gleiches gilt für die Verurteilung wegen Sexualstraftaten für die Beschäftigung im erzieherischen oder pädagogischen Bereich.[17] Entsprechende Verurteilungen werden nach § 30a BZRG in einem **erweiterten Führungszeugnis** benannt, das für Tätigkeiten im Bereich der Erziehung und Betreuung Minderjähriger ausgestellt werden kann. Auf einschlägige Verurteilungen müssen Bewerberinnen oder Bewerber dann nicht mehr hinweisen, wenn diese nach den Regeln in § 53 BZRG nicht mehr in einem **einfachen Führungszeugnis** ausgewiesen werden oder wenn sie nach Zeitablauf aus dem Bundeszentralregister zu tilgen sind.

27 Die Frage nach noch **laufenden Ermittlungsverfahren** soll ausnahmsweise nur dann zulässig sein, wenn es um **einschlägige Straftaten** geht und wenn hierdurch ggf. wegen einer drohenden Gefängnisstrafe die Verfügbarkeit für die angestrebte Tätigkeit eingeschränkt würde.[18]

28 **Anfragen** bei **vorherigen Arbeitgebern** sind im Regelfall **unzulässig**. Hiervon abweichend können sie **ausnahmsweise** erfolgen, wenn potenzielle Arbeitgeber aufgrund der ihnen vorliegenden Informationen **berechtigte Zweifel** daran haben, dass Angaben zu Vorbeschäftigungen richtig sind und Nachfragen bei den Bewerberinnen oder Bewerbern hierzu ohne Antwort oder ohne nachvollziehbare Informationen geblieben sind. Auch in diesen Fällen dürfen aber nur die zur Klärung notwendigen Fragen gestellt werden. Zudem müssen den Bewerberinnen oder Bewerbern von potenziellen Arbeitgebern in der Folge die nach Art. 14 DSGVO notwendigen Informationen mitgeteilt werden.

16 Vgl. *Fitting*, § 94 BetrVG, Rn. 21.
17 Vgl. DKW-*Klebe/Wankel*, § 94 BetrVG, Rn. 16.
18 Vgl. DWWS-*Däubler*, § 26 Rn. 44.

b. Unzulässige Fragen und Datenerhebungen

Außerhalb der in § 26 Abs. 1 Satz 1 benannten Erforderlichkeit bewegen sich Informationen oder Sachverhalte, für deren Erhebung potenziellen Arbeitgebern die rechtliche Grundlage fehlt. Hierzu gehören: 29

- **Informationen zum Privatleben**, etwa Hobbys, Sport- oder Freizeitaktivitäten, Ernährungsvorlieben, Film- und Musikinteresse usw. Gleiches gilt für Fragen nach der Lebensplanung oder nach Art und Größe von Freundeskreisen.
- Informationen zur **Durchführung** von **Wehr- oder Ersatzdienst**, weil diese seit der Aussetzung der Wehrpflicht bedeutungslos sind. Abweichend hiervon könnte die Frage nach der Ableistung von Wehrdienst ausnahmsweise erforderlich sein, wenn für bestimmte Tätigkeiten Erfahrungen im Umgang mit einer Schusswaffe unumgänglich sind (etwa für potenzielle Bodyguards oder für operative Geheimagenten).
- Auskünfte von **Kreditauskunfteien** sowie von Hausbanken der Bewerberinnen oder Bewerber zu deren Vermögensstatus.
- Informationen über eine **zurückliegende Beschäftigung** bei einem Arbeitgeber, es sei denn, diese ist bezogen auf eine geplante Befristung eines Beschäftigungsverhältnisses mit Blick auf einschlägige gesetzliche Vorgaben relevant.

Generell unzulässig sind weiterhin Datenerhebungen zu Sachverhalten, aus denen sich **Diskriminierungen** von Bewerberinnen oder Bewerbern ableiten können. Dies gilt insbesondere für die Frage nach einer **Schwangerschaft**, aber auch nach **Kinderwünschen** oder einer bestehenden **Familienplanung**. Weiterhin unzulässig ist die Frage nach der **sexuellen Identität** oder der **sexuellen Ausrichtung**. Ebenso darf nicht nach einer durchgeführten oder geplanten **Geschlechtsumwandlung** gefragt werden. 30

Nach der **Religionszugehörigkeit** oder nach dem **Praktizieren eines christlichen Lebens** darf nicht gefragt werden, es sei denn, es soll eine Tätigkeit im »Verkündungsbereich« einer Religionsgemeinschaft erfolgen.[19] Zulässig ist hingegen die Frage nach einer Mitgliedschaft in der **Scientology-Organisation**, da es sich dabei nicht um eine Religions- oder Weltanschauungsgemeinschaft handelt.[20] 31

Nach der Mitgliedschaft in einer **Gewerkschaft** oder in einer **politischen Partei** darf im Regelfall nicht gefragt werden, da diese Information für die Durchführung eines Beschäftigungsverhältnisses nicht erforderlich ist. Etwas anderes gilt **ausnahmsweise** nur, wenn der Arbeitgeber eine Gewerkschaft oder eine politische Partei ist und wenn potenzielle Beschäftigte die gewerkschaftlichen oder politischen Ziele durch ihre Tätigkeit unterstützen 32

19 Vgl. EuGH 17.4.2018 – C 414/16.

20 Vgl. BAG 22.3.1995 – 5 AZB 21/94.

und fördern sollen. Etwas anderes kann gelten, wenn die geplante Beschäftigung ohne Bezug zu gewerkschaftlichen oder parteipolitischen Aufgaben oder Zielen ist, etwa eine Tätigkeit in einer Kantine.

33 Die Frage nach dem Bestehen einer **Minderung der Erwerbsfähigkeit** oder nach einer **Anerkennung als schwerbehinderter Mensch** bzw. einer entsprechenden **Gleichstellung** ist **unzulässig**. Es ist Bewerberinnen oder Bewerbern bzw. Beschäftigten in diesen Fällen aber unbenommen, dem Arbeitgeber eine entsprechende Anerkennung oder Gleichstellung mitzuteilen. Dies gilt insbesondere dann, wenn damit Vorteile im Bewerbungsverfahren oder bei der Durchführung von Beschäftigungsverhältnissen verbunden sind, etwa ein erhöhter Urlaubsanspruch.

34 **Eigene Recherchen** von Arbeitgebern über Bewerberinnen oder Bewerber im **Internet** oder in »**sozialen Netzwerken**« sind mit Blick auf die nach dem Grundsatz von **Treu und Glauben** in Art. 5 Abs. 1 Buchst. a DSGVO durchzuführende Direkterhebung **unzulässig**. Finden sie trotz des Fehlens der notwendigen Rechtsgrundlage statt, kann daraus für die Betroffenen ein **Anspruch auf Schadensersatz** nach Art. 82 DSGVO resultieren. Arbeitgeber müssen betroffene Bewerberinnen oder Bewerber in jedem Fall über die Durchführung ihrer Datensuche nach den Grundsätzen des Art. 14 DSGVO informieren. Hierbei gewonnene Daten dürfen mangels datenschutzrechtlicher Berechtigung von Arbeitgebern nicht verarbeitet werden.

c. Untersuchungen und Tests

35 Die Durchführung von ärztlichen Untersuchungen, von psychologischen Testverfahren oder von Analysen unter Einsatz von KI-Software in der Bewerbungsphase ist nur in einem **engen Rahmen** zulässig.

36 **Ärztliche Untersuchungen** sind prinzipiell erst zulässig, wenn potenzielle Arbeitgeber die Einstellung bestimmter Bewerberinnen oder Bewerber näher in Betracht ziehen. Die Untersuchungen müssen sich fachlich auf die Erhebung von Gesundheitsdaten beziehen, die **für die angestrebte Tätigkeit relevant** sind. Hiermit nicht zusammenhängende Vorerkrankungen dürfen hingegen ebenso wenig erhoben werden wie Labordaten anhand von Blut- oder Urinproben. Potenziellen Arbeitgebern darf von den untersuchenden Ärztinnen oder Ärzten zudem **nur mitgeteilt werden**, ob eine **Eignung** für die angestrebte Tätigkeit besteht oder nicht. Die Durchführung von Alkohol- oder Drogentests mit dem Ziel der Erkennung einer Abhängigkeit ist im Bewerbungsverfahren unzulässig.[21] Ärztliche Untersuchungen müssen grundsätzlich von hierzu **qualifiziertem medizinischen Fachpersonal** durchgeführt werden.

---

21 Vgl. ähnlich BAG 12.8.1999 – 2 AZR 55/99, NZA 1999, 1209; ebenso Plath-*Stamer/Kuhnke*, § 26 Rn. 50; DWWS-*Däubler*, § 26 Rn. 61.

Entsprechendes gilt für die **Durchführung** von **psychologischen Testverfahren**, die ebenfalls von qualifiziertem Fachpersonal durchgeführt werden müssen. Sie müssen sich darauf beschränken, für die Ausübung der angestrebten Tätigkeit erforderliche persönliche Merkmale zu identifizieren oder zu bewerten. Als **unzulässiger Eingriff** in die Persönlichkeitsrechte von Beschäftigten sind die **Erstellung von Persönlichkeitsprofilen** oder die **Durchführung von allgemeinen Intelligenztests** anzusehen.[22] Dies gilt insbesondere, wenn sich die grundsätzliche berufliche Eignung bereits aus vorliegenden Abschlüssen oder Berufserfahrungen ableitet. So ist es beispielsweise nicht erforderlich, die Intelligenz eines Volljuristen nach der erfolgreichen Absolvierung zweier fachlich anspruchsvoller Examensprüfungen anzuzweifeln und deshalb einen Intelligenztest zu fordern. Generell unzulässig sind weiterhin **Stressinterviews**. 37

Nach Abschluss zulässiger ärztlicher Untersuchungen oder psychologischer Testverfahren müssen Bewerberinnen oder Bewerber über die dabei gefundenen Ergebnisse umfassend von entsprechend qualifiziertem Fachpersonal informiert werden. Nach Möglichkeit sollten dies die Personen sein, die die Untersuchungen oder Testverfahren durchgeführt haben. 38

Die Durchführung von **gentechnischen Untersuchungen** oder entsprechenden **Analysen** ist nach den Regeln in §§ 19ff. GenDG für Arbeitgeber **ausdrücklich verboten**. 39

d. Erfolglose Bewerbung

Sind Bewerbungen nicht erfolgreich, haben Bewerberinnen oder Bewerber einen Anspruch auf Rücksendung aller Unterlagen, die sie dem Arbeitgeber auf sein Verlangen in Papierform oder auf Datenträgern übermittelt haben. Handelt es sich um eine Initiativbewerbung, müssen Bewerberinnen oder Bewerber bei einer verlangten Rücksendung die dafür anfallenden Kosten tragen. Nicht zurückgesandte Unterlagen müssen vom Arbeitgeber vernichtet bzw. gelöscht werden. Dies gilt sowohl für konventionelle Unterlagen als auch für digitale. 40

Haben Bewerberinnen oder Bewerber in Bewerbungsportale von potenziellen Arbeitgebern Daten eingegeben, können sie unter Hinweis auf Art. 20 DSGVO verlangen, dass ihnen diese Informationen in einem strukturierten, gängigen, maschinenlesbaren Format zur Verfügung gestellt werden (vgl. Art. 20 DSGVO, Rn. 17ff.). 41

Möchte ein Arbeitgeber Daten für **zukünftige Bewerbungsverfahren** vorhalten, ist dies mit einer **Einwilligung** der Bewerberinnen oder Bewerbern nach § 26 Abs. 2 möglich, da insoweit davon auszugehen ist, dass die Ver- 42

22 Vgl. ErfK-*Franzen*, § 26 Rn. 13; Plath-*Stamer/Kuhnke*, § 26 Rn. 51.

arbeitung auf einen wirtschaftlichen Vorteil zielt, der sich mit einer Einstellung verbinden würde.[23]

43 Unabhängig von einer Einwilligung können **Daten von abgewiesenen Bewerberinnen oder Bewerbern** allenfalls dann weiter gespeichert werden, wenn Arbeitgeber erwarten, dass es zu **Rechtsstreitigkeiten** kommt, insbesondere bezogen auf Möglichkeiten nach dem AGG. Auch in diesen Fällen ist die Speicherung auf den kürzesten Zeitraum zu begrenzen. Die Beschäftigtendaten sind damit nach einem Zeitraum in der Größenordnung von **längstens sechs Monaten** zu löschen und sie dürfen **nicht für andere Zwecke** verarbeitet werden.

3. Durchführung von Beschäftigungsverhältnissen (Abs. 1 Satz 1 – zweite Alternative)

44 Der Standardanwendungsfall der Regelung zum Beschäftigtendatenschutz ist die im ersten Halbsatz von Abs. 1 Satz 1 als zweite Alternative genannte **Durchführung von Beschäftigungsverhältnissen**. Die Verarbeitung von Beschäftigtendaten darf in diesem Rahmen erfolgen, wenn sie für die Durchführung **erforderlich** ist (vgl. zur Erforderlichkeit Rn. 7ff.). Für die Erhebung und Verarbeitung von Beschäftigtendaten für Zwecke der Durchführung von Beschäftigungsverhältnissen kommen dieselben Grundsätze zur Anwendung, die auch in der Bewerbungsphase gelten (vgl. Rn. 16ff.). Dies schließt eine **Pflicht zur Direkterhebung** ebenso ein wie **Begrenzungen des Fragerechts** der Arbeitgeber. Allerdings sind **Art und Umfang** der personenbezogenen Daten, die für die Durchführung eines Beschäftigungsverhältnisses erforderlich sind, **weitaus umfangreicher** als im Bewerbungsverfahren.

a. Stammdaten

45 Für die Durchführung von Beschäftigungsverhältnissen benötigen Arbeitgeber zahlreiche **Stammdaten** der Beschäftigten. Neben Namen, Anschrift und Geburtsdatum gehören hierzu weitere Informationen wie etwa Steuer- und Sozialversicherungsnummer, Krankenkasse, Kontonummer und ggf. die für die Gehaltsabrechnung notwendige Angabe zur Religionszugehörigkeit. Im Regelfall ist auch die Verarbeitung von Informationen zu Alter und Geschlecht erforderlich.

46 Zulässig ist weiterhin die Verarbeitung von Informationen zur einschlägigen **beruflichen Qualifikation** einschließlich durchgeführter Aus- und Weiter-

23 Vgl. bezüglich der Aufnahme in einen »Talentpool« *Mesch/Folkerts*, ZD 2021, 252.

bildungen. Hinzu kommen die für die Abwicklung des laufenden Arbeitsverhältnisses erforderlichen Informationen, etwa Arbeitszeitdaten und Abwesenheitszeiten einschließlich Informationen zu Arbeitsunfähigkeiten. Insbesondere die Daten zur Arbeitsunfähigkeit müssen gelöscht werden, wenn sie für Abrechnungs- oder Nachweiszwecke nicht mehr erforderlich sind.

Zulässig ist die Frage nach **Familienstand** oder **Kinderzahl**, soweit Arbeit- **47**
geber diese Informationen für Abrechnungszwecke benötigen.

Im Regelfall **unzulässig** ist die Frage nach einer **Gewerkschaftszugehörig-** **48**
keit. Hiervon **abweichend** kann sie **ausnahmsweise zulässig** sein, wenn **Tarifverträge** für Gewerkschaftsmitglieder spezifische Regelungen beinhalten. Auch in diesem Fall ist die Mitteilung der Gewerkschaftszugehörigkeit allerdings **freiwillig**. Arbeitgeber können beim Vorliegen einer tarifvertraglich begründeten Relevanz von Beschäftigten, die ihre Gewerkschaftszugehörigkeit mitteilen, einen entsprechenden **Nachweis** verlangen, etwa durch Vorlage eines Mitgliedsausweises oder einer Bescheinigung der Gewerkschaft. Eine Berechtigung, einen Mitgliedsausweis zu kopieren oder sich diesen wiederholt vorlegen zu lassen, ist hingegen nicht gegeben. Diesbezüglich ist davon auszugehen, dass Beschäftigte, die aus einer Gewerkschaft austreten und deshalb bestimmte tarifvertragliche Leistungen nicht mehr in Anspruch nehmen dürfen, dies dem Arbeitgeber eigenständig mitteilen.

Unzulässig ist die Verarbeitungen von Informationen aus dem **privaten** **49**
Bereich wie etwa zur Freizeitgestaltung, zum privaten Umgang, zum Beziehungsstatus oder zu Urlaubszielen, da diese Daten zur Durchführung von Beschäftigungsverhältnissen nicht erforderlich sind. Zudem kann ein Arbeitgeber im Regelfall nicht die Bekanntgabe **privater Telefon**- oder **Mobilfunknummern** verlangen.[24] Möchten sie die Erreichbarkeit bestimmter Beschäftigter in der Freizeit sicherstellen, weil diese im Betrieb exponierte Positionen innehaben, können sie diese mit betrieblichen Mobiltelefonen ausstatten. Es gilt, das »Recht auf Nichterreichbarkeit« der Beschäftigten sicherzustellen.[25]

b. Arbeitsverhalten

Arbeitgeber können das **Arbeitsverhalten** von Beschäftigten **kontrollieren** **50**
um festzustellen, ob die vertraglich geschuldete Arbeitsleistung erbracht wird. In diesem Rahmen dürfen erforderliche personenbezogene Daten verarbeitet werden. Hierzu kann insbesondere die **Erfassung** der geleisteten **Arbeitszeit** oder die **Erhebung** von erledigten Stückzahlen, von bearbeiteten

24 LAG Thüringen 16.5.2018 – 6 Sa 442/17.
25 Vgl. *Däubler*, Digitalisierung und Arbeitsrecht, § 5 Rn. 42ff.

Akten oder von erledigten Vorgängen gehören. Allerdings müssen sich auch diese Kontrollen mit Blick auf die zu schützenden Persönlichkeitsrechte der Beschäftigten auf das **notwendige Minimum** beschränken. Eine »**Totalkontrolle**« oder eine »**Dauerüberwachung**« ist **unzulässig**.[26]

51 Zulässige Kontrollen des Arbeitsverhaltens müssen mit Blick auf die allgemeinen Grundsätze in Art. 5 Abs. 1 DSGVO in **transparenter Form** und damit für die Beschäftigten sicht- und feststellbar erfolgen. **Heimliche Überwachungsmaßnahmen** des Arbeitsverhaltens sind **unzulässig**. Dies gilt insbesondere für Programme, die jede Bedienung von IT-Systemen festhalten oder aufzeichnen.[27]

c. Gesundheitsdaten

52 **Gesundheitsdaten** gehören zur **besonderen Kategorie personenbezogener Daten**, die nach Art. 9 DSGVO herausragend geschützt sind.[28] Ihre Verarbeitung darf nur in den gesetzlich ausdrücklich geregelten Fällen erfolgen (vgl. Art. 9 DSGVO, Rn. 6ff.; § 26 Rn. 35ff.). Zulässig ist beispielsweise die Verarbeitung von Informationen über eine nach § 5 EFZG mitgeteilte Arbeitsunfähigkeit, die Beginn und voraussichtliche Dauer einer Erkrankung enthält. Weitergehende Informationen, etwa zu Krankheitsgründen, die Arbeitgebern zur Kenntnis gelangt sind, dürfen nicht verarbeitet werden.

53 Finden im zulässigen Umfang **ärztliche Untersuchungen** statt (etwa zur Feststellung der Tauglichkeit für eine bestimmte Tätigkeit), dürfen Arbeitgeber hierzu von dem untersuchenden ärztlichen Personal nur die Information erhalten, ob Beschäftigte hierfür gesundheitlich **geeignet** sind. Diese Information darf weiterverarbeitet werden, soweit dies für eine aktuelle Tätigkeit erforderlich ist. Gleiches gilt, wenn **gesetzlich vorgeschriebene ärztliche Untersuchungen** durchgeführt werden. Auch diesbezüglich können Arbeitgeber die **Durchführung** und eine hierbei festgestellte **Tauglichkeit** bzw. **Untauglichkeit** verarbeiten.

54 Findet ein **betriebliches Eingliederungsmanagement** (BEM) nach § 167 SGB IX statt, können die hierfür zulässigerweise erhobenen Daten verarbeitet werden. Allerdings müssen diese Informationen **getrennt** von anderen Personalinformationen verarbeitet und dabei gegen Zugriffe unbefugter Personen innerhalb oder außerhalb des Betriebs durch dafür geeignete technische und organisatorische Maßnahmen gesichert werden.

---

26 Vgl. BAG 25.4.2017 – 1 ABR 46/15 zur Totalüberwachung und LAG Berlin-Brandenburg 30.8.2018 – 26 Sa 1151/17 zur Dauerüberwachung.

27 BAG 27.7.2017 – 2 AZR 681/16, NZA 2017, 1327 zu »Keyloggern«.

28 Vgl. *Wedde*, CuA 9/2020, 29.

Gendiagnostische Untersuchungen dürfen innerhalb eines Beschäftigungsverhältnisses mit Blick auf das in § 19 GenDG enthaltene absolute Verbot **nicht verarbeitet** werden. 55

Arbeitgeber dürfen ohne das Vorliegen einer eindeutigen gesetzlichen Erlaubnisnorm **keine** weiteren **regelmäßigen** oder **stichprobenartigen ärztlichen Untersuchungen** oder **Kontrollen** durchführen. Dies gilt insbesondere für regelmäßige **Alkohol- oder Drogentests.**[29] 56

Schwangere sollen dem Arbeitgeber nach § 15 Abs. 1 Satz 1 MuSchG das **Bestehen einer Schwangerschaft** und den **wahrscheinlichen Tag der Entbindung mitteilen.** Tun sie dies, kann der Arbeitgeber diese Informationen auch verarbeiten. Allerdings besteht nach der Vorschrift **keine Verpflichtung** zur Mitteilung. Diese ist erst gegeben, wenn die nach § 3 Abs. 1 MuSchG bestehenden Beschäftigungsverbote unmittelbar vor der Entbindung einsetzen. 57

Haben Beschäftigte, die als **schwerbehinderte Menschen** anerkannt worden oder die diesen gleichgestellt sind, diese Information an den Arbeitgeber weitergegeben, darf sie im Rahmen gesetzlicher Vorgaben verarbeitet werden. 58

d. Biometrische Daten

Biometrische Daten im Sinne der Begriffsbestimmung in Art. 4 Nr. 14 DSGVO werden insbesondere im Bereich der persönlichen Identifikation sowie der **Zugangskontrolle** verwendet. Insoweit ist ihre Verarbeitung im Rahmen von Beschäftigungsverhältnissen nicht ausgeschlossen. Allerdings ist zu bedenken, dass die Verwendung einmaliger individueller biometrischer Identifikatoren **weit in Persönlichkeitsrechte** von Beschäftigten **eingreift.** Dies gilt insbesondere, wenn die Daten ungeschützt verwendet werden, etwa indem Fingerabdruckdaten in »Reinform« gespeichert werden und nicht in Form eines »Hash-Wertes«. 59

Bezogen auf Beschäftigungsverhältnisse ist davon auszugehen, dass es zum **Einsatz biometrischer Daten** im Regelfall **Alternativen** gibt, die ohne diese Informationen auskommen.[30] Sollte dies ausnahmsweise nicht der Fall sein, sind Arbeitgeber schon mit Blick auf die Vorgaben zur Datensicherung in Art. 32 DSGVO verpflichtet, zur Absicherung dieser Informationen umfassende Schutzvorkehrungen einzusetzen. 60

---

29 BAG 12.8.1999 – 2 AZR 55/89.

30 LAG Berlin-Brandenburg 4.6.2020 – 10 Sa 2130/19 hält biometrische Zeiterfassungssysteme in aller Regel i.S.v. Art. 9 Abs. 2 Buchst. b DSGVO für nicht erforderlich.

4. Technische Überwachungsmaßnahmen

61 Beschäftigte werden in der betrieblichen Praxis mit einer zunehmenden Zahl von IT-Komponenten und -Anwendungen konfrontiert, die eine Erfassung von **Verhaltens**- und **Leistungsdaten** und daraus resultierende Kontrollen ermöglichen oder explizit beinhalten. Hierzu gehören beispielsweise vernetzte Maschinensteuerungen oder in Kraftfahrzeuge integrierte Steuerungs- und Navigationsgeräte ebenso wie »innerbetriebliche soziale Graphen«, die in online zur Verfügung gestellter Bürokommunikationssoftware integriert sind.[31] Aufschlussreich können auch Informationen über Beschäftigte sein, die standardmäßig in IT-Systemen anfallen, wie etwa Log-Daten oder Protokolldateien. Nimmt man alle diese Daten zusammen, lassen sich daraus unter Einsatz von »KI-Anwendungen« **umfassende Profile** aller Beschäftigten erstellen. Vor diesem Hintergrund ist es für die Sicherstellung des Beschäftigtendatenschutzes bedeutsam, welche Formen der Kontrolle in welchem Umfang zulässig sind. Maßgeblich wird das Zulässige durch die Rechtsprechung bestimmt, die nach dem Willen des Gesetzgebers in der Regelung des § 26 Abs. 1 Satz 1 abgebildet wird.[32]

62 Die Durchführung von **Verhaltens- oder Leistungskontrollen** ist in Beschäftigungsverhältnissen **nicht generell unzulässig**, soweit Arbeitgeber das Recht haben, die Arbeitsleistung von Beschäftigten zu überprüfen. Wegen der damit verbundenen unverhältnismäßigen Eingriffe in Persönlichkeitsrechte der Beschäftigten sind allerdings **verdeckte** oder **heimliche Formen** der Datenerhebung in diesem Rahmen immer **unzulässig.**[33]

63 Auch **offene** und damit für Beschäftigte **erkennbare Überwachungsmaßnahmen** sind nur **begrenzt** zulässig. Beschäftigte dürfen insoweit keiner Total- oder Dauerkontrolle unterworfen werden, weil der hieraus resultierende permanente Überwachungsdruck ein unzulässiger Eingriff in die Persönlichkeitsrechte der Beschäftigten ist.[34]

64 Sollen Kontrollen von Beschäftigen mittels technischer Einrichtungen durchgeführt werden und fallen dabei auch **besondere Kategorien** personenbezogener Daten nach Art. 9 DSGVO an, muss mit Blick auf Art. 35 Abs. 3b DSGVO regelmäßig eine **Datenschutzfolgenabschätzung** durchgeführt werden. Hieraus können sich im Einzelfall Notwendigkeiten für die Ein- und Durchführung von technischen und organisatorischen Maßnahmen zum Datenschutz i. S. v. Art. 32 DSGVO ergeben.

---

31 Vgl. allgemein *Höller/Wedde*, S. 6ff.

32 Vgl. die Feststellungen des Innenausschusses des Deutschen Bundestags vom 24.6.2009, Ausschuss-Drs. 16(4)646 neu, 24 zu § 32 BDSG a.F.

33 BAG 20.6.2013 – 2 AZR 546/12; BAG 14.12.2004 – 1 ABR 34/03.

34 BAG 29.6.2004 – 1 ABR 21/03.

Problematisch ist, dass nach der Rechtsprechung für von Arbeitgebern durchgeführte Überwachungsmaßnahmen, die eindeutig gegen Gesetze oder einschlägige Kollektivvereinbarungen verstoßen, nicht ausgeschlossen ist, dass dabei gefundenen Ergebnisse in arbeitsgerichtlichen Verfahren zu Lasten der betroffenen Beschäftigten verwendet werden. Dies resultiert daraus, dass insbesondere nach der Rechtsprechung des 2. Senats des BAG im arbeitsrechtlichen Bereich kein »Sachvortragsverwertungsverbot« besteht.[35] Diese Festlegung der Rechtsprechung stellt Betriebs- oder Personalräte vor das Problem, dass sie **nicht auf die Bindungswirkung** abgeschlossener **Betriebs- oder Dienstvereinbarungen vertrauen können**. Verhalten sich Arbeitgeber nicht vereinbarungskonform, bleibt Betriebs- oder Personalräten auf der kollektivrechtlichen Ebene nur die Anrufung der zuständigen Gerichte im Beschlussverfahren. Eine Durchführung arbeitsrechtlicher Maßnahmen gegen Beschäftigte unter Rückgriff auf kollektivrechtlich unzulässig erlangte Informationen wird damit indes nicht ausgeschlossen. Ob die Verankerung von Formulierungen in Betriebsvereinbarungen, nach denen eine vereinbarungswidrige Verwendung einen Verstoß gegen eine Betriebs- oder Dienstvereinbarung darstellt, und darauf basierende Widersprüche in Kündigungsschutzverfahren eine Lösung sind, ist ungewiss. 65

a. Bild- oder Videoerfassung bzw. Videoaufnahmen

Die in § 4 enthaltenen Regelungen zur Videoüberwachung kommen nur für öffentlich zugängliche Räume bzw. Bereiche zur Anwendung. Die Vorschrift ist zudem allgemein gehalten und enthält keine Vorgaben für den Umgang mit Beschäftigtendaten. Dieses normative Defizit ist schon deshalb bedauerlich, weil Bild- und Videodaten zahlreiche Informationen über die erfassten Beschäftigten enthalten und damit weiter in deren Persönlichkeitsrechte eingreifen als andere Verarbeitungsformen. Mangels spezialgesetzlicher Regelungen bestimmt sich die datenschutzrechtliche Zulässigkeit von Bild- oder Videoerfassung bzw. von Aufzeichnungen nach allgemeinen gesetzlichen Grundsätzen.[36] Die Verarbeitung von Bild- oder Videodaten ist damit im Rahmen von Beschäftigungsverhältnissen nur zulässig, wenn sie für die Zwecke der Vertragsdurchführung erforderlich ist.[37] 66

Die **Erforderlichkeit** kann beispielsweise gegeben sein, wenn Firmenausweise in sensiblen Betriebsbereichen aus Sicherheitsgründen mit einem individuellen Lichtbild versehen werden oder wenn Kassenräume einer Bank 67

35 Grdl. BAG 13.12.2007 – 2 AZR 527/06; BAG 23.8.2018 – 2 AZR 113/18; BAG 31.1.2019 – 2 AZR 426/18.

36 Vgl. *Schierbaum*, PersR 10/2019, 38.

37 Vgl. allgemein Kühling/Buchner-*Maschmann*, § 26 Rn. 34; offener bezüglicher möglicher Verwendungen Gola/Heckmann-*Gola*, § 26 Rn. 75.

oder Verkaufsräume in Supermärkten oder Tankstellen zum Schutz vor Überfällen einer permanenten Videokontrolle unterliegen.[38] Etwas anders gilt, wenn eine Kameraüberwachung lediglich aus **präventiven Gründen** erfolgt, ohne dass eine konkrete Erforderlichkeit gegeben ist.[39] Derselbe Maßstab besteht für die Verwendung von Fotos von Beschäftigten in einem elektronischen Beschäftigtenverzeichnis oder für die Präsenzanzeige innerhalb von digitalen Kommunikationssystemen wie etwa Teams, Webex oder Zoom.

68 Zentraler Maßstab für die Zulässigkeit von Bild- oder Video-Abbildungen oder -Aufzeichnungen ist die in § 26 Abs. 1 Satz 1 enthaltene **Erforderlichkeit** (vgl. hierzu Rn. 7ff.). Findet eine Videoüberwachung im öffentlichen Bereich statt, sind zudem die allgemeinen Vorgaben in § 4 zu beachten (vgl. dort Rn. 7ff.). Im Rahmen der zur Prüfung der Erforderlichkeit vorzunehmenden **Interessenabwägung** ist die geplante Verwendung von Bild- oder Videoaufnahmen herausragend zu berücksichtigen. Zielt etwa die Verarbeitung von Bilddaten ausschließlich auf eine aus **Sicherheitsgründen** notwendige persönliche Identifikation innerhalb des Betriebsgebäudes, kann insbesondere die Verwendung eines Fotos erforderlich sein. **Zweifelhaft** ist die Erforderlichkeit hingegen, wenn ein Bild nebst Namen von Beschäftigten in **sozialen Netzwerken** verwendet wird oder in einer **Präsenzanzeige**, die auch für Kunden und Beschäftigte anderer Unternehmen sichtbar ist. Für eine solche Verwendung personenbezogener Daten gibt es keine datenschutzrechtliche Grundlage. Sie kann aber auf der Grundlage einer freiwilligen Einwilligung nach Art. 7 DSGVO i. V. m. § 26 Abs. 2 erfolgen bzw. durch eine einschlägige kollektivrechtliche Regelung legitimiert werden.

69 Nicht von der Erforderlichkeit des § 26 Abs. 1 Satz 1 erfasst ist eine Verbreitung der Bilder von Beschäftigten, etwa in **Firmenzeitungen** oder in **Internetpublikationen** von Arbeitgebern.

70 Kritischer als die Verarbeitung von Fotos ist aus dem Blickwinkel des Beschäftigtendatenschutzes der Umgang mit Videomaterial. Findet etwa eine **gezielte Videoüberwachung** von Arbeitsplätzen statt, so darf es sich hierbei um **keine Totalkontrolle** handeln, die wegen des sich damit verbindenden Überwachungsdrucks im Regelfall unzulässig ist. Finden aus **Sicherheitsgründen** in bestimmten Bereichen wie etwa Bankfilialen oder Nachtschaltern von Tankstellen dauerhafte Videoaufzeichnungen statt, muss durch technische und organisatorische Maßnahmen sichergestellt werden, dass keine Totalkontrolle der Beschäftigten erfolgt. Dies kann etwa durch kurze Speicherintervalle oder durch ein permanentes Überschreiben zurück-

---

38 Ähnlich *BMH*, § 26 Rn. 140; Gola/Heckmann-*Gola*, § 26 Rn. 75; allg. *Däubler*, Gläserne Belegschaften, Rn. 299ff.

39 Vgl. ähnlich *BMH*, § 26 Rn. 141 und SHS-*Seifert*, Art. 88 DSGVO, Rn. 138ff., der eine lediglich abstrakte Gefahr nicht für ausreichend hält.

liegender Aufnahmen erfolgen. Ausgeschlossen ist der Einsatz von Videoüberwachungssystemen bezogen auf Räume, die der persönlichen Lebensgestaltung innerhalb des Betriebs dienen, wie etwa Umkleide-, Wasch- oder Schlafräume sowie Toiletten oder Kantinen.[40]

Werden Videosysteme **in öffentlichen Bereichen** wie etwa Kaufhäusern ein- **71**
gesetzt, kommen neben den Regeln des § 26 auch die allgemeinen Vorgaben in § 4 zur Anwendung (vgl. dort Rn. 7ff.). Insbesondere müssen die dort Beschäftigten auf die stattfindende Kameraüberwachung und ihren Umfang hingewiesen werden. Ihnen müssen kontrollfreie Bereiche bekannt sein und zur Verfügung stehen.

Sollen Kameraaufnahmen oder -überwachung erfolgen, müssen hierfür **72**
im Vorhinein die zulässigen **Zwecke festgelegt werden**. Sind diese nicht mehr gegeben, müssen die erstellten Aufnahmen unverzüglich gelöscht werden.[41]

b. Spracherkennung

Die bezüglich der Erforderlichkeit von Bild- und Videoüberwachung vor- **73**
stehend dargelegten Grundsätze gelten entsprechend auch für den Einsatz von **Spracherkennungs**- und **Sprachanalysesystemen**.[42] Derartige Systeme werden beispielsweise in vielen Callcentern eingesetzt, um zusätzliche Erkenntnisse über Anrufer, aber auch über das Verhalten der Mitarbeiter zu gewinnen.[43] Sie stehen inzwischen aber auch in betrieblichen Standardsystemen zur Verfügung. So ermöglichen Spracherkennungssysteme beispielsweise die Steuerung von Software durch Sprache oder das Diktat von Texten in Anwendungssoftware. In Videokonferenzsystemen stehen Funktionen zur Verfügung, die die synchrone Anzeige der Gespräche als »Untertitel« ermöglichen.

Für den **heimlichen** oder **verdeckten Einsatz** derartiger Systeme gibt es **74**
keine datenschutzrechtliche Grundlage. Dies gilt auch dann, wenn in Callcentern allgemein mitgeteilt wird, dass derartige Systeme zur Qualitätssicherung eingesetzt werden, oder wenn bezogen auf automatische Untertitel darauf verwiesen wird, dass so ein barrierefreier Zugang für hörbehinderte Menschen geschaffen wird. Derart allgemeine Hinweis versetzen die an der Kommunikation beteiligten Beschäftigten nicht in die Lage, einschätzen zu können, welche Informationen diese Systeme generieren und welche Er-

40 Vgl. Auernhammer-*Forst*, § 26 Rn. 146.

41 Weitergehend BAG 23.8.2018 – 2 AZR 133/18, das eine längere Speicherdauer zulässt.

42 Vgl. allg. Gola/Heckmann-*Gola*, § 26 Rn. 79f.

43 Vgl. allg. *Ottmann/Wurzberger*, CuA 9/2020, 18.

kenntnisse ihre Arbeitgeber daraus ableiten können.[44] Ohne die notwendige datenschutzrechtliche Grundlage sind auch viele offene Formen der Spracherkennung oder -analyse, weil deren Einsatz bezogen auf die Durchführung von Beschäftigungsverhältnissen nicht erforderlich ist.

c. KI-Systeme

75 Kommen für die Verarbeitung von Beschäftigtendaten Softwareanwendungen aus dem Bereich der »**Künstlichen Intelligenz**« (KI) zur Anwendung, setzt dies ebenfalls das Vorliegen einer Erforderlichkeit i. S. v. § 26 Abs. 1 Satz 1 voraus. Der Begriff »KI« steht für Systeme, die auf der Basis von Methoden aus dem Bereich Mathematik und Informatik konkrete Anwendungsprobleme lösen und dabei zur Selbstoptimierung in der Lage sind.[45] KI-Systeme sollen auf der Basis der Verarbeitung großer Datenmengen einerseits »eigenständig« Lösungen für Verfahren und Probleme vorschlagen und andererseits dabei zugleich automatische Optimierungen und Verbesserungen der Software vornehmen und damit »lernen«.

76 Der Einsatz von KI-Systemen kann bezogen auf die Verarbeitung von Beschäftigtendaten im Einzelfall zulässig sein, wenn eine Verhältnismäßigkeitsprüfung zu der Feststellung führt, dass Interessen, Grundrechte und Grundfreiheiten der Beschäftigten nicht überwiegen. Dies setzt allerdings mit Blick auf die **Transparenzvorgaben** in Art. 5 Abs. 1 Buchst. a sowie in Art. 12 Abs. 1 DSGVO auch voraus, dass Beschäftigte über die Funktionsweisen der KI-Software hinreichend informiert sind, um deren Auswirkungen einschätzen zu können. Dies beinhaltet insbesondere klare Informationen zu möglichen und tatsächlich stattfindenden Eingriffen in ihr Persönlichkeitsrecht, die auch Aussagen zu den der Verarbeitung zugrunde liegenden Annahmen und Rechenregeln sowie zu den verwendeten Algorithmen geben müssen.

77 Die **Zulässigkeit** des Einsatzes von KI-Anwendungen im Rahmen der Erforderlichkeit nach § 26 Abs. 1 Satz 1 setzt allerdings voraus, dass mit der hiermit verbundenen Verarbeitung klar und abschließend definierte Zwecke verfolgt werden. Dies folgt aus dem Grundsatz der Zweckbindung in Art. 5 Abs. 1 Buchst. b DSGVO. **Keine Erforderlichkeit** nach § 26 Abs. 1 Satz 1 besteht hingegen für eine Verarbeitung, die ausschließlich der Entwicklung von KI-Anwendungen dient und Daten von Beschäftigten in diesem Rahmen lediglich auf Vorrat speichert. Diesbezüglich wird es an den notwendigen, klar definierten Zwecken der Verarbeitung fehlen.

---

44 Vgl. ähnlich Gola/Heckmann-*Gola*, § 26 Rn. 80; a. A. *Diercks*, DuD 2017, 750.

45 Vgl. *Bundesregierung* – KI, S. 4.

d. RFID

Der Begriff »**RFID**« steht für »Radio Frequency Identification« und beschreibt miniaturisierte Transponder, die es mittels eines elektromagnetischen Feldes ermöglichen, Daten berührungslos auszutauschen. RFID-Etiketten finden sich auf zahlreichen Waren und Gerätschaften. Eingesetzt werden sie häufig auch auf Betriebsausweisen oder in Parkkarten. **78**

Kommt RFID-Technik zum Einsatz, müssen damit grundsätzlich mögliche, aber für die Durchführung von Beschäftigungsverhältnissen **nicht erforderliche Verhaltens- oder Leistungskontrollen** schon mit Blick auf den Grundsatz der Datenminimierung in Art. 5 Abs. 1 Buchst. c DSGVO **ausgeschlossen werden**. Dazu ist es notwendig, klare Begrenzungen für Art und Umfang des Datenaustauschs im Rahmen der Zweckbestimmung vorzugeben. Weiterhin muss verhindert werden, dass mittels dieser Technik heimliche Kontrollen von Arbeitnehmern stattfinden, da diese unangemessen in die Persönlichkeitsrechte der Beschäftigten eingreifen würden. **79**

Besonders problematisch sind technische Gestaltungen, bei denen RFID-Lesegeräte auch »**außerbetriebliche**« **RFID-Etiketten** erkennen können. Dabei ist nämlich nicht auszuschließen, dass Arbeitgeber anhand der so erhobenen Daten feststellen können, welche Zigaretten- oder Medikamentenschachteln Beschäftigte mit sich führen. **80**

e. GPS- und Mobiltelefonortung

Der Begriff »**Global Positioning System** (GPS)« steht für technische Verfahren zur Standortbestimmung unter Nutzung der Signale von Navigationssatelliten. Mittels spezieller GPS-Geräte oder durch Zugriff auf die entsprechenden Informationen in Mobiltelefonen können **Standorte** von Personen festgestellt und bei entsprechender technischer Ausstattung online übertragen und ausgewertet werden. Auf der Basis der GPS-Daten ist es möglich, räumliche Bewegungen und Aufenthaltsorte von Beschäftigten zentral zu erfassen. Die **Erforderlichkeit** einer solchen Verarbeitung ist im Rahmen von Beschäftigungsverhältnissen nur **ausnahmsweise** gegeben, etwa wenn aus Sicherheitsgründen die Standorte von Geldtransportern festgehalten werden.[46] Allerdings muss auch für diese Ausnahmefälle sichergestellt sein, dass die Verarbeitung der anfallenden Bewegungsdaten nur für den Zweck der Fahrzeug- und Personensicherung verwendet werden, nicht aber für auf Basis dieser Daten mögliche Verhaltens- oder Leistungskontrollen. Die zulässigen Zwecke sind damit **eng auszulegen**. **81**

---

46 Ähnlich SHS-*Seifert*, Art. 88 DSGVO, Rn. 141; Taeger/Gabel-*Zöll*, § 26 Rn. 57; gegen eine Verwendung VG Lüneburg 19.3.2019 – 4 A 12/19.

82 Findet eine Überwachung statt, muss diese für die betroffenen Beschäftigten klar erkennbar sein, etwa durch eine optische oder akustische Anzeige. Weiterhin müssen die Beschäftigten in der Lage sein, die Überwachung abzuschalten, wenn dafür kein betrieblicher Bedarf besteht, etwa während einer Arbeitspause oder nach Ende der vertraglich geschuldeten Arbeitszeit.

f. Telefon-, E-Mail- und Internet-/Intranetnutzung

83 Bei der Nutzung von betrieblichen **Telefon**- und/oder **Internetsystemen** einschließlich der dort vorhandenen Dienste fällt eine Fülle personenbezogener Daten an. Diese werden von betrieblichen Systemen vielfach **aus Sicherheitsgründen ausgewertet** (etwa zur Vermeidung von »Spam« oder zum Schutz vor Angriffen mittels Schadsoftware). Problematisch ist, dass in diesen Bereichen zahlreiche personenbezogene Daten erzeugt werden, die **Rückschlüsse auf das Kommunikationsverhalten** von Beschäftigten zulassen und damit die Möglichkeit des Eingriffs in Persönlichkeitsrechte beinhalten. Da die Grenzen zwischen »klassischer« Telefonie und Internetnutzung inzwischen aufgrund universell nutzbarer Kommunikationsplattformen verschwinden, unterscheidet die folgende Darstellung nur soweit notwendig zwischen Telefon- und Internetdaten. Der Schwerpunkt liegt darauf, dass Telekommunikation mittels dieser Medien stattfindet. Sind personenbezogene Kommunikations- oder Inhaltsdaten vorhanden (etwa bezogen auf E-Mail-Systeme), ist deren Verarbeitung durch Arbeitgeber für Verhaltens- oder Leistungskontrollen nur begrenzt zulässig. Die Zulässigkeit wird auch hier wiederum durch die Erforderlichkeit i. S. v. § 26 Abs. 1 Satz 1 bestimmt (vgl. hierzu Rn. 7 ff.).

84 Die Verarbeitung **dienstlicher Kommunikationsdaten** ist im Rahmen des **Erforderlichen** zulässig, soweit dies für den Betrieb der Systeme, die Herstellung von Verbindungen oder für Abrechnung von Leistungen erforderlich ist. Gleiches gilt, soweit technische Sicherungsmaßnahmen die Verarbeitung entsprechender Informationen erforderlich machen.

85 **Nicht erlaubt** ist die Verarbeitung **privater Telekommunikationsdaten**, soweit Arbeitgeber hierauf Zugriff haben (etwa bei der parallelen Nutzung von Geräten für dienstliche oder private Kommunikation). **Unzulässig ist** weiterhin das **heimliche Mithören** und **Aufzeichnen** von Telefongesprächen, wobei unerheblich ist, über welches technische Medium diese abgewickelt werden.[47] Entsprechendes gilt für Analyseverfahren aus dem Bereich der »**Predictive Analytics**«. Dieser Begriff steht für automatisierte Auswertungsverfahren, die auf der Grundlage von Regeln, die die Software selbst

---

47 Vgl. zur Unzulässigkeit BVerfG 19. 12. 1991 – 1 BvR 382/85; *BMH*, § 26 Rn. 145; SHS-*Seifert*, Art. 88 DSGVO, Rn. 146.

erstellt, darauf abzielen, aus vorhandenen großen Datenmengen verlässliche Prognosen für zu Zukunft abzuleiten.

Die Durchführung **heimlicher Überwachungsmaßnahmen** bezüglich der Nutzung von Telekommunikationseinrichtungen stellt regelmäßig eine **Verletzung von Persönlichkeitsrechten** der Beschäftigten sowie einen **Verstoß** gegen das **Grundrecht auf Vertraulichkeit** und **Integrität** informationstechnischer Systeme dar.[48] Deshalb ist beispielsweise der Einsatz sogenannter »**Keylogger**«-Software selbst dann **unzulässig**, wenn der Arbeitgeber die Beschäftigten vorab über diese Möglichkeit pauschal informiert hat.[49] Für **zulässig** erachtete das LAG Hamm[50] allerdings den Zugriff auf **Chatprotokolle**, die auf einem Arbeitsplatzrechner gespeichert waren. Auf diese Daten soll das Fernmeldegeheimnis nach dem TKG keine Anwendung finden, wenn Daten aus einem Telekommunikationssystem in den Herrschaftsbereich eines Empfängers gelangt sind.[51] **86**

Ist Beschäftigten die **private Nutzung** betrieblicher Kommunikationseinrichtungen- oder Netze wie insbesondere E-Mail und Internet **erlaubt**, kommen die einschlägigen Datenschutzvorschriften aus dem TKG zur Anwendung. Insbesondere gilt das **Fernmeldegeheimnis** gem. § 88 TKG, zu dessen Wahrung der Arbeitgeber als sogenannter Diensteanbieter nach Abs. 2 dieser Vorschrift verpflichtet ist.[52] **87**

Die Anwendbarkeit des TKG führt in diesen Fällen dazu, dass Arbeitgeber als **Diensteanbieter** auf die Wahrung des **Fernmeldegeheimnisses** verpflichtet sind. Ihnen ist es damit insbesondere verwehrt, auf die Inhalte geschriebener E-Mails zuzugreifen. Notwendige Einblicke in betriebliche E-Mails können durch Kollektivvereinbarung ermöglicht werden. Betriebs- oder Personalräte sollten allerdings bei deren Abschluss sicherstellen, dass nur auf erforderliche Informationen zugegriffen werden kann und dass die entsprechenden E-Mails in besonderen Ordnern abzulegen sind. **88**

Ist die **Privatnutzung ausdrücklich verboten**, **entfällt** die **Anwendbarkeit des Telekommunikationsrechts**. Auch nach einem ausdrücklichen Verbot der Privatnutzung bleibt indes der **Zugriff** von Arbeitgebern auf Daten **89**

---

48 Zum Grundrecht BVerfG 27.2.2008 – 1 BvR 370/07; zu den Auswirkungen des Grundrechts im Arbeitsverhältnis *Wedde*, AuR 2009, 373ff.

49 BAG 27.7.2017 – 2 AZR 681/16; a.A. Auernhammer-*Forst*, § 26 Rn. 117; allg. *Wedde*, PersR 4/2018, 62.

50 LAG Hamm 10.7.2012 – 14 Sa 1711/10, DuD 2013, 50.

51 BVerfG 2.3.2006 – 2 BvR 2099/04.

52 Vgl. *Büchner*, NZA 2002, 585; *Däubler*, Digitalisierung und Arbeitsrecht, § 8 Rn. 25; Taeger/Gabel-*Munz*, § 88 TKG Rn. 20; SHS-*Seifert*, Art. 88 DSGVO, Rn. 145ff.; a.A. etwa LAG Niedersachsen 31.5.2010 – 12 Sa 875/09, 232; LAG Berlin-Brandenburg 16.2.2011 – 4 Sa 2132/10, DB 2011/1281; ähnlich *BMH*, § 26 Rn. 196.

aus dem **persönlichen Bereich** der einzelnen Beschäftigten weiterhin **unzulässig**. Zu dem persönlichen Bereich gehören beispielsweise Notizen zu Arbeitsvorgängen, die Beschäftigte ausdrücklich mit dem Willen gefertigt haben, dass diese anderen Personen nicht zugänglich werden. Weiterhin gehören hierzu Entwürfe oder Dokumente, die eine besondere Vertraulichkeit genießen, beispielsweise E-Mail-Korrespondenz mit Betriebsärzten, Betriebsräten oder Schwerbehindertenvertretungen. Gleiches gilt für Korrespondenz in persönlichen Angelegenheiten mit der Personalabteilung oder mit anderen Stellen im Betrieb.

90 In der Umkehrung haben Arbeitgeber nach dem Verbot der Privatnutzung eine Berechtigung, offen auf Inhalte von **Telekommunikation** zuzugreifen, die ausdrücklich **rein dienstlich** sind. Diese sind von Beschäftigten auf Anforderung und unter Vorgaben des Arbeitgebers zur Verfügung zu stellen.

91 Im Ergebnis berechtigt damit auch ein Verbot der Privatnutzung Arbeitgeber nicht, automatisch alle Kommunikationsinhalte von Beschäftigten einzusehen. Dies gilt insbesondere dann, wenn Beschäftigte **Träger von Berufsgeheimnissen** sind. Die Einhaltung dieser Vorgabe müssen Arbeitgeber durch wirksame technische und organisatorische Maßnahmen sicherstellen.

g. Datenverarbeitung durch Testkäufer und Detektive

92 Beschäftigte dürfen im Regelfall nicht durch **Testkäufer** oder **Testkunden** sowie durch **Detektive** kontrolliert werden. Derartige Kontrollen sind ausnahmsweise dann zulässig, wenn sie dazu dienen, **Straftaten** im erheblichen Umfang zu **verhindern**.[53] Allerdings dürfen Testkäufer, Testkunden oder Detektive in jedem Fall nur im **datenschutzrechtlich zulässigen Rahmen** tätig werden. Sie dürfen im Auftrag eines Arbeitgebers nur solche Maßnahmen ergreifen, zu deren Durchführung er selbst rechtlich befugt ist und die sich damit im Rahmen der Erforderlichkeit nach § 26 Abs. 1 Satz 1 bewegen.[54] **Heimliche** oder **verdeckte Maßnahmen** dürfen hingegen auch durch diese Personen nicht durchgeführt werden, es sei denn, dass die in Abs. 1 Satz 2 genannten Voraussetzungen vorliegen (vgl. Rn. 98ff.).[55]

53 Vgl. *Däubler*, Gläserne Belegschaften, Rn. 294.

54 Ähnlich Auernhammer-*Forst*, § 26 Rn. 121.

55 Vgl. LAG Berlin-Brandenburg 11.9.2020 – 9 Sa 584/20, das eine mehrtägige Überwachung durch einen Detektiv wegen des Fehlens eines auf konkrete Tatsachen gegründeten Verdachts für nicht datenschutzkonform hält.

5. Datenverarbeitung nach Beendigung von Beschäftigungsverhältnissen (Abs. 1 Satz 1 – dritte Alternative)

Nach **Ende von Beschäftigungsverhältnissen** ist nach der in § 26 Abs. 1, 1. Halbs. genannten **dritten Alternative** die Verarbeitung solcher Daten erforderlich, die Arbeitgeber zur **Abwicklung des Vertragsverhältnisses** benötigen. Hierbei kann es sich auch um Daten handeln, die Arbeitgeber benötigen, um anstehende oder absehbare Rechtsstreitigkeiten mit ausgeschiedenen Beschäftigten führen zu können. Darüber hinaus kann die Verarbeitung solcher Daten erforderlich sein, die Arbeitgeber aufgrund **zwingender gesetzlicher** oder **kollektivrechtlicher Vorgaben** weiter speichern müssen, etwa aufgrund **steuerlicher Dokumentationspflichten**. 93

Soweit **Daten nicht mehr erforderlich** sind, müssen diese nach Ende des Beschäftigungsverhältnisses **gelöscht** werden, sofern dem nicht zwingende gesetzliche Aufbewahrungsfristen entgegenstehen. Dabei sind die einschlägigen Vorgaben zu beachten, die insbesondere Art. 17 DSGVO enthält. Eine **Vorratsdatenspeicherung** dieser Daten ist auch dann nicht zulässig, wenn Beschäftigte in absehbarer Zeit erneut befristet eingestellt werden sollen. Gegebenenfalls müssen Arbeitgeber entsprechende Nachfragen bei einer erneuten Bewerbung standardmäßig stellen. Alternativ kann eine schriftliche Einwilligung zur (zeitlich begrenzten) Fortdauer der Speicherung bei den Beschäftigten eingeholt werden. Die Einholung einer Einwilligung in eine dauerhafte Speicherung von Beschäftigtendaten durch Verantwortliche stünde hingegen im Widerspruch zu den allgemeinen Grundsätzen der Datenminimierung und der Speicherbegrenzung in Art. 5 Abs. 1 Buchst. c und e DSGVO und würde zu Zweifeln an der Wirksamkeit der Erklärung der Beschäftigten führen. 94

6. Ausübung oder Erfüllung gesetzlicher oder kollektivrechtlicher Rechte und Pflichten (Abs. 1 Satz 1, 2. Halbs.)

Nach der neu eingefügten Regelung im **zweiten Halbsatz** von § 26 **Abs. 1 Satz 1** ist die Verarbeitung von Beschäftigtendaten auch für **kollektivrechtliche Zwecke** erforderlich, die sich aus Gesetz oder aus Kollektivvereinbarungen ergeben. Gegenstand dieses Erlaubnistatbestandes sind hieraus folgende Rechte und Pflichten von Interessenvertretungen der Beschäftigten, insbesondere der Betriebs- oder Personalräte. Die Zulässigkeit derartiger Verarbeitungen war zwar auch nach § 32 Abs. 1 Satz 1 BDSG a. F. nicht umstritten. Dennoch stellt der Gesetzgeber nunmehr mit dieser Einfügung klar, dass entsprechende Verarbeitungsbefugnisse bestehen. 95

Der Erlaubnistatbestand im zweiten Halbsatz von Abs. 1 Satz 1 kommt nur zur Anwendung, wenn es **keine spezialgesetzlichen Regelungen** gibt, die 96 eine Verarbeitung erlauben (etwa im BetrVG oder im BPersVG), bzw. Regelungen in einem Tarifvertrag oder einer Betriebsvereinbarung.[56]

97 Erfolgen Verarbeitungen von Beschäftigtendaten durch Betriebs- oder Personalräte mit dem Ziel des **Abschlusses von Kollektivvereinbarungen** nach Abs. 4, leitet sich die Zulässigkeit des Umgangs mit Beschäftigtendaten ebenfalls aus dieser kollektivrechtlichen Vorschrift ab.[57]

III. Aufdeckung von Straftaten (Abs. 1 Satz 2)

98 **Abs. 1 Satz 2** zielt ausschließlich auf die **Aufdeckung von Straftaten**, die möglicherweise im Rahmen von Beschäftigungsverhältnissen begangen wurden. Auf die Aufdeckung von Ordnungswidrigkeiten kommt sie ebenso wenig zur Anwendung wie auf außerdienstliches Verhalten.[58] Auch ein von Arbeitgebern **vermutetes vertragswidriges Verhalten** von Beschäftigten oder **arbeitsrechtliche Pflichtverletzungen** werden von dieser Vorschrift **nicht erfasst**.[59] Bezüglich der nicht geregelten **arbeitsrechtlicher Pflichtverletzungen** ist zu bedenken, dass der Gesetzgeber diesen Tatbestand weder 2009 in den damals neu geschaffenen § 32 Abs. 1 Satz 2 BDSG a. F. noch in die aktuelle Fassung des § 26 Abs. 1 aufgenommen hat. Dies spricht gegen einen einschlägigen Regelungswillen.

99 **Nicht** durch Abs. 1 Satz 2 **legitimiert** werden **präventive Kontroll**- oder **Analyseverfahren** von Arbeitgebern, die ohne konkreten Verdacht auf die Belegschaft insgesamt zielen (etwa sogenannte »Screenings«).[60] Auch sogenannte »Data Leak Prevention (DLP)«-Systeme, die vor einem von Verantwortlichen nicht gewollten bzw. nicht erlaubten Datenabfluss schützen sollen, dürfen schon deshalb nicht auf der Grundlage von Abs. 1 Satz 2 eingesetzt werden und Beschäftigtendaten auswerten, weil sie nicht auf die Identifikation einzelnen Fehlverhaltens zielen, sondern Belegschaften insgesamt ins Visier nehmen.[61]

100 Abs. 1 Satz 2 ermöglicht es Arbeitgebern **ausnahmsweise**, personenbezogene Daten zur Aufdeckung von Strafdaten zu verarbeiten, die möglicherweise im Beschäftigungsverhältnis begangen wurden, wenn die in der Vorschrift genannten Vorgaben insgesamt erfüllt sind. Voraussetzung für entsprechen-

---

56 Vgl. Paal/Pauly-*Greber/Nolden*, § 26 Rn. 20.

57 Vgl. *Gola*, BB 2017, 1462.

58 Ebenso SHS-*Seifert*, Art. 88 DSGVO, Rn. 160.

59 Vgl. Auernhammer-*Forst*, § 26 Rn. 68.

60 Vgl. SHS-*Seifert*, Art. 88 DSGVO, Rn. 161; Auernhammer-*Forst*, § 26 Rn. 68; a. A. wohl Gola/Heckmann-*Gola*, § 26 Rn. 129; LAG München 23.7.2020 – 2 TaBV 126/19.

61 Vgl. zu den technischen Möglichkeiten von DLP-Systemen *Höller*, CuA 7–8/2013, 8 und zu rechtlichen Aspekten *Wedde*, CuA 7–8/2013, 4.

de Verarbeitungen ist zunächst, dass zu **dokumentierende tatsächliche Anhaltspunkte** den Verdacht begründen, dass bestimmte Beschäftigte im Beschäftigungsverhältnis eine Straftat begangen haben. Die Regelung zielt durch die Verwendung des Begriffs »die betroffene Person« auf **einzelne Beschäftigte** und nicht auf Gruppen von Beschäftigten. Die Anwendbarkeit der Möglichkeit zur Verarbeitung personenbezogener Daten kommt damit immer nur dann in Betracht, wenn sich ein Verdacht auf eine bestimmte Person richtet. Ist eine solche Zuspitzung nicht möglich, muss die Verarbeitung auf dieser Grundlage unterbleiben.

Voraussetzungen für eine Verarbeitung im Rahmen von Abs. 1 Satz 2 ist zunächst einmal, dass dokumentierte **tatsächliche Anhaltspunkte für den Verdacht** einer Straftat vorgelegt werden. Die Vorlage muss vor Beginn einer Untersuchung erfolgen.[62] Der Verdacht, der durch die zu dokumentierenden tatsächlichen Anhaltspunkte begründet wird, muss sich relativ weitgehend konkretisiert haben. Bloße Vermutungen oder vage Hinweise reichen hingegen nicht aus.[63] Die **Dokumentationspflicht** kann der Arbeitgeber durch die **Vorlage entsprechender Dokumente** oder **Unterlagen** erfüllen. Die Zulässigkeit der Verarbeitung durch Arbeitgeber muss sich auch in diesen Fällen an der (restriktiven) Rechtsprechung des BAG zur Zulässigkeit verdeckter Überwachungen von Beschäftigten orientieren.[64] Die Handlungsbefugnisse sind damit **eng auszulegen**. Nicht legitimiert werden allgemeine Präventionsmaßnahmen. **101**

Die angestrebte Verarbeitung von Beschäftigtendaten muss nach der weiteren in Abs. 1 Satz 2 genannten Voraussetzung zur **Aufdeckung** der vermuteten Straftat **erforderlich sein**. Gibt es andere Möglichkeiten, den Verdacht zu erhärten oder auszuräumen, die weniger weit in Persönlichkeitsrechte der betroffenen Personen eingreifen, müssen Arbeitgeber diese wählen. **102**

Bevor eine Verarbeitung erfolgen kann, muss nach dem letzten Halbsatz von Abs. 1 Satz 2 schließlich eine **Verhältnismäßigkeitsprüfung** durchgeführt werden, bei der zu bewerten ist, ob **schutzwürdige Interessen** von **Beschäftigten** am Ausschluss der Verarbeitung **überwiegen**, insbesondere weil diese im Hinblick auf den Anlass nicht verhältnismäßig ist. Handelt es sich um ein vermutetes »**Bagatelldelikt**«, wird die Verarbeitung von Daten auf einen bloßen Verdacht hin schon im Ergebnis einer Verhältnismäßigkeitsprüfung ausscheiden müssen. Gleiches gilt, wenn eine Datenverarbeitung mit großer Wahrscheinlichkeit Informationen erzeugt, die für die Aufdeckung einer vermuteten Straftat nicht erforderlich sind, etwa Inhalte persönlicher dienst- **103**

---

62 Vgl. *Brink/Joos*, jurisPR-ArbR 26/2019 Anmerkung 2.

63 Vgl. BAG 20.10.2016 – 2 AZR 395/15; Kühling/Buchner-*Maschmann*, § 26 Rn. 59.

64 Vgl. BAG 27.7.2017 – 2 AZR 681/16.

licher E-Mails, die mit Datenschutzbeauftragten, Betriebs- oder Personalräten, Betriebsärzten oder mit Personalreferenten ausgetauscht wurden.

IV. Einwilligung der Beschäftigten (Abs. 2)

104 **Abs. 2** beschreibt den Rahmen, innerhalb dessen Beschäftigte die Verarbeitung ihrer personenbezogenen Daten durch Arbeitgeber innerhalb des Beschäftigungsverhältnisses **durch eine Einwilligung legitimieren** können.

105 In Abs. 2 **Satz 2** wird ausgeführt, dass die Erteilung einer Einwilligung durch Beschäftigte zwar zulässig ist, dass aber für die Beurteilung der Frage, ob die nach Art. 7 DSGVO **notwendige Freiwilligkeit** gegeben ist, die Besonderheiten eines Beschäftigungsverhältnisses und der hier gegebenen Abhängigkeit geprüft werden müssen. Dies folgt der Feststellung in den Gesetzesmaterialien, dass Beschäftigte insbesondere bei Abschluss eines Arbeitsvertrages gegenüber Arbeitgebern unter einem erhöhten Druck stehen und dass dadurch ihre Entscheidungsfreiheit eingeschränkt ist.[65] Diese Feststellung verdeutlicht, dass auch der Gesetzgeber an der Freiwilligkeit einer Einwilligung im Beschäftigungsverhältnis Zweifel hegt.

106 In Abs. 2 **Satz 2** werden **beispielhaft** (»insbesondere«) Fälle benannt, in denen vom **Vorliegen einer Freiwilligkeit** ausgegangen werden kann. Allerdings ist auch in den aufgeführten Fällen jeweils einzelfallbezogen zu prüfen, ob die **Freiwilligkeit tatsächlich gegeben** ist. Von der freiwilligen Erteilung einer Einwilligung kann nach dem **ersten Beispiel** ausgegangen werden, wenn sich hieraus für Beschäftigte ein **rechtlicher** oder **wirtschaftlicher Vorteil** ableiten kann. Diese Voraussetzung ist beispielsweise erfüllt, wenn die bei der Besetzung nicht berücksichtigten Bewerberinnen oder Bewerber auf Bitte von Arbeitgebern der weiteren Aufbewahrung ihrer Bewerbungsunterlagen zustimmen, damit diese ggf. bei der Besetzung anderer Stellen verwendet werden können. Auch die Einwilligung zur Datenweitergabe für Zwecke eines **betrieblichen Aktienkaufprogramms** oder für die **Teilnahme an externen Sprachkursen** verbindet sich mit wirtschaftlichen oder rechtlichen Vorteilen.

107 Als **zweites Beispiel** für eine freiwillige Einwilligung wird das Vorliegen **gleichgelagerter Interessen** von Arbeitgebern und Beschäftigten benannt. Dieses kann beispielsweise gegeben sein, wenn die Weitergabe von Namen und Anschrift der Beschäftigten im Rahmen eines Antirassismus-Programms an eine entsprechend tätige NGO erfolgen soll. **Nicht** von gleichgelagerten Interessen ist hingegen auszugehen, wenn Arbeitgeber die **Einwilligung** von Beschäftigten **in ein umfassendes Videoüberwachungsprogramm** einfordern, das dazu dienen soll, Kollegendiebstähle aufzuklären.

65 BT-Drs. 18/11325, 28.

Diesbezüglich ist davon auszugehen, dass das Hauptinteresse hierzu beim Arbeitgeber angesiedelt ist.

Die Einwilligung von Beschäftigten muss nach **Abs. 2 Satz 3** im Regelfall **schriftlich** oder **elektronisch** erfolgen. Schriftform bedeutet nach § 126 BGB die eigenhändige Unterschrift. Die elektronische Form verlangt nach § 126a BGB ein elektronisches Dokument, das von Beschäftigten mit einer qualifizierten digitalen Signatur versehen wird. Nicht ausreichend ist hingegen eine E-Mail, ein PDF-Dokument oder ein Fax. Dies gilt auch, wenn auf einem PDF-Dokument eine Unterschrift eingescannt ist. **108**

Ausnahmsweise kann auf eine schriftliche oder elektronische Unterschrift verzichtet werden, wenn **besondere Umstände** eine andere Form für angemessen erscheinen lassen. Dieser Ausnahmetatbestand ist mit Blick auf die Schutzfunktion für die Freiwilligkeit einer Einwilligung **eng auszulegen**. Er kommt beispielsweise in Betracht, wenn Beschäftigte per Messenger-Dienst darin einwilligen, dass ihre Pizza-Bestellung von einem Kollegen an ein Restaurant weitergeleitet wird. **109**

Nach **Abs. 2 Satz 4** müssen Arbeitgeber Beschäftigte über den **Zweck** der Datenverarbeitung und das nach Art. 7 Abs. 3 DSGVO bestehende **Widerspruchsrecht** in Textform informieren. Diese Information kann damit beispielsweise per E-Mail erfolgen. **110**

V. Besondere Kategorien personenbezogener Beschäftigtendaten (Abs. 3)

Die Vorschrift in **Abs. 3** erweitert in einer **abschließenden Aufzählung** die **Ausnahmetatbestände** vom Verbot der Verarbeitung personenbezogener Daten in Art. 9 Abs. 2 DSGVO um weitere Möglichkeiten. Mit Blick auf die hohe Sensibilität dieser Daten ist eine **enge Auslegung** der Erforderlichkeit für diese Verarbeitung angemessen. **111**

Mit der Formulierung im ersten **Halbsatz 1** von Abs. 3 Satz 1 wird verdeutlicht, dass die Verarbeitung personenbezogener Beschäftigtendaten in den in der Vorschrift genannten Fällen **abweichend** vom Verbot in Art. 9 Abs. 1 DSGVO zulässig ist. Die hiermit geschaffenen Möglichkeiten stehen neben den Erlaubnistatbeständen in Art. 9 Abs. 2 DSGVO. Damit ist die Regelung in Abs. 3 Satz 1 die alleinige Rechtsgrundlage für diese Zweckänderungen, was einen Rückgriff auf weitere Erlaubnistatbestände wie etwa den in Art. 6 Abs. 1 Buchst. f DSGVO als Rechtfertigung der Verarbeitung besonderer Kategorien von Beschäftigtendaten ausschließt. **112**

Eine Verarbeitung von besonderen Kategorien von Beschäftigtendaten ist nach der Regelung in Abs. 3 **Satz 1** nur zulässig, wenn sie für die **Ausübung von Rechten** oder zur **Erfüllung rechtlicher Pflichten** erforderlich ist, die dem Arbeitgeber **zwingend auferlegt** werden. Dieses können nur Rechte und Pflichten sein, die gesetzlich, bezogen auf Beschäftigungsverhältnisse, **113** zwingend normiert sind oder die durch eine Kollektivvereinbarung nach § 26 Abs. 4 begründet werden. Außerhalb dieses Rahmens ist eine Verarbeitung besonderer Kategorien von Beschäftigtendaten auf der Grundlage von Abs. 3 nicht zulässig.[66] Als einschlägige Erlaubnisnormen aus dem Bereich des Arbeitsrechts kommen nur gesetzliche Vorschriften in Betracht, die eine Verarbeitung dieser Information ausdrücklich zulassen oder sogar vorschreiben, etwa die Verpflichtung zur Anzeige einer krankheitsbedingten Arbeitsunfähigkeit in § 5 Abs. 1 EFZG. Aus dem Bereich der sozialen Sicherheit und des sozialen Schutzes kommen insbesondere Einzelregelungen im SGB zu Themen wie Arbeitsschutz, Kranken- und Berufsunfähigkeitsversicherung, Berufsunfähigkeit, Pflegebedürftigkeit oder Unfall in Betracht.

114 Entscheidend für die Anwendbarkeit von Abs. 3 Satz 1 ist in jedem Fall, dass es klare gesetzliche Vorgaben oder Verpflichtungen gibt bzw. einschlägige Regelungen in Kollektivvereinbarungen.

115 Mit Blick auf die Erforderlichkeit der Verarbeitung besonderer Kategorien von Beschäftigtendaten muss in jedem Fall eine **Interessenabwägung** zwischen den zulasten von Arbeitgebern bestehenden Verpflichtungen und den schutzwürdigen Interessen, Grundrechten und Freiheiten der betroffenen Beschäftigten durchgeführt werden. Überwiegen deren schutzwürdige Interessen, muss die Verarbeitung unterbleiben. Gleiches gilt, wenn Arbeitgeber die Rechtsgrundlage für eine geplante Verarbeitung nicht konkret benennen können.

116 Alternativ zu einer gesetzlichen oder kollektivrechtlichen Legitimation kann die Verarbeitung besonderer Kategorien von Beschäftigtendaten nach **Abs. 3 Satz 2** durch deren **Einwilligung** ermöglicht werden. Diese muss die in Abs. 2 genannten Voraussetzungen erfüllen (vgl. Rn. 195ff.).

117 Die Zulässigkeit der Verarbeitung besonderer Kategorien von Beschäftigtendaten steht aufgrund des Verweises in **Abs. 3 Satz 3** auf die Regelung in § 22 Abs. 2 unter dem **Vorbehalt**, dass Verantwortliche die dort genannten, angemessenen und spezifischen Maßnahmen zur Wahrung der Interessen der betroffenen Beschäftigten treffen (vgl. § 22 Rn. 9 und Art. 32 DSGVO, Rn. 3ff.).

VI. Verarbeitung auf der Grundlage von Kollektivverträgen (Abs. 4)

118 **Abs. 4** gibt im Wesentlichen die Vorgabe wieder, die in Art. 88 Abs. 1 DSGVO enthalten ist. Da Abs. 2 sich aber auf alle Beschäftigtendaten bezieht und nicht nur auf die, welche in Dateisystemen verarbeitet werden, geht die Vorschrift über die Regelungen in Art. 2 Abs. 1 DSGVO sowie in § 1 Abs. 1 Satz 2 hinaus, die jeweils auf die Verarbeitung in Dateisystemen abstellen. Allerdings ist der Abschluss einer solchen Kollektivvereinbarung zum Be-

66 Vgl. Ehmann/Selmayr-*Schiff*, Art. 9 DSGVO, Rn. 33.

schäftigtendatenschutz **mangels eines einschlägigen Mitbestimmungsrechts** von keiner Partei erzwingbar. **Freiwillige Kollektivvereinbarungen** sind hingegen möglich. Betriebs- oder Personalräte sollten in jedem Fall sicherstellen, dass abgeschlossene Betriebsvereinbarungen **keine Generalermächtigungen** zugunsten von Arbeitgebern enthalten, die etwa aus einer Formulierung wie »*Diese Betriebsvereinbarung ist eine Erlaubnisnorm im Sinne von Art. 88 Abs. 1 DSGVO in Verbindung mit § 26 Abs. 4 BDSG*« folgen würde. Vielmehr sollten sie darauf bestehen, dass alle vereinbarten datenschutzrechtlichen Erlaubnistatbestände zusammen mit den Zulässigen Verarbeitungszwecken konkret und abschließend benannt sind, etwa durch Formulierungen wie »*Diese Betriebsvereinbarung ist nur bezüglich der Verarbeitung privater Telefondaten von Beschäftigten zu Abrechnungszwecken eine Erlaubnisnorm im Sinne von Art. 88 Abs. 1 DSGVO in Verbindung mit § 26 Abs. 4 BDSG.*«

Kollektivvereinbarungen können **nicht** zulasten der Beschäftigten **von Vorgaben der DSGVO** oder **des BDSG abweichen**. Insbesondere der in der DSGVO verfestigte Datenschutzstandard begrenzt die Möglichkeiten zur Regelung des Beschäftigtendatenschutzes zulasten von betroffenen Personen. Verbesserungen der datenschutzrechtlichen Situation sind hingegen auf kollektivrechtlichem Weg möglich. 119

VII. Sicherstellung des gesetzlichen Datenschutzes (Abs. 5)

Durch **Abs. 5** werden **Verantwortliche verpflichtet**, geeignete Maßnahmen zu ergreifen, um sicherzustellen, dass insbesondere die in **Art. 5 Abs. 1 DSGVO** enthaltenen **Grundsätze** für die Verarbeitung personenbezogener Daten, auch bezogen auf Beschäftigte, **eingehalten werden**. Die **beispielhafte Aufzählung** (»insbesondere«) verdeutlicht, dass über die Grundsätze in Art. 5 hinaus auch die Einhaltung anderer einschlägiger Vorschriften sicherzustellen ist, etwa die zur **technischen und organisatorischen Datensicherheit in Art. 32 DSGVO**. Hieraus leitet sich auch eine Verpflichtung der Arbeitgeber als datenschutzrechtlich Verantwortliche ab, ein Datenschutz-Management zu betreiben, das sicherstellt, dass datenschützende Vorgaben in Kollektivvereinbarungen zugunsten der Beschäftigten gewahrt werden. 120

VIII. Beteiligungsrechte der Interessenvertretung (Abs. 6)

Die Regelung in **Abs. 5** hat **klarstellenden Charakter** und verdeutlicht, dass die Vorschriften zum Beschäftigtendatenschutz im BDSG insbesondere die **Beteiligungsrechte** der Betriebs- oder Personalräte **unberührt** lassen. Aus dieser Klarstellung folgt auch, dass Betriebs- und Personalräte verpflichtet sind, bei der Wahrnehmung ihrer Beteiligungsrechte die Anforderungen des 121

Datenschutzes, die sich aus der DSGVO und dem BDSG ergeben, herausragend zu beachten.[67]

IX. Umfassende Anwendbarkeit (Abs. 7)

122 Die Regelung in **Abs. 7 erweitert** den **sachlichen Anwendungsbereich** des durch § 26 Abs. 1 bis 6 begründeten Beschäftigtendatenschutzes auf **alle Arten von Verarbeitungen** von Beschäftigtendaten, ohne Rücksicht darauf, dass diese in einem Dateisystem gespeichert sind oder gespeichert werden sollen. Damit sind etwa auch Karteikartensysteme mit personenbezogenen Informationen ebenso einbezogen wie andere Archivierungsformen. Die Regelung geht damit über den engeren Anwendungsbereich der DSGVO nach Art. 2 Abs. 1 sowie des BDSG nach § 1 Abs. 1 Satz 2 hinaus. Damit werden beispielsweise auch Protokolle von Betriebs- oder Personalräten vom Beschäftigtendatenschutz erfasst, wenn diese etwa, bezogen auf personelle Einzelmaßnahmen, personenbezogene Informationen enthalten.

123 **Ausgenommen** vom Anwendungsbereich des Abs. 7 bleiben Gespräche oder Informationen innerhalb eines Beschäftigungsverhältnisses, die **eindeutig privaten Charakter** haben, wie etwa eine Unterhaltung in der Kaffeeecke über einen gerade beendeten Urlaub. Werden derartige Informationen von Vorgesetzten oder von anderen Personen dennoch bewusst oder gezielt abgespeichert, werden sie uneingeschränkt vom Anwendungsbereich des § 26 erfasst.

X. Beschäftigte (Abs. 8)

124 Durch **Abs. 8 Satz 1** wird für den Bereich des Beschäftigtendatenschutzes nach dem BDSG eine **spezifische Definition** der »Beschäftigten« geschaffen, die über die allgemeine Arbeitnehmerdefinition im deutschen Recht deutlich hinausgeht. Die Regelung entspricht weitgehend der, die in § 3 Abs. 11 BDSG a. F. enthalten war. Gegenüber dieser Regelung ist bei der Neufassung von Abs. 8 in **Nr. 1** klargestellt worden, dass auch **Leiharbeitnehmerinnen und Leiharbeitnehmer** im Verhältnis zum Entleiher wie Arbeitnehmerinnen und Arbeitnehmer zu behandeln sind.

125 Die Regelungen zum Beschäftigtendatenschutz gelten für die in Abs. 8 genannten Beschäftigten, wenn sie für Arbeitgeber aus dem nichtöffentlichen Bereich bzw. aus dem öffentlichen Bereich der Bundesverwaltung tätig werden oder sind. Neben »klassische« Arbeitgeber von Arbeitnehmern im arbeitsrechtlichen Sinn kommen aufgrund der weiten Definition in Abs. 8 auch andere natürliche oder juristische Personen, Behörden, Einrichtungen oder Stellen in Betracht, die Beschäftigtendaten für Zwecke des Beschäf-

67 Ähnlich Paal/Pauly-*Greber/Nolden*, § 26 Rn. 54.

tigungsverhältnisses verarbeiten.[68] Damit werden beispielsweise innerhalb von Konzernstrukturen auch alle Konzernunternehmen vom Beschäftigtendatenschutz erfasst, die auf personenbezogene Daten aus anderen Konzernunternehmen zugreifen können. Für öffentliche Arbeitgeber aus dem **Bereich der Landesverwaltungen** ist nicht die Definition der Beschäftigten in Abs. 8 einschlägig, sondern die in den entsprechenden Vorschriften der anwendbaren Landesdatenschutzgesetze.

Durch Abs. 8 **Satz 2** werden **Bewerberinnen oder Bewerber** aus daten- **126** schutzrechtlicher Sicht Beschäftigten gleichgestellt. Diese Definition hat allerdings keinen unmittelbaren Einfluss auf Beteiligungsrechte von Betriebs- oder Personalräten, soweit diese sich ausschließlich auf Arbeitnehmerinnen oder Arbeitnehmer beziehen.

XI. Beschäftigtendatenschutz

§ 26 bestimmt insgesamt, unter welchen Umständen Arbeitgeber als daten- **127** schutzrechtliche Verantwortliche Beschäftigtendaten für die Anbahnung, Durchführung oder für die Abwicklung beendeter Beschäftigungsverhältnisse verarbeiten dürfen. Durch die durchgängige Bezugnahme auf die **Erforderlichkeit** der Verarbeitung wird klargestellt, dass alle Verarbeitungen am **Maßstab der Verhältnismäßigkeit** zu prüfen sind. Beschäftigte können deshalb verlangen, dass nur solche Verarbeitungen erfolgen, die so wenig wie möglich in ihre geschützten Interessen, Grundrechte und Grundfreiheiten eingreifen. Weiterhin können sie vom Arbeitgeber fordern, dass er unter mehreren Verarbeitungsalternativen stets die auswählt, die für sie mit den wenigsten Grundrechtseingriffen verbunden sind.

Problematisch ist, dass Beschäftigte ihre **Interessen im Streitfall indivi- 128** **dualrechtlich** gegen ihren Arbeitgeber **durchsetzen müssen**. Hierbei können sie zwar benannte Datenschutzbeauftragte um Unterstützung bitten und sich darüber hinaus an die staatlichen Aufsichtsbehörden wenden. Diese Möglichkeit ist allerdings eher theoretischer Natur, da sich die die Durchsetzung datenschutzrechtlicher Ansprüche im Einzelfall in arbeitsrechtlichen Sanktionen von Arbeitgebern niederschlagen kann.

Entsprechende Probleme gibt es bezogen auf Einwilligungen, die von Ar- **129** beitgebern verlangt werden, um ansonsten unzulässige Verarbeitungen zu legitimieren. Diesbezüglich ist zu vermuten, dass sich für Beschäftigte, die dringend auf eine neue Tätigkeit angewiesen sind, gegenüber der alten Rechtssituation nichts ändert, weil sie im Zweifel Einwilligungen auch dann unterschreiben, wenn sie diese eigentlich gar nicht abgeben wollen. Ist eine solche »schwebend unfreiwillige« Einwilligung der einzige datenschutzrechtliche Erlaubnistatbestand für die Verarbeitungen bestimmter

68 Vgl. *Wybitul*, NZA 2017, 413.

Beschäftigtendaten, nehmen Arbeitgeber allerdings in Kauf, dass ihnen eine wirksame Rechtsgrundlage für den Umgang mit personenbezogenen Informationen fehlt und dass dies im Konfliktfall oder bei einer datenschutzrechtlichen Überprüfung offenkundig wird. Dies kann im Ergebnis neben Schadensersatzforderungen von betroffenen Beschäftigten auch die Verhängung von Geldbußen zur Folge haben.

130 Für die Praxis ist es allerdings bedeutsam, dass Arbeitgeber bei rechtsgrundlosen Verarbeitungen nachfolgend mit Schadensersatzforderungen der betroffenen Beschäftigten konfrontiert werden können. Verlangen etwa Arbeitgeber im Bewerbungsverfahren oder in laufenden Beschäftigungsverhältnissen von Beschäftigten die Mitteilung von personenbezogenen Daten, deren Verarbeitung aus objektiver Sicht nicht erforderlich ist, kann hieraus ein Schadensersatz nach den Grundsätzen in Art. 82 Abs. 1 DSGVO resultieren (vgl. dort Rn. 2 ff.). Dies kann beispielsweise der Fall sein, wenn Bewerberinnen oder Bewerber durch unzulässig durchgeführte psychologische Testverfahren traumatisiert werden, die vorsätzlich Stresssituationen erzeugen.

XII. Hinweise für Betriebs- und Personalräte

131 Betriebs- oder Personalräten kommt nunmehr aufgrund der Öffnungsklausel für den Abschluss von Kollektivvereinbarungen als Grundlage für die Verarbeitung von Beschäftigtendaten in Art. 88 Abs. 1 DSGVO sowie in § 26 Abs. 4 über den durch Art. 6 Abs. 1 DSGVO bestimmten Rahmen hinaus formaljuristisch eine große Bedeutung zu. Mit dem **Abschluss von Betriebs- oder Dienstvereinbarungen** können sie **Verarbeitungen möglich machen**, für die Arbeitgeber ansonsten **keine Rechtsgrundlage** haben. Allerdings müssen Betriebs- oder Personalräte sicherstellen, dass diese Kollektivvereinbarungen **nicht unterhalb der datenschutzrechtlichen Schwelle** bleiben, die die DSGVO und das BDSG setzen. Eine Verschlechterung der datenschutzrechtlichen Situation gegenüber den zwingenden Vorgaben des Datenschutzrechts wäre als Einschränkung der Persönlichkeitsrechte der Beschäftigten mit großer Wahrscheinlichkeit unzulässig.

132 Für eine solche Unzulässigkeit spricht beispielsweise die Regelung in § 75 Abs. 2 Satz 1 BetrVG, nach der Arbeitgeber und Betriebsrat die **freie Entfaltung der Persönlichkeit** der im Betrieb beschäftigten Arbeitnehmer zu **schützen** und zu **fördern** haben. Diesem betriebsverfassungsrechtlichen Grundsatz würde eine kollektivrechtliche Regelung entgegenstehen, durch die mehr und/oder größere Eingriffe in Persönlichkeitsrechte der Beschäftigten legitimiert würden.

133 Die **kollektivrechtlichen Möglichkeiten** werden bezogen auf den Datenschutz **auch dadurch begrenzt**, dass Betriebs- oder Personalräte zwar durch die genannten Vorschriften in der DSGVO bzw. im BDSG ausdrücklich aufgefordert werden, Kollektivvereinbarungen zu diesem Thema abzuschließen. Gleichzeitig hat der nationale Gesetzgeber aber bisher darauf verzichtet, den Interessenvertretungen einschlägige und wirksame Mitwirkungs- und Mitbestimmungsrechte zu diesem Thema einzuräumen. Entsprechende Vereinbarungen sind damit **nur auf freiwilliger Basis** und **im Rahmen bestehender Mitbestimmungsrechte möglich** und **zulässig**. Diese Situation mag aus Sicht von Arbeitgebern problematisch sein, die eine Verarbeitung von Beschäftigtendaten durch eine Kollektivvereinbarung legitimieren wollen, schützt aber zugleich Betriebs- oder Personalräte davor, dass sie zum Abschluss nicht gewollter Regelungen zum Beschäftigtendatenschutz über eine Einigungsstelle gezwungen werden können.

Mit Blick auf das Fehlen erzwingbarer Mitbestimmungsrechte können Betriebs- oder Personalräte auch die **Vereinbarung von »Generalerlaubnisklauseln«** in Betriebs- oder Dienstvereinbarungen **vermeiden**, die Arbeitgebern umfassende Verarbeitungsbefugnisse einräumen, die es nach der DSGVO oder dem BDSG sonst nicht gibt (vgl. Rn. 118). Kollektivvereinbarungen sollten vielmehr darauf abzielen, klare Regeln dazu festschreiben, welche Verarbeitungen über den gesetzlich erlaubten und durch die »Erforderlichkeit« in § 26 Abs. 1 Satz 1 bestimmten Rahmen hinaus genau kollektivrechtlich legitimiert werden sollen. Auf **betrieblicher Ebene** kommen beispielsweise Regelungen zur Verarbeitung von Gesundheitsdaten im Rahmen des betrieblichen Gesundheitsmanagements in Betracht. Auf **Konzernebene** ist diesbezüglich etwa die Legitimation bestimmter unternehmensübergreifender Verarbeitungen möglich, wenn Arbeitgeber gleichzeitig bereit sind, diese durch technische und verfahrensrechtliche Vorschriften so abzusichern, wie dies bei einer Verarbeitung innerhalb eines Unternehmens der Fall wäre. 134

Darüber hinaus können Betriebs- oder Personalräte im Rahmen **bestehender Beteiligungsrechte** darauf hinwirken, dass **datenschutzrechtliche Vorgaben eingehalten** und **optimiert** werden. Betriebsräte können beispielsweise auf der Grundlage von § 80 Abs. 1 Nr. 1 BetrVG vom Arbeitgeber Informationen dazu verlangen, wie die einschlägigen Vorschriften der DSGVO und des BDSG im Betrieb umgesetzt werden. Personalräte im Bereich des Bundes haben entsprechende Informationsansprüche nach § 66 Abs. 1 BPersVG. Da der Arbeitgeber die Informationen nach § 80 Abs. 2 BetrVG umfassend und vollständig erteilen muss, können Betriebsräte beispielsweise bezogen auf die Rechenschaftspflicht nach Art. 5 Abs. 2 DSGVO eine Darlegung dazu verlangen, wie die Grundsätze in § 5 Abs. 1 DSGVO bezogen auf Beschäftigtendaten konkret umgesetzt werden. Gibt es eine Personalplanung, können Betriebsräte auf der Grundlage von § 92 BetrVG Auskunft darüber verlangen, welche digitalen Auswahlverfahren es gibt. 135

Unabhängig von der möglichen Ausgestaltung von Kollektivvereinbarungen zum Beschäftigtendatenschutz können Betriebs- oder Personalräte in der 136

Bewerbungsphase von Arbeitgebern verlangen, dass von allen Bewerberinnen und Bewerbern nur Informationen erhoben und verarbeitet werden, die nach § 26 Abs. 1 Satz 1 erforderlich sind. Um bewerten zu können, ob dies der Fall ist, können sie auf der Grundlage ihrer bestehenden Informationsrechte (etwa nach § 80 Abs. 2 BetrVG oder nach § 66 Abs. 1 BPersVG) Auskunft darüber verlangen, welchen Zwecken eine Verarbeitung dient und auf Basis welcher Überlegungen und Informationen eine Verhältnismäßigkeitsprüfung durchgeführt wurde. Soweit für die Erhebung von personenbezogenen Daten Personalfragebogen verwendet werden, können Betriebs- oder Personalräte bestehende Mitbestimmungsrechte geltend machen (etwa nach § 94 Abs. 1 BetrVG oder nach § 80 Abs. 1 Nr. 15 BPersVG). Bezogen auf für die Verarbeitung von Beschäftigtendaten eingesetzte IT-Systeme kommen darüber hinaus die einschlägigen Mitbestimmungsrechte bei hiermit möglichen Verhaltens- oder Leistungskontrollen zur Anwendung (etwa nach § 87 Abs. 1 Nr. 6 BetrVG oder nach § 80 Abs. 1 Nr. 21 BPersVG).

137 Werden Personalfragebogen verwendet, um Informationen bei Bewerberinnen oder Bewerbern bzw. bei bereits beschäftigten Personen zu erheben, können Betriebsräte deren Inhalt nach § 94 Abs. 1 BetrVG mitbestimmen. Gleiches gilt, wenn allgemeine Beurteilungsgrundsätze aufgestellt werden, da diesbezüglich nach § 94 Abs. 2 BetrVG ebenfalls ein Mitbestimmungsrecht besteht.

138 Bezüglich der **Ausschreibung** von neuen oder freiwerdenden Stellen kann ein Betriebsrat nach § 93 BetrVG verlangen, dass diese im Betrieb ausgeschrieben werden. Gleiches gilt bezüglich der Aufstellung von Auswahlrichtlinien, die auf Antrag eines Arbeitgebers nach § 95 Abs. 1 Satz 2 BetrVG von der Einigungsstelle festgelegt werden können. Kommt es zu Einstellungen und ist der Betriebsrat der begründeten Auffassung, dass es Datenschutzverstöße gegeben hat, kann er möglicherweise daraus Gründe für einen Widerspruch ableiten.

139 Das stärkste Mitbestimmungsrecht leitet sich, bezogen auf den Beschäftigtendatenschutz und die Verarbeitung dieser Informationen mit technischen Einrichtungen, aus § 87 Abs. 1 Nr. 6 BetrVG bzw. im Anwendungsbereich des BPersVG in der Bundesverwaltung aus der textidentischen Regelung in § 80 Abs. 1 Nr. 21 BPersVG ab. Dieses Mitbestimmungsrecht besteht immer, wenn mit einzuführenden oder anwendbaren **technischen Einrichtungen eine Kontrolle von Beschäftigten** auch nur theoretisch möglich ist. Auf konkrete Überwachungsabsichten des Arbeitgebers kommt es dabei nicht an.[69] Betriebs- oder Personalräte können die Feststellung, dass Systeme, mit denen personenbezogene Daten verarbeitet werden, datenschutzkonform betrieben werden, zur Voraussetzung ihrer Zustimmung machen. Auf dieser

---

69 BAG 6.12.1983 – 1 ABR 43/81.

Grundlage können sie beispielsweise heimliche oder verdeckte Formen der Überwachung ebenso vermeiden bzw. regeln, wie unzulässige Vorratsdatenspeicherungen oder den Einsatz von KI-Systemen, mit denen zweckfreie Datenverarbeitungen stattfinden.

Weiterhin können Betriebs- oder Personalräte von Arbeitgebern Darlegungen dazu verlangen, wie im Zusammenhang mit der Einführung und Anwendung technischer Einrichtungen die in Art. 5 Abs. 1 DSGVO enthaltenen Grundsätze praktisch umgesetzt werden. 140

§ 27 Datenverarbeitung zu wissenschaftlichen oder historischen Forschungszwecken oder zu statistischen Zwecken

(1) Abweichend von Artikel 9 Absatz 1 der Verordnung (EU) 2016/679 ist die Verarbeitung besonderer Kategorien personenbezogener Daten im Sinne des Artikels 9 Absatz 1 der Verordnung (EU) 2016/679 auch ohne Einwilligung für wissenschaftliche oder historische Forschungszwecke oder für statistische Zwecke zulässig, wenn die Verarbeitung zu diesen Zwecken erforderlich ist und die Interessen des Verantwortlichen an der Verarbeitung die Interessen der betroffenen Person an einem Ausschluss der Verarbeitung erheblich überwiegen. Der Verantwortliche sieht angemessene und spezifische Maßnahmen zur Wahrung der Interessen der betroffenen Person gemäß § 22 Absatz 2 Satz 2 vor.

(2) Die in den Artikeln 15, 16, 18 und 21 der Verordnung (EU) 2016/679 vorgesehenen Rechte der betroffenen Person sind insoweit beschränkt, als diese Rechte voraussichtlich die Verwirklichung der Forschungs- oder Statistikzwecke unmöglich machen oder ernsthaft beinträchtigen und die Beschränkung für die Erfüllung der Forschungs- oder Statistikzwecke notwendig ist. Das Recht auf Auskunft gemäß Artikel 15 der Verordnung (EU) 2016/679 besteht darüber hinaus nicht, wenn die Daten für Zwecke der wissenschaftlichen Forschung erforderlich sind und die Auskunftserteilung einen unverhältnismäßigen Aufwand erfordern würde.

(3) Ergänzend zu den in § 22 Absatz 2 genannten Maßnahmen sind zu wissenschaftlichen oder historischen Forschungszwecken oder zu statistischen Zwecken verarbeitete besondere Kategorien personenbezogener Daten im Sinne des Artikels 9 Absatz 1 der Verordnung (EU) 2016/679 zu anonymisieren, sobald dies nach dem Forschungs- oder Statistikzweck möglich ist, es sei denn, berechtigte Interessen der betroffenen Person stehen dem entgegen. Bis dahin sind die Merkmale gesondert zu speichern, mit denen Einzelangaben über persönliche oder sachliche Verhältnisse einer bestimmten oder bestimmbaren Person zugeordnet werden können. Sie dürfen mit den Einzelangaben nur zusammengeführt werden, soweit der Forschungs- oder Statistikzweck dies erfordert.

(4) Der Verantwortliche darf personenbezogene Daten nur veröffentlichen, wenn die betroffene Person eingewilligt hat oder dies für die Darstellung von Forschungsergebnissen über Ereignisse der Zeitgeschichte unerlässlich ist.

Durch die Vorschrift wird der Umgang mit personenbezogenen Daten für wissenschaftliche oder historische Forschungszwecke oder zu statistischen Zwecken geregelt. Es muss sich um Forschung handeln, die die Vorgabe der Wissenschaftlichkeit erfüllt und damit nach Form und Inhalt als ernsthafter und planmäßiger Versuch zur Ermittlung der Wahrheit anzusehen ist.[1] Dies schließt Verarbeitungen durch Institutionen aus, die nicht eindeutig wissenschaftliche oder historische Forschungszwecke verfolgen.

§ 28 Datenverarbeitung zu im öffentlichen Interesse liegenden Archivzwecken

(1) Abweichend von Artikel 9 Absatz 1 der Verordnung (EU) 2016/679 ist die Verarbeitung besonderer Kategorien personenbezogener Daten im Sinne des Artikels 9 Absatz 1 der Verordnung (EU) 2016/679 zulässig, wenn sie für im öffentlichen Interesse liegende Archivzwecke erforderlich ist. Der Verantwortliche sieht angemessene und spezifische Maßnahmen zur Wahrung der Interessen der betroffenen Person gemäß § 22 Absatz 2 Satz 2 vor.

(2) Das Recht auf Auskunft der betroffenen Person gemäß Artikel 15 der Verordnung (EU) 2016/679 besteht nicht, wenn das Archivgut nicht durch den Namen der Person erschlossen ist oder keine Angaben gemacht werden, die das Auffinden des betreffenden Archivguts mit vertretbarem Verwaltungsaufwand ermöglichen.

(3) Das Recht auf Berichtigung der betroffenen Person gemäß Artikel 16 der Verordnung (EU) 2016/679 besteht nicht, wenn die personenbezogenen Daten zu Archivzwecken im öffentlichen Interesse verarbeitet werden. Bestreitet die betroffene Person die Richtigkeit der personenbezogenen Daten, ist ihr die Möglichkeit einer Gegendarstellung einzuräumen. Das zuständige Archiv ist verpflichtet, die Gegendarstellung den Unterlagen hinzuzufügen.

(4) Die in Artikel 18 Absatz 1 Buchstabe a, b und d, den Artikeln 20 und 21 der Verordnung (EU) 2016/679 vorgesehenen Rechte bestehen nicht, soweit diese Rechte voraussichtlich die Verwirklichung der im öffentlichen Interesse liegenden Archivzwecke unmöglich machen oder ernst-

1 BVerfG 29.5.1973 – 1 BvR 424/71; zum Ganzen ausführlich DWWS-*Weichert*, Art. 85 DSGVO, Rn. 37ff.

haft beeinträchtigen und die Ausnahmen für die Erfüllung dieser Zwecke erforderlich sind.

§ 29 Rechte der betroffenen Person und aufsichtsbehördliche Befugnisse im Fall von Geheimhaltungspflichten

(1) Die Pflicht zur Information der betroffenen Person gemäß Artikel 14 Absatz 1 bis 4 der Verordnung (EU) 2016/679 besteht ergänzend zu den in Artikel 14 Absatz 5 der Verordnung (EU) 2016/679 genannten Ausnahmen nicht, soweit durch ihre Erfüllung Informationen offenbart würden, die ihrem Wesen nach, insbesondere wegen der überwiegenden berechtigten Interessen eines Dritten, geheim gehalten werden müssen. Das Recht auf Auskunft der betroffenen Person gemäß Artikel 15 der Verordnung (EU) 2016/679 besteht nicht, soweit durch die Auskunft Informationen offenbart würden, die nach einer Rechtsvorschrift oder ihrem Wesen nach, insbesondere wegen der überwiegenden berechtigten Interessen eines Dritten, geheim gehalten werden müssen. Die Pflicht zur Benachrichtigung gemäß Artikel 34 der Verordnung (EU) 2016/679 besteht ergänzend zu der in Artikel 34 Absatz 3 der Verordnung (EU) 2016/679 genannten Ausnahme nicht, soweit durch die Benachrichtigung Informationen offenbart würden, die nach einer Rechtsvorschrift oder ihrem Wesen nach, insbesondere wegen der überwiegenden berechtigten Interessen eines Dritten, geheim gehalten werden müssen. Abweichend von der Ausnahme nach Satz 3 ist die betroffene Person nach Artikel 34 der Verordnung (EU) 2016/679 zu benachrichtigen, wenn die Interessen der betroffenen Person, insbesondere unter Berücksichtigung drohender Schäden, gegenüber dem Geheimhaltungsinteresse überwiegen.
(2) Werden Daten Dritter im Zuge der Aufnahme oder im Rahmen eines Mandatsverhältnisses an einen Berufsgeheimnisträger übermittelt, so besteht die Pflicht der übermittelnden Stelle zur Information der betroffenen Person gemäß Artikel 13 Absatz 3 der Verordnung (EU) 2016/679 nicht, sofern nicht das Interesse der betroffenen Person an der Informationserteilung überwiegt.
(3) Gegenüber den in § 203 Absatz 1, 2a und 3 des Strafgesetzbuchs genannten Personen oder deren Auftragsverarbeitern bestehen die Untersuchungsbefugnisse der Aufsichtsbehörden gemäß Artikel 58 Absatz 1 Buchstabe e und f der Verordnung (EU) 2016/679 nicht, soweit die Inanspruchnahme der Befugnisse zu einem Verstoß gegen die Geheimhaltungspflichten dieser Personen führen würde. Erlangt eine Aufsichtsbehörde im Rahmen einer Untersuchung Kenntnis von Daten, die einer Geheimhaltungspflicht im Sinne des Satzes 1 unterliegen, gilt die Geheimhaltungspflicht auch für die Aufsichtsbehörde.

1 Durch diese Regelung werden Informations- und Auskunftsrechte betroffener Personen gegenüber **Geheimnisträgern** begrenzt. Die nach **Abs. 1** bestehende Beschränkung ist insbesondere gegeben, wenn Verantwortliche einem **Berufsgeheimnis** oder **gesetzlichen Geheimhaltungspflichten** unterliegen. Die Vorschrift soll beispielsweise einschlägig sein, wenn Personalberatungen für hochrangige Positionen Kandidaten suchen oder wenn Privatdetektive Überwachungen durchführen.[1] Bezogen auf **Auskunftsansprüche von Beschäftigten** gegenüber Arbeitgebern scheidet eine Berufung auf Geheimhaltungspflichten aus, da es diese bezogen auf die eigenen Daten von Beschäftigten so nicht gibt.

2 Durch die Regelung in **Abs. 2** wird ein besonderer Schutz für **Mandatsverhältnisse** geschaffen, für die es eine besondere Vertraulichkeit gibt, etwa für Rechtsanwälte, Notare oder Steuerberater. Geschützt werden damit die Träger von Berufsgeheimnissen i. S. v. § 203 Abs. 1, Abs. 4 StGB.

3 Durch **Abs. 3** werden die **gesetzlichen Befugnisse** von staatlichen Datenschutzaufsichtsbehörden gegenüber den Trägern von Geheimnissen oder Berufsgeheimnissen **eingeschränkt.**

§ 30 Verbraucherkredite

(1) Eine Stelle, die geschäftsmäßig personenbezogene Daten, die zur Bewertung der Kreditwürdigkeit von Verbrauchern genutzt werden dürfen, zum Zweck der Übermittlung erhebt, speichert oder verändert, hat Auskunftsverlangen von Darlehensgebern aus anderen Mitgliedstaaten der Europäischen Union genauso zu behandeln wie Auskunftsverlangen inländischer Darlehensgeber.

(2) Wer den Abschluss eines Verbraucherdarlehensvertrags oder eines Vertrags über eine entgeltliche Finanzierungshilfe mit einem Verbraucher infolge einer Auskunft einer Stelle im Sinne des Absatzes 1 ablehnt, hat den Verbraucher unverzüglich hierüber sowie über die erhaltene Auskunft zu unterrichten. Die Unterrichtung unterbleibt, soweit hierdurch die öffentliche Sicherheit oder Ordnung gefährdet würde. § 37 bleibt unberührt.

§ 31 Schutz des Wirtschaftsverkehrs bei Scoring und Bonitätsauskünften

(1) Die Verwendung eines Wahrscheinlichkeitswerts über ein bestimmtes zukünftiges Verhalten einer natürlichen Person zum Zweck der Entscheidung über die Begründung, Durchführung oder Beendigung

1 Vgl. Gola/Heckmann-*Lapp*, § 29 Rn. 13.

eines Vertragsverhältnisses mit dieser Person (Scoring) ist nur zulässig, wenn
1. die Vorschriften des Datenschutzrechts eingehalten wurden,
2. die zur Berechnung des Wahrscheinlichkeitswerts genutzten Daten unter Zugrundelegung eines wissenschaftlich anerkannten mathematisch-statistischen Verfahrens nachweisbar für die Berechnung der Wahrscheinlichkeit des bestimmten Verhaltens erheblich sind,
3. für die Berechnung des Wahrscheinlichkeitswerts nicht ausschließlich Anschriftendaten genutzt wurden und
4. im Fall der Nutzung von Anschriftendaten die betroffene Person vor Berechnung des Wahrscheinlichkeitswerts über die vorgesehene Nutzung dieser Daten unterrichtet worden ist; die Unterrichtung ist zu dokumentieren.

(2) Die Verwendung eines von Auskunfteien ermittelten Wahrscheinlichkeitswerts über die Zahlungsfähig- und Zahlungswilligkeit einer natürlichen Person ist im Fall der Einbeziehung von Informationen über Forderungen nur zulässig, soweit die Voraussetzungen nach Absatz 1 vorliegen und nur solche Forderungen über eine geschuldete Leistung, die trotz Fälligkeit nicht erbracht worden ist, berücksichtigt werden,
1. die durch ein rechtskräftiges oder für vorläufig vollstreckbar erklärtes Urteil festgestellt worden sind oder für die ein Schuldtitel nach § 794 der Zivilprozessordnung vorliegt,
2. die nach § 178 der Insolvenzordnung festgestellt und nicht vom Schuldner im Prüfungstermin bestritten worden sind,
3. die der Schuldner ausdrücklich anerkannt hat,
4. bei denen
   a) der Schuldner nach Eintritt der Fälligkeit der Forderung mindestens zweimal schriftlich gemahnt worden ist,
   b) die erste Mahnung mindestens vier Wochen zurückliegt,
   c) der Schuldner zuvor, jedoch frühestens bei der ersten Mahnung, über eine mögliche Berücksichtigung durch eine Auskunftei unterrichtet worden ist und
   d) der Schuldner die Forderung nicht bestritten hat oder
5. deren zugrunde liegendes Vertragsverhältnis aufgrund von Zahlungsrückständen fristlos gekündigt werden kann und bei denen der Schuldner zuvor über eine mögliche Berücksichtigung durch eine Auskunftei unterrichtet worden ist.

Die Zulässigkeit der Verarbeitung, einschließlich der Ermittlung von Wahrscheinlichkeitswerten, von anderen bonitätsrelevanten Daten nach allgemeinem Datenschutzrecht bleibt unberührt.

Kapitel 2
Rechte der betroffenen Personen

§ 32 Informationspflicht bei Erhebung von personenbezogenen Daten bei der betroffenen Person

(1) Die Pflicht zur Information der betroffenen Person gemäß Artikel 13 Absatz 3 der Verordnung (EU) 2016/679 besteht ergänzend zu der in Artikel 13 Absatz 4 der Verordnung (EU) 2016/679 genannten Ausnahme dann nicht, wenn die Erteilung der Information über die beabsichtigte Weiterverarbeitung

1. eine Weiterverarbeitung analog gespeicherter Daten betrifft, bei der sich der Verantwortliche durch die Weiterverarbeitung unmittelbar an die betroffene Person wendet, der Zweck mit dem ursprünglichen Erhebungszweck gemäß der Verordnung (EU) 2016/679 vereinbar ist, die Kommunikation mit der betroffenen Person nicht in digitaler Form erfolgt und das Interesse der betroffenen Person an der Informationserteilung nach den Umständen des Einzelfalls, insbesondere mit Blick auf den Zusammenhang, in dem die Daten erhoben wurden, als gering anzusehen ist,
2. im Fall einer öffentlichen Stelle die ordnungsgemäße Erfüllung der in der Zuständigkeit des Verantwortlichen liegenden Aufgaben im Sinne des Artikels 23 Absatz 1 Buchstabe a bis e der Verordnung (EU) 2016/679 gefährden würde und die Interessen des Verantwortlichen an der Nichterteilung der Information die Interessen der betroffenen Person überwiegen,
3. die öffentliche Sicherheit oder Ordnung gefährden oder sonst dem Wohl des Bundes oder eines Landes Nachteile bereiten würde und die Interessen des Verantwortlichen an der Nichterteilung der Information die Interessen der betroffenen Person überwiegen,
4. die Geltendmachung, Ausübung oder Verteidigung rechtlicher Ansprüche beeinträchtigen würde und die Interessen des Verantwortlichen an der Nichterteilung der Information die Interessen der betroffenen Person überwiegen oder
5. eine vertrauliche Übermittlung von Daten an öffentliche Stellen gefährden würde.

(2) Unterbleibt eine Information der betroffenen Person nach Maßgabe des Absatzes 1, ergreift der Verantwortliche geeignete Maßnahmen zum Schutz der berechtigten Interessen der betroffenen Person, einschließlich der Bereitstellung der in Artikel 13 Absatz 1 und 2 der Verordnung (EU) 2016/679 genannten Informationen für die Öffentlichkeit in

präziser, transparenter, verständlicher und leicht zugänglicher Form in einer klaren und einfachen Sprache. Der Verantwortliche hält schriftlich fest, aus welchen Gründen er von einer Information abgesehen hat. Die Sätze 1 und 2 finden in den Fällen des Absatzes 1 Nummer 4 und 5 keine Anwendung.

(3) Unterbleibt die Benachrichtigung in den Fällen des Absatzes 1 wegen eines vorübergehenden Hinderungsgrundes, kommt der Verantwortliche der Informationspflicht unter Berücksichtigung der spezifischen Umstände der Verarbeitung innerhalb einer angemessenen Frist nach Fortfall des Hinderungsgrundes, spätestens jedoch innerhalb von zwei Wochen, nach.

Inhaltsübersicht Rn.

I. Übersicht

Die Vorschrift bezieht sich nur auf die nach Art. 13 Abs. 3 DSGVO im Falle von Zweckänderungen eintretenden **Informationspflicht**. Alle **anderen Informationsansprüche** von betroffenen Personen bleiben von dieser Vorschrift **unberührt**. Sie enthält in **Abs. 1** einer abschließenden Aufzählung **fünf Sachverhalte**, bei denen die Informationspflicht nach Art. 13 Abs. 3 DSGVO begrenzt wird. 1

Nach Abs. 1 **Nr. 1** entfällt die Informationspflicht, wenn eine **ausschließlich analoge Verarbeitung** personenbezogener Daten erfolgt. Praktische Voraussetzung ist, dass nur analoge Mittel genutzt werden, etwa eine konventionelle Schreibmaschine ohne Speichermöglichkeit oder ein handgeschriebener Brief. Weiterhin setzt der Tatbestand voraus, dass sich der Verantwortliche **unmittelbar an die betroffenen Personen** wendet. Mit Blick auf die fortschreitende Digitalisierung ist der Anwendungsbereich dieser Vorschrift schon jetzt nur gering und wird in Zukunft weiter abnehmen. 2

Abs. 1 **Nr. 2** richtet sich **ausschließlich an öffentliche Stellen**. Sie sollen dann nicht zur Information der Betroffenen verpflichtet sein, wenn hierdurch ihre **Aufgabenerfüllung gefährdet** wäre und wenn die Interessen des öffentlichen Verantwortlichen überwiegen. Mit Blick auf spezialgesetzliche Regelungen zum Polizei- und Sicherheitsbereich ist der **Anwendungsbereich** dieser Vorschrift **klein**. 3

Abs. 1 **Nr. 3** bezieht sich auf eine **Gefährdung der öffentlichen Sicherheit** oder **Ordnung**. In Betracht kommt der in diesen Fällen für öffentliche wie nichtöffentliche Verantwortliche bestehende Wegfall der Informationspflicht in der Praxis wohl nur, wenn es sich beispielsweise um die Vor- 4 bereitung terroristischer Aktivitäten oder um die Zerstörung von systemrelevanten Betrieben handeln würde.

5 Abs. 1 **Nr. 4** lässt einen **Informationsanspruch** bei Zweckänderungen **entfallen**, wenn dieser die Geltendmachung, Ausübung oder Verteidigung **rechtlicher Ansprüche beeinträchtigt** würde **und** wenn die **Interessen** der Verantwortlichen an einer Nichterteilung **überwiegen**. Die Praxisrelevanz dieser Vorschrift ist mit Blick darauf, dass beispielsweise im Zivilprozess zwischen allen Beteiligten Transparenz über Prozesshandlungen gegeben ist, schwer nachvollziehbar. Nicht erfasst sind arbeitsrechtliche und öffentlich-rechtliche Ansprüche.[1]

6 Nach Abs. 1 **Nr. 5** entfällt die Informationspflicht, wenn hierdurch eine **vertrauliche Übermittlung** von Daten an öffentliche Stellen **gefährdet würde**. Es soll für diese Fälle beispielsweise sichergestellt werden, dass eine staatliche Aufsichtsbehörde wie der BfDI keine Auskunft darüber geben muss, wenn sich eine Bürgerin oder ein Bürger wegen eines vermuteten Datenschutzverstoßes an ihn gewandt hat und dabei Informationen aus einem Betrieb offenbart. Bezogen auf grobe und verfälschte Informationen kommt die Vorschrift nicht zur Anwendung.[2] Der Anwendungsbereich der Vorschrift beschränkt sich auf den öffentlichen Bereich und kommt für Verantwortliche aus dem nichtöffentlichen Bereich insbesondere bezogen auf Beschäftigte daher nicht zur Anwendung.

7 Unterbleibt eine Information der betroffenen Personen nach Abs. 1, so sind Verantwortliche nach **Abs. 2 Satz 1** verpflichtet, zugunsten der betroffenen Personen **besondere Schutzmaßnahmen** zu ergreifen. Hierzu kann die Bereitstellung einer allgemeinen Information auf der Webseite des Verantwortlichen gehören.[3] Nach **Abs. 2 Satz 2** müssen Verantwortliche weiterhin **schriftlich festhalten**, aus welchen Gründen sie von einer Information abgesehen haben. Diese Information muss neben staatlichen Aufsichtsbehörden auch den betroffenen Beschäftigten mitgeteilt werden, sobald dies möglich ist.

8 Nach **Abs. 3** muss die Information an die betroffenen Personen innerhalb von **zwei Wochen** nachgeholt werden.

II. Beschäftigtendatenschutz

9 Für das Verhältnis zwischen Arbeitgebern und Beschäftigen leiten sich aus § 32 allenfalls in seltenen Ausnahmen Beschränkungen der nach den Regeln der DSGVO bestehenden Informationspflicht ab. Diese sind im nicht-

1 Vgl. DWWS-*Däubler*, § 32 Rn. 8.
2 Vgl. DWWS-*Däubler*, § 32 Rn. 9.
3 Vgl. BT-Drs. 18/11325, 103.

öffentlichen Bereich praktisch nur bezogen auf Abs. 1 Nr. 4 für die Geltendmachung, Ausübung oder Verteidigung rechtlicher Ansprüche denkbar. Allerdings ist zu beachten, dass Arbeitgeber als Verantwortliche nur befugt sind, solche Daten von Beschäftigten zu verarbeiten, die für die Anbahnung, Durchführung oder Abwicklung von Beschäftigungsverhältnissen erforderlich sind. Ist dies der Fall wie bei der angestrebten Bestätigung vorliegender Verdachtsmomente durch Einschaltung eines Privatdetektivs, ist schon mit Blick auf den Grundsatz der Transparenz in Art. 5 Abs. 1 Buchst. a DSGVO sowie auf das allgemeine Transparenzgebot in Art. 12 Abs. 1 DSGVO vom Überwiegen der Interessen der betroffenen Beschäftigten daran auszugehen, über sie betreffende vorliegende Erkenntnisse schnell informiert zu werden. Dies spricht im Rahmen einer Interessenabwägung gegen die Zulässigkeit eines verdeckten Vorgehens gegen Beschäftigte, das einerseits im Widerspruch zu den allgemeinen Vorgaben in Art. 88 Abs. 2 DSGVO stünde (vgl. dort Rn. 8ff.) und andererseits im Gegensatz zur einschlägigen Rechtsprechung des BAG, das heimliche oder verdeckte Formen der Überwachung von Beschäftigten nur in seltenen Ausnahmefällen vorsieht (vgl. § 26 Rn. 85ff.). Insoweit ist davon auszugehen, dass die nach Abs. 1 Nr. 4 bestehenden Möglichkeiten bezogen auf Beschäftigte an der fehlenden Erforderlichkeit nach § 26 Abs. 1 Satz 1 scheitern sowie am klaren Überwiegen ihrer Interessen am Ausschluss einer solchen Verarbeitung. Ein Verzicht auf diese Information durch Arbeitgeber als Verantwortliche scheidet damit aus.

§ 33 Informationspflicht, wenn die personenbezogenen Daten nicht bei der betroffenen Person erhoben wurden

(1) Die Pflicht zur Information der betroffenen Person gemäß Artikel 14 Absatz 1, 2 und 4 der Verordnung (EU) 2016/679 besteht ergänzend zu den in Artikel 14 Absatz 5 der Verordnung (EU) 2016/679 und der in § 29 Absatz 1 Satz 1 genannten Ausnahme nicht, wenn die Erteilung der Information

1. im Fall einer öffentlichen Stelle
   a) die ordnungsgemäße Erfüllung der in der Zuständigkeit des Verantwortlichen liegenden Aufgaben im Sinne des Artikels 23 Absatz 1 Buchstabe a bis e der Verordnung (EU) 2016/679 gefährden würde oder
   b) die öffentliche Sicherheit oder Ordnung gefährden oder sonst dem Wohl des Bundes oder eines Landes Nachteile bereiten würde

und deswegen das Interesse der betroffenen Person an der Informationserteilung zurücktreten muss,

2. im Fall einer nichtöffentlichen Stelle

a) die Geltendmachung, Ausübung oder Verteidigung zivilrechtlicher Ansprüche beeinträchtigen würde oder die Verarbeitung Daten aus zivilrechtlichen Verträgen beinhaltet und der Verhütung von Schäden durch Straftaten dient, sofern nicht das berechtigte Interesse der betroffenen Person an der Informationserteilung überwiegt, oder

b) die zuständige öffentliche Stelle gegenüber dem Verantwortlichen festgestellt hat, dass das Bekanntwerden der Daten die öffentliche Sicherheit oder Ordnung gefährden oder sonst dem Wohl des Bundes oder eines Landes Nachteile bereiten würde; im Fall der Datenverarbeitung für Zwecke der Strafverfolgung bedarf es keiner Feststellung nach dem ersten Halbsatz.

(2) Unterbleibt eine Information der betroffenen Person nach Maßgabe des Absatzes 1, ergreift der Verantwortliche geeignete Maßnahmen zum Schutz der berechtigten Interessen der betroffenen Person, einschließlich der Bereitstellung der in Artikel 14 Absatz 1 und 2 der Verordnung (EU) 2016/679 genannten Informationen für die Öffentlichkeit in präziser, transparenter, verständlicher und leicht zugänglicher Form in einer klaren und einfachen Sprache. Der Verantwortliche hält schriftlich fest, aus welchen Gründen er von einer Information abgesehen hat.

(3) Bezieht sich die Informationserteilung auf die Übermittlung personenbezogener Daten durch öffentliche Stellen an Verfassungsschutzbehörden, den Bundesnachrichtendienst, den Militärischen Abschirmdienst und, soweit die Sicherheit des Bundes berührt wird, andere Behörden des Bundesministeriums der Verteidigung, ist sie nur mit Zustimmung dieser Stellen zulässig.

1 Durch die Vorschrift werden Abweichungen von der nach Art. 14 DSGVO bestehenden Verpflichtung festgeschrieben, betroffene Personen zu informieren, wenn Daten außerhalb der Direkterhebung gesammelt werden. Die Vorschrift bezieht sich sowohl auf Erhebungen wie auch auf Zweckänderungen.

2 Die Regelungen in Abs. 1 **Nr. 1** gelten **nur** für **öffentliche Stellen** und entsprechen denen in § 32 Abs. 1 Nr. 2 und 3 (vgl. dort Rn. 2f.).

3 Durch Abs. 1 **Nr. 2** wird bezogen auf **nichtöffentliche Stellen** eine **Ausnahme** für den Fall festgeschrieben, dass diese mit der Information betroffener Personen die Geltendmachung, Ausübung oder Verteidigung zivilrechtlicher Ansprüche beeinträchtigen würde oder dass die Verarbeitung der Verhütung von Schäden durch Straftaten dient. Letztlich handelt es sich um eine **Ausdehnung des staatlichen »Geheimbereichs«** auf Privatunternehmen, die aber durch eine zuständige öffentliche Stelle gegenüber Verantwortlichen aus dem nichtöffentlichen Bereich im Einzelfall **verbindlich festgestellt**

werden muss.[1] Für die Anwendung dieser Vorschrift sind im **arbeitsrechtlichen Bereich** mit Blick auf die überwiegenden berechtigten Interessen der betroffenen Personen an der Informationserteilung durch ihre Arbeitgeber nur wenige Konstellationen denkbar.

Die Regelung zu den **Schutzmaßnahmen** in **Abs. 2** entspricht praktisch der 4
in § 32 Abs. 2 (vgl. dort Rn. 7). Die notwendige Information ist den betroffenen Personen ggf. dann zu erteilen, wenn hier ein in der Vorschrift genanntes Hindernis nicht mehr entgegensteht.

Durch **Abs. 3** wird die Information betroffener Personen für den Fall ge- 5
regelt, dass ihre Daten an den **Verfassungsschutz**, den **Bundesnachrichtendienst**, an den **Militärischen Abschirmdienst** oder an eine andere **vergleichbare Behörde** aus dem Sicherheitsbereich weitergegeben werden. In diesen Fällen ist eine Information betroffener Personen nur mit Zustimmung dieser Stellen zulässig. Diese Vorgabe bindet auch Arbeitgeber, wenn sie aufgrund einschlägiger rechtlicher Vorgaben Daten von Beschäftigten an eine dieser Sicherheitsbehörden weitergeben müssen.

§ 34 Auskunftsrecht der betroffenen Person

(1) Das Recht auf Auskunft der betroffenen Person gemäß Artikel 15 der Verordnung (EU) 2016/679 besteht ergänzend zu den in § 27 Absatz 2, § 28 Absatz 2 und § 29 Absatz 1 Satz 2 genannten Ausnahmen nicht, wenn

1. **die betroffene Person nach § 33 Absatz 1 Nummer 1, 2 Buchstabe b oder Absatz 3 nicht zu informieren ist, oder**
2. **die Daten**
   a) **nur deshalb gespeichert sind, weil sie aufgrund gesetzlicher oder satzungsmäßiger Aufbewahrungsvorschriften nicht gelöscht werden dürfen, oder**
   b) **ausschließlich Zwecken der Datensicherung oder der Datenschutzkontrolle dienen**

und die Auskunftserteilung einen unverhältnismäßigen Aufwand erfordern würde sowie eine Verarbeitung zu anderen Zwecken durch geeignete technische und organisatorische Maßnahmen ausgeschlossen ist.

(2) Die Gründe der Auskunftsverweigerung sind zu dokumentieren. Die Ablehnung der Auskunftserteilung ist gegenüber der betroffenen Person zu begründen, soweit nicht durch die Mitteilung der tatsächlichen und rechtlichen Gründe, auf die die Entscheidung gestützt wird, der mit der Auskunftsverweigerung verfolgte Zweck gefährdet würde. Die zum Zweck der Auskunftserteilung an die betroffene Person und zu deren

1 Vgl. DWWS-*Däubler*, § 33 Rn. 9.

Vorbereitung gespeicherten Daten dürfen nur für diesen Zweck sowie für Zwecke der Datenschutzkontrolle verarbeitet werden; für andere Zwecke ist die Verarbeitung nach Maßgabe des Artikels 18 der Verordnung (EU) 2016/679 einzuschränken.

(3) Wird der betroffenen Person durch eine öffentliche Stelle des Bundes keine Auskunft erteilt, so ist sie auf ihr Verlangen der oder dem Bundesbeauftragten zu erteilen, soweit nicht die jeweils zuständige oberste Bundesbehörde im Einzelfall feststellt, dass dadurch die Sicherheit des Bundes oder eines Landes gefährdet würde. Die Mitteilung der oder des Bundesbeauftragten an die betroffene Person über das Ergebnis der datenschutzrechtlichen Prüfung darf keine Rückschlüsse auf den Erkenntnisstand des Verantwortlichen zulassen, sofern dieser nicht einer weitergehenden Auskunft zustimmt.

(4) Das Recht der betroffenen Person auf Auskunft über personenbezogene Daten, die durch eine öffentliche Stelle weder automatisiert verarbeitet noch nicht automatisiert verarbeitet und in einem Dateisystem gespeichert werden, besteht nur, soweit die betroffene Person Angaben macht, die das Auffinden der Daten ermöglichen, und der für die Erteilung der Auskunft erforderliche Aufwand nicht außer Verhältnis zu dem von der betroffenen Person geltend gemachten Informationsinteresse steht.

Inhaltsübersicht

I. Allgemeines

1 Die vom Gesetzgeber gewählte Überschrift dieser Vorschrift ist eine »**Mogelpackung**«. Sie schafft nämlich keine neuen Auskunftsrechte oder präzisiert bestehende, sondern beinhaltet **Reduzierungen** der in der DSGVO enthaltenen **Rechte der Betroffenen**, soweit der nationale Gesetzgeber diese auf der Grundlage von Art. 23 DSGVO für zulässig hält.

2 **Spezifische Einschränkungen** des Auskunftsrechts nach Art. 15 DSGVO sind in **Abs. 1** enthalten. Durch diese werden die Begrenzungen der Rechte der Betroffenen ausgeweitet, die sich in den §§ 27 Abs. 2, 28 Abs. 2 und 29 Abs. 1 Satz 2 finden. **Abs. 2** enthält Vorgaben zur **Dokumentation** von Auskunftsverweigerungen und in bestimmten Fällen zur **Mitteilung** der Ablehnung an die betroffenen Personen. **Abs. 3** bezieht sich nur auf **öffentliche Stellen des Bundes** und legt im Falle einer **Auskunftsverweigerung**

gegenüber betroffenen Personen eine **Auskunftspflicht gegenüber** der oder dem **BfDI** fest. Ebenfalls nur auf öffentliche Stellen bezogen enthält **Abs. 4** Regelungen zum Umgang mit personenbezogenen Daten, die von diesen **nicht in einem Dateisystem** verarbeitet werden.

Die in § 34 enthaltenen Einschränkungen der Auskunftsrechte betroffener 3
Personen sind mit Blick auf den **Ausnahmecharakter** der Gesamtregelung **eng zu interpretieren**.[1]

II. Ausweitungstatbestände (Abs. 1)

In **Abs. 1 Nr. 1** werden abschließend **drei Tatbestände** genannt, in denen 4
keine Information erteilt werden muss. Hierbei handelt es sich um **öffentliche Geheimhaltungsinteressen** nach § 33 Abs. 1 **Nr. 1**, um die in § 33 Abs. 1 **Nr. 2** Buchst. **b** enthaltenen **öffentlichen Sicherheitsinteressen** sowie um die **fehlende Zustimmung** von Sicherheits- bzw. Geheimdienstbehörden nach § 33 **Abs. 3**.

Die Regelung in **Abs. 1 Nr. 2 Buchst. a beschränkt** das **Auskunftsrecht** 5
betroffener Personen, wenn Verantwortliche oder Auftragsverarbeiter personenbezogene Daten nur aufgrund einer **gesetzlichen Aufbewahrungsfrist nicht löschen**. Diese Regelung kann nur so verstanden werden, dass es sich um zwingende gesetzliche Aufbewahrungspflichten handeln muss. Dies engt die Verarbeitungsbefugnis ein und schließt zudem Zweckänderungen aus, sofern diese nicht ebenfalls zwingend gesetzlich vorgebeben sind.

Durch die Regelung in **Abs. 1 Nr. 2 Buchst. b** werden solche personenbe- 6
zogenen Daten von der Auskunftsverpflichtung von Verantwortlichen und Auftragnehmern ausgenommen, die **ausschließlich Zwecken der Datensicherung** oder der **Datenschutzkontrolle** dienen. Diese Vorgabe ist denkbar unbestimmt und könnte auch **umfassende Verarbeitungen** von **Verhaltensdaten** von **Beschäftigten** beinhalten, die für Verhaltens- oder Leistungskontrollen verwendet werden könnten. Die Regelung verkennt grundsätzlich, dass etwa Sicherungs- oder Logdateien nicht nur der Datensicherung oder der Datenschutzkontrolle dienen, sondern ihrerseits eigenständige Möglichkeiten beinhalten, die zu Lasten von Interessen, Grundrechten oder Grundfreiheiten von Betroffenen zum Tragen kommen können. Insoweit spricht viel dafür, dass diese Ausnahme **unionsrechtswidrig** sein könnte.[2]

Der **Wegfall** des Auskunftsrechts nach Abs. 1 Nr. 2 Buchst. a und b setzt 7
allerdings nach dem zweiten Halbsatz dieser Vorschrift voraus, dass eine Auskunftserteilung einen **unverhältnismäßigen Aufwand** erfordern würde. Mit Blick auf die nach Art. 5 Abs. 2 DSGVO bestehende Rechenschaftspflicht von Verantwortlichen ist allerdings davon auszugehen, dass diese in **geeig-**

1 Vgl. Kühling/Buchner-*Golla*, § 34 Rn. 2.

2 Vgl. so Kühling/Buchner-*Golla*, § 34 Rn. 11.

neter Form dokumentieren, wo welche Daten verarbeitet werden, auch wenn es sich hierbei um Datensicherungsmaßnahmen handelt. Insofern ist der Aufwand, betroffene Personen hierüber zu informieren, im Regelfall gering und damit nicht unverhältnismäßig. Der **Wegfall des Auskunftsrechts** steht allerdings immer unter dem Vorbehalt, dass durch geeignete technische oder organisatorische Maßnahmen **ausgeschlossen ist**, dass eine **Verarbeitung für andere Zwecke erfolgen** kann. Bezogen auf **Beschäftigtendaten** müssen diese technischen und organisatorischen Maßnahmen beispielsweise sicherstellen, dass etwa für Zwecke der Datensicherung oder der Datenschutzkontrolle erhobenen Daten nicht verwendet werden können, um allgemeine Verhaltens- oder Leistungskontrollen durchzuführen.

8 Sind bei Verantwortlichen **Betriebs- oder Personalräte** gewählt, müssen diese von Arbeitgebern sowohl im öffentlichen wie im nichtöffentlichen Bereich darüber informiert werden, welche technischen Verfahren für die Durchführung von Datensicherungs- und Datenschutzkontrollmaßnahmen verwendet werden. Im Regelfall lösen diese Verfahren Mitbestimmungsrechte aus und geben Betriebs- oder Personalräten die Möglichkeit, unzulässige Verhaltens- oder Leistungskontrollen auszuschließen.

III. Dokumentation, Begründungspflicht und Zweckbindung (Abs. 2)

9 **Abs. 2** enthält **drei unterschiedliche Tatbestände**. Zunächst einmal müssen nach Abs. 2 **Satz 1** von Verantwortlichen und Auftragnehmern die **Gründe einer Auskunftsverweigerung dokumentiert** werden. Diese Dokumentation muss insbesondere den Vorgaben in Art. 12 Abs. 1 DSGVO folgen und in präziser, transparenter, verständlicher und leicht zugänglicher Form sowie in einer klaren und einfachen Sprache ausgestaltet sein.

10 Nach Abs. 2 **Satz 2** muss eine der betroffenen Personen **mitgeteilte Ablehnung** der Auskunftserteilung gegenüber dieser **begründet werden**. Auf die Begründung kann nur verzichtet werden, wenn durch eine Mitteilung der tatsächlichen oder rechtlichen Gründe für die Auskunftsverweigerung die hiermit verfolgte Zweck gefährdet würde. Bezogen auf Beschäftigungsverhältnisse kann dies der Fall sein, wenn Arbeitgeber etwa aufgrund bestehender zwingender gesetzlicher Vorgaben Informationen an Sicherheitsbehörden weitergeben.

11 Durch Abs. 2 **Satz 3** wird ein **Zweckänderungsverbot** für Zwecke konstituiert, die nicht in dieser Vorschrift benannt sind. Für alle anderen Zwecke ist die Verarbeitung nach den Vorgaben von Art. 18 DSGVO einzuschränken, soweit sie über die dokumentierten Zwecke hinausgeht.

IV. Wahrnehmung des Auskunftsrechts durch die oder den BfDI (Abs. 3)

Erhält eine betroffene Person von öffentlichen Stellen des Bundes keine Auskunft, etwa weil es sich um eine Sicherheitsbehörde handelt, kann nach Einschaltung die oder der **BfDI** die entsprechende **Auskunft einfordern**. Der oder dem BfDI ist die Auskunft nach **Abs. 3** zu erteilen, es sei denn, die zuständige oberste Bundesbehörde stellt fest, dass hierdurch die Sicherheit des Bundes oder eines Landes gefährdet würde. Der BfDI gibt in diesen Fällen an die betroffenen Personen nur weiter, ob eine mögliche Verarbeitung der entsprechenden personenbezogenen Daten rechtskonform stattfindet oder nicht. 12

V. Verarbeitung ohne Dateisystem (Abs. 4)

Werden personenbezogene Daten im öffentlichen Bereich weder automatisiert verarbeitet oder bei nicht automatisierter Verarbeitung in einem Dateisystem gespeichert, steht den betroffenen Personen nach **Abs. 4** nur dann ein **Auskunftsrecht** zu, wenn sie **Angaben** machen, die das **Auffinden der Daten ermöglicht**. Zudem darf der für das Auffinden erforderliche Aufwand, bezogen auf das Informationsinteresse betroffener Personen, nicht unverhältnismäßig sein. Betroffene Personen müssen damit in der Lage sein, etwa ein Aktenzeichen, eine Vorgangsbezeichnung oder einen Sachzusammenhang zu benennen. Können sie dies nicht tun, kann die verantwortliche Stelle die Erteilung von Auskünften verweigern. 13

§ 35 Recht auf Löschung

(1) Ist eine Löschung im Fall nicht automatisierter Datenverarbeitung wegen der besonderen Art der Speicherung nicht oder nur mit unverhältnismäßig hohem Aufwand möglich und ist das Interesse der betroffenen Person an der Löschung als gering anzusehen, besteht das Recht der betroffenen Person auf und die Pflicht des Verantwortlichen zur Löschung personenbezogener Daten gemäß Artikel 17 Absatz 1 der Verordnung (EU) 2016/679 ergänzend zu den in Artikel 17 Absatz 3 der Verordnung (EU) 2016/679 genannten Ausnahmen nicht. In diesem Fall tritt an die Stelle einer Löschung die Einschränkung der Verarbeitung gemäß Artikel 18 der Verordnung (EU) 2016/679. Die Sätze 1 und 2 finden keine Anwendung, wenn die personenbezogenen Daten unrechtmäßig verarbeitet wurden.

(2) Ergänzend zu Artikel 18 Absatz 1 Buchstabe b und c der Verordnung (EU) 2016/679 gilt Absatz 1 Satz 1 und 2 entsprechend im Fall des Artikels 17 Absatz 1 Buchstabe a und d der Verordnung (EU) 2016/679, so-

lange und soweit der Verantwortliche Grund zu der Annahme hat, dass durch eine Löschung schutzwürdige Interessen der betroffenen Person beeinträchtigt würden. Der Verantwortliche unterrichtet die betroffene Person über die Einschränkung der Verarbeitung, sofern sich die Unterrichtung nicht als unmöglich erweist oder einen unverhältnismäßigen Aufwand erfordern würde.

(3) Ergänzend zu Artikel 17 Absatz 3 Buchstabe b der Verordnung (EU) 2016/679 gilt Absatz 1 entsprechend im Fall des Artikels 17 Absatz 1 Buchstabe a der Verordnung (EU) 2016/679, wenn einer Löschung satzungsgemäße oder vertragliche Aufbewahrungsfristen entgegenstehen.

Inhaltsübersicht Rn.

I. Allgemeines

1 Ebenso wie die Überschrift von § 34 ist auch die von § 35 eine »**Mogelpackung**«: Die Vorschrift beinhaltet nämlich tatsächlich kein »Recht auf Löschung«, sondern enthält **Einschränkungen** des durch Art. 17 DSGVO garantierten »Rechts auf Vergessenwerden«.

2 Die Begrenzung des durch Art. 17 DSGVO garantierten »Rechts auf Löschung« wird insbesondere in **Abs. 1** deutlich, an dessen Stelle eine **Einschränkung der Verarbeitung** nach Art. 18 DSGVO treten können soll. Nach **Abs. 2** kann auf eine **Löschung verzichtet werden**, wenn hierdurch schutzwürdige Interessen der betroffenen Personen beeinträchtigt werden. Weiterhin kann nach **Abs. 3** eine Löschung durch eine **Einschränkung der Verarbeitung ersetzt** werden, wenn hier satzungsgemäße oder vertragliche Aufbewahrungsfristen entgegenstehen.

II. Einschränkung der Verarbeitung (Abs. 1)

3 Die durch **Abs. 1** legitimierte Abweichung von der Löschungspflicht ist nach **Satz 1** nur gegeben, wenn eine **nicht automatisierte Datenverarbeitung** erfolgt, die wegen der besonderen Form der Verarbeitung eine Löschung nicht möglich macht oder diese mit einem unverhältnismäßig großen Aufwand verbindet.[1] Die Vorschrift ist damit nur für Verarbeitungen personenbezo-

1 Vgl. LAG Sachsen-Anhalt 23.11.2018 – 5 Sa 7/17 bzgl. der Entfernung einer Abmahnung aus einer Personalakte; a. A. LAG Niedersachsen 4.5.2021 – 11 Sa

gener Daten einschlägig, die **ohne Einsatz von Hard- und Software** und **außerhalb digitalisierter Verarbeitungsmöglichkeiten** erfolgt.[2] Kommt hingegen Hard- oder Software zur Anwendung oder finden digitalisierte Verarbeitungen statt, bestimmt sich die Verpflichtung der Löschung von Verantwortlichen und Auftragnehmern weiterhin **allein nach Art. 17 DSGVO**.

Auf eine Löschung kann bei einer automatisierten Datenverarbeitung nur verzichtet werden, wenn diese nicht oder nur mit einem unverhältnismäßig hohen Aufwand durchführbar ist. Bei der **Bewertung**, wann ein **Aufwand unverhältnismäßig** ist, ist auf den jeweiligen Stand der Technik abzustellen.[3] Gleiches gilt bezüglich der Unmöglichkeit einer Löschung. **4**

Unverhältnismäßig kann ein Aufwand dann sein, wenn aufgrund der eingesetzten Technik **umfangreiche manuelle Nachbearbeitungen** nötig wären, um Einzeldaten zu löschen oder wenn ein Löschungsversuch einen Datenträger insgesamt unbrauchbar machen könnte. Dies ist etwa bei einer analogen Speicherung von Daten auf sogenannten »Microfiche«-Datenträgern der Fall.[4] Ist hingegen nach einer manuellen Löschung eines bestimmten Datums lediglich die Neuanfertigung eines »Microfiche« erforderlich, ist der notwendige Aufwand nicht unverhältnismäßig. **5**

Der **Unterlassung einer Löschung** setzt **weiterhin** voraus, dass das Interesse betroffener Personen hieran als **gering anzusehen ist**. Damit muss jeweils im Einzelfall eine Bewertung stattfinden, die wesentlich auf die Art der Daten abstellt. Von einem aus objektiver Sicht geringen Interesse betroffener Personen kann beispielsweise ausgegangen werden, wenn in älteren Unterlagen eine Kontonummer falsch angegeben war, die von Verantwortlichen mangels Rechtsbeziehung aber gar nicht mehr verwendet wird, oder wenn entsprechend eine ehemalige Anschrift falsch vermerkt wurde. Etwas anderes gilt, wenn in nicht automatisierten Dateien **besondere Kategorien personenbezogener Daten** enthalten sind, etwa ein Hinweis auf eine inzwischen geheilte, schwere Erkrankung. Liegt ein nicht nur geringes Interesse vor, gilt die in § 35 Abs. 1 festgeschriebene Abweichung vom Recht auf Löschung nicht. **6**

Wird auf eine Löschung nach Abs. 1 Satz 1 von Verantwortlichen zulässigerweise verzichtet, muss nach Abs. 1 **Satz 2** stattdessen eine **Einschränkung der Verarbeitung** gemäß Art. 18 DSGVO erfolgen (vgl. dort Rn. 3ff.). **7**

Nach Abs. 1 **Satz 3** sind die Daten **ausnahmslos zu löschen**, wenn ihre Verarbeitung unrechtmäßig erfolgt ist. Dies ist beispielsweise bei **Beschäf-** **8**

1180/20, das bzgl. der Entfernung aus einer in Papierform geführten Personalakte keinen Anspruch auf Löschung sieht.

2 Vgl. Gola/Heckmann-*Nolte/Werkmeister*, § 35 Rn. 11.

3 BT-Drs. 18/11325, 105.

4 Vgl. BT-Drs. 18/12144, 6.

tigungsverhältnissen der Fall, wenn die Erhebung oder Verarbeitung bestimmter Daten für deren Durchführung nicht erforderlich war oder wenn Arbeitgeber hierfür nicht auf einen der in Art. 6 Abs. 1 DSGVO genannten Erlaubnistatbestände zurückgreifen konnte.

III. Schutzwürdige Interessen betroffener Personen (Abs. 2)

9 Eine Löschung kann nach Abs. 2 **Satz 1** kann unterbleiben, wenn Verantwortliche Grund zu der Annahme haben, dass deren Durchführung **schutzwürdige Interessen betroffener Personen beeinträchtigen** würde. Schutzziel ist damit eindeutig die Wahrung der Interessen betroffener Personen. Deshalb findet statt einer Löschung eine **Einschränkung der Verarbeitung** nach Art. 18 DSGVO statt.

10 Nach Abs. 2 **Satz 2 unterrichten** die Verantwortlichen betroffene Personen über das **Stattfinden einer Einschränkung** der Verarbeitung, soweit dies möglich ist und keinen unverhältnismäßigen Aufwand erfordert. Die Einschränkung der Verarbeitung statt einer Löschung darf allerdings **nicht unbegrenzt** erfolgen, sondern zeitlich nur so lange, bis die betroffene Person die Möglichkeit hatte, das zur Wahrung ihrer schutzwürdigen Interessen Notwendige zu tun, wenn sie informiert worden ist. Ein längerer Zeitraum der Einschränkung der Verarbeitung kann gegeben sein, wenn betroffene Personen nicht erreichbar sind.

IV. Aufbewahrungsfristen (Abs. 3)

11 Müssen Verantwortliche verbindliche **satzungsgemäße** oder **vertragliche Aufbewahrungsfristen** einhalten, erfolgt nach **Abs. 3** statt einer Löschung eine **Einschränkung der Verarbeitung**. Diese muss für Verantwortliche alternativlos sein. Voraussetzung ist zudem, dass der ursprüngliche Zweck der Speicherung nicht mehr gegeben ist.

§ 36 Widerspruchsrecht

Das Recht auf Widerspruch gemäß Artikel 21 Absatz 1 der Verordnung (EU) 2016/679 gegenüber einer öffentlichen Stelle besteht nicht, soweit an der Verarbeitung ein zwingendes öffentliches Interesse besteht, das die Interessen der betroffenen Person überwiegt, oder eine Rechtsvorschrift zur Verarbeitung verpflichtet.

Die Regelung betrifft nur die **Verarbeitung durch öffentliche Stellen**. Gegenüber diesen kann das Widerspruchsrecht nach Art. 21 Abs. 1 DSGVO ausschließlich dann begrenzt werden, wenn es hierfür ein zwingendes öffentliches Interesse gibt. Dies kann vorliegen, wenn einerseits ohne eine

Verarbeitung von personenbezogenen Daten die Wahrnehmung öffentlicher Aufgaben unmöglich oder gefährdet ist und andererseits die jeweilige öffentliche Stelle keine Verarbeitungsalternative besitzt. Weiterhin muss eine einschlägige Rechtsvorschrift vorliegen, die die erforderliche Verarbeitung legitimiert.

§ 37 Automatisierte Entscheidungen im Einzelfall einschließlich Profiling

(1) Das Recht gemäß Artikel 22 Absatz 1 der Verordnung (EU) 2016/679, keiner ausschließlich auf einer automatisierten Verarbeitung beruhenden Entscheidung unterworfen zu werden, besteht über die in Artikel 22 Absatz 2 Buchstabe a und c der Verordnung (EU) 2016/679 genannten Ausnahmen hinaus nicht, wenn die Entscheidung im Rahmen der Leistungserbringung nach einem Versicherungsvertrag ergeht und

1. **dem Begehren der betroffenen Person stattgegeben wurde oder**
2. **die Entscheidung auf der Anwendung verbindlicher Entgeltregelungen für Heilbehandlungen beruht und der Verantwortliche für den Fall, dass dem Antrag nicht vollumfänglich stattgegeben wird, angemessene Maßnahmen zur Wahrung der berechtigten Interessen der betroffenen Person trifft, wozu mindestens das Recht auf Erwirkung des Eingreifens einer Person seitens des Verantwortlichen, auf Darlegung des eigenen Standpunktes und auf Anfechtung der Entscheidung zählt; der Verantwortliche informiert die betroffene Person über diese Rechte spätestens zum Zeitpunkt der Mitteilung, aus der sich ergibt, dass dem Antrag der betroffenen Person nicht vollumfänglich stattgegeben wird.**

(2) Entscheidungen nach Absatz 1 dürfen auf der Verarbeitung von Gesundheitsdaten im Sinne des Artikels 4 Nummer 15 der Verordnung (EU) 2016/679 beruhen. Der Verantwortliche sieht angemessene und spezifische Maßnahmen zur Wahrung der Interessen der betroffenen Person gemäß § 22 Absatz 2 Satz 2 vor.

Diese Vorschrift bezieht sich **ausschließlich** auf die Leistungserbringung im Rahmen von **Versicherungsverträgen** und ist deshalb für die Durchführung von Beschäftigungsverhältnissen nicht einschlägig.

Kapitel 3
Pflichten der Verantwortlichen und Auftragsverarbeiter

§ 38 Datenschutzbeauftragte nichtöffentlicher Stellen

(1) Ergänzend zu Artikel 37 Absatz 1 Buchstabe b und c der Verordnung (EU) 2016/679 benennen der Verantwortliche und der Auftragsverarbeiter eine Datenschutzbeauftragte oder einen Datenschutzbeauftragten, soweit sie in der Regel mindestens 20 Personen ständig mit der automatisierten Verarbeitung personenbezogener Daten beschäftigen. Nehmen der Verantwortliche oder der Auftragsverarbeiter Verarbeitungen vor, die einer Datenschutz-Folgenabschätzung nach Artikel 35 der Verordnung (EU) 2016/679 unterliegen, oder verarbeiten sie personenbezogene Daten geschäftsmäßig zum Zweck der Übermittlung, der anonymisierten Übermittlung oder für Zwecke der Markt- oder Meinungsforschung, haben sie unabhängig von der Anzahl der mit der Verarbeitung beschäftigten Personen eine Datenschutzbeauftragte oder einen Datenschutzbeauftragten zu benennen.

(2) § 6 Absatz 4, 5 Satz 2 und Absatz 6 finden Anwendung, § 6 Absatz 4 jedoch nur, wenn die Benennung einer oder eines Datenschutzbeauftragten verpflichtend ist.

Inhaltsübersicht

I. Allgemeines

1 Die Vorschrift enthält ergänzend zu Art. 37 Abs. 1 Buchst. b und c DSGVO für Verantwortliche und Auftragsverarbeiter aus dem nichtöffentlichen Bereich **Vorgaben zur Benennung von Datenschutzbeauftragten**, die im Detail über die Verpflichtung nach der DSGVO hinausgehen. Für Verantwortliche und Auftragnehmer aus dem öffentlichen Bereich sind diese Vorschriften nicht einschlägig, da diese nach Art. 37 Abs. 1 Buchst. a DSGVO immer Datenschutzbeauftragte benennen müssen.

2 In **Abs. 1** wird auf der Grundlage der Ermächtigung in Art. 37 Abs. 4 Satz 1, zweiter Halbs. DSGVO der Kreis der Verantwortlichen und Auftragnehmer deutlich erweitert, die einen **Datenschutzbeauftragten benennen müssen**. In **Abs. 2** werden durch eine unübersichtliche Verweisung **einzelne Regelungen** in §§ 6 bis 8 für den öffentlichen Bereich entsprechend für Datenschutzbeauftragte im nichtöffentlichen Bereich **anwendbar gemacht**.

II. Benennungspflicht (Abs. 1)

Durch Abs. 1 **Satz 1** wird festgelegt, dass Verantwortliche oder Auftragsverarbeiter einen Datenschutzbeauftragten nach Art. 37 Abs. 1 DSGVO **benennen müssen**, wenn **in der Regel mindestens 20 Personen ständig** mit der **automatisierten Verarbeitung** personenbezogener Daten beschäftigt sind. Automatisierte Datenverarbeitung liegt in diesem Zusammenhang vor, wenn mit **softwaregesteuerten Geräten** verarbeitet wird. Die »beschäftigten Personen« sind mit den Beschäftigten i. S. v. § 26 Abs. 8 gleichzusetzen (vgl. dort Rn. 124ff.). Der Begriff ist insoweit **weit auszulegen**.[1] 3

Auf den **zeitlichen Umfang** der Arbeitszeit von Beschäftigten kommt es bezogen auf Abs. 1 nicht an. Deshalb werden beispielsweise Voll- oder Teilzeitbeschäftigte jeweils gleichermaßen als eine Person gezählt.[2] Auch sogenannte »Minijobs« sind zu berücksichtigen. Voraussetzung ist lediglich, dass die Personen **ständig beschäftigt** werden. Das setzt keine dauerhafte Beschäftigung mit der automatisierten Verarbeitung personenbezogener Daten voraus, aber eine gewisse Regelmäßigkeit.[3] Diese ist etwa gegeben, wenn eine berufliche Befassung mit personenbezogenen Daten nur einmal pro Woche oder im Monat anfällt.[4] Nicht mitgezählt werden hingegen Beschäftigte, die nur einmalig mit der automatisierten Verarbeitung personenbezogener Daten befasst sind. 4

Aus arbeitsrechtlicher Sicht ist für die Feststellung der Regelzahl relevant, für welche Bereiche der Arbeitgeber als Verantwortlicher nach Art. 4 Nr. 7 DSGVO zuständig ist. Im Regelfall besteht die Verantwortlichkeit hier immer für das gesamte Unternehmen einschließlich aller zugehörigen Einzelbetriebe oder Betriebsstätten. 5

Nach Abs. 1 **Satz 2** muss ein Datenschutzbeauftragter **immer benannt werden**, wenn für bestimmte Verarbeitungen eine **Datenschutz-Folgenabschätzung** nach Art. 35 DSGVO durchgeführt werden muss oder wenn personenbezogene Daten im Bereich der Markt- und Meinungsforschung zum Zweck der Übermittlung oder der anonymisierten Übermittlung verarbeitet werden. 6

III. Abberufung, Kündigungsschutz, Verschwiegenheit und Zeugnisverweigerungsrecht (Abs. 2)

Durch **Abs. 2** werden die für Datenschutzbeauftragten bei öffentlichen Stellen geltenden Vorschriften zum **Abberufungsschutz**, zum **Kündigungs-** 7

1 Vgl. etwa Gola/Heckmann-*Rückert/Dienst*, § 38 Rn. 19.
2 Vgl. SHS-*Drewes*, Art. 37 DSGVO, Rn. 41.
3 Vgl. DWWS-*Däubler*, § 38 Rn. 5.
4 Vgl. Paal/Pauly-*Pauly*, § 38 Rn. 10.

schutz sowie zur **Verschwiegenheit** und zum **Zeugnisverweigerungsrecht** für die Datenschutzbeauftragen in nichtöffentlichen Stellen für entsprechend anwendbar erklärt (vgl. dazu § 6 Rn. 12f.).[5] Ausgenommen vom Abberufungs- und Kündigungsschutz sind nach der Regelung im zweiten Halbsatz der Vorschrift nur solche Datenschutzbeauftragte, die von Verantwortlichen **auf freiwilliger Basis** benannt wurden. Diese Begrenzung ist nicht nachvollziehbar, weil so die Unabhängigkeit dieser Datenschutzbeauftragten geschwächt wird.

§ 39 Akkreditierung

Die Erteilung der Befugnis, als Zertifizierungsstelle gemäß Artikel 43 Absatz 1 Satz 1 der Verordnung (EU) 2016/679 tätig zu werden, erfolgt durch die für die datenschutzrechtliche Aufsicht über die Zertifizierungsstelle zuständige Aufsichtsbehörde des Bundes oder der Länder auf der Grundlage einer Akkreditierung durch die Deutsche Akkreditierungsstelle. § 2 Absatz 3 Satz 2, § 4 Absatz 3 und § 10 Absatz 1 Satz 1 Nummer 3 des Akkreditierungsstellengesetzes finden mit der Maßgabe Anwendung, dass der Datenschutz als ein dem Anwendungsbereich des § 1 Absatz 2 Satz 2 unterfallender Bereich gilt.

Kapitel 4
Aufsichtsbehörden für die Datenverarbeitung durch nichtöffentliche Stellen

§ 40 Aufsichtsbehörden der Länder

(1) Die nach Landesrecht zuständigen Behörden überwachen im Anwendungsbereich der Verordnung (EU) 2016/679 bei den nichtöffentlichen Stellen die Anwendung der Vorschriften über den Datenschutz.

(2) Hat der Verantwortliche oder Auftragsverarbeiter mehrere inländische Niederlassungen, findet für die Bestimmung der zuständigen Aufsichtsbehörde Artikel 4 Nummer 16 der Verordnung (EU) 2016/679 entsprechende Anwendung. Wenn sich mehrere Behörden für zuständig oder für unzuständig halten oder wenn die Zuständigkeit aus anderen

5 Vgl. die Vorlagebeschlüsse BAG 27.4.2021 – 9 AZR 383/19 (A) zum EuGH, der die Frage der Zulässigkeit dieser Regelung gegenüber Art. 38 Abs. 3 Satz 2 DSGVO zum Gegenstand hat, sowie BAG 30.7.2020 – 2 AZR 225/20 (A) zur Frage der Unzulässigkeit der ordentlichen Kündigung eines Datenschutzbeauftragten; allg. zur Abberufung *Köppen*, CuA 10/2021, S. 32.

Gründen zweifelhaft ist, treffen die Aufsichtsbehörden die Entscheidung gemeinsam nach Maßgabe des § 18 Absatz 2. § 3 Absatz 3 und 4 des Verwaltungsverfahrensgesetzes findet entsprechende Anwendung.

(3) Die Aufsichtsbehörde darf die von ihr gespeicherten Daten nur für Zwecke der Aufsicht verarbeiten; hierbei darf sie Daten an andere Aufsichtsbehörden übermitteln. Eine Verarbeitung zu einem anderen Zweck ist über Artikel 6 Absatz 4 der Verordnung (EU) 2016/679 hinaus zulässig, wenn

1. offensichtlich ist, dass sie im Interesse der betroffenen Person liegt und kein Grund zu der Annahme besteht, dass sie in Kenntnis des anderen Zwecks ihre Einwilligung verweigern würde,
2. sie zur Abwehr erheblicher Nachteile für das Gemeinwohl oder einer Gefahr für die öffentliche Sicherheit oder zur Wahrung erheblicher Belange des Gemeinwohls erforderlich ist oder
3. sie zur Verfolgung von Straftaten oder Ordnungswidrigkeiten, zur Vollstreckung oder zum Vollzug von Strafen oder Maßnahmen im Sinne des § 11 Absatz 1 Nummer 8 des Strafgesetzbuchs oder von Erziehungsmaßregeln oder Zuchtmitteln im Sinne des Jugendgerichtsgesetzes oder zur Vollstreckung von Geldbußen erforderlich ist.

Stellt die Aufsichtsbehörde einen Verstoß gegen die Vorschriften über den Datenschutz fest, so ist sie befugt, die betroffenen Personen hierüber zu unterrichten, den Verstoß anderen für die Verfolgung oder Ahndung zuständigen Stellen anzuzeigen sowie bei schwerwiegenden Verstößen die Gewerbeaufsichtsbehörde zur Durchführung gewerberechtlicher Maßnahmen zu unterrichten. § 13 Absatz 4 Satz 4 bis 7 gilt entsprechend.

(4) Die der Aufsicht unterliegenden Stellen sowie die mit deren Leitung beauftragten Personen haben einer Aufsichtsbehörde auf Verlangen die für die Erfüllung ihrer Aufgaben erforderlichen Auskünfte zu erteilen. Der Auskunftspflichtige kann die Auskunft auf solche Fragen verweigern, deren Beantwortung ihn selbst oder einen der in § 383 Absatz 1 Nummer 1 bis 3 der Zivilprozessordnung bezeichneten Angehörigen der Gefahr strafgerichtlicher Verfolgung oder eines Verfahrens nach dem Gesetz über Ordnungswidrigkeiten aussetzen würde. Der Auskunftspflichtige ist darauf hinzuweisen.

(5) Die von einer Aufsichtsbehörde mit der Überwachung der Einhaltung der Vorschriften über den Datenschutz beauftragten Personen sind befugt, zur Erfüllung ihrer Aufgaben Grundstücke und Geschäftsräume der Stelle zu betreten und Zugang zu allen Datenverarbeitungsanlagen und -geräten zu erhalten. Die Stelle ist insoweit zur Duldung verpflichtet. § 16 Absatz 4 gilt entsprechend.

(6) Die Aufsichtsbehörden beraten und unterstützen die Datenschutzbeauftragten mit Rücksicht auf deren typische Bedürfnisse. Sie können die Abberufung der oder des Datenschutzbeauftragten verlangen, wenn

sie oder er die zur Erfüllung ihrer oder seiner Aufgaben erforderliche Fachkunde nicht besitzt oder im Fall des Artikels 38 Absatz 6 der Verordnung (EU) 2016/679 ein schwerwiegender Interessenkonflikt vorliegt.

(7) Die Anwendung der Gewerbeordnung bleibt unberührt.

1 Die Vorschrift regelt die **Zuständigkeit** der **staatlichen Aufsichtsbehörden**. Für die Überwachung der Einhaltung des Datenschutzes im Bereich der Landesverwaltungen und bei nichtöffentlichen Verantwortlichen sind in Deutschland die in jedem Bundesland bestehenden Landesbeauftragten für Datenschutz zuständig.[1] Daneben ist der oder die BfDI in den in § 9 BDSG genannten Bereichen zuständig. Kommt es zu schwerwiegenden und nachhaltigen Datenschutzverstößen, ist eine Sanktion nach einschlägigen gewerberechtlichen Vorschriften möglich. Diese wird von den zuständigen Gewerbeaufsichtsämtern durchgeführt, nachdem diese von der jeweiligen Datenschutzaufsichtsbehörde informiert wurde.

2 Hat ein Arbeitgeber als datenschutzrechtlicher Verantwortlicher **mehrere Niederlassungen** in unterschiedlichen Bundesländern, ist nach Art. 4 Abs. 16 DSGVO Regelfall die **Aufsichtsbehörde** am Standort der **Hauptniederlassung** zuständig. Beschäftigte können sich jedoch auch an die Aufsichtsbehörde des Landes wenden, in dem ihr Arbeitsplatz angesiedelt ist.

3 Die Aufsichtsbehörden stimmen sich nach den in **Abs. 2** genannten Vorgaben ggf. untereinander ab.

4 Durch **Abs. 3 Satz 1** wird festgelegt, dass Aufsichtsbehörden für den Datenschutz die von ihnen gespeicherten Daten **nur für Zwecke der Aufsicht** verwenden dürfen. Hierbei können sie aber im Rahmen der Aufgabenwahrnehmung auch an andere Aufsichtsbehörden Daten übermitteln. Eine Verarbeitung für **andere Zwecke** ist nur in den in Abs. 3 **Satz 2 Nr. 1 bis 3** genannten Fällen zulässig. Stellt eine Aufsichtsbehörde einen Verstoß gegen Vorschriften über den Datenschutz fest, so ist sie nach Abs. 3 **Satz 2** befugt, die betroffenen Personen darüber zu unterrichten. Weiterhin kann sie den Verstoß den für die Verfolgung zuständigen staatlichen Stellen anzeigen.

5 Nach **Abs. 4** haben Verantwortliche und Auftragsverarbeiter die Verpflichtung, den staatlichen Aufsichtsbehörden auf deren Verlangen die für die Erfüllung ihrer Aufgaben erforderlichen **Auskünfte zu erteilen**. Weiterhin sind nach **Abs. 5** die von Aufsichtsbehörden mit der Überwachung der Einhaltung von Datenschutzvorschriften beauftragten Personen befugt, für die Erfüllung ihrer Aufgaben **Grundstücke und Geschäftsräume** von Verantwortlichen oder Auftragsverarbeitern **zu betreten**.

6 Nach **Abs. 6 unterstützen** und **beraten** die zuständigen **Aufsichtsbehörden die Datenschutzbeauftragten** bei Verantwortlichen und Auftragnehmern.

---

1 Vgl. die Übersicht auf der Internetseite des BfDI unter *www.bfdi.bund.de/DE/Service/Anschriften/Laender/Laender-node.html*.

Sie können aber auch deren **Abberufung verlangen**, wenn Datenschutzbeauftragte die zur Erfüllung ihrer Aufgaben erforderliche Fachkunde nicht besitzen oder wenn es schwerwiegende Interessenkonflikte entsprechend Art. 38 Abs. 6 DSGVO gibt.

Kapitel 5
Sanktionen

§ 41 Anwendung der Vorschriften über das Bußgeld- und Strafverfahren

(1) Für Verstöße nach Artikel 83 Absatz 4 bis 6 der Verordnung (EU) 2016/679 gelten, soweit dieses Gesetz nichts anderes bestimmt, die Vorschriften des Gesetzes über Ordnungswidrigkeiten sinngemäß. Die §§ 17, 35 und 36 des Gesetzes über Ordnungswidrigkeiten finden keine Anwendung. § 68 des Gesetzes über Ordnungswidrigkeiten findet mit der Maßgabe Anwendung, dass das Landgericht entscheidet, wenn die festgesetzte Geldbuße den Betrag von einhunderttausend Euro übersteigt.

(2) Für Verfahren wegen eines Verstoßes nach Artikel 83 Absatz 4 bis 6 der Verordnung (EU) 2016/679 gelten, soweit dieses Gesetz nichts anderes bestimmt, die Vorschriften des Gesetzes über Ordnungswidrigkeiten und der allgemeinen Gesetze über das Strafverfahren, namentlich der Strafprozessordnung und des Gerichtsverfassungsgesetzes, entsprechend. Die §§ 56 bis 58, 87, 88, 99 und 100 des Gesetzes über Ordnungswidrigkeiten finden keine Anwendung. § 69 Absatz 4 Satz 2 des Gesetzes über Ordnungswidrigkeiten findet mit der Maßgabe Anwendung, dass die Staatsanwaltschaft das Verfahren nur mit Zustimmung der Aufsichtsbehörde, die den Bußgeldbescheid erlassen hat, einstellen kann.

Die Vorschrift nimmt die Vorgabe aus Art. 83 Abs. 8 DSGVO auf, nach der die Ausübung eigener Befugnisse durch eine staatliche Aufsichtsbehörde **angemessenen Verfahrensgarantien** nach dem Unionsrecht und dem Recht der Mitgliedsstaaten unterliegen muss, die wirksame gerichtliche Rechtsbehelfe und ein ordnungsgemäßes Verfahren einschließen. Der deutsche Gesetzgeber hat entschieden, für die Verhängung von **Geldbußen** auf die Vorgaben des **OWiG** zurückzugreifen. 1

Für die Verhängung von wirksamen, verhältnismäßigen und abschreckenden Geldbußen nach Art. 83 Abs. 1 DSGVO in den dort in Abs. 4 bis 6 genannten Fällen kommen nach **Abs. 1 Satz 1** die Vorschriften des **OWiG sinngemäß** zur Anwendung. Hiervon ausgenommen sind nach **Abs. 1** 2

Satz 2 die Regelungen zur **Höhe von Geldbußen** in § 17 OWiG, zur Verfolgung und Ahndung durch Verwaltungsbehörden in § 35 OWiG, sowie zur sachlichen Zuständigkeit der Verwaltungsbehörden in § 36 OWiG. Nach **Abs. 1 Satz 3** ist für Geldbußen ab einer Höhe von mehr als EUR 100 000 nach § 68 OWiG das **Landgericht** zuständig.

3 Sind Geldbußen verhängt und kommt es zu einem Verfahren wegen eines Verstoßes nach Art. 83 Abs. 4 bis 6 DSGVO, gelten nach **Abs. 2 Satz 2** die Vorschriften des OWiG sowie die der allgemeinen Gesetze über Strafverfahren entsprechend. Zu Letzteren gehört insbesondere die **StPO** und das **GVG**. Nach **Abs. 2 Satz 2** finden einzelne Vorschriften des OWiG keine Anwendung, etwa die Regelungen zum Verwarnungsverfahren in §§ 56 bis 58, zur Anordnung der Einziehung in § 87, zur Festsetzung von Geldbußen gegen juristische Personen und Personenvereinigungen in § 88, zur Vollstreckbarkeit von Bußgeldentscheidungen in § 89, zur Vollstreckung von Nebenfolgen, die zu einer Geldzahlung verpflichten, in § 99 und zur nachträglichen Entscheidung über die Einziehung in § 100.

4 Nach **Abs. 2 Satz 3** kommt eine Einstellung eines Verfahrens durch die Staatsanwaltschaft gem. § 69 Abs. 4 Satz 2 OWiG nur mit Zustimmung der zuständigen Aufsichtsbehörde für Datenschutz in Betracht.

§ 42 Strafvorschriften

(1) Mit Freiheitsstrafe bis zu drei Jahren oder mit Geldstrafe wird bestraft, wer wissentlich nicht allgemein zugängliche personenbezogene Daten einer großen Zahl von Personen, ohne hierzu berechtigt zu sein,

1. einem Dritten übermittelt oder

2. auf andere Art und Weise zugänglich macht

und hierbei gewerbsmäßig handelt.

(2) Mit Freiheitsstrafe bis zu zwei Jahren oder mit Geldstrafe wird bestraft, wer personenbezogene Daten, die nicht allgemein zugänglich sind,

1. ohne hierzu berechtigt zu sein, verarbeitet oder

2. durch unrichtige Angaben erschleicht

und hierbei gegen Entgelt oder in der Absicht handelt, sich oder einen anderen zu bereichern oder einen anderen zu schädigen.

(3) Die Tat wird nur auf Antrag verfolgt. Antragsberechtigt sind die betroffene Person, der Verantwortliche, die oder der Bundesbeauftragte und die Aufsichtsbehörde.

(4) Eine Meldung nach Artikel 33 der Verordnung (EU) 2016/679 oder eine Benachrichtigung nach Artikel 34 Absatz 1 der Verordnung (EU) 2016/679 darf in einem Strafverfahren gegen den Meldepflichtigen oder Benachrichtigenden oder seine in § 52 Absatz 1 der Strafprozessordnung

bezeichneten Angehörigen nur mit Zustimmung des Meldepflichtigen oder Benachrichtigenden verwendet werden.

Durch § 42 werden die Vorgaben in Art. 84 DSGVO zu **Sanktionen außerhalb von Geldbußen** in das deutsche Recht umgesetzt. Auch diese Sanktionen müssen entsprechend Art. 84 Abs. 1 DSGVO ähnlich wie Geldbußen wirksam, verhältnismäßig und abschreckend sein. Dieser Vorgabe kommt der in **Abs. 1** enthaltene **Strafrahmen** von **bis zu drei Jahren** nach, obwohl diese Vorschrift nur für gewerbsmäßiges Handeln gilt. In allen anderen Fällen wird nach **Abs. 2** ein **Strafrahmen** von **bis zu zwei Jahren** angesetzt. Einschlägige Straftaten werden nach **Abs. 3** nur auf **Antrag** verfolgt. **Antragsberechtigt** sind neben betroffenen Personen auch Verantwortliche, die oder der BfDI und Aufsichtsbehörden für den Datenschutz. Meldungen nach Art. 33 DSGVO und Benachrichtigungen nach Art. 34 Abs. 1 DSGVO dürfen nach der Regelung in **Abs. 4** in einem Strafverfahren gegen Meldepflichtige oder Benachrichtigende nur mit deren Zustimmung verwendet werden.

§ 43 Bußgeldvorschriften

(1) Ordnungswidrig handelt, wer vorsätzlich oder fahrlässig
1. **entgegen § 30 Absatz 1 ein Auskunftsverlangen nicht richtig behandelt oder**
2. **entgegen § 30 Absatz 2 Satz 1 einen Verbraucher nicht, nicht richtig, nicht vollständig oder nicht rechtzeitig unterrichtet.**

(2) Die Ordnungswidrigkeit kann mit einer Geldbuße bis zu fünfzigtausend Euro geahndet werden.

(3) Gegen Behörden und sonstige öffentliche Stellen im Sinne des § 2 Absatz 1 werden keine Geldbußen verhängt.

(4) Eine Meldung nach Artikel 33 der Verordnung (EU) 2016/679 oder eine Benachrichtigung nach Artikel 34 Absatz 1 der Verordnung (EU) 2016/679 darf in einem Verfahren nach dem Gesetz über Ordnungswidrigkeiten gegen den Meldepflichtigen oder Benachrichtigenden oder seine in § 52 Absatz 1 der Strafprozessordnung bezeichneten Angehörigen nur mit Zustimmung des Meldepflichtigen oder Benachrichtigenden verwendet werden.

Durch die **Abs. 1 und 2** wird für die in § 30 genannten **Verbraucherkredite** die Möglichkeit zur **Verhängung von Bußgeldern** geschaffen, die in Art. 83 DSGVO nicht berücksichtigt war. Für alle anderen Fälle ist diese Vorschrift nicht anwendbar. Nach **Abs. 3** ist die Verhängung von Geldbußen gegen öffentliche Stellen nicht möglich. Die Regelung in **Abs. 4** entspricht der in § 42 Abs. 4.

Kapitel 6 Rechtsbehelfe

§ 44 Klagen gegen den Verantwortlichen oder Auftragsverarbeiter

(1) Klagen der betroffenen Person gegen einen Verantwortlichen oder einen Auftragsverarbeiter wegen eines Verstoßes gegen datenschutzrechtliche Bestimmungen im Anwendungsbereich der Verordnung (EU) 2016/679 oder der darin enthaltenen Rechte der betroffenen Person können bei dem Gericht des Ortes erhoben werden, an dem sich eine Niederlassung des Verantwortlichen oder Auftragsverarbeiters befindet. Klagen nach Satz 1 können auch bei dem Gericht des Ortes erhoben werden, an dem die betroffene Person ihren gewöhnlichen Aufenthaltsort hat.

(2) Absatz 1 gilt nicht für Klagen gegen Behörden, die in Ausübung ihrer hoheitlichen Befugnisse tätig geworden sind.

(3) Hat der Verantwortliche oder Auftragsverarbeiter einen Vertreter nach Artikel 27 Absatz 1 der Verordnung (EU) 2016/679 benannt, gilt dieser auch als bevollmächtigt, Zustellungen in zivilgerichtlichen Verfahren nach Absatz 1 entgegenzunehmen. § 184 der Zivilprozessordnung bleibt unberührt.

Die Vorschrift enthält Festlegungen für die Erhebung von **Klagen gegen Verantwortliche** oder **Auftragsverarbeiter**. Nach **Abs. 1** können **betroffene Personen** nach Wahl eine Klage am Gericht des Ortes der Niederlassung oder am Gericht ihres gewöhnlichen Aufenthaltsorts erheben. Für in einem **Arbeitsverhältnis** Beschäftigte gelten bezogen auf arbeitsrechtliche Auseinandersetzungen zu Datenschutzfragen die einschlägigen Vorgaben bezüglich des Gerichtsstands am Betriebssitz des Arbeitgebers. Kein Wahlrecht gibt es nach **Abs. 2** bezüglich der hoheitlichen Tätigkeit von öffentlichen Stellen. Nach **Abs. 3** sind Vertreter von Verantwortlichen nach Art. 27 Abs. 1 DSGVO als Bevollmächtigte anzusehen, Zustellungen in zivilrechtlichen Verfahren entgegenzunehmen.

Teil 3 Bestimmungen für Verarbeitungen zu Zwecken gemäß Artikel 1 Absatz 1 der Richtlinie (EU) 2016/680

Vorbemerkung: Die Vorschriften von Teil 3 in §§ 45 bis 84 gelten nur für die Verarbeitung personenbezogener Daten aus dem Bereich der Strafverfolgung. Eine entsprechende Anwendung auf andere Verarbeitungsfälle ist mit Blick auf den in § 45 eindeutig beschriebenen Anwendungsbereich nicht indiziert.

Kapitel 1 Anwendungsbereich, Begriffsbestimmungen und allgemeine Grundsätze für die Verarbeitung personenbezogener Daten

§ 45 Anwendungsbereich

Die Vorschriften dieses Teils gelten für die Verarbeitung personenbezogener Daten durch die für die Verhütung, Ermittlung, Aufdeckung, Verfolgung oder Ahndung von Straftaten oder Ordnungswidrigkeiten zuständigen öffentlichen Stellen, soweit sie Daten zum Zweck der Erfüllung dieser Aufgaben verarbeiten. Die öffentlichen Stellen gelten dabei als Verantwortliche. Die Verhütung von Straftaten im Sinne des Satzes 1 umfasst den Schutz vor und die Abwehr von Gefahren für die öffentliche Sicherheit. Die Sätze 1 und 2 finden zudem Anwendung auf diejenigen öffentlichen Stellen, die für die Vollstreckung von Strafen, von Maßnahmen im Sinne des § 11 Absatz 1 Nummer 8 des Strafgesetzbuchs, von Erziehungsmaßregeln oder Zuchtmitteln im Sinne des Jugendgerichtsgesetzes und von Geldbußen zuständig sind. Soweit dieser Teil Vorschriften für Auftragsverarbeiter enthält, gilt er auch für diese.

§ 46 Begriffsbestimmungen

Es bezeichnen die Begriffe:

1. **»personenbezogene Daten« alle Informationen, die sich auf eine identifizierte oder identifizierbare natürliche Person (betroffene Person) beziehen; als identifizierbar wird eine natürliche Person angesehen, die direkt oder indirekt, insbesondere mittels Zuordnung zu**

einer Kennung wie einem Namen, zu einer Kennnummer, zu Standortdaten, zu einer Online-Kennung oder zu einem oder mehreren besonderen Merkmalen, die Ausdruck der physischen, physiologischen, genetischen, psychischen, wirtschaftlichen, kulturellen oder sozialen Identität dieser Person sind, identifiziert werden kann;

2. »Verarbeitung« jeden mit oder ohne Hilfe automatisierter Verfahren ausgeführten Vorgang oder jede solche Vorgangsreihe im Zusammenhang mit personenbezogenen Daten wie das Erheben, das Erfassen, die Organisation, das Ordnen, die Speicherung, die Anpassung, die Veränderung, das Auslesen, das Abfragen, die Verwendung, die Offenlegung durch Übermittlung, Verbreitung oder eine andere Form der Bereitstellung, den Abgleich, die Verknüpfung, die Einschränkung, das Löschen oder die Vernichtung;
3. »Einschränkung der Verarbeitung« die Markierung gespeicherter personenbezogener Daten mit dem Ziel, ihre künftige Verarbeitung einzuschränken;
4. »Profiling« jede Art der automatisierten Verarbeitung personenbezogener Daten, bei der diese Daten verwendet werden, um bestimmte persönliche Aspekte, die sich auf eine natürliche Person beziehen, zu bewerten, insbesondere um Aspekte der Arbeitsleistung, der wirtschaftlichen Lage, der Gesundheit, der persönlichen Vorlieben, der Interessen, der Zuverlässigkeit, des Verhaltens, der Aufenthaltsorte oder der Ortswechsel dieser natürlichen Person zu analysieren oder vorherzusagen;
5. »Pseudonymisierung« die Verarbeitung personenbezogener Daten in einer Weise, in der die Daten ohne Hinzuziehung zusätzlicher Informationen nicht mehr einer spezifischen betroffenen Person zugeordnet werden können, sofern diese zusätzlichen Informationen gesondert aufbewahrt werden und technischen und organisatorischen Maßnahmen unterliegen, die gewährleisten, dass die Daten keiner betroffenen Person zugewiesen werden können;
6. »Dateisystem« jede strukturierte Sammlung personenbezogener Daten, die nach bestimmten Kriterien zugänglich sind, unabhängig davon, ob diese Sammlung zentral, dezentral oder nach funktionalen oder geografischen Gesichtspunkten geordnet geführt wird;
7. »Verantwortlicher« die natürliche oder juristische Person, Behörde, Einrichtung oder andere Stelle, die allein oder gemeinsam mit anderen über die Zwecke und Mittel der Verarbeitung von personenbezogenen Daten entscheidet;
8. »Auftragsverarbeiter« eine natürliche oder juristische Person, Behörde, Einrichtung oder andere Stelle, die personenbezogene Daten im Auftrag des Verantwortlichen verarbeitet;

9. »Empfänger« eine natürliche oder juristische Person, Behörde, Einrichtung oder andere Stelle, der personenbezogene Daten offengelegt werden, unabhängig davon, ob es sich bei ihr um einen Dritten handelt oder nicht; Behörden, die im Rahmen eines bestimmten Untersuchungsauftrags nach dem Unionsrecht oder anderen Rechtsvorschriften personenbezogene Daten erhalten, gelten jedoch nicht als Empfänger; die Verarbeitung dieser Daten durch die genannten Behörden erfolgt im Einklang mit den geltenden Datenschutzvorschriften gemäß den Zwecken der Verarbeitung;
10. »Verletzung des Schutzes personenbezogener Daten« eine Verletzung der Sicherheit, die zur unbeabsichtigten oder unrechtmäßigen Vernichtung, zum Verlust, zur Veränderung oder zur unbefugten Offenlegung von oder zum unbefugten Zugang zu personenbezogenen Daten geführt hat, die verarbeitet wurden;
11. »genetische Daten« personenbezogene Daten zu den ererbten oder erworbenen genetischen Eigenschaften einer natürlichen Person, die eindeutige Informationen über die Physiologie oder die Gesundheit dieser Person liefern, insbesondere solche, die aus der Analyse einer biologischen Probe der Person gewonnen wurden;
12. »biometrische Daten« mit speziellen technischen Verfahren gewonnene personenbezogene Daten zu den physischen, physiologischen oder verhaltenstypischen Merkmalen einer natürlichen Person, die die eindeutige Identifizierung dieser natürlichen Person ermöglichen oder bestätigen, insbesondere Gesichtsbilder oder daktyloskopische Daten;
13. »Gesundheitsdaten« personenbezogene Daten, die sich auf die körperliche oder geistige Gesundheit einer natürlichen Person, einschließlich der Erbringung von Gesundheitsdienstleistungen, beziehen und aus denen Informationen über deren Gesundheitszustand hervorgehen;
14. »besondere Kategorien personenbezogener Daten«
    a) Daten, aus denen die rassische oder ethnische Herkunft, politische Meinungen, religiöse oder weltanschauliche Überzeugungen oder die Gewerkschaftszugehörigkeit hervorgehen,
    b) genetische Daten,
    c) biometrische Daten zur eindeutigen Identifizierung einer natürlichen Person,
    d) Gesundheitsdaten und
    e) Daten zum Sexualleben oder zur sexuellen Orientierung;
15. »Aufsichtsbehörde« eine von einem Mitgliedstaat gemäß Artikel 41 der Richtlinie (EU) 2016/680 eingerichtete unabhängige staatliche Stelle;

16. »internationale Organisation« eine völkerrechtliche Organisation und ihre nachgeordneten Stellen sowie jede sonstige Einrichtung, die durch eine von zwei oder mehr Staaten geschlossene Übereinkunft oder auf der Grundlage einer solchen Übereinkunft geschaffen wurde;
17. »Einwilligung« jede freiwillig für den bestimmten Fall, in informierter Weise und unmissverständlich abgegebene Willensbekundung in Form einer Erklärung oder einer sonstigen eindeutigen bestätigenden Handlung, mit der die betroffene Person zu verstehen gibt, dass sie mit der Verarbeitung der sie betreffenden personenbezogenen Daten einverstanden ist.

§ 47 Allgemeine Grundsätze für die Verarbeitung personenbezogener Daten

Personenbezogene Daten müssen

1. auf rechtmäßige Weise und nach Treu und Glauben verarbeitet werden,
2. für festgelegte, eindeutige und rechtmäßige Zwecke erhoben und nicht in einer mit diesen Zwecken nicht zu vereinbarenden Weise verarbeitet werden,
3. dem Verarbeitungszweck entsprechen, für das Erreichen des Verarbeitungszwecks erforderlich sein und ihre Verarbeitung nicht außer Verhältnis zu diesem Zweck stehen,
4. sachlich richtig und erforderlichenfalls auf dem neuesten Stand sein; dabei sind alle angemessenen Maßnahmen zu treffen, damit personenbezogene Daten, die im Hinblick auf die Zwecke ihrer Verarbeitung unrichtig sind, unverzüglich gelöscht oder berichtigt werden,
5. nicht länger als es für die Zwecke, für die sie verarbeitet werden, erforderlich ist, in einer Form gespeichert werden, die die Identifizierung der betroffenen Personen ermöglicht, und
6. in einer Weise verarbeitet werden, die eine angemessene Sicherheit der personenbezogenen Daten gewährleistet; hierzu gehört auch ein durch geeignete technische und organisatorische Maßnahmen zu gewährleistender Schutz vor unbefugter oder unrechtmäßiger Verarbeitung, unbeabsichtigtem Verlust, unbeabsichtigter Zerstörung oder unbeabsichtigter Schädigung.

Kapitel 2
Rechtsgrundlagen der Verarbeitung personenbezogener Daten

§ 48 Verarbeitung besonderer Kategorien personenbezogener Daten

(1) Die Verarbeitung besonderer Kategorien personenbezogener Daten ist nur zulässig, wenn sie zur Aufgabenerfüllung unbedingt erforderlich ist.

(2) Werden besondere Kategorien personenbezogener Daten verarbeitet, sind geeignete Garantien für die Rechtsgüter der betroffenen Personen vorzusehen. Geeignete Garantien können insbesondere sein

1. spezifische Anforderungen an die Datensicherheit oder die Datenschutzkontrolle,
2. die Festlegung von besonderen Aussonderungsprüffristen,
3. die Sensibilisierung der an Verarbeitungsvorgängen Beteiligten,
4. die Beschränkung des Zugangs zu den personenbezogenen Daten innerhalb der verantwortlichen Stelle,
5. die von anderen Daten getrennte Verarbeitung,
6. die Pseudonymisierung personenbezogener Daten,
7. die Verschlüsselung personenbezogener Daten oder
8. spezifische Verfahrensregelungen, die im Fall einer Übermittlung oder Verarbeitung für andere Zwecke die Rechtmäßigkeit der Verarbeitung sicherstellen.

§ 49 Verarbeitung zu anderen Zwecken

Eine Verarbeitung personenbezogener Daten zu einem anderen Zweck als zu demjenigen, zu dem sie erhoben wurden, ist zulässig, wenn es sich bei dem anderen Zweck um einen der in § 45 genannten Zwecke handelt, der Verantwortliche befugt ist, Daten zu diesem Zweck zu verarbeiten, und die Verarbeitung zu diesem Zweck erforderlich und verhältnismäßig ist. Die Verarbeitung personenbezogener Daten zu einem anderen, in § 45 nicht genannten Zweck ist zulässig, wenn sie in einer Rechtsvorschrift vorgesehen ist.

§ 50 Verarbeitung zu archivarischen, wissenschaftlichen und statistischen Zwecken

Personenbezogene Daten dürfen im Rahmen der in § 45 genannten Zwecke in archivarischer, wissenschaftlicher oder statistischer Form verarbeitet werden, wenn hieran ein öffentliches Interesse besteht und geeignete Garantien für die Rechtsgüter der betroffenen Personen vorgesehen werden. Solche Garantien können in einer so zeitnah wie möglich erfolgenden Anonymisierung der personenbezogenen Daten, in Vorkehrungen gegen ihre unbefugte Kenntnisnahme durch Dritte oder in ihrer räumlich und organisatorisch von den sonstigen Fachaufgaben getrennten Verarbeitung bestehen.

§ 51 Einwilligung

(1) Soweit die Verarbeitung personenbezogener Daten nach einer Rechtsvorschrift auf der Grundlage einer Einwilligung erfolgen kann, muss der Verantwortliche die Einwilligung der betroffenen Person nachweisen können.

(2) Erfolgt die Einwilligung der betroffenen Person durch eine schriftliche Erklärung, die noch andere Sachverhalte betrifft, muss das Ersuchen um Einwilligung in verständlicher und leicht zugänglicher Form in einer klaren und einfachen Sprache so erfolgen, dass es von den anderen Sachverhalten klar zu unterscheiden ist.

(3) Die betroffene Person hat das Recht, ihre Einwilligung jederzeit zu widerrufen. Durch den Widerruf der Einwilligung wird die Rechtmäßigkeit der aufgrund der Einwilligung bis zum Widerruf erfolgten Verarbeitung nicht berührt. Die betroffene Person ist vor Abgabe der Einwilligung hiervon in Kenntnis zu setzen.

(4) Die Einwilligung ist nur wirksam, wenn sie auf der freien Entscheidung der betroffenen Person beruht. Bei der Beurteilung, ob die Einwilligung freiwillig erteilt wurde, müssen die Umstände der Erteilung berücksichtigt werden. Die betroffene Person ist auf den vorgesehenen Zweck der Verarbeitung hinzuweisen. Ist dies nach den Umständen des Einzelfalles erforderlich oder verlangt die betroffene Person dies, ist sie auch über die Folgen der Verweigerung der Einwilligung zu belehren.

(5) Soweit besondere Kategorien personenbezogener Daten verarbeitet werden, muss sich die Einwilligung ausdrücklich auf diese Daten beziehen.

§ 52 Verarbeitung auf Weisung des Verantwortlichen

Jede einem Verantwortlichen oder einem Auftragsverarbeiter unterstellte Person, die Zugang zu personenbezogenen Daten hat, darf diese Daten ausschließlich auf Weisung des Verantwortlichen verarbeiten, es sei denn, dass sie nach einer Rechtsvorschrift zur Verarbeitung verpflichtet ist.

§ 53 Datengeheimnis

Mit Datenverarbeitung befasste Personen dürfen personenbezogene Daten nicht unbefugt verarbeiten (Datengeheimnis). Sie sind bei der Aufnahme ihrer Tätigkeit auf das Datengeheimnis zu verpflichten. Das Datengeheimnis besteht auch nach der Beendigung ihrer Tätigkeit fort.

§ 54 Automatisierte Einzelentscheidung

(1) Eine ausschließlich auf einer automatischen Verarbeitung beruhende Entscheidung, die mit einer nachteiligen Rechtsfolge für die betroffene Person verbunden ist oder sie erheblich beeinträchtigt, ist nur zulässig, wenn sie in einer Rechtsvorschrift vorgesehen ist.
(2) Entscheidungen nach Absatz 1 dürfen nicht auf besonderen Kategorien personenbezogener Daten beruhen, sofern nicht geeignete Maßnahmen zum Schutz der Rechtsgüter sowie der berechtigten Interessen der betroffenen Personen getroffen wurden.
(3) Profiling, das zur Folge hat, dass betroffene Personen auf der Grundlage von besonderen Kategorien personenbezogener Daten diskriminiert werden, ist verboten.

Kapitel 3
Rechte der betroffenen Person

§ 55 Allgemeine Informationen zu Datenverarbeitungen

Der Verantwortliche hat in allgemeiner Form und für jedermann zugänglich Informationen zur Verfügung zu stellen über
1. die Zwecke der von ihm vorgenommenen Verarbeitungen,
2. die im Hinblick auf die Verarbeitung ihrer personenbezogenen Daten bestehenden Rechte der betroffenen Personen auf Auskunft, Berichtigung, Löschung und Einschränkung der Verarbeitung,
3. den Namen und die Kontaktdaten des Verantwortlichen und der oder des Datenschutzbeauftragten,
4. das Recht, die Bundesbeauftragte oder den Bundesbeauftragten anzurufen, und
5. die Erreichbarkeit der oder des Bundesbeauftragten.

§ 56 Benachrichtigung betroffener Personen

(1) Ist die Benachrichtigung betroffener Personen über die Verarbeitung sie betreffender personenbezogener Daten in speziellen Rechtsvorschriften, insbesondere bei verdeckten Maßnahmen, vorgesehen oder angeordnet, so hat diese Benachrichtigung zumindest die folgenden Angaben zu enthalten:

1. die in § 55 genannten Angaben,
2. die Rechtsgrundlage der Verarbeitung,
3. die für die Daten geltende Speicherdauer oder, falls dies nicht möglich ist, die Kriterien für die Festlegung dieser Dauer,
4. gegebenenfalls die Kategorien von Empfängern der personenbezogenen Daten sowie
5. erforderlichenfalls weitere Informationen, insbesondere, wenn die personenbezogenen Daten ohne Wissen der betroffenen Person erhoben wurden.

(2) In den Fällen des Absatzes 1 kann der Verantwortliche die Benachrichtigung insoweit und solange aufschieben, einschränken oder unterlassen, wie andernfalls

1. die Erfüllung der in § 45 genannten Aufgaben,
2. die öffentliche Sicherheit oder
3. Rechtsgüter Dritter

gefährdet würden, wenn das Interesse an der Vermeidung dieser Gefahren das Informationsinteresse der betroffenen Person überwiegt.

(3) Bezieht sich die Benachrichtigung auf die Übermittlung personenbezogener Daten an Verfassungsschutzbehörden, den Bundesnachrichtendienst, den Militärischen Abschirmdienst und, soweit die Sicherheit des Bundes berührt wird, andere Behörden des Bundesministeriums der Verteidigung, ist sie nur mit Zustimmung dieser Stellen zulässig.

(4) Im Fall der Einschränkung nach Absatz 2 gilt § 57 Absatz 7 entsprechend.

§ 57 Auskunftsrecht

(1) Der Verantwortliche hat betroffenen Personen auf Antrag Auskunft darüber zu erteilen, ob er sie betreffende Daten verarbeitet. Betroffene Personen haben darüber hinaus das Recht, Informationen zu erhalten über

1. die personenbezogenen Daten, die Gegenstand der Verarbeitung sind, und die Kategorie, zu der sie gehören,
2. die verfügbaren Informationen über die Herkunft der Daten,
3. die Zwecke der Verarbeitung und deren Rechtsgrundlage,

4. die Empfänger oder die Kategorien von Empfängern, gegenüber denen die Daten offengelegt worden sind, insbesondere bei Empfängern in Drittstaaten oder bei internationalen Organisationen,
5. die für die Daten geltende Speicherdauer oder, falls dies nicht möglich ist, die Kriterien für die Festlegung dieser Dauer,
6. das Bestehen eines Rechts auf Berichtigung, Löschung oder Einschränkung der Verarbeitung der Daten durch den Verantwortlichen,
7. das Recht nach § 60, die Bundesbeauftragte oder den Bundesbeauftragten anzurufen, sowie
8. Angaben zur Erreichbarkeit der oder des Bundesbeauftragten.

(2) Absatz 1 gilt nicht für personenbezogene Daten, die nur deshalb verarbeitet werden, weil sie aufgrund gesetzlicher Aufbewahrungsvorschriften nicht gelöscht werden dürfen oder die ausschließlich Zwecken der Datensicherung oder der Datenschutzkontrolle dienen, wenn die Auskunftserteilung einen unverhältnismäßigen Aufwand erfordern würde und eine Verarbeitung zu anderen Zwecken durch geeignete technische und organisatorische Maßnahmen ausgeschlossen ist.

(3) Von der Auskunftserteilung ist abzusehen, wenn die betroffene Person keine Angaben macht, die das Auffinden der Daten ermöglichen, und deshalb der für die Erteilung der Auskunft erforderliche Aufwand außer Verhältnis zu dem von der betroffenen Person geltend gemachten Informationsinteresse steht.

(4) Der Verantwortliche kann unter den Voraussetzungen des § 56 Absatz 2 von der Auskunft nach Absatz 1 Satz 1 absehen oder die Auskunftserteilung nach Absatz 1 Satz 2 teilweise oder vollständig einschränken.

(5) Bezieht sich die Auskunftserteilung auf die Übermittlung personenbezogener Daten an Verfassungsschutzbehörden, den Bundesnachrichtendienst, den Militärischen Abschirmdienst und, soweit die Sicherheit des Bundes berührt wird, andere Behörden des Bundesministeriums der Verteidigung, ist sie nur mit Zustimmung dieser Stellen zulässig.

(6) Der Verantwortliche hat die betroffene Person über das Absehen von oder die Einschränkung einer Auskunft unverzüglich schriftlich zu unterrichten. Dies gilt nicht, wenn bereits die Erteilung dieser Informationen eine Gefährdung im Sinne des § 56 Absatz 2 mit sich bringen würde. Die Unterrichtung nach Satz 1 ist zu begründen, es sei denn, dass die Mitteilung der Gründe den mit dem Absehen von oder der Einschränkung der Auskunft verfolgten Zweck gefährden würde.

(7) Wird die betroffene Person nach Absatz 6 über das Absehen von oder die Einschränkung der Auskunft unterrichtet, kann sie ihr Auskunftsrecht auch über die Bundesbeauftragte oder den Bundesbeauftragten ausüben. Der Verantwortliche hat die betroffene Person über diese Möglichkeit sowie darüber zu unterrichten, dass sie gemäß § 60 die Bundes-

beauftragte oder den Bundesbeauftragten anrufen oder gerichtlichen Rechtsschutz suchen kann. Macht die betroffene Person von ihrem Recht nach Satz 1 Gebrauch, ist die Auskunft auf ihr Verlangen der oder dem Bundesbeauftragten zu erteilen, soweit nicht die zuständige oberste Bundesbehörde im Einzelfall feststellt, dass dadurch die Sicherheit des Bundes oder eines Landes gefährdet würde. Die oder der Bundesbeauftragte hat die betroffene Person zumindest darüber zu unterrichten, dass alle erforderlichen Prüfungen erfolgt sind oder eine Überprüfung durch sie stattgefunden hat. Diese Mitteilung kann die Information enthalten, ob datenschutzrechtliche Verstöße festgestellt wurden. Die Mitteilung der oder des Bundesbeauftragten an die betroffene Person darf keine Rückschlüsse auf den Erkenntnisstand des Verantwortlichen zulassen, sofern dieser keiner weitergehenden Auskunft zustimmt. Der Verantwortliche darf die Zustimmung nur insoweit und solange verweigern, wie er nach Absatz 4 von einer Auskunft absehen oder sie einschränken könnte. Die oder der Bundesbeauftragte hat zudem die betroffene Person über ihr Recht auf gerichtlichen Rechtsschutz zu unterrichten.

(8) Der Verantwortliche hat die sachlichen oder rechtlichen Gründe für die Entscheidung zu dokumentieren.

§ 58 Rechte auf Berichtigung und Löschung sowie Einschränkung der Verarbeitung

(1) Die betroffene Person hat das Recht, von dem Verantwortlichen unverzüglich die Berichtigung sie betreffender unrichtiger Daten zu verlangen. Insbesondere im Fall von Aussagen oder Beurteilungen betrifft die Frage der Richtigkeit nicht den Inhalt der Aussage oder Beurteilung. Wenn die Richtigkeit oder Unrichtigkeit der Daten nicht festgestellt werden kann, tritt an die Stelle der Berichtigung eine Einschränkung der Verarbeitung. In diesem Fall hat der Verantwortliche die betroffene Person zu unterrichten, bevor er die Einschränkung wieder aufhebt. Die betroffene Person kann zudem die Vervollständigung unvollständiger personenbezogener Daten verlangen, wenn dies unter Berücksichtigung der Verarbeitungszwecke angemessen ist.

(2) Die betroffene Person hat das Recht, von dem Verantwortlichen unverzüglich die Löschung sie betreffender Daten zu verlangen, wenn deren Verarbeitung unzulässig ist, deren Kenntnis für die Aufgabenerfüllung nicht mehr erforderlich ist oder diese zur Erfüllung einer rechtlichen Verpflichtung gelöscht werden müssen.

(3) Anstatt die personenbezogenen Daten zu löschen, kann der Verantwortliche deren Verarbeitung einschränken, wenn

1. Grund zu der Annahme besteht, dass eine Löschung schutzwürdige Interessen einer betroffenen Person beeinträchtigen würde,

2. die Daten zu Beweiszwecken in Verfahren, die Zwecken des § 45 dienen, weiter aufbewahrt werden müssen oder
3. eine Löschung wegen der besonderen Art der Speicherung nicht oder nur mit unverhältnismäßigem Aufwand möglich ist.

In ihrer Verarbeitung nach Satz 1 eingeschränkte Daten dürfen nur zu dem Zweck verarbeitet werden, der ihrer Löschung entgegenstand.

(4) Bei automatisierten Dateisystemen ist technisch sicherzustellen, dass eine Einschränkung der Verarbeitung eindeutig erkennbar ist und eine Verarbeitung für andere Zwecke nicht ohne weitere Prüfung möglich ist.

(5) Hat der Verantwortliche eine Berichtigung vorgenommen, hat er einer Stelle, die ihm die personenbezogenen Daten zuvor übermittelt hat, die Berichtigung mitzuteilen. In Fällen der Berichtigung, Löschung oder Einschränkung der Verarbeitung nach den Absätzen 1 bis 3 hat der Verantwortliche Empfängern, denen die Daten übermittelt wurden, diese Maßnahmen mitzuteilen. Der Empfänger hat die Daten zu berichtigen, zu löschen oder ihre Verarbeitung einzuschränken.

(6) Der Verantwortliche hat die betroffene Person über ein Absehen von der Berichtigung oder Löschung personenbezogener Daten oder über die an deren Stelle tretende Einschränkung der Verarbeitung schriftlich zu unterrichten. Dies gilt nicht, wenn bereits die Erteilung dieser Informationen eine Gefährdung im Sinne des § 56 Absatz 2 mit sich bringen würde. Die Unterrichtung nach Satz 1 ist zu begründen, es sei denn, dass die Mitteilung der Gründe den mit dem Absehen von der Unterrichtung verfolgten Zweck gefährden würde.

(7) § 57 Absatz 7 und 8 findet entsprechende Anwendung.

§ 59 Verfahren für die Ausübung der Rechte der betroffenen Person

(1) Der Verantwortliche hat mit betroffenen Personen unter Verwendung einer klaren und einfachen Sprache in präziser, verständlicher und leicht zugänglicher Form zu kommunizieren. Unbeschadet besonderer Formvorschriften soll er bei der Beantwortung von Anträgen grundsätzlich die für den Antrag gewählte Form verwenden.

(2) Bei Anträgen hat der Verantwortliche die betroffene Person unbeschadet des § 57 Absatz 6 und des § 58 Absatz 6 unverzüglich schriftlich darüber in Kenntnis zu setzen, wie verfahren wurde.

(3) Die Erteilung von Informationen nach § 55, die Benachrichtigungen nach den §§ 56 und 66 und die Bearbeitung von Anträgen nach den §§ 57 und 58 erfolgen unentgeltlich. Bei offenkundig unbegründeten oder exzessiven Anträgen nach den §§ 57 und 58 kann der Verantwortliche entweder eine angemessene Gebühr auf der Grundlage der Verwaltungs-

kosten verlangen oder sich weigern, aufgrund des Antrags tätig zu werden. In diesem Fall muss der Verantwortliche den offenkundig unbegründeten oder exzessiven Charakter des Antrags belegen können.
(4) Hat der Verantwortliche begründete Zweifel an der Identität einer betroffenen Person, die einen Antrag nach den §§ 57 oder 58 gestellt hat, kann er von ihr zusätzliche Informationen anfordern, die zur Bestätigung ihrer Identität erforderlich sind.

§ 60 Anrufung der oder des Bundesbeauftragten

(1) Jede betroffene Person kann sich unbeschadet anderweitiger Rechtsbehelfe mit einer Beschwerde an die Bundesbeauftragte oder den Bundesbeauftragten wenden, wenn sie der Auffassung ist, bei der Verarbeitung ihrer personenbezogenen Daten durch öffentliche Stellen zu den in § 45 genannten Zwecken in ihren Rechten verletzt worden zu sein. Dies gilt nicht für die Verarbeitung von personenbezogenen Daten durch Gerichte, soweit diese die Daten im Rahmen ihrer justiziellen Tätigkeit verarbeitet haben. Die oder der Bundesbeauftragte hat die betroffene Person über den Stand und das Ergebnis der Beschwerde zu unterrichten und sie hierbei auf die Möglichkeit gerichtlichen Rechtsschutzes nach § 61 hinzuweisen.
(2) Die oder der Bundesbeauftragte hat eine bei ihr oder ihm eingelegte Beschwerde über eine Verarbeitung, die in die Zuständigkeit einer Aufsichtsbehörde in einem anderen Mitgliedstaat der Europäischen Union fällt, unverzüglich an die zuständige Aufsichtsbehörde des anderen Staates weiterzuleiten. Sie oder er hat in diesem Fall die betroffene Person über die Weiterleitung zu unterrichten und ihr auf deren Ersuchen weitere Unterstützung zu leisten.

§ 61 Rechtsschutz gegen Entscheidungen der oder des Bundesbeauftragten oder bei deren oder dessen Untätigkeit

(1) Jede natürliche oder juristische Person kann unbeschadet anderer Rechtsbehelfe gerichtlich gegen eine verbindliche Entscheidung der oder des Bundesbeauftragten vorgehen.
(2) Absatz 1 gilt entsprechend zugunsten betroffener Personen, wenn sich die oder der Bundesbeauftragte mit einer Beschwerde nach § 60 nicht befasst oder die betroffene Person nicht innerhalb von drei Monaten nach Einlegung der Beschwerde über den Stand oder das Ergebnis der Beschwerde in Kenntnis gesetzt hat.

Kapitel 4
Pflichten der Verantwortlichen und Auftragsverarbeiter

§ 62 Auftragsverarbeitung

(1) Werden personenbezogene Daten im Auftrag eines Verantwortlichen durch andere Personen oder Stellen verarbeitet, hat der Verantwortliche für die Einhaltung der Vorschriften dieses Gesetzes und anderer Vorschriften über den Datenschutz zu sorgen. Die Rechte der betroffenen Personen auf Auskunft, Berichtigung, Löschung, Einschränkung der Verarbeitung und Schadensersatz sind in diesem Fall gegenüber dem Verantwortlichen geltend zu machen.

(2) Ein Verantwortlicher darf nur solche Auftragsverarbeiter mit der Verarbeitung personenbezogener Daten beauftragen, die mit geeigneten technischen und organisatorischen Maßnahmen sicherstellen, dass die Verarbeitung im Einklang mit den gesetzlichen Anforderungen erfolgt und der Schutz der Rechte der betroffenen Personen gewährleistet wird.

(3) Auftragsverarbeiter dürfen ohne vorherige schriftliche Genehmigung des Verantwortlichen keine weiteren Auftragsverarbeiter hinzuziehen. Hat der Verantwortliche dem Auftragsverarbeiter eine allgemeine Genehmigung zur Hinzuziehung weiterer Auftragsverarbeiter erteilt, hat der Auftragsverarbeiter den Verantwortlichen über jede beabsichtigte Hinzuziehung oder Ersetzung zu informieren. Der Verantwortliche kann in diesem Fall die Hinzuziehung oder Ersetzung untersagen.

(4) Zieht ein Auftragsverarbeiter einen weiteren Auftragsverarbeiter hinzu, so hat er diesem dieselben Verpflichtungen aus seinem Vertrag mit dem Verantwortlichen nach Absatz 5 aufzuerlegen, die auch für ihn gelten, soweit diese Pflichten für den weiteren Auftragsverarbeiter nicht schon aufgrund anderer Vorschriften verbindlich sind. Erfüllt ein weiterer Auftragsverarbeiter diese Verpflichtungen nicht, so haftet der ihn beauftragende Auftragsverarbeiter gegenüber dem Verantwortlichen für die Einhaltung der Pflichten des weiteren Auftragsverarbeiters.

(5) Die Verarbeitung durch einen Auftragsverarbeiter hat auf der Grundlage eines Vertrags oder eines anderen Rechtsinstruments zu erfolgen, der oder das den Auftragsverarbeiter an den Verantwortlichen bindet und der oder das den Gegenstand, die Dauer, die Art und den Zweck der Verarbeitung, die Art der personenbezogenen Daten, die Kategorien betroffener Personen und die Rechte und Pflichten des Verantwortlichen festlegt. Der Vertrag oder das andere Rechtsinstrument haben insbesondere vorzusehen, dass der Auftragsverarbeiter

1. **nur auf dokumentierte Weisung des Verantwortlichen handelt; ist der Auftragsverarbeiter der Auffassung, dass eine Weisung rechtswidrig ist, hat er den Verantwortlichen unverzüglich zu informieren;**
2. **gewährleistet, dass die zur Verarbeitung der personenbezogenen Daten befugten Personen zur Vertraulichkeit verpflichtet werden, soweit sie keiner angemessenen gesetzlichen Verschwiegenheitspflicht unterliegen;**
3. **den Verantwortlichen mit geeigneten Mitteln dabei unterstützt, die Einhaltung der Bestimmungen über die Rechte der betroffenen Person zu gewährleisten;**
4. **alle personenbezogenen Daten nach Abschluss der Erbringung der Verarbeitungsleistungen nach Wahl des Verantwortlichen zurückgibt oder löscht und bestehende Kopien vernichtet, wenn nicht nach einer Rechtsvorschrift eine Verpflichtung zur Speicherung der Daten besteht;**
5. **dem Verantwortlichen alle erforderlichen Informationen, insbesondere die gemäß § 76 erstellten Protokolle, zum Nachweis der Einhaltung seiner Pflichten zur Verfügung stellt;**
6. **Überprüfungen, die von dem Verantwortlichen oder einem von diesem beauftragten Prüfer durchgeführt werden, ermöglicht und dazu beiträgt;**
7. **die in den Absätzen 3 und 4 aufgeführten Bedingungen für die Inanspruchnahme der Dienste eines weiteren Auftragsverarbeiters einhält;**
8. **alle gemäß § 64 erforderlichen Maßnahmen ergreift und**
9. **unter Berücksichtigung der Art der Verarbeitung und der ihm zur Verfügung stehenden Informationen den Verantwortlichen bei der Einhaltung der in den §§ 64 bis 67 und § 69 genannten Pflichten unterstützt.**

(6) Der Vertrag im Sinne des Absatzes 5 ist schriftlich oder elektronisch abzufassen.

(7) Ein Auftragsverarbeiter, der die Zwecke und Mittel der Verarbeitung unter Verstoß gegen diese Vorschrift bestimmt, gilt in Bezug auf diese Verarbeitung als Verantwortlicher.

§ 63 Gemeinsam Verantwortliche

Legen zwei oder mehr Verantwortliche gemeinsam die Zwecke und die Mittel der Verarbeitung fest, gelten sie als gemeinsam Verantwortliche. Gemeinsam Verantwortliche haben ihre jeweiligen Aufgaben und datenschutzrechtlichen Verantwortlichkeiten in transparenter Form in einer Vereinbarung festzulegen, soweit diese nicht bereits in Rechtsvorschriften festgelegt sind. Aus der Vereinbarung muss insbesondere her-

vorgehen, wer welchen Informationspflichten nachzukommen hat und wie und gegenüber wem betroffene Personen ihre Rechte wahrnehmen können. Eine entsprechende Vereinbarung hindert die betroffene Person nicht, ihre Rechte gegenüber jedem der gemeinsam Verantwortlichen geltend zu machen.

§ 64 Anforderungen an die Sicherheit der Datenverarbeitung

(1) Der Verantwortliche und der Auftragsverarbeiter haben unter Berücksichtigung des Stands der Technik, der Implementierungskosten, der Art, des Umfangs, der Umstände und der Zwecke der Verarbeitung sowie der Eintrittswahrscheinlichkeit und der Schwere der mit der Verarbeitung verbundenen Gefahren für die Rechtsgüter der betroffenen Personen die erforderlichen technischen und organisatorischen Maßnahmen zu treffen, um bei der Verarbeitung personenbezogener Daten ein dem Risiko angemessenes Schutzniveau zu gewährleisten, insbesondere im Hinblick auf die Verarbeitung besonderer Kategorien personenbezogener Daten. Der Verantwortliche hat hierbei die einschlägigen Technischen Richtlinien und Empfehlungen des Bundesamtes für Sicherheit in der Informationstechnik zu berücksichtigen.
(2) Die in Absatz 1 genannten Maßnahmen können unter anderem die Pseudonymisierung und Verschlüsselung personenbezogener Daten umfassen, soweit solche Mittel in Anbetracht der Verarbeitungszwecke möglich sind. Die Maßnahmen nach Absatz 1 sollen dazu führen, dass
1. die Vertraulichkeit, Integrität, Verfügbarkeit und Belastbarkeit der Systeme und Dienste im Zusammenhang mit der Verarbeitung auf Dauer sichergestellt werden und
2. die Verfügbarkeit der personenbezogenen Daten und der Zugang zu ihnen bei einem physischen oder technischen Zwischenfall rasch wiederhergestellt werden können.

(3) Im Fall einer automatisierten Verarbeitung haben der Verantwortliche und der Auftragsverarbeiter nach einer Risikobewertung Maßnahmen zu ergreifen, die Folgendes bezwecken:
1. Verwehrung des Zugangs zu Verarbeitungsanlagen, mit denen die Verarbeitung durchgeführt wird, für Unbefugte (Zugangskontrolle),
2. Verhinderung des unbefugten Lesens, Kopierens, Veränderns oder Löschens von Datenträgern (Datenträgerkontrolle),
3. Verhinderung der unbefugten Eingabe von personenbezogenen Daten sowie der unbefugten Kenntnisnahme, Veränderung und Löschung von gespeicherten personenbezogenen Daten (Speicherkontrolle),

4. Verhinderung der Nutzung automatisierter Verarbeitungssysteme mit Hilfe von Einrichtungen zur Datenübertragung durch Unbefugte (Benutzerkontrolle),
5. Gewährleistung, dass die zur Benutzung eines automatisierten Verarbeitungssystems Berechtigten ausschließlich zu den von ihrer Zugangsberechtigung umfassten personenbezogenen Daten Zugang haben (Zugriffskontrolle),
6. Gewährleistung, dass überprüft und festgestellt werden kann, an welche Stellen personenbezogene Daten mit Hilfe von Einrichtungen zur Datenübertragung übermittelt oder zur Verfügung gestellt wurden oder werden können (Übertragungskontrolle),
7. Gewährleistung, dass nachträglich überprüft und festgestellt werden kann, welche personenbezogenen Daten zu welcher Zeit und von wem in automatisierte Verarbeitungssysteme eingegeben oder verändert worden sind (Eingabekontrolle),
8. Gewährleistung, dass bei der Übermittlung personenbezogener Daten sowie beim Transport von Datenträgern die Vertraulichkeit und Integrität der Daten geschützt werden (Transportkontrolle),
9. Gewährleistung, dass eingesetzte Systeme im Störungsfall wiederhergestellt werden können (Wiederherstellbarkeit),
10. Gewährleistung, dass alle Funktionen des Systems zur Verfügung stehen und auftretende Fehlfunktionen gemeldet werden (Zuverlässigkeit),
11. Gewährleistung, dass gespeicherte personenbezogene Daten nicht durch Fehlfunktionen des Systems beschädigt werden können (Datenintegrität),
12. Gewährleistung, dass personenbezogene Daten, die im Auftrag verarbeitet werden, nur entsprechend den Weisungen des Auftraggebers verarbeitet werden können (Auftragskontrolle),
13. Gewährleistung, dass personenbezogene Daten gegen Zerstörung oder Verlust geschützt sind (Verfügbarkeitskontrolle),
14. Gewährleistung, dass zu unterschiedlichen Zwecken erhobene personenbezogene Daten getrennt verarbeitet werden können (Trennbarkeit).

Ein Zweck nach Satz 1 Nummer 2 bis 5 kann insbesondere durch die Verwendung von dem Stand der Technik entsprechenden Verschlüsselungsverfahren erreicht werden.

§ 65 Meldung von Verletzungen des Schutzes personenbezogener Daten an die oder den Bundesbeauftragten

(1) Der Verantwortliche hat eine Verletzung des Schutzes personenbezogener Daten unverzüglich und möglichst innerhalb von 72 Stunden,

nachdem sie ihm bekannt geworden ist, der oder dem Bundesbeauftragten zu melden, es sei denn, dass die Verletzung voraussichtlich keine Gefahr für die Rechtsgüter natürlicher Personen mit sich gebracht hat. Erfolgt die Meldung an die Bundesbeauftragte oder den Bundesbeauftragten nicht innerhalb von 72 Stunden, so ist die Verzögerung zu begründen.

(2) Ein Auftragsverarbeiter hat eine Verletzung des Schutzes personenbezogener Daten unverzüglich dem Verantwortlichen zu melden.

(3) Die Meldung nach Absatz 1 hat zumindest folgende Informationen zu enthalten:

1. eine Beschreibung der Art der Verletzung des Schutzes personenbezogener Daten, die, soweit möglich, Angaben zu den Kategorien und der ungefähren Anzahl der betroffenen Personen, zu den betroffenen Kategorien personenbezogener Daten und zu der ungefähren Anzahl der betroffenen personenbezogenen Datensätze zu enthalten hat,
2. den Namen und die Kontaktdaten der oder des Datenschutzbeauftragten oder einer sonstigen Person oder Stelle, die weitere Informationen erteilen kann,
3. eine Beschreibung der wahrscheinlichen Folgen der Verletzung und
4. eine Beschreibung der von dem Verantwortlichen ergriffenen oder vorgeschlagenen Maßnahmen zur Behandlung der Verletzung und der getroffenen Maßnahmen zur Abmilderung ihrer möglichen nachteiligen Auswirkungen.

(4) Wenn die Informationen nach Absatz 3 nicht zusammen mit der Meldung übermittelt werden können, hat der Verantwortliche sie unverzüglich nachzureichen, sobald sie ihm vorliegen.

(5) Der Verantwortliche hat Verletzungen des Schutzes personenbezogener Daten zu dokumentieren. Die Dokumentation hat alle mit den Vorfällen zusammenhängenden Tatsachen, deren Auswirkungen und die ergriffenen Abhilfemaßnahmen zu umfassen.

(6) Soweit von einer Verletzung des Schutzes personenbezogener Daten personenbezogene Daten betroffen sind, die von einem oder an einen Verantwortlichen in einem anderen Mitgliedstaat der Europäischen Union übermittelt wurden, sind die in Absatz 3 genannten Informationen dem dortigen Verantwortlichen unverzüglich zu übermitteln.

(7) § 42 Absatz 4 findet entsprechende Anwendung.

(8) Weitere Pflichten des Verantwortlichen zu Benachrichtigungen über Verletzungen des Schutzes personenbezogener Daten bleiben unberührt.

§ 66 Benachrichtigung betroffener Personen bei Verletzungen des Schutzes personenbezogener Daten

(1) Hat eine Verletzung des Schutzes personenbezogener Daten voraussichtlich eine erhebliche Gefahr für Rechtsgüter betroffener Personen zur Folge, so hat der Verantwortliche die betroffenen Personen unverzüglich über den Vorfall zu benachrichtigen.

(2) Die Benachrichtigung nach Absatz 1 hat in klarer und einfacher Sprache die Art der Verletzung des Schutzes personenbezogener Daten zu beschreiben und zumindest die in § 65 Absatz 3 Nummer 2 bis 4 genannten Informationen und Maßnahmen zu enthalten.

(3) Von der Benachrichtigung nach Absatz 1 kann abgesehen werden, wenn

1. der Verantwortliche geeignete technische und organisatorische Sicherheitsvorkehrungen getroffen hat und diese Vorkehrungen auf die von der Verletzung des Schutzes personenbezogener Daten betroffenen Daten angewandt wurden; dies gilt insbesondere für Vorkehrungen wie Verschlüsselungen, durch die die Daten für unbefugte Personen unzugänglich gemacht wurden;

2. der Verantwortliche durch im Anschluss an die Verletzung getroffene Maßnahmen sichergestellt hat, dass aller Wahrscheinlichkeit nach keine erhebliche Gefahr im Sinne des Absatzes 1 mehr besteht, oder

3. dies mit einem unverhältnismäßigen Aufwand verbunden wäre; in diesem Fall hat stattdessen eine öffentliche Bekanntmachung oder eine ähnliche Maßnahme zu erfolgen, durch die die betroffenen Personen vergleichbar wirksam informiert werden.

(4) Wenn der Verantwortliche die betroffenen Personen über eine Verletzung des Schutzes personenbezogener Daten nicht benachrichtigt hat, kann die oder der Bundesbeauftragte förmlich feststellen, dass ihrer oder seiner Auffassung nach die in Absatz 3 genannten Voraussetzungen nicht erfüllt sind. Hierbei hat sie oder er die Wahrscheinlichkeit zu berücksichtigen, dass die Verletzung eine erhebliche Gefahr im Sinne des Absatzes 1 zur Folge hat.

(5) Die Benachrichtigung der betroffenen Personen nach Absatz 1 kann unter den in § 56 Absatz 2 genannten Voraussetzungen aufgeschoben, eingeschränkt oder unterlassen werden, soweit nicht die Interessen der betroffenen Person aufgrund der von der Verletzung ausgehenden erheblichen Gefahr im Sinne des Absatzes 1 überwiegen.

(6) § 42 Absatz 4 findet entsprechende Anwendung.

§ 67 Durchführung einer Datenschutz-Folgenabschätzung

(1) Hat eine Form der Verarbeitung, insbesondere bei Verwendung neuer Technologien, aufgrund der Art, des Umfangs, der Umstände und der Zwecke der Verarbeitung voraussichtlich eine erhebliche Gefahr für die Rechtsgüter betroffener Personen zur Folge, so hat der Verantwortliche vorab eine Abschätzung der Folgen der vorgesehenen Verarbeitungsvorgänge für die betroffenen Personen durchzuführen.
(2) Für die Untersuchung mehrerer ähnlicher Verarbeitungsvorgänge mit ähnlich hohem Gefahrenpotential kann eine gemeinsame Datenschutz-Folgenabschätzung vorgenommen werden.
(3) Der Verantwortliche hat die Datenschutzbeauftragte oder den Datenschutzbeauftragten an der Durchführung der Folgenabschätzung zu beteiligen.
(4) Die Folgenabschätzung hat den Rechten der von der Verarbeitung betroffenen Personen Rechnung zu tragen und zumindest Folgendes zu enthalten:
1. eine systematische Beschreibung der geplanten Verarbeitungsvorgänge und der Zwecke der Verarbeitung,
2. eine Bewertung der Notwendigkeit und Verhältnismäßigkeit der Verarbeitungsvorgänge in Bezug auf deren Zweck,
3. eine Bewertung der Gefahren für die Rechtsgüter der betroffenen Personen und
4. die Maßnahmen, mit denen bestehenden Gefahren abgeholfen werden soll, einschließlich der Garantien, der Sicherheitsvorkehrungen und der Verfahren, durch die der Schutz personenbezogener Daten sichergestellt und die Einhaltung der gesetzlichen Vorgaben nachgewiesen werden sollen.

(5) Soweit erforderlich, hat der Verantwortliche eine Überprüfung durchzuführen, ob die Verarbeitung den Maßgaben folgt, die sich aus der Folgenabschätzung ergeben haben.

§ 68 Zusammenarbeit mit der oder dem Bundesbeauftragten

Der Verantwortliche hat mit der oder dem Bundesbeauftragten bei der Erfüllung ihrer oder seiner Aufgaben zusammenzuarbeiten.

§ 69 Anhörung der oder des Bundesbeauftragten

(1) Der Verantwortliche hat vor der Inbetriebnahme von neu anzulegenden Dateisystemen die Bundesbeauftragte oder den Bundesbeauftragten anzuhören, wenn

1. aus einer Datenschutz-Folgenabschätzung nach § 67 hervorgeht, dass die Verarbeitung eine erhebliche Gefahr für die Rechtsgüter der betroffenen Personen zur Folge hätte, wenn der Verantwortliche keine Abhilfemaßnahmen treffen würde, oder
2. die Form der Verarbeitung, insbesondere bei der Verwendung neuer Technologien, Mechanismen oder Verfahren, eine erhebliche Gefahr für die Rechtsgüter der betroffenen Personen zur Folge hat.

Die oder der Bundesbeauftragte kann eine Liste der Verarbeitungsvorgänge erstellen, die der Pflicht zur Anhörung nach Satz 1 unterliegen.

(2) Der oder dem Bundesbeauftragten sind im Fall des Absatzes 1 vorzulegen:

1. die nach § 67 durchgeführte Datenschutz-Folgenabschätzung,
2. gegebenenfalls Angaben zu den jeweiligen Zuständigkeiten des Verantwortlichen, der gemeinsam Verantwortlichen und der an der Verarbeitung beteiligten Auftragsverarbeiter,
3. Angaben zu den Zwecken und Mitteln der beabsichtigten Verarbeitung,
4. Angaben zu den zum Schutz der Rechtsgüter der betroffenen Personen vorgesehenen Maßnahmen und Garantien und
5. Name und Kontaktdaten der oder des Datenschutzbeauftragten.

Auf Anforderung sind ihr oder ihm zudem alle sonstigen Informationen zu übermitteln, die sie oder er benötigt, um die Rechtmäßigkeit der Verarbeitung sowie insbesondere die in Bezug auf den Schutz der personenbezogenen Daten der betroffenen Personen bestehenden Gefahren und die diesbezüglichen Garantien bewerten zu können.

(3) Falls die oder der Bundesbeauftragte der Auffassung ist, dass die geplante Verarbeitung gegen gesetzliche Vorgaben verstoßen würde, insbesondere weil der Verantwortliche das Risiko nicht ausreichend ermittelt oder keine ausreichenden Abhilfemaßnahmen getroffen hat, kann sie oder er dem Verantwortlichen und gegebenenfalls dem Auftragsverarbeiter innerhalb eines Zeitraums von sechs Wochen nach Einleitung der Anhörung schriftliche Empfehlungen unterbreiten, welche Maßnahmen noch ergriffen werden sollten. Die oder der Bundesbeauftragte kann diese Frist um einen Monat verlängern, wenn die geplante Verarbeitung besonders komplex ist. Sie oder er hat in diesem Fall innerhalb eines Monats nach Einleitung der Anhörung den Verantwortlichen und gegebenenfalls den Auftragsverarbeiter über die Fristverlängerung zu informieren.

(4) Hat die beabsichtigte Verarbeitung erhebliche Bedeutung für die Aufgabenerfüllung des Verantwortlichen und ist sie daher besonders dringlich, kann er mit der Verarbeitung nach Beginn der Anhörung, aber vor Ablauf der in Absatz 3 Satz 1 genannten Frist beginnen. In diesem Fall sind die Empfehlungen der oder des Bundesbeauftragten im Nach-

hinein zu berücksichtigen und sind die Art und Weise der Verarbeitung daraufhin gegebenenfalls anzupassen.

§ 70 Verzeichnis von Verarbeitungstätigkeiten

(1) Der Verantwortliche hat ein Verzeichnis aller Kategorien von Verarbeitungstätigkeiten zu führen, die in seine Zuständigkeit fallen. Dieses Verzeichnis hat die folgenden Angaben zu enthalten:

1. den Namen und die Kontaktdaten des Verantwortlichen und gegebenenfalls des gemeinsam mit ihm Verantwortlichen sowie den Namen und die Kontaktdaten der oder des Datenschutzbeauftragten,
2. die Zwecke der Verarbeitung,
3. die Kategorien von Empfängern, gegenüber denen die personenbezogenen Daten offengelegt worden sind oder noch offengelegt werden sollen,
4. eine Beschreibung der Kategorien betroffener Personen und der Kategorien personenbezogener Daten,
5. gegebenenfalls die Verwendung von Profiling,
6. gegebenenfalls die Kategorien von Übermittlungen personenbezogener Daten an Stellen in einem Drittstaat oder an eine internationale Organisation,
7. Angaben über die Rechtsgrundlage der Verarbeitung,
8. die vorgesehenen Fristen für die Löschung oder die Überprüfung der Erforderlichkeit der Speicherung der verschiedenen Kategorien personenbezogener Daten und
9. eine allgemeine Beschreibung der technischen und organisatorischen Maßnahmen gemäß § 64.

(2) Der Auftragsverarbeiter hat ein Verzeichnis aller Kategorien von Verarbeitungen zu führen, die er im Auftrag eines Verantwortlichen durchführt, das Folgendes zu enthalten hat:

1. den Namen und die Kontaktdaten des Auftragsverarbeiters, jedes Verantwortlichen, in dessen Auftrag der Auftragsverarbeiter tätig ist, sowie gegebenenfalls der oder des Datenschutzbeauftragten,
2. gegebenenfalls Übermittlungen von personenbezogenen Daten an Stellen in einem Drittstaat oder an eine internationale Organisation unter Angabe des Staates oder der Organisation und
3. eine allgemeine Beschreibung der technischen und organisatorischen Maßnahmen gemäß § 64.

(3) Die in den Absätzen 1 und 2 genannten Verzeichnisse sind schriftlich oder elektronisch zu führen.

(4) Verantwortliche und Auftragsverarbeiter haben auf Anforderung ihre Verzeichnisse der oder dem Bundesbeauftragten zur Verfügung zu stellen.

§ 71 Datenschutz durch Technikgestaltung und datenschutzfreundliche Voreinstellungen

(1) Der Verantwortliche hat sowohl zum Zeitpunkt der Festlegung der Mittel für die Verarbeitung als auch zum Zeitpunkt der Verarbeitung selbst angemessene Vorkehrungen zu treffen, die geeignet sind, die Datenschutzgrundsätze wie etwa die Datensparsamkeit wirksam umzusetzen, und die sicherstellen, dass die gesetzlichen Anforderungen eingehalten und die Rechte der betroffenen Personen geschützt werden. Er hat hierbei den Stand der Technik, die Implementierungskosten und die Art, den Umfang, die Umstände und die Zwecke der Verarbeitung sowie die unterschiedliche Eintrittswahrscheinlichkeit und Schwere der mit der Verarbeitung verbundenen Gefahren für die Rechtsgüter der betroffenen Personen zu berücksichtigen. Insbesondere sind die Verarbeitung personenbezogener Daten und die Auswahl und Gestaltung von Datenverarbeitungssystemen an dem Ziel auszurichten, so wenig personenbezogene Daten wie möglich zu verarbeiten. Personenbezogene Daten sind zum frühestmöglichen Zeitpunkt zu anonymisieren oder zu pseudonymisieren, soweit dies nach dem Verarbeitungszweck möglich ist.

(2) Der Verantwortliche hat geeignete technische und organisatorische Maßnahmen zu treffen, die sicherstellen, dass durch Voreinstellungen grundsätzlich nur solche personenbezogenen Daten verarbeitet werden können, deren Verarbeitung für den jeweiligen bestimmten Verarbeitungszweck erforderlich ist. Dies betrifft die Menge der erhobenen Daten, den Umfang ihrer Verarbeitung, ihre Speicherfrist und ihre Zugänglichkeit. Die Maßnahmen müssen insbesondere gewährleisten, dass die Daten durch Voreinstellungen nicht automatisiert einer unbestimmten Anzahl von Personen zugänglich gemacht werden können.

§ 72 Unterscheidung zwischen verschiedenen Kategorien betroffener Personen

Der Verantwortliche hat bei der Verarbeitung personenbezogener Daten so weit wie möglich zwischen den verschiedenen Kategorien betroffener Personen zu unterscheiden. Dies betrifft insbesondere folgende Kategorien:

1. **Personen, gegen die ein begründeter Verdacht besteht, dass sie eine Straftat begangen haben,**
2. **Personen, gegen die ein begründeter Verdacht besteht, dass sie in naher Zukunft eine Straftat begehen werden,**
3. **verurteilte Straftäter,**
4. **Opfer einer Straftat oder Personen, bei denen bestimmte Tatsachen darauf hindeuten, dass sie Opfer einer Straftat sein könnten, und**

5. andere Personen wie insbesondere Zeugen, Hinweisgeber oder Personen, die mit den in den Nummern 1 bis 4 genannten Personen in Kontakt oder Verbindung stehen.

§ 73 Unterscheidung zwischen Tatsachen und persönlichen Einschätzungen

Der Verantwortliche hat bei der Verarbeitung so weit wie möglich danach zu unterscheiden, ob personenbezogene Daten auf Tatsachen oder auf persönlichen Einschätzungen beruhen. Zu diesem Zweck soll er, soweit dies im Rahmen der jeweiligen Verarbeitung möglich und angemessen ist, Beurteilungen, die auf persönlichen Einschätzungen beruhen, als solche kenntlich machen. Es muss außerdem feststellbar sein, welche Stelle die Unterlagen führt, die der auf einer persönlichen Einschätzung beruhenden Beurteilung zugrunde liegen.

§ 74 Verfahren bei Übermittlungen

(1) Der Verantwortliche hat angemessene Maßnahmen zu ergreifen, um zu gewährleisten, dass personenbezogene Daten, die unrichtig oder nicht mehr aktuell sind, nicht übermittelt oder sonst zur Verfügung gestellt werden. Zu diesem Zweck hat er, soweit dies mit angemessenem Aufwand möglich ist, die Qualität der Daten vor ihrer Übermittlung oder Bereitstellung zu überprüfen. Bei jeder Übermittlung personenbezogener Daten hat er zudem, soweit dies möglich und angemessen ist, Informationen beizufügen, die es dem Empfänger gestatten, die Richtigkeit, die Vollständigkeit und die Zuverlässigkeit der Daten sowie deren Aktualität zu beurteilen.

(2) Gelten für die Verarbeitung von personenbezogenen Daten besondere Bedingungen, so hat bei Datenübermittlungen die übermittelnde Stelle den Empfänger auf diese Bedingungen und die Pflicht zu ihrer Beachtung hinzuweisen. Die Hinweispflicht kann dadurch erfüllt werden, dass die Daten entsprechend markiert werden.

(3) Die übermittelnde Stelle darf auf Empfänger in anderen Mitgliedstaaten der Europäischen Union und auf Einrichtungen und sonstige Stellen, die nach den Kapiteln 4 und 5 des Titels V des Dritten Teils des Vertrags über die Arbeitsweise der Europäischen Union errichtet wurden, keine Bedingungen anwenden, die nicht auch für entsprechende innerstaatliche Datenübermittlungen gelten.

§ 75 Berichtigung und Löschung personenbezogener Daten sowie Einschränkung der Verarbeitung

(1) Der Verantwortliche hat personenbezogene Daten zu berichtigen, wenn sie unrichtig sind.
(2) Der Verantwortliche hat personenbezogene Daten unverzüglich zu löschen, wenn ihre Verarbeitung unzulässig ist, sie zur Erfüllung einer rechtlichen Verpflichtung gelöscht werden müssen oder ihre Kenntnis für seine Aufgabenerfüllung nicht mehr erforderlich ist.
(3) § 58 Absatz 3 bis 5 ist entsprechend anzuwenden. Sind unrichtige personenbezogene Daten oder personenbezogene Daten unrechtmäßig übermittelt worden, ist auch dies dem Empfänger mitzuteilen.
(4) Unbeschadet in Rechtsvorschriften festgesetzter Höchstspeicher- oder Löschfristen hat der Verantwortliche für die Löschung von personenbezogenen Daten oder eine regelmäßige Überprüfung der Notwendigkeit ihrer Speicherung angemessene Fristen vorzusehen und durch verfahrensrechtliche Vorkehrungen sicherzustellen, dass diese Fristen eingehalten werden.

§ 76 Protokollierung

(1) In automatisierten Verarbeitungssystemen haben Verantwortliche und Auftragsverarbeiter mindestens die folgenden Verarbeitungsvorgänge zu protokollieren:
1. Erhebung,
2. Veränderung,
3. Abfrage,
4. Offenlegung einschließlich Übermittlung,
5. Kombination und
6. Löschung.

(2) Die Protokolle über Abfragen und Offenlegungen müssen es ermöglichen, die Begründung, das Datum und die Uhrzeit dieser Vorgänge und so weit wie möglich die Identität der Person, die die personenbezogenen Daten abgefragt oder offengelegt hat, und die Identität des Empfängers der Daten festzustellen.
(3) Die Protokolle dürfen ausschließlich für die Überprüfung der Rechtmäßigkeit der Datenverarbeitung durch die Datenschutzbeauftragte oder den Datenschutzbeauftragten, die Bundesbeauftragte oder den Bundesbeauftragten und die betroffene Person sowie für die Eigenüberwachung, für die Gewährleistung der Integrität und Sicherheit der personenbezogenen Daten und für Strafverfahren verwendet werden.
(4) Die Protokolldaten sind am Ende des auf deren Generierung folgenden Jahres zu löschen.

(5) Der Verantwortliche und der Auftragsverarbeiter haben die Protokolle der oder dem Bundesbeauftragten auf Anforderung zur Verfügung zu stellen.

§ 77 Vertrauliche Meldung von Verstößen

Der Verantwortliche hat zu ermöglichen, dass ihm vertrauliche Meldungen über in seinem Verantwortungsbereich erfolgende Verstöße gegen Datenschutzvorschriften zugeleitet werden können.

Kapitel 5
Datenübermittlungen an Drittstaaten und an internationale Organisationen

§ 78 Allgemeine Voraussetzungen

(1) Die Übermittlung personenbezogener Daten an Stellen in Drittstaaten oder an internationale Organisationen ist bei Vorliegen der übrigen für Datenübermittlungen geltenden Voraussetzungen zulässig, wenn
1. die Stelle oder internationale Organisation für die in § 45 genannten Zwecke zuständig ist und
2. die Europäische Kommission gemäß Artikel 36 Absatz 3 der Richtlinie (EU) 2016/680 einen Angemessenheitsbeschluss gefasst hat.

(2) Die Übermittlung personenbezogener Daten hat trotz des Vorliegens eines Angemessenheitsbeschlusses im Sinne des Absatzes 1 Nummer 2 und des zu berücksichtigenden öffentlichen Interesses an der Datenübermittlung zu unterbleiben, wenn im Einzelfall ein datenschutzrechtlich angemessener und die elementaren Menschenrechte wahrender Umgang mit den Daten beim Empfänger nicht hinreichend gesichert ist oder sonst überwiegende schutzwürdige Interessen einer betroffenen Person entgegenstehen. Bei seiner Beurteilung hat der Verantwortliche maßgeblich zu berücksichtigen, ob der Empfänger im Einzelfall einen angemessenen Schutz der übermittelten Daten garantiert.

(3) Wenn personenbezogene Daten, die aus einem anderen Mitgliedstaat der Europäischen Union übermittelt oder zur Verfügung gestellt wurden, nach Absatz 1 übermittelt werden sollen, muss diese Übermittlung zuvor von der zuständigen Stelle des anderen Mitgliedstaats genehmigt werden. Übermittlungen ohne vorherige Genehmigung sind nur dann zulässig, wenn die Übermittlung erforderlich ist, um eine unmittelbare und ernsthafte Gefahr für die öffentliche Sicherheit eines Staates oder für die wesentlichen Interessen eines Mitgliedstaats abzuwehren, und die

vorherige Genehmigung nicht rechtzeitig eingeholt werden kann. Im Fall des Satzes 2 ist die Stelle des anderen Mitgliedstaats, die für die Erteilung der Genehmigung zuständig gewesen wäre, unverzüglich über die Übermittlung zu unterrichten.

(4) Der Verantwortliche, der Daten nach Absatz 1 übermittelt, hat durch geeignete Maßnahmen sicherzustellen, dass der Empfänger die übermittelten Daten nur dann an andere Drittstaaten oder andere internationale Organisationen weiterübermittelt, wenn der Verantwortliche diese Übermittlung zuvor genehmigt hat. Bei der Entscheidung über die Erteilung der Genehmigung hat der Verantwortliche alle maßgeblichen Faktoren zu berücksichtigen, insbesondere die Schwere der Straftat, den Zweck der ursprünglichen Übermittlung und das in dem Drittstaat oder der internationalen Organisation, an das oder an die die Daten weiterübermittelt werden sollen, bestehende Schutzniveau für personenbezogene Daten. Eine Genehmigung darf nur dann erfolgen, wenn auch eine direkte Übermittlung an den anderen Drittstaat oder die andere internationale Organisation zulässig wäre. Die Zuständigkeit für die Erteilung der Genehmigung kann auch abweichend geregelt werden.

§ 79 Datenübermittlung bei geeigneten Garantien

(1) Liegt entgegen § 78 Absatz 1 Nummer 2 kein Beschluss nach Artikel 36 Absatz 3 der Richtlinie (EU) 2016/680 vor, ist eine Übermittlung bei Vorliegen der übrigen Voraussetzungen des § 78 auch dann zulässig, wenn

1. in einem rechtsverbindlichen Instrument geeignete Garantien für den Schutz personenbezogener Daten vorgesehen sind oder
2. der Verantwortliche nach Beurteilung aller Umstände, die bei der Übermittlung eine Rolle spielen, zu der Auffassung gelangt ist, dass geeignete Garantien für den Schutz personenbezogener Daten bestehen.

(2) Der Verantwortliche hat Übermittlungen nach Absatz 1 Nummer 2 zu dokumentieren. Die Dokumentation hat den Zeitpunkt der Übermittlung, die Identität des Empfängers, den Grund der Übermittlung und die übermittelten personenbezogenen Daten zu enthalten. Sie ist der oder dem Bundesbeauftragten auf Anforderung zur Verfügung zu stellen.

(3) Der Verantwortliche hat die Bundesbeauftragte oder den Bundesbeauftragten zumindest jährlich über Übermittlungen zu unterrichten, die aufgrund einer Beurteilung nach Absatz 1 Nummer 2 erfolgt sind. In der Unterrichtung kann er die Empfänger und die Übermittlungszwecke angemessen kategorisieren.

§ 80 Datenübermittlung ohne geeignete Garantien

(1) Liegt entgegen § 78 Absatz 1 Nummer 2 kein Beschluss nach Artikel 36 Absatz 3 der Richtlinie (EU) 2016/680 vor und liegen auch keine geeigneten Garantien im Sinne des § 79 Absatz 1 vor, ist eine Übermittlung bei Vorliegen der übrigen Voraussetzungen des § 78 auch dann zulässig, wenn die Übermittlung erforderlich ist
1. zum Schutz lebenswichtiger Interessen einer natürlichen Person,
2. zur Wahrung berechtigter Interessen der betroffenen Person,
3. zur Abwehr einer gegenwärtigen und erheblichen Gefahr für die öffentliche Sicherheit eines Staates,
4. im Einzelfall für die in § 45 genannten Zwecke oder
5. im Einzelfall zur Geltendmachung, Ausübung oder Verteidigung von Rechtsansprüchen im Zusammenhang mit den in § 45 genannten Zwecken.

(2) Der Verantwortliche hat von einer Übermittlung nach Absatz 1 abzusehen, wenn die Grundrechte der betroffenen Person das öffentliche Interesse an der Übermittlung überwiegen.

(3) Für Übermittlungen nach Absatz 1 gilt § 79 Absatz 2 entsprechend.

§ 81 Sonstige Datenübermittlung an Empfänger in Drittstaaten

(1) Verantwortliche können bei Vorliegen der übrigen für die Datenübermittlung in Drittstaaten geltenden Voraussetzungen im besonderen Einzelfall personenbezogene Daten unmittelbar an nicht in § 78 Absatz 1 Nummer 1 genannte Stellen in Drittstaaten übermitteln, wenn die Übermittlung für die Erfüllung ihrer Aufgaben unbedingt erforderlich ist und
1. im konkreten Fall keine Grundrechte der betroffenen Person das öffentliche Interesse an einer Übermittlung überwiegen,
2. die Übermittlung an die in § 78 Absatz 1 Nummer 1 genannten Stellen wirkungslos oder ungeeignet wäre, insbesondere weil sie nicht rechtzeitig durchgeführt werden kann, und
3. der Verantwortliche dem Empfänger die Zwecke der Verarbeitung mitteilt und ihn darauf hinweist, dass die übermittelten Daten nur in dem Umfang verarbeitet werden dürfen, in dem ihre Verarbeitung für diese Zwecke erforderlich ist.

(2) Im Fall des Absatzes 1 hat der Verantwortliche die in § 78 Absatz 1 Nummer 1 genannten Stellen unverzüglich über die Übermittlung zu unterrichten, sofern dies nicht wirkungslos oder ungeeignet ist.

(3) Für Übermittlungen nach Absatz 1 gilt § 79 Absatz 2 und 3 entsprechend.

(4) Bei Übermittlungen nach Absatz 1 hat der Verantwortliche den Empfänger zu verpflichten, die übermittelten personenbezogenen Daten ohne seine Zustimmung nur für den Zweck zu verarbeiten, für den sie übermittelt worden sind.

(5) Abkommen im Bereich der justiziellen Zusammenarbeit in Strafsachen und der polizeilichen Zusammenarbeit bleiben unberührt.

Kapitel 6
Zusammenarbeit der Aufsichtsbehörden

§ 82 Gegenseitige Amtshilfe

(1) Die oder der Bundesbeauftragte hat den Datenschutzaufsichtsbehörden in anderen Mitgliedstaaten der Europäischen Union Informationen zu übermitteln und Amtshilfe zu leisten, soweit dies für eine einheitliche Umsetzung und Anwendung der Richtlinie (EU) 2016/680 erforderlich ist. Die Amtshilfe betrifft insbesondere Auskunftsersuchen und aufsichtsbezogene Maßnahmen, beispielsweise Ersuchen um Konsultation oder um Vornahme von Nachprüfungen und Untersuchungen.

(2) Die oder der Bundesbeauftragte hat alle geeigneten Maßnahmen zu ergreifen, um Amtshilfeersuchen unverzüglich und spätestens innerhalb eines Monats nach deren Eingang nachzukommen.

(3) Die oder der Bundesbeauftragte darf Amtshilfeersuchen nur ablehnen, wenn

1. sie oder er für den Gegenstand des Ersuchens oder für die Maßnahmen, die sie oder er durchführen soll, nicht zuständig ist oder

2. ein Eingehen auf das Ersuchen gegen Rechtsvorschriften verstoßen würde.

(4) Die oder der Bundesbeauftragte hat die ersuchende Aufsichtsbehörde des anderen Staates über die Ergebnisse oder gegebenenfalls über den Fortgang der Maßnahmen zu informieren, die getroffen wurden, um dem Amtshilfeersuchen nachzukommen. Sie oder er hat im Fall des Absatzes 3 die Gründe für die Ablehnung des Ersuchens zu erläutern.

(5) Die oder der Bundesbeauftragte hat die Informationen, um die sie oder er von der Aufsichtsbehörde des anderen Staates ersucht wurde, in der Regel elektronisch und in einem standardisierten Format zu übermitteln.

(6) Die oder der Bundesbeauftragte hat Amtshilfeersuchen kostenfrei zu erledigen, soweit sie oder er nicht im Einzelfall mit der Aufsichtsbehörde des anderen Staates die Erstattung entstandener Ausgaben vereinbart hat.

(7) Ein Amtshilfeersuchen der oder des Bundesbeauftragten hat alle erforderlichen Informationen zu enthalten; hierzu gehören insbesondere der Zweck und die Begründung des Ersuchens. Die auf das Ersuchen übermittelten Informationen dürfen ausschließlich zu dem Zweck verwendet werden, zu dem sie angefordert wurden.

Kapitel 7
Haftung und Sanktionen

§ 83 Schadensersatz und Entschädigung

(1) Hat ein Verantwortlicher einer betroffenen Person durch eine Verarbeitung personenbezogener Daten, die nach diesem Gesetz oder nach anderen auf ihre Verarbeitung anwendbaren Vorschriften rechtswidrig war, einen Schaden zugefügt, ist er oder sein Rechtsträger der betroffenen Person zum Schadensersatz verpflichtet. Die Ersatzpflicht entfällt, soweit bei einer nicht automatisierten Verarbeitung der Schaden nicht auf ein Verschulden des Verantwortlichen zurückzuführen ist.
(2) Wegen eines Schadens, der nicht Vermögensschaden ist, kann die betroffene Person eine angemessene Entschädigung in Geld verlangen.
(3) Lässt sich bei einer automatisierten Verarbeitung personenbezogener Daten nicht ermitteln, welche von mehreren beteiligten Verantwortlichen den Schaden verursacht hat, so haftet jeder Verantwortliche beziehungsweise sein Rechtsträger.
(4) Hat bei der Entstehung des Schadens ein Verschulden der betroffenen Person mitgewirkt, ist § 254 des Bürgerlichen Gesetzbuchs entsprechend anzuwenden.
(5) Auf die Verjährung finden die für unerlaubte Handlungen geltenden Verjährungsvorschriften des Bürgerlichen Gesetzbuchs entsprechende Anwendung.

§ 84 Strafvorschriften

Für Verarbeitungen personenbezogener Daten durch öffentliche Stellen im Rahmen von Tätigkeiten nach § 45 Satz 1, 3 oder 4 findet § 42 entsprechende Anwendung.

Teil 4 Besondere Bestimmungen für Verarbeitungen im Rahmen von nicht in die Anwendungsbereiche der Verordnung (EU) 2016/679 und der Richtlinie (EU) 2016/680 fallenden Tätigkeiten

§ 85 Verarbeitung personenbezogener Daten im Rahmen von nicht in die Anwendungsbereiche der Verordnung (EU) 2016/679 und der Richtlinie (EU) 2016/680 fallenden Tätigkeiten

(1) Die Übermittlung personenbezogener Daten an einen Drittstaat oder an über- oder zwischenstaatliche Stellen oder internationale Organisationen im Rahmen von nicht in die Anwendungsbereiche der Verordnung (EU) 2016/679 und der Richtlinie (EU) 2016/680 fallenden Tätigkeiten ist über die bereits gemäß der Verordnung (EU) 2016/679 zulässigen Fälle hinaus auch dann zulässig, wenn sie zur Erfüllung eigener Aufgaben aus zwingenden Gründen der Verteidigung oder zur Erfüllung über- oder zwischenstaatlicher Verpflichtungen einer öffentlichen Stelle des Bundes auf dem Gebiet der Krisenbewältigung oder Konfliktverhinderung oder für humanitäre Maßnahmen erforderlich ist. Der Empfänger ist darauf hinzuweisen, dass die übermittelten Daten nur zu dem Zweck verwendet werden dürfen, zu dem sie übermittelt wurden.

(2) Für Verarbeitungen im Rahmen von nicht in die Anwendungsbereiche der Verordnung (EU) 2016/679 und der Richtlinie (EU) 2016/680 fallenden Tätigkeiten durch Dienststellen im Geschäftsbereich des Bundesministeriums der Verteidigung gilt § 16 Absatz 4 nicht, soweit das Bundesministerium der Verteidigung im Einzelfall feststellt, dass die Erfüllung der dort genannten Pflichten die Sicherheit des Bundes gefährden würde.

(3) Für Verarbeitungen im Rahmen von nicht in die Anwendungsbereiche der Verordnung (EU) 2016/679 und der Richtlinie (EU) 2016/680 fallenden Tätigkeiten durch öffentliche Stellen des Bundes besteht keine Informationspflicht gemäß Artikel 13 Absatz 1 und 2 der Verordnung (EU) 2016/679, wenn

1. es sich um Fälle des § 32 Absatz 1 Nummer 1 bis 3 handelt oder
2. durch ihre Erfüllung Informationen offenbart würden, die nach einer Rechtsvorschrift oder ihrem Wesen nach, insbesondere wegen der überwiegenden berechtigten Interessen eines Dritten, geheim ge-

halten werden müssen, und deswegen das Interesse der betroffenen Person an der Erteilung der Information zurücktreten muss.

Ist die betroffene Person in den Fällen des Satzes 1 nicht zu informieren, besteht auch kein Recht auf Auskunft. § 32 Absatz 2 und § 33 Absatz 2 finden keine Anwendung.

§ 86 Verarbeitung personenbezogener Daten für Zwecke staatlicher Auszeichnungen und Ehrungen

(1) Zur Vorbereitung und Durchführung staatlicher Verfahren bei Auszeichnungen und Ehrungen dürfen sowohl die zuständigen als auch andere öffentliche und nichtöffentliche Stellen die dazu erforderlichen personenbezogenen Daten, einschließlich besonderer Kategorien personenbezogener Daten im Sinne des Artikels 9 Absatz 1 der Verordnung (EU) 2016/679, auch ohne Kenntnis der betroffenen Person verarbeiten. Für nichtöffentliche Stellen gilt insoweit § 1 Absatz 8 entsprechend. Eine Verarbeitung der personenbezogenen Daten nach Satz 1 für andere Zwecke ist nur mit Einwilligung der betroffenen Person zulässig.

(2) Soweit eine Verarbeitung ausschließlich für die in Absatz 1 Satz 1 genannten Zwecke erfolgt, sind die Artikel 13 bis 16, 19 und 21 der Verordnung (EU) 2016/679 nicht anzuwenden.

(3) Bei der Verarbeitung besonderer Kategorien personenbezogener Daten im Sinne des Artikels 9 Absatz 1 der Verordnung (EU) 2016/679 sieht der Verantwortliche angemessene und spezifische Maßnahmen zur Wahrung der Rechte der betroffenen Person gemäß § 22 Absatz 2 vor.

Stichwortverzeichnis

Das Verzeichnis verweist auf die Kommentierungen in der **DSGVO** oder im **BDSG**. Die **fett** gesetzte Zahl bezieht sich auf die Artikel der DSGVO bzw. auf die Paragraphen des BDSG. Die normal gesetzte zweite Zahl benennt die entsprechende Randnummer. Fehlt die zweite Zahl, wird auf Vorschriften verwiesen, die ohne Kommentierung abgedruckt sind

Kompetenz verbindet

Computer und Arbeit

CuA – IT-Mitbestimmung und Datenschutz

Die Fachzeitschrift für IT-Einsatz am Arbeitsplatz.
Alles drin. Für Euch und Euer Gremium.

Print-Zeitschrift
- 11 Ausgaben pro Jahr
- Mit allem Wichtigen über den IT-Einsatz am Arbeitsplatz
- Betrieblicher und allgemeiner Datenschutz
- IT-Systeme im Vergleich und auf dem Prüfstand

ePaper
- Zeitschrift im Print-Layout digital lesen
- Auf Smartphone, Tablet oder PC
- Barrierefrei durch Vorlesefunktion
- 3 Nutzer inklusive

Newsletter
- Inhalte bereits vor der gedruckten Ausgabe abrufbar
- Mit Leseempfehlungen und Praxis-Tipps der Redaktion

Online-Datenbank
- Aktuelle Ausgabe
- Archiv der vergangenen Jahre

Testen Sie jetzt 2 Ausgaben gratis!
www.cua-web.de/testen

Bund-Verlag

Kompetenz verbindet

Däubler

Gläserne Belegschaften

Das Handbuch zum Beschäftigtendatenschutz
9., überarbeitete und aktualisierte Auflage
2021. 765 Seiten, gebunden
€ 64,90
ISBN 978-3-7663-7071-6

Das Datenschutzrecht entwickelt sich laufend weiter. In Zeiten der Corona-Pandemie rücken die Gesundheitsdaten in den Fokus. Was ist hier zu beachten? Und wie steht es um den Schutz persönlicher Daten beim Einsatz von »Künstlicher Intelligenz«? Mit welchen Schwierigkeiten haben Interessenvertretungen zu kämpfen?

Praxisnah und auch für Nicht-Spezialisten verständlich, erläutert das Handbuch das gesamte Datenschutzrecht. Im Zentrum stehen dabei der Beschäftigtendatenschutz und die Beteiligungsrechte von Betriebs- und Personalräten.

Die Schwerpunkte der Neuauflage:
- DSGVO und BDSG in der Praxis
- Aktuelle Rechtsprechung zum neuen Datenschutzrecht
- Mitbestimmung bei Videokontrolle und GPS
- Verantwortlichkeit des Betriebsrats
- Der Algorithmus als Personalchef?
- Datenschutz beim Einsatz von Robotern
- »Grenzüberschreitender« Datenschutz

Bund-Verlag